双碳目标下
城市综合建设技术研究和实践

北京城建设计发展集团 主编

文化发展出版社
Cultural Development Press
·北京·

图书在版编目（CIP）数据

双碳目标下城市综合建设技术研究和实践 / 北京城建设计发展集团主编. — 北京 : 文化发展出版社, 2023.2

ISBN 978-7-5142-3856-3

Ⅰ. ①双… Ⅱ. ①北… Ⅲ. ①低碳经济—城市建设—研究—中国 Ⅳ. ① F299.21

中国版本图书馆 CIP 数据核字（2022）第 211193 号

双碳目标下城市综合建设技术研究和实践

北京城建设计发展集团 主编

出 版 人：宋 娜
责任编辑：杨 琪　　　　责任校对：岳智勇
责任印制：邓辉明　　　　封面设计：郭 阳
出版发行：文化发展出版社（北京市翠微路 2 号 邮编：100036）
发行电话：010-88275993　010-88275710
网　　址：www.wenhuafazhan.com
经　　销：全国新华书店
印　　刷：北京建宏印刷有限公司

开　　本：710mm×1000mm　1/16
字　　数：776 千字
印　　张：45.375
版　　次：2023 年 5 月第 1 版
印　　次：2023 年 5 月第 1 次印刷

定　　价：258.00 元
I S B N：978-7-5142-3856-3

◆ 如有印装质量问题，请与我社印制部联系　电话：010-88275720

一　“双碳”目标下的县级国土空间规划策略研究
——以沙河市国土空间总体规划为例（刘义钰）／1

二　“双碳”目标指导下的景观设计方法研究（王璐）／16

三　“双碳”目标下低碳景观设计研究与实践（剧楚凝）／37

四　“双碳”发展下的城市机场综合交通枢纽交通规划思维
——以深圳机场东枢纽为例（权雳　周延虎）／46

五　老城 TOD 点状资源一体化设计思考
——以浙江省绍兴市柯桥站为例（李哲）／56

六　城市轨道交通建设项目规划后评估方法研究
（谭玉荣　朱跃辰　贺鹏）／70

七　低运量轨道交通系统的比较分析与评价（梁帅文）／84

八　虹桥商务区捷运系统制式选择方法及适用性分析
（马世伟　邢星　徐成永）／96

九　市域线可持续发展的思考（张北辰　冯磊）／108

十　歇甲村车辆段层间隔震结构设计（徐琛）／129

十一　岩石基坑长短桩围护结构技术及受力特性研究
（李灿辉　王坤　庞振勇）／157

十二　苹果园综合交通枢纽项目人行天桥设计（詹睿轩）／172

十三　隔震技术在车辆基地上盖物业开发中的应用（林志波）/ 190

十四　造甲村还建办公商业楼项目
——抗震超限专项分析（刘旭）/ 207

十五　某轨道交通一体化开发项目基础设计（王亚龙）/ 228

十六　地铁车辆段上盖开发项目改造问题探讨（蒋立浩）/ 244

十七　部分框支剪力墙结构基于剪力分配的设计方法
（赵振宇　吴垠龙）/ 255

十八　动物园公交枢纽站装修改造工程结构设计（白记东）/ 270

十九　城市轨道交通配电变压器最佳经济运行区分析（王实山）/ 294

二十　基于云平台的供电智能运维系统设计与应用（于木里）/ 303

二十一　牵引供电系统优化设计研究（李丹丹）/ 311

二十二　郑州地铁车站给排水管道冬季防冻保温方案研究
（杨广伟　江琴）/ 323

二十三　模块化蒸发式冷凝冷水机组在地下车站应用分析（张意祥）/ 341

二十四　基于故障统计数据的自动售票机设备模块关联分析方法
（陈卓）/ 350

二十五　一种视频压缩技术在轨道交通市场的应用浅析（文靖）/ 359

二十六　元宇宙时代轨道交通全场景智慧出行的应用研究（鲁秋子）/ 376

二十七　岩沥青及其改性沥青混合料的路用性能及应用研究（宋硕）/ 384

二十八　市域铁路大跨度混凝土斜拉桥设计研究（张航）/ 396

二十九　市域铁路混凝土斜拉桥抗震体系研究（刘磊）/ 416

三十　轨道交通高架改造工程中的绿色低碳技术应用探讨（韩倩）/ 429

三十一　胶轮有轨电车钢导轨梁主要技术标准研究（申昊　张宏杰）/ 436

三十二　胶轮有轨电车小半径连续钢导轨梁设计及制造要点
（周凯旋　张宏杰）/ 454

三十三　北京轨道交通 13 号线运能提升改造工程车辆关键技术探讨
（王璐　施炳娴）/ 462

三十四　市域（郊）铁路物流规划研究（荆敏）/ 474

三十五　地铁车站与一体化开发工程既有线结构破除施工技术
（高然）/ 484

三十六　富水砂卵石地层 PBA 暗挖车站洞内硬咬合桩施工技术
（刘大鹏）/ 499

三十七　盾构切削大直径钢筋混凝土群桩刀具配置及磨损分析
（杨昊）/ 513

三十八　多制式公共交通共享廊道运行方案研究与应用实践
（蔡天明）/ 529

三十九　石材幕墙在地铁车辆基地工程中的应用
（王文军　赵建武　韩兆衡）/ 537

四十　地下结构绿色施工技术的应用（江桂龙）/ 550

四十一　基于系统动力学的地铁施工碳减排研究
——以地铁降水碳减排路径为例（刘超群）/ 563

四十二　谈软土地层地铁基坑围护结构设计与施工技术（刘志雄）/ 570

四十三　“双碳”目标下旋挖桩长钢护筒干成孔施工技术应用
（王同超　廖秋林　王高敏　赵亮）/ 583

四十四　谈对“安全风险分级管控和隐患排查治理双重预防机制”
的认识（白孝杰）/ 592

四十五　第三系红砂岩工程特性判别指标及基坑施工对策研究
（尹利洁　刘志强　朱彦鹏）/ 598

四十六 地铁车站基坑围护结构及土体的协调变形特征
（张克利 张建全） / 616

四十七 城市工程勘测空间信息“一张图”研究进展与应用探讨
（李禄维 马海志 于森 颜威） / 630

四十八 “双碳”驱动下的建筑减排技术知识图谱分析
（杨晓飞 王思锴） / 642

四十九 盾构渣土综合处理及资源利用技术研究
（刘永勤 杨萌 刘丹） / 657

五十 关于提升城市轨道交通站后折返效率措施研究（闻千） / 666

五十一 PPP 项目中资金管理内部控制体系建设研究（张晨） / 685

一 “双碳”目标下的县级国土空间规划策略研究

——以沙河市国土空间总体规划为例

刘义钰

摘要：国土空间规划具有综合性、战略性和协调性，是统筹“碳源”和“碳汇”的系统性政策工具之一，县级规划作为上承市级、下达乡镇级的重要纽带，是实现“双碳”目标的重要区域。本文以“双碳”实现的重点领域为突破口，对县级国土空间规划中空间格局、综合交通、能源供给、产业发展和生态环境5个重点领域的“双碳”实现策略进行论述，并以河北省沙河市国土空间总体规划为例，进行实证分析，以期找寻县级国土空间规划的“双碳”实现策略。

关键词：“双碳”；县级国土空间规划；重点领域；沙河市

一、引言

近年来，随着“双碳”理念逐渐深入人心和国土空间规划的深入推进，规划领域的专家学者从国土空间格局、低碳城市建设、城市能源、城乡规划、绿色交通、土地利用、新区发展和生态修复等多个角度进行了深入研究，总结了一系列的低碳评价方法和实现路径，为“双碳”目标下的城市建设与发展奠定了理论基础，积累了大量建设经验，但其中研究视角多为宏观性和政策性，并多以大城市等高碳排放区域和领域为研究对象，对市县等中小城市“双碳”实现的研究较少。本文以河北省邢台市沙河市（县级单位）国土空间总体规划为例，进行实证分析，以期找寻“双碳”目标下的县级国土空间规划策略，丰富中小城市“双碳”实现路径和策略的内涵，也为沙河市的绿色低碳转型提供理论基础。

二、研究背景

（一）“双碳”理念成为全球共识

2020年9月，习近平总书记在第七十五届联合国大会一般性辩论上宣布，“中国将提高国家自主贡献力度，采取更加有力的政策和措施，力争在2030年前实现‘碳达峰’，在2060年前实现‘碳中和’”[1]，引发国际社会的广泛关注。全球已有140多个国家和地区提出了“碳中和”的实现节点，部分经济欠发达国家也加入“国际碳中和队伍”中，这表明碳中和和碳达峰已成为全球应对气候变化的共识，未来各国也将围绕“双碳”目标展开大量的国际合作（表1-1）。

表1-1 全球主要承诺“碳中和”国家和地区情况

承诺类型	国家和地区（承诺年份）
已实现	不丹、苏里南
制定法律	欧盟（2050）、德国（2045）、瑞典（2045）、法国（2050）、英国（2050）、丹麦（2050）、新西兰（2050）、匈牙利（2050）、西班牙（2050）、日本（2050）、韩国（2050）、智利（2050）、斐济（2050）、加拿大（2050）
政策宣示	奥地利（2040）、冰岛（2040）、挪威（2050）、意大利（2050）、葡萄牙（2050）、芬兰（2035）、瑞士（2050）、爱尔兰（2050）、斯洛文尼亚（2050）、南非（2050）、巴西（2050）、阿根廷（2050）、美国（2050）、哥斯达黎加（2050）、乌拉圭（2050）、马绍尔群岛（2050）、阿联酋（2050）、中国（2060）、中国香港（2050）、沙特阿拉伯（2060）、印度尼西亚（2070）、俄罗斯（2060）、印度（2070）

资料来源：经济合作与发展组织（OECD）、各国政府网站等资料

（二）县级国土空间规划是实现“双碳”目标的有效手段之一

国土空间既是人类社会经济活动的基本载体，也是碳源、碳汇的根本载体。[2]国土空间规划被广泛认定为在控制温室气体排放方面的有效手段，也是能够统筹碳源和碳汇的系统性政策工具之一，[3]具有多层次、多领域协调应对气候变化的政策优势。从“五级三类”的国土空间规划层级和内容类型来看，县级规划作为上承市级、下达乡镇级的重要纽带，是实现“双碳”目标的重要区域。从我国城镇体系结构来看，县城是城镇体系的重要组成部分，是推动新型城镇化和乡村振兴的重要载体，更加需要践行“双碳”导向下的绿色转型。

三、“双碳”实现的重点领域与县级国土空间规划的耦合

（一）“双碳”实现的重点领域

以重点行业和领域为切入点，开展碳中和约束下的我国碳排放达峰路径研究，是支撑我国制定碳达峰行动方案的基础性工作。[4]2021年10月，《国务院关于印发2030年前碳达峰行动方案的通知》（国发〔2021〕23号）中，从能源供应、能源消费、工业生产、城乡建设、交通运输、循环经济、科技创新、生态系统（碳汇）、

生活方式和实施行动 10 个领域的重点任务，推动重点领域、重点行业和有条件的地方率先达峰。世界其他典型国家和地区也制定了符合其国家国情的碳中和战略，普遍将能源部门、农业部门、工业部门、建筑部门和居民生活纳入其中，具体如表 1–2 所示[5]。

表 1–2 世界典型国家和地区“双碳”战略重点领域分布表

国家和地区	重点领域
欧盟	能源、农业、工业、建筑、交通
美国	能源、农业、工业、建筑、交通、居民生活
英国	能源、建筑、交通和其他
法国	能源、农业、工业、交通、居民生活和第三产业、废弃物管理等
日本	能源、农业、工业、建筑、交通及其他
中国	能源、工业、城乡建设、交通运输、循环经济、科技创新、生态碳汇、居民生活

（二）县级国土空间规划的重点内容

国土空间规划是在基础层面引导土地利用、生态保护、产业布局、城乡建设和区域开发的国家基础性、约束性规划，[6] 具有综合性、战略性和协调性。2019 年，《中共中央 国务院关于建立国土空间规划体系并监督实施的若干意见》为国土空间规划的编制指明了方向，内容涉及人口分布、经济布局、国土利用、生态环境保护等多重要素；2020 年，自然资源部发布《市级国土空间总体规划编制指南（试行）》，要求规划应贯彻新时代要求，推动形成绿色发展方式和生活方式。安徽、河北、广西、河南等省级单元，因地制宜，制定了符合其省域实际的市县（区）层级的国土空间规划编制导则或指南等文件。

以《河北省市县国土空间总体规划编制导则（试行）》（以下简称《导则》）为例，《导则》将全省市县进行了分区规划指引，提出环京津核心功能区、沿海率先发展区、冀中南功能拓展区和冀西北生态涵养区 4 大片区，提出差异化的规划编制重点；明确了市县规划中特征问题与机遇挑战、战略目标与协同发展、国土空间格局、中心城区规划、重大要素支撑、传导实施与近期建设 6 个方面的重点内容，涵盖 32 个分项和上百个细分项，特别是对“三区三线”的划定和管控提出了具体要求，对市级规划的落实、详细规划的传导和相关专项规划的传导内容和要求进行了明确。可以说，《导则》规范了省域市县国土空间总体规划的编制工作，增强了规划的科学性和可操作性、可实施性，同时也为市县级国土空间规划的低碳化和零碳化提供了依据，如图 1–1 所示。

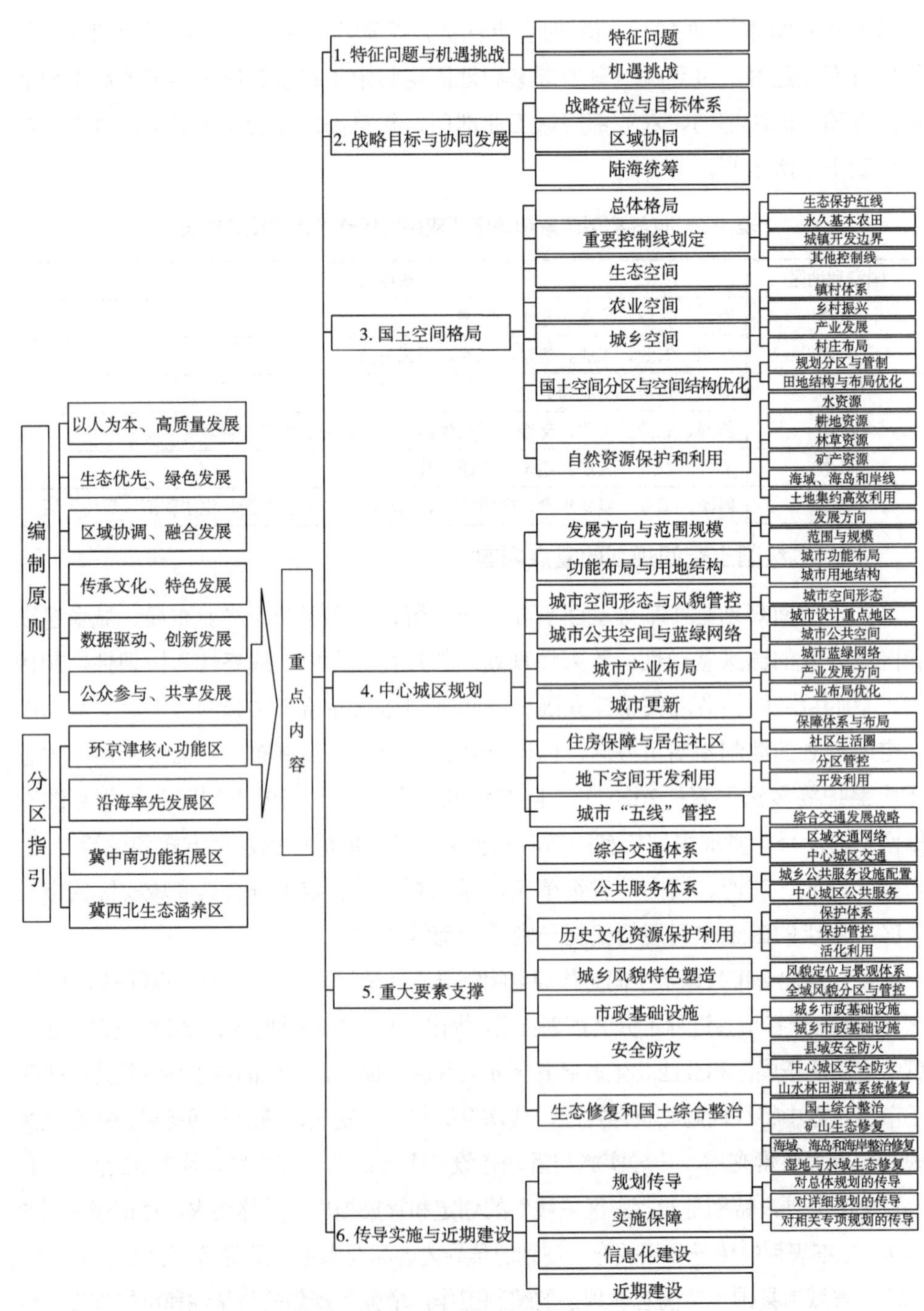

图 1-1　河北省市县国土空间总体规划重点内容

（三）实现“双碳”的县级国土空间规划重点领域

以国内外“双碳”战略重点领域分布为基础，结合国土空间规划领域的政策要求和编制导则等文件，县级国土空间规划应从碳源和碳汇两个方面，重点关注空间格局、综合交通、能源结构、产业发展和生态环境 5 个重点领域。

四、国土空间规划重点领域的“双碳”应对策略

（一）重塑空间格局，提升整体减碳效益

国土空间格局是国土空间规划编制与实施的重要内容，是特定时期和地域人地关系的集中体现，是基于人的发展目标下的地域空间的结构与布局[7]。规划将影响区域和城市国土空间保护和利用结构与形态，从建设空间的碳源、碳排放和非建设空间的碳汇、碳吸收等方面，多管齐下推动减少碳排放和提升生态碳汇能力和效率。

1. 立足区域，追求县域整体碳效应

区域层面的空间格局，应立足区域自然生态系统，追求国土空间的整体碳效应，在统筹区域山水林田湖草等各类自然资源的保护和利用，增强各类自然资源的碳汇能力，形成区域层面的低碳型国土空间格局；统筹区域城市分工与协作，促进区域产业结构升级和精细化管理，减少碳源排放；积极探索构建不同自然类型和国土空间格局下、区域城市间的碳补偿体系。

2. 优化布局，构建县城低碳化空间布局

城市层面的空间格局，应立足城市功能、形态、规模和布局，提升生态碳汇能力的同时，实现碳减排。规划形成紧凑型、多中心的空间形态，构建低碳化空间布局；增加城市生态绿地面积，增加释氧固碳的“氧源绿地”[8]；协调居住、商业、工业等用地与绿色空间的布局，构建 15—10—5 分钟组成的三级生活圈，实现生活圈内的低碳和微循环，促进碳中和的实现。

（二）构建绿色交通体系，减少交通碳排放

1. 构建绿色交通体系，优化交通运输结构

国土空间规划作为交通减碳的重要政策手段，应将低碳交通作为综合交通的发展目标，倡导绿色低碳的交通运输方式，构建绿色交通体系。优化交通运输结构，

推进多式联运，提高货运交通系统的运输组织效率；大力发展城市公共交通，构建轨道交通、公交等多层次低碳集约公共交通体系[9]，全面推进客运交通的低碳发展。

2. 促进交通与用地功能一体化，减少不必要交通碳排放

随着城镇化和工业化发展，城市空间的快速拓展和机动化水平的急速提升，区域协同和城乡融合发展的日趋完善，城市面临交通出行的高增长和高碳排放量的双重挑战，城市交通减排形式严峻。增加交通与用地的耦合度，立足交通与用地一体化，完善县域不同出行圈层、城区生活圈内的公共服务设施配置，减少不必要的县域和城区交通运输和通勤。

3. 推进智慧交通建设，优化绿色能源设施布局

坚持创新驱动，推进智慧交通和智慧出行，加快新能源和清洁能源交通工具的应用占比，优化交通能源结构，优化绿色交通基础设施布局，提升配套电力基础设施建设水平。

（三）推动绿色能源供给，倡导绿色生产生活

在“双碳”目标下，城市须全面提升清洁能源消费比重，以国土空间规划为契机，从能源供给方面推动能源利用方式发生根本性变革。优化以煤炭为主体的能源结构，构建清洁、低碳、高效、安全的新型能源供应体系。大力推进水电、光电、风电等清洁能源的发展，构建以可再生能源为主的新型电力系统，逐步提高清洁能源在能源供给中的占比，推动能源脱碳，进而减少碳排放。城市中完善分布式综合能源系统的建设，综合考量地上、地下能源设施布局，实现多能互补和梯级利用。倡导绿色生产生活方式，加强资源的循环利用，通过加强废弃物的协同处置，减少直接填埋等“高碳”处理方式。

（四）优化产业结构，优化产业布局

1. 优化产业结构，构建绿色低碳产业体系

城市生活上随着经济的持续增长，居民的消费层次日益提升，对耗能性产业的需求也日渐饱和，更有利于促成在 2030 年实现碳排放达峰。产业发展，尤其是工业部门在生产过程中产生大量的碳排放，也是能源需求“大户”。应倡导新技术、新理念、新模式，抓住重点行业和领域，加快产业结构调整，逐步缩减和淘汰“两高”产业，快速发展战略性新兴产业和高端服务业。

2. 优化产业空间布局，降低能源消耗和碳排放

推动绿色园区、开发区建设，腾退、置换县域范围内的低效、限制、分散的高碳排放产业用地，引导新增产业用地向园区、开发区集中，构建绿色、低碳的产业空间布局。注重职住平衡，促进产城融合，提高用地混合功能使用强度，节约土地资源。

（五）统筹生态空间，增加区域碳汇能力和效率

国土空间规划是对山、水、林、田、湖、草等自然生态空间和城乡建设空间的综合统筹，规划坚持生态优先，尊重自然规律，有序统筹布局生态空间，优化生态保护格局，通过划定生态保护红线、自然保护地等，加强生态环境分区管制，重视发挥森林、湿地和滨海盐沼等自然生态系统的碳汇功能（图 1-2）。

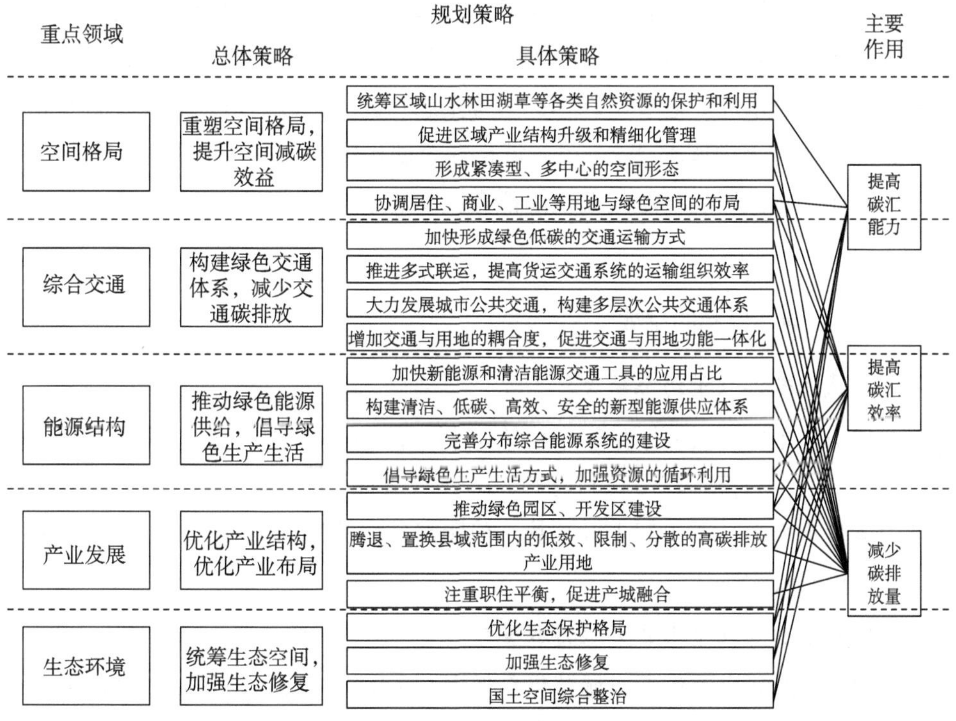

图 1-2 “双碳”目标下县级国土空间规划编制策略

在加强对现有自然生态系统保护的同时，加强对矿山生态修复的内涵与外延及目标的实现路径进行重新思考[11]，通过国土空间综合整治和生态修复工程，

对已退化、濒临退化的生态系统进行重建与修复，增加自然生态系统的固碳能力。生态修复坚持因地制宜、以自然恢复为主；为应对不同的损害、破坏和退化的生态系统区域，坚持分类施策，这样才可以最大程度地通过国土空间生态修复和综合整治工作，增强国土空间的碳汇能力和效率。

五、“双碳”目标下的沙河市国土空间规划实践

（一）沙河市简介

沙河市位于河北省西南部，呈东西长、南北窄的带状分布。沙河中心城区位于市域东部，北接邢台市区（信都区）、南联邯郸市区（永年区），城市处在邢台—邯郸构成的冀中南城镇发展带上；中部白塔等 4 镇以工业生产为主，地处丘陵地带，分布有显德汪矿、章村矿、葛泉矿等大型国有矿区，是邢台主要的煤炭开采区；西部蝉房等 4 乡镇以生态保护为主，地处太行山东麓，分布着东石岭水库、北武当山、朱庄水库、老爷山森林公园等生态功能区。沙河市产业发展的专业化程度较高，号称“中国玻璃之城”。城市非金属矿物制品业、采矿业、医药制造业三大产业无论在河北省还是在全国都有较高的影响力。

（二）“双碳”目标的挑战

1. 市域净碳排放量仍然较大

2012 年，因大气污染治理等政策限制，沙河市碳排放量呈下降趋势，但 2017 年又有上升的趋势，回归到约 660 万吨。经过生态修复和治理，全市陆地植被固碳量水平近几年出现上升趋势，但距离碳排放量仍有较大的差距，市域净碳排放量仍然较大。

2. 经济增长继续带来巨大碳排放量

2020 年，沙河市常住人口城镇化水平为 61.6%，与河北省平均水平基本持平；人均 GDP 达到 4.4 万元，距离全国 7.18 万元的平均值还有较大的差距。在未来的一段时间里，沙河市仍将处于快速工业化和城镇化阶段，经济总量也将持续上升，能源需求总量大并将持续较长时间，城市碳排放的增长空间依然巨大，如图 1-3 所示。

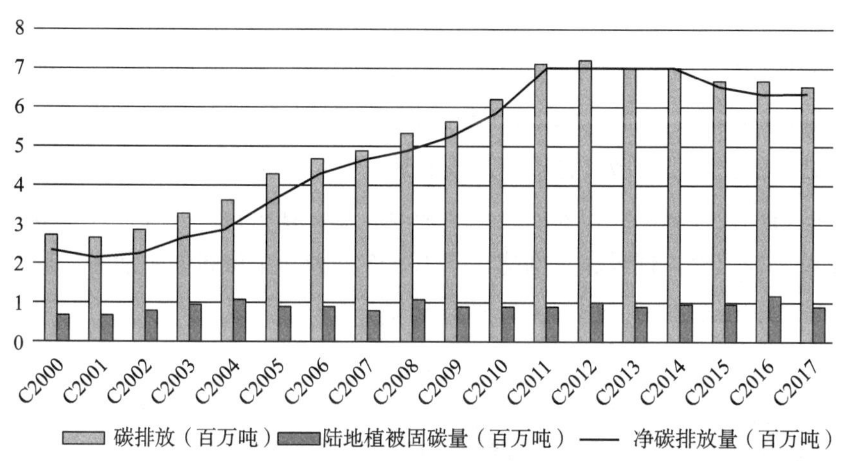

图 1-3 沙河市历年碳排放量与植被固碳量

资料来源：中国碳核算数据库（CEADs）。

3. 制造业庞大带来产业转型困难

目前，沙河市产业结构中制造业的占比较大，其中以玻璃生产为主的非金属矿物制品业占全市工业总产值的47%，呈现“一业独大”的发展特征。同时，沙河市新兴产业出现萌芽，但规模普遍偏小，其在工业总产值中的占比仅为15%左右，产业转型的难度较大。

（三）“双碳”重点领域的规划策略

1. 统筹碳源碳汇分布，构建绿色低碳国土空间格局

规划结合主体功能分区，以双评价、双评估为基础，统筹市域山水林田湖草等保护类要素（碳汇）和城乡、产业、交通等发展类要素（碳源），构建了“361”的国土空间保护开发总格局，即30%的生态空间、60%的农业空间和10%的城镇空间，保障90%的蓝绿空间占比，促进生产空间集约高效、生活空间宜居适度、生态空间山清水秀。

市域层面，依据沙河市自然地理特征和发展条件，建设东部产城融合圈、中部绿色转型圈和西部生态旅游圈。一方面可增强沙河市城乡、产业、生态融入邢邯都市带的能力，促进区域间的协作和联动机制的形成；另一方面可构建具有特色的东中西三个不同特色、均等发展的生活服务圈，减少西部乡镇对东部中心城区基本生活功能的依赖，减少东西向横跨市域的小汽车出行需求。

中心城区层面，结合国土空间“双评价”，实施“北拓、西展、东延、南优”的城市发展，优化城市形态，形成“一体两翼”城区格局，促进主城区与开发区（东部）、临空产业区（西部）的职住平衡，推动产城融合，以合理的城市空间布局，减少不必要的交通碳排放。建设京港澳高速、京广铁路形成的南北向绿色隔离带和通风廊道，提升碳汇能力和效率。加强旧厂区、城中村、城边村等城市更新单元的建设，补短板、优设施，构建15—10—5分钟三个层级的生活圈，提升城市碳减排能力和碳汇能力（图1-4 ～图1-6）。

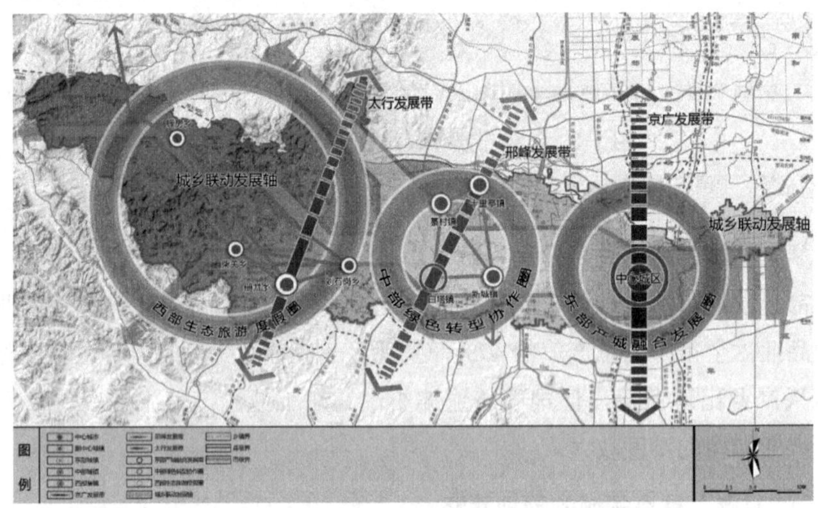

图1-4　市域城乡空间布局规划（见彩图1）

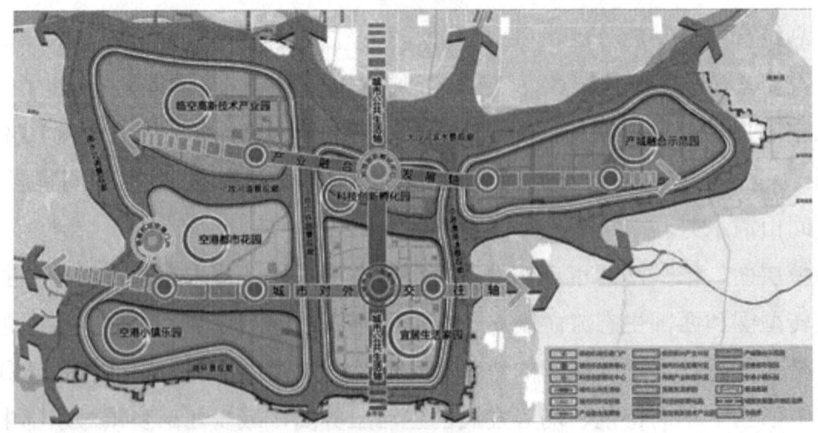

图1-5　中心城区空间布局规划（见彩图2）

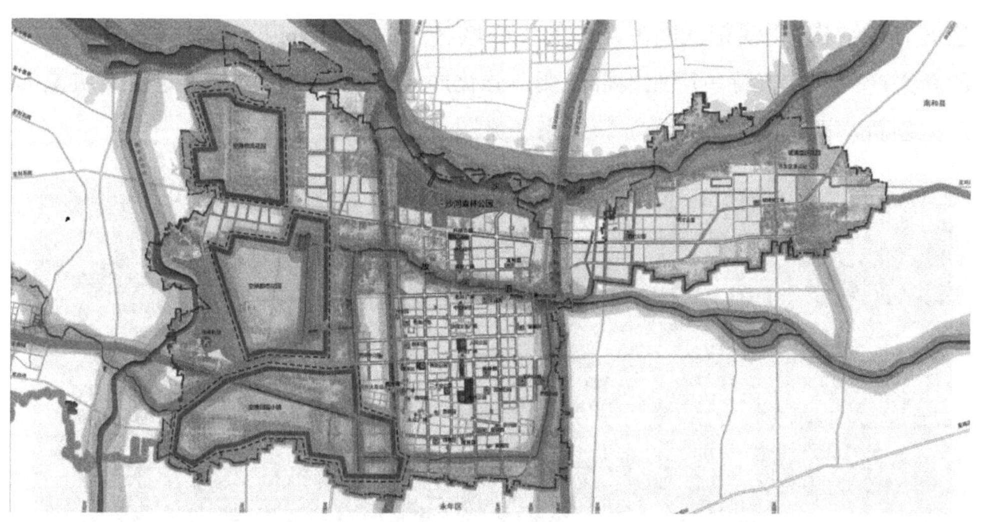

图 1-6　中心城区“碳汇”空间分布示意

2. 构建绿色交通体系，倡导绿色出行和慢行交通

构建以航空、高速公路、干线公路和铁路为骨架的区域交通网络，发挥公—铁—空联运的区域综合交通优势，建设 5 处多式联运物流园区。

坚持区域交通一体化、交通与土地协同化、公交优先绿色化和快慢并重多元化的发展策略，遵循绿色低碳的城市交通发展理念，着力发挥步行和自行车短距离出行的优势，构建舒适、畅通、高品质的步行和自行车慢行交通系统。规划中心城区一级步行道 51 千米、二级步行道 85 千米、三级步行道 66 千米；一级自行车道 170 千米，二级自行车道 340 千米，三级自行车道 830 千米。

3. 增强清洁能源供给，推动绿色生产生活方式

在保障区域供电基础上，大力发展非化石能源，优化能源供给结构，规划沙河垃圾焚烧发电厂、东石岭抽水蓄能水电站、朱庄水电站和太阳能光伏发电。倡导热电厂的热电联供，减少能源浪费。依托京邯输气管线和南宫—沙河输气管线、武安—临城输气管线和故城—邢台输气管线，鼓励天然气消费。

4. 扶持低碳新兴产业，打造绿色产业集群

推进沙河市特色优势资源的深度转化，打造区域特色优势产业链，构建“1+3+5+3”的现代产业体系。按照“就地改造一批、拆迁入园进区一批、做优做强一批、停产淘汰一批”的产业发展理念，构筑“三区一带多园”的市域产业

空间布局结构，“四带八园多点”的中心城区产业布局结构。扶持具备发展潜力的新兴产业向地方特色产业集群转变，强化产业发展竞争优势，推进更高质量的产业创新，谋划沙河多元经济新体系（见图 1-7 ～图 1-9）。

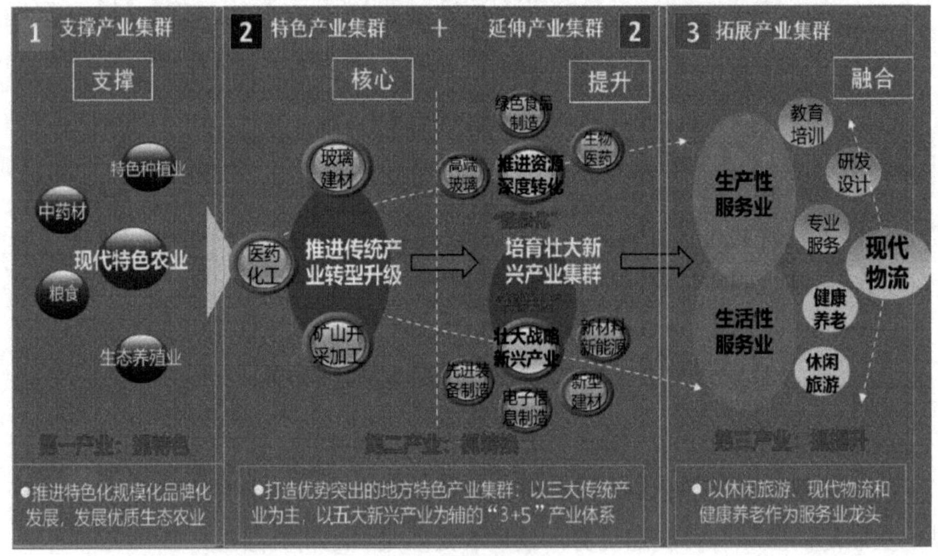

图 1-7 产业发展体系

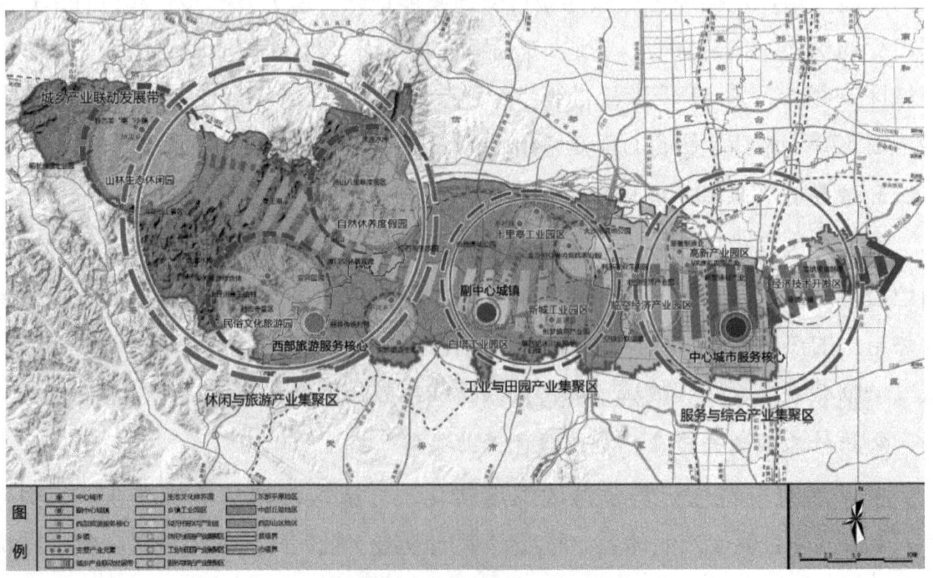

图 1-8 市域产业分布规划（见彩图 3）

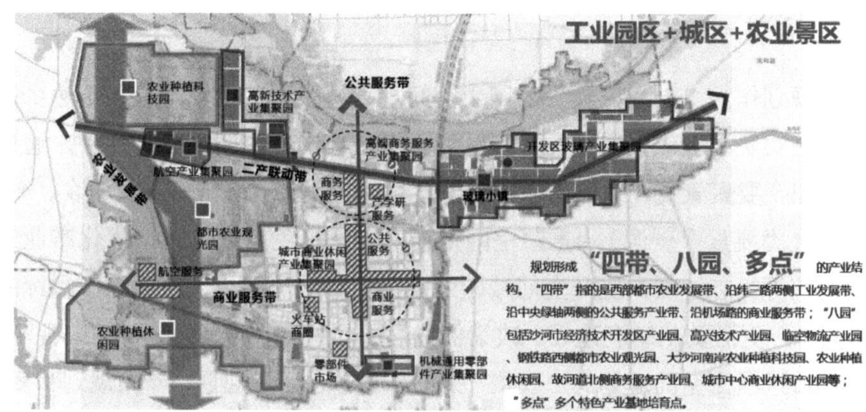

图 1-9　中心城区产业分布规划

5. 保障生态碳汇空间，提升碳汇能级和效率

划定全域30%国土面积为生态空间，规划形成“3大类5小类生态功能区、4条1级廊道、6条2级廊道、13条3级廊道、多个重要生态节点”的生态空间结构，增强碳汇空间的规模，优化碳汇空间的布局。以资源综合利用、节能减排、保护生态环境和促进矿地和谐发展为主要目标，按照“示范引领，分类指导，逐步达标”原则，有序推进绿色矿山建设，加快环境治理、植树造林，提高森林覆盖率和水源涵养能力，保护生物多样性，增强山体的生态功能（见图1-10）。

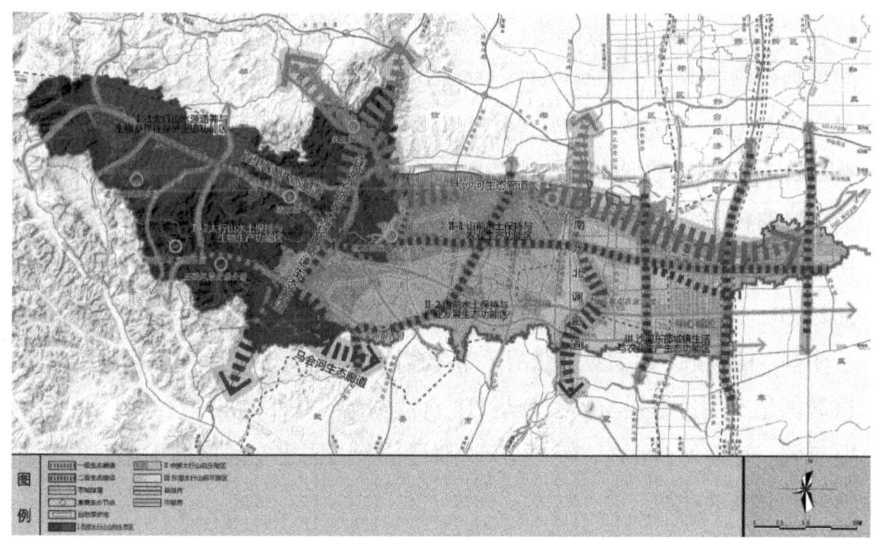

图 1-10　市域生态空间结构（见彩图 4）

六、结语

县级规划作为“五级三类”的国土空间规划层级中，上承市级、下达乡镇级的纽带，是实现“双碳”目标的重要区域。以县级国土空间规划为抓手，通过全地域谋划和全要素管控，统筹山水林田湖草等保护类要素（碳汇）和城乡、产业、交通等发展类要素（碳源），重塑空间格局，构建绿色交通体系，优化产业结构和布局，统筹生态空间，提升空间减碳效益，从实施层面推动“双碳”目标的实现。这其中，更需要从制度建设、政策保障等层面营造实现“双碳”的宏观环境，落实上位市级国土空间规划的“双碳”指标，并通过详细规划，专项规划和乡镇、村庄规划将县级目标、指标和策略向下传导，才能促进这些策略的落地，确保“双碳”策略的可实施性和可操作性。

参考文献

[1] 胡鞍钢 . 中国实现 2030 年前碳达峰目标及主要途径 [J]. 北京工业大学学报（社会科学版）, 2021, 21(3).

[2] 孙嘉麟 , 杨新海 , 吕飞 . “双碳”目标下乡镇国土空间存在问题与优化路径 [J]. 规划师 , 2022(1).

[3] 熊健 , 卢柯 , 姜紫莹 , 张聃傅 , 庆玲 , 金昱 . “碳达峰、碳中和”目标下国土空间规划编制研究与思考 [J]. 城市规划学刊 , 2021(4).

[4] 严刚 , 郑逸璇 , 王雪松 , 李冰 , 何捷 , 邵朱强 , 李永亮 , 吴立新 , 丁焰 , 徐伟 , 李新 , 蔡博峰 , 陈潇君 , 宋晓晖 , 王倩 , 雷宇 , 王金南 . 基于重点行业 / 领域的我国碳排放达峰路径研究 [J]. 环境科学研究 , 2022, 35(2).

[5] 田聿申 . 全球典型国家碳中和目标实现路径对我国的启示 [J]. 中国能源 , 2021(9).

[6] 丁明磊 , 杨晓娜 , 赵荣钦 , 张战平 , 肖连刚 , 谢志祥 . 碳中和目标下的国土空间格局优化：理论框架与实践策略 [J]. 自然资源学报 , 2002, 37(5).

[7] 贾克敬 , 何鸿飞 , 张辉 , 等 . 基于“双评价”的国土空间格局优化 [J]. 中国土地科学 , 2020, 34(5).

[8] 周冯琦 , 尚勇敏 . 碳中和目标下中国城市绿色转型的内涵特征与实现路径 [J]. 社会科学文摘 , 2022(1).

[9] 杜国先 . 城市交通双碳目标实现路径思考 [J]. 市政技术 , 2021(S1).

[10] 邓吉祥 , 刘晓 , 王铮 . 中国碳排放的区域差异及演变特征分析与因素分解 [J]. 自然资源学报 , 2014, 29(2).

[11] 谢天赐 , 马子娇 . 厘清定义： “双碳”的基本概念与产生背景 [J]. 2021, 08(20).

[12] 卞正富 , 于昊辰 , 韩晓彤 . 碳中和目标背景下矿山生态修复的路径选择 [J]. 煤炭学报 , 2022, 47(1).

二 “双碳”目标指导下的景观设计方法研究

王璐

摘要：为应对全球气候问题我国提出了“双碳”目标，这一目标背景下对景观园林建设提出了新的要求。园林景观中的碳排放贯穿生产、施工、后期养护的全生命周期，因此景观设计要充分考虑园林建设的每一环节，才能最大限度发挥其生态效益。“双碳”政策需要从减少碳源和增加碳汇两大途径入手。本文首先将两大途径与园林景观的五大要素地形、植物、水体、道路广场、园林建筑与小品相结合，分别提出兼具生态和美学效益的设计手法，最大限度践行“双碳”目标。其次以城市、公园、社区三种场景的低碳景观设计为例，分析总结不同场所、类型和需求的景观项目实现“双碳”目标的设计手法。最后文章提出低碳已经不仅仅是技术手段，更是一种思想观念和生活方式。景观设计师可以用设计改变生活，将低碳理念深入人心，将低碳生活变为习惯，以全民低碳促进“双碳”目标的实现。

关键词：“双碳”；景观设计；低碳；碳汇场景

一、综述

（一）政策背景

在我国以及全球工业化和城市化的快速发展进程中，人类大量的生产生活活动导致二氧化碳过量排放。根据最新报告和目前的能源消耗和气体排放状况，未来 100 年，地球温度将上升 2 ～ 3℃，如此严重的温室效应将会导致较大的自然灾害发生，如冰川融化和海平面上升，自然灾害危机以及生物多样性减少 [1]。基于当前严峻的环境污染和资源紧缺问题，全球正在构建低碳经济新格局。2020 年习近平总书记在联合国大会上正式提出“碳达峰、碳中和”的目标，既是全面贯彻落实习近平生态文明思想的重大举措，也是我国为构建人类命运共同体向全世界做出的庄严承诺 [2]。

“双碳”的目标背景对各行各业提出了新的要求。园林绿地作为城市内最主要的近自然空间，具有生态碳汇、固碳释氧、缓解城市热岛效应等功能。因此在景观工程中，贯彻低碳理念，掌握低碳技术，建设低碳景观，对于“双碳”目标的实现发挥着重要的作用。

（二）园林景观中的碳排放

园林景观建设过程中的碳排放涉及生产、施工、养护的全生命周期，充分了解园林景观各个环节的碳排放才能有针对性地减少碳源。

生产过程中的碳排放有如下几种。

①植物生长：工业生产废料的碳排放、灌溉系统运作的碳排放、幼苗生长呼吸作用的碳排放。

②硬质材料：园林铺装，构筑物材料如混凝土、钢、铝等工业生产过程的碳排放。

施工过程中的碳排放有如下几种。

①绿化材料：植物和硬质材料交通运输、装贴铺设的碳排放。

②基址处理：土方填挖、场地平整导致大型机械运作碳排放。

养护管理过程中的碳排放有如下几种：

①植物修剪机或割草机运作的碳排放；②灌溉、照明系统导致水电消耗的碳排放。

可以看出园林景观的碳排放与其材料选择与生产、建设方式、工艺水平、后期运营等都息息相关，因此将低碳环保的理念贯穿景观建设的全过程，才能发挥景观的最大化生态效益。

二、基于“双碳”目标的景观设计原则

（一）节约性原则

节约性原则强调减少景观建设过程中的能源消耗，但绝不是减少园林绿化投入、降低绿化档次和水平，而是从技术进步、资源集约利用、规划设计和改善管理入手，采取一系列措施，发挥城市绿地的综合生态效益[3]。

低碳园林强调节约性原则，通常以绿色园林植物为主体，并与广场、硬装路

面、雕塑等元素的有机结合，投入资源最少，生态环境干扰最少，降低能源消耗，最大限度节约资源[4]。节约性原则体现在如下几个方面：

①倡导就地取材，减少材料生产运输成本；

②发展废料再利用技术，实现建筑及公园垃圾的再回收和资源化运用；

③充分挖掘场地特色，利用为主改造为辅，最大程度减少人工干预和机械运作。

（二）可持续性原则

践行“双碳”行动，需充分考虑持久性原则。设计要充分掌握该区域的整体状况及环境资源，并进行有效融合，降低成本，实现建设的持久性[5]。可研及规划设计阶段，项目相关方应有持久及发展的眼光，对项目进行反复的推敲与论证，以选出最合适的设计方案。而设计方案一旦确认，各方就不应轻易推翻，否则将造成巨大的资源浪费[6]。

可持续性原则体现在以下几个方面：

①设计阶段应充分考虑远期规划，与当地城市规划相协调，减少重复设计施工；

②运用可循环使用的低碳材料如木料、竹类等，减少使用高碳输出或高度加工的材料如塑料、混凝土等；

③促进可再生能源如太阳能、风能的景观化运用；

④开发雨水利用和污水净化技术，做到水资源的收集净化和循环利用。

（三）生态环保优先原则

生态环保优先原则是践行“双碳”目标必须充分考虑的内容。在项目的全生命周期都应融入生态理念，并实施生态修复构建连续完整的生态基础设施体系[7]。

生态性原则主要体现在以下几个方面：

①充分发挥绿色植物的天然碳汇优势，以生态学原理优化植物群落结构，丰富生物多样性，通过构建稳定的群落提升单位绿地的碳汇能力；

②鼓励保留、营建湿地沼泽，运用生态学理念选择合适的水生植物，最大程度发挥水体碳汇能力。

三、基于“双碳”目标的景观设计方法

在风景园林行业投身实现“双碳”目标的过程中，主要通过增加碳汇、减少碳源两种途径。构成园林景观的五大要素为地形、植物、水体、道路与广场及园林建筑与小品，因此要将两种途径与五大要素相结合，将低碳排高碳汇的理念和手法贯穿每种要素的生产建设全周期，最大限度践行“双碳”目标（图 2-1）。

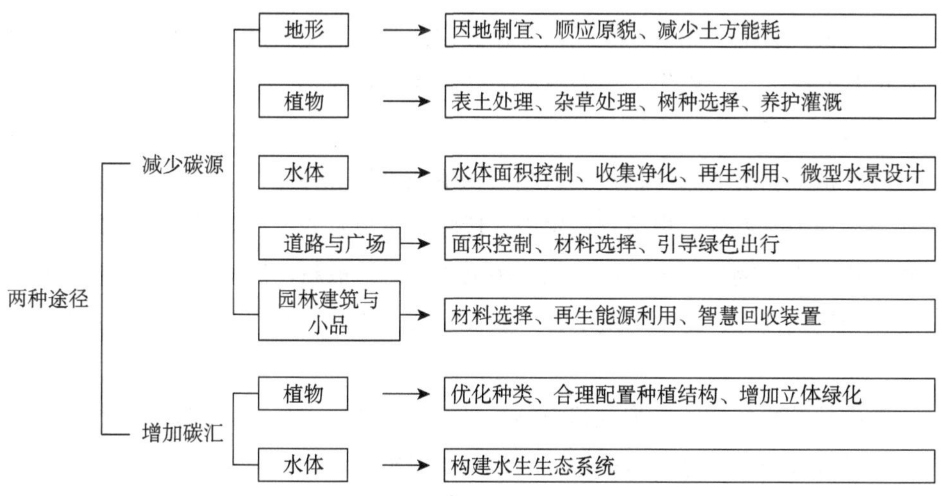

图 2-1 “双碳”目标指导下的景观设计方法研究路径

（一）减少碳源

1. 地形处理

地形地貌是园林景观的骨架和基础，在进行地形整理时应因地制宜遵循原有场地肌理，并结合当地自然气候条件因山就势、巧于因借，减少填挖作业。另外，微地形的堆积也可利用场地内的建筑垃圾，以建筑垃圾作为地形填充基质，并在其上覆盖种植土，既减少建筑垃圾的运输处理，又避免了大规模的土方填挖工程。

2. 植物

①表层土保留。

在园林景观设计中，表层土壤是植物生长的重要基础，如果遭到破坏将严重影响植物生长。因此，低碳园林景观首要考虑的就是对其进行大力保护。园林施工时应先将表层土就近转移到其他场地，待完工后移入现场进行覆盖，这样做既

可保证表层土与植物生长相适应，利于植物的生长，也大大减少了土方长途运输带来的资源消耗。在栽培植物时，也要尽量降低化肥使用量，防止土壤成分改变[8]。

②杂草处理。

场地内的杂草与园林植物争夺土壤养分，从而影响植物的生长，因此在植物种植前，首先要对杂草进行清理。低碳园林倡导选择低污染的人工除草方式铲除杂草，可避免化学物质污染土壤，这种方法适用于小型绿化场地；也可采用高效无污染的方法去除，如用地膜把杂草包裹住，利用日光照射灼杀杂草，这种做法可将杂草变废为宝，用作肥料为植物提供更多的养分。

③树种选择。

园林植物种类的选择直接关系到植物生长养护等各环节。实现“双碳”目标应在树种选择时充分考虑植物在生产、运输、种植及养护管理过程中的碳排放。低碳园林要求植物的选择要以乡土树种为主，就地取材，这样的植物长势优良、适应性和抗逆性强、苗木储量丰富，能极大减少选苗、运输、养护管理成本。

④施工与养护。

在园林植物的施工养护过程中要尽可能减少使用大型机械，降低机械运作带来的碳排放和成本。修剪养护过程应该秉持低碳理念，保留枯枝落叶、减少使用化学肥料，以植物废料保养土地，减少环境污染。

3. 水体

景观水体的低碳源设计应注重节约用水和水资源的循环利用，通常通过雨水收集利用、再生水资源利用、微型水景设计来实现。雨水的收集通常以雨水花园形式实现，小范围的雨水收集可利用屋面与路面雨水收集系统来完成，而大面积的雨水收集则要通过地形的营造来组织汇集排水。再生水同雨水一样，也需要经过污水处理工艺，处理后可达到景观用水的标准，适用于雨水资源匮乏的干旱地区。

此外，微型水景的设计可以代替大面积水景观建设带来的碳排放，主要有雾喷、旱喷、溢水池等设计手法。此外，若需要进行人工水景如喷泉、跌水等景观设计时，应充分考虑有水和无水景观。尤其是北方项目，应考虑冬季无水时水景装置的处理方法，可以通过植物摆盆、文化标识、临时性小品构筑等，提升旱季景观（图 2-2）。

图 2-2　华师大校园改造喷泉广场有水、无水景观效果

4. 道路与广场

①材料选择。

硬质景观材料应尽可能选用项目当地的低碳材料。在园林景观设计中，采用低碳材料能在根本上降低碳的排放，且在使用过程中不会对园林环境造成污染，因此园路及铺装应尽可能运用低耗能的生态环保铺装材料，如生态陶瓷砖、生态石英砖、透水砖、植草砖等。

②面积控制。

低碳园林需要合理规划场地，尽可能增加绿地面积，减少硬质铺装面积。在满足基本通行、集散、休憩功能的基础上，提升园林绿地率，提高园林碳汇功能。

③鼓励慢行。

除了技术手段外，景观设计可以将理念融入设计，用设计改变生活。景观设计应积极倡导绿色出行，通过在场地中设计与市政交通衔接的步行道、跑步道、自行车道和自行车停车棚等，改变人们的出行方式，并逐步构建绿色交通网络，使绿色出行深入人民生活。

5. 园林建筑与小品

①材料选择。

园林建筑及园林小品也应多用绿色低碳建材，如木、竹、天然石材等材料。且一般低碳材料都为可回收材料，对于价值较高的材料可以进行重复利用，降低材料成本，同时促进自然环境的和谐发展[9]。

此外，景观设计还可利用场地内原有遗迹、设施、构筑物等进行改造更新，塑造场地特有标识，既突出区域特色，又节约建设成本。这种设计手法通常用于废旧工业区、厂房改造等项目类型（图 2-3）。

图 2-3 石景山京能热电厂改造效果

②再生能源利用。

园林硬质景观设计中，还应考虑利用太阳能、风能、水能等可再生能源，如利用光伏发电板的照明与亮化、利用水能灌溉的动力水车、利用风能发电的大型风车等。这些设备的存在一方面可为园林景观提供能源或资源；另一方面也可作为低碳型的景观构筑物，对项目的低碳环保进行展示或宣传。

③智慧装置、回收装置。

景观设计师还可以通过智慧化景观设计，使低碳、节约、环保的理念深入人心，给人们创造健康的生活方式。比如园区内可以设计智慧化灯光、感应装置，减少非使用期间的资源能耗；设置废旧生活用品回收站、共享设施站点等，实现资源循环再利用的同时，融入科普教育的作用。

（二）增加碳汇

1. 植物

①优化植物种类。

不同植物对碳的转化能力不同，实现“双碳”目标要优先选择固碳能力最强的、寿命长且观赏价值高的乡土树种；对于其他树种应尽量选用碳转换能力较强、绿化效果更加美观的树种，以提高植物整体碳汇能力。

研究表明，乔木的碳汇效益要明显大于灌木和草本，因此在成本和条件允许的前提下，增加乔木用量可以提升单位绿地碳汇能力。经检测北方区域以下这些植物都有很强的固碳能力，如国槐、刺槐、悬铃木、垂柳等，植物设计的时候应了解这些植物的特征，合理优先选择高固碳植物。

②合理配置种植结构。

考虑植物生长的时间尺度，需要将速生树种与慢生树种相结合。通常来说，速生树种生长速度快、生命周期短，但固碳能力明显高于慢生树种。将速生树种与慢生树种相结合，可以避免绿地同时出现大面积枯竭的现象、延长观赏期，达到最佳的碳汇效益效果明显。

考虑植物生长的季相变化，需要将常绿树种与落叶树种相结合。北方地区应考虑冬季景观效果，选取松柏等四季常青植物发挥冬季固碳效益。

此外，植物的种植结构和形式是影响碳汇效益的主要因素。有关数据证明乔木、灌木、草地混合种植设计可以帮助提升 33% 的固碳效率，自然式种植方式的植物群落固碳效益高于人工式、修剪造型的方式，在植物胸径、株高等指标一定的情况下，随着植物群落层次的增加，固碳效益明显增高 [10]。

③增加立体绿化。

积极拓展潜力空间、大力发展立体绿化，是解决目前城市用地紧张、绿化空间有限的有效手段，立体绿化包含高架桥绿化、桥下空间绿化、建筑边角地、屋顶绿化、阳台绿化、墙面绿化等（图 2-4）。

图 2-4　北京市新动力金融科技中心屋顶绿化

2. 水体

水生环境构建

湿地水景可以调整局部小气候，湿地环境的构建主要依托于水生植物。水生植物在净化水体之外，还有较强的生态碳汇作用。因此景观设计应选择合适的水生植物，积极构建湿地生态系统，发挥生态水体强大的净化功能和固碳释氧能力。

四、多尺度低碳景观设计案例分析

（一）城市尺度——以北京市106国道榆垡片区段为例

城市尺度的低碳更新不仅要考虑城市公园的增汇减排潜力，更要考虑在宏观生态环境中的低碳效益[11]。景观设计不仅要满足基本的生态和游憩需求，还要衔接绿地系统格局的规划要求，实现公园本体与城市的协调发展。这类型的城市更新往往依托于城市慢行绿道，将绿道作为市政道路和建筑界面的过渡空间。

北京市 106 国道是京南重要的交通门户，串联榆垡新城综合服务配套区、核心居住区和旅游休闲区三大功能片区。道路红线宽 60 米，红线两侧各有 50 米宽的建筑退线。设计在 50 米建筑退线内构建绿色慢行系统，融合两侧自然景观，打造集康体健身、科教文化、休闲游憩于一体的线性景观廊道（图 2-5）。

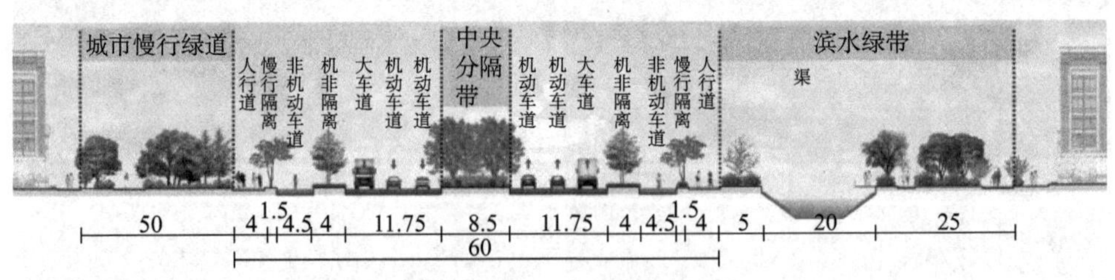

图 2-5 道路剖面

绿带内设计跑步道、骑行道、漫步道，充分考虑不同人群出行需求，构建完整的慢行系统，并且沿绿道设置多个驿站，为行人提供休憩、补给和自行车停放场所。此外，绿道与外围建筑、市政道路之间设置多个出入口和集散广场，将绿带内慢行系统与市政慢行车道沟通连接，方便人们随时进出，提升人们绿色出行体验（图 2-6）。

图 2-6　慢行系统结构示意（见彩图 5）

绿带其他空间均为绿地，选择北京市优良乡土树种如国槐、白蜡、雪松、丁香、地被月季等，构建乔、灌、草复层群落式种植结构，植物适应力强易维护，减少管理维护成本。

景观设计整体将道路两侧 50 米绿带打造成城市绿色线性廊道，与城市整体绿地系统、道路系统相协调，发挥美学、游憩和生态效益（图 2-7）。

图 2-7　道路景观效果

（二）公园尺度——以高安市健身中心景观设计为例

新建公园尺度的低碳景观设计应从低碳源、高碳汇两大方面入手，根据公园内部现有的场地条件，因地制宜地进行各景观要素的设计，最终以最小人工干预兼顾功能、美学和生态效益。

高安市健身中心场址突出的特点为地形起伏较大。场地中间突起两座山体，山体西侧紧邻连锦溪，由于施工挖方导致部分区域地势骤降形成洼地，景观设计需要依托现有地形地貌并利用起伏地形创造功能齐全的活动空间（图 2-8）。

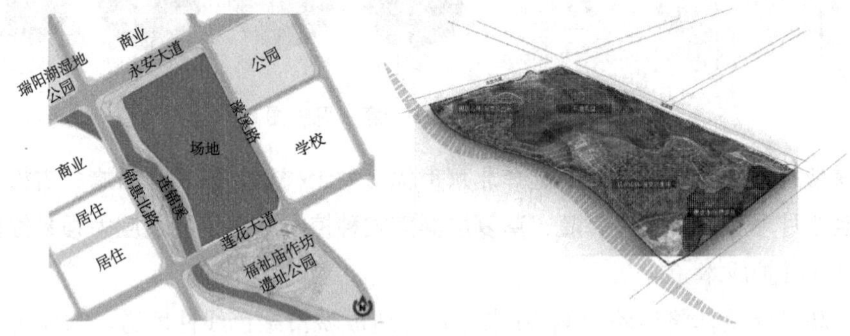

图 2-8 场地区位及地貌特征

在地形处理上，设计尊重原始地貌，保留场地内两处山体，并在其中设计登山栈道供游客通行。仅在山体与道路衔接处将山体后移 3.5 米，利用场地内石料设置石砌挡墙，为道路预留 2 米宽的人行步道。此设计最大限度降低了土方填挖与运输，减少碳源排放（图 2-9、图 2-10）。

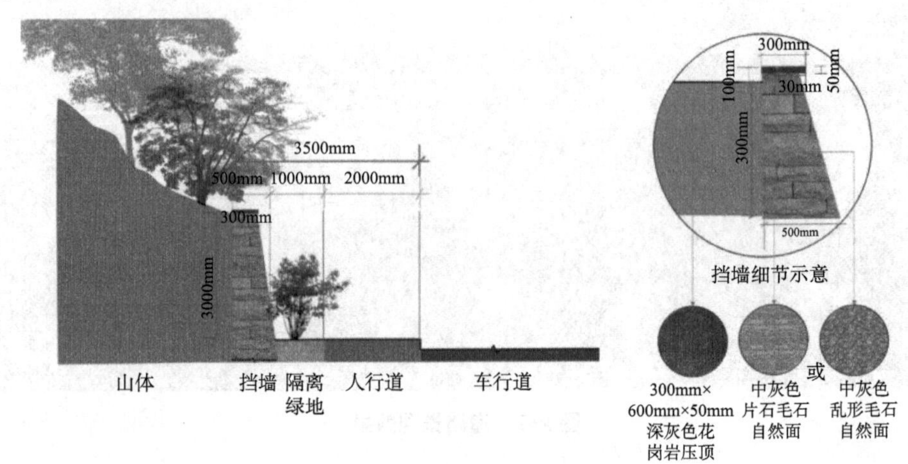

图 2-9 山体挡墙剖面示意

图 2-10 山体挡墙效果

公园内活动空间的设计同样遵循现有地形，利用天然高差设计多个体育看台、休息区等。健身中心景观设计主要集中在东西两侧，东侧以大型集散广场为主，西侧设计多个不同户外体育运动场和儿童活动区，很好地与体育公园的主题相契合。户外体育运动场利用现状高差，设计有硬质台地、花池坡道、缓坡草阶、景观绿坡等多种形式，兼具趣味性与功能性（图 2-11）。

渐隐阶梯

花池坡道

草坡台地

文化阶梯

图 2-11 公园地形设计手法（1）

景观缓坡

入草台阶

儿童攀爬墙

家长休息廊架

图 2-11　公园地形设计手法（2）

植被处理上同样以保留为主，新栽少量装饰性灌木地被，补种植物均选用优良乡土树种。两处山体原有植被生长茂密，完全保留；入口广场为烘托主入口仪式感，栽植银杏打造金色景观轴线；户外体育场周围补植装饰性花灌木山樱、石楠、茶梅、栀子、葱兰等乡土植物，构建乔—灌—草复层种植群落（图 2-12）。

主入口金色景观带

图 2-12　公园植物设计（1）

补植花灌木、地被

图 2-12　公园植物设计（2）

公园为鼓励人们绿色出行，设计贯穿全园的跑步道，跑步道与机动车道结合，利用彩色涂料为人们标识慢跑路线，大大缩减了硬质景观的面积，提高了沥青车道利用率。其余硬质广场铺装采用透水混凝土砖，降低地表径流，提高雨水下渗量（图 2-13）。

沥青路面彩色涂料

混凝土透水砖广场

图 2-13　公园硬质铺装设计

（三）社区尺度——以北京市晾果场小区景观更新为例

社区尺度的景观更新旨在为居民提供更方便快捷、景色美观、功能完善的户外空间，提倡“以人为本、低碳持久”，通常基于既有建成条件进行优化提升，需要根据居民使用需求和现有问题确定改造清单，从而实现社区空间的景观重塑。

北京市晾果场小区位于海淀区玉渊潭南路，小区建设年代久远，户外景观陈旧破损，空间利用率低，规划设计不合理，景观改造内容包含小区户外公共空间综合环境整治和部分建筑设施的提升优化，旨在打造一个人气聚集的公共空间。

基于实地调研、周边环境考察和人群活动需求分析，景观改造分别从场地功能完善、活动空间塑造、绿化植被优化、公共设施整理、道路铺装更新等方面进行。

空间重塑：景观改造首先将小区户外空间的结构和功能进行重新梳理，从以人为本的角度出发，将休闲交流、亲子活动、运动健身、科普教育等功能融入社区景观，形成结构清晰、分区明确的户外空间，满足居民日常生活的多种需求。设计提出了“两轴一环、三进庭院专属花园共享空间”的结构。两轴为融贯小区活力人气带，一环为元气活力健身环，三进庭院依次递以不同景观层次营造富有仪式、轻松、温馨的归家感受，同时承载社区活动、邻里沟通等重要功能。专属花园则分为温馨自然的户前以及具有互动体验、探索实践自然科普功能的社区专属户外课堂（图 2-14、图 2-15）。

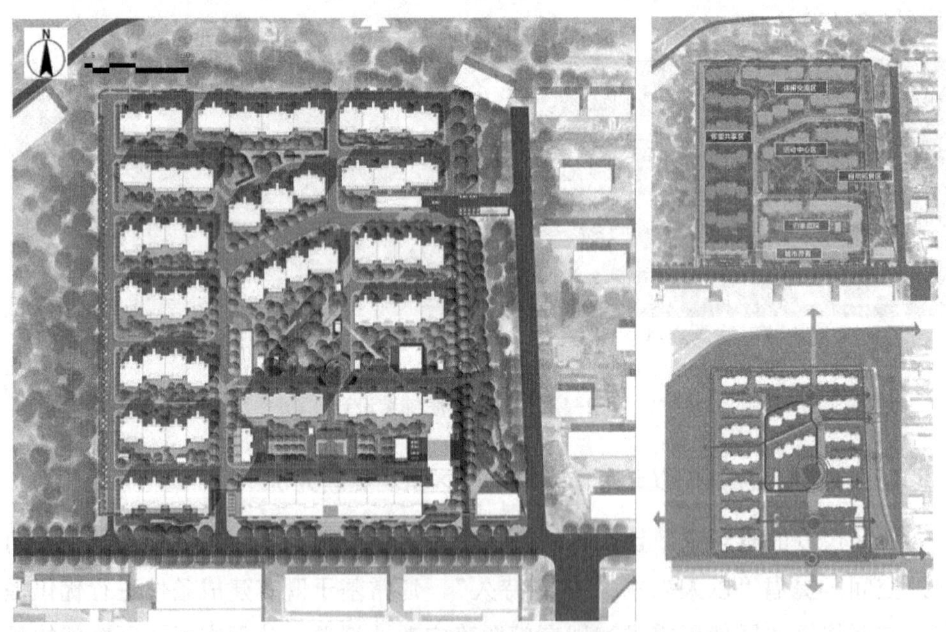

图 2-14　晾果厂小区平面、景观分区、景观结构

生活广场效果

交流庭院效果

亲子庭院效果

邻里花园效果

户前花园效果

图 2-15 小区环境效果

植物优化：社区内植物结构单一，多乔木少灌草，无法形成稳定的植物群落。此外，还存在少数植物长势不佳或坏死。设计首先对现有长势不良、景致不佳的植物进行处理；其次保留原有乔木，重要林下空间补植中下层灌草植物，丰富垂直植物层次，优化种植结构；最后次要区域则以现有植物整理修建为主，做到简洁有序。新增植物优先选用抗旱、耐水湿等生态习性良好的乡土树种，局部结合下凹绿地打造海绵生态社区。优化后的植物整体上四季有景、主次分明、特色突出（图 2-16、图 2-17）。

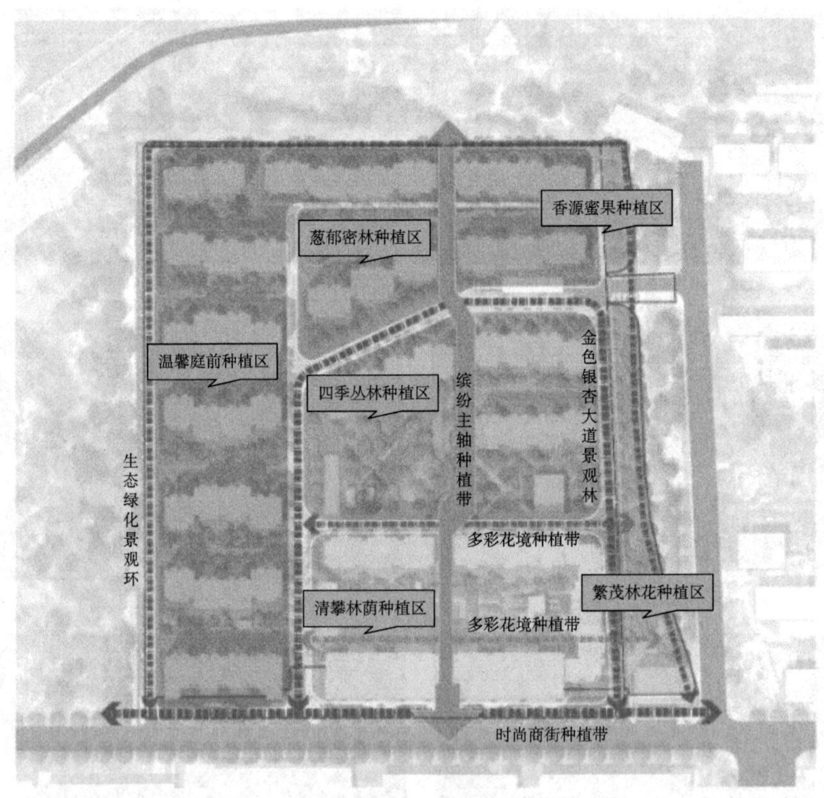

图 2-16　种植结构

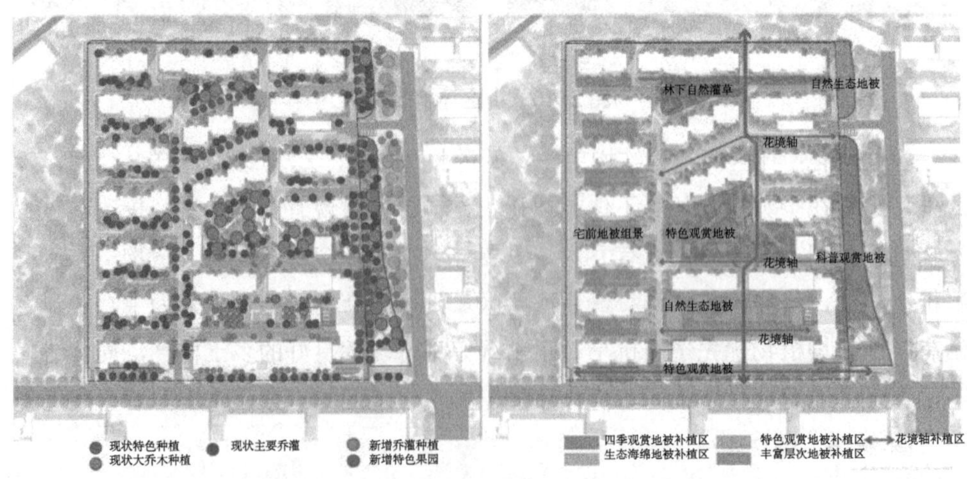

图 2-17　现状乔木及新增灌草分区（见彩图 6）

铺砖更新：原场地铺装系统单一、破损严重，设计缺乏整体性。改造对现有铺装清理翻新，重新梳理消防车道、人行步道、活动场地，并根据空间类型进行铺装分区设计，形成统一有序的铺装系统。铺装材料的选择遵循生态低碳可持续，以透水砖、植草砖和透水混凝土砖为主，重点空间采用特色铺装形式，强调区域标识性（图 2-18）。

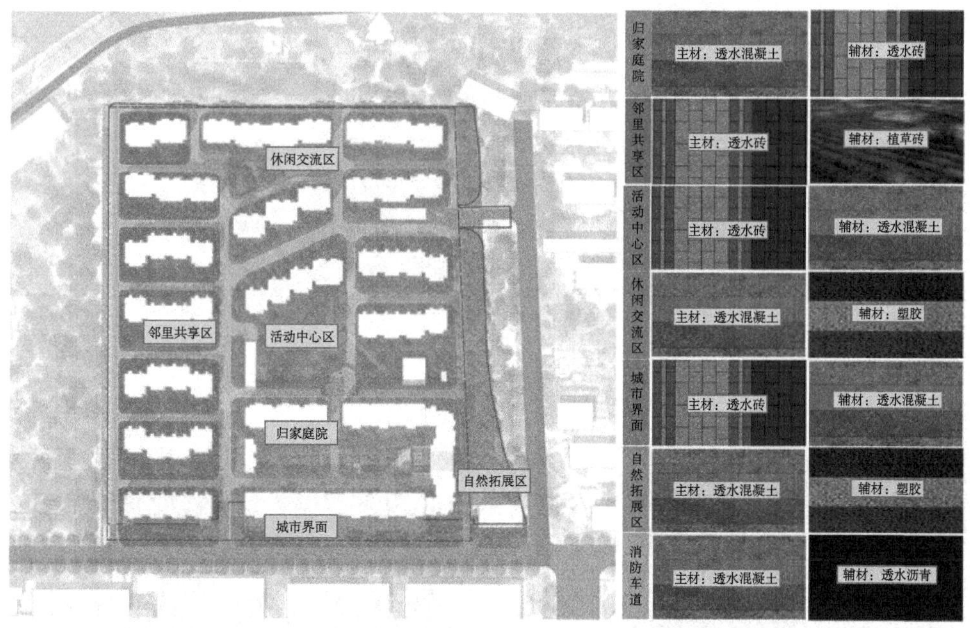

图 2-18　铺装分区设计（见彩图 7）

景观设施改造：在小区公共空间环境整治的基础上，景观设计充分考虑不同住户需求，与建筑配合完善小区服务功能，提升住户体验，包括增设停车设施、充电设施，增设养老服务及社区综合服务设施，增设科普橱窗宣传栏、再生资源收集站点等，使低碳节约、资源循环再利用的理念深入居民生活（图 2-19、图 2-20）。

硬质构筑物的设计同样遵循低碳环保理念，选用木材为主要材料，景观小品减少混凝土、钢铝等高碳材料的使用，从而降低建筑材料的碳排放。并结合晾果场小区字样，构造专属标识（图 2-21）。

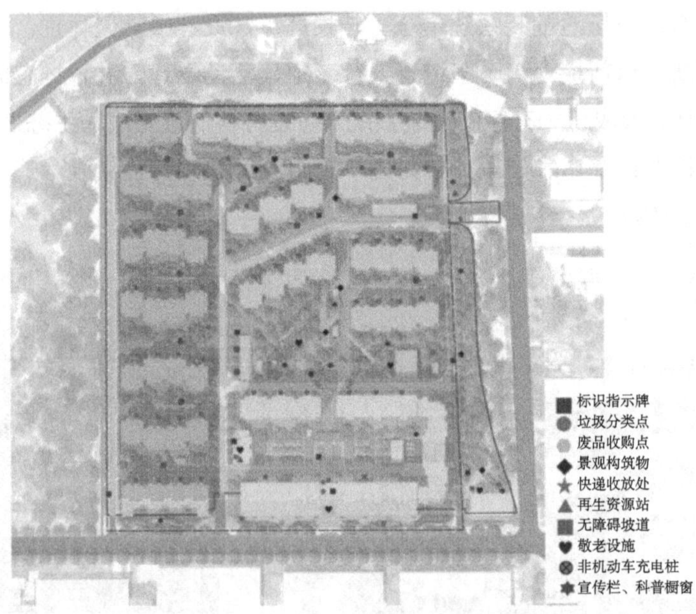

图 2-19　景观配套设施分布（见彩图 8）

图 2-20　垃圾分类站点效果

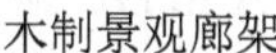
木制景观廊架

木格栅精神堡垒

木制景观小品

木制户外桌椅

图 2-21　构筑物效果

五、反思与总结

践行“双碳”目标对传统景观设计提出了新的要求，低碳景观已经成为未来景观行业的发展趋势。作为景观设计师，我们要把握景观建设的全周期，将低碳理念和手法贯穿从设计到施工的各环节，充分发挥园林绿地的固碳释氧作用。

此外，我们也必须认识到，低碳是一个技术概念，但现在变成涉及生产方式、生活方式和价值观念的全球性变革。实现“双碳”目标，除了各行业提供专业支持外，更多需要全人类积极参与。我们需要用设计去改变生活，通过设计为人民输入低碳理念、提倡绿色生活，最终才能引领城市健康发展。

参考文献

[1]　赵旭 . 低碳理念在城市园林植物景观设计中的应用研究 [D]. 北京：中国林业科

学研究院，2014.

[2] 李爱霞．基于“双碳”背景下的园林景观设计 [J]. 现代园艺，2022, 45(6): 106-108.

[3] 刘晓君．浅议如何建设生态节约型园林城市 [J]. 天津科技，2012, 39(2): 83-84.

[4] 孙迎新，胡亚东．“碳达峰、碳中和”目标下的低碳园林景观设计探究 [J]. 现代园艺，2021, 44(23): 121-123.

[5] 游雅．低碳理念视角下的城市园林植物景观设计分析 [J]. 现代园艺，2021, 44(10): 49-50.

[6] 周春峰．低碳理念在园林景观绿化设计中的应用 [J]. 城市建设理论研究（电子版），2018(15): 195.

[7] 李爱霞．基于“双碳”背景下的园林景观设计 [J]. 现代园艺，2022, 45(6): 106-108.

[8] 郭冰．低碳理念在城市园林植物景观设计中的应用 [J]. 现代园艺，2019(20): 92-93.

[9] 肖丽莉．探索低碳技术在园林施工中的应用 [J]. 低碳世界，2021, 11(6): 115-116.

[10] 于超群，齐海鹰，张广进，孟丽．基于低碳理念的园林植物景观设计研究——以济南市城区典型绿地为例 [J]. 山东林业科技，2016, 46(5): 10-15.

[11] 王洪成，李佳滢．探索以低碳为导向的城市公园更新路径 [J]. 景观设计，2021(4): 30-35.

三 “双碳”目标下低碳景观设计研究与实践

剧楚凝

摘要：文本在“双碳”背景下，通过剖析低碳景观内涵，从减少碳源、增加碳汇两方面入手，考虑效益及实用性从慢行系统、节能材料、生态种植、雨水循环这四大方面提出了相应的景观技术措施，并将其应用于北京市朝阳区东坝兴坝路景观项目实践中，以期对未来低碳景观营建提供有益借鉴。

关键词：低碳景观；碳源；碳汇；景观措施

2020 年 9 月 22 日，中国在第 75 届联合国大会上正式提出 2030 年实现碳达峰、2060 年实现碳中和的目标，这既是全面贯彻落实习近平生态文明思想的重大举措，也是我国为构建人类命运共同体向全世界做出的庄严承诺。随后，近 1 年的时间，中共中央、国务院出台了一系列意见和行动方案，如《国务院办公厅关于科学绿化的指导意见》《关于完整准确全面贯彻新发展理念做好碳达峰碳中和工作的意见》《关于推动城乡建设绿色发展的意见》《2030 年前碳达峰行动方案》等。这些政策的密集出台，使人们深刻意识到环境保护低碳城市建设的重要性，园林景观工程作为城市建设最重要组成部分也存在资源消耗较大的问题。但相对其他工程来说，园林工程本身具有生态碳汇、降低景观自身碳排放、降低城市热岛效应、减少建筑能耗、引导绿色交通、宣传和教育等方面的功能，因此如何在园林景观建设中融入低碳理念，力求以最少的投入获得最大的综合效益是人们要深入思考且势在必行的问题。

一、低碳景观相关概念研究

低碳（Low-carbon），最早是由英国政府在 2003 年提出来的，意指二氧化碳等温室气体少量的释放 [1]。主要包含减少碳源、增加碳汇两个方面。其中碳源是指向大气中排放温室气体或者有排放温室气体前兆的过程或活动，如能源消耗与生产建设消耗，交通出行排放等。碳汇是指移除大气中温室气体的任一过程、活动或机制，如绿色植物固碳、利用废弃材料和再生能源等[2]。

随着低碳概念的提出，低碳景观概念也随即出现，是指在全周期建设中尽可能实现低能耗、低污染、低排放，降低自然资源和能源的消耗，最大限度地减少二氧化碳排放，增加二氧化碳吸收量的绿色建设理念，其营建的核心在于“减源增汇”。

二、低碳景观营建技术路径

1. 减少碳源景观措施

减少碳源包括诸多方面，但通过对比多方来源的城市碳排构成比例，发现生产建设消耗、交通出行排放是城市的主要碳排放来源，因此，本文景观设计范畴中对减少碳源具有显著效益的节能减排、绿色出行、循环利用这三方面入手进行进一步研究，探索了以下景观减少碳源可实施路径[3]。

①降低能源消耗，鼓励节能环保材料。

能源消耗是产生 CO_2 的重要来源，景观在施工建设、使用及后期维护过程中伴随着大量能源消耗，同时一些建设材料的生产如钢材、水泥、玻璃、PVC 材料等也会产生大量的 CO_2。因此，为降低能源消耗，景观施工建设之初应控制开发强度，高效集约利用空间；顺应及利用现有地形减少土方量施工，充分利用废弃回收材料[8]；应选择本地材料或就近选择材料，大幅度降低材料在交通运输中的碳排放量；利用可回收材料重组营建绿色景观设施，选择“低碳”材料替代“高碳”材料来减少景观建设中的碳成本，如减少钢材、玻璃、水泥的用量，增加生态陶瓷砖、生态石英砖和木、竹材料使用[9]（表 3-1）；应选择低能耗、低维护景观设施，减少后期维护能源消耗；鼓励使用光能、太阳能、风能等可再生能源和低能耗、超低能耗技术及其产品在景观中的推广应用，如采用太阳能光伏发电的路灯，太阳能座椅等为人们提供便捷服务的同时也对低碳理念进行展示宣传，传递了一种低碳生活方式。

表 3-1 低碳景观材料应用要点

类型	材料选择
废弃材料	场地原有石料、土料、枯木树枝等
低碳材料	竹料、天然石材

②引导绿色交通，构建舒适慢行系统。

绿色交通指以公共交通出行为导向的交通方式，主要包括地铁出行、公交出行及自行车出行。绿色交通出行可有效减少私家车出行量，进而减少温室气体排放，因此，引导绿色出行，构建舒适慢行系统是实现低碳景观的重要方面。首先，景观慢行系统构建需考虑与周边公共交通一体化衔接，打造绿色慢行网络空间，实现区域低碳效应[4]。其次，景观慢行系统合理控制线路长度及宽度，并应尽可能串联各类型城市开放空间，实现城市慢行空间的高效利用，节约资源减少能耗。最后，景观慢行系统应充分考虑骑行与步行环境的友好性，打造舒适的骑行环境及服务设施，如通过高差划分、色彩指引为慢行提供专用道，设置间距合理的驿站停靠点及相应便利服务设施[5]，鼓励人们绿色出行，进而促进节能减排。

③推进海绵设施，促进雨水循环利用。

碳循环一直存在于自然界中，而由水污染造成的各种污水处理，其本质都是通过微生物的生化作用将水体中的碳源转化成气态，以 CO_2、CH_4 等温室气体形式排放[6]而雨水收集回收利用可以减少水资源消耗，有效降低碳排放。因此景观设计中应大力推进海绵设施建设，促进场地内雨水资源回收利用，实现水资源自给自足内部循环。其中雨水收集主要包括屋顶雨水、广场雨水、绿地雨水和污染较轻的路面雨水，设计可根据不同径流收集面采取相应收集截流调蓄措施，如下凹绿地、透水铺装、植草沟、蓄水罐等[7]。下凹绿地和透水铺装可以调节雨水径流，收集利用周边及建筑屋顶雨水下渗地表，涵养地下水，以满足生态种植的日常用水，降低水资源消耗。在雨量较大季节可通过下凹绿地、透水铺装、植草沟收集雨水，通过生态种植净化雨水储存到蓄水罐，用于补给景观用水以减少对清洁水源的使用，进而减少水体净化过程中产生的碳排放量。

2. 增加碳汇景观措施

植物通过光合作用固碳释氧量远大于呼吸作用吸氧释碳量，是天然碳汇体，充分发挥绿色植物的碳汇功能，将大气中的温室气体（二氧化碳为主）储存于植物根际或土壤中——积极扩大碳汇，是成本较低的减碳措施之一。植物是增加场地碳汇最主要的因素，也是低碳设计的首要景观因素。本文主要从绿色植物配置角度提出以下三个增加碳汇的措施[3]。

①适地适树，优选固碳品种。

适地适树优选固碳能力较强的乡土树种（表 3-2），以减少运输能源消耗，最大程度发挥绿地生态效益提高碳汇量。

表 3-2　碳汇能力较强的乡土树种（华北地区）

品种	类别
落叶乔木	悬铃木、榆树、白蜡、刺槐、栾树、国槐、臭椿、紫叶李、七叶树、白玉兰、银杏、毛白杨
常绿乔木	雪松、白皮松、桧柏
大灌木	紫薇、西府海棠、山桃、碧桃、紫荆、木槿、山楂、紫丁香
小灌木	连翘、金银木、榆叶梅、珍珠梅、紫丁香、锦带花、金钟花、大叶黄杨、铺地柏、金叶女贞
地被	鸢尾、二月兰、紫花地丁、马蔺、紫菀、八宝景天
草坪	麦冬、高羊茅、野牛草、早熟禾、结缕草

注：植物按照碳汇能力依次排序

②增加绿量，拓展立体绿化。

据测算，每公顷阔叶林每年大约吸收 60t 碳当量、每公顷针叶林每年大约吸收 930kg 碳当量、每公顷草坪每年大约吸收 870kg 碳当量，林木每生长 $1m^3$，平均吸收 1.83t 二氧化碳[9]。因此，景观在考虑必要功能布局及空间开合基础上应尽可能增加景观绿地面积，提高绿化率进而实现固碳减碳。

其中立体绿化不仅在有限空间内增加绿地面积提高单位空间的固碳效率，且在夏天隔热冬天保温，可大幅降低建筑内部能源消耗，从而减少生产电能产生的 CO_2[10]。因此，在建设条件允许的情况下尽可能多地延伸立体绿化空间。

③丰富层次，合理配置植物。

研究表明，随着植物群落层次的增加，固碳效益明显增高，乔灌地被的复层种植，其碳汇功能最强（表 3-3）。单棵植物类型固碳能力排序为落叶乔木＞常绿乔木＞落叶灌木＞草本花卉＞竹子＞绿篱色块＞草坪，且不同树龄固碳能力为混合型（各年龄树种均匀分布）＞中龄型（10 ～ 20 年）＞低龄树种，因此，在绿地面积一定的情况下应尽可能丰富乔灌木种植层次，注重阔叶常绿与落叶、快生树种与慢生树种搭配比例。

表 3-3 不同绿地结构固碳释氧量对比[11]

结构类型	固碳量 t/ha	释氧量 t/ha
乔、灌、草	295.9	215.5
灌、草	43.00	31.2
乔木混交	70.6	196.2
地被	7.5	5.4

三、双碳目标下项目技术应用——以兴坝西路为例

1. 项目概况

兴坝西路位于北京市朝阳区东坝片区东风站轨道微中心组团内（图 3-1），是一条宽 25 米南北向城市次干路，东西向与主干路东坝大街相交，紧邻东侧东坝城市滨河绿色开放空间。设计依托轨道站点、景观空间旨在践行"慢行优先、公交优先、绿色优先"的低碳发展理念，倡导绿色低碳生活方式，建设步行和骑行友好区域，打造北京首个低碳交通示范街区。

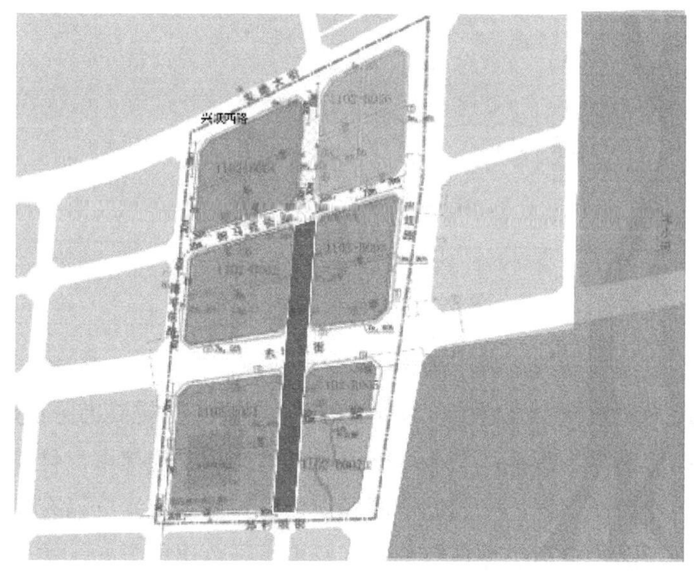

图 3-1 兴坝西路区位

2. 设计亮点

兴坝西路低碳交通示范街景观设计从减源增汇角度出发，结合实际可实施条件在慢行系统构建、功能空间利用、家具设施节能、雨水循环利用、合理绿化配置等方面提出了如下具体措施。

①使用节能环保材料，减少碳源。

景观设施应用节能环保材料可有效减少资源消耗，减少碳源。兴坝西路作为低碳示范街的典范，设计中尽可能使用回收利用的废弃材料，利用易拉罐、金属废屑等进行二次轻加工制作可回收的主题性绿色雕塑；使用可再生能源，引入太阳能智能照明灯具、太阳能智能座椅等家具设施；设计大量使用环保节能材料，如铺地采用生态陶瓷透水砖。此外设计通过利用可回收木材搭建二手集市，促进资源的回收利用（图 3-2）。

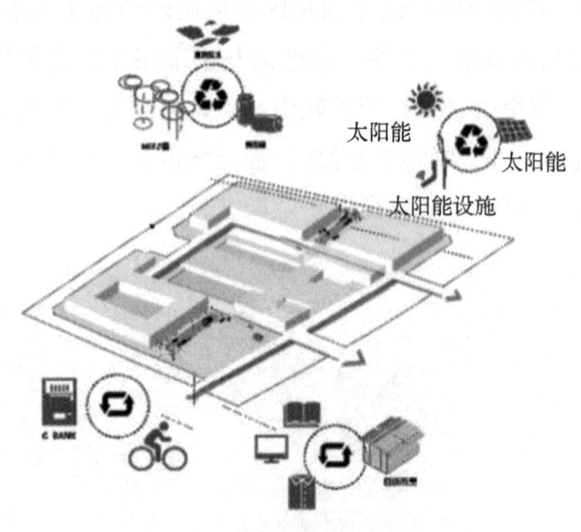

图 3-2　低碳环保循环应用

②构建舒适慢行系统，减少碳源。

兴坝西路为轨道微中心内街，为营造舒适慢行系统，提高街区低碳示范效应，设计首先依据交通组织测算，平衡了街道及其他市政交通需求，化车行路为步行路，提供了纯净街道环境；又通过地面标识指引与景观要素分隔有序组织骑行与步行道路交通断面，突出引导自行车骑行及步行绿色出行方式，构建安全慢行系统。同时，还设置地上二层自行车—人行廊桥层及地下一层环形步行连廊层，强化慢行系统立体连接，构建慢行洄游系统，实现地铁、公交站、商业、公园等公共空间无缝衔接，构建连续慢行系统。此外，设计还通过提供自行车吧台、自行车影院、自行车碳银行兑换点等交互式慢行配套服务设施及停靠点（图 3-3、图 3-4），构建舒适慢行系统，打造真正意义上的低碳示范街区。

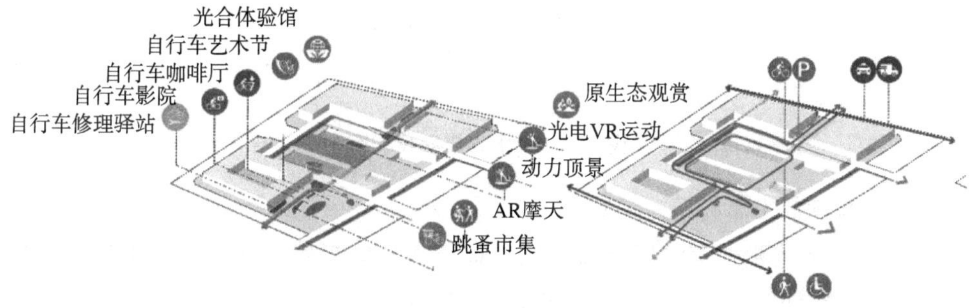

图 3-3　慢行系统多层立体构建（见彩图 9）

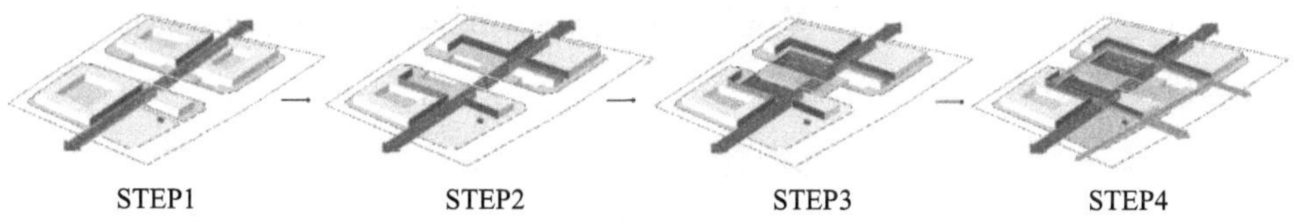

图 3-4　慢行系统设施配套及流线组织（见彩图 10）

③促进雨水收集利用，减源增汇。

海绵设施雨水回收利用系统不仅可以减少碳源，还可以通过生物过滤池增加碳汇。兴坝西路与东风站微中心组团建筑设计紧密相连，一方面街区结合建筑布局设置植草沟、下凹绿地等海绵设施，收集利用屋顶雨水；另一方面街区通过高差梳理引导地表径流，沿途道牙设置截留孔隙，过滤拦截大型污染物，使雨水汇集到下凹绿地中。整条道路设置连续下凹绿地，绿地内铺设卵石颗粒，种植选择低维护、生态性较强的宿根植物起到净化雨水作用，并隔一定间距设置一定高度雨水管用来调蓄峰值瞬时雨水量，将盈余雨水量储蓄到储存罐中。回收利用的雨水可用于景观观赏用水及非雨季景观灌溉用水。这一雨水循环利用系统充分结合街区景观空间布局打造，形成了一条蓝色生态脉络，在满足景观观赏功能与实现减源增汇的同时，起到了科普展示的作用（图 3-5）。

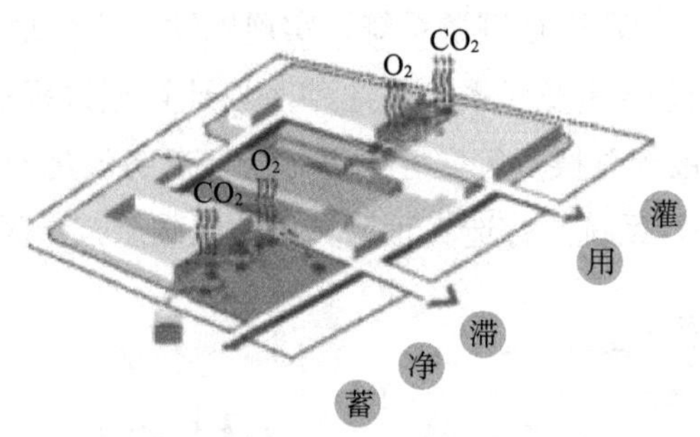

图 3-5 雨水收集回收利用

④丰富绿色生态种植，增加碳汇。

兴坝西路紧邻城市滨河开放空间，拥有良好的自然基底环境。设计首先延续绿色开放空间肌理，将绿色引入街道空间，在满足交通、建筑等功能需求的基础上尽可能地增加绿地面积，设置屋顶花园、打造立体绿化；优先选用本土固碳能力较强、观赏价值高、季相明显的绿化品种，兼顾速生与慢生相结合（表 3-4）；注重植物乔、灌、草复层植物的搭配，选择固碳能力最强的悬铃木作为行道树，最大限度增加碳汇量。

表 3-4 植物品种选择

植物类型	品种
乔木	悬铃木、白蜡、银杏、白皮松
花灌木	白玉兰、紫薇、西府海棠、紫丁香
地被	鸢尾、八宝景天

四、总结

目前我国低碳景观相关研究建设尚处于初步阶段，因此，本文从根源对低碳作用原理进行了分析，提出了对碳排放影响综合效益显著、可实施性较强的利用节能环保材料构建友好慢行系统，营建海绵雨水循环设施，优化绿化种植结构等景观技术措施，并将其应用于实际景观项目中，旨在将低碳理论与景观实践相结合，通过因地制宜、集约高效的空间利用手段，精细化、智慧化的景观要素设计，功能复合的景观设施设计，实现景观全周期过程中碳源最小化、碳汇最大化，为相关低碳景观营建提供有益借鉴，助力“双碳”目标实现。

参考文献

[1] 牟蕾 . 低碳理念下现代街道景观设计研究 [J]. 中国建筑装饰装修 , 2019(12): 106-107.

[2] 冀媛媛 , 罗杰威 , 王婷 , 等 . 基于低碳理念的景观全生命周期碳源和碳汇量化探究——以天津仕林苑居住区为例 [J]. 中国园林 , 2020, 36(8): 68-72.

[3] 孙迎新 , 胡亚东 . “碳达峰、碳中和”目标下的低碳园林景观设计探究 [J]. 现代园艺 , 2021, 44(23): 121-123.

[4] 罗湘蓉 . 基于绿色交通构建低碳枢纽——高铁枢纽规划设计策略研究 [D]. 天津：天津大学 , 2011.

[5] 王淑华 . 基于低碳理念的城市景观生态设计研究 [J]. 生态经济 , 2010(12): 192-195.

[6] 杨阳 . 基于低碳理念的城市园林水景营造研究——以安徽省全椒慈济高级中学为例 [D]. 南京：南京林业大学 , 2013.

[7] 翁许凤 . 基于碳汇理念下的城市景观生态设计应用研究 [D]. 天津：天津大学 , 2012.

[8] 徐丽华 , 陈婷 , 张瑞华 . 低碳园林研究综述及研究热点分析 [J]. 园林 , 2022, 39(1): 10-17.

[9] 王贞 , 万敏 . 低碳风景园林营造的功能特点及要则探讨 [J]. 中国园林 , 2010(6).

[10] 冀媛媛 , 罗杰威 , 王婷 . 建立城市绿地植物固碳量计算系统对于营造低碳景观的意义 [J]. 中国园林 , 2016, 32(8): 31-35.

[11] 李爱霞 . 基于“双碳”背景下的园林景观设计 [J]. 现代园艺 , 2022, 45(6): 106-108.

四 “双碳”发展下的城市机场综合交通枢纽交通规划思维

——以深圳机场东枢纽为例

权雳 周延虎

摘要：“双碳”，即碳达峰与碳中和的简称。中国力争2030年前实现碳达峰，2060年前实现碳中和。机场作为城市重要的客货运交通枢纽，相关旅客和货运交通所产生的碳排放量是碳排放的主要来源之一。随着经济发展，人们对航空出行的需求也会随之增长。此外，在站城融合理念下，机场地区的城市开发也更为集聚，区域交通组织由机场相关交通发展为多方式、多类型、多目标的交通客群，交通组织日趋复杂、碳排放控制面临更大的挑战。本文从交通规划角度，结合碳达峰、碳中和两个阶段，分别提出“按需供给、未来留白”，以及“设施共享，低碳交通”的交通规划新理念，并以深圳机场东枢纽设计方案为例，展示在空间有限、周边用地紧缺、各类交通混杂的城市机场区域，如何平衡城市机场枢纽交通需求的增长，并为实现“双碳”目标提出建议。

关键词：“双碳”；机场；综合交通枢纽；交通规划

一、研究背景及意义

2020年9月22日，国家主席习近平在第七十五届联合国大会上宣布，中国力争2030年前二氧化碳排放达到峰值，努力争取2060年前实现碳中和目标。“双碳”战略倡导绿色、环保、低碳的生活方式，其中碳达峰，就是指在某一个时点，二氧化碳的排放达到峰值不再增长，之后逐步回落。碳中和，是指企业、团体或个人测算在一定时间内直接或间接产生的温室气体排放总量，通过植树造林、节能减排等形式，以抵消自身产生的二氧化碳排放量，实现二氧化碳“零排放”。

城市交通作为碳排放中的排放主力之一[1]，大型交通枢纽所产生的碳排放是不可忽视的，其中机场是这类交通枢纽的典型代表之一，由于机场不仅起到服务群众出行的作用，也同样对经济发展、城市发展起到重要的带动作用，并且机场地理位置往往距离城市核心区域较远，人们出行方式更倾向于私人化、机动化出行，这样所带来的高机动化出行比例必然带来高碳排放，这种情况下当机场周边有较成熟的城市被开发时更为严重。所以如何平衡需求与“双碳”间的关系，是未来大型交通枢纽规划的重难点。

本文从交通规划的角度对机场交通进行合理规划，尽可能地利用规划道路条件[2]，抛弃大拆大建的旧思维，构建新型交通枢纽规划的新理念；对于机场客运交通，大力发展城市公共交通，是缓解城市机场陆侧交通压力大的有效优化方向[1,3]，并且提高如轨道交通资源，可进一步提高群众使用公共交通的出行比例[4]，轨道交通不仅快速安全，客流的集疏散速度也要快于传统的陆侧机动车方式，同时也可降低交通所产生的碳排放[5]；此外通过鼓励新技术、新理念的运用，如空铁联运，不仅可降低成本，也同样可以降低碳排放，同时提高客货运效率[6]。此外除客运交通外，机场还承担城市重要的物流节点功能，相关货运交通也同样是碳排放的主力军之一，对于货运交通，传统做法多采取禁行或限行的方式人为使道路能力更多地服务于客运交通，但物流不应继续被视为“脏乱差”，尤其对于机场片区的交通，物流所带来的利润及重要性与客运不分伯仲，甚至更加重要，需摒弃“重客抑货”传统思维，多从路网结构、运输方式等方面对货运交通进行规划[7]。

本文按照碳达峰、碳中和两个阶段提出城市机场交通规划理念。碳达峰阶段交通规划采取“按需供给，未来留白”为设计理念，以需求为导向，在保证发展的同时，尽可能地利用既有及规划的城市交通系统服务枢纽，同时为未来发展及改造预留空间及条件。碳中和阶段采取“低碳出行，设施共享”为设计理念，通过新技术引导旅客出行方式的改变，鼓励旅客使用公共交通出行，同时通过新的管理手段，如空铁联运等新方式，鼓励客运旅客“轻装上阵”。此外，对于货运交通，同样可利用空铁联运新技术降低运输所产生的碳排放量，为实现“双碳”目标添砖加瓦。

根据碳达峰、碳中和两阶段交通规划理念，本文选取深圳机场东枢纽为例展示低碳设计。深圳东枢纽是集航空、高铁、轨道、城际、公路、港口“六位一体”的新型交通枢纽，多种交通方式的汇聚为城市发展带来了新的动力，但同时也带来了巨大的交通压力及伴随着大量的碳排放。根据枢纽建设计划，机场客流发展时序与“双碳”目标时序基本吻合，预计 2025 年枢纽建成，2035 年枢纽航空客流达到约 1500 万人次 / 年，高铁客流约达到设计能力 60%，3681 万人次 / 年；2050 年枢纽达到规划能力，年总吞吐量达到 8000 万人次。

深圳机场东枢纽片区主要道路包括 2 条高速路，即广深高速、沿江高速；1 条快速路，即广深公路；3 条城市主、次干道，即宝安大道、机场道、航站四路；及若干条支路共同组成。城市开发交通多通过宝安大道、广深公路、广深高速完成集疏散，机场道现状主要服务于机场货运交通及周边片区交通。

现如今深圳机场地区交通道路压力普遍较高，广深公路作为南北向快速通道，交通量大，接近设计通行能力，其中机场南路—凯成一路高峰期压力大，单向高峰小时流量主路约为 5000pcu/h，辅路约为 1500pcu/h；广深高速是粤港澳大湾区“黄金走廊”，设计通行能力每日车流量 8 万辆次，饱和车流量 14.4 万辆次，广深高速公路全线已超负荷运作；其中鹤州立交 —宝安立交段高峰期压力大，北向南高峰小时流量约为 3400pcu/h，南向北约为 4000pcu/h。

此外，随着机场片区临空经济区的快速发展，客货交通需求也快速增长。由于宝安机场位于凤凰山与海洋间的蜂腰地段，特别是机场段南北向廊道仅有 1.2 ～ 1.5 千米的宽度，受地理条件限制，南北向新增通道也受到制约。因此，低碳绿色的客货运交通出行是解决供需矛盾的有效路径之一（图 4-1）。

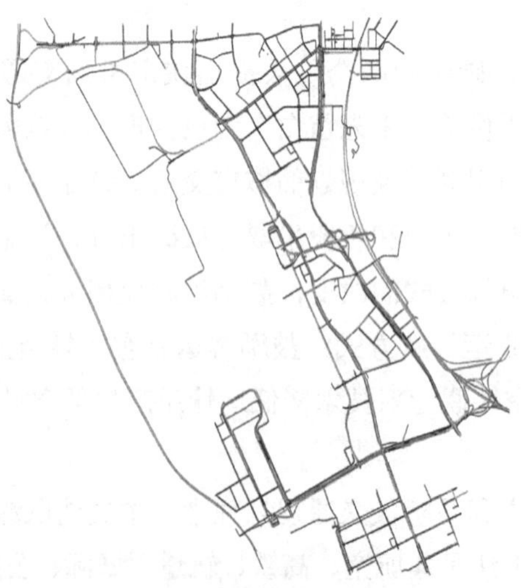

图 4-1　现状机场片区道路运行状况

故选取机场东枢纽作为示例，基于碳达峰和碳中和两个阶段，对如何在满足交通需求的情况下，实现“双碳”目标，进行城市机场交通规划思维总结，希望为类似项目提供借鉴。

二、城市机场交通规划理念

1. 按需供给，未来留白——碳达峰阶段

城市的发展日新月异，技术的进步同样在飞速变革，以现有的眼光看待未来，极有可能给未来的发展带来极大的限制，尤其在城市机场地区，不仅自然地理空间有限，历史规划所预留的空间同样有限，按照以往修建新的道路的方式去满足交通需求的规划理念已经不再适合目前的“双碳”发展目标，所以碳达峰阶段的城市机场的交通规划，建议采取“按需供给、未来留白”的设计理念。

结合深圳机场东枢纽项目，该段时期枢纽交通规划理念以“按需供给”为基础，融合“小改造”的设计理念，充分利用现有城市交通规划，在满足近期交通需求的情况下，不替未来做判断，为未来预留改造空间，实现为“未来留白”。

深圳机场东枢纽建设计划于 2025 年完成枢纽建设，至 2035 年航空客流达到 1500w，铁路客流达到约 3680 万，近期将会带来近 4400pcu/h 的高峰小时抵离交通量。

“小改造”方案避免了大拆大建的粗放式建造，减少了建筑垃圾的产生及建筑所产生的碳排放。并且“小改造”方案相对于直接以远期为设计目标进行交通规划而言，对机场道小改造的方案更加节约合理。方案仅对机场道、机场立交与福永立交间的交织段道路进行拓宽，以及在枢纽前修建局部立交将客货分离，实现枢纽旅客快速进站，减少客货干扰，总造价约 6200 万元；如果采取高架方案，不仅不能有效提高机场道的通行能力，反而限制了未来的改造空间，并且投资造价将达到约 8.1 亿元，势必造成投资浪费。

此外，机场道“小改造”方案客货混行，有助于降低私家车、小汽车用户的舒适度，潜移默化中对私人机动化出行赋予较低的出行品质，减少驾驶意愿，鼓励采取公共出行方式，从而对人们出行方式产生潜移默化的影响，进而降低枢纽交通所产生的碳排放量。同时，打造“无缝对接、空铁联运”的客运一体化

交通枢纽，也同样是减少碳排放的有效手段之一。旅客可以极大便捷地平层换乘 M1、M12、M20、M26 4 条地铁线路，1 条城际线路，即深大城际，以及 2 条高铁线路，即深茂高铁及广深第二高铁。并且通过采用新的行李运输技术及系统，为旅客提供行李一站式服务，减少旅客携带行李的不便，实现旅客“空铁联运”，进一步推动旅客出行方式的变革，由私人机动化出行逐渐转至公共交通出行，从而降低碳排放（图 4-2 ～图 4-4）。

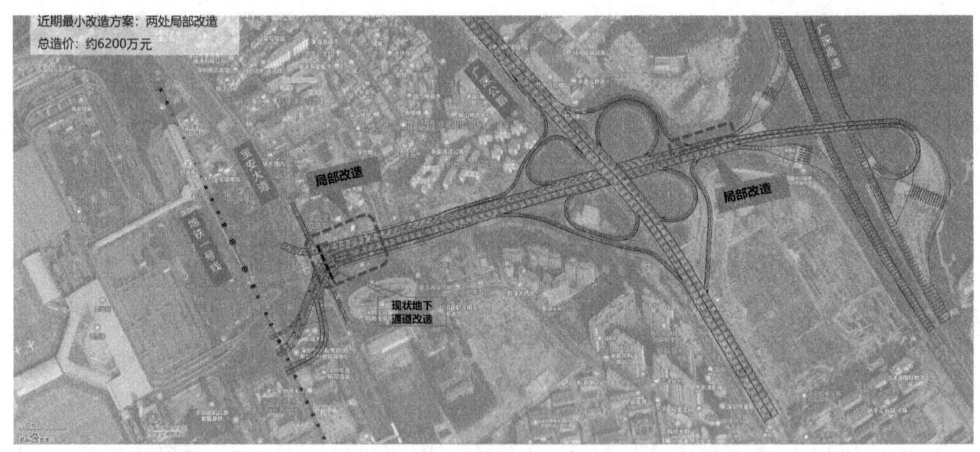

图 4-2　机场道近期小改造方案

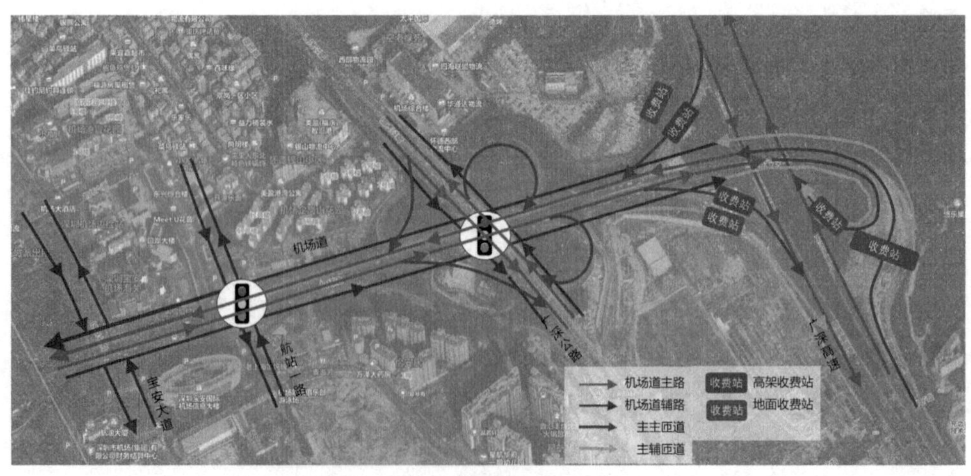

图 4-3　机场道远期方案（见彩图 11）

图 4-4　空铁联运

还可通过航空、轨道、高铁、城际间旅客安检互认等新技术，减少旅客排队等待时长，进一步鼓励吸引旅客乘坐公共交通，减少私人交通方式出行，降低碳排放（图 4-5）。

图 4-5　安检互认，快速中转

“按需供给、未来留白”的设计理念既满足了枢纽交通发展的需求，又通过对现有道路进行低成本的改造优化，从而满足额外的交通需求，同时利用新的技术及引导，改变旅客出行方式结构，提高公共交通出行的意愿，减少碳排放量。

2. 设施共享，低碳交通——碳中和阶段

结合碳中和目标，交通规划采取“设施共享、低碳交通”的规划理念。城市机场在空间有限的情况下，为避免交通设施过度提供，利用不同业态间的客流高峰时段不同的特点，采取“错峰使用，共享空间”的思路，集约小汽车设置停车场，减少资源浪费及减少占地（图 4-6、表 4-1）。

深圳东枢纽若按需求预测提供停车设施，高峰需约 4800 个停车位，通过“设施共享”最终共提供约 4000 个小汽车停车位，减少设施布局的浪费。并且通过设施共享，降低停车数量的供给，也可降低私人机动车的出行意愿，引导旅客使用公共交通方式，从而达到减少碳排放的目标（图 4-5）。

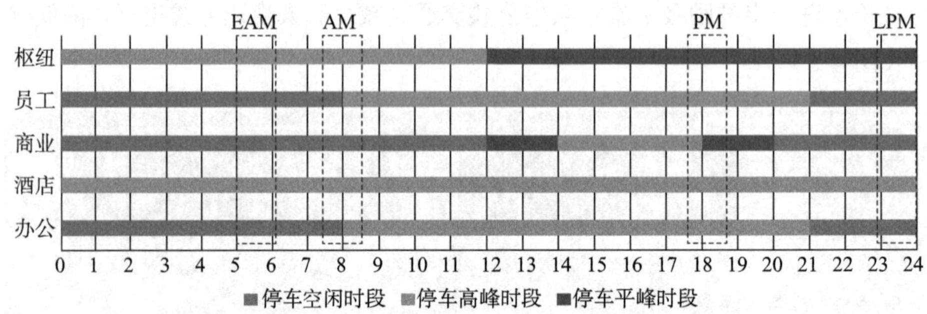

图 4-6 工作日各业态停车高峰时段示意

表 4-1 交通设施共享表

类型	设施类型	高峰设施数量需求 / 个	错峰后提供 / 个
机场	网约车	200	164
	私家车	2000	1410
高铁 + 城际	网约车	200	267
	私家车	1250	1049
员工		320	320

续表

类型	设施类型	高峰设施数量需求 / 个	错峰后提供 / 个
商业开发	商业	684	88
	办公	88	684
	酒店	58	58
小汽车停车位总计		4800	4040

此外，城市机场往往不仅承担重要的客运功能，也承担着货运功能，同时传统的航空与公路间的货运转运模式会产生大量的碳排放，故而探索低碳的货运交通新模式势在必行。

深圳东枢纽远期规划 550 万吨航空货物吞吐量，若仍使用传统的公路转运方式，势必对枢纽片区的交通带来不可承受的压力，而且对城市的污染比同等数量小汽车的碳排放量更大。

为了解决传统货运带来的大量碳排放问题，城市机场片区的货运交通规划应积极尝试新的技术及理念，如发展货运空铁联运，空铁联运具有合理配置运输资源、提高运输效率、促进区域经济社会发展、绿色低碳等多种优点，并且高铁货运与航空货运具有相似的货源特征和货物品类，多为小批量、多批次、时效性高、附加值高、运输质量要求高、价格敏感程度低的货物，故而在城市机场综合交通枢纽发展中，空铁联运对于实现碳中和目标具有促进作用（图 4-7）。

深圳机场东枢纽在建筑内预留了空铁联运货物处理区，可将货运通过高铁、城际甚至轨道线路送往目的地。空铁联运相关货物可通过陆侧坡道前往 B1.5 层装卸货物，经货物处理区处理后，可通过传输系统直达货运站台。在 B1 层同样设置货物处理区，可以在该区域处理分拣运往轨道站台的空铁联运货物。通过空铁联运可将航空、高铁、轨道多种交通方式的优点相融合，不仅增加了货运的时效性，也降低了物流运输的成本，并且同等距离及同等重量的情况下，铁路运输方式要比传统的公路运输方式碳排放量低。并且，由于部分货物采取空铁联运的方式运输，减少了陆侧货运量，从而减少货运公路运输的交通量，进一步降低碳排放量，并且随着电动汽车技术的不断完善，远期货运车辆可采取电动车辆进行运输，减少燃油所产生的碳排放，实现碳中和目标（图 4-8）。

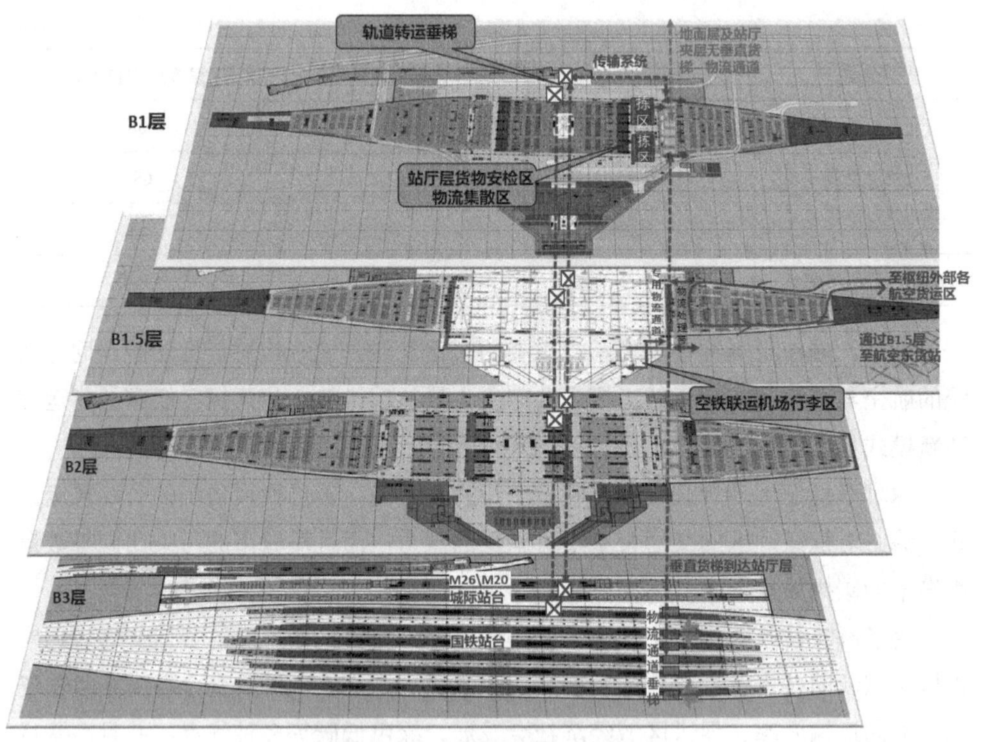

图 4-7　枢纽货运空铁联运方案

序号	运输方式	碳排放量（kg/t·km）
1	铁路	0.0064
2	公路	0.1323
3	水路	0.0177
4	航空	0.7138

图 4-8　不同运输方式碳排放对比

三、总结

实现“双碳”目标是一场广泛深刻的经济社会系统性变革，对城市交通发展提出了新的要求。通过解析“双碳”目标要求和低碳交通发展的内涵，借助深圳机场东枢纽作为案例，分析城市机场的交通现状，识别“双碳”目标下城市机场交通发展的挑战，从交通规划角度，提出小改造、保需求、多通道、多共享、多创新等优化路径和思路，碳达峰阶段采取“按需供给、未来留白”既满足了近期城市机场的交通需求，又为未来交通模式的转变预留了弹性。碳中和阶段采取“设施共享、低碳交通”的规划理念，大胆尝试和运用新技术、新方式，通过规划引导交通方式的转变，不仅客运采取低碳出行方式，货运同样需由传统公路运输转为更加低碳绿色的运输方式，为实现碳中和目标做出贡献，为城市机场的交通规划提供借鉴。

参考文献

[1] 李丽，王晓颖．双碳目标下北京城市交通结构优化研究 [J]. 交通节能与环保，2022.

[2] 吴晓，周一鸣，刘小明．枢纽机场衔接公路网优化理论与方法研究 [J]. 公路交通科技，2009(5).

[3] 白同舟，刘雪杰，等．城市群大型枢纽机场陆侧交通通道优化建议——以北京首都国际机场为例 [J]. 中国城市规划学会，2016.

[4] 向劲松，张道海，刘龙胜．经济中心城市机场轨道交通规划研究　国外经验与深圳实践 [J]. 交通与运输，2011.

[5] 钱堃，唐继孟，等．城市轨道交通在机场枢纽集疏运体系中的竞争力分析 [J]. 交通运输系统工程与信息，2014.

[6] 吕学伟，杨斌，袁剑斐．低碳视角下的多式联运最优路径选择 [J]. 广西大学学报（自然科学版），2017.

[7] 黄建新．城市货车限行政策交通评估体系研究——以广州机场高速为例 [J]. 交通与运输，2017.

五　老城 TOD 点状资源一体化设计思考

——以浙江省绍兴市柯桥站为例

李哲

摘要：在都市圈城际铁路蓬勃发展与城市更新的双重背景下，本文将站城一体理念与城市更新相结合，以绍兴城际线柯桥站为例，开展 TOD 点状资源与周边区域站城一体化的设计探索。绍兴城际铁路是既有普速铁路通勤化改造的重要实践，而柯桥站则是柯桥老城核心区的“最后一块拼图”，因而其设计对我国大量的老城区 TOD 点状资源利用具有重要的示范意义。

首先，明确指出绍兴城际线的核心竞争力，并结合该线沿线车站方案，分析了国内传统城际车站在站、城关系处理上存在的普遍问题。其次，以柯桥站及周边地块为对象，从产业、公共服务、交通等方面系统梳理了柯桥站片区面临的现状问题及设计挑战。最后，从站城一体的理念出发，提出了功能一体、用地一体、交通一体、空间一体四方面设计策略，并对项目的后续实施策略提出合理化建议。

关键词：站城一体；TOD 城市更新；城际铁路

一、引言

随着京津冀协同发展、长三角一体化发展、粤港澳大湾区建设上升为国家战略，都市圈城市群正在成为承载发展的主要空间形式，而都市圈铁路则成为引领区域发展的重要交通骨架。2020 年国务院办公厅转发了《关于推动都市圈市域（郊）铁路加快发展的意见》，明确提出“优先利用既有铁路”“积极推广地下空间开发、轨道交通上盖物业综合开发等节约用地的技术和模式”，城际车站已经由传统的交通建筑逐步发展为站城一体的城市重要公共空间。同时，我国城市化进程已进入中高发展阶段，大量城市已经由大规模增量建设转为存量提质改造，城市更新成为老城发展面临的主要问题。相对于城市新区，老城区发展往往呈现出基础设施老旧、用地资源稀缺、经济活力不足等城市痼疾，亟须引入发展触媒，为更新注入动力。

在都市圈城际铁路蓬勃发展与城市更新需求迫切的双重背景下，本文以位于柯桥老城区的绍兴城际线柯桥站为例，开展 TOD 点状资源与周边区域站城一体化的设计探索，希望能对我国旧城点状 TOD 资源利用与城市更新提供借鉴。

二、背景与价值

1. 绍兴城际线（图5-1）总体认知

2018 年 11 月 5 日，习近平总书记在首届中国国际进口博览会上宣布了长江三角洲区域一体化发展的国家战略，而“杭绍甬一体化”则是这一国家战略的重要组成。杭绍甬一体化的核心是同城化，同城化的重点在于交通。当此聚合之机，绍兴城际铁路应运而生，利用既有萧甬铁路，在绍兴各组团与杭州宁波之间打通了一条高速度、大容量、公交化的新脉络。而柯桥站的设立，将使柯桥区正式被纳入杭州一小时通勤圈，成为区域更新发展的重要引擎。

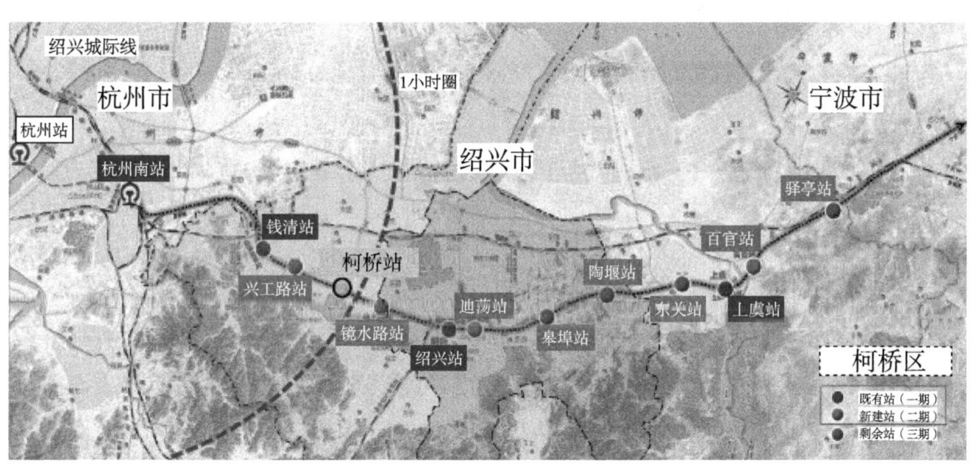

图 5-1 绍兴城际线（见彩图 12）

绍兴“连杭”的轨道通道（图 5-2）有三种：地铁、高铁和城际铁路。通过对三者从单程通勤用时、月通勤交通费用、站间距等信息的综合比较可以发现：对于柯桥区的跨城通勤者，地铁站间距短但用时过长（单程 107min，月花费 528 元）；高铁时间最短但成本过高（单程 80min，月花费 1122 元）；城际线耗时仅略高于高铁，花费则与地铁相近（单程 82min，月花费 616 元），对客流拥有天然吸引力。同时，依据绍兴市轨道交通线网规划，预计 2027 年前柯桥南区仅能通过城际线去往绍兴主城。因此，城际线是近期柯桥西连杭州、东接绍兴主城最重要的轨道交通通道。

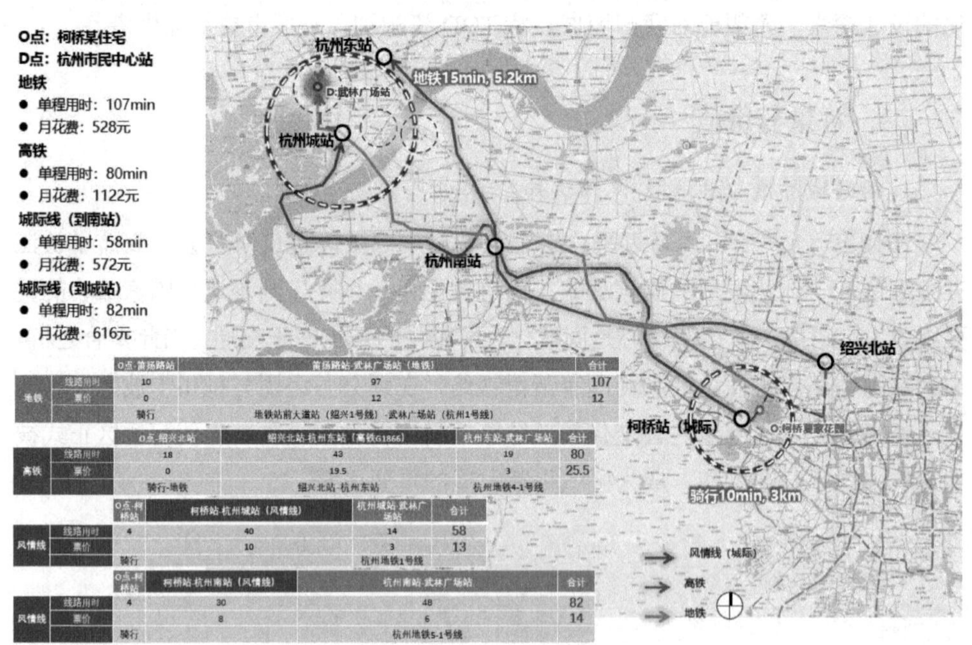

		O点-笛扬路站	笛扬路站-武林广场站（地铁）	合计
地铁	线路用时	10	97	107
	票价	0	12	12
		骑行	地铁站前大道站（绍兴1号线）-武林广场站（杭州1号线）	

		O点-绍兴北站	绍兴北站-杭州东站（高铁G1866）	杭州东站-武林广场站	合计
高铁	线路用时	18	43	19	80
	票价	0	19.5	3	25.5
		骑行-地铁	绍兴北站-杭州东站	杭州地铁4-1号线	

		O点-柯桥站	柯桥站-杭州城站（风情线）	杭州城站-武林广场站	合计
风情线	线路用时	4	40	14	58
	票价		10	3	13
		骑行		杭州地铁1号线	

		O点-柯桥站	柯桥站-杭州南站（风情线）	杭州南站-武林广场站	合计
风情线	线路用时	4	30	48	82
	票价		8	6	14
		骑行		杭州地铁5-1号线	

图 5-2 绍兴“连杭”轨道交通对比（见彩图 13）

2. 绍兴城际线沿线车站设计分析

一期：改造既有站，快速投入运营

2018 年 9 月，绍兴城际线（图 5-3）一期开通运营，沿线共设有钱清站、绍兴站、上虞站三个站点，其中绍兴站、上虞站均结合既有火车站局部改造而成，增设城际专用闸机与候车室；钱清站利用既有货运站进行客运适应性改造，新建了城际站房。三个车站均利用了既有车站资源，以快速投入运营为目的，与周边地块基本无联系。

图 5-3　绍兴城际线一期车站

二期：新建车站，交通功能为主，站城分离。

绍兴城际线二期（图 5-4）计划新开通柯桥站、迪荡站、百官站三个车站。在绍兴城际线可行性研究设计中，此三个站点均考虑为线侧式车站，仅有城际车站基本的交通功能，车站独立占地，交通组织以平面流线为主，呈现典型的“站城分离”特点。

图 5-4　绍兴城际线二期车站

绍兴城际线沿线车站的设计模式，反映出国内城际车站设计的普遍问题：设计从车站本体客流需求与行车组织需求出发，仅考虑单一的轨道交通功能，车站与城市用地泾渭分明，空间利用仍以地面为主，土地利用效益有限，交通组织效率低下。当站点位于城市功能集聚的老城区时，有限的用地使交通枢纽与城市功能彼此交叠，必将加剧交通秩序与空间秩序的混乱。

三、现状与问题

绍兴城际线柯桥站（图 5-5）选址于柯桥老城核心区，城市功能板块与旅游功能板块的交界处，以城际线为分界，南侧为著名的鉴湖—柯岩风景区，北侧则为亚洲最大的转行专业市场——中国轻纺城的传统交易区，商贸、旅游、城市生活等多样化功能在此叠合交界，功能空前复杂。和大多老城中的车站一样，已经是开发成熟片区的“最后一块拼图”，因此如何借助 TOD 资源带动老城区更新发展，是项目的核心挑战。

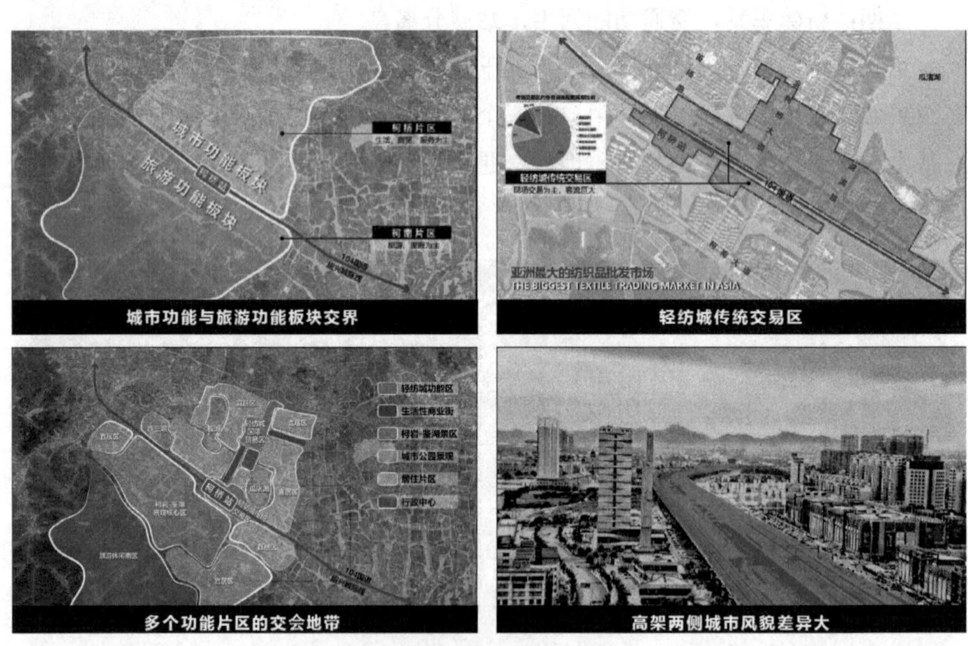

图 5-5　柯桥站周边现状（见彩图 14）

现状问题一：轻纺城传统交易区发展滞后。

中国轻纺城（图 5-6）的发展，呈现出跟随交通资源不断转移的发展模式。南部的传统交易区，依托轻纺城大道和萧甬铁路，成为 20 世纪八九十年代的核心，以现金、现货、现场交易为主流；随着 2000 年前期城市主干道——金柯桥大道北扩，轻纺城的核心迁移至中部国际贸易区，呈现出商务写字楼模式；2010 年至今，依托北侧高铁与高速公路，核心继续北迁，呈现出线上交易、线下服务、体验为主的会展经济模式。因此，传统交易区面临着迭代转型的巨大挑战，而柯桥站将为其带来交通升级的重要机遇。

(1) 1980、1990年代传统市场模式

- 南端传统交易区为代表
- 现金、现货、现场交易
- 以104国道、萧甬铁路为交通条件

(2) 2000年前期商务办公写字楼模式

- 中部国际贸易区为代表
- 楼宇经济、写字楼租赁经济
- 以城市主干道为交通条件

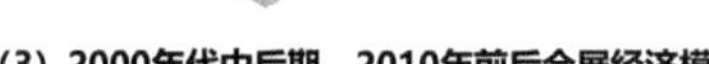

(3) 2000年代中后期、2010年前后会展经济模式

- 各金柯桥大道沿线会展中心为代表
- 服务、体验、消费经济
- 以高铁、高速公路为交通条件

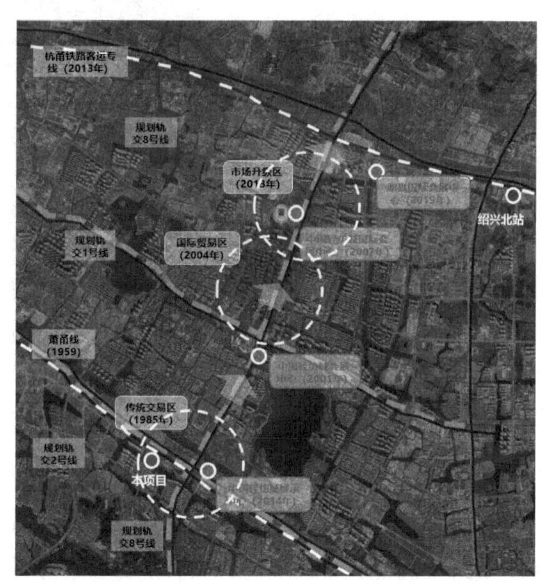

图 5-6　轻纺城发展脉络（见彩图 15）

现状问题二：双高架阻隔，区域发展失衡。

老城里的铁路经常成为阻隔城市发展的负面因素，而柯桥站北侧更是存在快速路高架与铁路的双高架阻隔。从生活服务设施的密度与质量看，双高架北侧均显著高于南侧。同时，区域公共服务设施普遍相对老旧，在数量与质量上均存在缺口。柯桥站的设立，应该成为片区设施更新，南北片区缝合的契机。

现状问题三：有限用地难以承载庞大的交通需求。

柯桥站（图 5-7）周边功能复杂，北接轻纺城商旅需求，南接柯桥旅游圈“北门户”，东临柯桥最繁忙的街道——金柯桥大道，区域本体的城市交通需求已较为复杂。通过对外交通需求与交通吸引点综合预测，城际车站远期客流可达 300 万人 / 年，高峰小时客流达 1223 人。因此，柯桥站不仅是一个城际车站，更是一个区域的交通中心，原有的车站用地已经无法承载如此繁杂的交通需求。

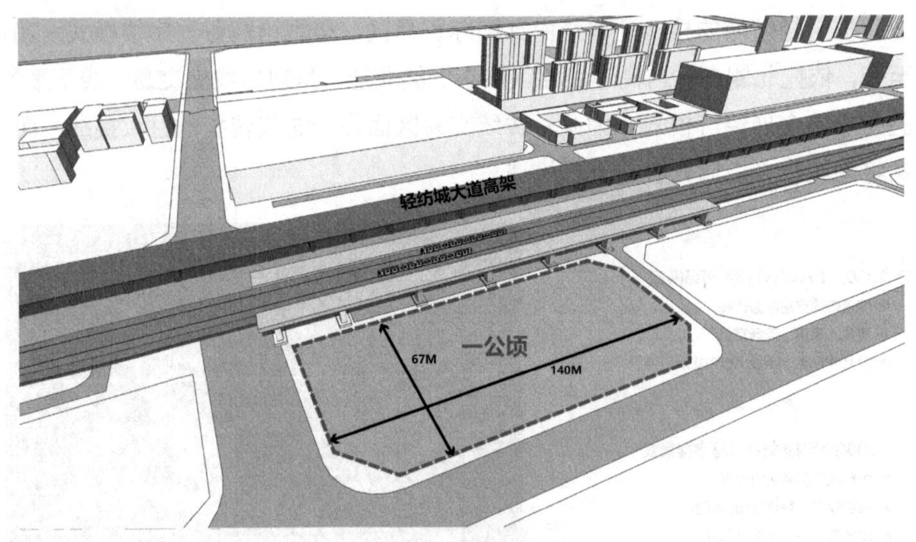

图 5-7 柯桥站用地条件

四、策略与思考

柯桥站面临的问题在老城车站中具有典型性，常规的 TOD 新区大拆大建的开发模式不再适用。方案尝试将站城一体与城市更新相结合，从功能、用地、交通、空间多层次缝合“站”与“城”，实现车站与城市的联动更新。

1. 功能一体：民生织补，以站促城

从区域综合发展的大视角出发，柯桥站需要的不仅仅是一个城际车站，更是一个区域的综合交通枢纽；一个轻纺城传统区升级迭代的触媒；一个柯南大旅游圈的北部门户；一个周边居住区生活服务的集合。面对空间资源稀缺难题，应该从实际需求出发，科学合理地测算规模，让有限空间最大程度发挥价值，补足民生短板、推动产业升级，实现以站促城。

（1）构建区域综合交通枢纽的需求。

本项目具有通勤、商务、旅游多样客流叠加的特殊性。从整合交通资源、充分发挥交通效率的角度出发，需要以车站为核心组织区域交通枢纽体系，构建依托公交首末站的公交枢纽，依托公共停车场的 P+R 出行链，依托旅游交通节点的旅游集散核心，依托水上码头与航道形成水陆联通节点，依托慢行网络形成一体化城市空间。通过对既有交通客流的合理预测、对区域内不同出行方式的合理划分，对枢纽配套交通设施规模预测如图 5-8 所示。

			标准线路数	设施总计
常规公交与旅游公交	首末站	枢纽服务	2	落客位2个 上客位3个 备车位8~12个
		周边服务	2	
		旅游专线	2	
	中途站	—	15	港湾站3~4个
社会车辆	送客	车道边车位		落客位1个
	接客	短期停车位数量		40个
		停车场接客边		上客位2个
	P+R	停车位数量		200个，其中100个可与开发车库共享
网约车	送客	车道边车位		落客位1个
	接客	停车位数量		上客位3个 蓄车位6个
出租车	送客	车道边车位		落客位1~2个
	接客	停车位数量		上客位3个 蓄车位6个
自行车	共享停车位数量			400辆
	其他停车位数量			200辆

图 5-8　配套交通规模预测

（2）轻纺城迭代发展需求。

电商强势冲击、空置比例攀升、租金收益增长乏力、设施老旧、交通优势不再、环境品质不佳等，是传统批发市场面临的普遍问题，轻纺城传统交易区也不例外。通过对义乌中国小商品城、广州国际红棉时装城等成功转型的案例进行解析，可以发现其升级的两条主要路径：一是从原料、半成品市场向终端消费市场转变；二是从原料、半成品市场向产业链上游环节转变，如设计、研发、咨询、展示等。落实到具体优化板块，主要包括承载创意研发的办公空间；承载商务洽谈与配套升级的中高端酒店和商业空间；承载线下体验、个性定制的展览展示空间等。通过对现状轻纺城传统交易区与义乌国际商贸城业态配比的对比与优化建议，提出了本项目可承载的业态功能建议。其中会展会议部分可利用轻纺城现有闲置的空间资源，而游乐、物流等功能可借助周边既有的文旅、物流资源，因而本项目直接配置功能主要为商业、商务办公与酒店，具体指标如图 5-9 所示。

（3）完善柯南大旅游圈的需求（图 5-10）。

本项目南侧 1km 范围可直达柯岩—鉴湖景区，3km 范围可覆盖鉴湖景区的核心区；北侧 1km 范围可覆盖柯桥历史街区，3km 范围可达到瓜渚湖公园。根据《鉴湖—柯岩旅游度假区发展规划研究》测算，鉴湖—柯岩旅游度假区规划旅游流量至2030年可达800万人次，节假日高峰时段达12万～15万人/天。

	商铺商场	商务服务配套与综合办公	游乐游服	会议会展	酒店宾馆	物流配送
轻纺城传统交易区业态建筑面积配比现状	78.7%	12.36%	0.00%	0.6%	2.0%	1.1%
义乌国际商贸城选取的参照值	65%~75%	14%~14.5%	1%~2.5%	1%~7%	1%~5%	2.5%~6.5%
优化区间	-15%~-5%	1.6%~2.1%	<2.5%	0.5%~6.5%	<3%	1.5%~5.5%

■ 测算结果

		商业	商务办公	会展会议	酒店宾馆	配套服务	游乐游服	物流配送	合计
建筑面积/（万平方米）	低值	0.5	2.0	0.5	0.5	0.2	2.5	0.1	3.0
	高值	2.0	3.0	6.5	4.0	0.8	4.5	1.0	9.0
				利用轻纺城现有空置资源		建议不在本项目配置			

图5-9 轻纺城发展空间需求预测

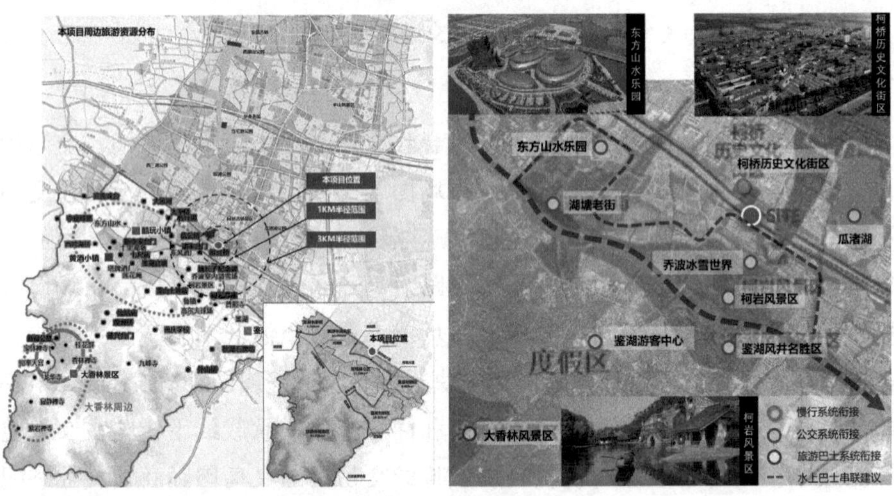

建筑业态	游客中心	酒店宾馆	室内游乐设施	旅游产品销售（旅游商业）
建筑面积/（万平方米）	0.02~0.05	0.5~1.5	0.05~0.1	0.05~0.1

图5-10 完善柯南大旅游圈空间需求预测（见彩图16）

未来，城际线的柯桥站将是鉴湖游客的快速集散点，也是景区的次要门户，旅游发展规划明确此处为片区等级的综合性旅游服务中心。依据《风景名胜区详细规划标准》，综合性的旅游服务中心面积为0.5万～4.5万平方米，受限于项目的有限用地，区域主要承载游客的交通集散、酒店宾馆及部分旅游商业功能，各部分业态面积如图 5-10 中所示。

（4）完善周边社区生活设施的需求。

以轻纺城大道与萧甬铁路为界，本项目南北两侧分布有大量居住社区，北侧社区配套相对完善，而南侧配套设施缺口较为明显。以步行 15 分钟生活圈为规划依据标准，柯南片区本项目 15 分钟步行直线距离可达的社区共 6 个，分别为阮社、独山、东江、新未庄、梅墅、陈酿。依据上位规划，本站点是该生活居住片区的综合商业中心，6 个社区规划服务人口约 9.1 万人。根据《城市居住区规划设计标准》，15 分钟生活圈商业设施配置标准为 320 ～ 450 平方米 / 千人，应配置生活性商业设施规模为 2.9 万～ 4.1 万平方米，而各社区现有生活性商业设施总规模约 1.6 万平米，配套总缺口 1.3 万～ 2.5 万平方米，各部分业态面积如图 5-11 所示。

建筑业态	集中商业			社区文化与娱乐设施	
	零售	生鲜	餐饮	社区活动中心	其他设施
建筑面积/(万平方米)	1.0~1.5	0.5~1.0	0.5~1.0	0.05~0.2	0.05~0.1
建筑面积合计/（万平方米）	1.2-2.3			0.1-0.3	

图 5-11　完善生活设施空间需求预测

综合以上三部分开发需求，商业配套整合轻纺城商业配套缺口 0.5 万～ 1.5 万平方米，居住片区缺口 1.2 万～ 2.5 万平方米，区域内总商业规模 2 万～ 2.5 万平方米；酒店满足文旅 0.5 万～ 1.5 万平方米以及轻纺城商务需求 0.5 万～ 4.0 万平方米，整合配置约 2.0 万平米中高端酒店；设置 2000 ～ 5000 平方米游客中心，兼具展示与服务功能；并在既有条件下补充 2 万～ 3 万平方米商务办公地。

2. 用地一体：打破红线、融站于城

在原控规条件下，枢纽用地仅 1 公顷，且北侧紧邻轻纺城大道高架，有限的用地条件严重制约了枢纽发展，也无法满足枢纽交通设置的基本需求。为此，我们打破“站”与“城”的空间分界，将周边未开发的用地资源一同纳入一体化设计范围，以区域内地块指标的总体平衡的模式，实现用地的一体化。

北侧打破了车站与既有铁路线的红线分隔，利用萧甬铁路线下作为铁路候车区与公交接驳空间、公共停车空间，从而将南侧地块尽可能腾出作为枢纽的交通接驳空间，相比原来的线侧式方案，极大地提升了土地利用效率。东侧打破车站与周边开发地块的红线分隔，作为整体地块统筹考虑，优化用地红线与控规条件，为站城一体的开发方案提供规划上的可行性。

南侧则将滨水地块一体纳入设计范围，打造游客服务中心与滨水码头，打通车站与滨水空间的视线通廊与门户空间（图 5-12）。

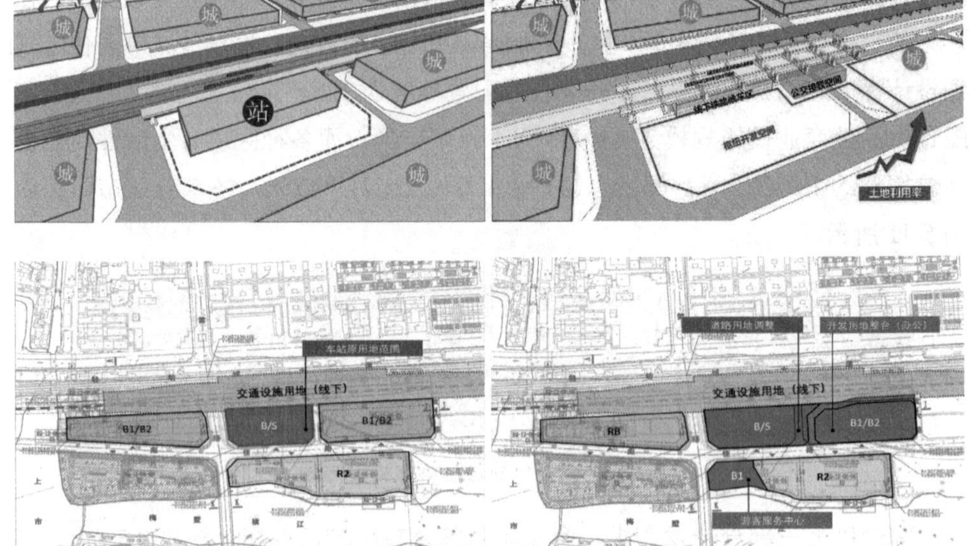

图 5-12　线下空间利用与周边地块整合

3. 交通一体：立体集散、站城联动

不同于大规模的高铁站枢纽，老城区枢纽设计的核心矛盾在于有限的用地空间与多样化交通接驳设施的矛盾。虽然客流仅为绍兴高铁北站枢纽的十分之一，但“麻雀虽小，五脏俱全”，城际车站、公交、旅游大巴、出租车、网约车、私家车各类功能齐备。为此，需要尽可能立体集约空间，站城交通资源共享共构。

（1）车辆集散。

车站地块狭小，临街面仅为西、南两侧，且西侧沿街面长度仅 50m，南北两侧均为道路交叉口，不具备设置交通接驳出入口条件，大量交通集散均需集中至南侧界面，流线复杂交织，交通承载力有限。方案利用铁路线下空间设置城际候车厅，一方面可以集约用地；另一方面可以利用北侧轻纺城大道界面设置北落客快速系统，有效分解车流，南侧空间较富裕的地方设置短时停车与南落客系统，南北双落客实现城市各向来车零距离进站。

同时，线下公交场站的设置，将公交车与旅游巴士车流分解至北侧界面，实现枢纽大车与小车界面上的分流，有效缓解交通拥堵（图 5-13）。

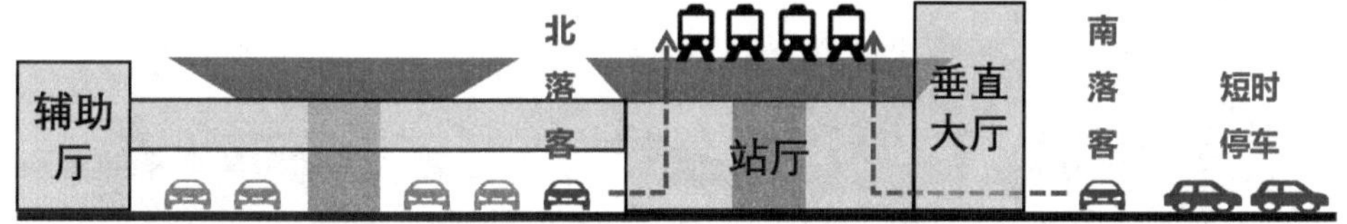

图 5-13　枢纽南北双落客模式

（2）人行换乘。

枢纽的人行换乘间采用中庭空间立体整合。在紧邻城际站房处，设置四层通高的换乘大厅，首层出站直达枢纽换乘层，可快速换乘出租、公交、旅游大巴；地下一层为私家车车库与网约车接驳；二层衔接商业空间；三层则为空中城市平台，直达南侧码头与东西开发地块。通过可视化的空间设计，中庭可直观展现各类接驳设施的方位及路径，也将成为地标性的城市空间，实现全方位的站城联动（图 5-14）。

图 5-14　人行换乘结构

4. 空间一体：多向衔接、沿站缝城

新的柯桥站枢纽不仅是交通功能的整合，也是城市空间的缝合器。以车站为核心，片区形成了横向城市发展轴与纵向枢纽门户轴双轴交叉的“十”字形空间结构，以空中慢行骨架缝合南北割裂的城市片区。城市发展轴串联东西开发地块，衔接轻纺城南区与规划8号线地铁站，酒店、商业、办公、居住等多样的城市功能穿插其中。枢纽门户轴以中央广场为核心，向北跨双高架联接轻纺城传统市场，打通南北脉络；南侧面水舒展，曲线婉转，打通了自然生态网络，构筑开敞的滨水文旅门户，也在更大范围融入了鉴湖旅游圈（图5-15）。

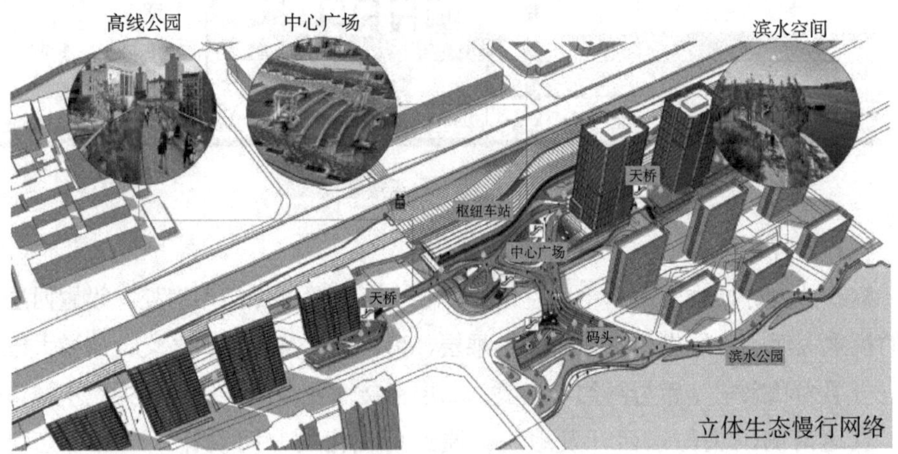

图5-15　立体生态慢行网

项目整体构建出地面交通接驳，二层商业配套，三层城市广场，上空酒店办公的立体空间体系。台下隔离繁杂的交通，台上包容无限的生活场景，真正实现车站与城市的一体融合（图5-16）。

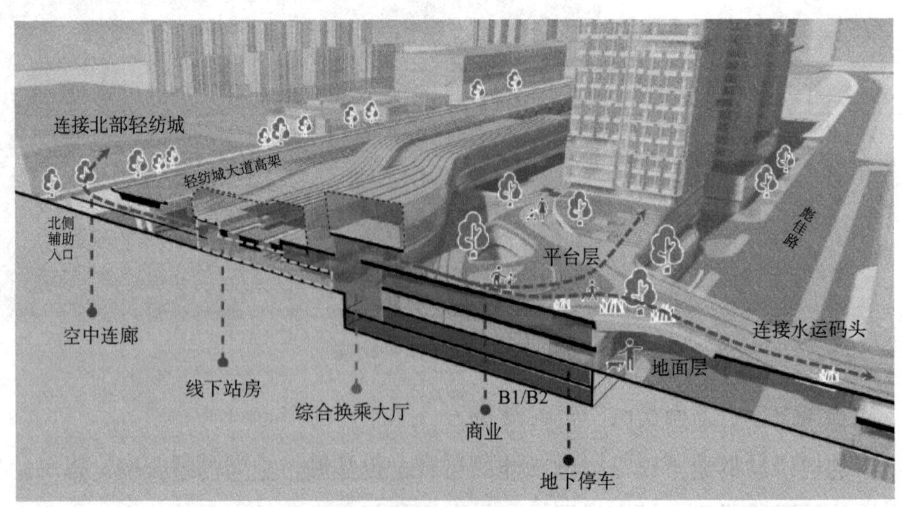

图5-16　立体空间体系

五、结语

随着我国城市建设进入存量发展阶段，老城区 TOD 点状资源的更新利用将成为未来众多城市发展的重点与难点。本文以绍兴城际线柯桥站及周边区域的一体化设计为例，开展 TOD 点状资源与周边区域站城一体化的设计探索。相比大开大合的新区 TOD 整体开发，老城区面临着空间资源有限、利益主体多元、建设条件复杂、功能需求繁多等诸多问题，往往最初的设想难以落地。因此，在前期的设计过程中，应充分考虑各方利益主体、各类使用人群的切实需求，在整合资源的同时，合理切分投资界面与建设管理界面，并充分验证方案的工程可实施性，以系统的实施路径，推动项目的有序落地，使 TOD 资源真正成为推动城市更新的有利驱动。

参考文献

[1]　王检亮 , 谭国威 , 宗传苓 . 城市轨道交通枢纽条件下城市更新研究 [J]. 交通世界 , 2017, 440(26): 40-43.

[2]　薛鸣华 , 王旭潭 . 大型综合交通枢纽带动下的城市中心区城市设计——以上海西站及其周边地块为例 [J]. 规划师 , 2015, 31, 236(8): 75-80.

[3]　胡映东 . 城市更新背景下的枢纽开发模式研究——以大阪站北区再开发为例 [J]. 华中建筑 , 2014, 32, 205(6): 120-126.

[4]　倪凯旋 . 整合策略引导下的城市综合交通枢纽地区更新改造研究 [D]. 上海：同济大学 , 2008.

[5]　刘奕 , 孙文勇 . 站城一体理念下的老城枢纽地区城市更新策略探析——以深圳火车站及其周边片区为例 [A]. 中国城市规划学会 , 重庆市人民政府 . 活力城乡 美好人居——2019 中国城市规划年会论文集 (02 城市更新) [C]. 中国城市规划学会、重庆市人民政府 : 中国城市规划学会 , 2019: 11.

六　城市轨道交通建设项目规划后评估方法研究

谭玉荣　朱跃辰　贺鹏

摘要：研究城市轨道交通项目后评估机制是提高项目决策水平和建设管理水平的客观需要，对建设项目的实施效果进行后评估，可为后续项目规划、建设、运营方案的设计与优化提供科学的指导，实现经济效益、社会效益和城市生态效益的最大化，从而实现城市轨道交通在寿命周期中的可持续发展。本文对城市轨道交通项目效果后评估体系进行了探讨，以北京地铁 8 号线为例，对项目建成后的客流效果、运营效率以及社会影响进行了研究，根据评估结论分析相关原因，并提出了相应的改善意见及优化建议。

关键词：轨道交通；后评估；客流效果；社会效益

近年来，我国城市轨道交通呈现大规模、高速度的发展趋势，达到世界领先水平[1]。为加强城市轨道交通的建设管理，促进其健康发展，各城市逐步开展了相关的轨道交通后评估工作，但大多是针对线网层面的评估工作，对单个项目的问题剖析不够充分，须建立线路层面的轨道交通后评估体系。另外，我国城市及其轨道交通发展经过了上一阶段高速发展之后，面临着“高质量、可持续”发展的新挑战，部分城市运营年限达 20 年，即将进入改造高峰期，对已建成运营线路进行效果后评估，是各大城市进行既有线网优化提升的需要。

本文以北京地铁 8 号线的效果后评估为例，对轨道交通建设项目效果后评估的思路、方法和工作内容进行了探讨，为后续轨道交通项目的专项后评估工作提供参考。

一、城市轨道交通建设项目效果后评估的思路和方法研究

1. 理论基础

我国项目后评估始于 20 世纪 80 年代初期。形成了包括过程后评估、效益后评估、影响后评估、可持续发展后评估的建设项目后评估理论方法体系。城市轨道交通项目后评估研究起步较晚，目前理论体系比较完整的是 2015 年由住建部主导编制的《城市轨道交通建设项目后评价导则》[2]，导则中将城市轨道交通项目后评估内容分为过程评估、效果评估、目标与可持续性评估、后评估结论与建议等。但在实际的项目后评估工作中，须结合不同部门及项目设计、实施单位对后评估工作的具体要求，选择侧重的后评估内容及指标体系。本文旨在指导后续项目的前期设计工作，主要站在前期规划角度，对轨道交通建设项目效果后评估的内容进行梳理。

在前期工作阶段，城市轨道交通建设项目主要的工作内容有：结合城市总体规划、综合交通规划、站点周边用地规划等一系列上位规划进行线路和站点的选址研究，并进行相应的客流预测工作；结合客流预测成果提出对应的车站建设规模、车辆选型和行车运营组织方案，同时结合站点客流集散量和交通接驳需求预测，进行车站周边各种交通接驳设施规划和用地控制规划。轨道交通建设项目效果后评估紧紧围绕规划阶段进行的四方面工作，将实际运营的效果与规划目标进行对比分析，总结经验和教训，指导今后的轨道交通规划设计工作。

2. 轨道交通建设项目效果后评估体系

对已建成运营的轨道交通项目，效果后评估体系应主要包含客流效果后评估、运营效果后评估、社会效益后评估、后评估的经验总结等内容。

（1）客流效果后评估：一方面是实际运营的客流与预测客流的相符性和差距原因分析。通过对比现状客流和预测客流，分析两者差异的深层次原因。另一方面是项目建成对轨网运营效果的促进作用分析。对项目开通后的分流作用和对全网客流增加的贡献等客流数据进行统计，总结项目在轨网的客流规律及特征，找到线路运行的问题，提出改善措施。

（2）运营效果后评估：一方面是对线路运营组织、运能及运营服务水平的分析。重点从线路运能、折返能力、设施设备容量等方面，对配线设计与现状运营需求的匹配性进行后评估，找到配线设计的不足或者不合理，从满足客流变化和

灵活运营要求等角度提出配线设计的建议，为在建和规划的轨道交通线路设计提供依据。另一方面是通过对线路沿线车站设施和运营情况的调研，对车站的衔接功能、集散功能、候车功能、换乘功能、运输功能、附属功能进行综合后评估，找到需要改造提升的“瓶颈”车站，专题研究节点服务水平的优化措施。

（3）社会效益后评估。轨道交通建设、运营及维护都投入了大量的政府资金，而根据轨道交通统计年报历年的数据，目前国内大部分城市的轨道交通仍然靠政府补贴维持运营，因此轨道交通项目作为具备公益性质的基础设施，不宜以经济评价为重点，应更多关注项目建成后的社会效益评估。应通过有无对比的方法，评价项目对引导城市空间结构及功能布局、优化城市交通结构、缓解城市拥堵等方面的作用。

（4）后评估的经验总结。通过对以上几方面内容的评估，综合分析相关的影响因素，总结经验教训，分别针对评估项目对象、轨道交通建设行业以及相关决策部门提出相应的优化建议，指导后续项目的规划建设。

3. 轨道交通项目效果后评估工作思路

参考《城市轨道交通建设项目后评价导则》和铁路、公路及市政公用设施等项目的后评估理论体系实践结果，确定城市轨道交通建设项目效果后评估的工作思路如图 6-1 所示。

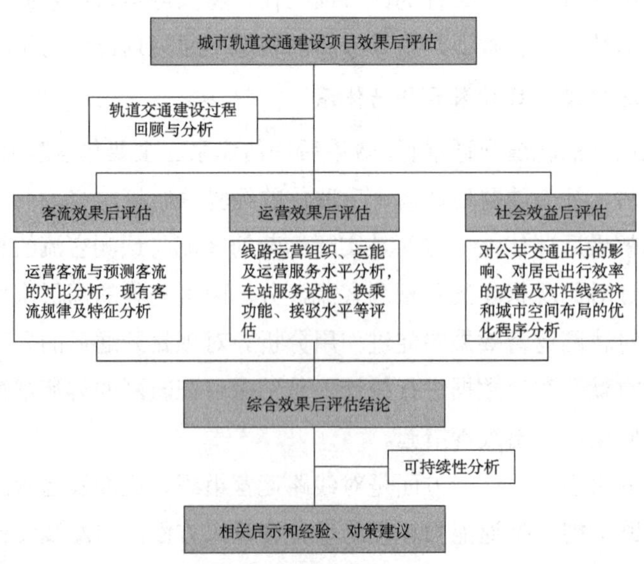

图 6-1　城市轨道交通建设项目后评估工作思路

二、北京地铁 8 号线后评估研究

北京地铁 8 号线是北京市第六条建成运营的城市轨道交通线路，同时也是北京地铁分段运行的第二条线路，自 2005 年 5 月奥支工程开工到 2008 年 7 月首次开通运营，直至 2021 年 12 月实现全线贯通，建设历时 16 年。线路呈南北走向，南起大兴区瀛海站，北至昌平区朱辛庄站，线路全长 51.6km，共设车站 35 座，其中换乘车站 11 座，实现了由北至南共 6 个行政区域（昌平、朝阳、西城、东城、丰台和大兴）的贯通。

地铁 8 号线规划定位为北京中轴线上的交通动脉，支撑并引导城市空间沿中轴线向南北扩展，是线网中贯穿中心城的南北向骨干地铁线路，对提高奥森、什刹海、南锣鼓巷、王府井、前门等大型商业中心及旅游景点的轨道交通服务水平有重要意义。截至 2021 年底，8 号线已实现了全线贯通运营，除大红门站外，项目的线路方案、车站设置、车辆基地等总体技术目标已基本建成，系统能力和运营服务水平也满足设计要求的最小发车间隔——2 分钟的服务目标。根据 2022 年 2 月的北京地铁运营数据，8 号线日均客运量 50.32 万人次（有一定的疫情影响因素），排全网第 9 位，历史全日最高客流 55.41 万人，对有效缓解沿线交通压力发挥了重要作用。

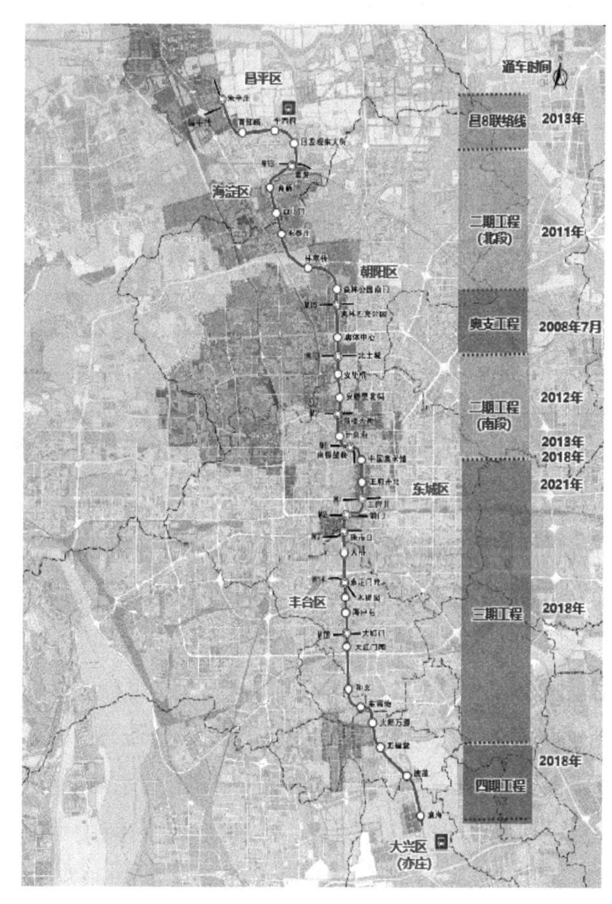

图 6-2　北京地铁 8 号线线路（见彩图 17）

1. 客流效果后评估

（1）与预测客流的对比分析。

①主要客流指标。线路全线贯通后，工作日的全日客流总量为 50.32 万人次 / 日，而根据客流预测报告，预测的全日客流总量为初期 142 万人次 / 日、近期 167 万人次 / 日、远期 178 万人次 / 日，日均客流总量实现率仅为初期预测值的 35%。现有平均客流强度接近 0.98 万人次 / 千米，而预测值为 2.92 万人次 / 千米，预测值接近现有轨网中的地铁 5 号线的客流水平。现有线路换乘系数为 0.83，而预测换乘系数为 0.52，说明 8 号线自身的客流吸引力未达到预期目标。线路平均运距与高峰客流系数与预测值基本一致，实际平均运距为 9.84km、高峰客流占比为 19.2%，具体见表 6–1。

表 6–1　总体客流指标对比表

	初期（2019 年）	近期（2026 年）	远期（2041 年）	实际（2022 年）
客流量 /（万人次）	142	167	178	50.32
客流强度 /（万人次 / 公里）	2.92	3.43	3.66	0.98
平均运距 / 公里	9.15	8.85	8.76	9.84
高峰客流系数	14.0%	13.9%	13.9	19.2%
换乘系数	51.96%	53%	53.17%	83%

②断面客流分布。北京地铁 8 号线现有早高峰断面客流分布呈单峰纺锤状，主要集中在线路北段回龙观—北三环区域，占全线客流断面的 67%。而预测客流断面为郊区向中心城集中趋势，客流分布呈现“梭子”形，最大客流断面位于二环内的中心城核心区。实际北向南最大高峰断面客流为 22990 人 / 时，为预测值的 68%，位于林萃桥—森林公园南门区间，断面满载率为 68%；实际南向北最大高峰断面为 11809 人 / 时，仅为预测量的 39%，位于永定门外—天桥区间，断面满载率为 56%。根据客流预测，全线贯通后，全线南向北最大断面初、近、远期均出现在王府井北与中国美术馆区间，其断面客流分别为 3.04 万人次 / 时、3.55 万人次 / 时、3.75 万人次 / 时。北向南最大断面出现在奥林匹克公园与奥体中心站之间，初、近、远期最大断面流量分别为 3.38 万人次 / 时、3.96 万人次 / 时、4.18 万人次 / 时（图 6–3、表 6–2）。

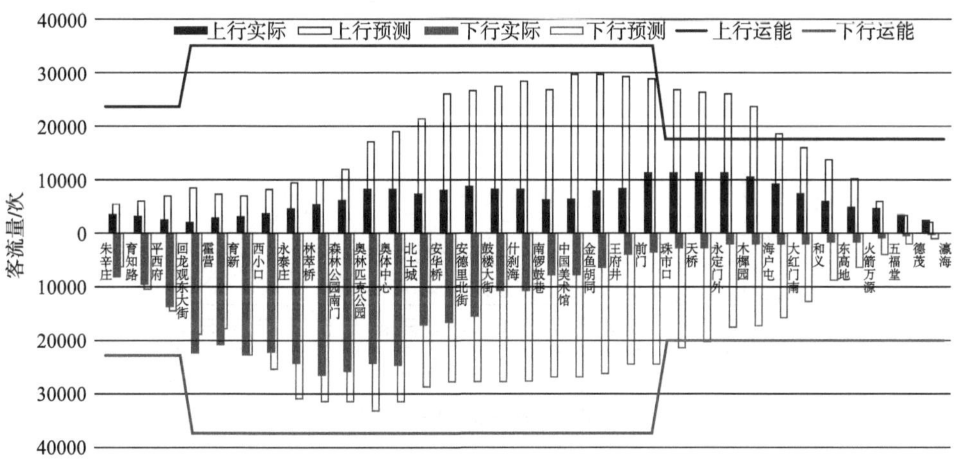

图 6-3　早高峰客流断面分布对比

表 6-2　早高峰最大断面客流指标对比

早高峰客流指标		初期	近期	远期	实际
由南向北	最大断面（万人次 / 时）	3.04	3.55	3.75	1.18
	最大断面区间	王府井北—中国美术馆	王府井北—中国美术馆	王府井北—中国美术馆	永定门外—天桥
由北向南	最大断面（万人次 / 时）	3.38	3.96	4.18	2.29
	最大断面区间	奥林匹克公园—奥体中心	奥林匹克公园—奥体中心	奥林匹克公园—奥体中心	林萃桥—森林公园南门

③客流时间分布。现有全日客流呈现“双峰”形态，早高峰出现在 8:00 ～ 9:00，早高峰小时客流占比约为 19.2%，为典型的通勤线路。而预测早高峰出现在 7:30 ～ 8:30，早高峰客流占比约为 15.4%（图 6-4）。

④站点早高峰进站量。通过对 8 号线全线每个车站进站量的对比分析，全线车站早高峰进站客流总量与预测量相差 9 万人，仅达到预测值的 54%，其中有 76% 的车站未达标，另有 53% 的车站早高峰进站客流不足预测值的一半。一方面由于疫情原因，地铁网客流整体有所下降；另一方面高峰客流与预测值相差较多的车站多为换乘站，如中国美术馆站、王府井站、珠市口站、奥林匹克公园站、北土城站等，这些车站的客流多以换乘为主，而对车站周边的客流吸引不足（图 6-5）。

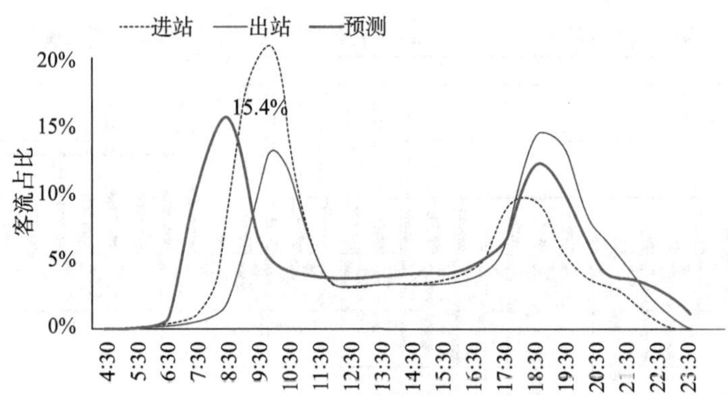

图 6-4　客流时间分布对比

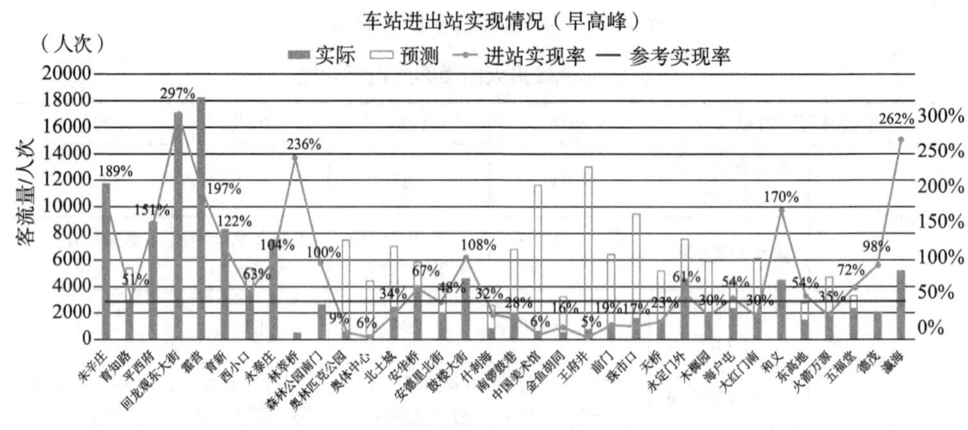

图 6-5　车站早高峰进站客流实际情况

（2）网络运营效果分析。

①贯通前后网络客流变化。2021 年底，8 号线三期工程北段（中国美术馆站至珠市口站）开通，贯通后全线客流总量增长了 24%。同时，根据 2021 年地铁运营统计年报，受 8 号线贯通影响，早高峰 5 号线上行小时最大断面客流量（磁器口—崇文门）降至 3.4 万人次（最高为 4.35 万人次），满载率降至 79%。同时，鼓楼大街、磁器口、菜市口等车站全日换乘量减少 7000 ～ 10000 人次，降幅 6% ～ 18%。

②现有客流特征。8 号线现有日均客运量 51.3 万人次，排全网第 9 位。北段客流向心通勤特征显著，早高峰时段外围车站客流“只进不出”，断面客流不

断叠加，其中霍营、回龙观东大街、朱辛庄、平西府 4 座车站共承担全线早高峰 42.8% 的进站客流。南段整体客流量级较小，且出行目的地较分散，通过公交数据、手机信号数据的对比分析，8 号线南段地区客流主要去往大兴新城及亦庄地区，8 号线沿线的出行需求较小（图 6-6）。

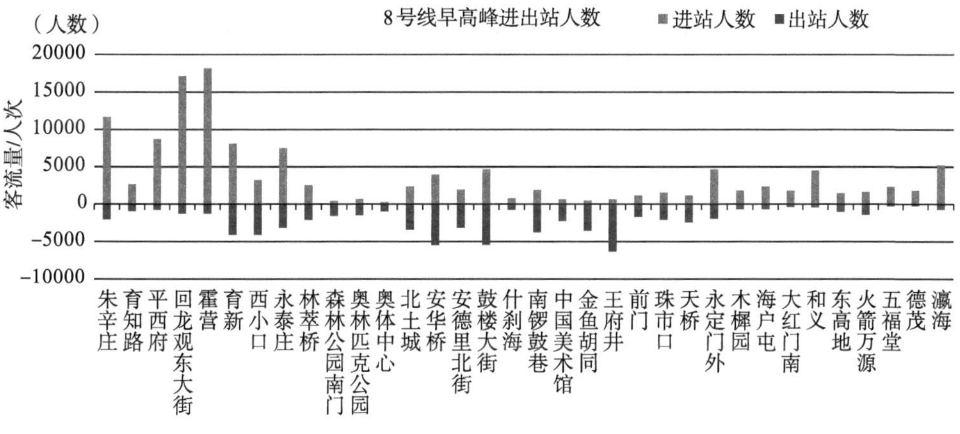

图 6-6　全线车站早高峰进出站量

③换乘客流情况。8 号线全线客流以换乘为主，本线进出客流占比仅 17%，其他早高峰客流主要通过换乘 13 号线、10 号线、15 号线去往中关村区域、上地区域、望京酒仙桥区域、CBD 区域。高峰期间全线换入客流约为 2.61 万人次 / 时，换出客流量约为 4.15 万人次 / 时。其中，早高峰换乘量最大的车站为北土城站。高峰期经北土城站换入 0.83 万人次（占全线换入量的 16%），经北土城站换出 1.76 万人次（占全线换出量的 21.3%）；其中以 8 号线北向南—10 号线西段换乘量最大，占比 34.0%。

（3）小结。

8 号线全线客流实现率较低，尤其是中心城核心区段。另外，由于 8 号线全线线路长度超过 35km，属于超长线路，客流分布南北失衡现象严重，北段通勤客流占比高，出行距离远；而南段客流总量小，且对地铁的出行需求不足。因此，对 8 号线的优化建议，应结合新总规的功能区规划及建设时序，分区域提出对应的改善措施（图 6-7）。

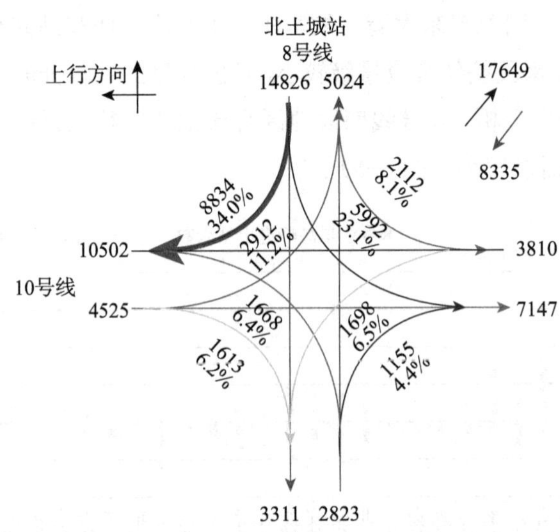

图 6-7 北土城站换乘客流分布

2. 运营效果后评估

（1）运营效率评估。

①运营交路及车组运用。设计阶段按照 30 对单一大交路设计超长线路，实际运营中运营公司根据客流的不均衡分布采用“多交路、双向不均衡交路”的模式，实现了关键区段 2 分钟的服务水平，外围线路在适度控制满载率和车底运用的情况下也实现了 5 分钟的服务水平。设计使用车组数量与实际应用相差 42 组列车，闲置车组目前在车辆段内作为段备。按现有运用车底数匹配实际的客流需求，平均满载率为 50%，满足 10% ～ 15% 运能储备的要求。因此，针对超长线路的运营设计应按照实际运行图的情况，细化客流时空动态分析，合理配置车底。

②配线设计情况。根据预测的客流断面“中间大、两端小”的规律，8 号线在南北区域各设置了 4 处具备折返功能的配线，折返线方向均向城市外围设置，预留在中心城核心区内实现小交路运行条件。而随着城市功能疏解，客流断面呈现“中间小，两端大”的规律，北部区域断面大多在 10 号线附近衰减，南部区域断面在 2 号线附近衰减，应在外围区域开行小交路，但由于设计的折返线方向问题，行车方案难以灵活适应客流变化。建议对前门站、安华桥站进行改造，增加折返线功能。另外，传统地铁设计过程中，通常将折返线设置在区间，改造代

价较大，建议未来新线设计时将折返功能与车站合建，如设置两岛三线的车站形式，适应客流的不断变化，增强折返线的灵活性（图 6-8）。

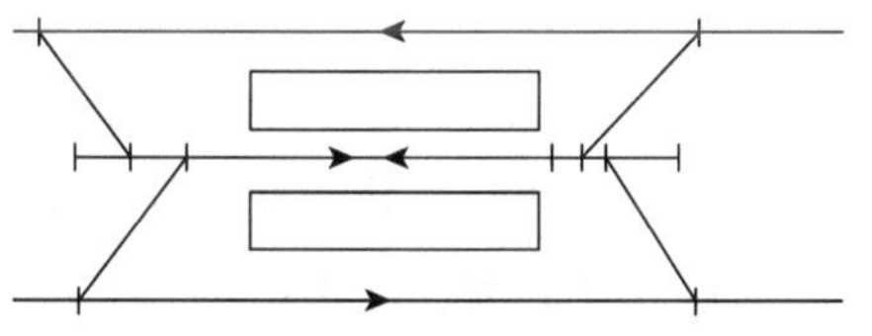

图 6-8　车站配线兼作折返功能示意

（2）运营服务水平评估。

①平均旅行速度。8 号线设计速度目标值为 80km/h，根据线路设计方案进行牵引计算，得到的设计旅行速度为 33km/h。根据实际的运营安排，目前 8 号线的平均旅行速度为 34.1km/h，线路全程运行时间为 83min。北京中心城区普速线路（80km/h）的平均旅行速度在 32 ～ 34km/h，8 号线的速度水平处于中等位置。

②车站公交接驳。通过调查各个车站周边公交衔接情况，车站周边 500m 范围内与公交存在接驳的站点有 34 座（除森林公园南门站外），公交接驳率达 99%。平均每个车站周边 500m 范围有 5 座公交站点、衔接 16 条公交线路。

③换乘站的换乘效率。参考北京市地方标准《城市轨道交通工程设计规范》的要求，评价换乘站的换乘效率：换乘时效性＜ 1min 为良好；1 ～ 3min 为一般；＞ 3min 为差。8 号线全线共有 13 座换乘站，换乘＞ 3min 的车站有 7 座（在建安华桥站换乘 M12 线时间为 5.8min），1 ～ 3min 的车站有 5 座，总体换乘功能评价为良好的车站有 1 座，为朱辛庄站，车站采用同台换乘形式。

④与综合交通枢纽的衔接。8 号线是线网中贯穿中心城的南北向骨干地铁线路，可与所有的东西向线路实现换乘，在霍营站（M13B—清河站、M13A—北京北站、东北环线—北京朝阳站）、鼓楼大街站（M2—北京北站、北京站）、珠市口站（M7—北京西站）、永定门外站（M14—北京南站）、大红门站（M10—丰台站）通过一次换乘可抵达所有铁路枢纽，乘客可实现地铁—公交—出租车—小汽车—铁路—长途客运 6 种交通方式的无缝换乘。

3. 社会效益后评估

北京地铁 8 号线，是北京市第六条建成运营的城市轨道交通线路，为服务 2008 年北京奥运会，于 2008 年 7 月 19 日开通运营一期（森林公园南门站至北土城站）。线路距今（2022 年）已有 14 年运营历史，线路里程由最初的 5km 延伸至 51.6km，全日客流在全网的占比由 0.83％增长至 5.15%，8 号线的建设构建了贯穿中心城的南北向轨道交通走廊。

（1）促进城市空间发展：轨道交通骨架网的建设将有效引导城市空间拓展[3]。地铁 8 号线是城市中轴线上的交通动脉，轨道交通建设支撑并引导城市空间沿中轴线向南北扩展，提高了奥森、什刹海、南锣鼓巷、王府井、前门等大型商业中心及旅游景点的轨道交通服务水平。8 号线二期工程向北延伸，优化城市北部地区的城市功能布局，缓解了清河边缘集团及中心城区的交通压力，促进了沿线北部城市土地的合理开发。8 号线南段三期、四期工程带动了南城地区发展，引导南苑边缘集团的改造，加强了对南中轴的轨道交通服务水平，起到了缓解南城地段交通压力的作用。

（2）推进沿线用地开发。轨道交通对沿线城市发展具有明显拉动作用，一定程度上促进了土地利用结构优化[4]①。对 8 号线沿线土地和资产交易活跃度进行分析，主城区的开发建设受到严格限制，土地成交量极低，以资产交易为主，同时城市更新投资较活跃。而外围郊区的土地交易较活跃，尤其是回天、德茂、瀛海地区，资产交易活跃度均属于最高强度，沿线用地开发效益显著。

三、问题分析及经验总结

1. 问题分析

（1）低客流问题。通过后评估，8 号线日均客流总量实现率仅 35%，尤其是中段王府井区域以及南城地区，整体客流实现率较低。除疫情原因导致的全网客流下降原因以外，一方面是由于城市战略调整，导致中心城区，尤其是大红门区域的人口疏解，沿线出行需求远低于预测水平；另一方面是外围区段车站进出站客流受站点周边土地混合利用程度以及土地利用强度的影响[5]，应加强外围郊区车站周边土地规划建设，增强车站客流集聚。

（2）超长线路运营问题。8 号线线路里程超过了 35km、全程运行时长超过了 1h，属于线网规划标准中的超长线路，而现有客流断面空间分布极度不均衡。尤其是南段客流整体偏低，主要是由于南段线位处于城市外围规划绿隔带以南，

① 本文现有客流数据为 2022 年 2 月的工作日实际刷卡数据，未考虑疫情原因进行相应的折算。

客流对出行时效性要求更高，理应采用市域线服务，而不应是地铁无限延伸的方式，在新一轮线网规划中，应考虑在适宜的位置预留市域线与市区线拆分的节点工程。另外，针对现阶段8号线客流空间分布不均衡问题，建议在现有的多交路运营模式基础上，南段开行大站快车，提高运营经济性。

经过初步测算，8号线南段在不增加配线的前提下具备组织甩站快车的条件。结合现有客流，德茂、五福堂、东高地、大红门南、木樨园5个车站客流量相对较小，可甩站，按快慢车1∶1组织，站站停列车图定间隔10min，普速车之间铺画快车，快车最快可节省6min（图6-9）。

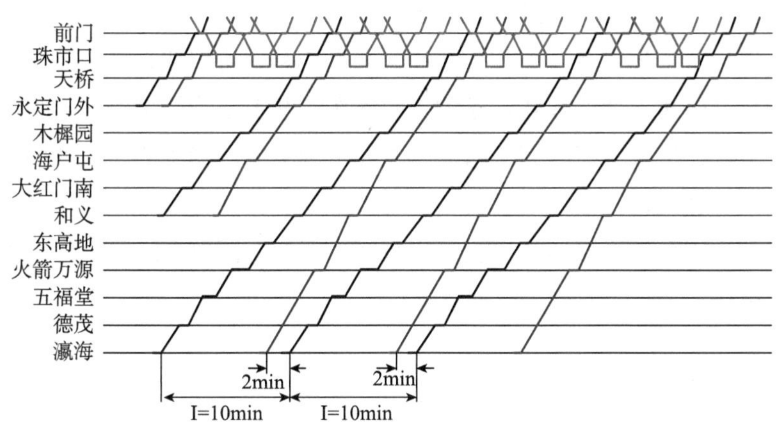

图6-9　北京地铁8号线南段大站快车运行图铺画

2. 经验总结

通过8号线的后评估工作，得出几点对城市轨道交通前期工作的建议。

（1）线网阶段做好运营组织规划，为长远发展留有适当余地或相应的应对措施。对于中心城的重要骨干线路，采用编组更长、更大容量的系统配置。在建设标准上留有余地，丰富并落实配线功能设置，根据不同区域客流特征完善站台宽度、扶梯配置数量等标准，为运营组织预留调整空间，更好地满足乘客出行需求。

（2）科学客流预测，合理控制建设规模。客流预测直接影响技术标准、工程规模和工程造价的确定。在设计中应结合线网的实施计划，对远期的高峰断面流量预测值进行调整，尽量使车站规模、型式、间距和车辆编组符合实际客流增长的需要，并尽量接近实际客流量，以减少建设规模，降低工程造价。

（3）重视轨道交通系统与沿线用地功能的协调性。重视线路沿线用地复合度评估及线路与城市中心布局关系研究，避免居住和岗位过度分离的现象，缓解潮汐交通，强化新城节点城市功能，形成反磁力，提高出城方向运能利用率。在线路客流预测中，应增加客流均衡性分析与评估，倘若方向不均衡性超过一定阈值，应对沿线用地或线路走向进行调整优化，避免极端不均衡客流的发生，降低系统运行效率。

（4）长大线路运营效率低，制式选择要因地制宜。市区线路不断向郊区延伸，既不利于满足不同乘客的需求，也不利于线路运营效率的提升。在规划阶段需要重点明确线路的功能定位，确定不同交通方式的适用范围；对连接市区与市郊的长大干线，研究分段运营的可行性，考虑采用灵活编组、快慢车组合的系统方案等。

（5）在运营管理方面，加强公交和轨道交通两网协调性管理。目前采用的地铁和常规公交分离运营的模式，导致了两网在运营上很难衔接成为一张整体的服务网络，表现在接驳运行时间不匹配，主要走廊上恶性竞争等。国外如新加坡、东京、巴黎等城市均探索出一套轨道交通和常规公交联合运营模式，有效整合了两网的运营。因此轨道交通补短板工作应同步研究两网整合运营工作，不断完善既有运营机制。

四、结语

城市轨道交通项目是典型的、投资巨大的公共产品，其建设效果如何，是否达到预期建设目标，有哪些经验教训等，是政府、项目投资者和社会各界的重要关注点。“十四五”期间，拟进一步调整城轨建设规划的批复“门槛”，更加注重线路建成后的客流效果。建立完善的轨道交通效果后评估体系，对既有运营线进行分析总结，为新线规划建设提供经验借鉴和优化建议，对提高项目决策水平、促进轨道交通高质量发展具有重要意义。

参考文献

[1] 韩宝明，李亚为，鲁放，杨智轩，杨瑞霞，陈胤先，孙亚洁，习喆，汪丽玉，戴依浇. 2021 年世界城市轨道交通运营统计与分析综述 [J]. 都市快轨交通，2022, 35(1): 5-11.

[2] 中华人民共和国住房和城乡建设部 . 城市轨道交通建设项目后评估导则 [M]. 北京 : 中国计划出版社 , 2015.

[3] 吴赞阳 , 孙宝 . 城市轨道交通网络客流特征后评估研究——以无锡地铁 1、2 号线为例 [J]. 城市公共交通 , 2018(12): 32-36.

[4] 马亮 , 仲小飞 , 孙夕雄 . 轨道交通对沿线土地利用的影响研究——以深圳市轨道交通 3 号线为例 [C]//. 2017 年中国城市交通规划年会论文集 , 2017: 880-888.

[5] 翟鹏飞 , 张年 , 何梦辰 . 城市外围区轨道交通客流与土地利用关系 [C]//. 2017 年中国城市交通规划年会论文集 , 2017: 898-905.

七　低运量轨道交通系统的比较分析与评价

梁帅文

摘要：结合现阶段国内低运量轨道交通发展势头迅猛、各制式相继得到推广和应用、制式之间的比选研究迫在眉睫的背景，以其中具有代表性的有轨电车系统、导轨式胶轮系统、电子导向胶轮系统为研究对象，从乘客出行使用的角度出发，分析出公共交通应注重提升其准点性、快速性、稳定性、便捷性和舒适性，以这五项指标对低运量轨道交通系统进行分析。在准点性和快速性上导轨式胶轮系统最优，便捷性上则反之，电子导向胶轮系统在稳定性上突出，在舒适性上三种系统各有优势。

关键词：低运量；轨道交通；有轨电车系统；导轨式胶轮系统；电子导向胶轮系统；评价

引言

低运量轨道交通通常作为地铁、轻轨等大中运量轨道交通的补充和加密，或是中小城市公共交通的骨干系统，亦可作为公共交通系统中的特色线路。随着技术的发展，低运量轨道交通中的多种制式得到推广与应用，为城市的建设提供了多样化的选择，促进了城市的多元化发展，但制式的多样化也给设计工作和决策工作带来了制式选择上的困惑。赵小文[1]、闵国水[2]、漆天扬[3]、李海波[4]等将中运量与低运量制式进行纵向对比，对低运量制式的分析有限，蒋亚男[5]、贺捷[6]、冷怡霖[7]则仅对两种低运量轨道交通制式进行横向的比选，研究对象有限。厘清低运量轨道交通系统各制式的特点，总结对比各自的优缺点，可为设计和决策工作提供参考和依据，对低运量轨道交通的规划建设工作具有重要的指导意义。

一、低运量轨道交通系统简介

按照中国城市轨道交通协会（以下简称协会）的划分标准，运量在 1.0 万人次 / 时以下的属于低运量轨道交通系统。根据协会的统计数据，自 2013 年以来，国内低运量轨道交通系统运营里程逐年增长，整体上呈现出稳定发展的趋势（图 7-1）。这其中，以有轨电车系统、导轨式胶轮系统、电子导向胶轮系统为典型代表[8]，三种系统在国内已有落地实施的项目，技术成熟，积累了丰富的建设和运营经验，应用较为广泛。

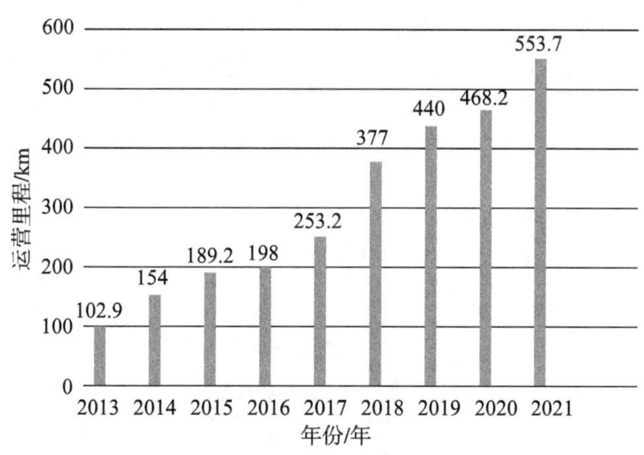

图 7-1　中国内地低运量轨道交通运营里程

1. 有轨电车系统

有轨电车至今已有超过 140 年的发展史，以钢轮钢轨系统为主，依靠司机瞭望驾驶。线路多采用地面敷设方式，与道路存在平交路口，在交叉口处与机动车混行，因此也具有路面交通的特点，车辆行驶时受道路交通规范及管理要求的制约（图 7-2）。目前国内运营的线路多采用低地板车辆，车站站台高度相应降低，这样的设计更方便乘客进出站台，同时也更容易融入街区。

2. 导轨式胶轮系统

导轨式胶轮系统以比亚迪公司自主研发的云巴系统为代表，其具有与跨座式单轨相似的结构特点，即通过轨道梁实现车辆导向，车辆沿轨道梁上表面行驶，线路以高架敷设方式为主（图 7-3）。而导轨式胶轮系统和跨座式单轨最大的不同之处在于两者导向轮的位置，跨座式单轨车辆的导向轮从外向内紧压轨道梁外壁[9]，导轨式胶轮系统车辆的导向轮则是沿轨道梁内壁走行。

图 7-2　有轨电车系统

图 7-3　导轨式胶轮系统

3. 电子导向胶轮系统

电子导向胶轮系统的最大特点是无须建造传统轨道交通具有的钢轨结构，车辆通过车头的光学摄像头识别地面标识线或磁感应器识别埋设于地面下的磁钉发出的磁场，车载辅助驾驶系统可控制车辆沿着地面标识线或磁钉排列形成的虚拟轨道行驶，以智能轨道快运系统（简称“智轨”或 ART）为代表，目前已在四川宜宾、湖南株洲、江苏苏州等城市投入商业运营（图 7-4）。此外还有已开通运营的江苏盐城超级虚拟数字轨道列车系统（简称“超轨”或 SRT，光学导向）和上海临港新片区光电磁数字化导向低地板列车系统（简称“数轨”或 DRT，磁钉导航）。以智轨为例，安装于头车车头的光学设备识别地面标识线，车载控制系统控制车辆沿地面标识线行驶，所有车轴均沿车车头轴路径行走，即所有车厢的运行轨迹保持一致，这也是轨道交通最显著的特点。

图 7-4　电子导向胶轮系统（智轨）

二、评价指标

城市轨道交通是城市公共交通系统中的重要组成部分，其规划与设计理念应与城市公共交通的整体发展理念相匹配。城市公共交通的服务对象是市民，打造让市民满意的城市公共交通才是其根本发展理念。根据相关文献的研究结果，市民对公共交通的准点率、运行速度、换乘方式、候车时间、发车间隔、乘车和候车环境、乘坐舒适度等较为关注[10～12]，因此在发展城市公共交通时应重点考虑这些因素，可总结为以下五项评价指标。

1. *准点*

公共交通与私人交通相比最大的劣势在于无法保证车辆按个体所需开行，乘客通常需要在车站候车，候车时间长短对乘客使用公共交通的满意度具有重要的影响。但公共交通是为群体服务，并非针对性地满足单个乘客的出行需求，因此对个人而言若选择乘坐公共交通，则需按照预定的车辆到发时间安排个人出行，这也是在使用公共交通时被迫接受的规则。公共交通若要尽可能地实现私人交通“随个人意愿出发”的特点，关键就在于提高其准点率，当车辆严格按照时刻表运行时，乘客对出行时间的掌控力度将显著增强，有效提高公共交通与私人交通的竞争力。

2. 快速

我国大部分城市正处于快速扩张的时期，城市空间进一步拉大，这也使市民对公共交通的运行速度有了更高的要求，希望能将出行时间压缩到最小。提高公共交通的运行速度、减少广大市民的出行时间是保持城市经济社会稳定发展的重要因素。

通常评价轨道交通速度的重要指标是其旅行速度，指的是运营线路长度范围内从始发站到终点站的运行速度[13]，为线路长度与全程运行时间的比值，与车辆最高行驶速度、线路站间距和路权形式有关。

3. 稳定

公共交通的稳定指的是，当运营车辆出现故障或因其他原因无法继续运行时，其他车辆保持正常运行的能力，即故障车辆是否影响其他车辆的正常运行，需要多长时间排除故障等。城市轨道交通通常承担城市主客流廊道上繁重的客运任务，线路上的车辆一旦出现故障而停止运行，将严重影响全线甚至全网的正常运营，给沿线居民的出行造成极大的不便。因此，降低故障或其他突发因素对线路运营的影响，是提升公共交通服务水平的重要内容。

4. 便捷

公共交通的便捷由乘客的非乘车时间体现，该时间越少，便捷性越高。乘客的非乘车时间包括进出站时间和换乘时间。

进出站时间指乘客进站候车或下车出站的行走时间，由车站出入口到站台的距离决定。减少进出站时间的主要途径是在满足客流集散能力和车站设施设备安装要求的前提下简化车站布局，优化进出站路径。

换乘时间可分为同制式不同线路之间以及不同制式之间的换乘。在城市范围内，任何一条公共交通线路的覆盖范围有限，成网运营才能提高公共交通的覆盖率，而其中的关键就在于线路之间的换乘，这也是影响公共交通线网服务水平的重要因素。换乘的便捷性由换乘时间体现，换乘时间则由站台的空间距离决定，当换乘线路之间的站台可以共用时，换乘路径最短，换乘时间最少。

5. 舒适

舒适性反映的是市民使用公共交通时的直观感受，影响舒适性的因素包括车辆运行时的噪声强弱、座席数量及占比、车辆地板面构造和线路廊道的景观设计等。其中，车辆地板面构造对乘客在车内的走动有一定的影响，景观设计则是从美学角度上考虑，轨道交通线路具有明显的延展性，在城市开放空间中具有很强的辨识度，通过景观化的设计，线路可成为城市中一道亮丽的风景线，满足市民的视觉享受和审美要求，间接提升乘客乘车和候车环境[14]。

三、制式特点分析及评价

结合有轨电车系统、导轨式胶轮系统、电子导向胶轮系统各自的特点，依据上述总结出的评价指标分别对其进行评价。

1. 准点性分析

有轨电车系统和电子导向胶轮系统以半独立路权为主，车辆在部分区间以及交叉口与社会车辆、非机动车、行人混行，交叉口处车辆行驶受路口交通信号灯控制，因此车辆的准点率主要受区间混行段和交叉口的交通环境影响。若能实施信号优先，保证有轨电车或电子导向胶轮车辆在交叉口的优先通行权，其准点率将有所保障。导轨式胶轮系统采用高架线路，全线均为专用车道，不存在与其他车辆或行人混行的情况，准点率不受外界影响，仅与自身系统有关，因此，其准点率相比于其他两种系统而言将更有保障。

2. 快速性分析

有轨电车、导轨式胶轮车辆以及电子导向胶轮车辆的最高行驶速度分别为70km/h、80km/h 和 70km/h[15][16]，相差无几。

车辆是否有足够的距离运行至最高行驶速度以及以此速度行驶的时长与线路的站间距有关，站间距太短将导致车辆需要频繁启停，加速距离不足，不利于提高全线的旅行速度[17]。但站间距应结合线路功能定位和沿线客流集散点而定，需结合具体区域的实际情况进行分析。

有轨电车和电子导向胶轮系统的线路在交叉口处与机动车道平面交叉，车辆需遵守交叉口处行驶速度的规定，通常为各级道路计算行车速度的 0.5 ～ 0.7 倍[18]，车辆行驶速度无法完全由车辆自身的条件决定，通常最高通过速度不高于 40km/h[19]，对全线旅行速度影响较大。导轨式胶轮系统采用高架线路，除天气原因外，车辆行驶速度不受其他因素制约[20]，其速度将更有保障。

3. 稳定性分析

有轨电车系统和导轨式胶轮系统车辆的运行路径分别受到钢轨和导向梁的限制，无法驶离钢轨或导向梁。当车辆出现故障或因其他因素而无法继续运行时，故障车辆所处区段将暂时封闭，直至故障排除或故障车辆由救援车辆牵引至停车线后，全线才能恢复正常运营。电子导向胶轮车辆内置方向盘，必要情况下可由司机控制其行驶方向，驾驶车辆驶离标识线框定的“轨行区”，绕过故障区段后继续行驶[16]，维持全线运营的稳定性。

4. 便捷性分析

有轨电车与电子导向胶轮系统均以地面敷设为主，多采用低地板车辆，其地板面距地面不超过350mm[21][22]。线路沿道路一侧敷设时，车站可结合人行道设置，乘客可直接在人行道上进出站，路径简单，走行时间短。当车站均设置于路中时，行人需通过人行横道穿越道路后到达或离开车站，该过程受交通信号灯的控制。在车流量较大的路段，出于对行人安全和保障道路交通顺畅的考虑，路中车站也可通过天桥或地道与路侧步行道连接，此时的进出站路径则较复杂。与此相反，导轨式胶轮系统以高架车站为主，乘客需通过楼梯、扶梯或直梯进出站，即以立体进出站为主，相比于平面进出站略有不便。

三种系统不同线路之间均可实现共线运营，发挥网络化运营的优势，不同线路的车辆可停靠同一站台，实现乘客同站台换乘。经过硬化处理后的有轨电车轨行区可供公交车辆行驶（图 7-5），电子导向胶轮车辆行驶于城市道路上，其路面结构按城市道路标准设计[16]，可供其他机动车包括公交车辆行驶。因此，公交车辆可与有轨电车和电子导向胶轮车辆共用线路廊道和车站，实现不同制式间乘客的同台换乘。导轨式胶轮系统采用的是其独有的轨道梁结构，无法与其他交通制式共享轨行区或站台，难以实现与其他交通制式的同台换乘。

5. 舒适性分析

有轨电车和导轨式胶轮车辆运行时产生的噪声分别为78dB和72dB[5]，笔者目前暂未掌握电子导向胶轮车辆运行时的噪声值，但相关研究表明，同为胶轮系统的胶轮导轨电车运行时的噪声要小于有轨电车[23]，在此可参考该研究结论。

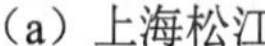
（a）上海松江

（b）沈阳浑南

图 7-5　有轨电车轨行区硬化处理

有轨电车车辆在通过小半径曲线时，轮轨之间的摩擦和碰撞易产生尖锐刺耳的噪声，对线路周边环境影响较大，必要情况下需采取降噪措施，如涂抹润滑油、洒水、限速通过等[24]，而胶轮系统不存在这一问题，因此，在降噪方面胶轮系统有一定优势。

电子导向胶轮系统和国内大部分有轨电车均采用 100% 低地板车辆[16][21]，车厢内无台阶。导轨式胶轮车辆与地铁车辆相似，乘客乘车区域的地板面均处于同一高度而无高差。因此，乘客在三种制式的车辆内走行时都很方便（图 7-6）。

（a）有轨电车

（b）云巴

（c）智轨

图 7-6　车厢地板面构造

不同车辆生产商之间，有轨电车车辆座席数量及其占比存在一定的差异，车辆座席占比基本位于 18% ～ 30% 范围内（表 7-1）。在座席方面，导轨式胶轮系统与有轨电车平均水平基本相当。而与其他两种系统相比，电子导向胶轮系统车辆的座席数量及其占比则明显较低，主要原因在于其车轮轮径较大，占用较多的车内空间，挤占了部分乘车区域［图 7-6（c）］。

表 7-1　车辆座席数量及占比统计

制式	有轨电车[25]						云巴[26]	智轨[27]
车辆厂商	中车四方	中车长客	中车大连	中车浦镇	中车唐山	中车株洲	比亚迪	中车株洲
模块数	3	5	5	5	4	4	4	3
车辆长度	35.29m	34.8m	32m	32.2m	37.35m	36.6m	30.6m	31.64m
座席数量	54	64	64	56	88	74	78	33
定员数（站立标准 6 人 / 平方米）	221	292	215	300	315	311	300	239
座席占比	24.4%	21.9%	29.8%	18.7%	27.9%	23.8%	26.0%	13.8%

有轨电车的轨道结构可进行绿化处理（图 7-7），通过在轨行区铺设草坪可以提升线路的景观效果，将线路打造成城市中一道绿色廊道，显著改善乘客候车和乘车时的心理感受[28]。电子导向胶轮系统的轨行区为城市道路路面结构，难以对其行驶路径进行绿化处理。导轨式胶轮系统为高架线路，结构体量大，容易对城市景观风貌和街道上人们的视觉感受造成一定的影响，设计时需从线型、高宽比、高跨比、结构材质等方面仔细研究[29]。

（a）江苏苏州

（b）深圳龙华

图 7-7　有轨电车轨行区绿化

6. 评价结果

根据前文的分析，在准点性和快速性上，导轨式胶轮系统要优于有轨电车和电子导向胶轮系统，稳定性上电子导向胶轮系统比较突出，便捷性上有轨电车和电子导向胶轮系统要优于导轨式胶轮系统，最后在舒适性上，三种制式各有优势（表 7-2）。

表 7-2 评价结果

序号	评价指标		有轨电车系统	导轨式胶轮系统	电子导向胶轮系统
1	准点性		良	优	良
2	快速性		良	优	良
3	稳定性		一般	一般	良
4	便捷性	进出站	优	一般	优
		换乘	优	一般	优
5	舒适性	噪声强弱	一般	良	良
		车辆地板面构造	优	优	优
		车辆座席数量及占比	良	优	一般
		景观设计	优	一般	一般

四、结论

轨道交通属于城市重大基础设施工程，在规划阶段应综合分析各制式的特点，在选择制式时才能做到客观、科学、合理，契合实际需求。本文从市民使用需求的角度出发，以准点、快速、稳定、便捷、舒适五项指标对目前低运量轨道交通中应用较为广泛的有轨电车系统、导轨式胶轮系统、电子导向胶轮系统三种制式进行分析评价，总结得出各制式的优缺点，可为相关研究工作提供参考。

参考文献

[1] 赵小文 . 我国中低运量城市轨道交通发展的几点思考 [J]. 城市轨道交通研究 , 2019, 22(10): 1-5.

[2] 闵国水 , 曾琼 . 中小城市发展中低运量城市轨道交通系统制式选择研究 [J]. 铁路技术创新 , 2016(6): 40-45.

[3] 漆天扬 . 潜江市域轨道交通系统制式研究 [J]. 铁道勘测与设计 , 2020(3): 4-7+19.

[4] 李海波 . 城市中运量轨道交通系统制式选择研究 [D]. 西安：长安大学 , 2017.

[5] 蒋亚男 , 王彦利 , 何涛 , 商文博 . 胶轮有轨电车与钢轮有轨电车交通制式比较 [J]. 铁路技术创新 , 2018(6): 41-44.

[6] 贺捷 . 智能轨道快运系统株洲智轨体验线项目特点及适用性分析 [J]. 城市轨道交通研究 , 2020, 23 (1) : 27-30.

[7] 冷怡霖 . 智能轨道快运系统的使用和推广分析 [J]. 智能城市 , 2019, 5 (13) : 23-26.

[8] 中国城市轨道交通协会 . T/CAMET 00001—2020. 城市轨道交通分类 [S]. 北京 : 2020.

[9] 王治颖 , 李芾 , 牛悦丞 , 冯一凡 . 跨座式单轨车的发展及其应用前景 [J]. 电力机车与城轨车辆 , 2018, 41 (4) : 8-13+22.

[10] 薛兰 . 邢台市公共交通服务中存在的问题及对策研究 [D]. 石家庄: 河北经贸大学 , 2014.

[11] 崔莹 . 城市公共交通吸引力调查及策略分析 [J]. 交通世界 , 2018 (31) : 12-13+25.

[12] 陈可心 . 淮安有轨电车 1 号线乘客满意度调查分析 [J]. 城市轨道交通研究 , 2019, 22 (S1) : 128-129.

[13] 国家市场监督管理总局 , 国家标准化管理委员会 . GB/T38374—2019, 城市轨道交通运营指标体系 [S]. 北京 : 2019.

[14] 李娜 , 陈小鸿 , 熊文 . 考虑用户偏好的有轨电车景观研究 [J]. 城市交通 , 2009, 7 (5) : 72-77+20.

[15] 赵莉莉 . 中低运量城市轨道交通系统制式选型探讨 [J]. 山西建筑 , 2020, 46 (8) : 20-21.

[16] 冯江华 , 肖磊 , 胡云卿 . 智能轨道快运系统 [J]. 控制与信息技术 , 2020 (1) : 1-12+31.

[17] 北京市规划和自然资源委员会 , 北京市市场监督管理总局 . DB11/T 1707—2019, 有轨电车工程设计规范 [S]. 北京 : 2019.

[18] 中华人民共和国住房和城乡建设部 . CJJ37—2012, 城市道路设计规范 [S]. 北京 : 2012.

[19] 甘元佳 , 易思蓉 . 现代有轨电车合理站间距研究 [J]. 铁道标准设计 , 2018, 62 (2) : 81-88.

[20] 林鸿全 . 胶轮有轨电车恶劣天气下的行车组织研究 [J]. 中国高新科技 , 2019 (18) : 12-15.

[21] 周旋，杨辉．国内低地板车辆的发展现状及趋势 [J]. 机车车辆工艺，2020(3): 13-15.

[22] 张恒．浅析城市智能轨道快运系统设计要点 [J]. 智能城市，2018, 4(4): 106-107.

[23] 孙维娜，耿传智．两类现代有轨电车在长沙先导区的适用性分析 [J]. 山西建筑，2014, 40(12): 1-3.

[24] 李稳，王文华．既有城市有轨电车曲线噪声的探索研究 [J]. 机械工程与自动化，2016(6): 155-156+159.

[25] 吴胜权．城市现代有轨电车工程基础 [M]. 北京：机械工业出版社，2016.

[26] 深圳市城市轨道交通协会，深圳市城市轨道交通协会团体标准．T/URTA 0002—2018. 胶轮有轨电车系统 [S]. 深圳：2018.

[27] 中车株洲电力机车研究所有限公司．智能轨道快运示范车辆技术规格书 [R].

[28] 陈春戎，王玮，王喆．现代有轨电车交通绿化的借鉴启示与设计建议 [J]. 设计，2020, 33(14): 142-145.

[29] 马军旺．城市轨道交通高架线环境景观适应性探讨 [J]. 都市快轨交通，2015, 28(6): 132-137.

八　虹桥商务区捷运系统制式选择方法及适用性分析

马世伟　邢星　徐成永

摘要：近年来，国内涌现出多种类型的中低运量公共交通系统，为了更客观、合理地选择中低运量公交系统制式，本文以层次分析法和实时系统（real-time system，RTS）理论为基础，通过定性与定量相结合的方法，比选城市中低运量系统的制式。首先，在归纳总结几种常见中低运量公交系统制式特点与适用性的基础上，确定各个层级的比选分析指标，构建制式比选模型；其次，通过专家调查法获得各个层级的判断矩阵，计算各个方案及其指标的相对权重并进行排序，根据排序结果确定优选方案；最后，以上海虹桥商务区中低运量捷运系统规划作为应用实例，验证了制式比选模型的可行性。

关键词：中低运量系统；层次分析法；系统制式比选

引言

近年来，我国城市轨道交通采用大运量地铁为主导的发展模式，在大运量轨道交通和低运量常规公交之间缺乏中低运量交通的层级。我国各大城市在轨道交通运营中也普遍意识到公共交通系统结构性缺失的问题，都在积极采取各种措施，为当地规划并引入中低运量公共交通系统，作为既有轨道交通线网的加密线和接驳线，加快形成覆盖全面、层次分明、功能互补的一体化公共交通网络体系。由于中低运量公共交通系统具有布设灵活、经济合理、建设周期短等优势，可为我国城市轨道交通多元化、层次化发展提供支持和选择[1]。面对各类中低运量公共交通系统制式，如何选出适合当地的交通制式对于地方政府决策者是最为关切的难题。本文对几种常见的中低运量公共交通系统的相关特点进行归纳分析，在此基础上提出制式比选指标体系，并构建制式比选模型，最后以上海虹桥商务区中低运量捷运系统制式选择作为应用实例对制式比选模型进行验证，充分验证了制式比选模型的合理性和可行性。

一、中低运量公共交通系统制式的主要类型和特点分析

根据中国城市轨道交通协会最新分类标准[2]，以及快速公交系统在国内的应用发展情况，国内共有六种主流中低运量公共交通系统制式，并迎来蓬勃发展期。这六种制式分别为现代有轨电车系统、快速公交系统、电子导向胶轮系统、自导向轨道系统、导轨式胶轮系统、悬挂式单轨系统。

1. 现代有轨电车系统特点分析

现代有轨电车系统是一种采用低地板、模块化设计的中低等级运量轨道交通系统。现代有轨电车以钢轮钢轨、地面敷设形式为主，具有多种路权方式，并具备转弯半径小、造价经济、工期耗时短（1～2年）、与其他公交系统换乘方便、景观效果好、线路布设及运营组织灵活等特点[3]。但其也存在局限性，如占用既有道路资源、噪声振动大等。适用一些客流量为中低等级的中小城市或大城市的新区、郊区。

2. 快速公交系统特点分析

快速公交是利用现代化高定员数、低地板的专用公交车辆，在专用道路空间上快速运行的公共交通方式。具备车辆转弯半径小，可达性强，投资造价低，建设周期短，运营组织灵活等特点。快速公交系统的运能介于传统地面公交和轻轨之间[4]，适用于客流规模较小的中小城市的干线，以及大城市大运量轨网的接驳线。

3. 电子导向胶轮系统特点分析

电子导向胶轮系统是一种新型胶轮中低运量轨道交通系统。与有轨电车和其他传统轨道交通相比，电子导向胶轮系统不再使用钢轮钢轨，而是采用虚拟轨道标识和轨迹跟随控制技术取代了传统钢轮钢轨的导引功能。同时，电子导向胶轮系统车辆通过采用多轴转向技术实现更小的转弯半径，有效解决了传统公交车辆转弯时后轮向内偏移的问题，可视为“无须物理轨道即可行驶的有轨电车”[5]。系统具备转弯半径小、造价经济、工期耗时短（1年）、运营组织灵活、节能环保等特点，但其同样存在影响地面交通、充电时间长等局限性。适用于一些客流量为中低等级的中小城市或大城市的新区、郊区的交通线路。

4. 自导向轨道系统特点分析

自导向轨道系统通常采用混凝土整体道床，在轨道的中央或两侧安装导向轨，车辆通常采用橡胶轮胎，系统典型的技术特征是胶轮 + 导轨、全自动无人驾驶运行技术等。具备人工成本低、转弯半径小、爬坡性能好、噪声振动低、运营组织灵活等特点。但该系统的技术及车辆国产化较低，投资造价较同运量等级交通系统偏高[6]。自导向轨道系统可以在机场、中央商务区、会展中心、娱乐设施等客流相对集中的地方提供接驳服务，也可以在城市中作为中短途线路使用。

5. 导轨式胶轮系统特点分析

导轨式胶轮系统是随着新技术的发展涌现出来的新的轨道交通方式，以高架敷设为主，是基于传统自导向轨道系统进行小型化研发而产生的新型的低运量胶轮导轨轨道交通系统。与传统自导向轨道系统类似，具备转弯半径小、爬坡性能强、噪声振动低、运营组织灵活等特点，同时较传统自导向轨道系统工程体量更小，造价更经济[7]。导轨式胶轮系统目前仅在重庆璧山有应用案例，作为郊区区域线织补既有大运量轨网并对大运量轨网饲喂客流。

6. 悬挂式单轨系统特点分析

悬挂式单轨车辆悬挂于底部有开口的箱形轨道梁下，车辆转向架及其走行轮和导向轮位于箱形轨道梁内部，不易受到外界天气影响。同时车辆运行于高架线路上，不会占用地面道路资源。悬挂式单轨采用高架敷设方式，具备运能较小、投资造价经济、转弯半径小、爬坡能力强、景观效果好、噪声振动小、工期耗时短（1～2 年）等特点[8]，但该系统存在逃生救援困难、国内无应用案例等劣势。悬挂式单轨适用于客运量较低、地形较为复杂的城市和地区，也可应用于观光旅游线路。

7. 小结

通过对上述六种中低运量公交系统制式的特点进行综合归纳汇总，形成的中低运量公交系统制式重要参数对比，如表 8-1 所示。从表中可以看出：快速公交、电子导向胶轮系统与现代有轨电车国产化水平高，投资造价低，但会占用既有道路资源；悬挂式享有独立路权，景观效果好，出行服务水平高，但存在救援逃生困难，国内无应用案例等劣势；自导向轨道系统实现无人驾驶技术，人工成本低，可靠性强，但同时国产化水平低，造价成本高；导轨式胶轮系统作为自导向轨道系统小型化与国产化，建设体量小，造价经济，但目前应用案例较少。

表 8-1　中低运量公交系统制式重要参数对比

制式	现代有轨电车	快速公交系统	电子导向胶轮系统	悬挂式单轨	自导向轨道系统	导轨式胶轮系统
单向运能 /（人次 / 时）	5000 ～ 20000	5000 ～ 12000	5000 ～ 12000	5000 ～ 15000	5000 ～ 20000	5000 ～ 12000
路权形式	独立 / 半独立 / 混合	独立 / 半独立 / 混合	独立 / 半独立 / 混合	独立	独立	独立
平均旅速 /（km/h）	20 ～ 25	15 ～ 20	15 ～ 20	20 ～ 30	20 ～ 35	20 ～ 30
建设造价 /（亿元 /km）	1.5 ～ 1.8	0.3 ～ 0.8	0.6 ～ 0.8	1.5 ～ 2.0	2.5 ～ 3.5	1 ～ 2
最小转弯半径 /m	20	12	15 ～ 20	30	22	15 ～ 22
最大纵坡（‰）	100	120	90 ～ 100	104	100	80
建设周期 /a	1 ～ 2	1	1	1 ～ 2	2 ～ 3	1 ～ 2
国产化	实现	实现	实现	基本实现	未实现	实现
疏散便捷性	好	好	好	差	一般	一般
景观效果影响	无	无	无	较小	大	较小
国内外应用案例	广泛	广泛	一般	较少	广泛	较少

二、上海虹桥商务区中低运量捷运系统制式选择模型构建

1. 中低运量捷运系统制式选择模型构建的主要技术路线

本文综合现有中低运量公共交通系统文献资料以及规划、设计实例，基于维坎・维奇克教授在国外的系统制式选择思路[9]，并结合层次分析法[10]，提出上海虹桥商务区中低运量捷运系统制式选择模型，如图 8-1 所示。

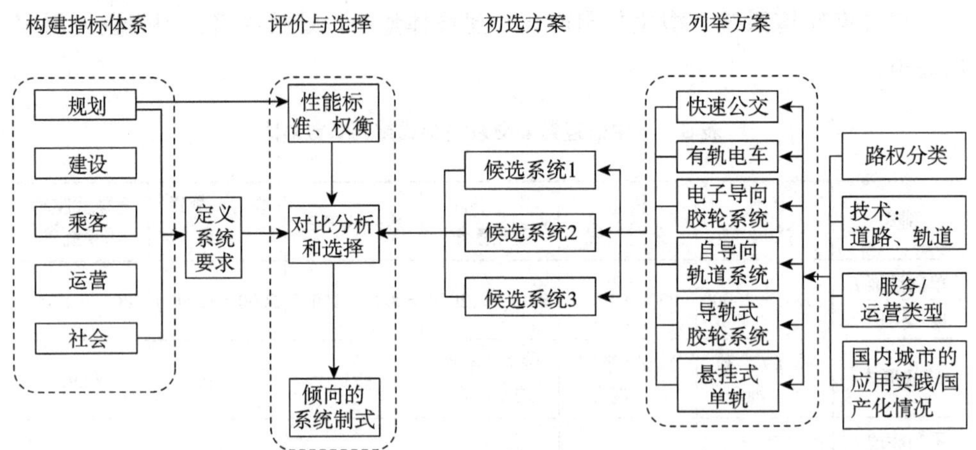

图 8-1　上海虹桥商务区中低运量捷运系统制式选择模型

首先，基于规划、建设、乘客、运营以及社会五个层面，结合上海虹桥商务区的特点确定各个评价指标并展开分析，进而建立制式比选评价指标体系。准则层包括规划、建设、乘客、运营以及社会五个层面。准则层的元素根据上海虹桥商务区中低运量捷运系统的功能定位，进一步细化为多个更详细的指标。层次结构如图 8-2 所示，各指标解释详见表 8-2。

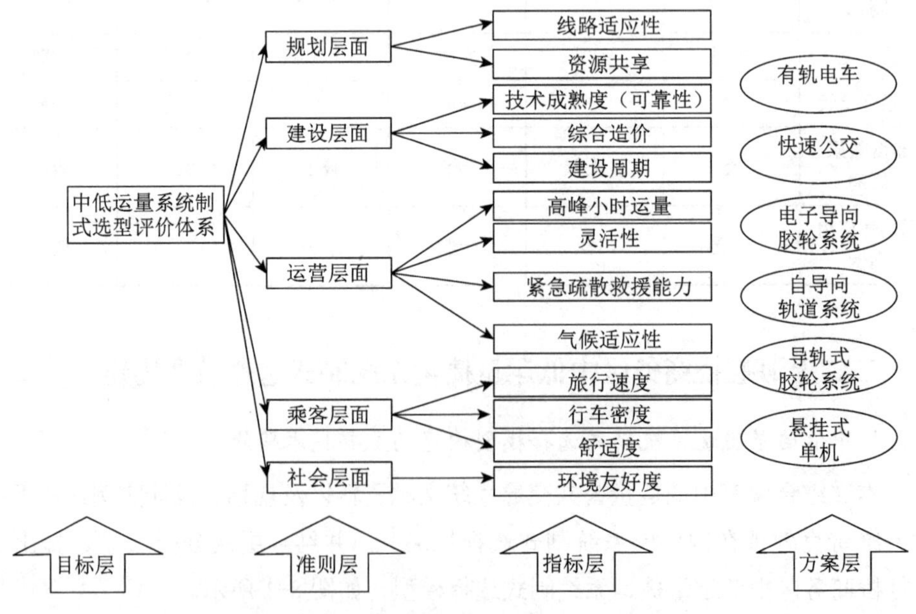

图 8-2　中低运量系统制式比选评价指标体系

表 8-2　中低运量系统制式比选评价指标解释说明

准则层	指标层	解释说明
规划层面	线路适应性	线路敷设方式、最小曲线半径及最大纵坡是否适应当地条件
	资源共享	车辆基地检修资源、备品及人力资源等方面的共享
建设层面	技术成熟度	国内外应用案例技术成熟程度、国产化水平
	综合造价	—
	建设周期	—
运营层面	高峰小时运量	—
	灵活性	编组方式及运营组织等方面的灵活性
	紧急疏散救援能力	遭遇突发事件的处理能力以及紧急疏散便捷程度
	气候适应性	系统在当地气候及恶劣天气下的适应性
乘客层面	旅行速度	—
	行车密度	—
	舒适度	乘客乘坐舒适程度
社会层面	环境友好度	景观影响、系统对环境的污染影响等

其次，通过 RTS 理论，基于路权分类（right of way）、系统制式技术（technology）以及运营服务（service）三方面，结合国内应用实践情况，列举出所有的可选系统制式方案，随后从中选取初选方案。

最后，根据评价指标和各系统方案，基于层次分析法原理构建评价体系，并对政府、运营商、乘客、建设单位、规划设计专家征集方案评分和指标权重，专家侧重于客观评分，其他社会参与方侧重于指标权重，充分体现多方参与、综合评价的科学性。

2. *层次分析法的具体操作步骤*

层次分析法的具体操作步骤如下：根据制式评价指标体系，得到各层次间元素的关系，依据专家和其他社会参与方的调查结果，对各层次下任意 2 个元素进行两两比较，选择 1 ～ 9 的整数及其倒数作为比例标度值（见表 8-3），依此得到判断矩阵。

表 8-3 9 分位标度法及其含义

a_{ij}	含 义
9	指标 i 比指标 j 特别重要；方案 i 比方案 j 表现特别好
7	指标 i 比指标 j 明显重要；方案 i 比方案 j 表现明显好
5	指标 i 比指标 j 一般重要；方案 i 比方案 j 表现一般好
3	指标 i 比指标 j 稍微重要；方案 i 比方案 j 表现稍微好
1	指标 i 和指标 j 同等重要；方案 i 和方案 j 表现同样好
1/3	指标 j 比指标 i 稍微重要；方案 j 比方案 i 表现稍微好
1/5	指标 j 比指标 i 一般重要；方案 j 比方案 i 表现一般好
1/7	指标 j 比指标 i 明显重要；方案 j 比方案 i 表现明显好
1/9	指标 j 比指标 i 特别重要；方案 j 比方案 i 表现特别好
如果 i 和 j 之间的重要程度或表现水平差异在上述两个相邻等级之间，a_{ij} 的值就相应地取为 8，6，4，2，1/2，1/4，1/6，1/8	

层次分析法中需对判断矩阵进行一致性检验来确定各个判断矩阵之间的可传递性。为了检验判断矩阵的一致性，需要计算一致性指数 CI。

CI 是对判断矩阵偏离一致性的程度的衡量，n 为判断矩阵阶数，λ_{max} 为判断矩阵的最大特征值。当 CI 值为 0 时，说明该判断矩阵具有一致性，CI 值越大说明判断矩阵不一致性越强。

然后，通过查表得到平均随机一致性指标 RI。RI 的值如表 8-4 所示。需要注意的是：当矩阵的阶数为 1 或 2 时，CI=0，判断矩阵具有完全一致性。得到 RI 后，计算判断矩阵的一致性比率 CR。

表 8-4 平均随机一致性指标（RI）取值表

n	1	2	3	4	5	6	7	8	9
RI	0	0	0.58	0.90	1.12	1.24	1.32	1.41	1.45

当 CR<0.10 时，认为判断矩阵的一致性是可以接受的。如果不满足这一条件，应重新调整判断矩阵，直到满足上述条件为止。

三、上海虹桥商务区中低运量捷运系统制式选择应用实例

1. 上海虹桥商务区中低运量捷运系统概况

虹桥商务区作为长三角一体化核心、上海副中心、世界最大综合交通枢纽以及进博会永久举办地，其规划建设受到高度重视。与此同时，虹桥商务区轨道交通建设面临诸多挑战：（1）现有轨道交通布局不尽合理，现有通车线路皆为东西向，缺乏南北向线路，同时轨网之间缺乏衔接；（2）站点覆盖率较低，通车线路仅 12%，考虑现有规划与在建线路也仅有 24%，待开发区域无法解决门到门的运输问题；（3）枢纽体系布局不合理，客流过于集中；（4）尽管虹桥商务区战略定位极高，但受制于 48m 航空限高，规划开发建设量小，开发强度仅 1.2 左右[11]；（5）虹桥商务区内部受铁路和河流阻隔，影响区域发展。为了完善虹桥商务区内部公共交通体系，填补大运量轨道与低运量常规公交之间的空缺，虹桥商务区内部将引入中低运量捷运系统作为既有大运量轨道交通系统的补充，承担织补既有轨网与增大公交覆盖的功能。

2. 上海虹桥商务区中低运量捷运系统制式选择和评价分析

由于不同中低运量系统制式的适用性各不相同，同时还受到国家政策、城市的经济实力等因素的影响，因此上海虹桥商务区中低运量捷运系统制式的选择应着重从客流规模和特征、地形及环境条件、系统技术成熟度和应用前景、综合造价以及运营服务水平等方面进行分析和研究[12]。

目前，虹桥商务区大运量轨道交通线网规划基本完成，商务区内部客流特征呈现职住平衡，平均运距 5 ～ 7 千米。同时在客流量级方面，需重点考虑虹桥商务区为低密度开发，根据初步客流测算与判断，量级为中低运量系统，起到织补和饲喂大轨道线网的作用。综合考虑国家现行的相关政策和其他城市中低运量捷运系统建设的经验，上海虹桥商务区中低运量捷运系统现阶段可考虑的系统制式主要有现代有轨电车系统、快速公交系统、电子导向胶轮系统、自导向轨道系统、导轨式胶轮系统、悬挂式单轨系统。

上海虹桥商务区中低运量捷运系统的功能定位为商务区内部区域线，单向运能接近 1 万人次 / 时，平均旅行速度 20 ～ 30 千米 / 时，快速串联虹桥商务区核心区及周边重点功能组团，覆盖人口、岗位最密集区域，满足虹桥商务区内部通勤、枢纽接驳、周边衔接等出行需求。虹桥商务区中低运量捷运系统的制式选择

需满足以下 3 个方面的需求。

（1）出行服务水平方面。除了中央的商务核心区以及外围的居住组团，虹桥商务区还包括了国家级会展中心以及由虹桥机场和高铁站构成的综合枢纽。虹桥的功能和业态决定了乘客对票制票价不敏感，对出行服务水平、舒适度等方面要求更高，因此适宜选择独立路权系统保证出行服务水平。

（2）出行时效性方面。随着虹桥商务区大运量轨道系统建设的不断发展与完善，虹桥商务区与上海市中心及长三角地区的出行时间将大幅缩短，虹桥商务区内各个组团间公共交通出行时间也应当控制在可接受的水平内，以虹桥枢纽为中心，与各功能区枢纽节点通勤时间控制在 30 分钟之内，因此旅行速度将在虹桥商务区中低运量捷运系统制式选择中尤为重要。

（3）区域适应性方面。虹桥商务区内部受到多条铁路、河流及高架公路阻隔，影响区域发展，制式选择要适应当地的线路敷设形式、道路线形和线路平纵断面条件。此外，虹桥商务区居民对环境要求高，制式选择应有利于减小捷运系统对沿线周边环境的影响，满足当地居民以及项目建设运营过程中对噪声、振动、粉尘污染等方面的要求。

基于上述三方面的需求，有轨电车系统、快速公交系统和电子导向胶轮系统被排除，并将导向轨道系统、导轨式胶轮系统、悬挂式单轨系统纳入初选方案中。

在此基础上，按照表 8-3 的标度值，通过对专家以及各个相关方的问卷调查结果对各评价指标与方案的相对重要性 / 相对表现进行评估，归纳汇总问卷调查结果可构建准则层、指标层以及方案层判断矩阵，并得到上海虹桥商务区中低运量捷运系统准则层判断矩阵、指标相对权重与一致性检验结果，具体结果见表 8-5。

表 8-5　虹桥商务区中低运量捷运系统准则层判断矩阵及相对权重

准则层指标	规划层面	建设层面	运营层面	乘客层面	社会层面	相对权重	一致性检验
规划层面	1	4	3	3	3	0.4267	λmax = 5.3977 CI = 0.0994 CR = 1.12 RI = 0.0888<0.1
建设层面	1/4	1	2	1	1	0.1565	
运营层面	1/3	1/2	1	2	2	0.1648	
乘客层面	1/3	1	1/2	1	3	0.1537	
社会层面	1/3	1	1/2	1/3	1	0.0983	

同理，可得指标层评价指标权重与方案层优劣表现评价，具体结果如表 8-6 所示。所有判断矩阵均通过一致性检验。

表 8-6　虹桥商务区中低运量捷运系统制式比选评价

准则层		指标层		方案层		
评价指标	权重	评价指标	权重	自导向轨道系统	导轨式胶轮系统	悬挂式单轨
规划层面	0.43	线路适应性	0.32	0.30	0.54	0.16
		资源共享	0.11	0.63	0.26	0.12
建设层面	0.16	技术成熟度	0.08	0.56	0.32	0.12
		综合造价	0.06	0.09	0.63	0.28
		建设周期	0.02	0.12	0.56	0.32
运营层面	0.16	高峰小时运量	0.07	0.50	0.25	0.25
		灵活性	0.05	0.44	0.44	0.11
		紧急疏散救援能力	0.03	0.57	0.33	0.10
		气候适应性	0.01	0.43	0.43	0.14
乘客层面	0.15	旅行速度	0.08	0.38	0.25	0.38
		行车密度	0.05	0.54	0.30	0.16
		舒适度	0.03	0.59	0.25	0.16
社会层面	0.10	环境友好度	0.10	0.24	0.53	0.23
总分				0.39	0.42	0.19
排名				2	1	3

从上海虹桥商务区中低运量捷运系统制式比选的层次分析评价结果可以看出：导轨式胶轮系统对沿线周边景观与环境影响小，线路适应性好，造价经济，运营组织灵活，与虹桥商务区的功能定位更加契合，最符合上海虹桥商务区中低运量捷运系统的建设条件。悬挂式单轨国内外成熟案例较少，紧急疏散救援能力较差，运营灵活性与舒适性均不如其他两种制式，不符合虹桥商务区发展定位。自导向胶轮系统虽然在旅行速度、行车间隔、舒适度等方面较导轨式胶轮系统表现更好，但由于其造价更高，国产化水平低，更大的建筑体量导致其对景观的影响更大，因此总体表现稍逊于导轨式胶轮系统。

四、结语

当前面对中低运量系统的不同类型，如何选择一个适用于当地的系统制式是地方政府决策者关注的热点问题。本文在分析几种常见中低运量公共交通系统制式的基础上，通过构建中低运量捷运系统制式选择模型，提出了中低运量公共交通系统制式比选评价指标体系，并以上海虹桥商务区中低运量捷运系统规划为例，对中低运量系统制式进行了综合分析，得出中低运量捷运系统制式的适用性排序，对系统制式进行综合比选从而挑选出最优比选方案。同时，文中制式选择模型也可为其他同类城市中低运量系统制式研究提供决策和参考依据。随着我国中低运量公交系统的进一步建设与发展，将为各城市打造多层次、多样化、高品质的公共交通出行服务，中低运量公交系统具有良好与广阔的应用前景，对提升城市公交综合竞争力的发展意义重大。

参考文献

[1] 闵国水，曾琼 . 中小城市发展中低运量城市轨道交通系统制式选择研究 [J]. 铁路技术创新，2016(6): 40-45.

[2] 中国城市轨道交通协会 . 城市轨道交通分类：T/CAMET 00001—2020 [S]. 北京：中国铁道出版社，2020.

[3] 彭庆艳 . 中国大陆现代有轨电车运营实证研究 [J]. 城市轨道交通研究，2019, 22(S1): 118-122.

[4] 何栋奎，房敏 . 智能交通之 BRT 发展现状 [J]. 山东交通科技，2020(6): 99-103.

[5] 冯江华，肖磊，胡云卿 . 智能轨道快运系统 [J]. 控制与信息技术，2020(1): 1-12+31.

[6] 王晨云，丛聪，陈城辉 . 新型快速运输系统比较研究及应用展望 [J]. 重庆交通大学学报（自然科学版），2012, 31(S1): 594-598.

[7] 郭淑萍 . 导轨式胶轮系统标准体系建设研究 [J]. 中国标准化，2022(8): 55-59+63.

[8] 朱鹏飞 . 悬挂式单轨交通的发展现状与应用展望 [J]. 现代城市轨道交通，2020(4): 96-100.

[9] Vuchic, V. R. Urban Transit: Operations, Planning and Economics (1st ed.) [M]. U. S. : John Wiley & Sons. , 2005.

[10] 宾坚，王慈光，刘设 . 层次分析法在轨道交通车辆选型中的应用 [J]. 陕西工学院

学报 , 2005(2): 69-71.

[11] 虹桥商务区核心区（一期）城市设计（草案）[J]. 上海城市规划 , 2010(1): 33.

[12] 赵小文 . 我国中低运量城市轨道交通发展的几点思考 [J]. 城市轨道交通研究 , 2019, 22(10): 1-5.

九　市域线可持续发展的思考

张北辰　冯磊

摘要：“四网融合”是我国经济社会进入高质量发展新阶段对轨道交通高质量发展的必然要求，其中的市域线是承上启下的关键一环。国内各大城市在积极探索发展市域线的过程中总结出众多宝贵经验，也发现了诸多问题。作者结合自身项目经历，积极思考并探讨了目前我国市域线发展遇到的主要矛盾，以及实现市域线高质量发展的核心内容，即“降本增效”实现市域线的可持续发展。结合自身的理解提出建议，形成市域线可持续发展“三高一低”的规划发展理念，即服务圈层要准、功能定位格局要“高”，政策互惠共赢、城铁互动效率要“高”，运营能力要强、公交服务水平要“高”，建设投资要少、运营成本要“低”。最后对我国市域线的发展提出展望。

关键词：轨道交通；市域线；高质量发展；降本增效；可持续发展

一、前言

1. 市域线的定义与分类

根据文献[1]的梳理与分析，目前在铁路旅客运输行业与城市公共交通行业均存在关于市域（郊）铁路的概念，主要服务于都市圈外围地区与城区之间的客流，在上述两个行业内部分别称为市域（郊）铁路与市域快速轨道交通。文献[2]（以下简称116号文）中国家发展改革委等部门将连接都市圈中心城市城区和周边城镇组团，为通勤客流提供快速度、大运量、公交化运输服务的轨道交通系统定义为市域（郊）铁路。而团体标准《城市轨道交通分类》（T/CAMET00001-2020）[3]又将城市公共交通行业内市域快速轨道交通改称为市域轨道交通或市域线。鉴于目前国内市域（郊）铁路的定义尚未统一，本文将上述市域（郊）铁路或市域快速轨道交通统称为市域线进行论述分析。

2. 市域线政策与发展趋势解读

国家发展改革委2017年发布的《关于促进市域（郊）铁路发展的指导意见》[4]（以下简称1173号文）和2020年发布的116号文[2]均为国家层面就市域线发展做出的全面性指导文件，均提出发展市域线对扩大交通有效供给，缓解城市交通拥堵，改善城市人居环境，优化城镇空间布局，促进新型城镇化建设，具有重要作用。国办发〔2019〕33号文[5]支持城际铁路、市域线等的建设、养护、管理、运营等具体执行事项由地方实施，116号文[2]也提出优先利旧、有序新建，鼓励地方政府与国铁集团谈判合作，促国铁集团改革等。由此可见市域线仍处于大力发展的新阶段，国家政策支持市域线的有序新建，也鼓励地方积极与国铁集团谈判，利用既有铁路资源。

根据中国城市轨道交通协会公布的数据，"十三五"期间，国内的地铁制式线路与市域线通车规模逐年增长，但市域线增速更快，同时市域线的在建规模更是以17.8%的平均增幅快速上涨。因此，随着国家打造"轨道上的都市圈"，推动"四网融合"以及大都市圈、城市群多层次交通规划政策的陆续出台，市域线无论是在建规模占比还是规划总规模均将稳步上涨（见图9-1～图9-4）。

如今我国的主要矛盾已经发生转变，高质量发展已成为建设现代化经济体系的必由之路，如何促进市域线的高质量发展已成为必须思考的问题。

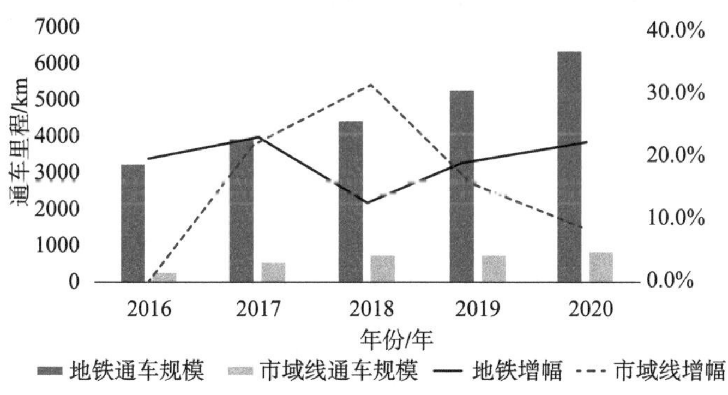

图9-1　国内地铁及市域线通车规模统计

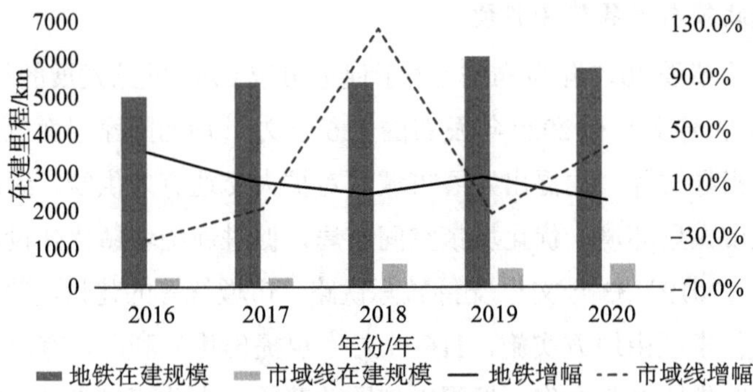

图 9-2　国内地铁及市域线在建规模统计

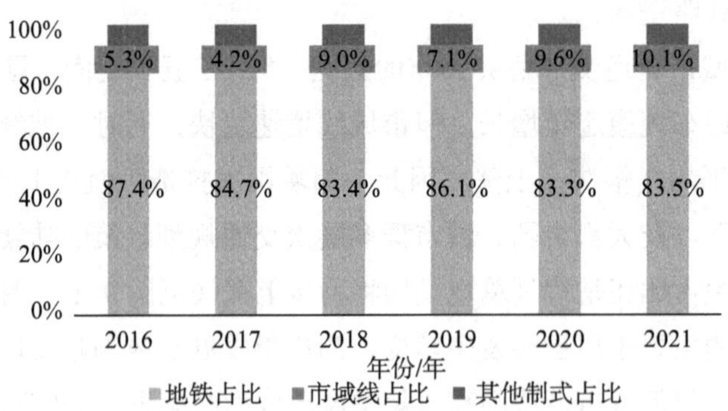

图 9-3　国内在建不同制式的线路占当年的比值

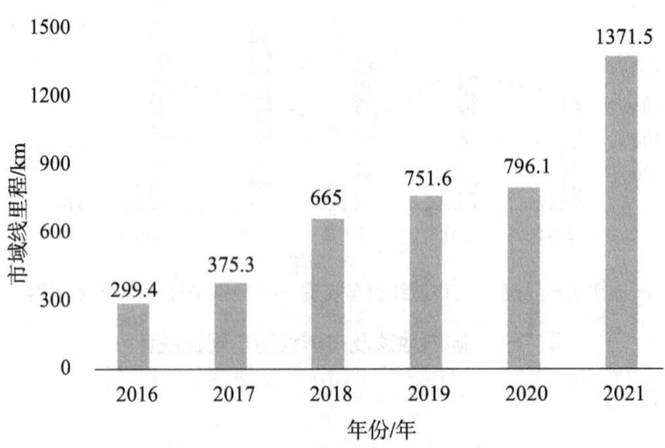

图 9-4　国内市域线规划规模

二、国内市域线发展的主要矛盾分析

本文统计了 8 座城市，18 条已运营的市域线。通过分析上述线路的客流效益、敷设方式、权属形式等，可以归纳总结出目前市域线在发展过程中遇到的主要矛盾。

1. 客流效益较差

统计的市域线，2020 年的客流强度大部分都小于 0.4 万人次 / 千米・日，北京 S2 线的客流强度更是低至 0.005 万人次 / 千米・日。较差的客流效益导致了上述线路的服务水平较低，发车密度较小，由此形成恶性循环（图 9-5）。

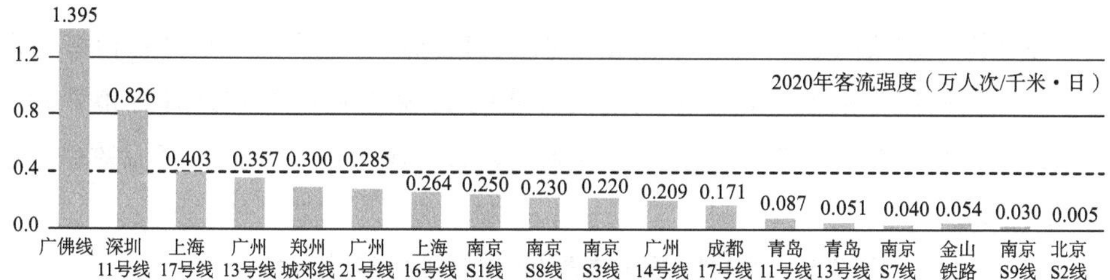

图 9-5　国内不同城市通车市域线客流强度情况

2. 工程投资高、地方政府债务率高

上述线路的敷设方式中，地下段占比普遍较高，部分线路的地下敷设段占比甚至达到了 100%，由此造成高额的工程投资又加重了城市的债务率。以成都为例，2020 年地方政府债务率已经高达 500%（图 9-6、图 9-7）。

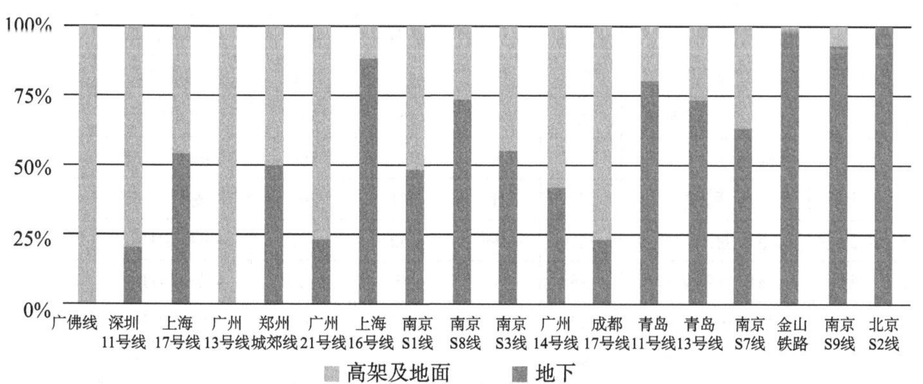

图 9-6　国内不同城市通车市域线敷设方式情况

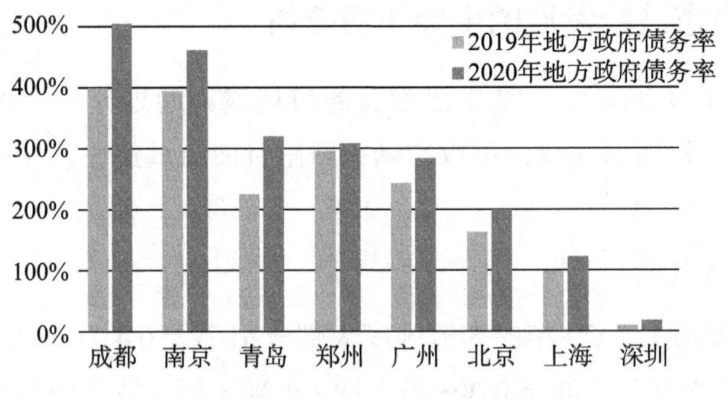

图 9-7 国内不同城市地方政府债务率

3.“路地合作”难度大，既有铁路利用效果差

虽然国家政策鼓励利用既有铁路或对既有铁路进行适当改造后开行市域（郊）列车，但调研统计后发现，目前国内已开通的 15 条利用既有铁路开行市郊列车的线路，大都存在与铁路部门合作谈判周期较长、服务水平较低、客流效益较差等问题（表 9-1）。

表 9-1 国内利用既有铁路开行市郊列车通车线路统计

	城市	线路	长度 / km	站点数量 / 座	平均站间距 /km	最高速度 /km/h	车辆选型	服务水平 /（对 / 天）
1	北京	城市副中心线	63.7	6	12.74	200	8 编 CRH6A	6
2		市郊 S2 线	108.3	6	21.66	160	NDJ3	7
3		怀柔密云线	144.6	7	24.10	160	4 编 CRH6F	6
4		通密线	83.4	7	13.9	110	5 编普通绿皮车	2
5	上海	金山线	56.4	8	8.06	160	CRH2/6	37
6	天津	津蓟线	113	10	12.56	110	普通绿皮车	5 ～ 6
7		京蓟线	82	3	41	110	普通绿皮车	2
8		京津城际延伸线	45	4	15	350	CRH	28
9	浙江	杭州—余姚线	76.7	5	19.18	160	4 编 CRH6F	8
10	成都	成灌线	94.2	21	4.71	200	8 编 CRH6F	8
11	连云港	连云港市郊线	34.1	5	8.53	120	4 编 CRH6F	11
12	海口	海口市郊列车	38	6	7.6	160	4 编 CRH6F	61
13	台州	仙居南—台州西	62	5	15.5	160	4 编 CRH6F	6
14		头门新区—林海南	55	2	55	160	4 编 CRH6F	5
15	深圳	福田—坪山快捷线	48	3	24	350	CRH	3

三、国内外市域线典型案例分析

1. 国外典型市域线案例

东京中央线总武线是东日本旅客铁道（JR 东日本）的通勤列车运行系统之一，由千叶县千叶市中央区千叶站开始，经东京都千代田区御茶之水站，至东京都三鹰市三鹰站为止。其中千叶站—御茶之水站间属于总武本线，御茶之水—三鹰站间属于中央本线。全线横贯东京都中心，是东京首都圈重要的通勤铁路线路。中央总武线开通于 1932 年 7 月 1 日，目前线路全长 60.2 千米，设站 39 座，均为地面线。2015 年度日均乘客量为 235.9 万人次，日均客流强度约 3.91 万人次 / 千米 • 日[6]（图 9-8）。

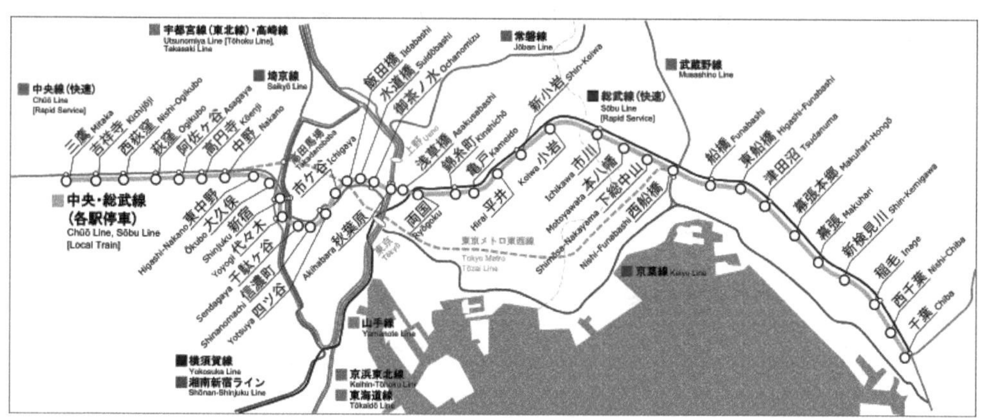

图 9-8 东京中央总武线（见彩图 18）

法兰西岛大区快铁（简写为 RER），简称大区快铁，是位于法国法兰西岛大区的通勤铁路网络，贯通巴黎及邻近地区。截至 2019 年共有 5 条路线（A、B、C、D、E），线路总长度约 600 千米，其中地下段仅为 76.5 千米，占比 12.8%，2019 年平均日客流量达 371.2 万人。以最著名的 RER-A 线为例，该线是一条贯通巴黎市郊东西走向的线路，呈现“一干多支”的线路形态。线路全长约 109 千米，设站 46 座，平均站间距约 2.4 千米，2019 年日均客流量为 120 万人，客流强度为 1.1 万人次 / 千米 • 日[7]，高峰期发车间隔为 8 ～ 10 分，已成为巴黎较为繁忙的通勤铁路之一（图 9-9、图 9-10）。

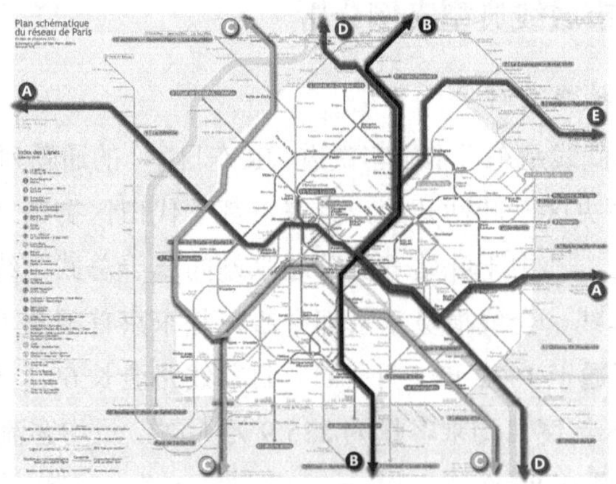

图 9-9 法兰西岛大区快铁系统（见彩图 19）

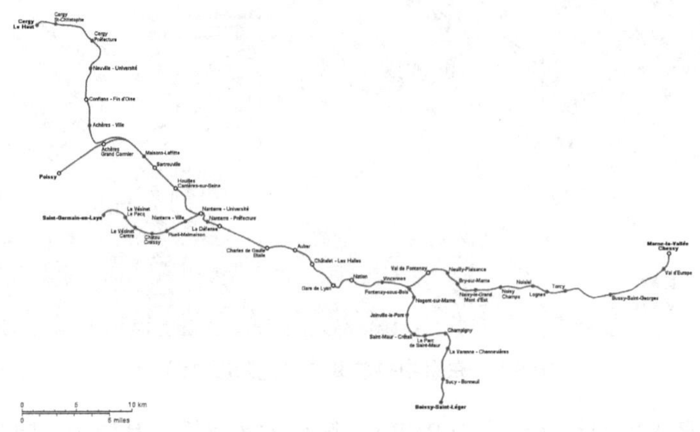

图 9-10 RER-A 线

2. 国内典型市域线案例

金山铁路是全国首条由既有铁路改造，实行公交化运营和政府购买补贴的市域铁路。线路以目前既有的金山铁路支线为基础增建复线并增建沪杭铁路四线引入上海南站，全长 56.4 千米，设计时速最高 160 千米 / 时，总投资约 52.6 亿元，均为地面线。线路途经上海市徐汇、闵行、松江、金山四个区，共设 9 座车站，已于 2012 年 9 月 28 日正式通车运营，全程仅 32 分。2017 年金山铁路被国家发展改革委等五部委确定为全国市域铁路第一批示范项目，开创了支线铁路公交化运营的先例[8]。上海交通委数据显示，2021 年金山铁路客运量日均达 2.5 万人次，同比增长 17.4%[9]，日均客流强度为 0.044 万人次 / 千米·日。如今金山线发车密度为 37 对 / 日，可与上海地铁系统实现“一码通行”。

南京地铁 S1 号线又称宁高城际轨道交通一期工程。该线路北起南京城南中心的南京南站，南至空港新城江宁站，设 9 座车站、全长约 35.6 千米，其中地下段占比约 51%，总投资约 135.8 亿元。线路串连南京南站铁路枢纽、翠屏山居住组团、正方新城、机场枢纽等重要片区，沿线建成度较高，2022 年 6 月日均客流约 7 万人次，日均客流强度为 0.196 万人次 / 千米·日（图 9-11）。

3. 小结

分析上述国内外案例可以发现，发展成功的且客流效益好的市域线普遍穿越城市中心区，线路形态呈现“一干多支”的结构，地下敷设方式占比较低，沿城市主通勤廊道敷设，串连城市重点片区，具备高水平的服务能力，提供公交化运营。

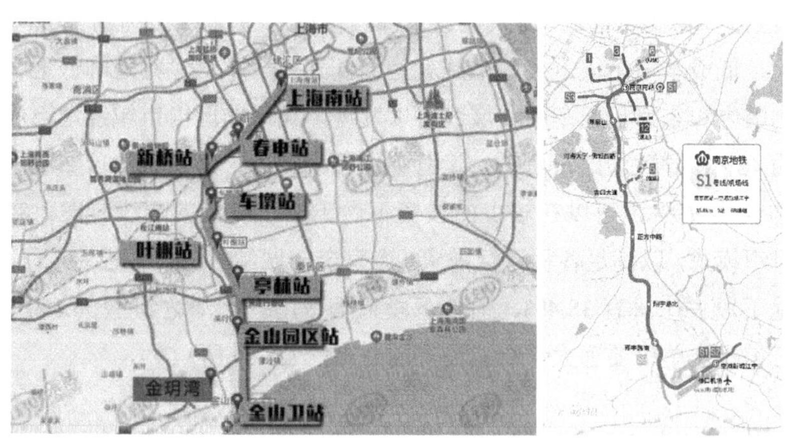

图 9-11　金山铁路及南京 S1 线

四、市域线可持续发展的思考

116 号文[2] 中明确了市域线的报批模式参照城市轨道交通建设规划管理的相关规定执行。

2021 年国家发展改革委和住建部联合下发的《“十四五”城市轨道交通规划建设实施方案》（以下简称 1302 号文），要求了“拟建轻轨、市域快线初期客流强度不低于 0.4 万人次 / 千米·日，其中以地下敷设为主的市域快线初期客流密度应不低于 4 万人次 / 千米·日”及“对市本级隐性债务风险等级处于橙色区域的，或轨道交通剩余负债占当年市区一般公共预算收入比例超过 150% 的，或市区人均一般公共预算收入低于 1 万元的，严控规划建设规模”。由此可见客流效益与政府债务情况已经成为制约市域线获批与否的关键因素。

鉴于目前国内市域线发展存在的主要矛盾，为促进实现市域线的高质量发展，应当以实现市域线的可持续发展为核心内容，达到“降本增效”的目的。

1.“降本”——降低市域线的建设运营成本

降低市域线的建设成本与运营成本可有效减少城市的负债，进而为后续发展预留空间，提升市域线可持续发展的能力。

（1） 降低建设成本。

高昂的投资会严重制约项目的进展，2012 年国家发展改革委批复了某城市的市域线，批复投资约 70 亿元。后实施方案因地下段占比较高，总投资是原来的 5 倍，经过多轮反复论证，与发展改革部门协调沟通后，线路拟于 2023 年开工。

因此，低成本一个很重要的措施就是降低建设成本，尤其是降低地下线的比例。对比国内和东京已通车的市域线可以发现，调研的国内市域线地下段占比的平均值约 45%，导致线路投资高，运营组织较为单一；而东京的市域线地下段占比的平均值仅 8.9%，可以在较少的投资下做出非常灵活的配线方案，实现灵活的运营组织模式，以满足各种运营需求。南京宁句城际的总投资也说明了这一点，线路的地下段占比只有 38.4%，但地下段工程费用占比却达到了 56.8%[10]，且地下段的工程投资单价要远大于高架段（图 9-12 ～图 9-14）。

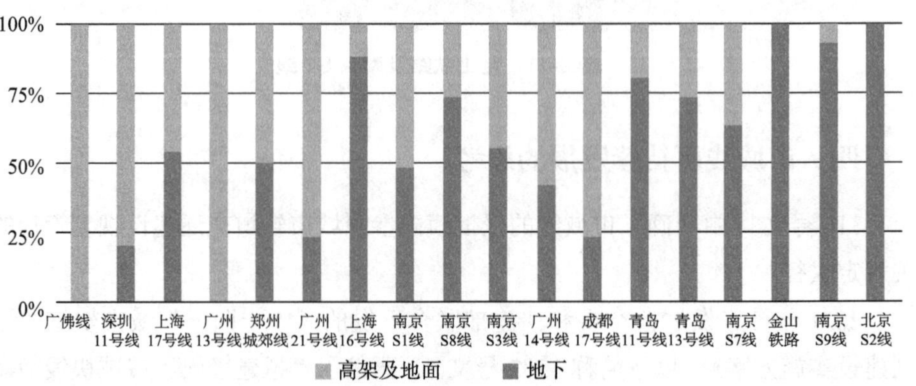

图 9-12 国内部分市域线敷设方式情况

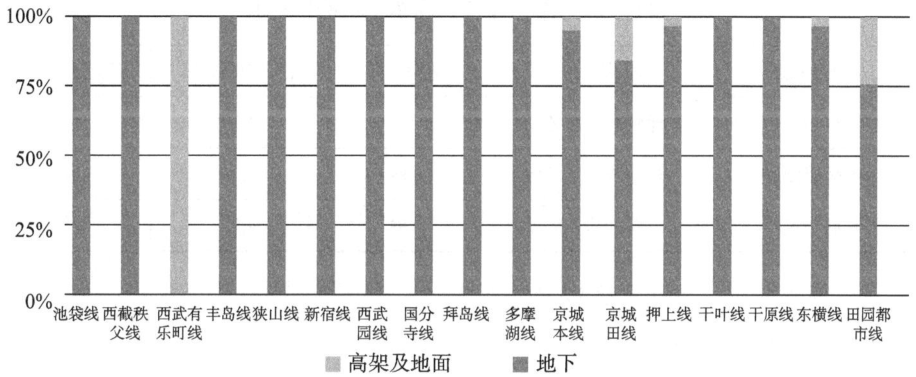

图 9-13　东京部分市域线敷设方式情况

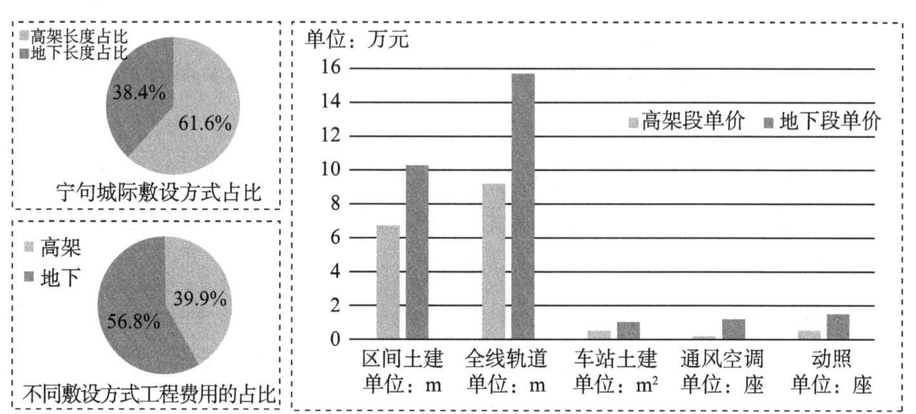

图 9-14　南京宁句城际不同敷设方式投资的情况

（2）降低运营成本。

文献 [11] 中分析指出，轨道交通线路运营成本中动力费占运营成本的平均值为 14%，而牵引用电费用又占到了动力费成本的 50% 左右。通过调研 2021 年苏州运营的 1 号线（B 型车 4 节编组）、3 号线（B 型车 6 节编组）的运营成本，以上述不同编组的运营成本数据为基础，在满足同一客流需求的条件下，研究了不同编组方案的运营成本。研究发现远期成本最低的 4/6 混跑编组方案较成本最高的单一 6 编组方案，运营成本可节省约 0.44 亿元。因此，采用更加灵活的编组模式可有效降低线路的运营成本（表 9–2）。

表 9-2 无锡 6 号线不同编组方案成本对比

编组方案	费用	初期 3 年	初近期 10 年	初近远期 25 年
单一 6 编组	运营成本 / 亿元	1	4.88	14.55
4/6 编组混跑	运营成本 / 亿元	0.89	4.6	14.11
3/6 灵活编组	运营成本 / 亿元	0.91	4.83	14.52

2.“增效”——提升市域线客流效益

（1）找准服务圈层与功能定位。

116 号文[2]中指出，“市域（郊）铁路是连接都市圈中心城市城区和周边城镇组团，为通勤客流提供快速度、大运量、公交化运输服务的轨道交通系统”。因此，市域线的主要功能定位就是通勤。

根据住建部发布的《2020 年全国主要城市通勤监测报告》[12]（以下简称《通勤报告》）数据显示，全国 36 座重点城市的通勤半径为 19 ～ 40 千米，除北京、深圳等超大城市及重庆、天津等特大城市通勤半径超过了 30 千米，其余重点城市的通勤半径均在 30 千米以内。因此，市域线的服务圈层应与所在城市的通勤半径相适应，如此才有助于充分发挥市域线的作用。

《通勤报告》[12]中还指出，上述城市的通勤时间在 45 分钟以内的占比已经超过了 70%，而通勤时间为 45 分钟的人口基本处于城市核心区岗位服务的边缘，因此乘坐市域线出行的时间目标建议控制在 45 分钟以内，由此可进一步计算出市域线的设计速度不宜小于 120 千米 / 小时（图 9-15）。

（2）形成合理的网络形态。

市域线服务的圈层，因其客流规模小，分布较为分散，更适合采用“一干多支”的网络形态。比如雄安新区及日本东京中央“一干多支”的网络形态，干线沿主通勤廊道敷设以实现快速进城，在线路外围通过支线收集客流，不仅体现了“廊道集约”理念，提升了区域快线的社会经济效益，还能降低建设成本（见图 9-16 ～图 9-17）。

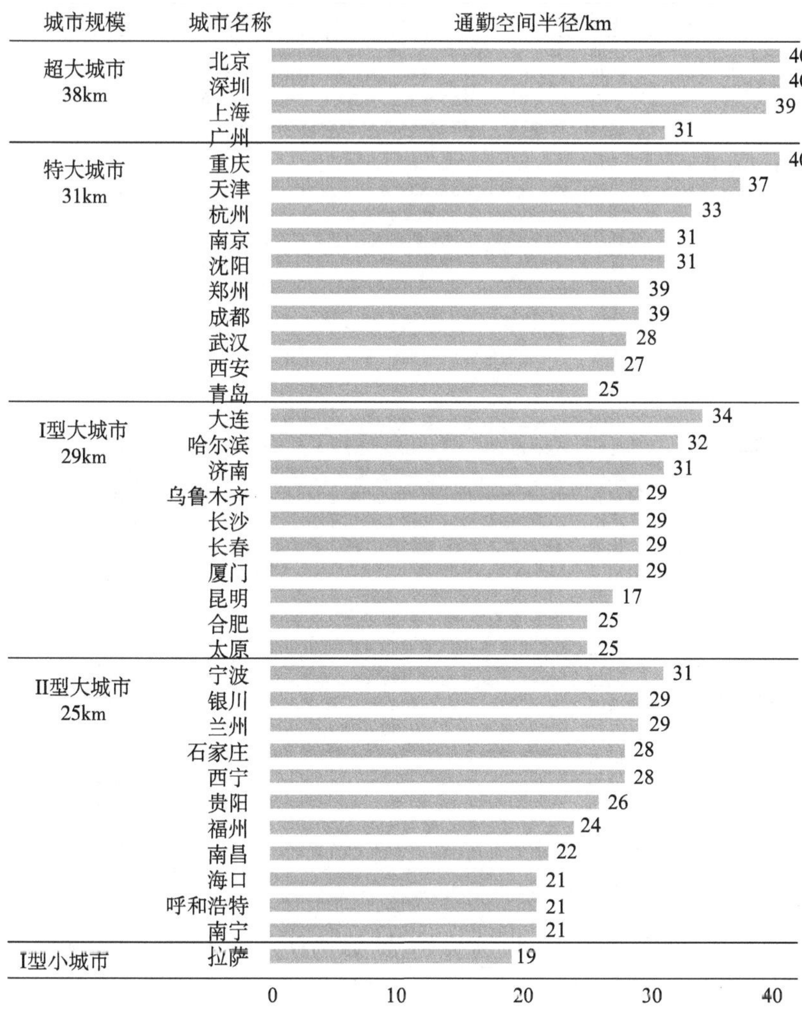

图 9-15　全国主要城市通勤空间半径及 45 分钟以内通勤比重（1）

城市规模	城市名称	45分钟以内通勤比重
超大城市 38km	深圳	76%
	广州	75%
	上海	68%
	北京	58%
特大城市 31km	西安	78%
	沈阳	78%
	郑州	78%
	杭州	77%
	青岛	74%
	天津	74%
	武汉	73%
	南京	71%
	成都	71%
	重庆	70%
I型大城市 29km	太原	85%
	昆明	83%
	厦门	81%
	乌鲁木齐	80%
	济南	80%
	长沙	79%
	哈尔滨	79%
	长春	78%
	合肥	77%
	大连	76%
II型大城市 25km	海口	88%
	呼和浩特	85%
	南宁	83%
	银川	83%
	福州	83%
	兰州	83%
	宁波	83%
	石家庄	81%
	南昌	81%
	贵阳	80%
		80%
I型小城市	拉萨	90%

（横轴：0%　40%　80%）

图 9-15　全国主要城市通勤空间半径及 45 分钟以内通勤比重（2）

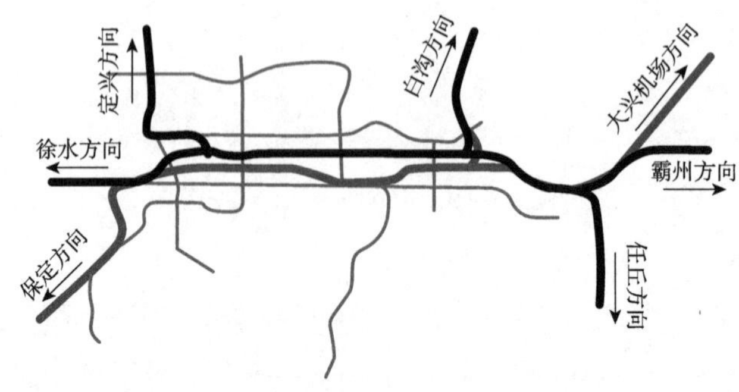

图 9-16　雄安新区“一干多支”的轨网形态

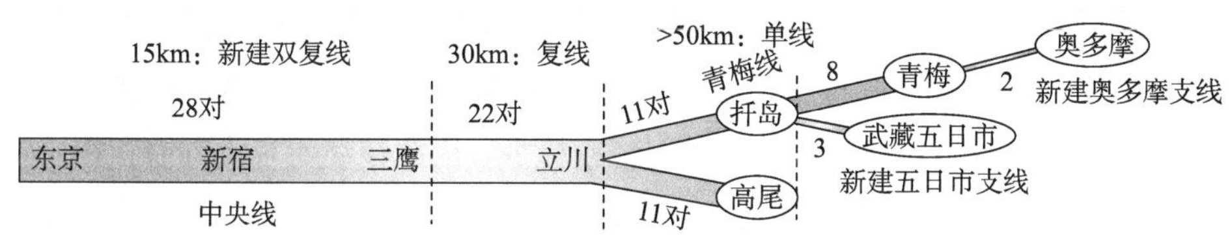

图 9-17　日本东京中央线“一干多支”线路形态

（3）与城市主要功能区及相关政策进行高效“互动”。

市域线的规划建设需要与城市规划做好互动，也要与铁路部门、相关政策做好互动。

城市规划与客流效益是互相影响的，好的规划能带来好的客流效益，而高效益的客流又能反哺城市的发展。比如伦敦的 Crossrail 线，不仅在线路形态上是“一干多支”，同时线路贯穿了城市中心区，衔接了机场、火车站等交通枢纽，这不仅带来良好的客流效益，根据预测，预计到 2026 年沿线地块的商业价值也会大幅上涨，沿线站点一千米范围内的房产价值提升将高达 201 亿英镑。为住宅和商业房地产创造 55 亿英镑的附加值。包括伯克希尔（Berkshire）和埃塞克斯（Essex）在内的郊区，房价可能会上涨 20%，在伦敦市中心增加 25% [13]（图 9-18）。

再如 35.6km 长的南京 S1 线与城市规划互动良好，串连了沿线众多主要组团与功能区，所以客流效益较好，2022 年 6 月日均客流约 7 万人次；而 35 千米长的南京宁溧城际，在这方面的互动有所欠缺，所以客流效益较差，2022 年 6 月日均客流仅有 1 万人次。

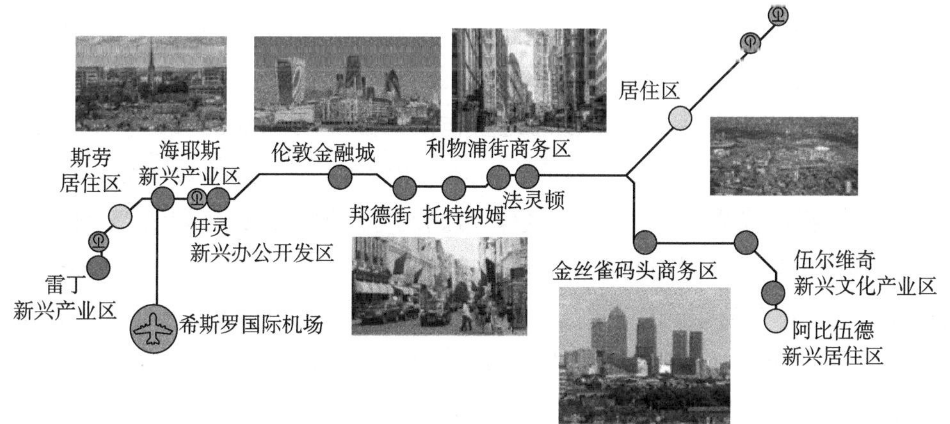

图 9-18　伦敦 Crossrail 线沿线重要功能区示意

《长江三角洲地区多层次轨道交通规划》批复的南通机场快线，其中一段为利用既有宁启铁路段，长度为20千米，由于铁路沿线为规划绿带，现状周边建成度较低，规划层面铁路沿线的建设用地指标少，因此该线的客流效益存在一定的风险。于是在线网规划层面，结合城市规划与用地指标，作者建议可将批复的机场快线通道进行调整，线路应联系南通CBD、中创区、家纺城等片区的通勤和沿线航空客流需求（图9-19）。

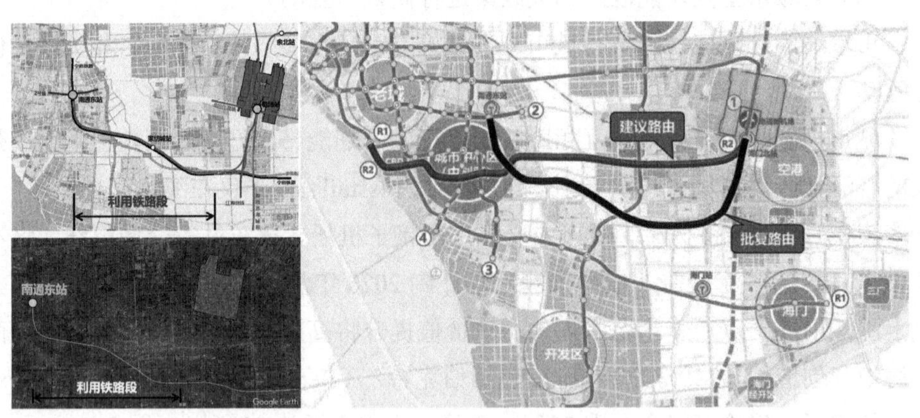

图9-19 批复南通机场快线示意图及建议路由示意

《通勤报告》[12]中指出，全国主要城市1千米轨道覆盖通勤的比重较低，占比不到30%，说明站点布局与通勤需求存在空间错位，因此，市域线的规划建设应进一步加强站城融合的互动，提升市域站点对职住空间的支撑与契合程度。如哥本哈根的轨道网络对城市空间形态的引导，引导城市布局转向集约式簇轴的形态（见图9-20～图9-21）。

此外，由于市域线的特殊性，还需加强与铁路部门以及相关政策的互动。虽然目前国家出台相关政策鼓励路地合作，如国办发〔2019〕33号文[5]支持城际铁路、市域线等的建设、养护、管理、运营等具体执行事项由地方实施，116号文[2]提出优先利旧、有序新建，鼓励地方政府与国铁集团谈判合作，促国铁集团改革等。但根据北京东北环的建设经验，合作仍然困难。北京东北环线《路市合作框架协议》的签署历时2年，过程艰辛，地方政府做出了较大让步，究其原因是央企在谈判过程中仍处于强势一方，使得地方政府信心不足、积极性不高，进而合作困难。

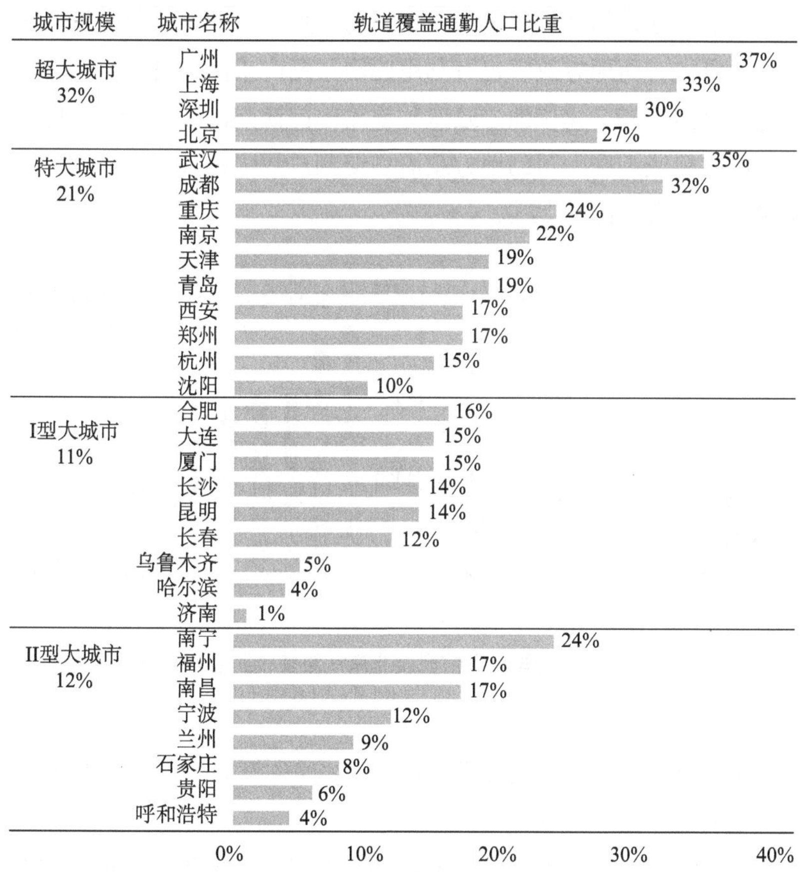

图 9-20　轨道覆盖通勤人口比重

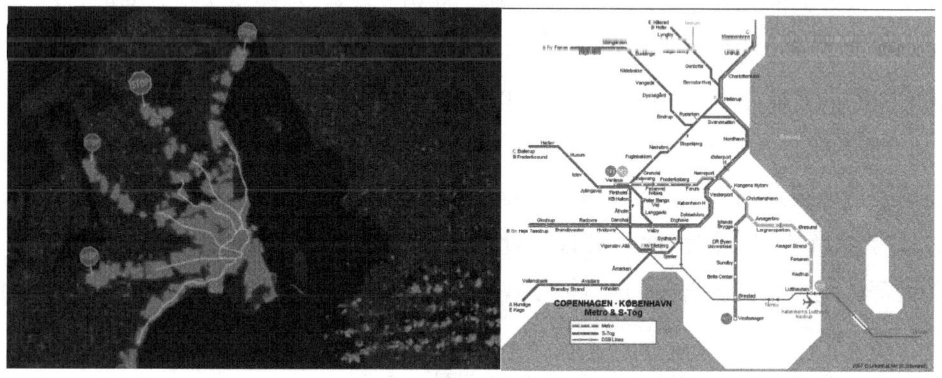

图 9-21　丹麦哥本哈根城市空间结构与轨网形态

针对这样的困境，作者提出思考：在目前的形式下铁路部门有释放闲置资产来降低负债的需求，而地方政府也有利用此闲置资产来降低投资压力的需求，因此双赢的基础仍然存在。建议地方政府与铁路部门谈判的项目能配套更灵活、更有利于操作的政策或细则，帮助地方政府在谈判过程中摆脱弱势的一方，这可作为下一步研究的方向（图 9-22）。

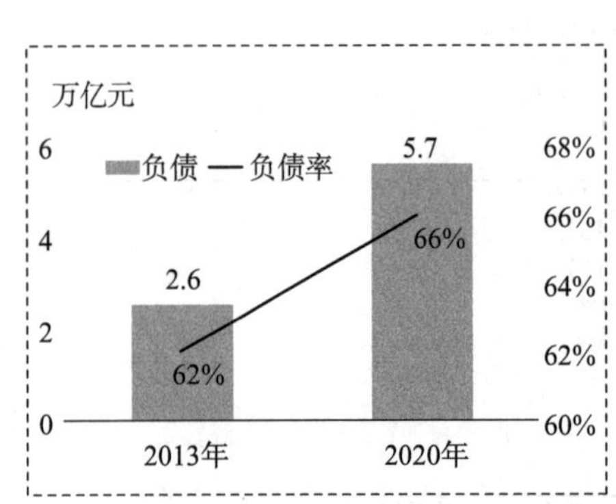

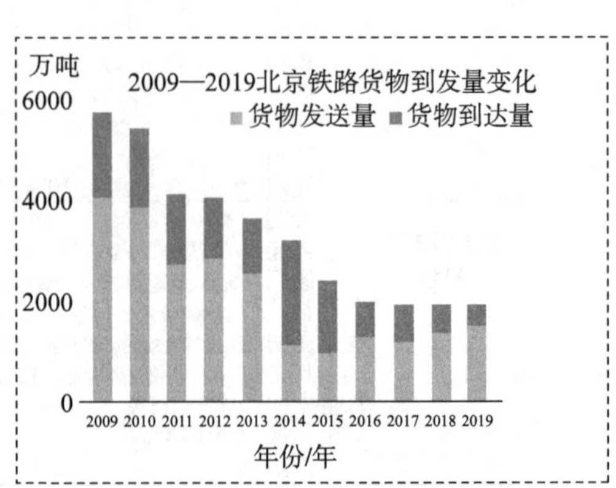

图 9-22 铁路总公司负债情况及北京铁路货物到发量变化情况

（4）提升市域线的服务水平。

一条市域线要实现高水平的服务，要做到线路的互联互通、提升公交化运营、实现灵活的运营组织三个方面。

东京的私铁在 20 世纪 50 年代左右，线路有了互通的需求，后经过不断的改造，线路实现互联互通后，轨道交通的服务水平明显提升，根据调研与不完全统计，目前可以互通的私铁已经占到了线网规模的30%左右。在线路实现互通的过程中，线路因地下线占比较低，使得改造的投资较少，因此，市域线应在规划时充分考虑好线网的互联互通，并做好预留，以减少后期的改造投资（图 9-23）。

1302 号文中提出，“新建市域（郊）铁路原则上统筹纳入线网规划编制范围”，强调了市域线路的规划应统筹考虑不同层级的城市轨道交通之间的关系。南京的 2035 年城市轨道交通线网规划方案针对市域线做出了优化，市域线由原来的独立运营优化为与城区普线的互联互通，按照“快线穿城、构建放射布局、实现互联互通、线路一干多支”的规划理念，新版轨道交通线网形成了“快线三轴十廊、干线九纵八横、多网相互融合”的格局（图 9-24）。

图 9-23　东京已实现互通的私铁（见彩图 20）

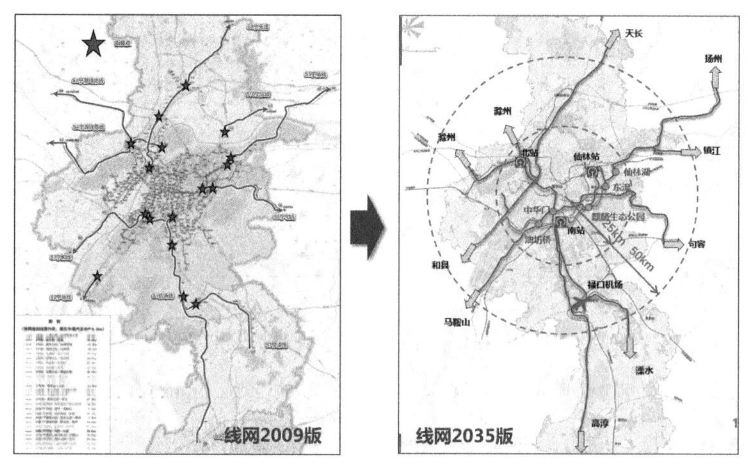

图 9-24　南京 2009 版线网与 2035 版线网（见彩图 21）

高水平服务还需要实现公交化运营，市域线的主要服务对象是通勤客流，运营水平应强调发车密度。而目前已开通的利用既有铁路开行市郊列车的发车密度普遍较低，距离公交化还有一定的差距，这也是客流效益较差的重要原因。高水平的服务还需要辅以灵活的运营组织模式来服务不同的出行需求。比如南京宁句城际，通过越行的方式实现快速进城，可以越行 5 座车站；建议宁马城际可考虑设置多个交路，实现运力与服务水平的均衡。此外，灵活编组也是重要的举措，上海 16 号线通过在线解编与在线连挂，高峰小时采用 6 节编组，平峰时期采用 3 节编组，在服务水平不变的情况下，做到了降本而不减效（图 9-25、图 9-26）。

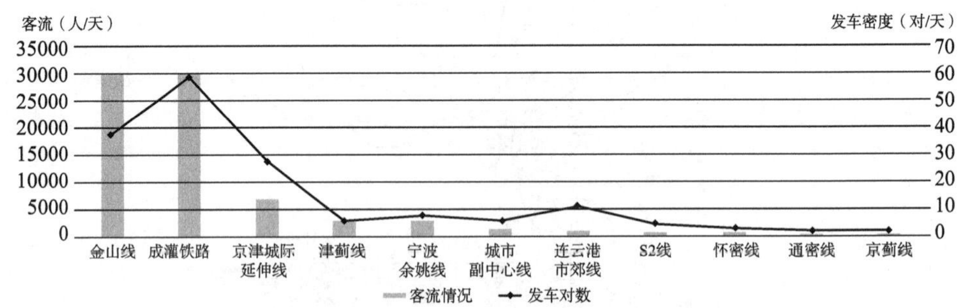

图 9-25　国内部分利用既有铁路开行市郊列车的发车密度情况

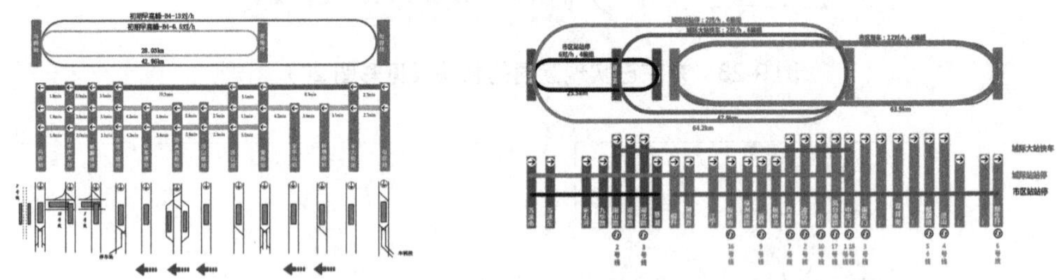

图 9-26　宁句城际越行方案示意及建议的宁马城际运营交路

五、总结与展望

如今我国都市圈同城化的步伐正在加快，各地市域线的规划与建设也正在积极探索。面对后疫情时代下国内受到冲击的经济态势，面对市域线的建设存在投资高、客流效益低、地方政府债务率高、既有铁路利用效果不理想等主要矛盾，更要推动市域线的高质量发展，即“降本增效”实现市域线的可持续发展。围绕着降低线路的建设与运营成本，进而降低政府的债务率；功能上要找准线路服务的圈层，形成高的功能定位，形成合理的网络架构；线路本身要与城市做好高效“互动”，尽可能衔接城市中心、枢纽及主要功能区，以实现客流效益与社会效益的双提升，同时还需与国家相关政策做好互动，形成中央与地方的互惠共赢；线路还需实现公交化运营，具备高水平的服务能力。如此形成促进市域线可持续发展高定位、高互动、高服务、低成本即“三高一低”的发展理念。

中国现在的城市化进程，在都市圈与城市群发展的背景下，仍有较大发展的空间，结合国际上的经验，相信市域线还有很广阔的市场和发展前景。希望市域线可持续发展能在“三高一低”的理念下指导进行，以期能进一步实现市域线的高质量发展（图 9-27）。

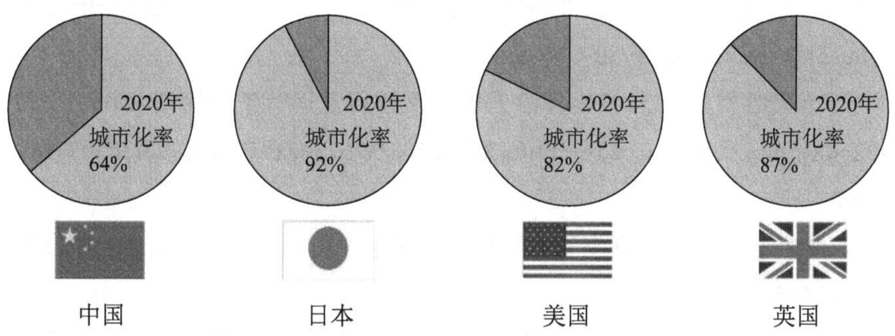

图 9-27　2020 年中国、日本、美国、英国的城市化率

参考文献

[1] 秦国栋 . 市域（郊）铁路的内涵、功能定位与重点问题 [J]. 城市交通 , 2021 (6).

[2] 中华人民共和国中央人民政府网 . 国务院办公厅转发国家发展改革委等单位关于推动都市圈市域（郊）铁路加快发展意见的通知（国办函〔2020〕116 号）[EB/OL]. 2020 [2021- 07- 02]. http: //www. gov. cn/zhengce/content/2020-12/17/content_5570364. htm.

[3] T/CAMET 00001—2020 城市轨道交通分类 [S]. T/CAMET 00001—2020 Classification of Ur-ban Rail Transit[S].

[4] 中华人民共和国国家发展和改革委员会 . 国家发改委关于促进市域（郊）铁路发展的指导意见（发改基础〔2017〕1173 号）[EB/OL]. [2017-06-20]. http: //www. gov. cn/xinwen/2017-06/28/content_5206431. htm.

[5] 中华人民共和国中央人民政府网 . 国务院办公厅关于印发交通运输领域中央与地方财政事权和支出责任划分改革方案的通知（国办发〔2019〕33 号）[EB/OL]. [2019-06-26]. http: //www. gov. cn/zhengce/content/2019-07/10/content_5407908. htm.

[6] 平成 27 年 大都市交通センサス 首都圏報告書 (PDF). P. 92. 国土交通省 . [原始内容存档 (PDF) 于 2018-08-26].

[7] 倪金城 . 大巴黎都市圈城区与郊区融合的纽带：巴黎市域（郊）铁路 [J]. 城市轨道交通 , 2021(2): 26-31.

[8] 劢坦 - 城际线 . 可以读的城际线 - 金山线 [EB/OL]. [2022-05-05]. https: //zhuanlan. zhihu. com/p/509656991.

[9] 上海市交通委员会 . 2021 年 12 月本市交通行业运行情况简报 [EB/OL]. [2022-02-08]. http: //jtw. sh. gov. cn/jttj/20220208/376150aa75be4bc996f3b6071f67e911. html.

[10] 江苏省发改委关于南京至句容城际轨道交通工程初步设计的批复（苏发改铁路发〔2018〕1283 号）。

[11] 刘丽琴 , 邢燕婷 , 李明阳 , 李欣 . 城市轨道交通运营收支特点研究 [J]. 都市快轨交通 , 2022 年 (1): 140-146.

[12] 住房和城乡建设部城市交通基础设施检测与治理实验室 , 中国城市规划设计研究院 , 白底地图慧眼 . 2020 年度全国主要城市通勤监测报告 [R]. 2020.

[13] 伦敦观察站 . 在伦敦居住了 12 年 , 这是我梦寐以求想居住的地方！ [EB/OL]. [2020-07-10]. https: //new. qq. com/rain/a/20200710a0vdan00.

十　歇甲村车辆段层间隔震结构设计

徐琛

摘要：基于业主“优化结构布置、节约工程造价”的需求，北京地铁 17 号线歇甲村车辆段采用了一种全新的层间隔震结构体系。本文对此结构体系与传统体系进行了简要对比分析，并对本项目的层间隔震结构设计进行了总结。鉴于实施不久的《建筑隔震设计标准》（GB/T 51408—2021）与《建筑抗震设计规范》（GB 50011—2010）（2016 版）对层间隔震结构设计影响较大，故本文对此进行了简单对比。

关键词：层间隔震；开发车辆段；隔震设计标准

一、工程概况

北京地铁 17 号线歇甲村车辆段（以下简称本项目），位于北京市昌平区东南角北七家镇歇甲村组团，东侧为清河水系，紧临清河湾森林湿地公园。本项目距离 M17 号线天通苑东站约 1km。歇甲村车辆段项目位置如图 10-1 所示。

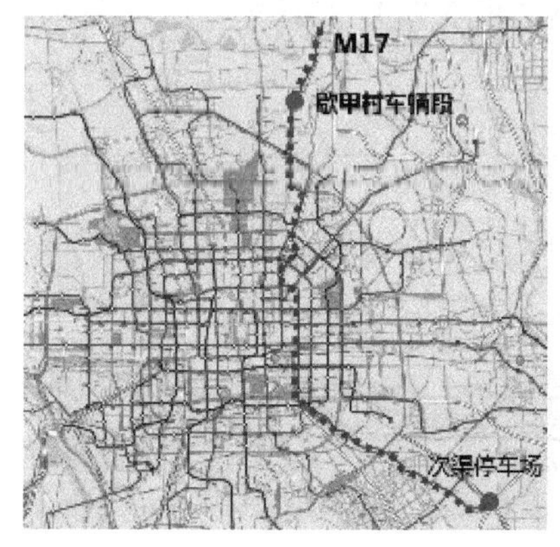

图 10-1　歇甲村车辆段项目位置

本项目为进行上盖开发的地铁车辆段工程，无地下室，车辆段首层为咽喉区、运用库及联合检修库；二层为开发配套的小汽车库；小汽车库顶板上布置开发建筑，开发建筑范围之外板顶覆土 2m。本项目分层显示如图 10-2 所示。

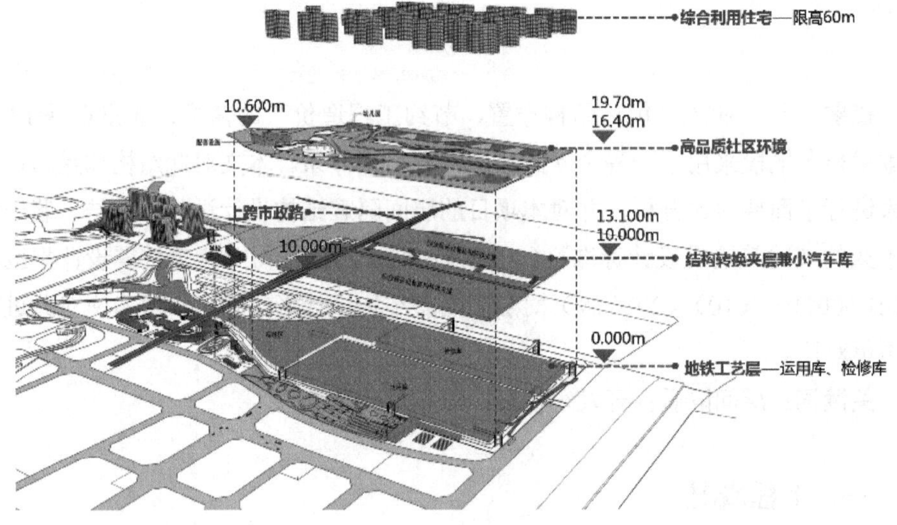

图 10-2　项目功能分层显示

运用库及联合检修库（图 10-3、图 10-4），计算层高分别为 11.5m 及 14.3m；二层开发配套的小汽车库，层高分别为 4.4m（运用库）和 4.6m（联合检修库）。小汽车库顶板上布置开发建筑，其中，运用库上布置有 15 栋住宅，联检库上布置 8 栋住宅，住宅层数 10 ～ 14 层。

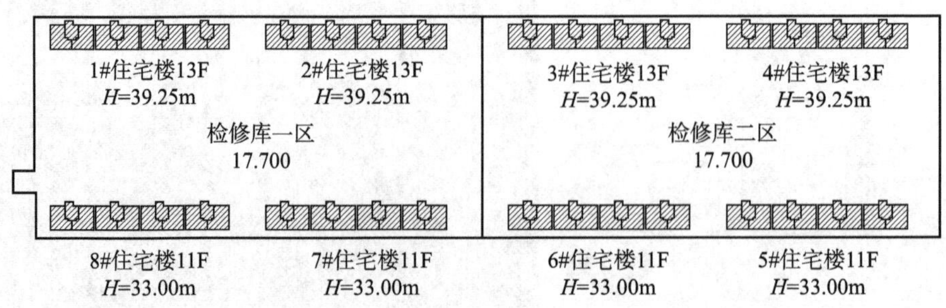

图 10-3　检修库及上部开发平面布置（住宅高度未含底盘）

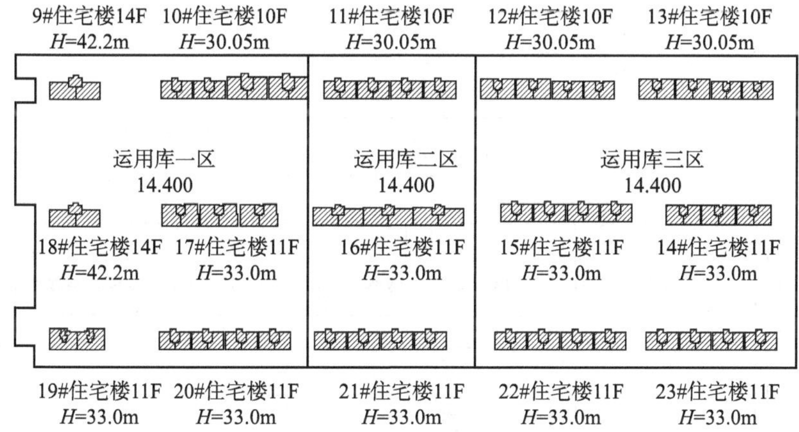

图 10-4　运用库及上部开发平面布置（住宅高度未含底盘）

二、结构概况

1. 结构整体布置

盖下结构首层采用框架—剪力墙结构，二层小汽车库范围采用纯框架结构，上部开发住宅采用剪力墙结构，住宅与盖下结构之间设置隔震转换层，隔震层高度与小汽车库高度相同，隔震下支墩在首层顶进行转换。隔震层剖面示意如图 10-5 所示，检修库、运用库开发部分剖面及局部转换示意见图 10-6 和图 10-7。

检修库及运用库各层层高详见表 10-1。其中，上支墩高度与该层转换梁梁高相同，表中 H_0 表示隔震支座具体高度。

表 10-1　结构层高

	功能	层号	层高 /m	
总层高	—	—	运用库	检修库
盖上结构	住宅	以上各层	2.950	2.950
		住宅首层	5.120	5.120
隔震层	转换隔震	上支墩	2.600 ～ H_0	2.800 ～ H_0
		下支墩	1.800	1.800
盖下结构	小汽车库	二层	4.400	4.600
	地铁工艺	首层	11.500	14.600

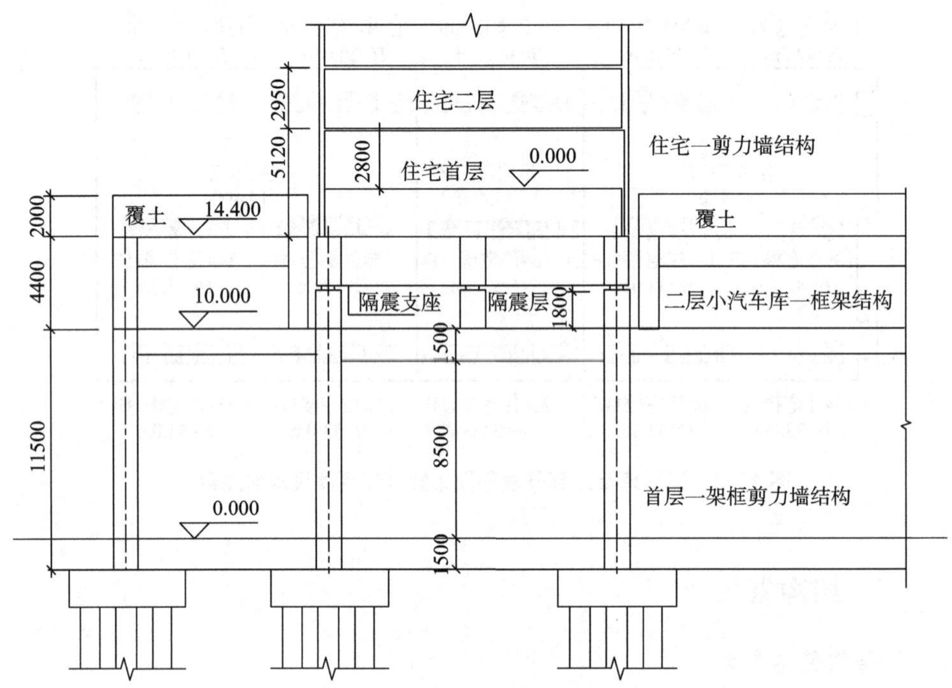

图 10-5 隔震层剖面示意

图 10-6 检修库开发部分剖面及局部转换示意

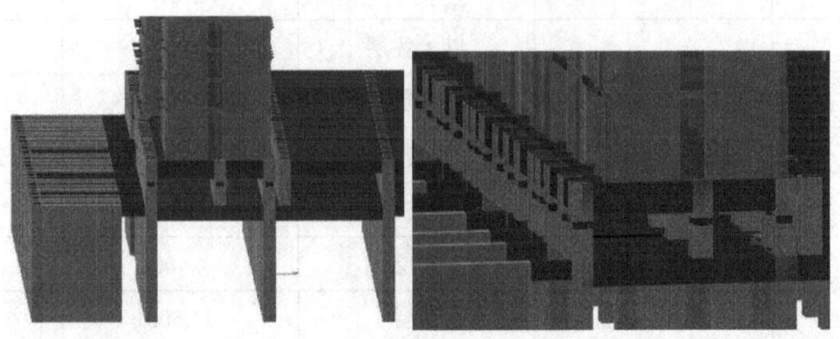
图 10-7 运用库开发部分剖面及局部转换示意

2. 隔震层布置

本项目采用层间隔震，隔震层底部位于运用库（检修库）首层顶，隔震层顶部与二层（小汽车库）顶标高相同。隔震支座下支墩生根于库首层顶转换梁上，隔震支座顶部布置一层水平转换构件支撑住宅墙体。隔震层顶部转换结构平面布置如图 10-8 所示。

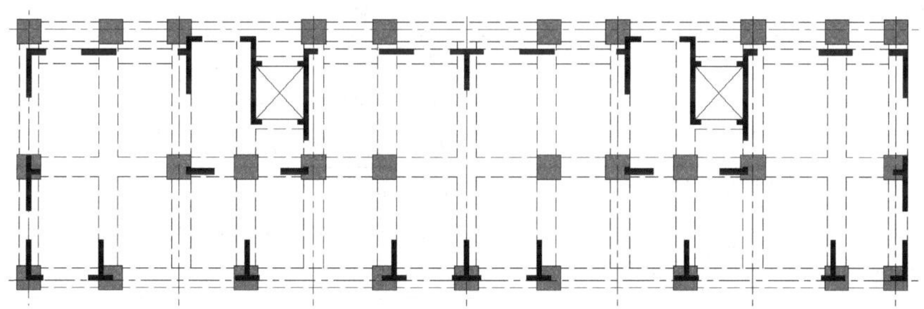

图 10-8　隔震层顶部转换结构平面布置

隔震层以上住宅，为剪力墙结构（10 ～ 14 层）；隔震层以下运用库（检修库），为单层框架剪力墙结构；与隔震层脱开的二层小汽车库，为单层框架结构（图 10-9、图 10-10）。

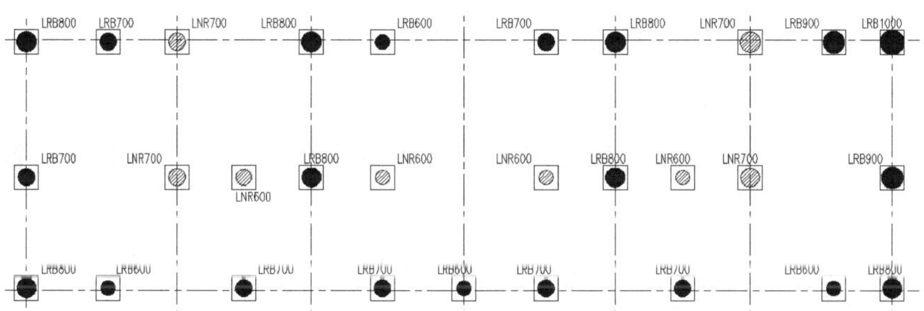

图 10-9　隔震层隔震支座布置平面

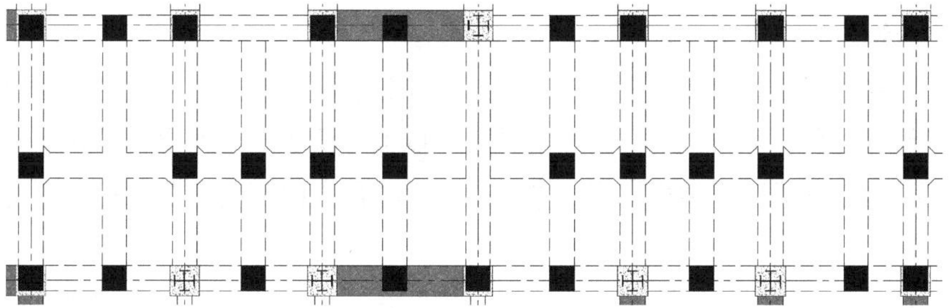

图 10-10　首层顶转换梁（托下支墩）

3. 构件截面尺寸

以运用库为例，在表 10-2 中列出构件截面尺寸。

表 10-2 构件典型截面尺寸

部位		构件截面尺寸 /（mm×mm）
框架柱	首层	1200×1200（+800×400×25×30）
	二层	1200×1200
	上下支墩	1200×1200
剪力墙	首层	1000（内含钢板 25/30） 1200（内含钢板 40/50）
框架梁	首层顶非转换梁	600×1100
	首层顶转换梁（12m）	1200×1500（H1100×400×30×30） 1200×1350
	二层顶非转换梁	700×1300/600×1100
	二层顶转换梁	900×1300
楼板	首层顶	250/350
	二层顶	250
住宅	剪力墙	200/250/300/400
	框架梁	200×400/200×500/200×600
	楼板	120/130

4. 结构体系创新及优势简析

在一般的车辆段上盖开发项目中，采用层间隔震设计时，多将隔震层置于小汽车库顶[1,2]。

而基于业主方提出的“优化结构布置、节约工程造价”的需求，此项目所选用的层间隔震形式一改以往的“传统做法”，转而将隔震下支墩放在首层顶进行转换，使住宅投影下整个小汽车库高度范围均成为隔震层。

此种做法，相较于传统做法，有如下几项优势。

（1）合理利用覆土高度将住宅首层结构计算层高人为加大，使住宅首层刚度在合理范围内有所降低。一方面住宅首层与以上各层相比不致出现结构薄弱层；另一方面为隔震层以下结构布置《抗规》[3] 中满足嵌固刚度比要求提供更为宽松有利的条件。

（2）减少了结构转换次数，优化了传力路径。由以往一般情况的“隔震层顶转换＋二层顶隔震支墩转换＋首层顶部分框支转换”，优化为“隔震层顶转换＋首层顶隔震支墩转换”（图 10-11）。

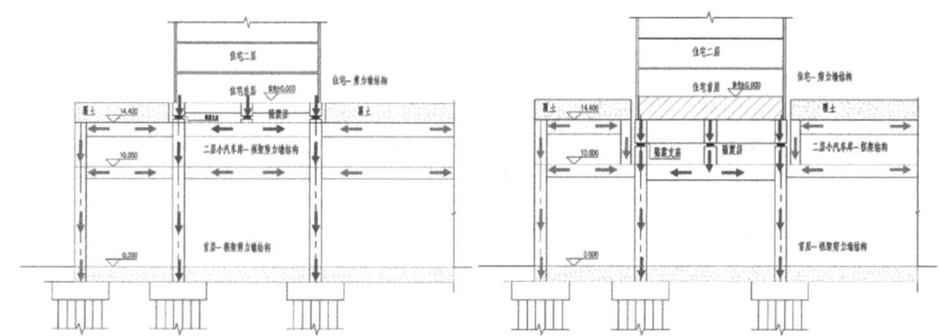

图 10-11　新旧体系隔震层布置对比

（3）小汽车库不再布置剪力墙、优化为框架结构，并基本取消了性能目标。

（4）以往设计倾向“层层加码”逐级提高性能目标。现在优化为更有效的“有的放矢”，做强底盘满足规范隔震设计要求的同时，也克服了带上盖开发的车辆段结构的首二层层高相差悬殊带来的一系列问题（如《高规》[4] 中框剪二道防线调整困难等）。

（5）因降低了结构的复杂程度，优化了整体性能设计，节约了工程造价，取得较大经济效益。

在表 10-3、表 10-4 中列出新旧体系的简要对比。

表 10-3　新旧体系简要对比

	旧体系	新体系
隔震层位置	覆土高度范围内	小汽车库层高范围内
结构转换位置及次数	隔震层顶转换 二层顶隔震支墩转换 首层顶部分框支转换	隔震层顶转换 首层顶隔震支墩转换
住宅首层结构计算高度	2950mm	5120mm
住宅首层剪切刚度	（1.7 ～ 5.2）$\times 10^7$kN/m	（1.0 ～ 3.0）$\times 10^7$kN/m
二层小汽车库结构	框架—剪力墙 （部分墙体不落地）	框架

续表

	旧体系	新体系
二层小汽车库剪切刚度	（3.4 ～ 10.4）×10^7kN/m	无特殊要求
二层结构性能目标	转换梁及框支柱 中震：弹性 大震：抗剪弹性＋抗弯不屈服	无特殊要求
首层结构	框架—剪力墙	框架—剪力墙
首层结构薄弱层情况	薄弱层（需大幅提高构件配筋） 软弱层	无结构薄弱层
首层剪切刚度	应与二层小汽车库结构刚度相匹配，尽量提高以降低软弱层的不规则程度	（2.0 ～ 6.0）×10^7kN/m
首层结构性能目标	投影相关范围 中震：弹性 大震：抗剪弹性＋抗弯不屈服	转换梁及框支柱 中震：弹性 大震：抗剪弹性＋抗弯不屈服
其他问题	首二层框剪刚度相差过多，引起二道防线调整困难	无特别问题

表 10-4　新旧体系经济性对比

	旧体系 /（元 /m^2）	新体系 /（元 /m^2）	优化比例
小汽车库层单位面积造价	6000 ～ 6300	2500 ～ 2700	55% ～ 60%
首层地铁功能区单位面积造价	12500 ～ 13000	8500 ～ 10500	17% ～ 34%

由于带上盖开发车辆段本身使用功能的限制，导致“传统做法”必须使用较为强硬的结构手段来克服刚度突变、承载力突变这两个不规则项；更加之《抗规》对层间隔震嵌固刚度比的要求，又进一步提高了结构的性能目标，结构设计显得比较“被动”。而歇甲村车辆段所采用的层间隔震形式，“主动”将所谓“隔震层”消化在了小汽车库的层高范围内，使其不再是结构的累赘，反而顺理成章地变成更符合隔震技术创造初衷的“人造薄弱层”。

三、超限情况及部分论证

1. 不规则情况分析

按照《超限高层建筑工程抗震设防专项审查技术要点》的要求，对结构不规则程度进行判断，仅表一般不规则中 3 项超限，如表 10-5 所示。

表 10-5　同时具有下列三项及三项以上不规则的高层建筑工程

序号	不规则类型	简要含义	A 运用库一区	B 运用库二区	C 运用库三区	D 检修库一区	E 检修区二区
1a	扭转不规则	考虑偶然偏心的扭转位移比大于 1.2	是 X=1.12 Y=1.30	是 X=1.16 Y=1.26	是 X=1.07 Y=1.28	是 X=1.12 Y=1.29	是 X=1.14 Y=1.23
4b	尺寸突变	竖向构件收进位置高于结构高度 20% 且收进大于 25%，或外挑大于 10% 和 4m，多塔	多塔	多塔	多塔	多塔	多塔
5	构件间断	上下墙、柱、支撑不连续，含加强层、连体类	是	是	是	是	是

表 10-5 中，各结构单元均属于 A 级高度的框架剪力墙结构，各单元分别存在扭转不规则、尺寸突变（多塔）、构件间断 3 种不规则项，属于一般不规则超限结构。

2. 超限设计的加强措施

（1）针对扭转不规则采取的措施。

①适当增加结构周边构件截面，提高结构抗扭刚度，保证结构扭转位移比不大于 1.4；

②考虑双向地震作用；

③进行多遇地震作用下的弹性时程分析。

（2）针对尺寸突变（多塔）采取的措施。

①与建筑紧密配合，保证盖上住宅投影在首层顶板处尽量均匀布置；

②为充分考虑高阶振型的影响，多塔楼结构整体计算时，振型数取不小于塔楼数量的 9 倍；

③首层顶板处楼板厚度取 250 ～ 350mm，按照 0.25% 的配筋率双排双向布置楼板钢筋；

（3）针对构件间断（托柱转换）采取的措施。

①合理布置转换结构，尽量缩短传力途径，增加构件一次转换的比例；

②转换梁与转换柱截面中线尽量重合布置，被转换柱底设置正交方向的框架梁或楼面梁；

③在整体模型中，对转换梁采用壳单元进行模拟，同时进行应力分析，按应力校核构件设计，并提高其抗震等级至一级。

3. 关键部位、构件的性能目标

主要结构构件的性能目标如表 10-6 所示。结构抗震性能目标设定为 C 级，多遇地震、设防地震和预估的罕遇地震作用下的性能水准分别为 1、3、4，其中，设防地震作用下的性能目标略高于水准 3，即控制转换构件在设防地震作用下保持弹性。

其中小汽车库框架柱根据弹塑性结果适当加大配筋。

表 10-6　关键部位、构件性能目标 C+

地震水准		小震	中震	大震
性能目标（高规）		1	3	4
宏观损坏程度		完好，无损坏	轻度损坏	中度损坏
允许的层间位移角	住宅（剪力墙）	1/1000	—	1/100
	底盘（框剪）	1/800	—	1/200
	上、下支墩	—	—	1/200
关键构件	上、下支墩	弹性	弹性（C+）	弹性（C+）
	与上、下支墩直接连接的转换梁、框支柱	弹性	弹性	正截面不屈服 斜截面弹性
	塔楼相关范围的首层柱及剪力墙	弹性	正截面不屈服 斜截面弹性	不屈服
普通竖向构件	首层非塔楼相关范围的柱子、住宅首层	弹性	正截面不屈服 斜截面弹性	抗剪截面
耗能构件	框架梁、连梁	弹性	抗剪不屈服	允许形成塑性较
其他构件	二层框架柱	弹性	抗剪截面	—
楼板	首层顶塔楼相关范围	弹性 （不开裂）	满足剪压比	中度损坏

4. 时程分析地震波的选取

本项目需要进行小震弹性时程分析、中震弹性时程分析以及大震弹塑性时程分析。为保证结果的一致性和可信性，又鉴于隔震前后住宅楼周期变化较大，且底盘与塔楼周期也差距较大，故控制多个周期点满足规范要求的“统计意义相符”。

表 10-7、图 10-12 以运用库三区为例。

表 10-7 运用库三区 7 条地震波与反应谱统计意义相符情况

地震波	T1（2.80）	T7（2.69）	T24（2.59）	T72（0.31）	T73（0.30）	T75（0.28）
TH026	73%	84%	93%	119%	117%	112%
TH035	94%	102%	111%	84%	86%	93%
TH042	89%	109%	128%	92%	91%	94%
TH049	75%	78%	78%	88%	92%	107%
TH058	79%	72%	64%	61%	64%	59%
RH3	85%	88%	94%	97%	96%	93%
RH4	102%	107%	99%	91%	97%	92%
7 条地震波平均值	85%	91%	95%	90%	92%	93%

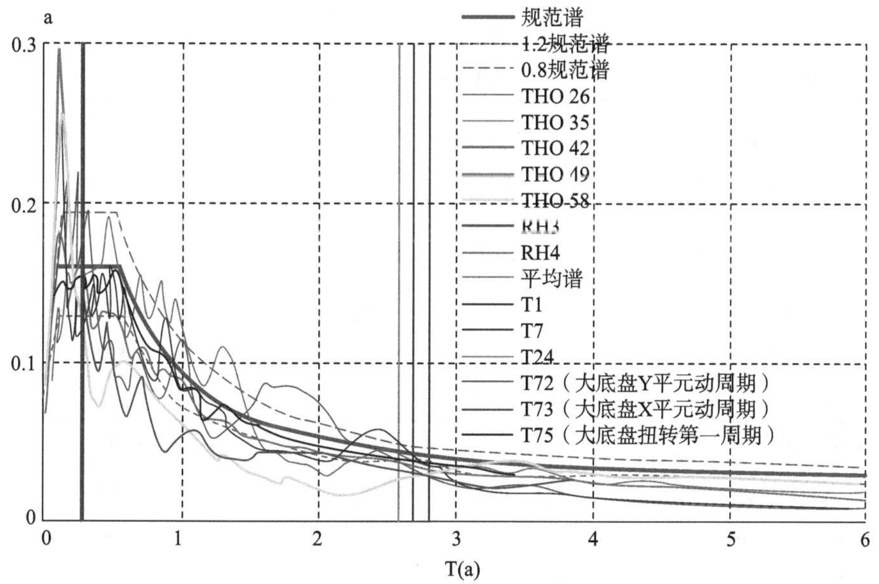

图 10-12 运用库三区 7 条地震波时程谱与反应谱对比（见彩图 22）

5. 大震弹塑性分析结果

（1）隔震层以上剪力墙住宅位移结果。

以运用库三区为例，具体结果详见表 10-8。

表 10-8　隔震层以上剪力墙结构位移限值 1/100

工况	主方向	类型	最大层间位移角	位移角对应层号
TH026TG055_X	X 主向	弹塑性	1/517	4
TH035TG055_X	X 主向	弹塑性	1/354	6
TH042TG055_X	X 主向	弹塑性	1/449	6
TH049TG055_X	X 主向	弹塑性	1/453	4
TH058TG055_X	X 主向	弹塑性	1/542	5
RH3TG055_X	X 主向	弹塑性	1/345	6
RH4TG055_X	X 主向	弹塑性	1/436	4
TH026TG055_Y	Y 主向	弹塑性	1/182	4
TH035TG055_Y	Y 主向	弹塑性	1/162	4
TH042TG055_Y	Y 主向	弹塑性	1/207	4
TH049TG055_Y	Y 主向	弹塑性	1/220	4
TH058TG055_Y	Y 主向	弹塑性	1/224	4
RH3TG055_Y	Y 主向	弹塑性	1/191	4
RH4TG055_Y	Y 主向	弹塑性	1/195	4

（2）二层小汽车库位移结果。

以运用库三区为例，具体结果详见表 10-9。

表 10-9　二层小汽车库纯框架结构位移限值 1/50

工况	主方向	类型	最大层间位移角
TH026TG055_X	X 主向	弹塑性	1/537
TH035TG055_X	X 主向	弹塑性	1/550
TH042TG055_X	X 主向	弹塑性	1/647
TH049TG055_X	X 主向	弹塑性	1/702
TH058TG055_X	X 主向	弹塑性	1/1138
RH3TG055_X	X 主向	弹塑性	1/429
RH4TG055_X	X 主向	弹塑性	1/484

续表

工况	主方向	类型	最大层间位移角
TH026TG055_Y	Y 主向	弹塑性	1/374
TH035TG055_Y	Y 主向	弹塑性	1/413
TH042TG055_Y	Y 主向	弹塑性	1/425
TH049TG055_Y	Y 主向	弹塑性	1/701
TH058TG055_Y	Y 主向	弹塑性	1/958
RH3TG055_Y	Y 主向	弹塑性	1/377
RH4TG055_Y	Y 主向	弹塑性	1/478

（3）隔震层位移结果。

以运用库三区 12#L 为例，具体结果详见表 10-10。

表 10-10　上、下支墩结构位移限值 1/200

地震波	X 向（下；上）	Y 向（下；上）
TH026	1/920；1/573	1/723；1/229
TH035	1/1011；1/577	1/814；1/290
TH042	1/1232；1/523	1/880；1/352
TH049	1/1143；1/491	1/861；1/283
TH058	1/1687；1/574	1/945；1/329
RH3	1/725；1/452	1/684；1/252
RH4	1/631；1/496	1/705；1/232
7 条地震波平均值	1/957；1/522	1/791；1/274

（4）隔震层以下首层底盘位移结果。

以运用库三区为例，具体结果详见表 10-11。

表 10-11　隔震层以下首层底盘框剪结构位移限值 1/200

工况	主方向	类型	最大层间位移角
TH026TG055_X	X 主向	弹塑性	1/1968
TH035TG055_X	X 主向	弹塑性	1/1362
TH042TG055_X	X 主向	弹塑性	1/1829
TH049TG055_X	X 主向	弹塑性	1/1220

续表

工况	主方向	类型	最大层间位移角
TH058TG055_X	X 主向	弹塑性	1/2140
RH3TG055_X	X 主向	弹塑性	1/1274
RH4TG055_X	X 主向	弹塑性	1/1553
TH026TG055_Y	Y 主向	弹塑性	1/1729
TH035TG055_Y	Y 主向	弹塑性	1/1540
TH042TG055_Y	Y 主向	弹塑性	1/1445
TH049TG055_Y	Y 主向	弹塑性	1/1152
TH058TG055_Y	Y 主向	弹塑性	1/1747
RH3TG055_Y	Y 主向	弹塑性	1/1401
RH4TG055_Y	Y 主向	弹塑性	1/1294

（5）结构性能指标。

以运用库三区为例，具体结果详见图 10-13 ～图 10-20。

各构件均可满足性能目标要求。

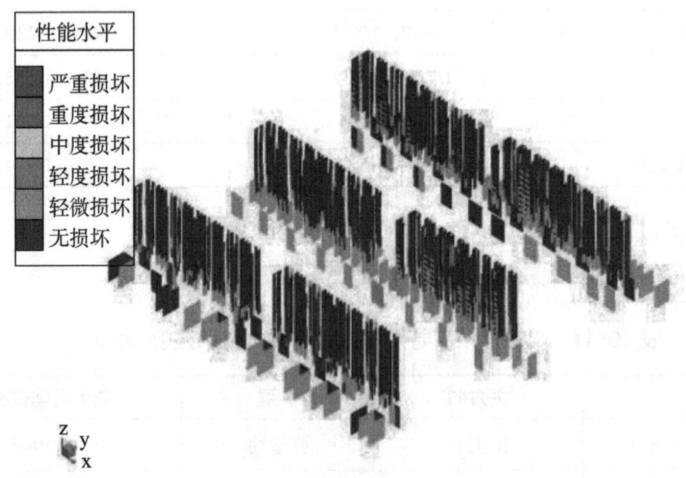

图 10-13　运用库三区剪力墙平均性能指标（见彩图 23）

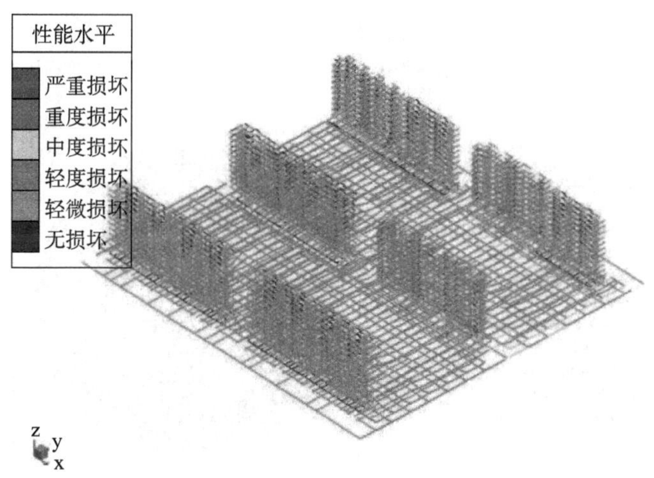

图 10-14　运用库三区梁平均性能指标（见彩图 24）

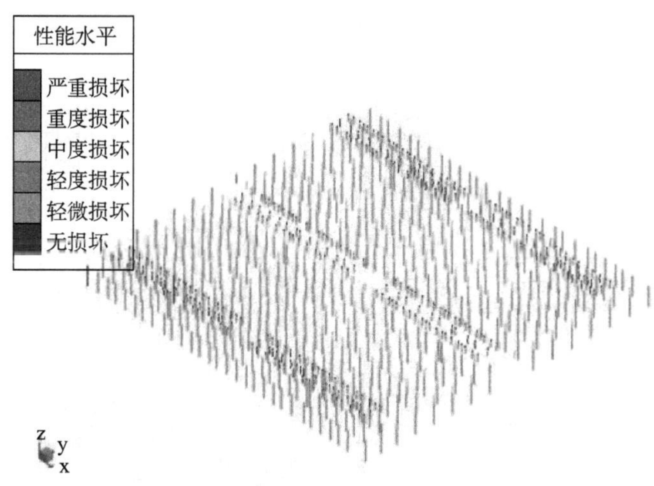

图 10-15　运用库三区框架柱平均性能指标（见彩图 25）

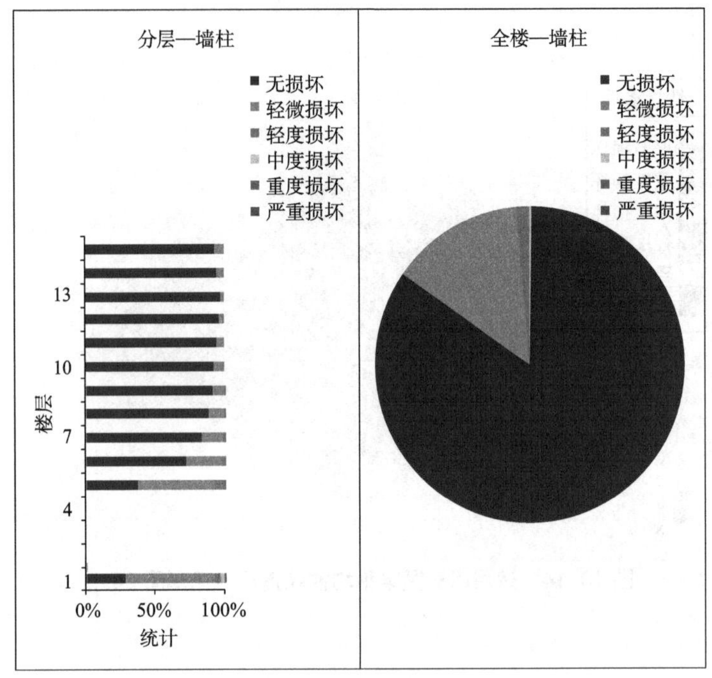

图 10-16　运用库三区墙性能统计（见彩图 26）

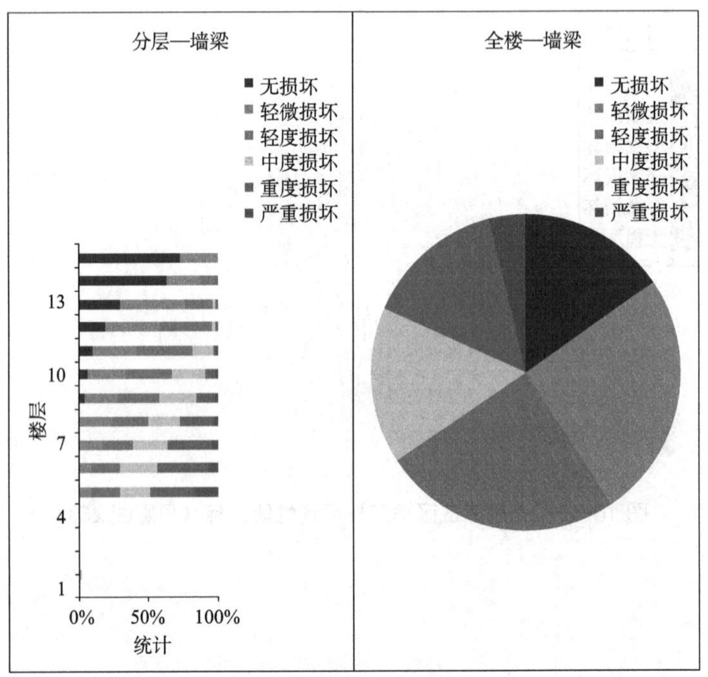

图 10-17　运用库三区连梁性能统计（见彩图 27）

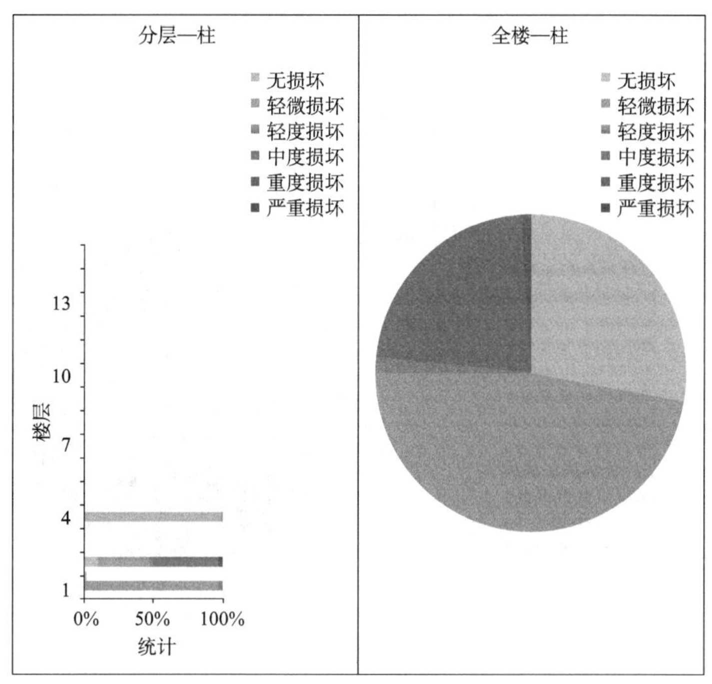

图 10-18 运用库三区框架柱性能统计（见彩图 28）

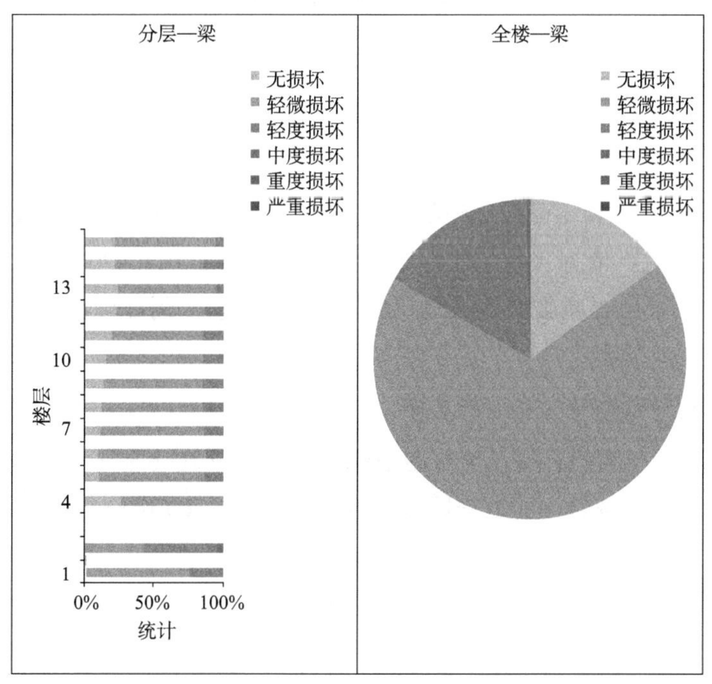

图 10-19 运用库三区框架梁性能统计（见彩图 29）

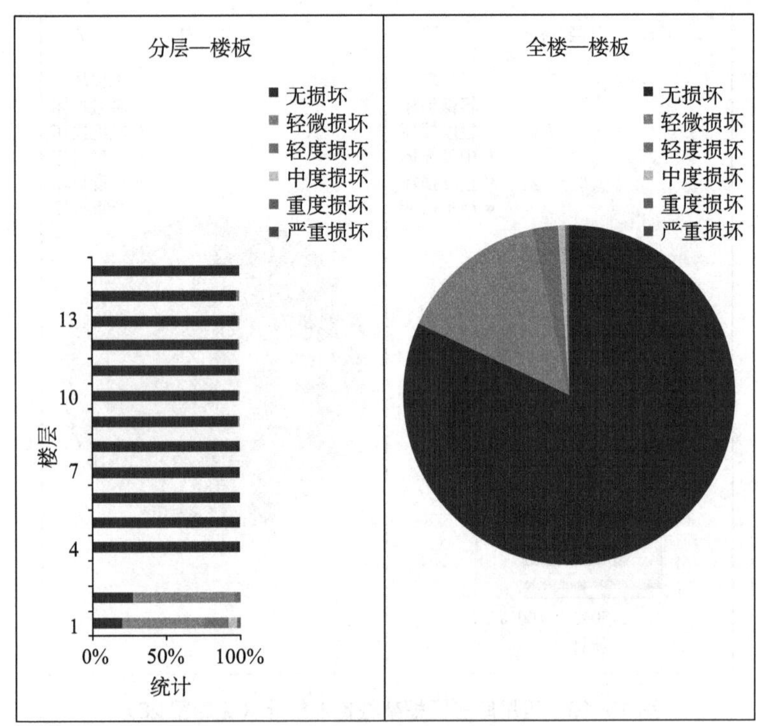

图 10-20 运用库三区楼板性能统计（见彩图 30）

四、隔震设计

1. 隔震设计依据

本工程于 2021 年 1 月通过超限审查，2021 年 7 月完成施工图设计。

隔震设计主要依据《建筑抗震设计规范》（GB 50011—2010）（2016 版），主要计算方法采用“减震系数法”，并充分参考《建筑隔震设计标准》（征求意见稿）（2017 年 7 月）。

2. 隔震设计预期目标及控制目标

根据《建筑抗震设计规范》（GB 50011—2010）（2016 版），按以下考虑：

（1）隔震后上部结构的水平地震作用降低至 7 度（0.10g），竖向地震作用仍按 8 度（0.20g）考虑；

（2）隔震后上部结构的抗震措施降低至 7 度（0.10g），与抵抗竖向地震作用有关的抗震构造措施仍按 8 度（0.20g）考虑；

（3）支座剪切性能偏差满足 S-A 类，控制水平减震系数 <0.40。

3. 隔震设计思路

（1）按以上预期目标设计各单塔住宅剪力墙结构，控制上部结构刚度在合理范围内；

（2）底盘结构合理布置双向剪力墙，保证各单塔住宅投影相关范围内，住宅首层结构与底盘结构满足嵌固剪切刚度比要求；

（3）采用大底盘多塔整体模型，使各塔计算结果均满足隔震设计相关要求，并校验实现隔震设计预期目标。

4. 隔震设计计算控制指标

将隔震设计中控制的指标汇总列于表 10-12。

表 10-12　隔震设计控制指标汇总

控制指标	依据	限值
隔震层上下嵌固刚度比	《建筑抗震设计规范》GB 50011—2010（2016 版）—12.2.9	≤ 0.5
隔震支座压应力（重力荷载代表值作用下）	《建筑抗震设计规范》GB 50011—2010（2016 版）—12.2.3	≤ 15MPa
隔震层偏心率	《建筑隔震设计标准》（征求意见稿）—4.6.2-2	≤ 3%
隔震层以上风重比	《建筑抗震设计规范》GB 50011—2010（2016 版）—12.1.3-3	≤ 10%
隔震层抗风验算	《建筑隔震设计标准》（征求意见稿）—4.6.7	$\gamma_w V_{wk} \leqslant V_{RW}$
隔震层弹性恢复力	《叠层橡胶支座隔震技术规程》（CECS 126: 2001）—4.3.6	$K_{100tr} \geqslant 1.5V_{RW}$
减震系数	《建筑抗震设计规范》GB 50011—2010（2016 版）—12.2.5 及条文说明	< 0.40
隔震支座大震下最大拉应力	《建筑抗震设计规范》GB 50011—2010（2016 版）—12.2.4	≤ 1MPa
隔震支座大震下最大压应力	《建筑抗震设计规范》GB 50011—2010（2016 版）—12.2.4 及条文说明	≤ 30MPa
隔震支座大震下最大水平位移	《建筑抗震设计规范》GB 50011—2010（2016 版）—12.2.6	[0.55D，3Tr]
隔震层以下结构大震下弹塑性层间位移角	《建筑抗震设计规范》GB 50011—2010（2016 版）—12.2.9-2	1/200

下文将选取较为重要的几项控制指标，具体说明。

（1）隔震层以下底盘结构布置与嵌固刚度比。

根据《建筑抗震设计规范》（GB 50011—2010）（2016 版）—12.2.9—2，对于本工程，单塔住宅楼首层和首层大底盘住宅楼投影相关范围内相关构件应满足嵌固的刚度比。

首层大底盘与住宅首层层高差距较大，为满足嵌固的刚度比，根据建筑功能选取适当位置布置剪力墙，使每个塔楼相关范围内抗侧力构件总剪切刚度均可满足 2 倍住宅首层剪切刚度的嵌固要求。

各塔楼与其相关范围剪切刚度比及住宅层整体与大库底盘剪切刚度比均满足要求，具体数据详见表 10-13 和表 10-14。

表 10-13　各塔楼嵌固刚度比统计

住宅楼结构单体名称	住宅首层剪切刚度 K1-X 向 /（10^7kN/m）	住宅首层剪切刚度 K1-Y 向 /（10^7kN/m）	首层相关范围剪切刚度 Kd-X 向 /（10^7kN/m）	首层相关范围剪切刚度 Kd-Y 向 /（10^7kN/m）	X 向剪切刚度比 K1/Kd	Y 向剪切刚度比 K1/Kd	验证
1#L	2.01	2.31	8.4	8.4	0.24<0.50	0.28<0.50	√
1#R	2.01	2.31	11.1	11.1	0.18<0.50	0.21<0.50	√
2#L	1.59	3.29	12.0	11.2	0.13<0.50	0.29<0.50	√
2#R	1.59	3.29	10.4	8.5	0.15<0.50	0.39<0.50	√
7#L	1.34	3.16	11.0	12.1	0.12<0.50	0.26<0.50	√
7#R	1.34	3.16	7.6	10.6	0.18<0.50	0.30<0.50	√
8#L	1.80	2.36	9.1	10.6	0.20<0.50	0.22<0.50	√
8#R	1.80	2.36	11.4	13.6	0.16<0.50	0.17<0.50	√
12#L	1.28	2.77	6.3	10.1	0.20<0.50	0.27<0.50	√
12#R	1.60	2.09	11.1	12.7	0.14<0.50	0.19<0.50	√
13#L	1.60	3.22	10.1	15.1	0.16<0.50	0.21<0.50	√
13#R	1.60	2.09	8.8	12.6	0.18<0.50	0.17<0.50	√
14#L	1.60	3.22	7.2	12.5	0.22<0.50	0.26<0.50	√
14#R	0.79	1.77	3.0	8.1	0.26<0.50	0.22<0.50	√
15#L	1.73	2.23	6.9	11.6	0.25<0.50	0.19<0.50	√
15#R	1.73	2.23	7.2	12.5	0.24<0.50	0.18<0.50	√

续表

住宅楼结构单体名称	住宅首层剪切刚度 K1-X 向 / (10^7kN/m)	住宅首层剪切刚度 K1-Y 向 / (10^7kN/m)	首层相关范围剪切刚度 Kd-X 向 / (10^7kN/m)	首层相关范围剪切刚度 Kd-Y 向 / (10^7kN/m)	X 向剪切刚度比 K1/Kd	Y 向剪切刚度比 K1/Kd	验证
22#L	1.65	2.09	4.8	8.7	0.34<0.50	0.24<0.50	√
22#R	1.65	2.09	6.9	10.2	0.24<0.50	0.20<0.50	√
23#L	1.65	2.09	7.4	8.8	0.22<0.50	0.24<0.50	√
23#R	1.65	2.09	7.4	10.1	0.22<0.50	0.21<0.50	√

表 10-14 运用库及检修库分区嵌固刚度比统计

库区名称	住宅首层剪切刚度 K1-X 向 / (10^7kN/m)	住宅首层剪切刚度 K1-Y 向 / (10^7kN/m)	首层相关范围剪切刚度 Kd-X 向 / (10^7kN/m)	首层相关范围剪切刚度 Kd-Y 向 / (10^7kN/m)	X 向剪切刚度比 K1/Kd	Y 向剪切刚度比 K1/Kd	验证
运用库三区	13.48	22.24	49.90	52.5	0.27<0.50	0.42<0.50	√
检修库一区	18.53	27.98	56.80	80.40	0.33<0.50	0.35<0.50	√

①隔震支座重力荷载代表值压应力统计。

根据《建筑抗震设计规范》(GB 50011—2010)(2016 版)—12.2.3—3，对于本工程，橡胶隔震支座在重力荷载代表值的竖向压应力不应超过 15MPa。

各塔楼重力荷载代表值作用下支座压应力均可满足限值要求，下面以运用库三区 12#L 为例，其支座应力分布如图 10-21 所示。

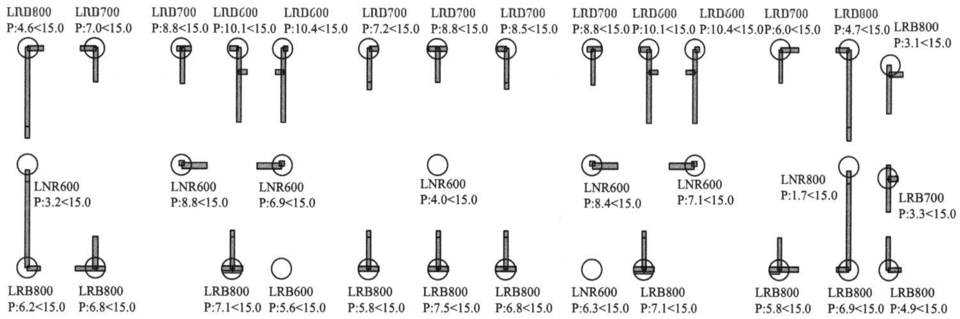

图 10-21 运用库三区 12#L 塔楼隔震支座重力荷载代表值下压应力（最大值 10.4MPa）

②隔震层抗风验算。

根据《建筑隔震设计标准》（征求意见稿）—4.6.7，隔震层总屈服承载力应不小于风荷载设计值。此要求，决定了隔震支座中带铅芯支座数量的下限，如表10-15所示。

表 10-15 隔震层抗风验算结果

住宅楼结构单体名称	隔震层以上重力 /kN	方向	风荷载标准值 /kN	风荷载设计值 /kN	隔震层以上屈服力 /kN
1#L	83148	X	525	735	2544
		Y	1746	2444	
1#R	83143	X	525	735	2556
		Y	1746	2444	
2#L	101740	X	585	819	2891
		Y	1917	2684	
2#R	101880	X	585	819	2773
		Y	1917	2684	
7#L	85907	X	444	622	2853
		Y	1613	2258	
7#R	86196	X	444	622	3119
		Y	1613	2258	
8#L	72704	X	415	581	2188
		Y	1486	2080	
8#R	72698	X	415	581	2018
		Y	1486	2080	
12#L	82775	X	367	514	2048
		Y	1271	1779	
12#R	74575	X	362	507	1910
		Y	1300	1820	
13#L	97936	X	406	568	2791
		Y	1396	1954	
13#R	74579	X	363	508	1926
		Y	1300	1820	
14#L	82418	X	446	624	1864
		Y	1532	2145	

续表

住宅楼结构单体名称	隔震层以上重力 /kN	方向	风荷载标准值 /kN	风荷载设计值 /kN	隔震层以上屈服力 /kN
14#R	82424	X	446	624	1864
		Y	784	1098	
15#L	104926	X	371	519	2503
		Y	1288	1803	
15#R	53450	X	371	519	1373
		Y	1288	1803	
22#L	80035	X	375	525	2109
		Y	1351	1891	
22#R	79417	X	375	525	2007
		Y	1351	1891	
23#L	79489	X	375	525	2109
		Y	1351	1891	
23#R	79305	X	375	525	2007
		Y	1351	1891	

③减震系数计算。

根据《建筑抗震设计规范》（GB 50011—2010）（2016 版），在本工程中：减震系数计算时采用中震弹性时程分析，仅输入单向水平地震，时程加速度为 $200cm/s^2$。

计算中软件内置处理生成隔震模型与非隔震模型（隔震模型为真实模型，非隔震模型为取消隔震支座、下支墩与框支转换底铰接连接的模型）。统计各塔楼隔震层以上隔震前后的各层剪力和各层倾覆力矩，其比值即为减震系数。

各塔楼减震系数汇总如表 10-16 所示。

表 10-16　各塔楼减震系数汇总

住宅楼结构单体名称	X 向剪力比值	绕 Y 轴倾覆力矩比值	X 向减震系数	Y 向剪力比值	绕 X 轴倾覆力矩比值	Y 向减震系数	减震系数
1#L	0.37	0.35	0.37	0.39	0.36	0.39	0.39
1#R	0.39	0.36	0.39	0.38	0.36	0.38	0.39
2#L	0.32	0.31	0.32	0.35	0.33	0.35	0.35

续表

住宅楼结构单体名称	X 向剪力比值	绕 Y 轴倾覆力矩比值	X 向减震系数	Y 向剪力比值	绕 X 轴倾覆力矩比值	Y 向减震系数	减震系数
2#R	0.32	0.31	0.32	0.35	0.32	0.35	0.35
7#L	0.34	0.34	0.34	0.35	0.34	0.35	0.35
7#R	0.36	0.36	0.36	0.37	0.36	0.37	0.37
8#L	0.33	0.33	0.33	0.38	0.38	0.38	0.38
8#R	0.32	0.31	0.32	0.38	0.36	0.38	0.38
12#L	0.26	0.25	0.26	0.26	0.27	0.27	0.27
12#R	0.28	0.28	0.28	0.30	0.30	0.30	0.30
13#L	0.31	0.29	0.31	0.30	0.31	0.31	0.31
13#R	0.29	0.28	0.29	0.30	0.30	0.30	0.30
14#L	0.26	0.24	0.26	0.30	0.27	0.30	0.30
14#R	0.25	0.25	0.25	0.29	0.29	0.29	0.29
15#L	0.28	0.24	0.28	0.31	0.31	0.31	0.31
15#R	0.28	0.24	0.28	0.31	0.31	0.31	0.31
22#L	0.29	0.29	0.29	0.36	0.36	0.36	0.36
22#R	0.28	0.27	0.28	0.34	0.34	0.34	0.34
23#L	0.30	0.31	0.31	0.33	0.35	0.35	0.35
23#R	0.28	0.27	0.28	0.34	0.34	0.34	0.34

④隔震支座大震拉压应力验算。

根据《建筑抗震设计规范》（GB 50011—2010）（2016 版），在本工程中：验算隔震支座在大震下最大拉压应力时，采用大震弹塑性时程分析，仅输入单向水平地震和竖向地震，水平地震时程加速度为 400cm/s^2，竖向地震时程加速度为 260cm/s^2。

根据《建筑抗震设计规范》（GB 50011—2010）（2016 版），支座最大压应力不大于 30MPa，支座最大拉应力不应大于 1MPa。

各塔楼隔震支座拉压应力均可满足限值要求。下面以运用库三区 12#L 为例，其支座应力分布如图 10-22 所示。

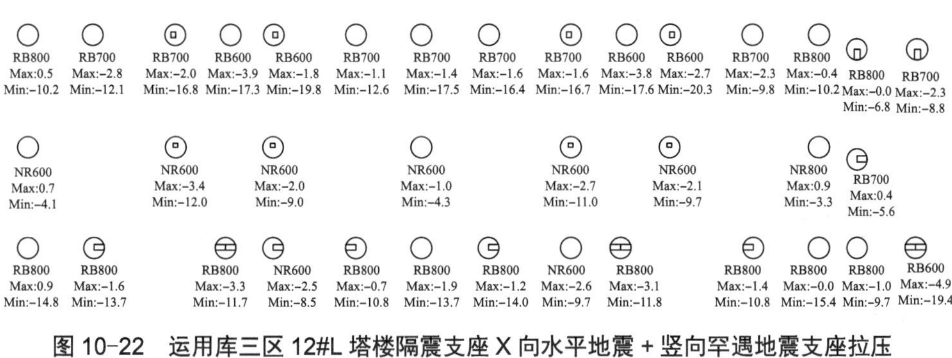

图 10-22 运用库三区 12#L 塔楼隔震支座 X 向水平地震 + 竖向罕遇地震支座拉压应力平均值（最大压应力 20.3MPa，最大拉应力 0.9MPa）

⑤隔震支座大震位移验算。

根据《建筑抗震设计规范》（GB 50011—2010）（2016 版），在本工程中：验算隔震支座在大震下最大位移时，采用大震弹塑性时程分析，输入双向水平地震和竖向地震，水平地震时程加速度为 400cm/s^2，竖向地震时程加速度为 260cm/s^2；并考虑扭转效应，输出支座矢量位移。

根据《建筑抗震设计规范》（GB 50011—2010）（2016 版），支座极限水平位移限值为（0.55D，3Tr）min，其中 D 为支座有效直径，Tr 为支座内部橡胶总厚度。对于本工程，限值即为 0.55x 支座有效直径。

各塔楼隔震支座位移均可满足限值要求。下面以运用库三区 12#L 为例，其支座应力分布如图 10-23 所示。

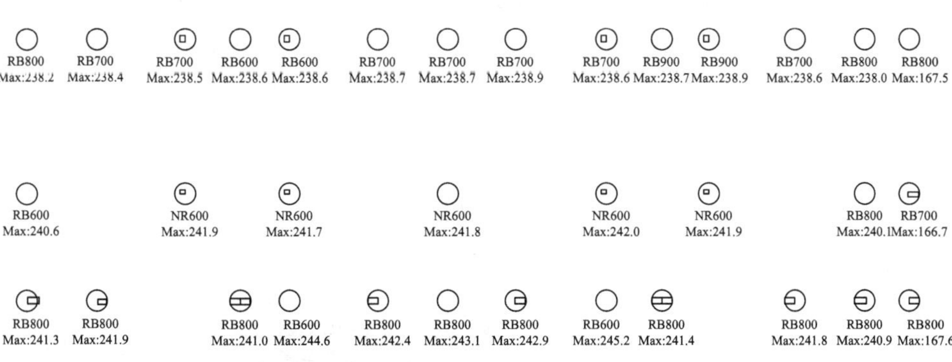

图 10-23 运用库三区 12#L 塔楼隔震支座三向罕遇地震支座位移平均值（最大位移 245mm）

（2）隔震设计新旧标准对比。

2021 年 9 月 1 日起，《建筑隔震设计标准》（GB/T 51408-2021）[5] 正式实施。

较之本工程的设计依据《建筑抗震设计规范》（以下简称《抗规》）和《建筑隔震设计标准》（征求意见稿）（以下简称《隔标》），新的标准有了不小的变化，总结如下。

①层间隔震设计思路的变化。

《抗规》中所采用的“减震系数法”，在概念上类似于“分离式”的设计方法。《抗规》中唯一的强条“嵌固刚度比”也从另一个方面辅助此“分离式”设计方法的实现。

设计人员在实际设计过程中，通过时程分析对比采用实际支座的“隔震模型”和上支墩底铰接于下支墩顶的“非隔震模型”各层剪力及倾覆力矩，以确定“减震系数”。“减震系数”决定了隔震层以上结构的地震作用、抗震措施，也使得上部结构可以从一定程度上脱离下部结构独立设计。对于下部结构和隔震层而言，满足“嵌固刚度比”和一系列布置要求及大震表现后，就能基本实现规范所期望的“合理的隔震层结构设计”和“足够刚的底盘”。

而最新实行的《隔标》，则提出了更为“整体式”的设计思路。

CCQC 的引入，能比较好地考虑隔震支座的阻尼影响，实现更为准确的隔震结构反应谱设计。对基础以上结构中震“基本”弹性和地基基础中震设计的要求，进步性地改进了以往《高规》《抗规》性能化设计与《地规》基础设计脱节的情况。结合《建筑与市政工程抗震通用规范》[6]，废止了“嵌固刚度比”，不再用“足够刚的底盘”作为强制性要求，而是进一步协调了上下部刚度。

以上的观点，除对应明确的条文废立外，还可以从如“位移指标”的变化体现出来。如表 10-17、表 10-18 所示，红色单元格表示《隔标》较之《抗规》更为严格的要求，蓝色单元格表示《隔标》较之《抗规》更为放松的要求。

表 10-17 《隔标》层间位移角限值要求汇总

《隔标》	中震弹性限值		大震弹塑性限值	
结构类型	上部结构	下部结构	上部结构	下部结构
钢筋混凝土框架结构	1/400	1/500	1/100	1/100
底部框架砌体房屋中的框架—抗震墙、钢筋混凝土框架—抗震墙、框架—核心筒	1/500	1/600	1/200	1/200
钢筋混凝土抗震墙、板柱—抗震墙结构	1/600	1/700	1/250	1/250
钢结构	1/250	1/300	1/100	1/100

表 10-18　《抗规》层间位移角限值要求汇总

《抗规》	中震弹性限值		大震弹塑性限值	
结构类型	上部结构	下部结构	上部结构	下部结构
钢筋混凝土框架结构	1/550	1/550	1/50	1/100
底部框架砌体房屋中的框架—抗震墙、钢筋混凝土框架—抗震墙、框架—核心筒	1/800	1/800	1/100	1/200
钢筋混凝土抗震墙、板柱—抗震墙结构	1/1000	1/1000	1/250	1/250
钢结构	1/250	1/250	1/100	1/100

虽然《隔标》弹性位移限值在数值上较之《抗规》有所放松，但由于地震作用由小震变为中震，实际上还是变得更为严格了。对比上下部结构的数值，两者变得越发接近。

为了更好地理解此项要求的变化，下面用本工程（采用《抗规》的减震系数法进行设计）来举例说明：本工程运用库三区结构单体，盖上住宅的大震弹塑性层间位移角大约在 1/190，不能满足《隔标》的 1/250；盖下首层框剪底盘的大震弹塑性层间位移角大约在 1/1400，甚至可以满足弹性层间位移角的限值。

②对隔震设计产生的其他一些影响。

下面列举《隔标》一些其他条文对设计产生的影响。

a. 不再强调竖向地震标准值不小于重力荷载代表值 20%、30%、40%；以往项目对此项要求十分关注，超限审查专家常提此项意见。

b. 《隔标》采用中震设计，但仍沿用《抗规》里小震剪重比——个人理解此条目并没有完全“堵死”上部“柔化”的空间。

c. 引入类似“减震系数”的“底部剪力比”，确定上部结构抗震措施。

d. 明确了更严格的选波要求，控制振型质量贡献累计达到 90% 以上的各阶振型。

e. 不再提隔震支座在重力荷载代表值下竖向变形差 30% 的这一往往难以满足的严格要求，而改为实操性更强的表述：“所有隔震装置的竖向变形应保持基本一致。”

f. 对隔震层偏心率要求有所放松，改为“不宜大于 3%”。

五、结论及展望

本工程将隔震层置于小汽车库层间具有一定的创新性，在结构概念上有些许“化繁为简”的思路。具体实现层间隔震，应该注意“隔震层支墩刚度”“盖下嵌固刚度比”“住宅投影下使用功能”等问题。然而本工程采用的体系仍有优化空间，不只是从体系本身。

《隔标》的实施，将带来一种全新的设计思路，如何能做出符合新标准设计理念又满足各方利益需求的车辆段结构设计，还需要继续摸索。

《隔标》也受到了日本等国先进规范设计理念的影响，将隔震设计作为“提高结构安全冗余”的一种“额外保障措施”，而非以往可以节约成本的“手段”。考虑到现行《建筑抗震设计规范》的隔震章节实行于2010年，以当时对隔震设计认识的局限性和普遍计算水平及手段，亦可理解其中用意。

对此类上盖开发车辆段项目而言，结构专业应尽早介入，自方案阶段伊始就应与业主和上下游专业配合，以实现较好的结果。

参考文献

[1] 周钢，束伟农，石异．车辆段盖上开发结构选型及工程分析 [J]. 建筑结构，2019, 49(18): 60-64.

[2] 束伟农，卢清刚，阁东东，赵帆，史炎升，詹延杰，呼延辰昭．高烈度区地铁上盖结构层间隔震设计研究 [J]. 建筑结构，2021, 51(19): 6.

[3] 中华人民共和国住房和城乡建设部．建筑抗震设计规范 GB 50011—2010(2016 版)[M]. 北京：中国建筑工业出版社，2010.

[4] 中华人民共和国住房和城乡建设部．高层建筑混凝土结构技术规程 JGJ3—2010[M]. 北京：中国建筑工业出版社，2011.

[5] 中华人民共和国住房和城乡建设部．建筑隔震设计标准 GB/T 51408—2021[M]. 北京：中国建筑工业出版社，2010.

[6] 中华人民共和国住房和城乡建设部．建筑与市政工程抗震通用规范 GB 55002—2021[M]. 北京：中国建筑工业出版社，2021.

十一　岩石基坑长短桩围护结构技术及受力特性研究

李灿辉　王坤　庞振勇

摘要： 本文基于岩溶发育地区岩石基坑建设经验，结合钻孔灌注桩与吊脚桩优缺点，提出了岩石基坑新型长短桩围护结构技术。从桩长、桩间距等多方面系统性地阐述了长短桩围护结构设计理念及其适用范围。通过有限元数值模拟，研究了长短桩基坑受力及变形规律，分析了长桩与短桩在基坑工程中发挥的作用及受力机理，得到了短桩和钢围檩的受力特性，并提出了短桩和钢围檩的合理计算方法，为岩石基坑长短桩围护结构技术的应用提出了指导性的意见和建议，为类似工程提供借鉴。

关键词： 岩石基坑；岩溶；地铁车站；长短桩；围护结构；土拱效应；桩间距

一、概况

岩石基坑围护结构常采用吊脚桩、放坡、钻孔灌注桩、钢管桩[1]或者板肋式挡土墙（均需结合锚杆或锚索）等设计方案。考虑到锚杆（索）对地下空间影响较大，主城区道路下方管线较为密集，而放坡开挖的基坑需具备场地条件，因此城区地铁车站岩石基坑的主体围护结构选型往往可考虑吊脚桩或钻孔灌注桩。

笔者根据调研徐州、武汉、济南、成都、重庆、贵阳、青岛等地的岩石基坑设计成果显示，吊脚桩在全国岩石基坑中应用率相对偏低，主要考虑到基坑需要外放、外放空间需素砼回填、锁脚梁处回填不易密实、锁脚锚索及岩石基坑锚杆同样会侵占地下空间等因素。目前在青岛、武汉，除非岩石强度过高、成桩确实困难的情况，一般不采用吊脚桩方案。

而徐州地区岩石基坑主要为中风化石灰岩地层，根据建设经验，其岩溶普遍较为发育，岩溶发育情况、破碎情况、地层分布情况差异性较大，详勘很难真实反映。锚杆（索）在岩溶较为发育的基坑工程设计中安全度大打折扣，吊脚桩成功应用率较低，安全事故及风险频发（表 11-1）。为了规避岩溶发育地区吊脚桩施工存在的风险，同时避免钻孔灌注桩全部落底后大幅提高工程造价、增加坚硬岩层成桩困难，结合钻孔灌注桩及吊脚桩优缺点，提出了短桩桩底位于坑底以上的“长短桩”组合的新型围护结构型式。

表 11-1　徐州地区岩石基坑设计情况统计

线路	岩石基坑数量 / 座	吊脚桩基坑数量 / 座	因险情或险情预判变更设计基坑数量 / 座	因险情或险情预判变更设计概率
1 号线	7	2	2	100%
2 号线	6	5	1	20%
3 号线	6	4	2	50%

二、国内研究现状

目前国内在土层基坑工程中，已有减小基坑坑底以下部分钻孔桩插入深度的“长短桩”相关应用案例，并开展了一定研究工作，而并未见短桩位于基坑底以上的支护结构应用案例。

冯晓腊[2]通过有限元分析长短桩长支护桩与短支护桩在基坑开挖过程变形均呈“鼓肚子”状，这与一般基坑围护结构变形规律相吻合，短支护桩变形存在明显“踢脚”现象。

赵永清[3]等采用理论分析的方法分别对长短桩组合围护结构中的长桩、短桩及冠梁建立计算模型，从而对其进行基坑围护设计，并将此方法运用到工程实例中，直到工程结束未发生安全事故，也没有延误工期，取得良好效果。

李竹[4]等在砂土中进行了 11 组模型试验，研究了单点水平内支撑的长短桩组合排桩的力学特性，其结果表明：长短桩组合围护结构设计中，当短桩具有一定的插入深度时，在单点水平支撑条件下，长短桩和等长桩的位移相近，但长桩比短桩分担更多弯矩。

成守泽[5]采用 PLAXIS 有限元软件，通过数值模拟的方法，研究了不同嵌固深度和不同桩间距情况下，短桩桩长变化对围护桩受力及变形、坑底隆起和地表沉降的影响。

王恒力[6]等依托珠海某地区采用长短桩组合支护方案的深基坑工程，采用三维有限元对该工程进行数值模拟，并结合实测数据，分析了长短桩组合围护结构的支护效果。结果表明：在深厚软土地区进行深基坑设计时，采用长桩与短桩组合的支护形式是可行的，但要满足长桩和短桩之间的变形协调，短桩不能出现"踢脚"等现象。

XU 等[7]结合实际工程，采用数值模拟的方法，讨论了软土地区长短桩支护体系中短桩长度和长桩数与短桩数的比值对桩身水平变形、弯矩的影响，得出了可行的长短桩组合形式。

因此，结合徐州地铁岩石基坑的建设经验以及岩溶发育地层岩石基坑的特点，有必要继续开展岩石基坑相关设计探索及受力特性研究工作。

三、长短桩围护结构设计理论

本文所述岩石基坑长短桩围护结构采用了长桩与短桩的组合设计方案，长桩为部分常规插入坑底以下一定深度的钻孔灌注桩，短桩为桩底位于基坑底以上仅进入岩层一定深度的钻孔灌注桩，如图 11-1 所示。

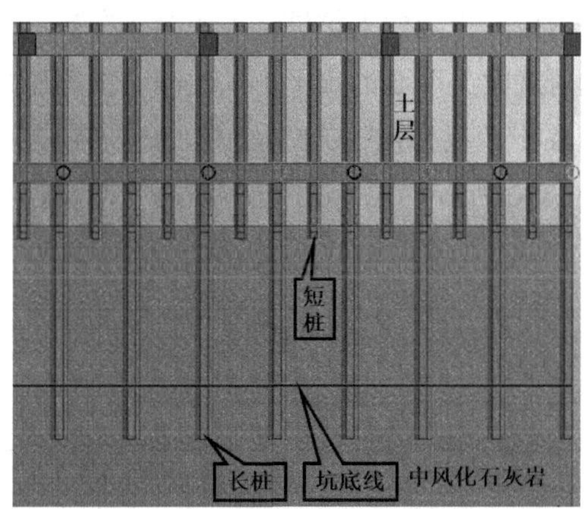

图 11-1　岩石基坑长短桩设计

以徐州地区典型的上部以黏土为主，下部以中风化石灰岩为主的上软下硬基坑为例，具体从桩长、桩径等方面对长短桩围护结构设计理论进行阐述。

1. 桩长

长桩插入坑底以下中风化岩层 2.5m；短桩桩底按照（位于中风化岩面以下 1m、中板底以下 0.7m、穿透溶洞进入稳定岩层不少于 1m）3 个指标共同控制。

2. 桩径

可根据地层情况，采用同一桩径或不等桩径。长桩根据徐州工程地质情况，建议采用 800/1000 钻孔桩；短桩建议采用 600/800 钻孔桩或者钢管桩。

3. 平面布置形式

在长桩中间，短桩可隔 1 插 1、隔 1 插 2 等，具体根据地勘情况综合确定。如图 11-2 所示。

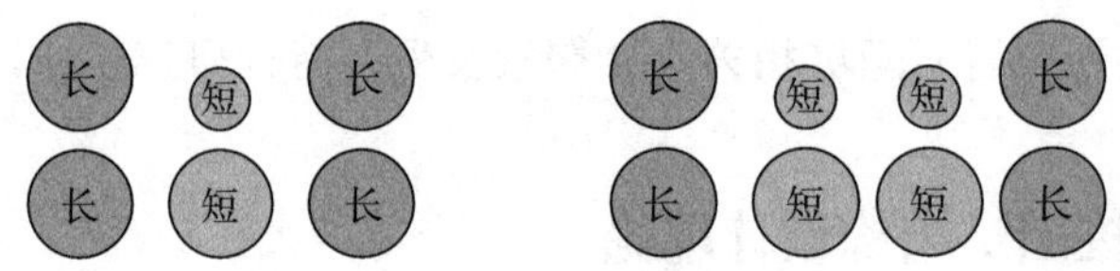

图 11-2 长短桩平面布置示意

4. 桩间距

围护桩合理间距的确定对基坑支护工程安全性和经济性具有重要意义。目前学术界普遍采用土拱效应分析确定支护桩合理间距，在基坑工程、边坡工程及地质灾害防治工程中均可观察到明显的水平土拱效应。参考相关文献后，以徐州地区典型的 5-3-4 硬塑黏土地层为例（c=87.9kPa，φ=16.1°），根据推导公式计算所得合理桩间距如表 11-2 所示。

表 11-2 桩间距理论计算

理论公式作者	最大桩净距	最小桩净距
周建波[8]	1.8m	—
Tao chen[9]	1.45m	—
周德培[10]	1.54m	—
赵明华[11]	1.74m	—
蒋良潍[12]	4.64m	2.32m

注：最大桩间净距，意为桩净距的上限，土拱破坏临界值。最小桩间净距，意为桩净距的下限，使土拱效应得到充分发挥的临界值。

Tao chen[9] 推导的计算公式得出的最大桩间净距值 1 最小，其公式如下：

$$l_1 = \frac{bc\tan(45-\varphi/2)}{q\cos\alpha(\tan(45-\varphi/2)-\tan\varphi)} \qquad (11\text{-}1)$$

$$l_2 = \frac{2bc\tan(45-\varphi/2)}{q\cos\alpha\left|\tan(45-\varphi/2)-1\right|} \qquad (11\text{-}2)$$

$$l_3 = \frac{2bc\sin(\alpha+45-\varphi/2)}{q\cos\alpha} \qquad (11\text{-}3)$$

$$l=\min(l_1,l_2,l_3)$$

b 为桩径，c、φ 分别为土体黏聚力和内摩擦角，q 为桩外侧水平侧压力，α 为模型参数。

结合上述理论分析及工程经验，考虑到相对软土地层的存在及地层差异性，并预留一定安全余量，笔者综合建议桩间净距按照不大于 1m 控制。具体还需结合详勘参数综合确定，并应满足围护桩抗弯、基坑抗浮等要求。

5. 内支撑布置方案

（1）建议长短桩基坑第一道支撑采用砼支撑，保证基坑形成稳定的框架受力体系；

（2）竖向至少设置两道内支撑；

（3）第二道钢支撑尽量与长桩位置对齐，形成框架围护结构体系。

6. 计算原则

短桩主要用于挡土承受土压力，长桩主要用于满足基坑稳定性。应综合考虑各开挖工况、回筑工况长桩及短桩的受力状态，包络设计，确保强度、稳定性能满足要求。

按照极限状况考虑短桩桩底位于无填充的溶洞范围内时，核算冠梁竖向抗弯承载能力。

7. 长短桩围护结构设计适用范围

（1）半土半岩基坑（冠梁底以下土层厚度大于 1m）、全岩基坑（冠梁底以下土层厚度小于 1m）中单个溶洞洞径大于 2m 或者中板以上岩溶呈串珠状的，短桩建议采用钻孔灌注桩。

（2）半土半岩基坑上覆土层地质参数较好的，或全岩基坑非上述第一条情况的短桩可考虑采用微型钢管桩。

（3） 在岩溶专项勘察阶段查明长桩之间岩溶分布情况良好、岩石完整性较好的全岩基坑可直接取消短桩，采取挂网喷锚措施。

（4） 当土岩结合面在中板以下，或中板以下存在较大洞径溶洞、或串珠状溶洞的，应综合考虑各阶段开挖工况及拆撑工况短桩的受力及稳定性，必要时可增加竖向支撑道数以配合使用长短桩。

（5）土岩结合面在坑底以上 4m 以内的或基坑范围内溶洞竖向均呈串珠状的，建议局部均采用长桩进行设计。

综上所述，长短桩围护结构设计方案（图 11-3）仍然采用部分插入坑底以下一定深度的常规钻孔灌注桩，综合考虑了基坑安全、坚硬岩层成桩困难、工程造价等问题，融合了钻孔灌注桩及吊脚桩的优点。长短桩与吊脚桩的本质区别在于：①有部分围护桩落到坑底以下，长桩没有形成吊脚；②用钢支撑代替吊脚桩的锁脚锚杆，围护桩具有更加可靠的第二道支点。

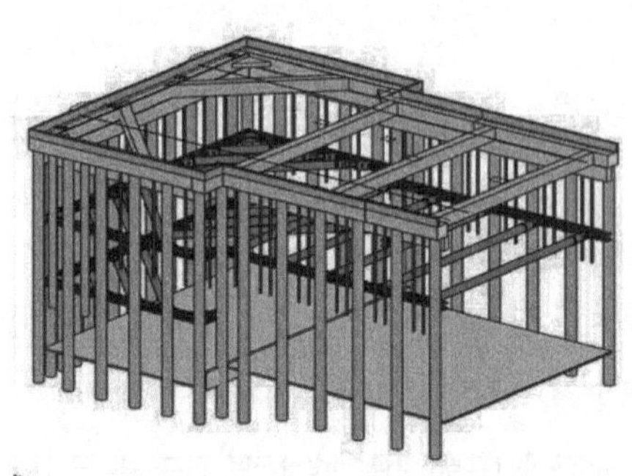

图 11-3 岩石基坑长短桩围护结构设计方案示意

四、有限元计算分析

1. 模型概述

为简化计算，选取地铁两层地下车站局部标准段进行模拟。为简化地层划分，选取徐州地区典型的半土半岩基坑进行研究，模型中不考虑浅层填土层，土层定义为 5-3-4 硬塑黏土（厚 10m），下部均为中风化石灰岩（不考虑岩溶分布）。

综合考虑计算精度后，模型尺寸为长 70m，宽 30m，深 30m。计算模型示意见图 11-4。

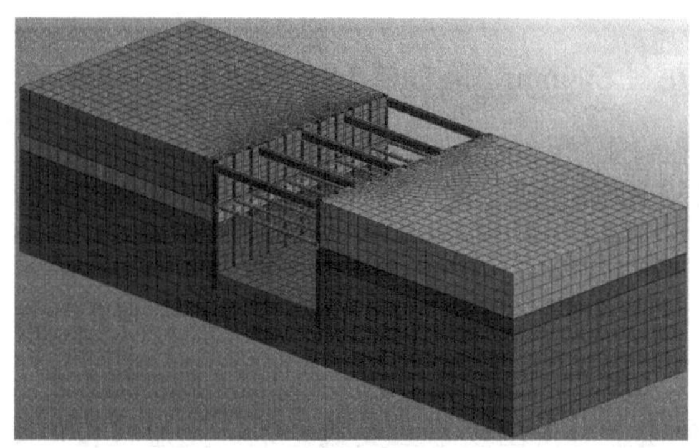

图 11-4　计算模型示意

基坑深度取 17m，围护结构采用长短桩 + 两道内支撑（0.8m×1m 混凝土支撑 @9m+φ609 钢支撑 @0.35m）支护形式；其中长桩长 19.5m，短桩长 11m（嵌入岩层 1m）。

将模型边界及底面施加固定或对称约束，顶部为自由边界；地面超载取 20kPa 均布荷载。地层及支护材料参数见表 11-3。

表 11-3　地层及支护材料参数

类别	本构模型	黏聚力 / kPa	内摩擦角	泊松比	重度 / KN·m^{-3}	弹性模量 /MPa
5-3-4 硬塑黏土	修正摩尔库伦	87.9	16.1°	0.35	19.2	5
中风化石灰岩	修正摩尔库伦	100	35°	0.3	25.2	3500
长短桩	弹性	—	—	0.2	25	31500
冠梁及支撑	弹性	—	—	0.2	25	30000
钢支撑	弹性	—	—	0.25	78.5	206000
钢围檩	弹性	—	—	0.25	78.5	206000

2. 研究技术路线

为对比分析长短桩模型与常规模型、不同直径的短桩受力特征、不同支撑布置方案的长短桩受力特征以及对应模型钢围檩受力特征，计算分为 5 个模型：

模型 1：无短桩，长桩桩径 800mm，间距 3.5m；

模型 2：短桩桩径 600mm（隔 1 插 1），长桩桩径 800mm，间距 3.5m，钢支撑撑在长桩上；

模型 3：短桩桩径 600mm（隔 1 插 1），长桩桩径 800mm，间距 3.5m，钢支撑撑在短桩上；

模型 4：短桩桩径 800mm（隔 1 插 1），长桩桩径 800mm，间距 3.5m，钢支撑撑在长桩上；

模型 5：短桩桩径 800mm（隔 1 插 1），长桩桩径 800mm，间距 3.5m，钢支撑撑在短桩上。

通过以上五个模型可得出以下四类数据组：无短桩模型全工况计算结果；有短桩模型（短桩桩径 600mm 和 800mm）全工况计算结果；有短桩模型中（短桩桩径 600mm 和 800mm）开挖至短桩桩底以上 0.1m 计算结果；有短桩（短桩桩径 600mm 和 800mm）模型中钢支撑分别支撑在长桩及短桩位置处的计算结果。

本文通过以上五个模型和四类数据组，拟研究解决以下几个问题：①长短桩基坑设计方案是否可行，短桩的变形是否安全可控；②长短桩基坑中长桩与短桩受力机理、变形特征及协同受力特点；③不同直径短桩对长短桩结构体系的影响；④探求短桩的合理、便捷的计算方法；⑤钢支撑布置在不同位置情况下，长短桩桩后土体应力特点及对钢支撑和钢围檩的受力影响。

3. 施工工序

为模拟分析长短桩基坑全部控制性工况，共定义施工阶段如下：

工况 1：初始地层应力；

工况 2：支护桩施工；

工况 3：开挖第一层土（冠梁底 0.5m）；

工况 4：布设砼支撑及冠梁；

工况 5：开挖第二层土（钢支撑底 0.5m）；

工况 6：布设钢支撑及钢围檩；

工况 7：开挖第三层土（短桩以上 0.1m）；

工况 8：开挖第四层土（开挖至坑底）；

工况 9：施工底板、负二层侧墙、中板，拆除第二道支撑。

4. 计算结果分析

（1）长短桩与无短桩模型对比分析。

对比分析模型 1 和模型 2，模型除有无短桩不同外，其余条件均一致。计算结果如表 11-4，表 11-5，图 11-5 ～图 11-8 所示。

表 11-4　有无短桩模型全工况变形对比

工况	地表沉降 /mm		模型最大位移 /mm		长桩位移 /mm		短桩位移 / mm
	有短桩	无短桩	有短桩	无短桩	有短桩	无短桩	
工况 3	1.2	3.5	5.2	8.4	4.4	4.6	5.2
工况 5	2.51	5.2	14.0	15.9	13.4	13.9	14.0
工况 7	2.65	5.31	14.8	16.4	14.0	14.3	14.8
工况 8	2.78	5.4	15.1	16.8	14.5	14.9	15.1
工况 9	2.83	5.6	15.4	17.1	14.7	15.1	15.3

表 11-5　有无短桩模型全工况受力对比

工况	长桩内力 /（kN・m）		短桩内力 /（kN・m）	钢支撑轴力（kN）	
	有短桩	无短桩		有短桩	无短桩
工况 3	33.5	20.8	24.4	—	—
工况 5	126.7	142	95.9	—	—
工况 7	94.7	120	70.1	141	158
工况 8	98.2	125	72.9	179	190
工况 9	101.2	130	77.4	—	—

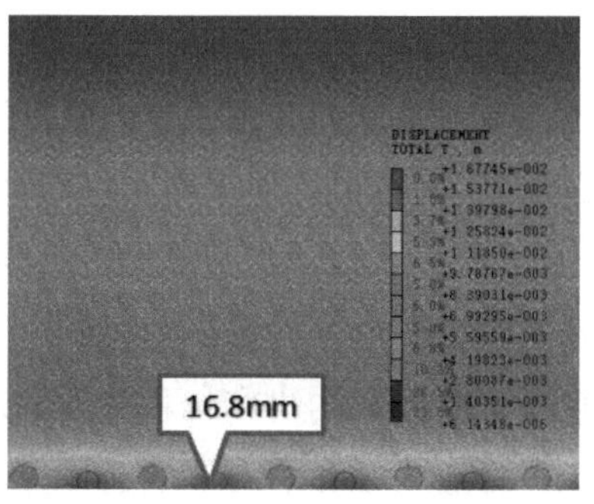

图 11-5　模型 1 地层位移（土岩结合面位置）（见彩图 31）

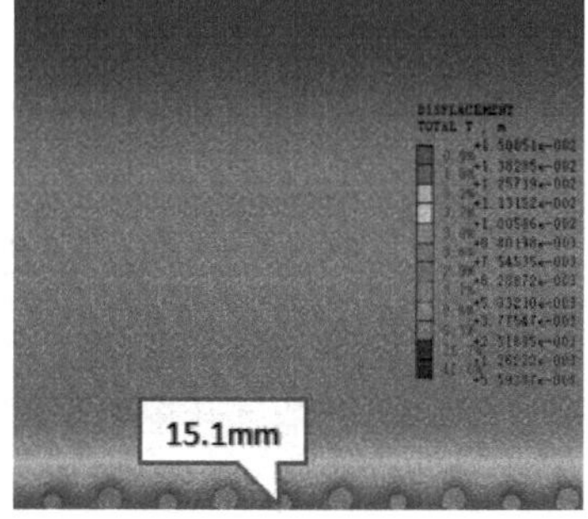

图 11-6　模型 2 地层位移（土岩结合面位置）（见彩图 32）

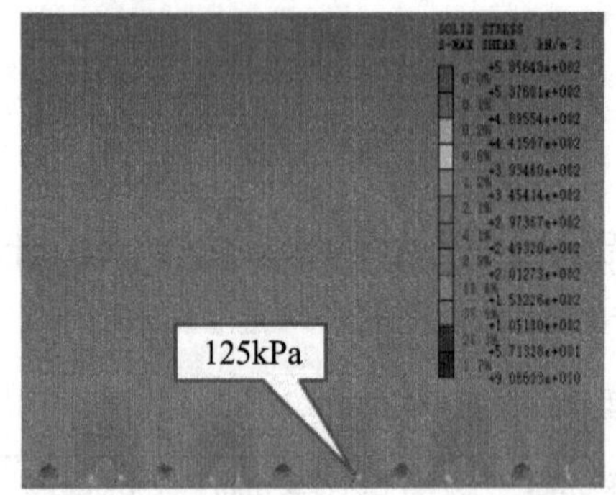

图 11-7 模型 1 地层应力（土岩结合面位置）（见彩图 33）

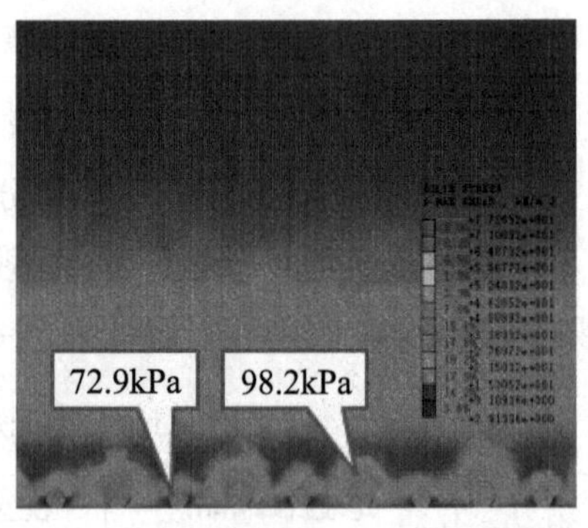

图 11-8 模型 2 地层应力（土岩结合面位置）（见彩图 34）

由图 11-5 ～图 11-8 结果，分析可得出：

①有短桩支护结构位移小于无短桩支护结构，但相差不大；

②长短桩、无短桩支护土拱效应均较为明显，无短桩背后土体应力集中在长桩范围，有短桩背后土体应力由长桩与短桩共同承担。

由表 11-4、表 11-5 结果，分析可得出以下结论。

①模型 2 中工况 7 和工况 8 两个最不利工况最大的位移和内力差别不大；且与模型 1 同工况计算结果相差不大；变形及内力累计绝对值也相对较小，表明长短桩的基坑设计方案是合理可行的，短桩的变形安全可控。

②长短桩模型中最大位移处在短桩范围内；长桩位移与短桩相比较小，但相差甚微。

③短桩的存在对减小模型地表沉降、整体变形、减小长桩内力甚至对减小支撑轴力起到了显著作用。

④长短桩设计模型中长桩最大内力为 126.7kN·m，短桩最大内力为 95.9kN·m；内力分配长桩占 57%，短桩占约 43%（按照 800 直径和 600 直径的圆对应的抗弯刚度计算，长桩占 75%，短桩占 25%）。因此，对于半土半岩基坑，短桩可同长桩共同参与上部土层受力，长桩计算分析中可以适当考虑短桩的作用。

⑤对比分析有短桩模型中工况 7、工况 8 的模型变形及构件内力可知，基坑开挖至坑底相较于基坑开挖至短桩桩底以上 0.1m 时，短桩内力和位移有所增加，但相差甚小。因此可以按照短桩桩底以上 0.1m 的基坑深度采用常规的计算方法计算分析短桩的受力和基坑变形，且不用考虑稳定性问题。

（2）不同直径短桩模型对比分析。

对比分析模型 2 和模型 4，模型除短桩直径不同外，其余条件均一致。计算结果如表 11-6 所示、表 11-7 和图 11-9、图 11-10。

表 11-6　不同直径短桩模型全工况变形对比

工况	地表沉降 /mm		模型最大位移 /mm		长桩位移 /mm		短桩位移 /mm	
	600 短桩	800 短桩	600 短桩	800 短桩	600 短桩	800 短桩	600 短桩	800 短桩
工况 3	1.8	1.2	5.2	4.0	4.4	4.0	5.2	4.0
工况 5	3.51	2.2	14.0	13.5	13.4	13.5	14.0	13.5
工况 7	3.65	2.31	14.8	13.8	14.0	13.8	14.8	13.8
工况 8	3.78	2.4	15.1	14.0	14.5	14.0	15.1	14.0
工况 9	3.89	2.55	15.4	14.2	14.7	14.2	15.3	14.2

表 11-7　不同直径短桩模型全工况受力对比

工况	长桩内力（kN・m）		短桩内力（kN・m）		钢支撑轴力（kN・m）	
	600 短桩	800 短桩	600 短桩	600 短桩	800 短桩	600 短桩
工况 3	33.5	27.4	20.4	26.5	—	—
工况 5	126.7	102.3	84.1	100.9	—	—
工况 7	94.7	81.5	61.8	80.4	141	124
工况 8	98.2	85.9	67.2	84.1	179	151
工况 9	101.2	93.2	71.2	89.5	—	—

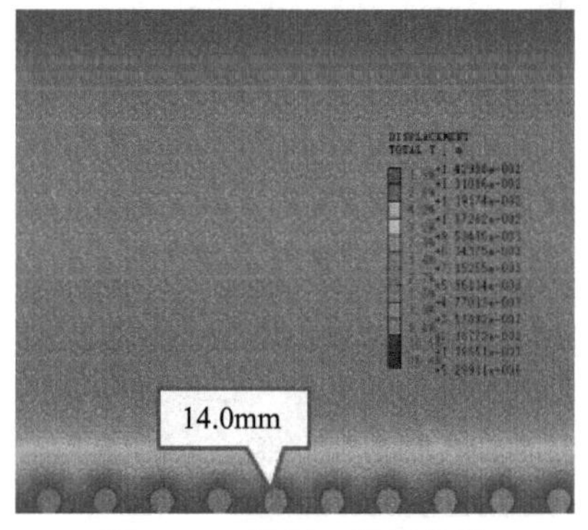

图 11-9　模型 4 地层位移（土岩结合面位置）（见彩图 35）

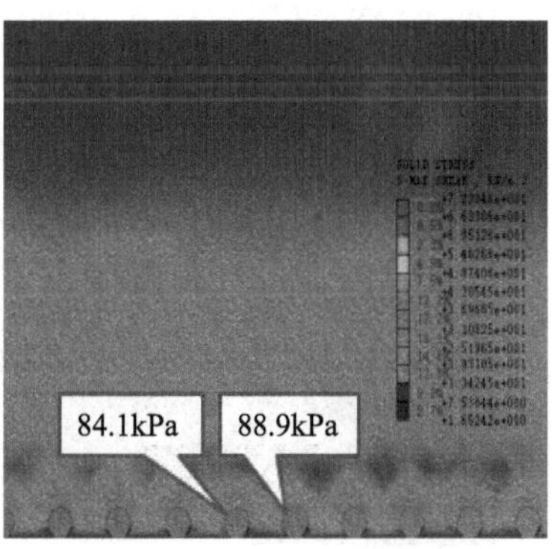

图 11-10　模型 4 地层应力（土岩结合面位置）（见彩图 36）

通过图 11-9、11-10 与图 11-6、图 11-8 对比分析，可得出：

800 短桩相对 600 短桩在位移和内力分配上更为均匀。

通过表 11-6 和表 11-7 结果，分析可得出：

800 短桩相较 600 短桩对减小模型地表沉降、整体变形、减小长桩内力及减小支撑轴力起到了一定作用，但效果甚微。如考虑节省工程投资、降低成桩难度等因素，笔者建议可选用小直径短桩支护体系。

（3）钢支撑及钢围檩内力对比分析。

对比分析模型 2 和模型 3，模型除钢支撑布置位置不同外，其余条件均一致。计算结果如图 11-11 ～图 11-16 所示。

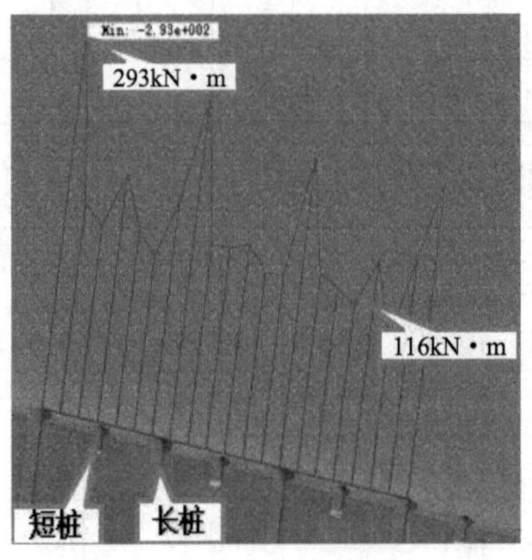

图 11-11　模型 2 桩后土应力分布（土岩结合面位置）

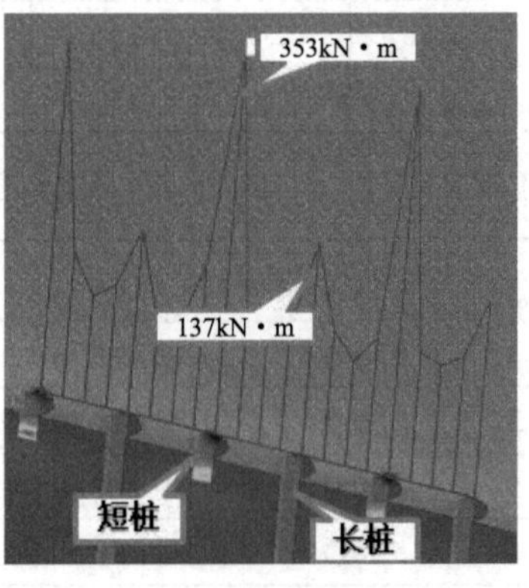

图 11-12　模型 3 桩后土应力分布（土岩结合面位置）

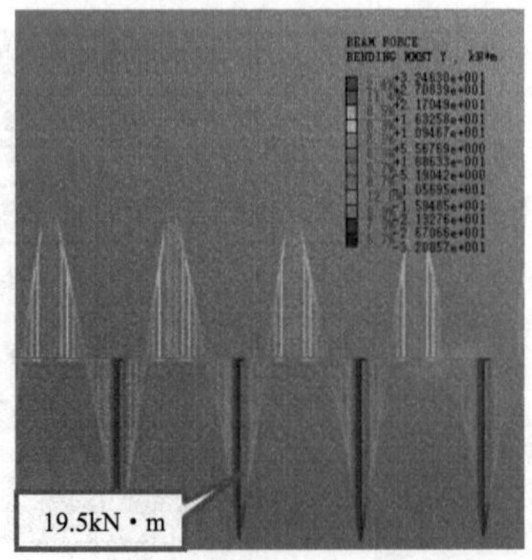

图 11-13　模型 2 钢围檩弯矩

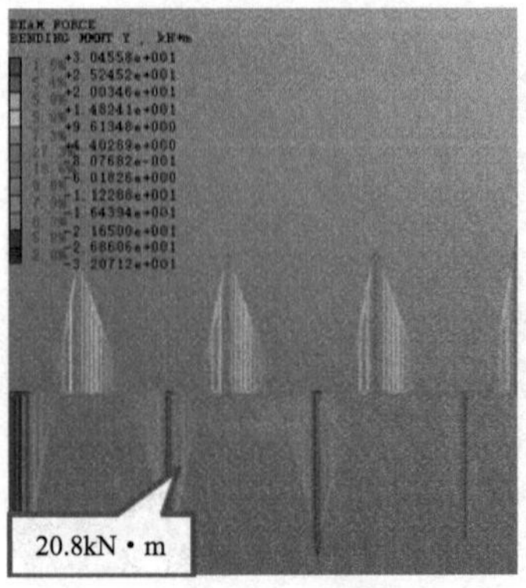

图 11-14　模型 3 钢围檩弯矩

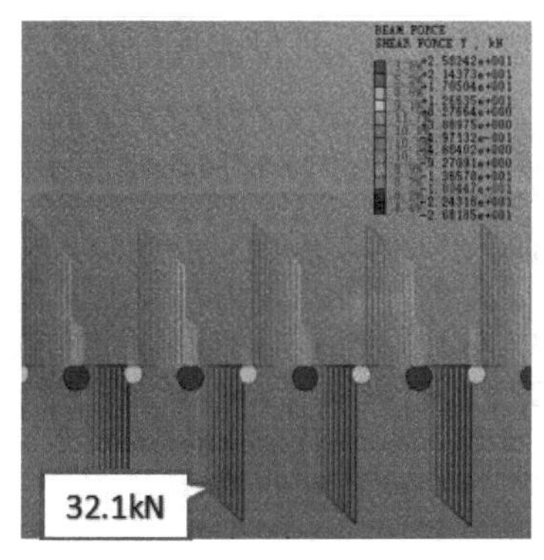

图 11-15　模型 2 钢围檩剪力（见彩图 37）

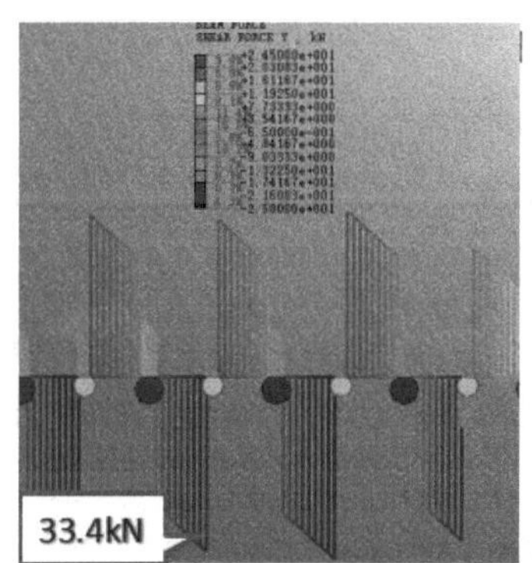

图 11-16　模型 3 钢围檩剪力（见彩图 38）

通过对比钢支撑布置在不同位置的桩后土体应力和钢围檩受力的变化情况，由图 11-11、11-12 可得：

①若钢支撑布置在长桩位置，因土拱效应的存在，地层荷载主要由长桩承担；

②若钢支撑布置在短桩位置，因土拱效应的存在，桩后土体应力改由短桩主要承担。说明土拱效应的产生主要受围护结构刚度的影响，钢支撑设置位置处围护桩形成相对不动点，桩后则产生明显土拱效应，与围护桩长度、长短桩桩径大小关系不大。

提取桩后土体应力，计算得出其平均值为 210kN，钢支撑轴力为 180kN，钢支撑间距 3.5m，则对应计算支撑每延米轴力为 51.43kN · m。以模型中得出的钢支撑延米轴力按照常规设计方法采用 SAP84 计算软件计算钢围檩内力如图 11-17 所示。经计算，钢围檩弯矩最大值为 62.48kN · m，剪力最大值为 138.86kN，均大于有限元计算直接得出的钢围檩弯矩及剪力值。

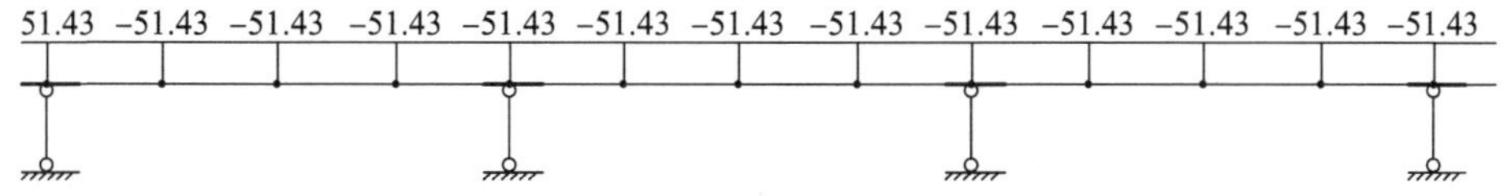

图 11-17　钢围檩计算模型（局部）

通过分析钢围檩内力，由图 11-13 ～ 11-17 可得出，钢支撑布置在长桩或短桩上，钢围檩弯矩、剪力大小无明显变化（模型 4 和模型 5 对比结论也一致），且与采用计算得出的支撑轴力按照常规一维连系梁方法计算得出的内力相比较小。因此：

①考虑到现场实际施工基坑两侧长短桩位置、钢支撑位置的差异性问题，钢支撑设计可以不用受长短桩位置的限制，对钢围檩受力影响不大；

②钢围檩可以采用常规的由钢支撑延米轴力施加的均布荷载计算方法，按照一维连系梁进行计算分析，且与钢围檩实际内力相比富余量较大，安全可控。

五、结语

通过有限元计算分析，可得出以下结论。

（1）长短桩基坑设计方案合理可行，短桩的变形安全可控。

（2）短桩对减小基坑地表沉降、整体变形、长桩内力及支撑轴力均起到了显著作用；基坑上部土层段，短桩与长桩协同受力。长桩计算可适当考虑短桩作用（笔者建议可按照围护桩圆直径对应的刚度占比考虑弯矩分配，实际配筋含钢量并不大）；短桩计算可考虑长桩作用（笔者建议计算模型均取短桩直径，以预留一定的安全余量）。

（3）基坑中变形最大值处于短桩范围；长桩位移与短桩相比较小，但相差甚微。

（4）可按照短桩桩底以上 0.1m 的基坑深度采用常规的计算方法计算分析短桩的受力和基坑变形。

（5）基坑采用与长桩同一直径的短桩相较于采用较小直径的短桩，在位移和内力分配上基本呈均匀分布规律，对减少基坑变形有一定作用，但收效甚微，因此建议采用相对较小直径短桩，以节省工程投资。

（6）长桩与短桩背后均可产生明显的土拱效应；地层应力的承担主要由支撑所在位置的围护桩承担，与围护桩长度、直径关系不大。

（7）长短桩基坑内支撑设计可不受长桩、短桩位置的限制，对钢围檩受力影响不大。

（8）长短桩基坑钢围檩计算分析仍可采用常规的均布荷载计算方法进行一维计算分析，且安全度较高。

结合徐州地铁岩石基坑的建设经验、工程水文地质条件和基坑周边环境，提出了新型“长短桩”围护结构型式可用于半土半岩（上软下硬）、全岩等岩石基坑的车站围护结构设计，可节约工程造价、减少施工难度、节省工期、提高基坑安全度，对类似工程具有借鉴意义。

参考文献

[1] 刘德金 . 青岛土岩深基坑微型钢管桩锚索联合支护结构开挖响应分析 [D]. 青岛 : 青岛理工大学 , 2021.

[2] 冯晓腊 , 李滕龙 , 张亮 , 蔡娇娇 , 熊宗海 . 基坑工程中长短桩支护形式数值模拟研究 [J]. 低温建筑技术 , 2019, 41(4): 96-99.

[3] 赵永清 , 贺建清 , 陈春鸣 . 基坑长短桩支护理论研究及有效应用 [J]. 湖南工业大学学报 , 2013, 27(4): 18-22.

[4] 李竹 , 郑刚 , 王海旭 . 带水平支撑长短桩组合排桩工作性状模型试验研究 [J]. 岩土工程学报 , 2010(S1): 440-446.

[5] 成守泽 . 长短桩组合围护结构工作机理研究 [D]. 杭州 : 浙江大学 , 2013.

[6] 王恒力 , 林本海 . 基坑长短桩组合支护体系的研究与应用 [J]. 广州建筑 , 2018, 46, 257(1): 14-19.

[7] Xu C, Xu Y, Sun H. Application of long-short pile retaining system in braced excavation[J]. International Journal of Civil Engineering, 2015, 13(2): 81-89.

[8] 周剑波 , 杨子跃 , 徐鹏 . 支护桩桩间土拱效应及合理桩间距分析 [J]. 工程勘察 , 2021, 49(9): 25-38.

[9] Chen T, Guo KX , Yang M, et al. Calculation method of anti-slide piles spacing considering the soil arching effect[C]. Zhang SH, Wei PS. Mechanics and architectural design, Suzhou, 2017: 461-466.

[10] 周德培 , 肖世国 , 夏雄 . 边坡工程中抗滑桩合理桩间距的探讨 [J]. 岩土工程学报 , 2004(1): 132-135.

[11] 赵明华 , 廖彬彬 , 刘思思 . 基于拱效应的边坡抗滑桩桩间距的计算 [J]. 岩土力学 , 2010(31): 1211-1216.

[12] 蒋良潍 , 黄润秋 , 蒋忠信 . 黏性土桩间土拱效应计算与桩间距分析 [J]. 岩土力学 , 2006(3): 445-450.

十二　苹果园综合交通枢纽项目人行天桥设计

詹睿轩

摘要：本项目属于苹果园综合交通枢纽项目的附属结构，设计时将钢罩棚与桥面结合成空间整体受力体系。本文重现了结构方案的推导过程，分析了天桥空间受力体系的传力路径。计算结果表明，弹性工况下，天桥的变形与承载力满足规范的要求。由于罩棚结构形式类似单层网壳，为分析结构的受力性能是否与典型单层网壳相符，对天桥进行整体稳定性分析，通过分析天桥的失稳形式、缺陷敏感度与几何和材料非线性对结构稳定性的影响，证明天桥受力性能与典型单层网壳并不相同，不会发生整体失稳，并根据其实际受力性能对关键构件进行有针对性的加强。在分析结构整体稳定性与采用二阶分析法验算结构构件时，采用一致缺陷模态法施加结构的初始缺陷，本文最后分析了初始缺陷模态选择的不同对构件承载力验算的影响。天桥采用隔震方案，通过在墩柱顶面设置摩擦摆支座，减小天桥的地震力。

关键词：钢结构；单层网壳；整体稳定性；隔震

一、工程概况

1. 项目概况

本项目属于苹果园综合交通枢纽项目的附属结构，项目南邻阜石路，北邻苹果园路，分为南区、中区和北区三大组团，本文分析的天桥为连接北区枢纽与中区 BRT 平台的联络通道。天桥分别支承在北侧枢纽和南侧 BRT 平台的主体结构柱的牛腿上，并在桥面上设置罩棚。天桥过路段的跨度 42m，横向宽度为 24m，自桥面起算的屋脊高度约为 12m。桥面采用钢筋混凝土现浇板，外立面采用玻璃或者铝板，属于全封闭室内空间。建筑效果如图 12-1。

图 12-1　建筑效果

2. 结构概况

天桥连接苹果园北区交通枢纽与中区 BRT 平台，桥面标高 7.700 ～ 6.700m（±0.000 对应绝对标高 74.80m），天桥跨度约为 42m，桥面宽约 24.6m；罩棚约 75.8m 长，顶标高为 20.400m，通过设缝将罩棚分为天桥罩棚与中区 BRT 平台罩棚，天桥部分罩棚端部被 BRT 平台穿过（图 12-2）。

3. 主要技术指标

结构设计使用年限：50 年

结构安全等级：二级

结构重要性系数：1.0

抗震设防烈度：8 度（0.16g）

抗震设防类别：标准设防类（丙类）

抗震等级：三级

防火等级：一级

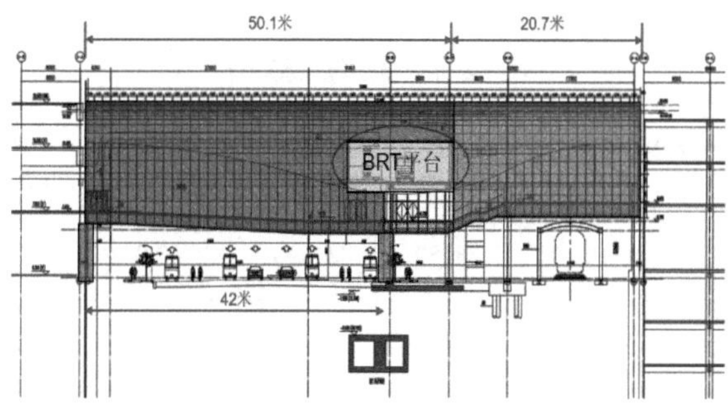

图 12-2　立面

二、结构方案

1. 方案推导

天桥整体包括桥面与罩棚两个部分，最初的方案采用横、纵梁系作为桥面结构，桥面上布置多榀门式刚架支撑罩棚（方案①），如图 12-3 所示，此方案结构布置、传力途径最为直接。

在方案①的基础上，将每榀刚架柱面外通过直腹杆、斜腹杆相连，就得到了方案②梁系 + 侧面桁架方案，进一步在方案②的基础上，将刚架顶梁也通过直腹杆、斜腹杆相连，得到了方案③梁系 + 空间网架。

①梁系 + 平面刚架

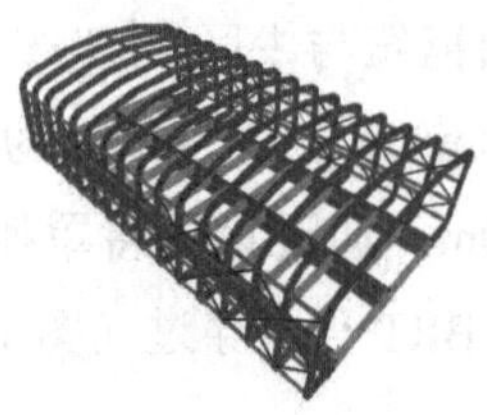

②梁系 + 侧面桁架

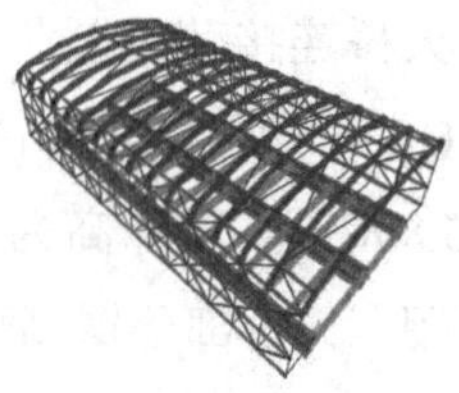

③梁系 + 空间网架

图 12-3 天桥结构方案

对比以上三种方案的桥面纵梁挠度、纵梁弯矩以及天桥竖向振动频率（表 12-1），我们可以看出，相对于方案①，方案③的大梁挠度与弯矩更小、整体刚度更大，有利于控制桥面纵梁高度和天桥的舒适度；相对于方案②，方案③的刚架梁挠度、弯矩更小，可以将罩棚做薄、使用空间和建筑效果更好。同时方案③交叉形式的空间网格也符合建筑希望的效果，所以最终选定方案③梁系 + 空间网架。

表 12-1 关键指标对比

方案	大梁挠度（mm）（边梁 | 中梁）		大梁弯矩（kN·m）（边梁 | 中梁）		刚架梁挠度（mm）	刚架梁弯矩（kN·m）	频率（Hz）
①主梁 + 平面刚架	117.3	101.0	26150	23030	43.0	111.0	1.429
②主梁 + 侧面桁架	72.5	74.3	15159	17342	27.1	105.2	1.814
③主梁 + 空间网架	69.6	73.4	14385	17215	22.1	78.8	1.856

2. 结构体系

天桥桥面布置三道纵梁横跨苹果园南路，跨度为 42m，间距为 8.4m，跨中 1/3 段增大截面（变截面）凸出桥面 800mm 高，兼作休息座椅使用，垂直于纵梁布置若干道次梁，次梁向两端各出挑 3.6m，桥面宽度共计 24m，次梁出挑部分布置封边梁及撑杆，在边跨形成水平平面桁架；每道出挑的次梁外侧端部支承一榀刚架，刚架间距结合幕墙分割布置，每 3.6m 一道，桥两端略有调整，刚架间设置直腹杆、斜腹杆将刚架连接成整体受力。

天桥整体模型及支承条件见图 12-4。

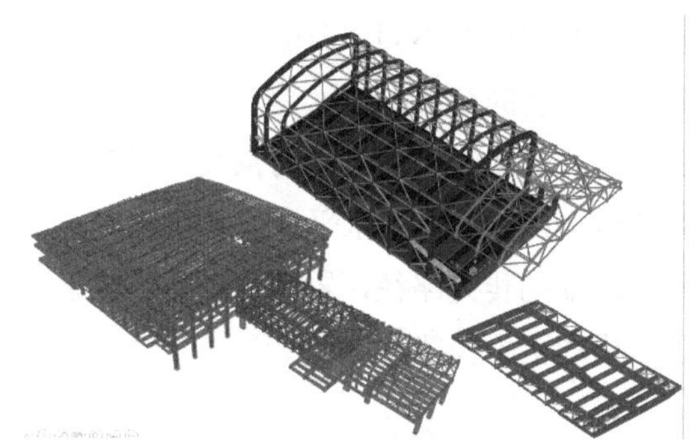

图 12-4　计算模型

主要结构构件截面见表 12-2。

表 12-2　天桥主要构件截面

构件	截面属性	截面尺寸（mm×mm）
桥面纵梁	Q390B 焊接	H1600×800×30×60
桥面次梁	Q355B 焊接	1000×400×12×16
刚架	Q355B 焊接	500×300×10×20
支撑	Q355B 热轧	φ152×5 ～ φ299×10

3. 传力路径分析

基于构件截面尺寸、结构刚度等的考虑，最终选择了主梁＋空间网架的方案，桥面梁系与罩棚组成空间结构，罩棚分担部分荷载并导荷至两侧支座，虽然减轻了桥面梁的负担，却使得天桥的传力路径变得复杂。取出侧面网壳及桥面出挑部分桁架分析，如图 12-5 所示。

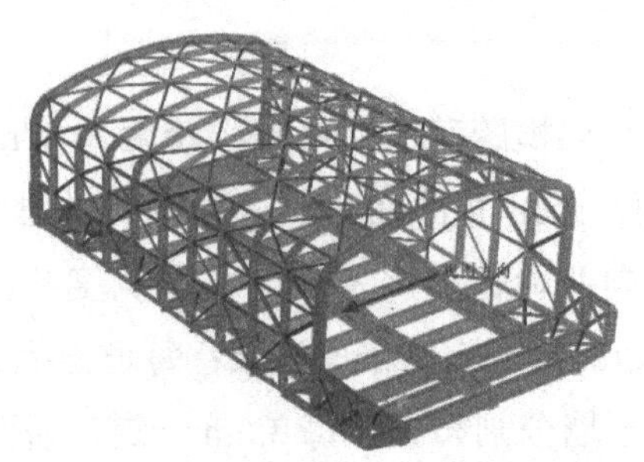

图 12-5　导荷路径的剖视方向

通过恒载工况下的轴力图［图 12-6（a）］分析天桥的传力途径：

（1）中间部分竖杆与常规情况不同，所受轴力为拉力，说明罩棚一定程度上将桥面次梁吊起，分担了桥面的荷载；

（2）罩棚的直、斜腹杆形成了若干道传力拱线，将跨中竖杆传递上来的桥面荷载和罩棚荷载向两侧传递，通过桥面水平桁架导荷至支座。

通过分析，得到了清晰的传力路径，罩棚与桥面结构组成的空间受力体系，利用几何形状提高了结构的受力性能。

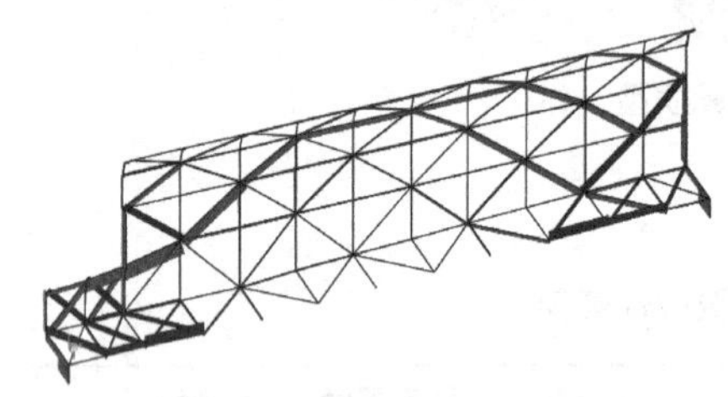

（a）天桥恒载工况轴力

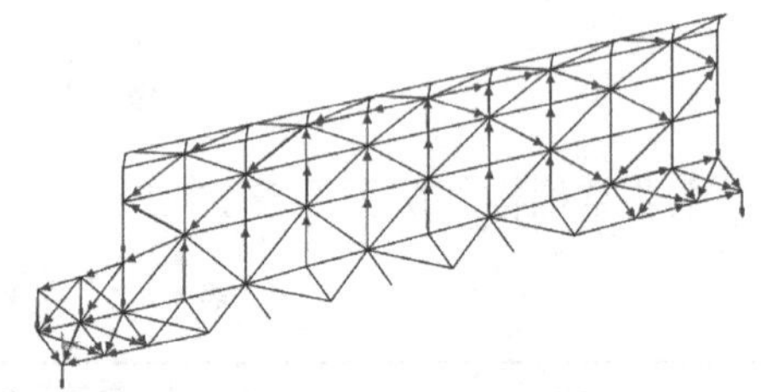

（b）天桥传力路径

图 12-6　天桥传力路径分析

三、线性分析

1. 计算假定与荷载取值

（1）计算假定。

①罩棚杆件按压弯构件考虑，构件整体稳定分析方法按照二阶分析法计算，计算长度系数取 1.0；②楼面梁系受压翼缘受到压型钢板—混凝土楼板约束，不考虑构件的整体稳定。

（2）荷载取值。

恒载：桥面恒载包括150mm厚混凝土桥面板重及100mm建筑面层做法，计算得到0.15×26+0.1×20=5.9kN/m^2；屋面恒载为玻璃幕墙重量，按厂家提资，为0.6kN/m^2，并考虑0.5kN/m^{2}的设备吊挂。

活载：桥面考虑人行荷载，取值为4kN/m^2，屋面考虑0.5kN/m^{2}的不上人屋面活载。

风荷载：按照《建筑结构荷载规范》[4]（以下简称《荷载规范》），北京地区，50年重现期的基本风压为0.45kN/m^2。

地震作用：天桥位于北京，抗震设防烈度为8度（0.2g），水平地震影响系数最大值α_{max}=0.16，设计地震分组为第三组，场地类别为II类，特征周期为0.45s。采用振型分解反应谱法计算地震作用，并考虑竖向地震作用。

温度荷载：根据《荷载规范》可查的北京市的月平均最高气温为36℃，月平均最低气温为-13℃，假定钢结构的合拢温度为10～15℃。以结构的初始温度（合拢温度）为基准，结构应考虑温升△*Tk*=36-10=26℃和温降△*Tk*=-13-15=-28℃两种工况。

2. 弹性计算结果

（1）动力特性。

自振模态反映了结构的质量与刚度分布，对理解结构的动力特性和薄弱部位非常重要。本工程采用RITZ向量法求解结构的模态，对结构施加*X*、*Y*、*Z*方向的加速度激励。结构的前三阶自振模态如图12-7所示。

结构的第一阶竖向振型如图12-8所示，周期*T*=0.520s，频率*f*=1.925Hz<3Hz，不满足以行走激励为主的楼盖结构的频率要求，补充进行人行激励下的峰值加速度分析，确定结构的舒适度是否满足要求。

（2）变形分析。

天桥的纵梁及罩棚的挠度计算结果详见表12-3。

根据《GB 50017钢结构设计标准》[5]（以下简称《钢标》）附录B，考虑将恒载引起的挠度起拱抵消，故表中选取恒、活载标准组合下梁的挠度为L/300作为限值。

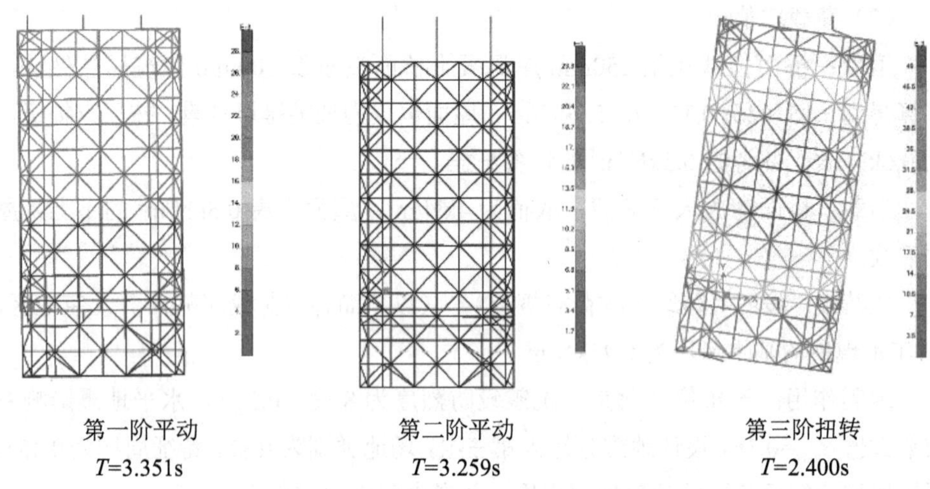

第一阶平动 T=3.351s　　第二阶平动 T=3.259s　　第三阶扭转 T=2.400s

图 12-7 天桥前三阶自振模态（见彩图 39）

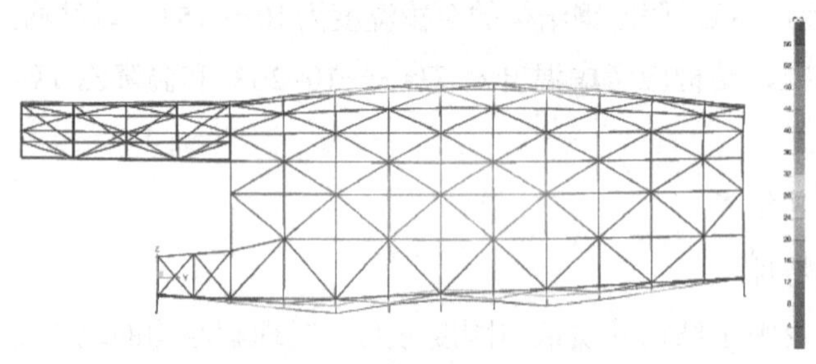

图 12-8 第一阶竖向振动模态（见彩图 40）

表 12-3 构件挠度计算结果

构件	工况	挠度	限值	是否满足	措施
大梁	1.0 恒 +1.0 活	130mm（1:349）	L/300	是	起拱
大梁	1.0 活	43.8mm（1:958）	L/500	是	—
罩棚	1.0 恒 +1.0 活	71.63mm（1:339）	L/300	是	起拱
罩棚	1.0 活	15.77mm（1:1483）	L/500	是	—

罩棚侧移计算结果详表 12-4。

根据计算结果，天桥满足正常使用极限状态的变形要求。

表 12-4　天桥侧向位移计算结果

构件	工况	挠度	限值	是否满足	措施
罩棚	1.0 风	7.54mm（1∶1193）	1/150	是	—
罩棚	水平地震	20.08mm（1∶448）	1/250	是	—

（3）构件的整体稳定分析。

《钢标》中提出了三种结构的分析方法。在一阶弹性分析中，不考虑结构变形对内力的影响，而是通过计算长度系数来考虑结构整体变形的重力二阶效应（P-△），通过稳定系数来考虑构件变形引起的挠曲二阶效应（P-δ）；二阶分析法中，结构考虑了重力二阶效应，则计算长度取为 1.0，而挠曲二阶效应仍需要通过稳定系数考虑；直接分析法中，同时考虑的结构的重力二阶效应和挠曲二阶效应，计算得到的内力即为真实内力，仅需要考虑强度，不需要验算构件稳定性。

对于框架结构，结构侧向变形较小，变形对内力分析的影响较小，尚可采用一阶弹性分析，对于空间受力体系，结构变形引起的二阶弯矩较大，应该采用二阶或直接分析法。

本项目按二阶分析法验算构件整体稳定，通过验算，结构构件的应力比均小于 0.9，构件整体稳定满足承载力极限状态的要求。

（4）舒适度分析。

由于天桥竖向第一阶振动频率小于 3Hz，需进一步验算桥面舒适度。舒适度验算执行规范《建筑楼盖结构振动舒适度技术标准》[7]，通过对桥面施加人行荷载激励，计算天桥结构的加速度响应。人行荷载激励为时间的余弦函数，计算得到前两阶人行荷载竖向激励如下式，横向人行荷载激励为 0。

$$P_{1-1(t)}=1.68\times10^{-3}\cos\left(2\pi t\times2.5\right) \quad (12-1)$$
$$P_{1-2}\left(t\right)=0.672\times10^{-3}\cos\left(2\pi t\times1.295\right)$$

结构的峰值加速度计算结果如图 12-9 所示。从图中可读出加速度峰值为 0.0307m/s^2，小于规范对封闭连廊和室内天桥竖向加速度限值 0.15m/s^2，天桥舒适度满足要求。

（5）支座验算。

本项目天桥支座支承在两端主体结构柱上，考虑采用隔震方案，在支承柱牛腿上设置摩擦摆支座。

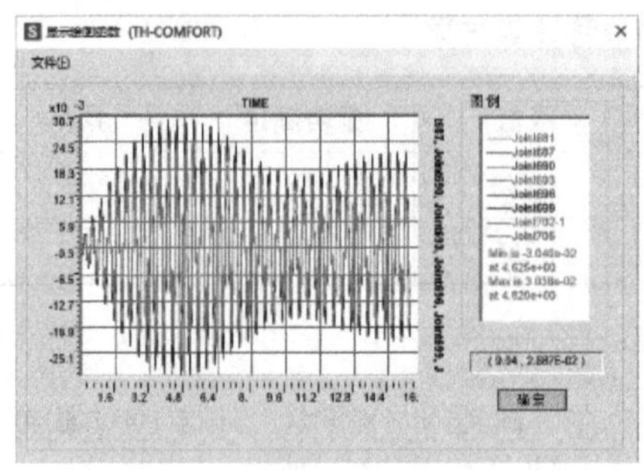

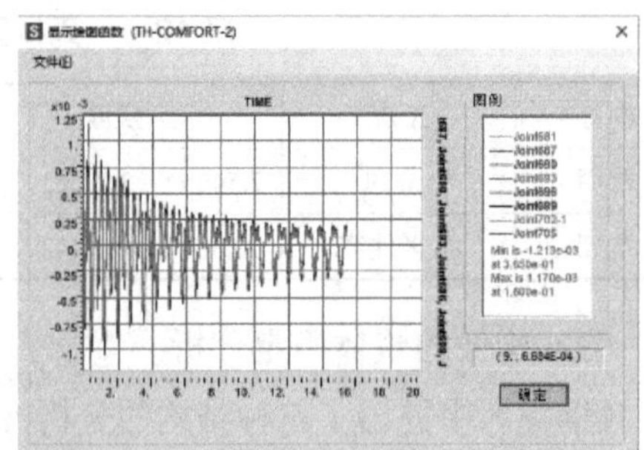

图 12-9　人行荷载激励下的加速度响应（见彩图 41）

支座采用Ⅱ型摩擦摆支座，参数选择：曲率半径 3600mm，支座直径 860mm，竖向承载力 5000kN，极限位移 300mm，摩擦系数（慢）0.01，摩擦系数（快）0.02，竖向刚度 3333kN/mm。

①极限位移验算。

天桥的极限位移采用大震弹性时程分析进行验算，地震加速度时程的最大值为 400cm/s^2。经过计算可以得到摩擦摆支座在大震下的力—位移滞回曲线，如图 12-10 所示，大震下摩擦摆支座 X 方向最大位移为 269mm，Y 方向最大位移为 212mm，设计参数满足大震下的位移限制要求。

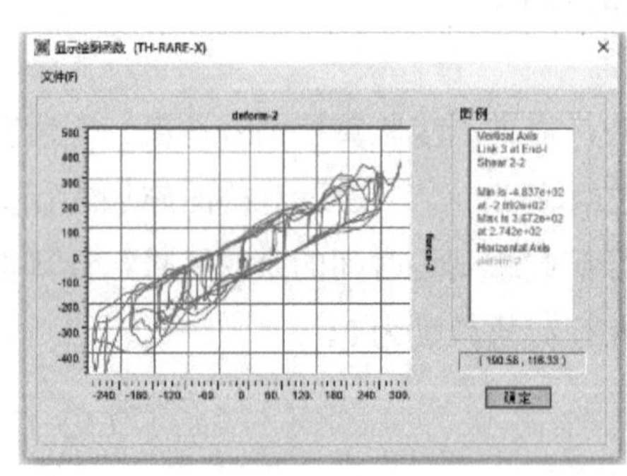

（a）X 方向

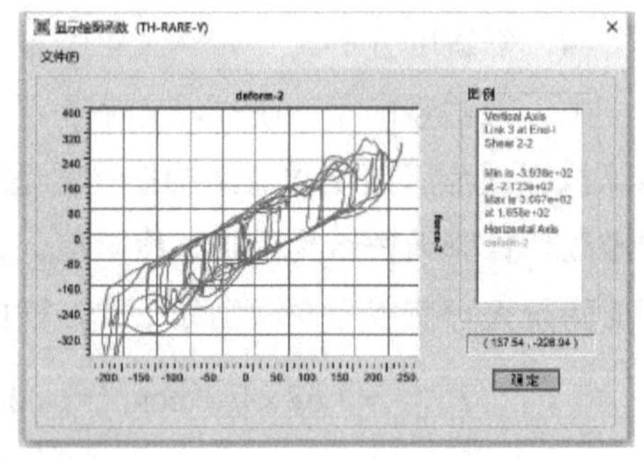

（b）Y 方向

图 12-10　摩擦摆支座罕遇地震下的滞回曲线

②抗风验算。

根据《GB/T 51408 建筑隔震设计标准》[8] 第 4.6.8 条的要求，隔震支座在风荷载下不应屈服，应验算摩擦摆支座的抗风承载力。结构的抗风承载力由摩擦摆支座的静摩擦力提供，取摩擦系数（快）作为静摩擦系数，即 μ=0.02，恒载下的支座压力为3471kN，风荷载产生的支座剪力标准值约为 V_{Wk}=80kN，验算抗风承载力如下。

即抗风承载力不满足要求，每个支座缺少42.58kN（共4个摩擦摆支座）的抗风力，考虑设置2个抗风键承担风荷载，设计抗风力取100kN（计算所需抗风力为42.58×4/2=85.16kN）。抗风键在非地震工况下为结构提供足够的抗风承载力，而在地震工况下，抗风键被超过设计破断荷载的地震力拉断，摩擦摆开始发挥隔震作用。

四、整体稳定性分析

由于天桥罩棚的结构形式与单层网壳类似，本项目通过对结构整体失稳形式、整体稳定性中初始缺陷的敏感度与几何与材料非线性敏感度的考察，研究天桥的受力性能是否与典型单层网壳相同，进而确定设计时的关注点，并对结构的薄弱部位进行有针对性的加强。

网壳结构的整体稳定性能的考察，一直缺乏一个合适方法，我们通常需要对网壳结构进行全过程分析，从荷载—位移曲线来得到结构的稳定性的一个整体的概念，并通过一个较大的安全系数来保证结构不发生整体失稳[2]。《空间网格规程》中给出的安全系数是，几何非线性满足4.2，考虑几何、材料双非线性满足2.0[6]。

1. 对照组

为了考察天桥的受力性能，引入对照组——苹果园枢纽钢屋盖的单层网壳方案（以下简称对照组）。对照组计算模型见图12-11。屋盖短跨方向跨度为50.4m，长跨方向为67.2m，矢高为3.3m，构件采用方钢管。

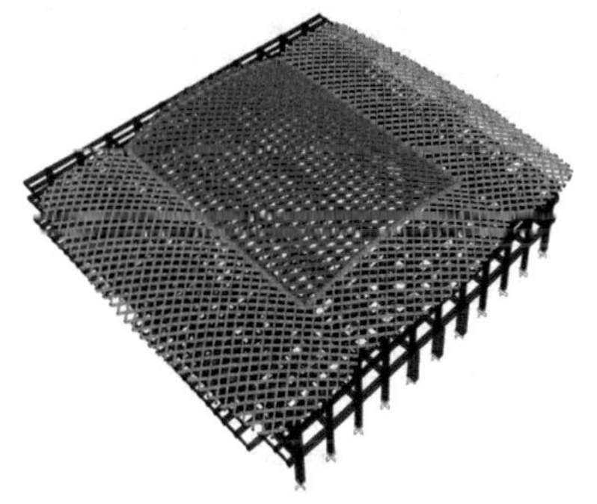

图12-11　对照组计算模型

2. 初始缺陷

对结构进行整体稳定性分析，需要考虑结构的初始缺陷，结构的初始缺陷包括主要由施工、安装偏差引起的整体缺陷，和由初始偏心、残余应力等引起的构件缺陷。

对于初始缺陷的施加，沈世钊院士在《网壳结构稳定性》一书中提出了两种方法，第一种是“随机缺陷模态法”，认为结构的安装误差是随机的，但是从统计学观点上来看，其误差应当服从正态分布，即结构的实际安装位置与理论计算位置越接近，其可能性越大；“随机缺陷模态法”从满足正态分布的无限多种缺陷模态中随机选择 N 种缺陷模态进行荷载—位移全过程计算，通过对 N 个极限荷载进行统计学处理后用于评价网壳的整体稳定性。虽然“随机缺陷模态法”能够较为真实地反映结构的初始缺陷形态，但是需要反复多次，工作量较大，所以书中提出了第二种方法——“一致缺陷模态法”，将结构的初始缺陷分布形式与结构的最低阶整体屈曲模态相吻合，这种方法无疑将产生对结构最不利的影响，也就通过一次施加得到了极限荷载的最小值[2]。

本项目采用“一致缺陷模态法”施加初始缺陷。

在实际工程中，由于存在局部屈曲的干扰，往往很难判断结构最低阶的整体屈曲模态，本项目选择前两阶侧向屈曲和第一阶竖向屈曲模态施加初始缺陷，如图 12-12 所示，其屈曲特征值分别为 23.6、27.2 和 38.6。对照组的屈曲模态如图 12-13 所示，为网壳整体竖向屈曲模态，屈曲特征值为 13.14。

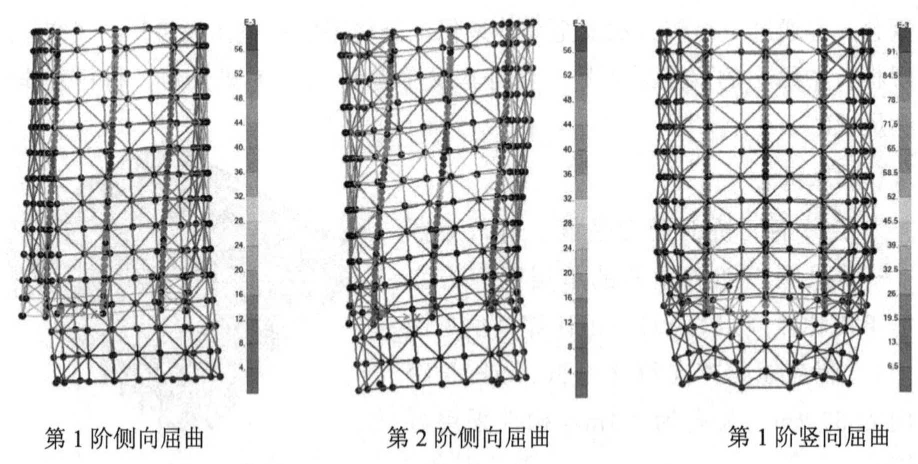

第 1 阶侧向屈曲　　第 2 阶侧向屈曲　　第 1 阶竖向屈曲

图 12-12　初始缺陷模态（见彩图 42）

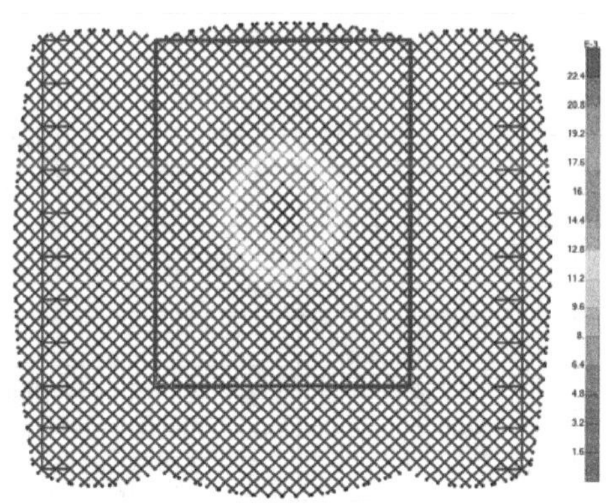

图 12-13　对照组初始缺陷模态

初始缺陷的最大值按照《钢标》与《空间网格结构技术规程》的要求取1/250 柱高或 1/300 网壳跨度。

3. 结构的失稳类型

典型网壳的整体失稳形式有别于一般钢框架，表现为跃越屈曲，结构可能会从第一个平衡状态，突然经历一个较大的位移，跳跃到第二个平衡状态，并能够承担更大的荷载，但是实际工程中，这种程度的位移是不能被接受的。通过对失稳形式的判别，有利于我们考察天桥的受力性能是否与典型单层网壳相符。

天桥的荷载一位移全过程加载曲线如图 12-14（a）所示，图中横坐标代表控制点位移，纵坐标代表荷载系数，即极限荷载与荷载标准组合的比值。从天桥的加载曲线可以看出，天桥在接近极限荷载时没有向第二个平衡状态跳跃的趋势，同时 P-Delta 工况与大位移工况得到的加载曲线得到的极限荷载几乎相同。

对照组的荷载一位移曲线如图 12-14（b）所示。对照组的曲线中，考虑大位移工况的曲线，很好地呈现了跃越屈曲的整个加载过程，而 P-Delta 的工况则在接近第一个极限状态时，计算就不再收敛，且极限荷载系数大于大位移工况，在后续分析中参照组均采用大位移工况。从结构各加载步的形态变化也能看出，（上凸）网壳在第一次接近极限荷载时，突然产生很大位移并跳跃至第二个（下凹）平衡状态，并且能继续承担更大的荷载，而不是直接失稳。

通过天桥与对照组的曲线对比，可以看出天桥的失稳形式并不符合典型单层网壳的跃越屈曲，这引起了我们对天桥受力性能的怀疑，为了进一步调查其实际性能是否与典型单层网壳相同，我们进行了进一步的分析。

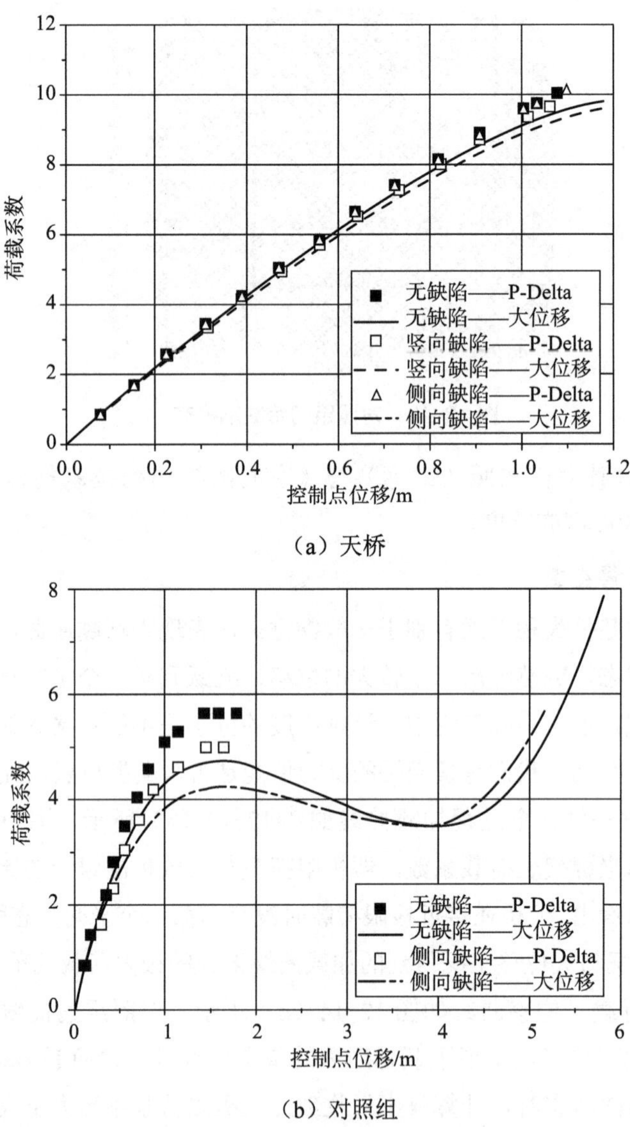

（a）天桥

（b）对照组

图 12-14 失稳形式分析

4. 缺陷敏感度

由于网壳结构很好地利用了空间形体的刚度，而其折算厚度相对跨度通常较小，随着加载和变形的增大，结构的刚度会受到明显的削弱，这种特性同样也表现在结构对初始缺陷十分敏感。本节着重分析天桥与对照组在不同初始缺陷下的整体稳定性能表现。

如图 12-15 所示，分别给出了天桥与对照组在不同缺陷或不同缺陷最大值下，结构的全过程加载曲线。图 12-15（a）为天桥的加载曲线，从图中看出，三种工况的曲线几乎重合。图 12-15（b）为对照组曲线，4 条曲线分别代表最大值为 0mm/70mm/120mm/170mm 的工况，其中 170mm 对应为《空间网格》规定的 1/300 跨度的缺陷值。由图可知随着缺陷增大，极限荷载系数由 4.77 下降至 4.20。

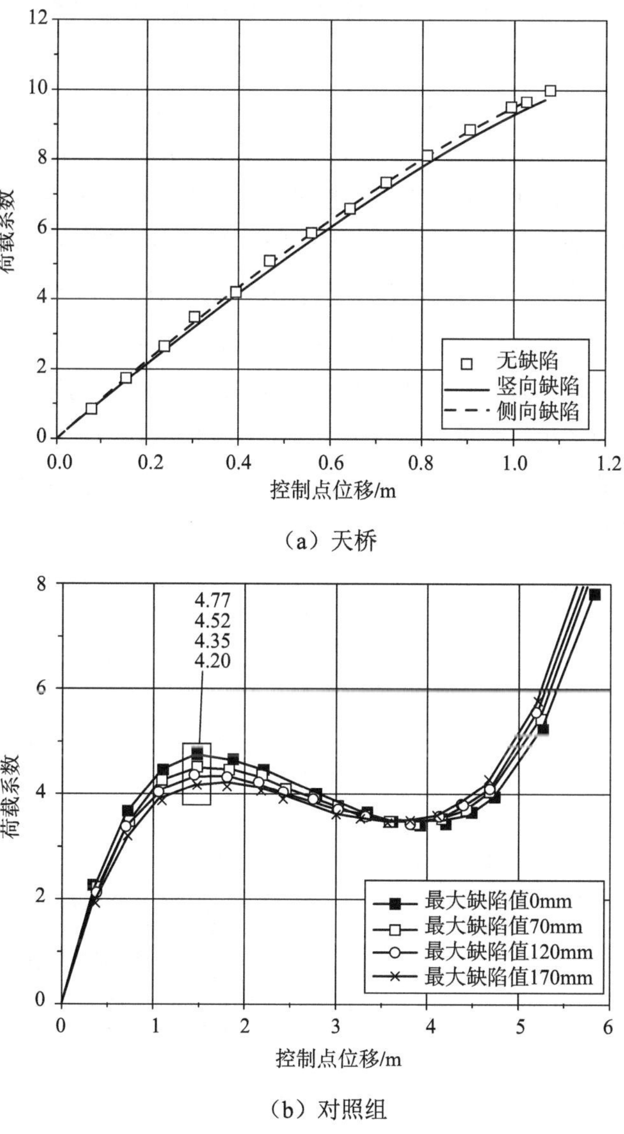

（a）天桥

（b）对照组

图 12-15　结构的缺陷敏感度分析

通过分析，我们得出结论：与对照组对于缺陷的敏感度较高不同，天桥对缺陷的敏感度极低，这再一次与单层网壳的性能不符。

5. 材料非线性的影响

前文提到，典型单层网壳的整体失稳主要是因为结构变形对刚度的削弱，通常不会因为部分构件的屈曲影响结构的极限荷载，也就是说在非线性分析时，与材料非线性相比，几何非线性是影响网壳整体稳定性的主要因素，本节我们将讨论材料非线性对天桥与对照组整体稳定性能的影响。

如图 12-16 所示，分别给出了天桥与对照组仅考虑几何非线性与同时考虑几何、材料双非线性工况的全过程分析曲线。图 12-16（a）为天桥的曲线，虚线表示几何非线性工况，实线表示双非线性工况，可以看出，考虑了材料非线性的工况，极限荷载系数约为 2.5，远小于几何非线性工况的系数 10，这说明了材料非线性是影响天桥稳定的主要因素。图 12-16（b）为对照组的加载曲线，无论从加载过程还是最终的极限荷载系数，是否考虑材料非线性对整体稳定影响不大。

通过对天桥失稳形式、缺陷敏感度和材料非线性敏感度的考察，我们可以得出结论，天桥的形式虽然与单层网壳类似，但其受力性能与单层网壳不同，荷载沿天桥侧面罩棚的拱线传递，对主要传力路径上的构件应当在保证承载力的前提下，留足一定的富裕度。

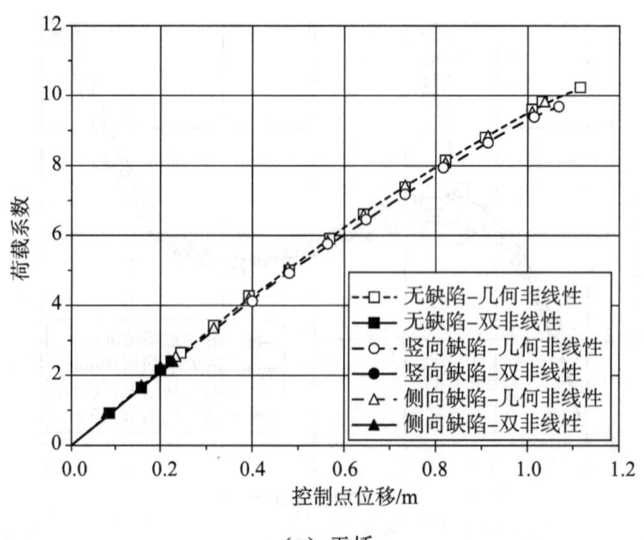

（a）天桥

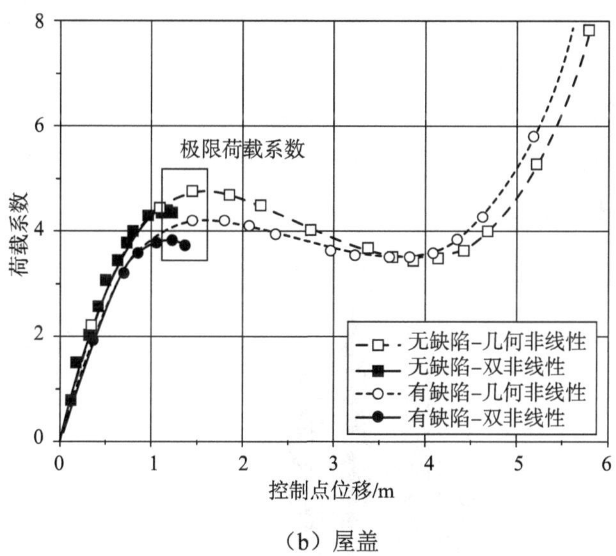

（b）屋盖

图 12-16　几何非线性与双非线性下的整体稳定性

天桥在极限加载下的出铰情况见图 12-17，从图中可以看出，构件均为轻微出铰，根据出铰情况，我们可以有针对性地加强关键构件。

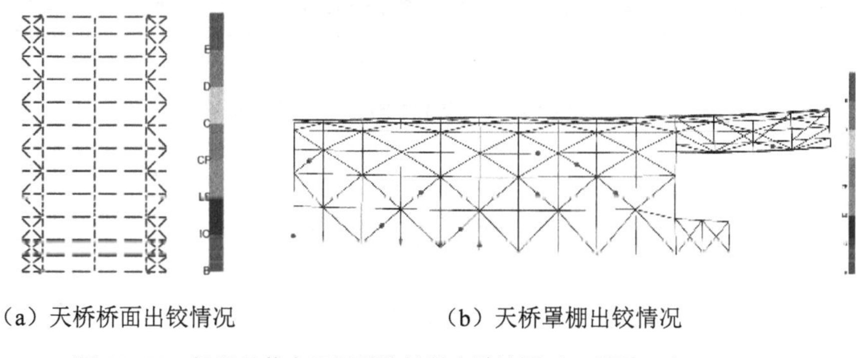

（a）天桥桥面出铰情况　　　　　　（b）天桥罩棚出铰情况

图 12-17　极限承载力下天桥构件的出铰情况（见彩图 43）

五、二阶（直接）分析法中初始缺陷模态的选择对构件承载力验算的影响

《钢标》中明确了初始缺陷按最低阶整体屈曲模态施加，前文已提到，由于局部屈曲的干扰，我们很难判断结构的最低阶整体失稳的模态，而初始缺陷模态

的选择，对构件的验算有什么影响？本节将不同的初始缺陷模态施加在天桥中，通过二阶分析复核构件承载力。

将全部构件的应力比制成概率分布直方图，如图 12-18 所示，图中横坐标表示构件的应力比范围，应力比大于 1.0 表示超限，纵坐标表示相应应力比范围内的构件数量占构件总数的比例。

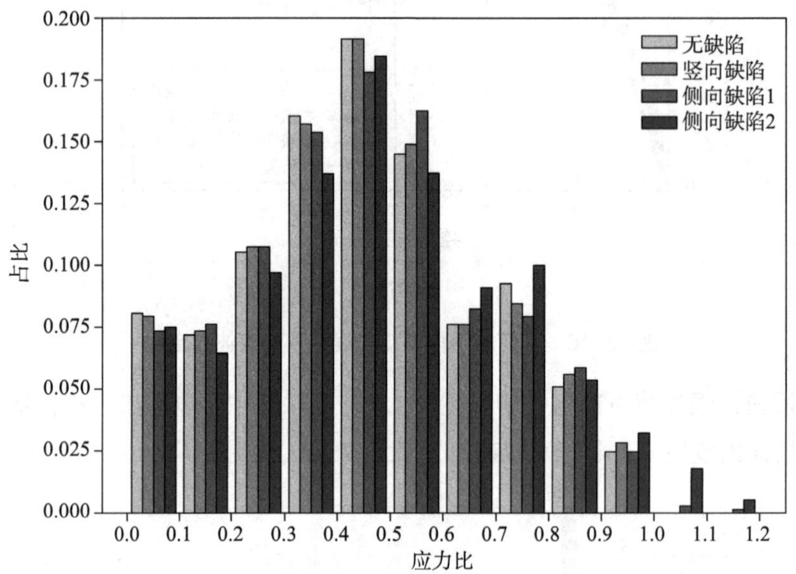

图 12-18 天桥构件承载力概率分布

由图可以得出以下两点结论：（1）整体来看，不同缺陷模态下构件应力比分布不同；（2）如果缺陷模态选择不当，我们会忽略部分关键构件破坏的可能，导致结构偏于不安全。

所以，在使用二阶或直接分析法进行构件承载力验算时，应当仔细分析构件（尤其是关键构件）可能出现的屈曲形态，并选择相应的屈曲模态进行复核。虽然《钢标》中提出选择最低阶模态作为初始缺陷模态，但在无法明确判断最低阶屈曲模态时，应当选择多阶屈曲模态验算构件承载力，SAP 2000 软件在其技术手册中建议选择 5 阶。

六、结论

（1）经过分析，得到天桥清晰的传力路径，弹性计算下天桥变形、承载力均满足规范要求。

（2）通过对天桥失稳形式、缺陷敏感度、几何与材料非线性影响程度的分析，可以看出天桥性能不属于典型单层网壳，荷载沿罩棚侧面拱线传递，所以对主要传力路径上的杆件，应在满足承载力要求的前提下，留足一定富裕度。

（3）对比发现，不同初始缺陷模态的选择对构件承载力复核影响较大。当采用二阶（直接）分析法进行构件设计时，需要认真分析构件（尤其是关键构件）可能的屈曲形态，必要时取多阶初始缺陷模态复核构件承载力。

参考文献

[1] 陈绍蕃 . 钢结构设计原理（第三版）[M]. 北京：科学出版社 , 2005.

[2] 沈世钊 , 陈昕 . 网壳结构稳定性 [M]. 北京：科学出版社 , 1999.

[3] 吴昊 , 江洋 , 耿海霞 , 等 . 北京城市副中心绿心剧院钢结构屋盖设计 [J]. 建筑结构 , 2020, 50(20): 8-15.

[4] GB 50009—2012 建筑结构荷载规范 [S]. 北京：中国建筑工业出版社 , 2012.

[5] GB 50017—2017 钢结构设计标准 [S]. 北京：中国建筑工业出版社 , 2017.

[6] JGJ 7—2010 空间网格结构技术规程 [S]. 北京：中国建筑工业出版社 , 2010.

[7] JGJ/T 441—2019 建筑楼盖结构振动舒适度技术标准 [S]. 北京：中国建筑工业出版社 , 2019.

[8] GB/T 51408—2021 建筑隔震设计标准 [S]. 北京：中国计划出版社 , 2021.

十三　隔震技术在车辆基地上盖物业开发中的应用

林志波

摘要：由于空间条件的限制等因素，地铁车辆基地按照传统的抗震设计难以达到使用的要求，且国务院下发的“建设工程抗震管理条例”，要求和鼓励采用减隔震技术，因此，各城市地铁车辆基地正逐渐尝试将减隔震技术运用于地铁车辆基地上盖结构中。为研究隔震技术应用于地铁车辆基地上盖结构的适用性、减震效果及抗风性能，对厦门市轨道交通 3 号线蔡厝车辆基地上盖结构进行了隔震设计，基于 ETABS 有限元软件，建立非隔震（图 13-1）与隔震（图 13-2）结构模型并对两种模型进行结构动力分析，结果表明：相对于非隔震结构，隔震结构的自振周期明显延长，隔震前后各层层间剪力比值小于 40%；在大震作用下隔震层水平位移小于限值，满足变形要求，隔震结构最大层间位移角及隔震支座最大拉应力均小于限值，满足规范要求。所以，隔震技术应用于地铁上盖结构满足安全性和可靠性要求，具有良好的减震效果。

关键词：隔震技术；地铁上盖结构；车辆基地上盖；层间隔震

一、引言

近几十年来，隔震被逐渐应用于建筑结构且已是比较完善的一种技术。2021 年 9 月 1 日，国务院正式发布执行了“建设工程管理条例”，位于高烈度设防地区、地震重点监视防御区的新建学校、幼儿园、医院、养老机构、儿童福利机构、应急指挥中心、应急避难场所、广播电视等建筑应当按照国家有关规定采用隔震减震等技术，保证发生本区域设防地震时能够满足正常使用要求。[1] 并且国家鼓励在除前款规定以外的建设工程中采用隔震减震等技术，提高抗震性能。隔震技术的应用将进一步推广。

所谓“隔震”，就是在上部结构与基础或结构标准层之间设立隔震层，阻断地震作用向上传递，延长结构的自振周期，避开地震主要作用频带对结构主体的影响，从而降低结构的地震反应，达到更高的设防要求，保证结构安全。根据隔震层位置将隔震体系分为基础隔震和层间隔震这两种。所谓基础隔震是隔震层位于主体结构与下部或基础之间，主要适用于主体结构体系刚度较大的建筑，也是目前国内应用最多的隔震形式。[2，3]

层间隔震是将隔震层设置在建筑物某层（下部几层）进行地震反应控制，隔震层的设置较为灵活，更便于满足建筑和使用方面的要求。对于隔震技术应用于地铁上盖物业开发，多为层间隔震，国内也有其研究案例，其中一些已得到了工程应用。目前，国内多个地铁上盖项目应用了隔震技术：深圳前海车辆段工程、深圳蛇口车辆段工程、北京平西府车辆段工程、北京八王坟车辆段工程、杭州七堡车辆段工程、香港将军澳车辆段工程、南京大学城工程、西安沙河滩车辆段、西安骏马村停车场、无锡具区路车辆段、徐州杏山子车辆段等[4～13]。

本文分析了隔震技术在地铁上盖物业开发中的适用性，并通过工程实例，采用非隔震结构及隔震结构两种模型，选用大型通用有限元 ETABS 软件建模并分析两种结构布置方案的动力响应，并将 ETABS 软件和常用的国内结构计算 SATWE 软件对非隔震模型计算得到的质量、周期和层间剪力进行对比，以验证 ETABS 建模的准确性，同时考虑了结构抗风要求以及隔震层的偏心率对结构的影响。

二、隔震技术在地铁上盖物业开发中的适用性

总结工程实践，隔震结构应用于地铁车辆基地上盖工程具有较好的适用性。

（一）为上盖物业开发预留灵活的调整空间

上盖开发多滞后于车辆基地建设，一般车辆基地实施至车辆基地盖板并预留柱头（或柱插筋及钢筋保护）和盖板保护措施，而上盖项目开展时常需要对原有方案进行调整，设置隔震转换层并在后续实施可使上盖建筑具有较灵活的调整空间，加快车辆基地方案的稳定及车辆基地设计进度，保障地铁按时开通运营。而非隔震结构则需确定的上盖方案，在车辆基地盖板设置转换结构，并预留柱头，与车辆基地同期实施，后续难以改造。

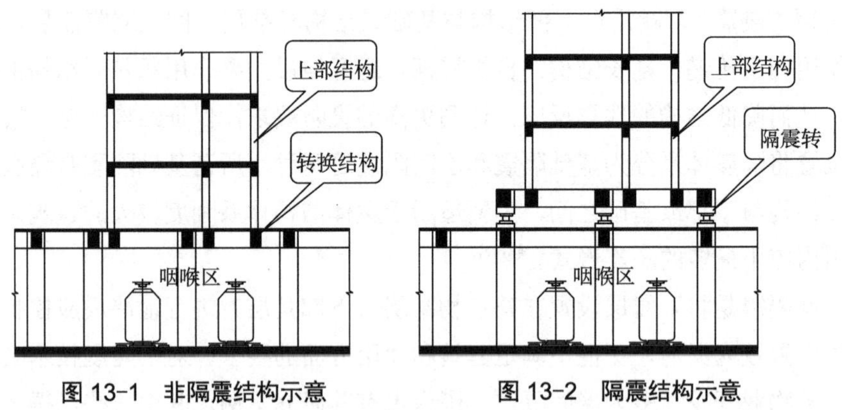

图 13-1　非隔震结构示意　　图 13-2　隔震结构示意

（二）降低地铁振动

隔震支座一般采用叠层橡胶支座，可以一定程度地降低地铁运行时振动对上盖建筑的影响，提高上盖建筑品质。

（三）提高结构安全性能，节约造价

车辆基地受限界影响，上盖墙、柱无法落地，且多为大底盘多塔，一般为超限高层结构，需进行抗震性能优化设计，大幅提高结构刚度，提高建设成本。

隔震结构可以有效降低隔震层上部结构地震力，减少结构构件尺寸及配筋，从而降低结构自重，降低地震力，使得下部结构截面尺寸及配筋得到优化，提高结构安全的同时，降低成本。

（四）地震烈度高

抗震设防烈度超过 7 度（0.10g），场地类别及地震分组造成特征周期较长的，地震力大，适宜采用隔震结构。

（五）抗震设防类别高

咽喉区上一般开发为中小学及幼儿园、多层商业区，一般为重点设防类，抗震措施要求高，符合国务院下发的《建设工程管理条例》要求，适宜采用隔震结构。

（六）高风压及大高宽比

对于高风压地区高层建筑，隔震结构不能充分发挥其作用，结构需要满足其对风压的基本抗力。

建筑高宽比过大（大于 4）会引起支座在罕遇地震下拉应力不易满足要求。

三、工程概况

蔡厝车辆基地位于福建省厦门市翔安区，抗震设防烈度 7 度（0.15g），设计地震分组第三组，Ⅲ类场地，场地特征周期 0.65s，场地基本风压为 0.8kN/m^2。工程效果如图 13-3 所示。

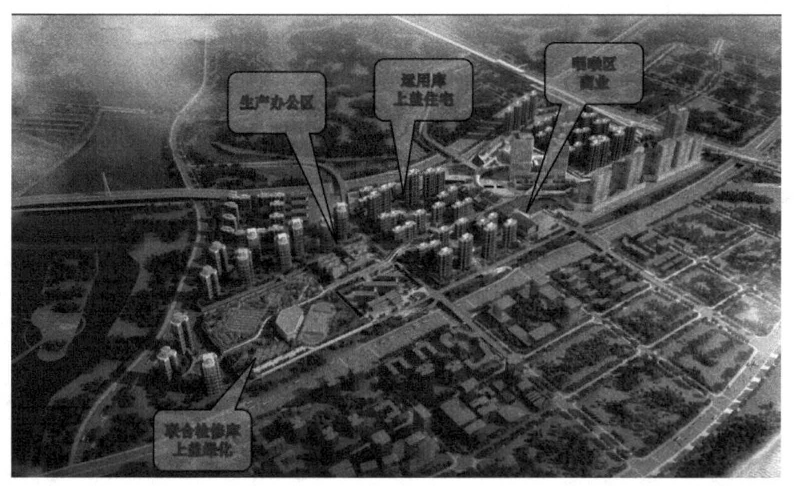

图 13-3　蔡厝车辆基地效果

咽喉区上盖为商业、学校及绿化等物业开发，选取典型幼儿园区域进行研究，属于重点设防类，乙类建筑。幼儿园为盖上三层建筑，平面布置如图 13-4 所示。

结构设计依据 GB 50011—2010 建筑抗震设计规范，本文简称《10 版抗规》。

咽喉区采用框架结构，框架、框支框架抗震等级一级、抗震构造措施等级为一级。

按《抗规》（10 版）要求，对于 7 度（0.15g）地区建筑隔震后的抗震措施不降低。咽喉区柱网为 12 ～ 18m×8.4m。

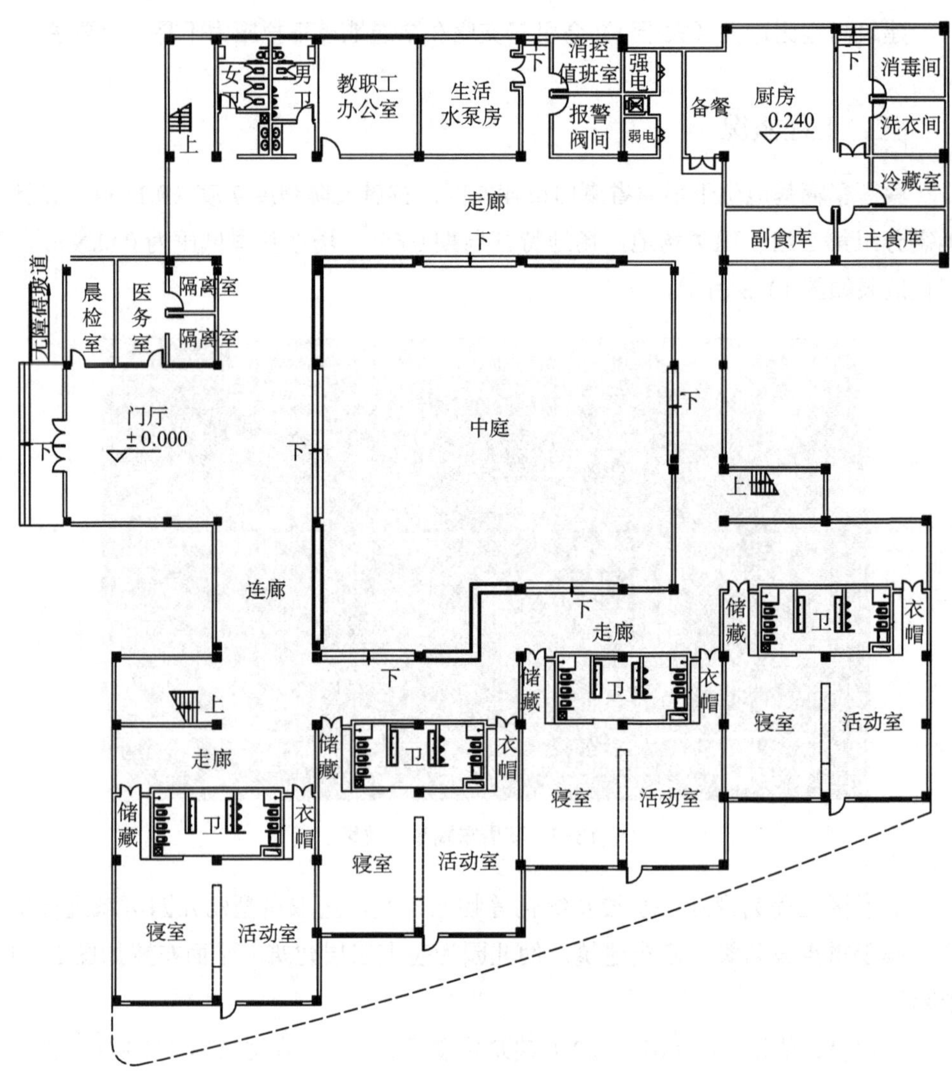
女卫
男卫
教职工办公室
生活水泵房
消控值班室
强电
报警阀间
弱电
备餐
厨房
0.240
消毒间
洗衣间
冷藏室
副食库
主食库
走廊
上
下
无障碍坡道
晨检室
医务室
隔离室
隔离室
门厅
±0.000
中庭
连廊
走廊
储藏
卫
衣帽
寝室
活动室

（a）幼儿园首层平面示意

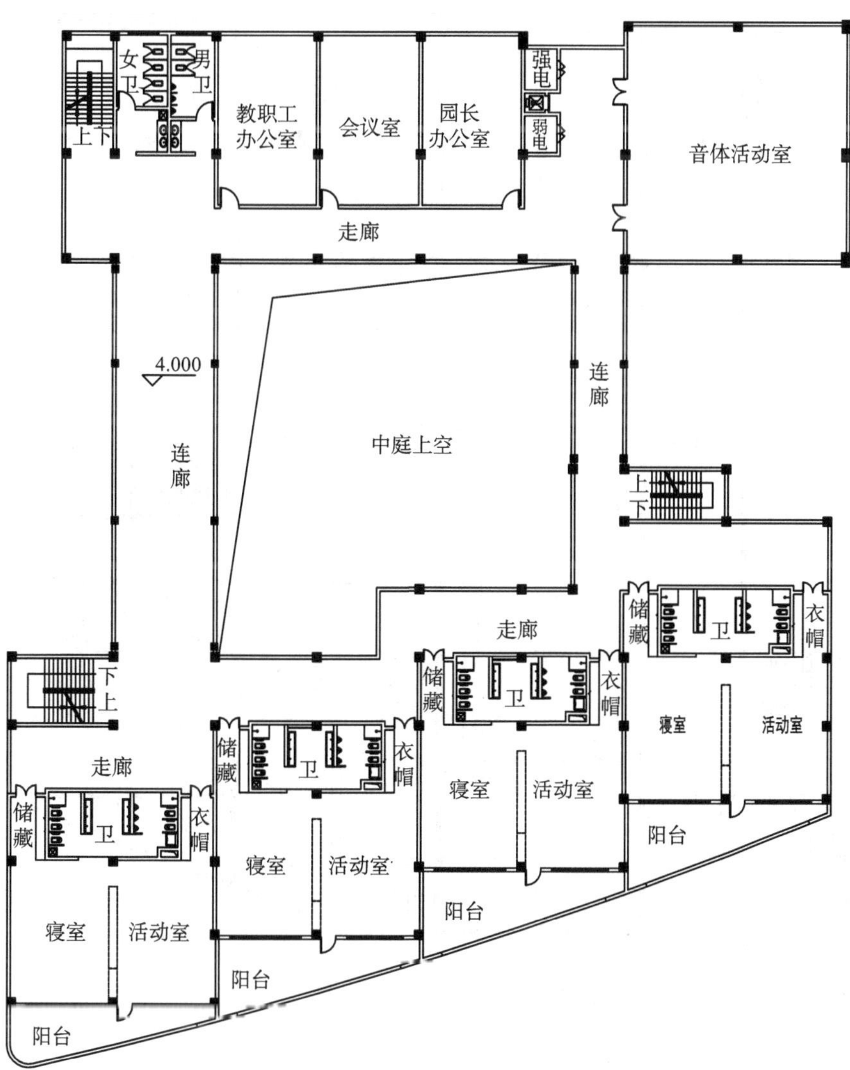

（b）幼儿园二层平面示意

图 13-4 蔡厝车辆基地咽喉区幼儿园平面示意

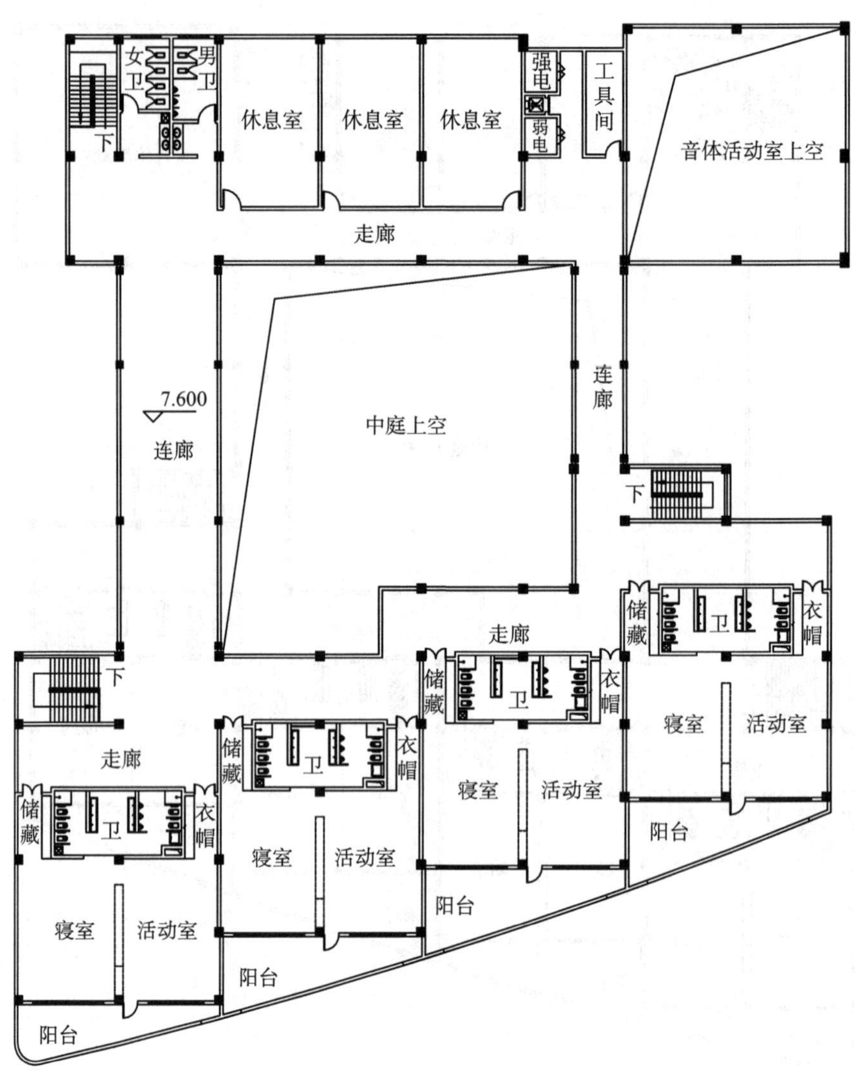

（c）幼儿园三层平面示意

图 13-4　蔡厝车辆基地咽喉区幼儿园平面示意

四、结构设计

（一）隔震设计

1. 结构隔震方案选择

本工程的建筑和结构的特点有：①隔震层上部建筑平、立面的设计基本规整；

②经初步验算，按抗震设计的结构基本周期 0.721s，整体刚度较大；③高宽比小于 4；④场地基本风压较大，风荷载满足小于建筑总质量的 10% 的要求。以上这些特点表明了本工程适合应用隔震技术，采用层间隔震方案实施。隔震层布置在咽喉区顶板上主体结构下方，同时作为转换层。

本文仅介绍了咽喉区顶板上主楼下设置隔震层的转换方式，也考虑过基础隔震、柱顶隔震的方案。

基础隔震，由于咽喉区存在轨道通行且柱网不规则，使得地梁无法拉结，无法满足隔震构造要求，对于本工程并不适用。柱顶隔震，一方面，本工程为大底盘结构，若采用柱顶隔震会增加较多的隔震支座，并不经济；另一方面，咽喉区层高较高，需在柱顶设置拉梁，要满足轨道限界要求，需增大层高，对于本身就是平台上的上盖开发，其景观、交通、管线设置等更难以协调布置。

2. 结构模型建立

咽喉区层高为 10.0m，隔震层层高为 2.0m，首层层高为 4m，其余各层层高均为 3.6m，总高度为 26.8m。建模采用了传统抗震和层间隔震两种方案。计算模型如图 13-5 所示。

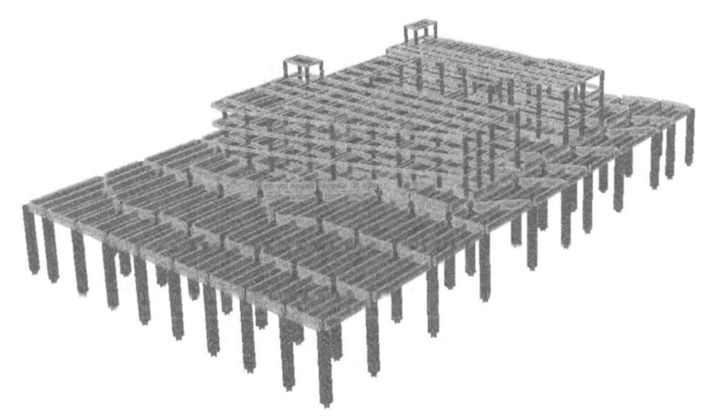

图 13-5　计算模型

方案一结构布置如下：结构采用底部框架 + 上部框架的结构形式。如图 13-1 所示，根据超限咨询意见，按超限结构预留并进行抗震性能化设计，性能目标为以下几方面。

（1）大平台柱、框支柱：中震正截面承载力弹性、斜截面承载力弹性；大震正截面承载力不屈服、斜截面承载力弹性。

（2）转换梁：中震正截面承载力弹性、斜截面承载力弹性；大震正截面承载力不屈服、斜截面承载力不屈服。

（3）大平台梁、底部加强部位剪力墙：中震正截面承载力不屈服、斜截面承载力弹性。

方案二结构布置如下：结构采用底部框架 + 隔震转换层 + 上部框架的结构形式，见图 13–2，属于超限结构，需进行抗震性能化设计，性能目标为以下几个方面。

（1）大平台柱、框支柱：中震正截面承载力弹性、斜截面承载力弹性；大震正截面承载力不屈服、斜截面承载力弹性。

（2）转换梁：中震正截面承载力弹性、斜截面承载力弹性；大震正截面承载力不屈服、斜截面承载力不屈服。

（3）大平台梁：中震正截面承载力不屈服、斜截面承载力弹性。

采用 ETABS 软件进行结构模型建立，同时用 YJK 软件（盈建科有限元分析软件）对非隔震普通设计模型进行建模，对比两种软件所建立的普通抗震设计模型质量、周期和层间剪力（振型分解反应谱法），结果如表 13–1 ～表 13–6 所示。对整体结构进行建模，隔震橡胶支座都由两种连接单元来模拟，分别是 Isolator1 和 Gap。

表 13–1　非隔震结构质量对比

YJK/Ton	ETABS/Ton	差值 /%
46534	47203	1.4

表 13–2　非隔震结构周期对比

阶数	YJK/s	ETABS/s	差值 /%
1	0.721	0.714	1.0
2	0.709	0.692	2.4
3	0.665	0.651	2.1

表 13–3　1 塔非隔震结构地震剪力对比

层数	YJK/kN		ETABS/kN		差值 /%	
	X	Y	X	Y	X	Y
6	215	242	186	205	13.7	15.3
5	10546	11172	9301	9857	11.8	11.8

续表

层数	YJK/kN		ETABS/kN		差值 /%	
	X	Y	X	Y	X	Y
4	18745	19907	17241	18266	8.0	8.2
3	23802	25424	22045	23467	7.4	7.7
2（隔震层）	66867	67046	64577	65297	3.4	2.6
1(地铁上盖）	107792	109838	100593	103401	6.7	5.9

表 13-4　2 塔非隔震结构地震剪力对比

层数	SATWE/kN		ETABS/kN		差值 /%	
	X	Y	X	Y	X	Y
6	212	224	196	181	7.6	19.1
5	6288	6122	6365	6384	1.2	4.3
4	9960	9742	10217	10127	2.6	4.0
3	12736	12201	13098	12773	2.8	4.7

表 13-5　3 塔非隔震结构地震剪力对比

层数	SATWE/kN		ETABS/kN		差值 /%	
	X	Y	X	Y	X	Y
6	180	199	154	169	14.1	14.7
5	2518	2405	2434	2288	3.3	4.9
4	3786	3665	3701	3517	2.3	4.1
3	4882	4684	4760	4459	2.5	4.8

表 13-6　4 塔非隔震结构地震剪力对比

层数	SATWE/kN		ETABS/kN		差值 /%	
	X	Y	X	Y	X	Y
5	442	713	431	654	2.4	8.3
4	697	1133	694	1068	0.4	5.7
3	848	1362	839	1286	1.2	5.5

表 13-1 ～表 13-6 的结果表明，ETABS 模型与 YJK 模型的结构质量、前三阶周期和各层间剪力差异不大，ETABS 软件建立的结构模型具有充分的真实性和准确性。

3. 隔震支座选取与布置

（1）平面布置与参数设计。

根据《抗规》（10 版）第 12.2.3 条，隔震支座竖向压应力不应超过乙类建筑的限值 12MPa。为此，布置 61 套支座。具体平面布置方案如图 13-6 所示。所选用隔震支座规格与力学性能参数如表 13-7、表 13-8 所示。

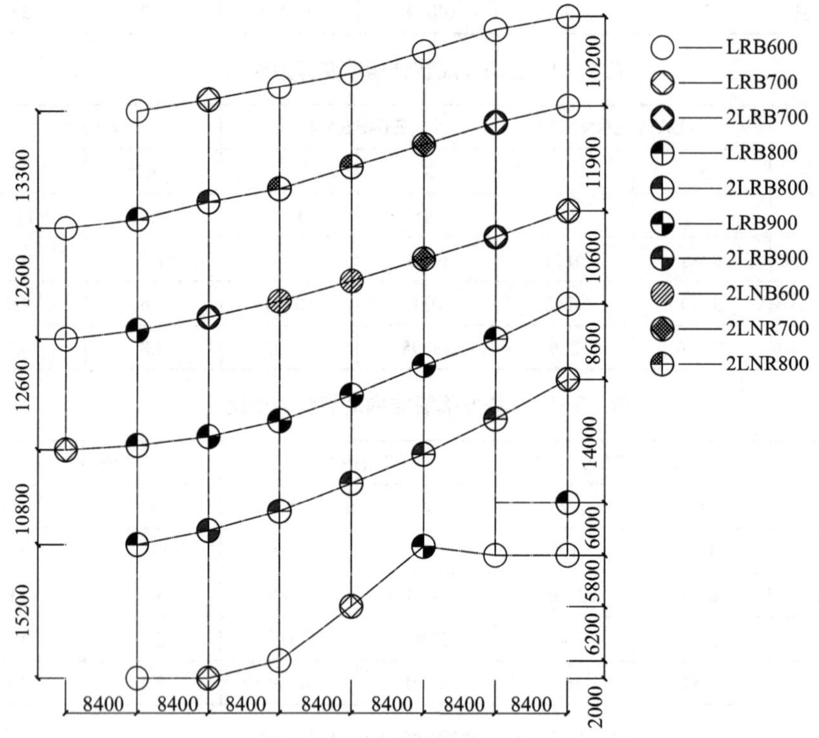

图 13-6 隔震层布置

表 13-7 有铅芯隔震支座力学性能参数

类别	符号	单位	LNR600	LNR700	LNR800
使用数量	N	套	4	4	4
第一形状系数	S1	—	≥ 15	≥ 15	≥ 15
第二形状系数	S2	—	≥ 5	≥ 5	≥ 5
竖向刚度	Kv	kN/mm	1800	2300	2900

续表

类别	符号	单位	LNR600	LNR700	LNR800
等效水平刚度（剪应变）	Kh	kN/mm	0.98	1.17	1.33
橡胶层总厚度	Tr	mm	≥ 110	≥ 129	≥ 148
支座总高度	H	mm	251	304	336

表 13-8　无铅芯隔震支座力学性能参数

类别	符号	单位	LRB600	LRB700	LRB800	LRB900
使用数量	N	套	13	13	15	8
第一形状系数	S1	—	≥ 15	≥ 15	≥ 15	≥ 15
第二形状系数	S2	—	≥ 5	≥ 5	≥ 5	≥ 5
竖向刚度	Kv	kN/mm	2200	2500	3100	4000
等效水平刚度（剪应变）	Keq	kN/mm	1.58	1.87	2.05	2.37
屈服前刚度	Ku	kN/mm	13.11	15.19	17.35	19.67
屈服后刚度	Kd	kN/mm	1.01	1.17	1.33	1.51
屈服力	Qd	kN	63	90	106	141
橡胶层总厚度	Tr	mm	≥ 110	≥ 129	≥ 148	≥ 165
支座总高度	H	mm	251	304	336	304

（2）结构偏心率与抗风设计要求。

国外的日本、美国和我国台湾的设计规范规定隔震层的偏心率≤ 3%。隔震层计算结果为：X 方向 0.98%，Y 方向 1.14%，隔震层刚度中心与上部质量中心基本重合，满足要求。

按照《抗规》（10 版）第 12.1.3 的规定，为防止隔震结构刚度较低导致其在风荷载作用下产生较大位移，对整体结构需进行抗风承载力验算，其中隔震结构风荷载水平总推力不宜超过总重力的 10%。经计算，本结构风荷载产生的总水平力（隔震层以上结构）为 3475kN，总重力（隔震层以上结构）为 236927kN，满足要求。同时隔震层必须有可靠的初始刚度来保证满足抗风和微振动的要求。《抗规》（10 版）规定，抗风验算应按下式进行：

$$\gamma_w V_{wk} \leqslant V_{Rw} \tag{13-1}$$

经计算风荷载作用下隔震层水平剪力设计值 $\gamma_w V_{wk}$ =4865kN 大于各铅芯

支座的屈服力之和4707kN，需在支座上设置抗风装置，每一个抗风装置能够承担200kN剪力，则隔震层水平承载力设计值为6307kN，满足抗风承载力要求。抗风装置与隔震支座合并布置，如图13-7所示。多遇地震工况下 V_x = 14479.02kN，V_y = 14511.56kN，大于风荷载产生的总水平力，隔震效果较好。

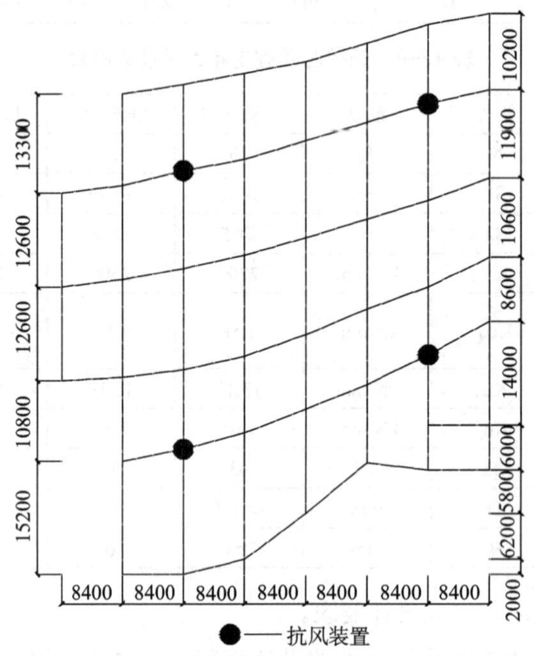

（a）抗风装置平面布置示意

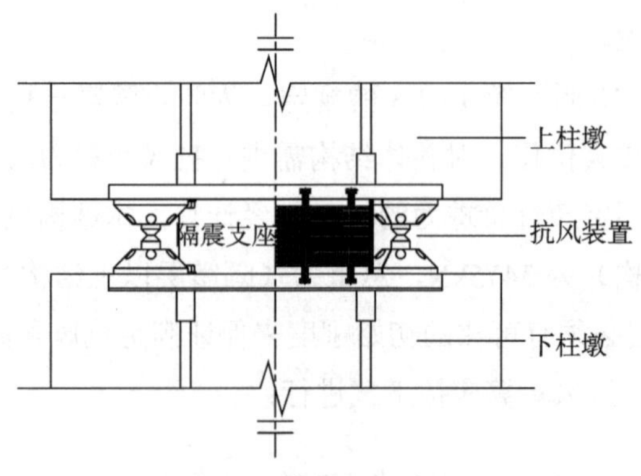

（b）抗风装置剖面示意

图13-7　抗风装置布置示意

（二）结构地震反应分析

1.地震波选取

本工程选取了实际5条强震记录和2条人工波，根据场地设防烈度要求将地震峰值加速度调至0.15g。经计算各时程计算得到的底部剪力与分解反应谱法所得结果比例最小值为0.65，多条时程计算平均值与分解反应谱法所得结果比例X向1.05，Y向1.02，符合《抗规》（10版）第5.1.2条第3款的规定，所选地震波均有效。

2. 结构基本周期

在多遇地震作用下（7度设防，0.15g），用ETABS软件分析了隔震模型与非隔震模型的基本周期，结果如表13-9所示。

表13-9　隔震前后结构周期

振型	非隔震	隔震	两方向差值/%
1	0.714	3.023	0.2
2	0.692	3.018	
3	0.651	2.675	

由表13-9可知，采用隔震技术后，结构的自振周期明显延长，由于结构比较规则，X、Y方向前两阶振型均为平动，隔震结构两个方向的基本周期相差0.2%，小于30%，满足《抗规》（10版）要求。

3. 多遇地震作用下层间剪力的分析与比较

在7度设防的多遇地震作用下，对非隔震模型和隔震模型进行了7个工况下的动力时程分析，得到了两种结构的层间剪力平均值及其比值如表13-10所示。

表13-10　隔震结构与非隔震结构层间剪力比值

楼层	X向			Y向		
	非隔震结构/kN	隔震结构/kN	层间剪力比值/%	非隔震结构/kN	隔震结构/kN	层间剪力比值/%
6	195	20	10.4	215	20	9.2
5	9307	1120	12.0	10098	1095	10.8
4	17046	2306	13.5	18711	2253	12.0
3	21838	3495	16.0	24005	3415	14.2
2	45074	13471	29.9	46314	13166	28.4

由表 13-10 可知，隔震模型与非隔震模型的最大剪力比值在第 2 层出现，其数值为 0.299，上部结构地震力降低显著，减震效果良好。减震系数 0.27 < β= 0.299 < 0.4，可按《抗规》（10 版）要求，上部计算水平地震影响系数可按 7 度（0.10g）取 0.08g，但抗震措施不予降低。

4. 罕遇地震作用下的结构位移分析

在 7 度罕遇地震作用下，隔震结构各层间位移角需满足一定要求，经计算，采用隔震技术后罕遇地震下隔震结构最大层间位移角为 1/439，小于 1/100，满足《抗规》（10 版）要求。同时隔震层下部层间位移角为 1/240，说明下部结构刚度很大，且隔震层以上各层位移角变化趋于平缓，层间剪力较小。

而隔震层的最大水平位移为 228mm，小于 0.55D 及 3Tr 的较小值，满足要求。

5. 罕遇地震作用下的隔震支座应力计算

根据《抗规》（10 版）第 12.2.4 条规定：隔震橡胶支座在罕遇地震的水平作用下，拉应力不应大于 1.0MPa。因此，需用 ETABS 软件对隔震层各支座的应力进行验算。其中隔震支座拉应力验算采用的荷载组合：1.0× 恒荷载 ±1.0× 水平地震；隔震支座压应力验算采用的荷载组合：1.0× 恒荷载 +0.5× 活荷载 +1.0× 水平地震，经计算，当荷载组合为 1.00D±1.00Fek 时，支座均未出现拉应力，符合《抗规》（10 版）要求。

五、结论与展望

本文通过厦门市轨道交通 3 号线蔡厝车辆基地的工程实例，对其工程特点及隔震技术应用进行了分析，有以下结论：

（1）隔震技术应用于地铁车辆基地上盖结构具有较强的安全性，可以满足工程抗震能力的承载力要求；

（2）隔震技术应用于地铁车辆基地上盖结构开发有利于项目快速推进，并使后续上盖开发项目具备一定的可调整空间；

（3）隔震结构周期相比于非隔震结构周期可延长约 4 倍，可达到隔震设计目的；

（4）采用隔震技术可以有效降低隔震层以上结构底部地震剪力，可降低约 70%，从而提高结构抗震性能；

（5）抗风装置与隔震支座合并布置，能够有效地抵抗风荷载作用和节约空间；

（6）采用隔震结构可以降低工程造价，一方面隔震层上部结构的地震力明显下降，减少了构件截面及配筋，另一方面隔震支座的产品生产成熟价格合理，因此，对于高烈度区其综合造价相对于非隔震结构是有所降低的；

（7）盖上建筑一般会受盖下车辆振动影响，消费者对于住房品质要求也越来越高，且环评也越来越严格，需要采取有效的措施隔绝车辆振动的不利影响，普通隔震支座隔车辆振动能力有限，三维隔震技术势必在未来得到充分研究并广泛应用于车辆基地上盖物业开发建设中。

参考文献

[1] 中华人民共和国国务院 . 建设工程抗震管理条例 [Z]. 2021.

[2] GB 50011—2010 建筑抗震设计规范 [S]. 北京：中国建筑工业出版社 , 2010.

[3] 吴应雄 , 夏侯唐斌 , 颜桂云 , 等 . 考虑增设变刚度抗风支座的隔震结构减震分析 [J]. 振动工程学报 , 2016, 29(5)：851-859.

[4] 束伟农 , 卢清刚 , 閤东东 , 等 . 高烈度区地铁上盖结构层间隔震设计研究 [J]. 建筑结构 , 2021, 51(19).

[5] 张同进 . 无锡具区路车辆段 TOD 隔震结构设计 [J]. 建筑结构 , 2021, 51(S1).

[6] 谈丽华 , 杨律磊 , 郭一峰 . 徐州杏山子车辆段上盖项目隔震设计 [J]. 建筑结构 , 2019, 49(1).

[7] 张格明 , 刘岩 , 刘少华 . 西安地铁 14 号线骏马村停车场上盖开发项目层间隔震结构设计 [J]. 建筑结构 , 2021, 51(S2).

[8] 尚泽宇 , 吴垠龙 , 张晓丹 , 等 . 层间隔震在地铁车辆基地上盖开发中的应用 [J]. 建筑结构 , 2017, 47(8).

[9] 石广 , 周健 , 赵宪忠 . 层间隔震技术在地铁车辆段上部空间开发中的应用研究 [J]. 建筑结构 , 2014, 44: 441-444.

[10] 钟科举 . 地铁上盖高层建筑层间隔震方案对比研究 [D]. 广州 : 广州大学 , 2015.

[11] 又恒 , 叶烈伟 , 郁银泉 , 等 . 大底盘多塔隔震结构设计 [J]. 建筑结构 , 2015, 45(8): 13-24.

[12] 丁永君，赵明阳，李进军．地铁上盖开发的层间隔震结构设计 [J]. 建筑结构，2015, 45(16): 77-81.

[13] 黄跃斌，杨铮，万红宇，等．平西府车辆段与综合基地（运用库）高位隔震设计分析 [J]. 建筑结构，2011, 41(9): 135-140.

[14] GB 50157—2013 地铁设计规范 [S]. 北京：中国建筑工业出版社，2013.

十四　造甲村还建办公商业楼项目

——抗震超限专项分析

刘旭

摘要：地上结构采用钢框架＋偏心支撑结构形式。地上1～6层裙房平面最大处为64.1m（东西向）×129.6m（南北向），1层层高为5.7m，2～6层层高为5.4m。塔楼平面为26.5m（东西向）×64.3m（南北向），7～16层层高为4.5m。裙房2～6层范围内存在41.6m×29.08m的大跨，利用拱结构进行转换。地下结构为混凝土框架－剪力墙结构，与塔楼钢柱及拱脚柱对应的柱采用型钢混凝土柱，其他区域与地上钢柱对应的柱在地下一层为型钢混凝土柱，地下一层以下为普通混凝土柱。基础采用平板式筏基＋下柱墩，采用天然地基作为持力层。裙房范围采用抗拔锚杆的措施。

关键词：钢框架－支撑；钢拱；专项分析

一、工程概况

本项目位于北京市西南三环、四环之间，靠近地铁丰台南路站，用地性质为综合性商业金融服务业用地。场地南侧为造甲村二号路，东侧为造甲村三号路，北侧为造甲村四号路，西侧为在建万寿路。用地东侧为代征绿地，南侧为代征绿地与待建住宅小区，西侧为丰台科技园生态公园，北侧是代征绿地与已建成住宅区（图14-1）。

建设用地面积为11454m^2，总建筑面积90759m^2，其中地上总建筑面积59500m^2，地下总建筑面积31259m^2。本地块地上共有1栋楼，主要功能为商业、影院、办公楼、地铁7号线出入口、地铁冷却塔及设备机房，地下室主要功能为商业、超市及库房、卸货区、垃圾房、自行车库、机动车库、设备机房等，东西两地块通过地下车库连廊将两地块车库连接在一起。建筑高度79.9m，地上16层，地下3层（图14-2）。

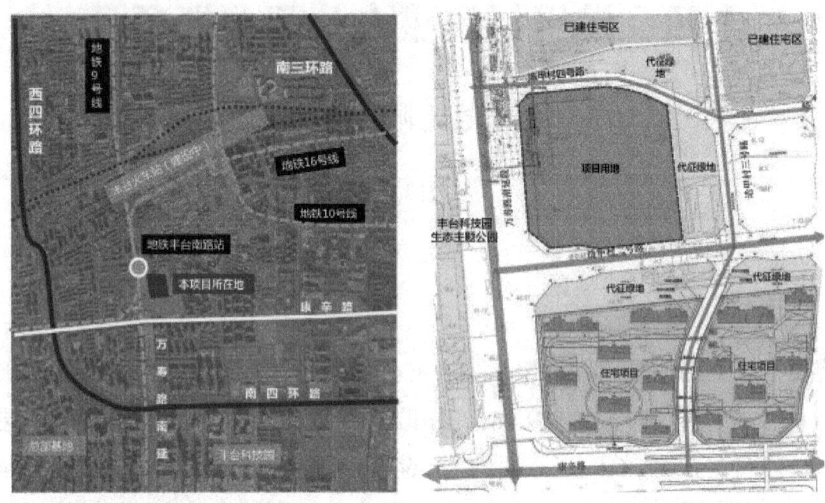

图 14-1　项目位置示意

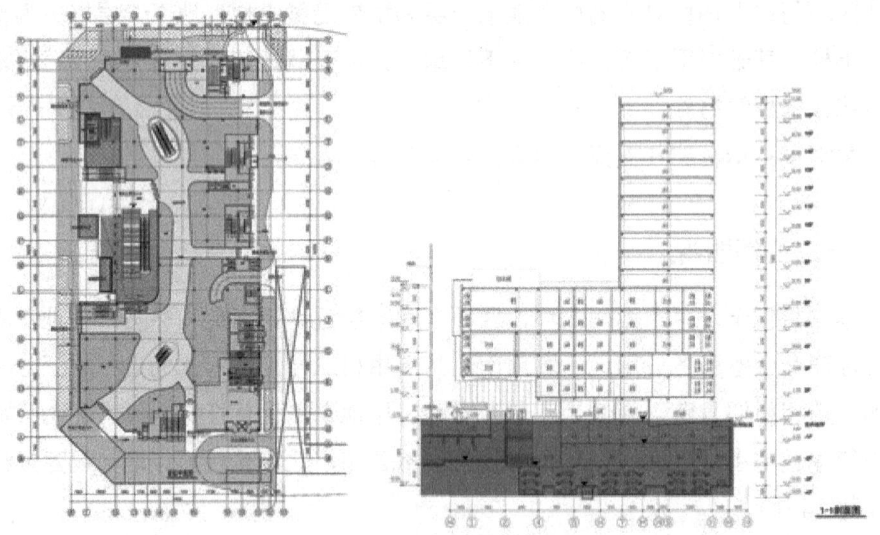

图 14-2　平剖面示意

二、结构体系

塔楼地上共 16 层，结构高度 77.70m，平面尺寸约为 26.5m×64.3m。裙房共6层，裙房结构高度32.6m，平面尺寸约为64.1m×129.6m。两者之间未设置变形缝，采用钢框架＋支撑结构形式。地下室共 3 层，埋深 17 ～ 20m，为钢筋混凝土结构。采用天然地基。

由于建筑西侧地下二层下沉广场处与地铁 9 号线、轨道交通 M16 号线进行衔接，建筑东侧地下三层与 3#、4# 建筑设置连接通道。连接复杂，以及各个运营单位有不同要求，导致建筑西侧大部分竖向结构柱无法下落至基础，对比多种方案，为保证建筑在此位置功能得到最好的呈现，选了大跨钢拱的结构形式（图 14-3 ～图 14-9）。

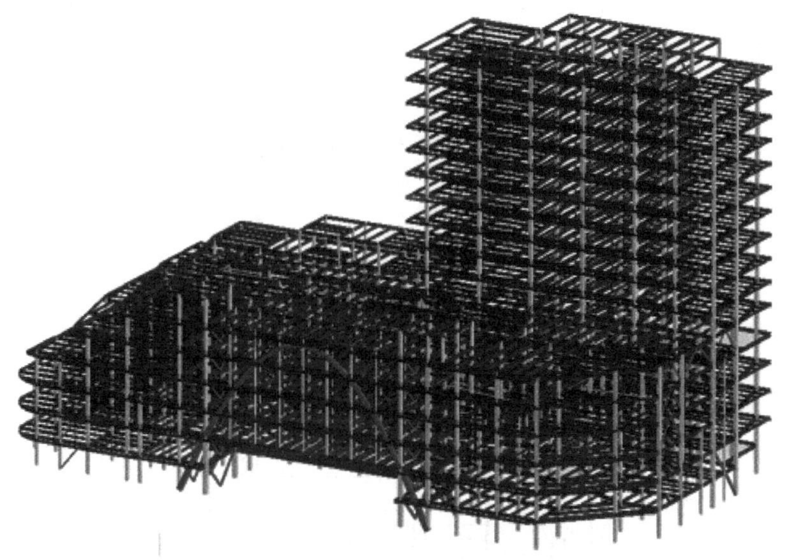

图 14-3　三维模型示意

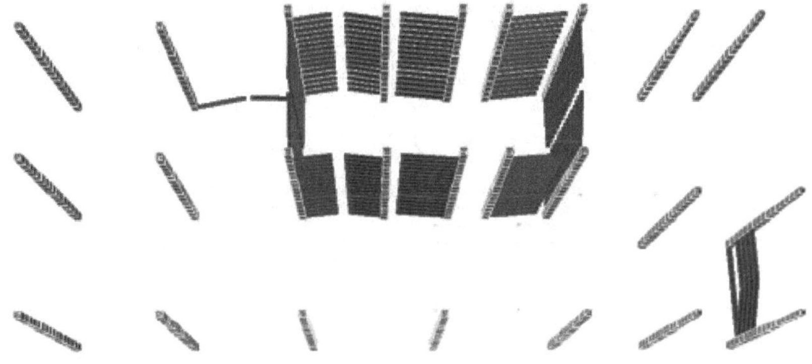

图 14-4　塔楼核心筒竖向构件鸟瞰

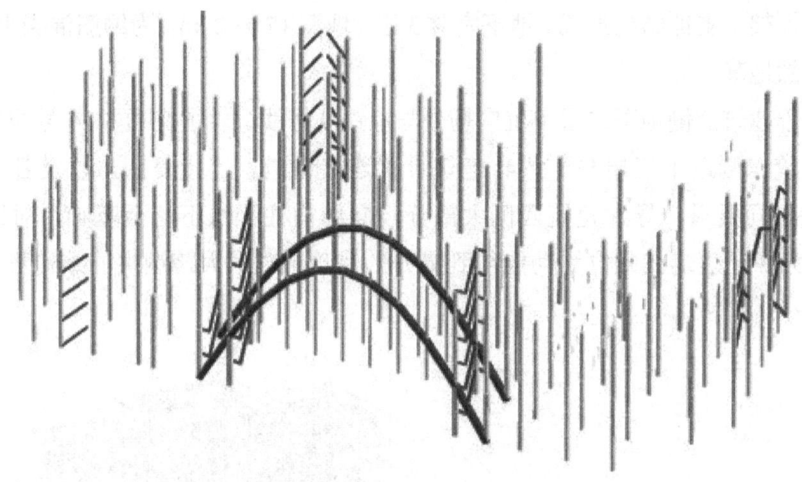
图 14-5 裙房竖向构件鸟瞰

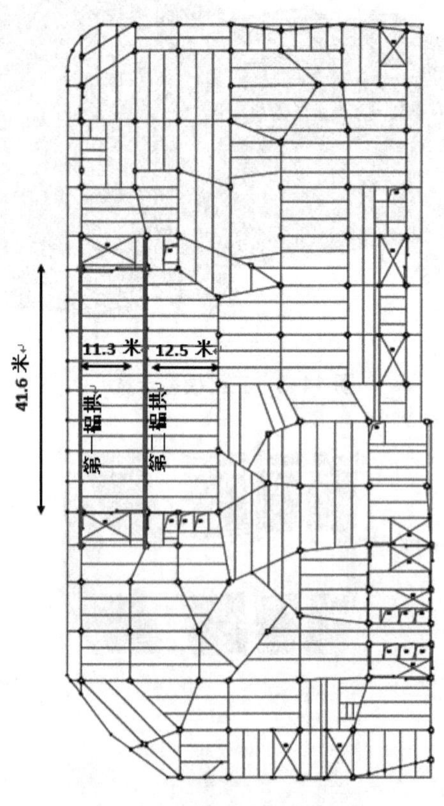

图 14-6 钢拱平面位置示意

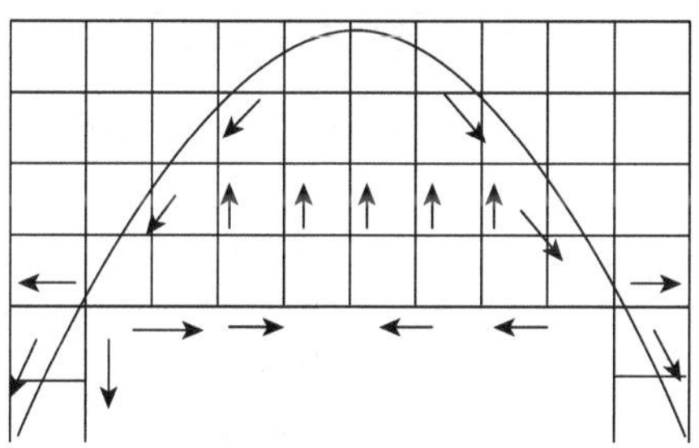

图 14-7　钢拱传力路径示意

图 14-8　钢拱平面外支撑系统示意

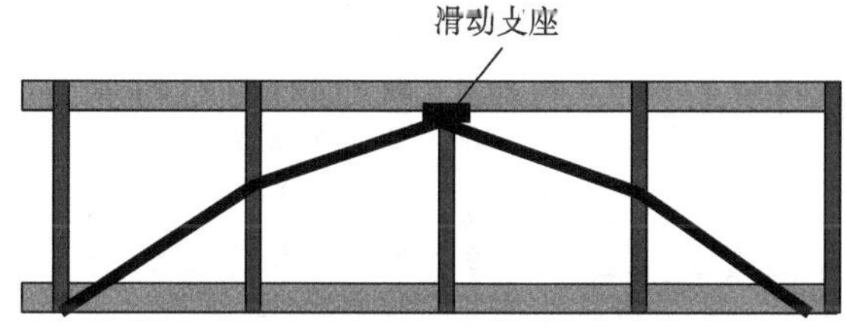

图 14-9　钢拱顶部与顶部钢梁连接示意

为减少钢拱对结构的影响，钢拱结构在顶部与主体结构框架梁不直接连接。通过单向滑动（钢拱平面内滑动，垂直钢拱平面起到约束）支座连接。

主要构件截面尺寸如表 14-1 所示。

表 14-1　主要构件截面尺寸

构件分类	构件部位	构件尺寸 /（mm×mm）	钢材强度 / 混凝土强度
框架梁	塔楼 7 ～ 16 层	HN606×201 HN700×300 HN800×300 HN900×300	Q355
	塔楼范围内裙房 1 ～ 6 层	HN606×201 HN700×300 HN800×300 HN900×300	Q355
	塔楼范围外裙房 1 ～ 6 层	HN606×201 HN650×300 HN750×300 HN800×300 HN900×300 HN1000×300	Q355
次梁	塔楼 7 ～ 16 层	HN450×200 HN500×200 HN606×201	Q355
	塔楼范围内裙房 1 ～ 6 层	HN450×200 N500×200 HN600×200 HN606×201	Q355
	塔楼范围外裙房 1 ～ 6 层	HN450×200 HN500×200 HN600×200 HN606×201 HN800×300 HN900×300	Q355
楼板	所有楼层	120 ～ 150mm	C30
柱	塔楼 7 ～ 16 层	700×700 箱形截面（壁厚 30 ～ 50mm） 600×600 箱形截面（壁厚 24 ～ 30mm）	Q355
	塔楼范围内裙房 1 ～ 6 层	700×700 箱形截面（壁厚 40 ～ 60mm）	Q355
	塔楼范围外裙房 1 ～ 6 层	600×600 箱形截面（壁厚 24 ～ 40mm） 500×500 箱形截面（壁厚 24 ～ 30mm）	Q355

续表

构件分类	构件部位	构件尺寸 /（mm×mm）	钢材强度 / 混凝土强度
钢拱体系	钢拱	1000×800 箱形截面 （壁厚 80m） 800×800 箱形截面 （壁厚 50m）	420GJ
	钢拱柱	1000×800 箱形截面 （壁厚 80m）	420GJ
	钢拱拉梁	500×800 箱形截面 （壁厚 50m）	420GJ
	吊柱	直径 =450（壁厚 20m）	Q355

本项目由于建筑效果和功能需求，结构存在扭转不规则、塔楼偏置、楼板不连续、尺寸突变、局部不规则以上不规则项，应进行超限高层建筑抗震设计可行性研究。除了针对结构整体抗震性能的分析研究，还需要针对项目特点进行相应的专项分析。

三、钢拱大跨舒适度

本工程在钢拱大跨度结构部分需要考虑舒适度问题，采用 SAP2000 以及 ANALYSIS 对该问题进行分析（图 14-10）。

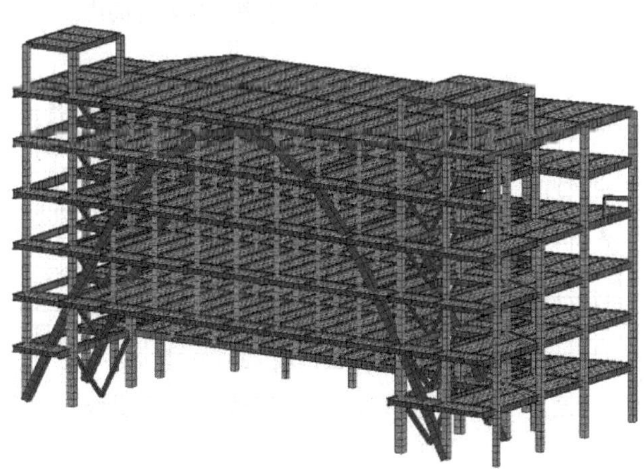

图 14-10　局部钢拱大跨度部位示意

1. 人群荷载曲线生成

根据 IABSE（International Association for Bridge and Structural Engineering）单人步行激励荷载曲线可以按照傅里叶级数模型来模拟，公式如下所示：

$$F(t)=G[1+\sum_{i=1}^{3}\alpha_i\ \sin(2i\pi f_s t-\Phi_i)] \tag{14-1}$$

其中 $F(t)$ 为人行荷载激励；t 为时间；f_s 为行人行走步频；Φ_i 为行人行走的各阶相位；G 为行人体重；α_i 为第 i 阶简谐波动荷载因子，由于人行荷载高阶动荷载因子比低阶动荷载因子要小很多，人的高阶行走同步调性较差，因此只考虑前三阶的影响。根据统计人群行走频率不同，取步频为 1.5Hz、2.0Hz、 2.5Hz，这里取所有人人体质量均为 686N，将该单人激励模型与等效人数相结合即可分别生成一定人流集度下的人群荷载激励时程曲线（图 14-11 ～图 14-13）。

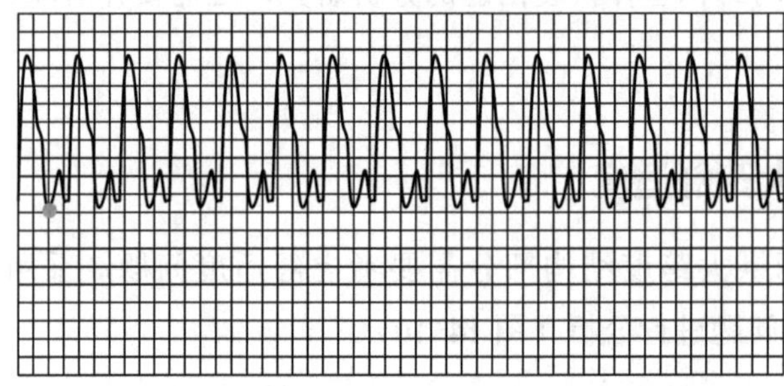

图 14-11 步频 1.5Hz 人群荷载激励时程曲线

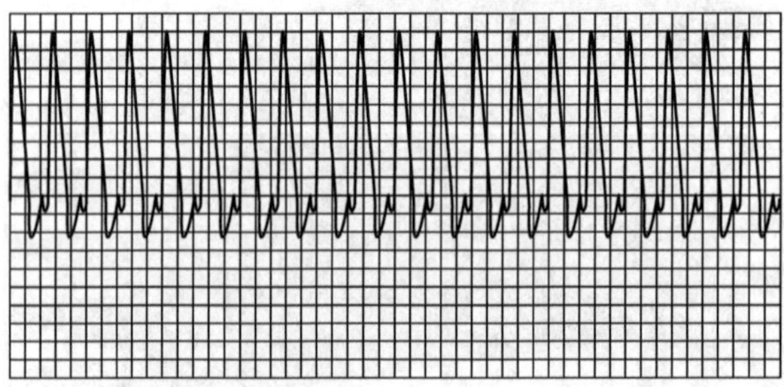

图 14-12 步频 2.0Hz 人群荷载激励时程曲线

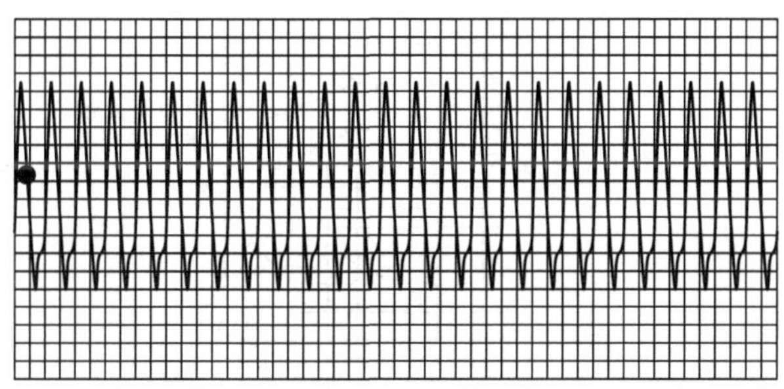

图 14-13　步频 2.5Hz 人群荷载激励时程曲线

大跨结构在正常使用情况下，常常受到大量同步人群荷载激励的作用。所以，需要研究人群在结构上同时产生的步行力，这种分析是困难的，因为人群荷载的研究不仅限于行人与行人之间相关性，还涉及人与结构耦合作用的情况。为简化计算，可将楼板上 n 个固定位置的行人等效成 N_e 个周期相等、相互间无相位差的步行力，均匀分布在楼板上。

当人群密度 $d<1$ 人 /m^2 时，人群的等效人数计算公式：

$$N_p = 10.8\sqrt{n\xi} \tag{14-2}$$

当人群密度 $d \geqslant 1$ 人 /m^2 时，人群的等效人数计算公式：

$$N_e = 1.85\sqrt{n} \tag{14-3}$$

式中，ξ 为振型阻尼，n 为通过人群行走面积及人群密度换算出的人行总数。

按照响应等效原则，人行总数为 n 的人群引起的结构响应与 N_e 个完全同步的人引起的结构响应相等，则可以定义等效响应系数：

$$P_e = \frac{N_e}{n} \tag{14-4}$$

根据建筑功能划分，人群行走面积约为 350m^2。考虑商业人行较密集，人群密度按 2 人 /m^2。通过下面公式转换计算可以得到人群折减系数 p_e 约为 0.14。

2. 对楼层加载及计算

根据钢拱范围局部模型，分别对人群行走范围进行三个不同的人群行走激励加载，并采取单楼层加载（3 层）。采用面荷载的形式进行加载，选择在三层加载是因为三层有较大开洞，易得到最不利点。通过 SAP 2000 计算后，提取图示位置的不利点竖向加速度（图 14-14）。

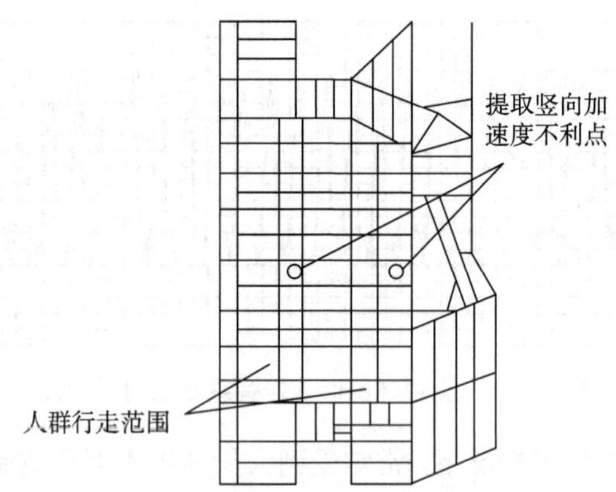

图 14-14 人群行走范围及提取竖向加速度不利点位置示意

3. 计算结果

根据不同加载情况及竖向加速度不利点位置提取结果如图 14-15、图 14-16、图 14-17 所示。

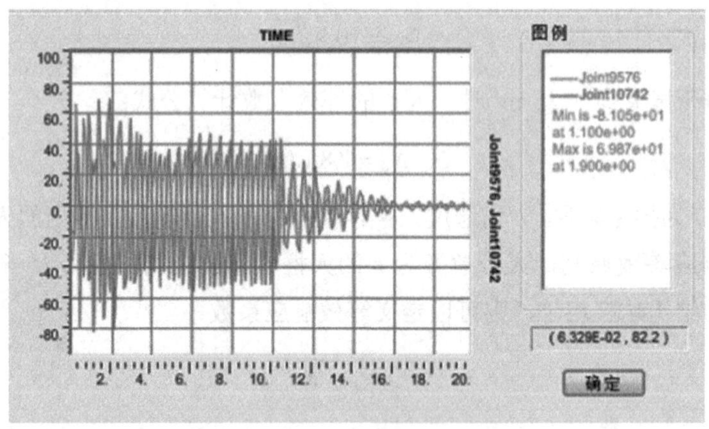

图 14-15 步频为 1.5Hz，3 层加载（加速度峰值 $80mm/s^2$）（见彩图 44）

4. 小结

依据《建筑楼盖振动舒适度技术标准》JGJT 441—2019，第 4.2 条舒适度限值规定，以行走激励为主的楼盖结构，第一阶竖向自振频率不宜低于 3Hz，竖向振动峰值加速度在建筑功能为商场餐厅剧场影院等时不应大于 $150mm/s^2$，本工程钢拱大跨结构竖向自振频率为 4.06Hz 大于规范要求的“不宜低于 3Hz”，局部位置竖向加速度为 120mm/s^2 满足规定的加速度限值。楼板舒适度基本满足规范要求。

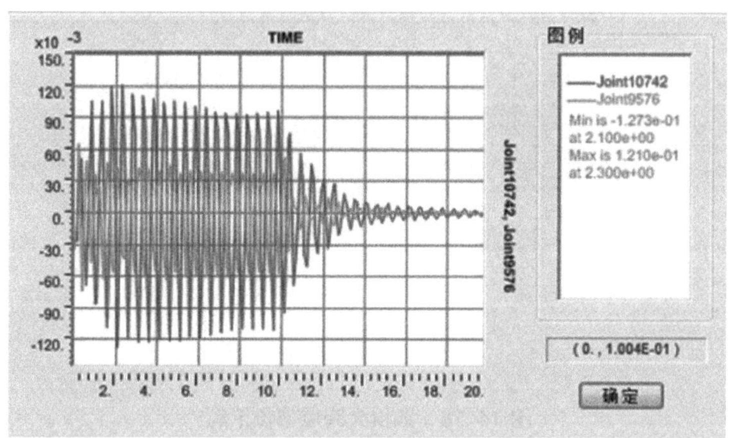

图 14-16　步频为 2.0Hz，3 层加载（加速度峰值 120mm/s^2）（见彩图 45）

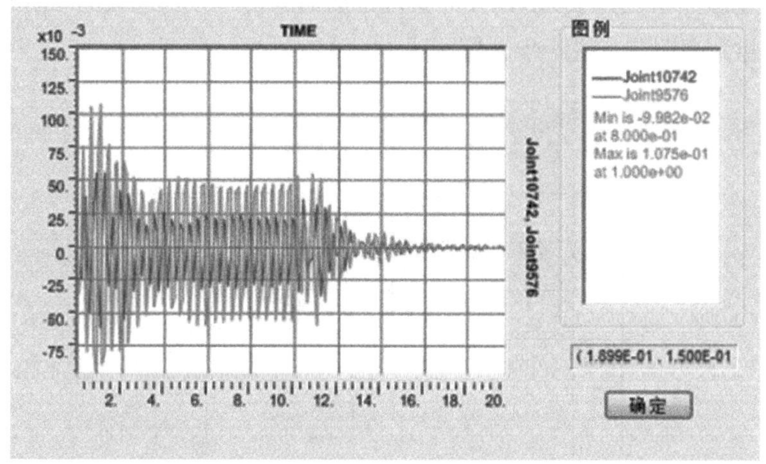

图 14-17　步频为 2.5Hz，3 层加载（加速度峰值 110mm/s^2）（见彩图 46）

四、钢拱稳定性分析

由于裙房位置钢拱作为关键构件，应保证在罕遇地震作用过后，钢拱部分结构仍可以安全使用，因此采用 SAP2000 对其进行稳定性屈曲分析（图 14-18）。

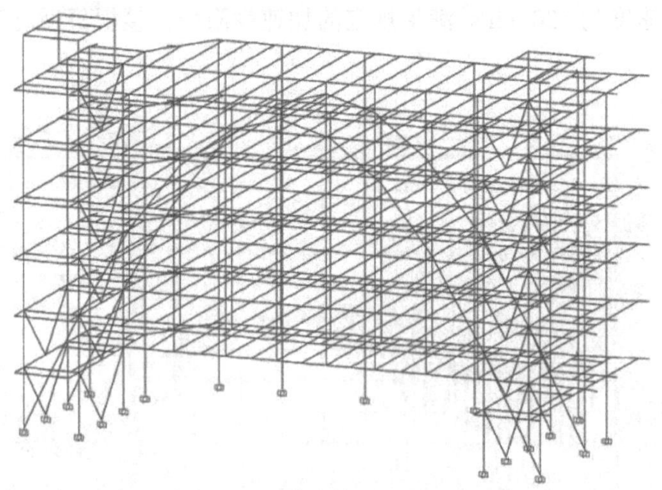

图 14-18 钢拱大跨度部位示意

考虑在罕遇地震作用下，楼板开裂，因此将楼板刚度折减系数取值为 0.1。在吊柱位置施加单位力 1.0kN，并对其进行屈曲分析。分别选取第一阶拱顶屈曲和第一阶拱脚屈曲进行进一步分析（图 14-19）。

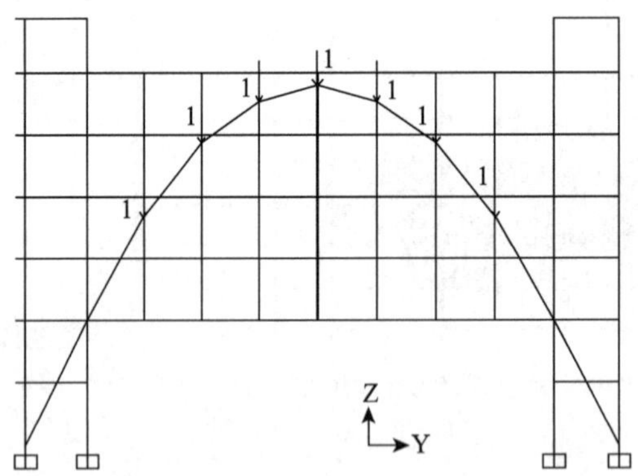

图 14-19 钢拱大跨范围施加单位荷载位置示意

经计算，当第一阶拱顶出现屈曲时，屈曲临界力为 196178kN。初始缺陷取顶部层高的 1/250，进行几何非线性分析，得到基于拱顶处轴力和位移的荷载位移曲线，并根据能量等效原理计算等效临界屈曲承载力为 170560kN。1.0 恒载 +1.0 活载下拱轴力 10719kN，屈曲因子为 15.9 ＞ 4.2，满足设计要求。根据拱顶的屈曲临界荷载计算的计算长度为 11.8m，承载力验算时取 12.0m（图 14-20）。

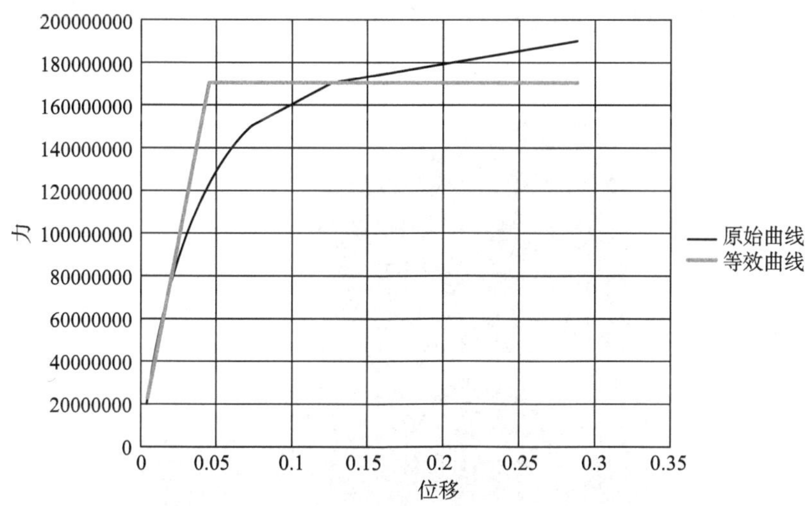

图 14-20　钢拱拱顶屈曲拱顶轴力与位移曲线示意

当第一阶拱脚出现屈曲时，屈曲临界力为 767200kN。初始缺陷取顶部层高的 1/250，进行几何非线性分析，得到基于拱顶处轴力和位移的荷载位移曲线，并根据能量等效原理计算等效临界屈曲承载力为 573040kN。1.0 恒载 +1.0 活载下拱轴力 18241kN，屈曲因子为 31 ＞ 4.2，满足设计要求。根据拱顶的屈曲临界荷载计算的计算长度为 7.0m，承载力验算时取 7.0m（图 14-21）。

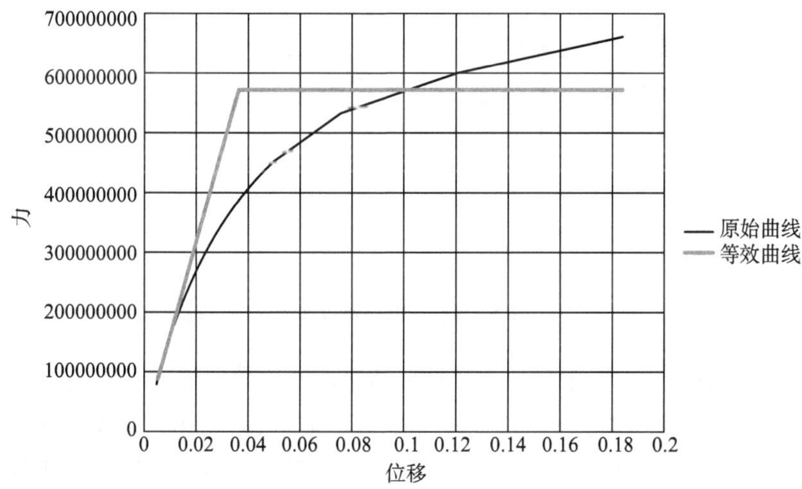

图 14-21　钢拱拱脚屈曲拱顶轴力与位移曲线示意

五、穿层柱分析（图 14-22 ~图 14-23）

图 14-22　穿层柱 1 及穿层柱 2 位置示意

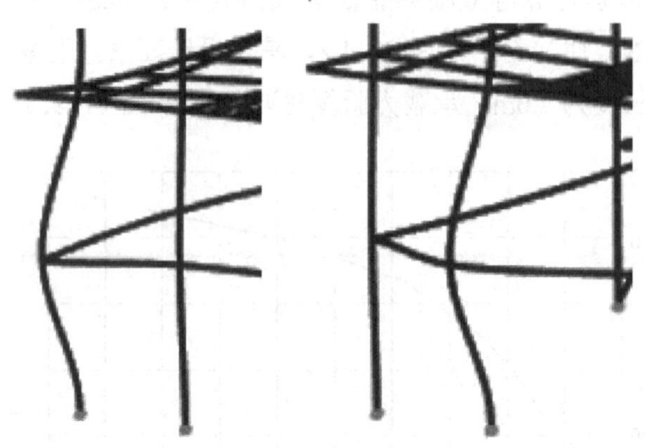

图 14-23　穿层柱 1 及穿层柱 2 屈曲形态示意

本工程框架柱在首层东南角存在穿层情况，缺乏楼层内梁板的侧向支撑，有必要对穿层框架柱的实际计算长度进行分析。采用 SAP2000 的屈曲分析功能，可以在结构整体模型中考虑柱的弹性约束，得到真实的约束条件。通过在穿层柱顶端施加轴线方向上的力，进行屈曲分析后得到柱的屈曲模态以及屈曲荷载系数，即可求得柱的屈曲临界荷载。然后按照欧拉公式，反算出柱的计算长度。按照上述方法，对穿层柱进行屈曲分析，穿层柱 1、2 为箱形型钢柱，其中穿层柱 1、2 截面尺寸为 700mm×700mm，壁厚为 35mm；计算结果如表 14-2 所示。

表 14-2　穿层柱计算长度系数

穿层构件	长度 /m	截面尺寸 B×H（m×m）	EI/（kN×m^2）	屈曲临界力 Pcr/kN	计算长度系数 μ
穿层柱 1	11.1	0.7×0.7	14.175×10^5	6.645×10^5	0.1938
穿层柱 2	11.1	0.7×0.7	14.175×10^5	4.784×10^5	0.1644

在整体模型计算中，穿层柱的计算长度系数为 1.0，按此进行承载力符合，满足要求。

根据模型提取穿层柱在 X 向地震作用下内力如下：X 向剪力 52.4kN，Y 向剪力 35.8kN，轴力 -854.1kN，X 向顶底弯矩分别为 31.0kNm、-178.7kNm，Y 向顶底弯矩分别为 139.6kNm、426.7kNm。穿层柱在 Y 向地震作用下内力如下：X 向剪力 -35.7kN，Y 向剪力 75.3kN，轴力 505.0kN，X 向顶底弯矩分别为 59.9kNm、-370.2kNm，Y 向顶底弯矩分别为 -87.8kNm、-288.2kNm。

考虑穿层柱剪力应按楼层柱平均剪力验算其承载力，楼层柱平均剪力 X 向为 78.1kN，Y 向为 80kN，将穿层柱剪力放大 2 倍，大于楼层柱平均剪力。

调整后穿层柱在 X 向地震作用下内力如下：X 向剪力 139.1kN，Y 向剪力 83.3kN，轴力 -1011.3kN，X 向顶底弯矩分别为 72.1kNm、-415.9kNm，Y 向顶底弯矩分别为 368.5kNm、1145.1kNm。穿层柱在 Y 向地震作用下内力如下：X 向剪力 -83.1kN，Y 向剪力 187.9kN，轴力 930.3kN，X 向顶底弯矩分别为 151.5kNm、-926.2kNm，Y 向顶底弯矩分别为 -203.3kNm、-667.0kNm。

经验算，穿层柱承载力满足计算要求。

六、楼板温度应力分析

温度收缩

（1）温度作用标准值。

超长结构对温度作用敏感，根据荷载规范，北京市的基本气温最低为 -13℃、最高为 36℃。基本气温按上述最低及最高气温确定。

根据最不利的原则，本设计中，结构最高及最低平均温度取基本气温的最高值及最低值。

结构初始温度的取值参考相关研究按式 14-5、式 14-6 计算，最高值为 21.3℃，最低值取 1.7℃。

$$T_{0,\min}=0.7\times T_{\min}+0.3\times T_{\max} \tag{14-5}$$

$$T_{0,\max}=0.7\times T_{\max}+0.3\times T_{\min} \tag{14-6}$$

根据《建筑结构荷载规范》，本项目温升及温降工况对应的均匀温度作用标准值如下：

结构最大温升工况：

$$\Delta T_{kh}=T_{s,\max}-T_{0,\min}=36℃-1.7℃=34.3℃$$

结构最大温降工况：

$$\Delta T_{kc}=T_{s,\min}-T_{0,\max}=-13℃-21.3℃=-34.3℃$$

（2）混凝土收缩作用。

对于超长混凝土结构，混凝土收缩作用的影响不容忽视。在结构设计中，一般是将混凝土的收缩作用折算成当量温差，将当量温差施加在结构上进行分析，从而考虑混凝土收缩作用对超长混凝土结构的影响。

混凝土的收缩变形不但受到材料的影响，而且还受到温度、湿度、养护条件以及构件尺寸和形状的影响。混凝土收缩模型采用的是王铁梦收缩模型，该模型是基于大量实验研究得到素混凝土（包括低配筋率钢筋混凝土）在任意时间收缩计算公式，该公式在工程应用中运用较为普遍，该公式为

$$\varepsilon_y(t)=\varepsilon_y^0\cdot M_1\cdot M_2,\cdots,M_n\left(1-e^{-bt}\right) \tag{14-7}$$

其中，$\varepsilon_{\mathrm{y}}(t)$为混凝土在任意时间内的收缩，$t$通常按天为计量单位，$b$为经验系数，该值一般取 0.01；当养护较差时取 0.03；ε_y^0为标准状态下的极限收缩；M_1、M_2，…，M_{n}为考虑混凝土在各种非标准条件的修正系数（表 14-3、表 14-4）。

表 14-3 C40 混凝土配合比

材料名称	水	水泥	砂	石	外加剂	粉煤灰	矿渣粉
每 m^3 用量 /kg	167	348	668	1071	5.84	50	61
配合比	0.36	0.76	1.46	2.33	0.013	0.11	0.13
水胶比：0.36；砂率：38%							

表 14-4 各项修正系数

影响因素	实际情况	修正系数取值
（M_1）水泥品种	普通水泥	1.000
（M_2）水泥细度	3430	1.056
（M_3）骨料	花岗岩	1.000
（M_4）水灰比	0.48	1.168
（M_5）水泥浆量	21.7%	1.068
（M_6）初期养护时间	7 天（混凝土自然状态下硬化）	1.000
（M_7）使用环境湿度	75%	0.735
（M_8）构件水利半径倒数	按 400mm 厚等效楼板计算，r=0.0469cm^{-1}	0.634
（M_9）操作方法	机械振捣	1.000
（M_{10}）模量比 * 配筋量 $E_sA_s/（E_c\cdot A_c）$	板配筋率 0.8125% $E_sA_s/（E_c\cdot A_c）$=0.05	0.860

将上述各项影响混凝土收缩的修正系数代入混凝土的收缩量计算公式得到本工程的混凝土收缩量为（系数为 1.0 的参数未列入式 4-8）：

$$\begin{aligned}\varepsilon_y &= 3.24\times10^{-4}\times1.056\times1.168\times1.068\times0.735\times0.634\times0.86\times\left(1-e^{-0.01\times\infty}\right) \\ &=171.04\times10^{-6}\end{aligned} \quad (14\text{-}8)$$

在分析超长混凝土结构时，工程中常用做法为将由混凝土的收缩量引起的效应用温差的形式来考虑，并施加于结构上，即混凝土收缩当量温差，计算公式为

$$\Delta T=-\varepsilon_y/\alpha \text{（其中，}\alpha\text{ 为混凝土的线膨胀系数，}\alpha=1\times10^{-5}\text{）} \quad (14\text{-}9)$$

在超长结构的施工过程中，往往会每隔 30 ～ 40m 设置一道后浇带，使结构在后浇带浇筑之前完成一部分收缩。后浇带保留一般不少于一个月，在此期间混凝土收缩可以完成 30% ～ 40%。本项目按照完成 40% 考虑，收缩当量温差从以

下两方面考虑。即后浇带封闭前收缩当量温差为 6.83℃，后浇带封闭前收缩当量温差为 10.26℃。

七、折减系数

1. 徐变折减系数

由于季节温差引起的温度作用是长期作用在结构上的，因此在超长结构温度作用的分析中必须要考虑混凝土徐变的影响。建议徐变对温度作用的折减系数取 0.4 ～ 0.5，本项目取混凝土徐变对温度作用的折减系数为 0.4。

2. 刚度折减系数

混凝土的开裂会降低梁的抗弯刚度、轴向刚度以及柱的抗侧刚度，此时结构中的温度收缩效应也会相应减小。在计算允许开裂的超长混凝土框架结构的温度收缩效应时，可以对温度作用效应在考虑徐变折减的基础之上再乘以 0.8 左右偏保守地考虑混凝土开裂的折减系数。

3. 温度作用效应

在计算温降及温升工况的过程中，将计算得出的弹性温度应力乘以徐变折减系数及刚度折减系数两者的乘积 0.4×0.8=0.32 后，再对温度应力的大小及分布情况进行分析。以下分析的结果中，均考虑了 0.32 的折减系数。由上节温度知，结构的温升、温降作用标准值为 34.3℃，收缩徐变 -10.95℃。

八、荷载组合

荷载标准组合是指正常使用极限状态时，采用标准值或组合值为荷载代表值的组合。对正常使用极限状态，预应力作用分项系数应取 1.0。荷载标准组合的效用设计值 S_d 应按下式进行计算：

$$S_d = \sum_{j=1}^{m} S_{G_j k} + S_{Q_1 k} + \sum_{i=2}^{n} \psi_{c_i} S_{Q_1 k} \tag{14-10}$$

本项目楼板的荷载包括恒载 *D*（含自重、面层、覆土等）、活载 *L*、温度作用（分温升作用 *TR*、温降作用 *TD*，且两者不会同时出现）、混凝土收缩变形的当量温差 *SD* 这三种，组合值系数分别为 1.0、0.7、0.6、0.8。计算公式如下：

$$S_d = 1.0D + 0.7L + 0.6TD + 0.8SD \qquad (14\text{-}11)$$

由于混凝土收缩变形的当量温度并不像恒载一样自结构建成起就一直存在结构中，也不像活载一样时有时无，而是随着时间的发展而增加的，因此其组合值系数介于恒载和活载之间，本项目取 0.8。

九、计算结果（图 14-24 ~图 14-27）

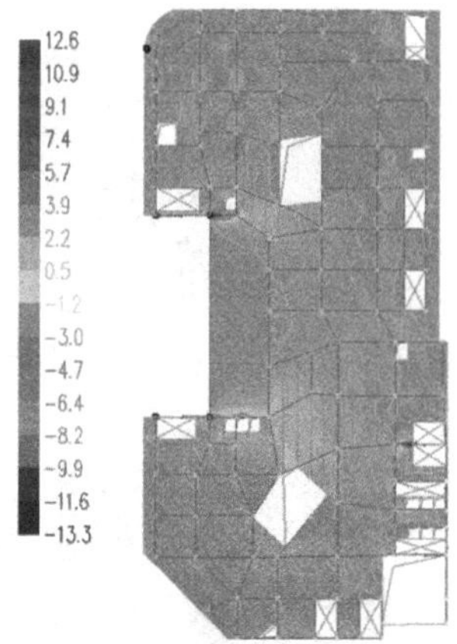

图 14-24　首层 Sig-xx 楼板板顶降温应力（应力值大体为 2.2MPa）（见彩图 47）

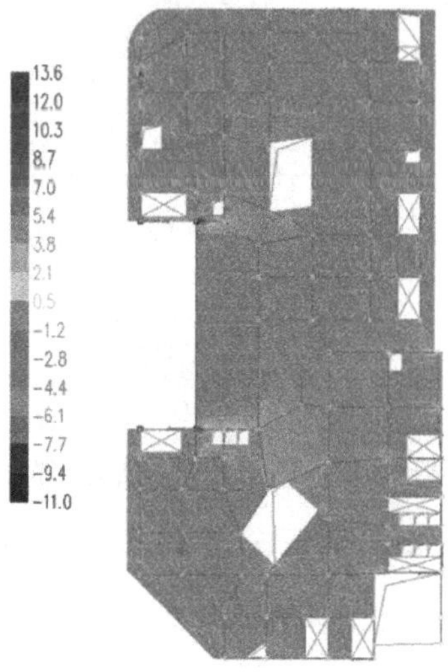

图 14-25　首层 Sig-xx 楼板板底降温应力（应力值大体为 2.2MPa）（见彩图 48）

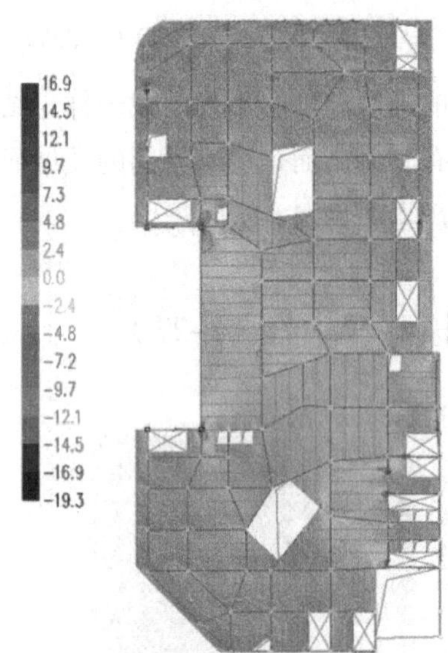

图 14-26　首层 Sig-yy 楼板板顶降温应力（应力值大体为 2.4MPa）（见彩图 49）

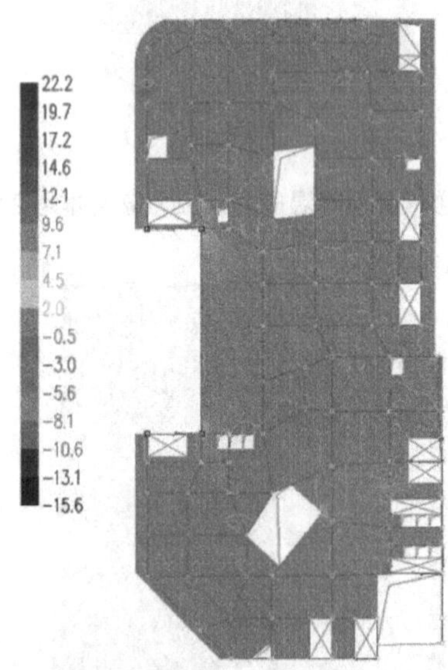

图 14-27　首层 Sig-yy 楼板板底降温应力（应力值大体为 2.0MPa）（见彩图 50）

首层楼板在降温时，楼板应力平均在 2.20MPa，温度应力值应考虑混凝土徐变引起的松弛系数 0.32，附加配筋率为 0.20%，予以加强。

十、小结

1. 通过本项目的超限高层建筑抗震设计专项分析，更好地对本项目结构的薄弱部位进行研究，从而了解结构特性。

2. 楼板舒适度分析主要还是楼板及其相连接的梁柱刚度问题，可以从整体判断舒适度问题。

3. 钢拱稳定性分析，主要探究结构关键部位的极限承载能力，保证其安全；对于本项目钢拱的安全是重中之重。

4. 穿层柱现在对于建筑结构来说，基本普遍存在，在保证计算长度的同时，还应关注其在地震层平均剪力作用下的承载力表现。

5. 解决楼板温度应力问题，可以采用局部增加附加钢筋的手段，来平衡温度造成混凝土收缩徐变产生的应力影响。通过计算温度应力，以其结果反算附加钢筋。

参考文献

[1] 中华人民共和国住房和城乡建设部 . 建筑抗震设计规范 GB 50011—2010(2016 版) [M]. 北京 : 中国建筑工业出版社 , 2010.

[2] 中华人民共和国住房和城乡建设部 . 高层建筑混凝土结构技术规程 JGJ 3—2010[M]. 北京 : 中国建筑工业出版社 , 2011.

[3] 张海 . TMD 减振技术在沈阳站房大跨度楼盖中的应用研究 [J]. 铁道标准设计 , 2016, 60 (4) : 5.

十五　某轨道交通一体化开发项目基础设计

王亚龙

摘要：近年来，随着城市轨道交通建设和运营面临着功能发挥不充分、财政压力巨大、难以实现收支平衡等问题，轨道交通一体化开发项目越来越受到重视，并取得了快速发展。本文结合保利未来大都会项目，对轨道交通一体化开发项目基础设计进行分析，该项目集房地产物业开发建筑、轨道交通建筑于一体，是一个复杂系统的工程。基础设计不仅要满足承载力要求，尚应控制塔楼核心筒与外框柱之间、塔楼与裙房之间差异沉降，分析塔楼与裙房沉降对地铁车站变形的影响。对受压桩基方案进行比选，确定合理桩长及布置方案，通过采取后压浆施工工艺，提高桩基承载力，控制基础沉降。在此基础上，将地基、基础和上部结构荷载作为整体进行协同变形分析，预测地铁结构变形发展趋势，为施工工序提出合理建议，确保地铁沉降满足规范要求的同时，保障附加沉降引起的地铁结构变形满足地铁运营要求。计算及工程实践表明，桩基设计方案满足承载力及沉降要求，通过合理安排工程时序，可将塔楼及裙房沉降对地铁车站变形影响控制在运营允许的限值范围之内。通过该项目，对轨道交通一体化开发项目的基础设计有了更深刻认识，积累了丰富的经验，为后续类似项目的设计提供良好借鉴。

关键词：基础设计；轨道交通；一体化；协同分析

一、绪论

随着国家经济的发展和城镇化进程的推进，我国公共交通事业取得了举世瞩目的成就，特别是城市轨道交通基础设施建设，对于加快城镇化进程、解决城市发展面临的一系列问题起到了重要作用。然而，基于传统发展理念的城市轨道交通建设和运营面临着功能发挥不充分、带来巨大财政压力、难以实现收支平衡等问题。TOD 理念的轨道交通建设发展模式成为解决所面临问题的最佳选择，轨道交通一体化开发设计项目作为TOD发展理念的核心越来越受到重视。

轨道交通一体化开发项目集房地产物业开发建筑、轨道交通建筑为一体，是一个复杂的系统工程。房地产物业开发属于民用建筑设计领域，轨道交通建筑属于市政基础设施设计领域，二者遵循不同的设计标准。同时房地产物业开发和轨道交通基础设施隶属于不同的建设主体，建设时序难以有效匹配，结构设计过程中需考虑施工时序对结构安全的影响。本文研究的保利未来大都会项目，是超大体量的轨道交通一体化开发设计项目，办公和商业综合体建筑由多个超高层建筑组成，地铁车站从物业开发地下室穿过，共同构成一个复杂的整体结构。

轨道交通一体化开发项目，作为近年来新的开发模式，结构设计可借鉴的案例较少，特别是基础设计面临一系列难题。首先，超高层建筑基础设计在满足承载力要求的同时，如何有效控制沉降至关重要。需要采取有效措施减小塔楼核心筒与外框柱之间、塔楼与裙房之间的差异沉降。其次，物业开发与轨道交通建设时序导致轨道交通投入运营后，部分塔楼和裙房尚未建设完成，附加荷载导致的基础沉降带来地铁轨道变形风险。需对地铁车站变形过程进行有效预测，确保地铁运营安全。本文介绍了该项目的基础结构布置形式，对受压桩基方案进行比选，确定合理桩长及布置方案，采取后压浆施工工艺，有效满足承载力要求，控制基础沉降。在此基础上，将地基、基础和上部结构荷载作为整体进行协同变形分析，预测地铁结构变形发展趋势，为施工工序提出合理建议，确保工程建设过程中，将对地铁车站的影响控制在允许范围之内。

二、工程概况

1. 建筑概况

保利未来大都会项目位于北京市昌平区，北京地铁17号线北段未来科技城南区站，是TOD理念下的轨道交通一体化开发设计项目。如图15-1～图15-2所示，一体化开发设计项目位于以地铁车站为中心的TOD规划区域核心，地铁车站上盖的房地产物业开发为9栋100～150m的超高层建筑。项目总建筑规模约68万米^2，其中地上建筑面积约48万米^2，地下建筑面积约20万米^2，建筑功能涉及轨道交通站点及区间、公交换乘中心、地下车库、酒店、办公，裙房为大型商场。

图 15-1 项目区位及效果

图 15-2 项目横剖面

项目设置四层地下室，其中地下一层为房地产商业开发，地铁车站及区间从地下室穿过，地下二层至地下四层在结构和功能上与地铁车站结合为统一整体，同时考虑地铁、公交换乘与地上建筑的有效接驳，如图 15-3 所示。

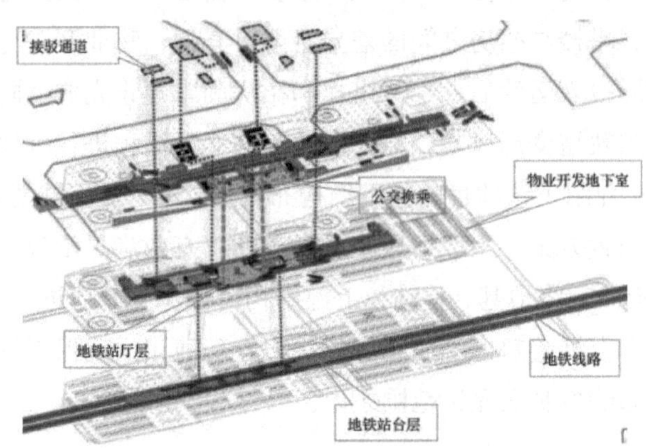

图 15-3 一体化开发设计范围空间示意

2. 结构概况

如图 15-4 所示，该项目由四层地下室、两个裙房和九栋塔楼组成，其中 B1～B5 为南区，A1～A6 为北区。地下室为框架 - 剪力墙结构，楼面采用框架梁 - 大板结构体系。

南区 B1#、B4# 商务办公楼结构高度 150m，采用型钢混凝土框架 - 钢筋混凝土核心筒混合结构体系。B2#、B3# 商务办公楼，结构高度 90.6m，采用框架 - 核心筒结构体系。B5# 商业裙房，结构高度 16 ～ 23m，采用框架结构体系，商业裙房与塔楼之间设置抗震缝。

北区地上由 A1 ～ A5 五栋塔楼和 A6 东西裙房组成，五栋塔楼在 100m 高度处通过室外平台连为一体，形成多塔连体高层建筑。塔楼与裙房的地上部分设置两道东西向抗震缝，从而分割为 4 个独立单元，包括 A1、A2 连体、A6 西侧裙房、A3 及 A6 东侧裙房、A4、A5 连体。A1、A2 采用框架 - 核心筒结构体系，其中外框架采用型钢混凝土柱 + 钢梁；A3 及 A6 东部裙房、A5 采用框架 - 核心筒结构体系，其中外框架采用混凝土柱 + 混凝土梁，局部采用型钢混凝土柱；A4 采用框架 - 核心筒结构体系，其中外框架采用型钢混凝土柱 + 混凝土梁；A6 西侧裙房采用框架 - 剪力墙结构体系。

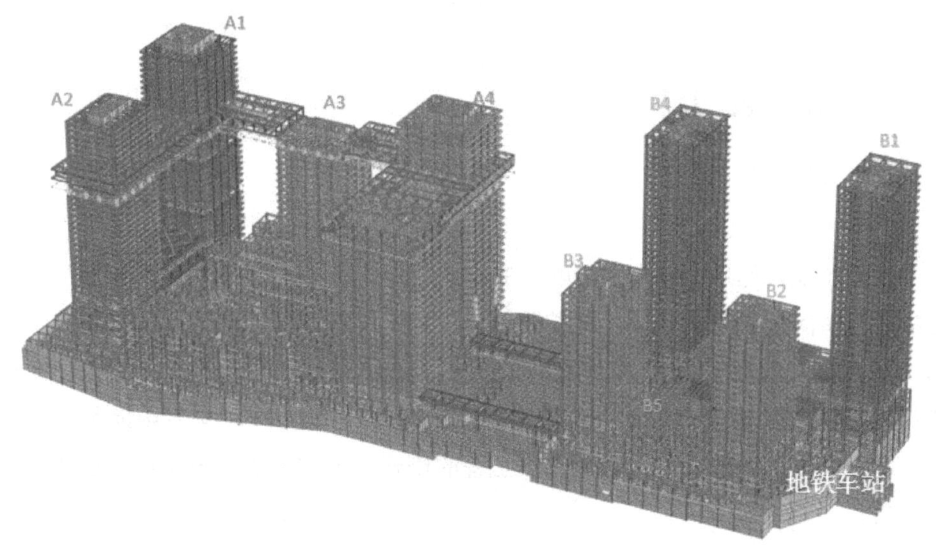

图 15-4　结构整体模型

如图 15-5 所示，地铁 17 号线北段未来科技城南区站为明挖岛式站台车站，站台层设双墙与开发地下四层脱开，站台层顶板顶标高与开发地下四层顶板顶标高相同，楼盖结构连为一体，沿轨道方向从该标高以上车站结构与开发结构连为一体，车站主体采用双向框架结构。车站总长 497.72m，主体结构标准段总宽 23.50m。双层段长度为 319.8m，南部单层段（开发地下室范围以内，顶板以上为开发地下室结构）长度为 54.550m。车站附属结构与开发结构相结合，车站主体结构与附属结构间不设置变形缝，沿车站纵向设置沉降后浇带。

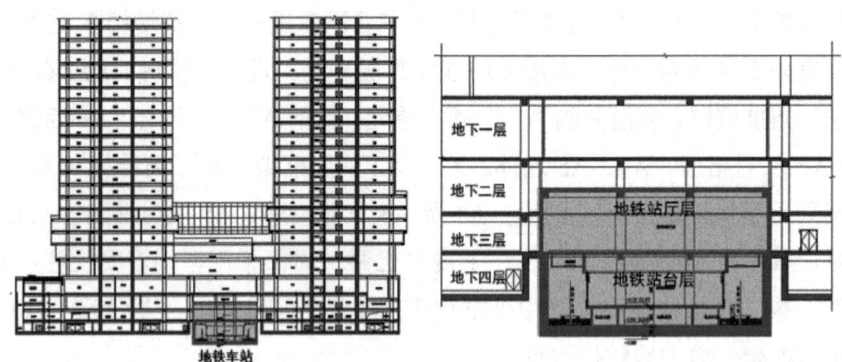

图 15-5　地铁车站与地下室关系

三、基础设计方案

1. 水文地质情况

（1）地容地貌。

拟建场地自然地面标高 30.24 ～ 31.72m，位于北京城区东北部平原地区温榆河故道与清河故道河间地块，地貌单位为冲积、洪积平原，地形基本平坦，地势起伏不大。工程场区第四系厚度为 150 ～ 200m，从区域地质构造特征、新构造运动、历史地震背景、不良地质作用及特殊岩土等分析，拟建场地稳定性较差，属于抗震不利地段，基本适宜本工程的修建，但需考虑断裂及地面沉降的不利影响。

（2）水文条件。

根据勘查揭露的地下水情况，地下水动态类型主要为渗入 - 径流型，以大气降水入渗、地下水侧向径流和“天窗”渗漏补给方式为主，以侧向径流和向下越流方式排泄，含水岩组为第四纪厚层砂卵石和粉土为主，含水岩组富水性一般。勘查范围存在五层地下水，分别为上层滞水、潜水、层间水和层间水、承压水。根据区域地质资料分析，观测深度范围以下的沙土、粉土层均为含水层。建议设计时抗浮设防水位按照标高 28m 考虑，建筑地基抗浮设防水压力建议值为 195kPa。

（3）土质条件。

本工程勘探范围内的土层划分为人工堆积层（Qml）、第四纪全新世新近沉积层（Q42+3al+pl）、第四纪全新世冲洪积层（Q4lal+pl）、第四纪晚更新世冲洪积层（Q3al+pl）共 4 大层。场区按地层岩性及其物理力学性质进一步分为 12 个亚层。总体来看，场区各土层在垂直方向上呈现较稳定的由粉土、黏性土至砂的沉积旋回，体现第四纪冲洪积沉积特征，在水平方向上，各土层的分布厚度、岩性有一定的变化。典型地质剖面及土层主要物理参数见表 15-1。

表 15-1　典型地质剖面及土层主要物理参数

序号	岩土名称	压缩模量 / MPa	桩的极限侧阻力标准值 /kPa	桩的极限端阻力标准值 /kPa	地基土 承载力特征值 /kPa
③$_1$	粉质黏土	6.0	40	—	120
④	粉质黏土	12.5	45	—	150
④$_3$	粉细砂	—	55	—	200
⑤$_1$	细中砂	—	60	—	240
⑤$_3$	粉质黏土	22.2	55	—	190
⑤$_4$	粉质黏土	10.6	50	—	160
⑥	粉质黏土	13.3	55	—	180
⑥$_1$	黏土	11.8	50	—	160
⑥$_2$	砂质黏土	22.9	60	—	200
⑦	粉质黏土	14.0	60	—	200
⑦$_1$	细中砂	32.0	75	1500	260
⑧	粉质黏土	15.8	65	900	200
⑧$_1$	黏土	16.0	55	850	180
⑧$_2$	粉质黏土	29.9	65	1100	240
⑨$_1$	细中砂	40.0	80	1950	320
⑩	粉质黏土	17.7	10	1100	280
⑩$_1$	黏土	16.5	60	1000	270
⑪	粉质黏土	24.5	72	1100	290
⑪$_1$	中粗砂	50.0	85	2000	400

2. 基础结构布置

工程场地西侧存在北东走向的黄庄 - 高丽营断裂，工程位置与断裂未发生重合或相交。根据“未来科技城地震断裂带专家论证会意见”，工程场地可以忽略地震断裂带对地面建筑的直接影响，可不设避让距离。但该段断裂自晚更新世以来至全新世的活动是较强烈的，因此需对该断裂影响范围内的结构采取合理的抗震措施，采取整体性好的结构形式。根据此项要求，裙房及纯地下结构范围基础采用梁－板式筏型基础，塔楼采用桩－筏基础，提高基础结构的整体性。地铁车站柱网为8700mm×9000mm，受地铁限界影响，基础梁截面为900mm×1100mm，基础底板厚900mm。裙房及地下车库柱网为8700mm×8700mm，基础梁截面为900mm×1200mm，基础底板厚600～800mm。塔楼基础筏板厚度为2000～3200mm（图15-6）。

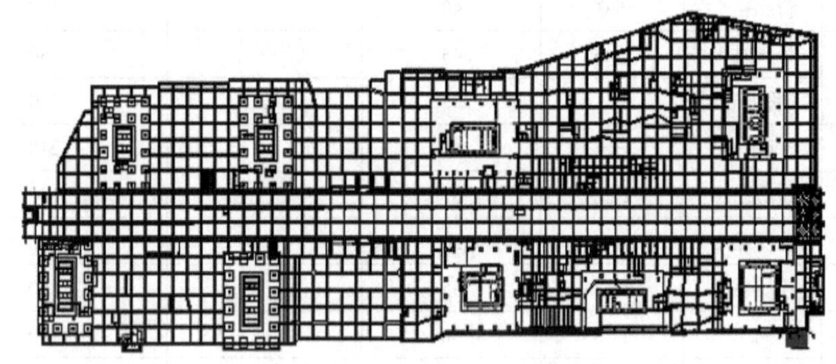

图15-6　塔楼基础结构布置

地铁车站基础板底绝对标高为8.341m，裙房及地下车库基础板底绝对标高为10.950m，基底持力层为④粉质黏土层，地基土承载力特征值为150kPa。修正后的地基承载力特征值为：

$f_a=f_{ak}+\eta b\ (b-3)+\eta d_{\gamma m}\ (d-0.5)$

$=150+0.3\times(6-3)+1.5\times8.67\times(20.55-0.5)$

$=417\ (\text{kPa})$

基底压力为147kPa，天然地基满足承载力要求[1]。

裙房及地下车库基底水浮力为10×(28−10.950)=170.5(kPa)，自重工况下基底反力约为90kPa，不满足抗浮要求且水浮力超过结构自重较多，采用抗拔桩解决抗浮问题，抗拔桩在基础梁格内满堂布置。

各塔楼核心筒、外框柱轴力及基底反力如表15-2所示，天然地基承载不满足承载力要求，同时为降低塔楼沉降对地铁车站变形的影响，塔楼需采用桩基础。

表 15-2　各塔楼底部轴力及基底反力

	核心筒		外框柱	
	轴力 /kN	基底反力 /kPa	轴力 /kN	基底反力 /kPa
B1、B4	887006	1347	45220	830
B2、B3	363332	1081	30843	490
A1	676064	944	42387	536
A2	487687	1003	50161	696
A3	366095	1040	23432	478
A4	493750	1015	34127	541
A5	677897	1141	39067	492

3. 受压桩设计方案比选

根据地勘报告，场地内土质较差，适宜做桩端持力层的土层主要有：⑦$_1$细中砂层、⑨$_1$细中砂层、⑪$_1$中粗砂层，对应桩长及桩的极限端阻力标准值如表 15-3 所示。

表 15-3　不同桩长持力层情况

土层编号	⑦$_1$	⑨$_1$	⑪$_1$
岩土名称	细中砂	细中砂	中粗砂
土层厚度	2 ~ 5m	6 ~ 10m	15 ~ 20m
对应桩长	35m	45m	60m
极限侧阻	75kPa	80kPa	85kPa
极限端阻	1500kPa	1950kPa	2000kPa

根据上部结构计算结果并结合建筑布置，可能采用的桩型及单桩抗压承载力特征值如表 15-4 所示。根据基底以下土层分布情况可知，受压桩提供的抗压承载力以侧阻为主，属于摩擦桩，小直径桩基与土体的接触面较大，材料利用率高、经济性好，故本工程采用直径为 800mm 的受压桩。根据表 15-2 各塔楼底部轴力及基底反力结果，800mm 直径的抗压桩，按照规范规定的最小桩间距（3d，d 为桩基直径）2400mm 布置的情况下，需要的单桩抗压承载力特征值为

5800 ～ 7700kN，不采取后柱浆工艺的钻孔灌注桩不满足承载力要求，所以受压桩采用直径为800mm的后压浆钻孔灌注桩。桩基需同时满足《建筑桩基技术规范》5.8.2条规定的正截面受压承载力要求[2]，桩长60m的后压浆钻孔灌注桩，压承载力特征值较高，但桩身受压承载力难以满足设计要求。桩长45m的后压浆钻孔灌注桩考虑桩身纵筋的受压承载力，可满足设计要求。综上所述，受压桩采用直径为800mm的泥浆护壁钻孔灌注桩，并采用后压桩工艺，提高单桩抗压承载力，减小塔楼沉降。

表15-4　不同桩型及承载力特征值

桩径 /mm	施工工艺	桩端持力层	桩长 /m	承载力 /kN
800	钻孔灌注桩	⑦$_1$	35	2600
800	钻孔灌注桩	⑨$_1$	45	3700
800	钻孔灌注桩	⑪$_1$	60	4900
800	钻孔灌注桩（后压浆）	⑦$_1$	35	4500
800	钻孔灌注桩（后压浆）	⑨$_1$	45	7000
800	钻孔灌注桩（后压浆）	⑪$_1$	60	8000
1000	钻孔灌注桩	⑦$_1$	35	3300
1000	钻孔灌注桩	⑨$_1$	45	4500
1000	钻孔灌注桩	⑪$_1$	60	6000
1000	钻孔灌注桩（后压浆）	⑦$_1$	35	5700
1000	钻孔灌注桩（后压浆）	⑨$_1$	45	8600
1000	钻孔灌注桩（后压浆）	⑪$_1$	60	11000

工程桩试桩结果如图15-7～图15-8所示，试验表明桩基承载力满足设计要求，后压浆工艺显著提升了桩基刚度，加载至设计承载力（7000kN）时，短期沉降量非常小。

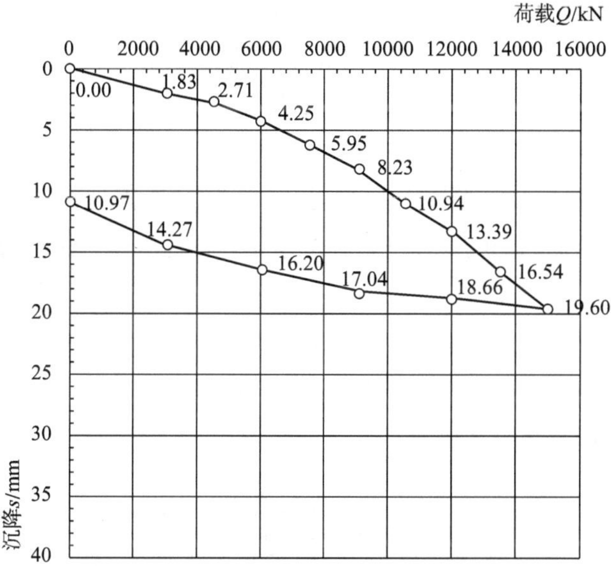

图 15-7　静载试验荷载 Q-s 曲线

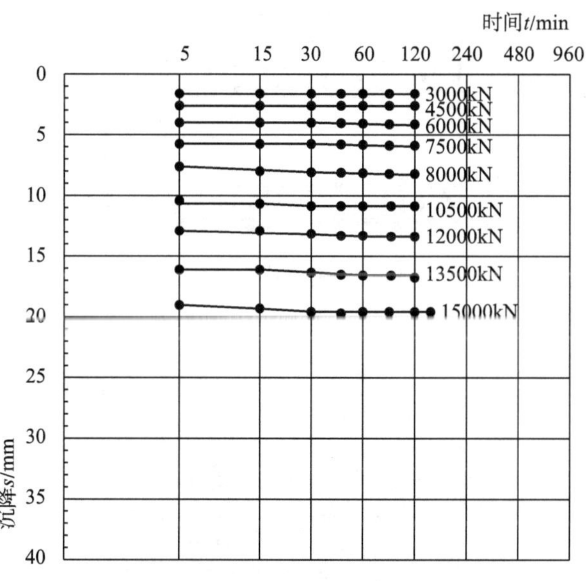

图 15-8　静载试验 s-Lg(t) 曲线

塔楼为框架－核心筒结构，这类结构自身的荷载与刚度分布十分不均，核心筒等墙体密集区的荷载集度高于外围框架区，核心筒荷载占总荷载比重一般超过

50%。地基基础的变刚度调平设计对于减小差异沉降、基础内力和上部结构次应力的作用十分显著。通常采取的措施是：主楼核心筒和外框架选择不同持力层及桩长或不同桩间距，来实现地基或基桩支承刚度的优化调整，强化核心筒区域，弱化外框架，达到减小差异沉降和筏板内力的目标[3～4]。本工程外框柱轴力较大，桩长35m不能满足承载力要求。与此同时，外框柱距离地铁结构较近，为降低塔楼沉降对地铁结构的影响，需严格控制塔楼外框柱沉降。综合考虑，塔楼外框柱和核心筒桩基均按45m设计，外框柱下桩基考虑桩土共同作用，核心筒范围桩基不考虑桩土共同作用，实现变刚度调平目标。桩基平面布置及沉降计算结果（受篇幅控制，列出部分塔楼结果）如图15-9、图15-10和表15-5所示，桩基承载力及基础沉降满足设计要求。

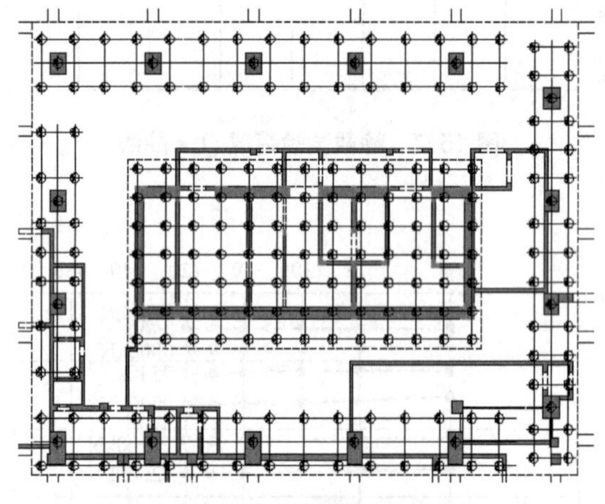

图15-9　A2塔楼桩基布置平面

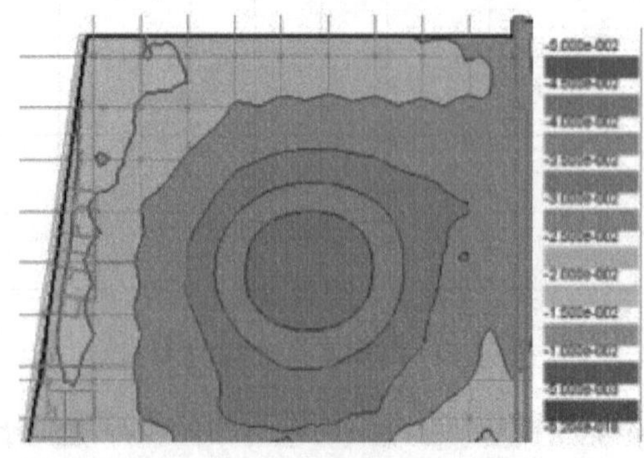

图15-10　A2塔楼基础沉降

表 15-5　塔楼沉降计算结果

楼号	核心筒内最大沉降值 /mm	核心筒外最大沉降值 /mm	塔楼沉降平均值 /mm
A1	40.50	30.50	35.50
A2	42.90	32.50	37.70
A3	30.80	27.42	29.11
A4	45.39	37.60	41.50
A5	35.08	27.60	31.34

四、协同变形分析

1. 分析目的及方法

多高层建筑的基础设计中，地基变形控制比承载力更为重要，而变形控制中的重点是避免基础各部分产生过大的差异沉降。本工程塔楼与裙房之间荷载差异较大，塔楼、裙房与地铁车站间平面关系较为复杂，同时，考虑到地铁车站对沉降的严格要求。如何控制主楼与裙房基础的差异沉降，在不同的建设时序中控制主楼基础沉降对地铁车站影响，以及对建筑建成后远期沉降的预测，是本工程基础设计的重点，也是决定工程效果的重要因素。

协同作用分析是将地基、基础和上部结构荷载作为整体进行研究，考虑三者共同工作。针对本项目的具体情况，需要综合地、准确地对地基变形进行分析，根据分析结果，结合工程经验，制定相应的沉降控制措施，以将建设期间、后期地铁运营期间开发结构导致的地铁沉降变形控制在地铁正常运营允许的范围内。协同分析结论的可行性是整个工程项目进行的重要条件，也是通过轨道交通建设、运营等相关部门审查的重要依据。

根据工程建设时序，B1 ～ B5 与地铁车站主体结构同期建设，地铁车站交付运营时，此处塔楼与裙房同期竣工，无附加荷载导致运营期间轨道沉降变形影响。A1 ～ A6 建设滞后，在地铁车站铺设轨道时不能完成建设，后续建设过程中附加荷载导致的沉降会导致轨道变形，影响地铁车站的安全运营。将附加沉降导致的轨道变形控制在规定的范围之内，是协同分析重点关注的内容。根据《北京市地铁运营有限公司企业标准—技术标准—工务维修规则》轨道几何形位与感应板静态几何尺寸容许偏差管理值的规定，整体道床线路轨道静态几何尺寸容许偏差管理值为 ±4mm。北京轨道交通允许的正线整体道床运营变形值为 +2/−3mm。

采用 ZSOIL 岩土数值软件建立整体模型进行协同变形数值模拟分析，该软件由瑞士联邦理工学院主持开发，可以分析岩土工程与岩石力学问题，地下结构与地上结构，土与结构相互作用问题，建筑沉降变形分析、土体应力应变、边坡稳定性、动力分析等所有的岩土问题。其结构单元丰富，可进行地基、基础、上部结构共同作用分析，支持并行计算和海量内存，可处理上百万个自由度，具有强大的岩土本构模型库，计算结果符合工程实际，整体模型如图 15-11 所示。

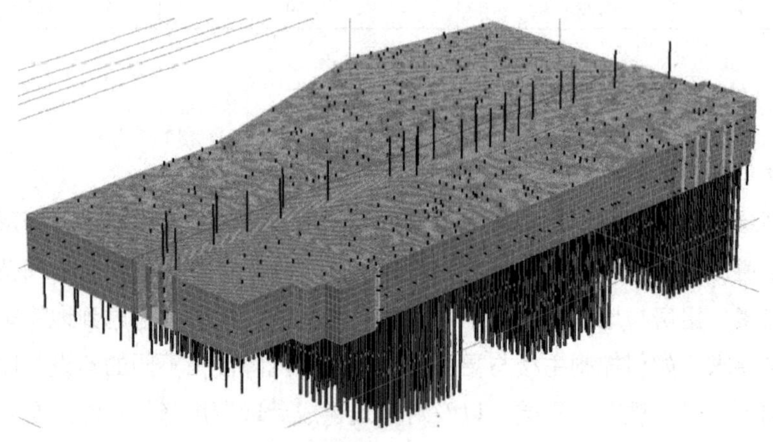

图 15-11　协同分析整体模型（未显示土体单元）

2. 分析结果及建议

通过整体有限元协同分析对场地建筑建成后的地基变形情况进行预测，对设计给出了优化建议。通过协同分析结果对地基基础设计方案的承载力、沉降进行验证，结果表明，基础设计方案合理。计算主楼最大沉降 45.39mm，最大平均沉降 41.50mm，主楼下筏板的整体挠度为 0.35‰。裙房最大沉降 30.80mm，平均沉降 22.70mm。主楼与裙房的差异沉降最大值为 1.2‰。满足《建筑地基基础规范》8.4.22 条规定（1），“带裙房的高层建筑下的大面积整体筏形基础，其主楼下筏板的整体挠度值不宜大于 0.5‰”。不满足“主楼与相邻的裙房柱的差异沉降不应大于 1‰”，需在裙房一侧设置用于控制沉降差的后浇带。当沉降实测值和计算确定的后期沉降差满足设计要求后，方可进行后浇带混凝土浇筑。沉降后浇带的浇灌时间通过地基变形计算和建筑物沉降观测确定，在地基变形基本稳定的情况下浇筑。

协同分析重点关注建设过程中主楼沉降对已交付运营的地铁车站变形的影

响，确保地铁运营安全。截取如图 15-12 所示剖面进行分析，对建设过程中地铁车站、裙房、塔楼的沉降进行分析，1-1 剖面分析结果如图 15-13、图 15-14 所示，根据地铁车站长期沉降与运营变形允许值（3mm）插值确定地铁车站铺设轨道时，塔楼及裙房建设完成部分荷载值，确保地铁通车运营后塔楼和裙房附加荷载导致的轨道沉降在允许值范围内，从而指导现场施工工筹安排。2-2、3-3 剖面分析过程与 1-1 剖面相同。

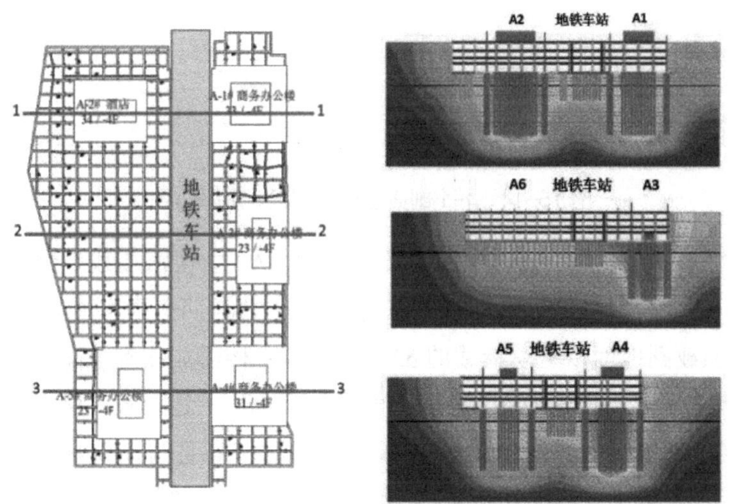

图 15-12　附加沉降分析剖面

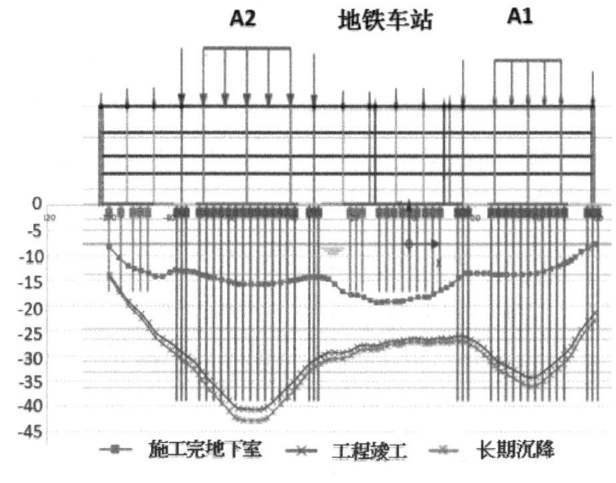

图 15-13　1-1 剖面沉降结果

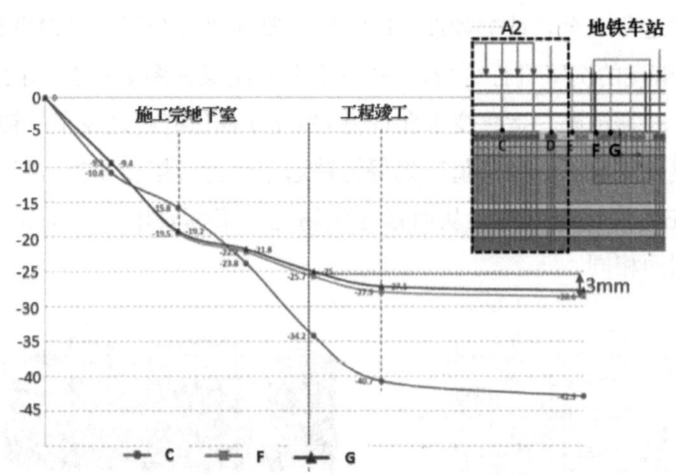

图 15-14　1-1 剖面控制点荷载 - 沉降曲线

根据协同分析结果，地铁车站铺设轨道时，A2 主楼需加载到地面以上总荷载的 66%，A1 主楼需加载到地面以上总荷载的 71.1%，西侧裙房地下室施工完成，A3 主楼需加载到地面以上总荷载的 52.3%，A5 主楼需加载到地面以上总荷载的 72.6%，A4 主楼需加载到地面以上总荷载的 77.2%。上述荷载比例对应楼层层数结合塔楼结构重量确定。A1 和 A4 建筑高度相对较高且与地铁紧邻，建议优先施工，然后考虑施工 A2 塔楼及 A5 塔楼，最后施工 A3 塔楼和裙房。

五、结论

1. 轨道交通一体化开发项目基础设计，满足地基、基础承载力，控制塔楼核心筒与外框柱之间、塔楼与裙房之间差异沉降的同时，尚应分析塔楼与裙房沉降对地铁车站变形的影响。地铁车站的沉降分析，不仅长期沉降需要满足规范要求，运营后的附加变形亦应满足地铁运营要求。

2. 高层建筑桩基础设计时，受压桩的选型和布置是设计方案的关键，桩长、桩径等受场地土质、上部结构形式及荷载等因素影响。工程实践表明，本项目选用的直径 800mm，桩长 45m 受压桩及其布置方式，满足设计要求，经济性好。受压桩采取后压浆工艺可显著提高桩基承载力及刚度，有效控制基础沉降，特别是桩端、桩侧存在砂层时，后压浆工艺经济效益显著。

3. 将地基、基础和上部结构荷载作为整体进行的协同变形分析，可准确预测地铁结构变形发展趋势，为施工工序提出合理建议，确保工程建设过程中，将对地铁车站的影响控制在允许范围之内。同时，建设过程中加强地铁车站变形监测，保障了地铁车站的建设、运营安全。

参考文献

[1] 中国建筑科学研究院 . JGJ 94—2008 建筑桩基技术规范 [S]. 北京： 中国建筑工业出版社 , 2008.

[2] 中国建筑科学研究院 . GB 50007—2011 建筑地基基础设计规范 [S]. 北京： 中国建筑工业出版社 , 2012.

[3] 王涛 , 高文生 , 刘金砺 . 桩基变刚度调平设计的实施方法研究 [J]. 岩土工程学报 , 2010, 32(4) : 531-537.

[4] 王杨 , 詹永勤 . 北京达美中心广场基础变刚度调平设计 [J]. 建筑结构 , 2010, 45(13): 62-66.

十六　地铁车辆段上盖开发项目改造问题探讨

蒋立浩

摘要：车辆段及停车场作为车辆停放和检修的基地是城市轨道交通的重要组成部分。车辆基地占地大，土地利用效率低，为提高土地利用价值，地铁车辆段上盖一般均进行上盖综合物业开发。近些年，已完成大量的地铁车辆段建设项目，由于后续开发理念变化，设计规范更新等原因，造成原有结构难以适应新的开发建设方案。本文以后溪车辆段工程为例，通过对比计算分析，阐述车辆段上部物业开发调整对下部结构的影响，论述可行的建设方案，为后续类似工程建设提供一定的参考价值。

关键词：车辆段上盖开发；隔震结构；改造工程

一、地铁上盖开发存在改造的主要原因

轨道交通的建设一般超前于地铁上盖开发工程，地铁车辆段作为轨道交通工程的重要组成部分需随轨道交通同步建成。目前，大部分车辆段上盖物业开发均按结构预留方式开展下部结构的设计及建设。随着经济水平的提高，物业开发设计理念的更新，上部物业开发往往与原设计方案存在较大的差异。造成开发平台以下结构存在一定改造，造成改造的原因主要有以下方面。

（1）规范版本更新，比如 2016 年广东省住建厅废止《广东省超限高层建筑工程抗震设防专项审查实施细则》[1]，超限判定执行现行国家标准[2]，造成原来按普通框架结构预留的住宅开发项目，由普通结构变成超限结构，盖下部分易出现配筋不足的情况。例如，近年来《建筑结构可靠性设计统一标准》中分项系数的调整，广东省《高层建筑混凝土技术规程》[3]中关于抗震计算方法的调整，均可造成盖下结构的配筋不足。

（2）上盖物业开发方案调整，近年来由于土地价值的变化上盖物业开发方案调整可能性极大。

（3）规划条件变化，车辆段建设时一般仅批建轨道部分，上盖开发作为预留工程后续批建。

二、地铁上盖开发项目改造重点及问题

1. 地铁上盖开发改造项目重点

待开发的地铁车辆段前期设计阶段均考虑上部结构衔接接口，预留上盖开发柱头。车辆段设计阶段上盖开发平台一般考虑施工荷载，盖板上施工具有较好的条件。车辆段盖板以下为地铁停车库，承担地铁运营功能，且盖板下设备管线密集，因此，车辆段盖板下基本不具备施工条件。盖下施工会造成轨道交通运营的中断，影响较大。因此，车辆段上盖开发改造项目的研究核心研究对盖下影响最小且能适应上部调整后方案的做法。车辆段盖板上、下实景见图 16-1、图 16-2。

图 16-1　车辆段盖板上实景

图 16-2　车辆段盖板下实景

2. 地铁上盖开发改造项目的技术问题

近年来笔者遇到多个车辆段上盖方案调整的项目，对于此类项目设计过程中常见的问题进行梳理，对应车辆段改造项目可采取的方法进行总结，梳理出常见的技术问题主要有以下方面。

（1）层间隔震技术在改造项目中的应用。

深圳地铁龙华车辆段咽喉区原设计预留开发条件为总高度不超过 50m 的框架结构，咽喉区通过设置多条变形缝，避免形成多塔结构，依据当时执行的广东省超限判定标准，该结构为普通高层结构，结构不超限；2016 年广东省住建厅已废止《广东省超限高层建筑工程抗震设防专项审查实施细则》[1]，

超限判定执行国家标准[2]；由于现方案建筑无法避免多塔结构体系，龙华车辆段上盖开发结构体系由普通高层变成超限高层结构，原结构设计标准提高（图 16-3、图 16-4）。

图 16-3　龙华车辆段预留开发方案

图 16-4　龙华车辆段盖板上实景

笔者认为普通高层结构调整为超限高层结构，盖下部分需考虑性能化设计要求。应采取措施降低盖下地震荷载，层间隔震技术是解决此类问题的较好方式（图 16-5、图 16-6）。

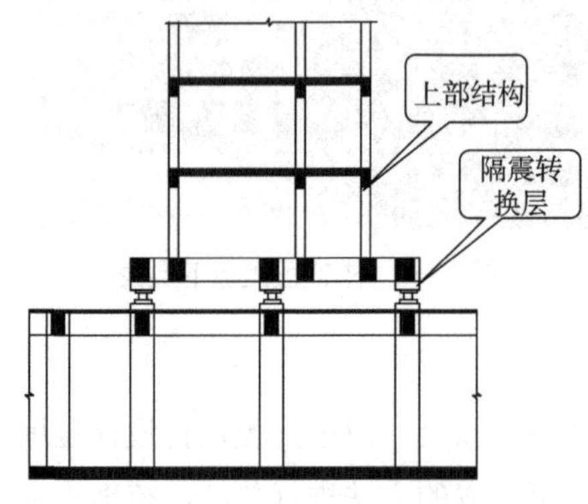

图 16-5　层间隔震做法示意

图 16-6　隔震层实景

层间隔震延长结构周期，减小结构整体地震力，但新版执行的隔震设计标准对于隔震层以下结构应考虑罕遇地震下承载力验算。对于超限结构，盖下结构设计性能目标一致的情况下，层间隔震可有效减少盖下结构的地震荷载，减少配筋，避免盖下工程改造。而对于咽喉区普通的多层结构开发，结构本身未超限，采用层间隔震技术是否可减小盖下首层的配筋，本文将结合后溪车辆段咽喉区开发改造情况进一步分析。

（2）拼缝技术在改造项目中的应用。

车辆段开发盖板一般为超大超长平面，一般根据楼座的布置情况，进行变形缝划分。由于后续上盖开发方案调整，楼座位置可能调整，存在变形缝拼接的情况，如广州某车辆段采用此方法对变形缝两侧结构进行拼接，合为整体结构（图 16-7）。

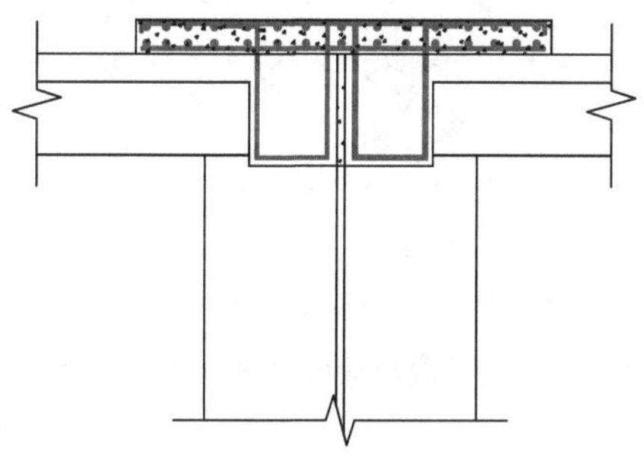

图 16-7　变形缝拼接做法

有开发区块与无开发区块连成整体，扩大底盘结构，共同分担地震荷载，一定程度可减小底部结构配筋。而对于咽喉区普通的多层结构开发，上部结构荷载占比较小时，拼缝技术是否减少底盘配筋，减小项目改造，笔者将结合后溪车辆段咽喉区的情况，进行进一步分析（图 16-8）。

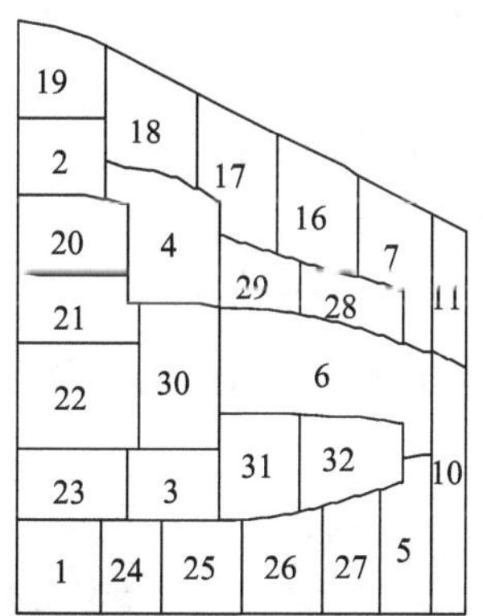

图 16-8　某车辆段变形缝布置

（3）已施工结构抗震构造措施不满足。

后溪车辆段原设计（图 16-9）方案咽喉区上盖为 2 ～ 3 层商业建筑，整体结构高度不超过 24m；现方案调整为中小学建筑；原设计建筑为丙类建筑，抗震等级三级，现方案建筑为乙类建筑，同样的建设高度抗震等级为二级。已施工部分所有钢筋构造措施已按三级完成，针对此类情况应如何处理，笔者将结合后溪车辆段的情况论述分析处理措施。

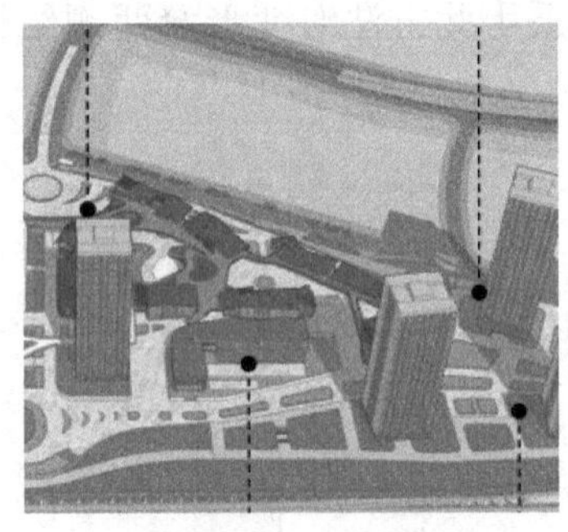

图 16-9　后溪车辆段原设计上盖为商业

三、地铁上盖开发项目改造方法研究

后溪车辆段目前尚属于施工阶段，笔者以后溪车辆段项目为例，开展上盖开发项目改造方法的技术研究。对常见技术措施进行分析，供类似项目参考。

1. 后溪车辆段工程概况

后溪车辆段原设计结合各区域特点进行如下设置。

运用库区：设置 14 层的公寓。

咽喉区：设置 2 ～ 3 层的体验式商业区及配套幼儿园；咽喉区结构可落地的区域设置了五栋 27 ～ 29 层的公租房。目前后溪车辆段已完成盖板施工及土建预留工程，盖下进行铺轨作业。厦门 4 号线预计 2025 年运营，设备系统未招标未施工，土建局部调整实施存在一定可实施性（图 16-10 ～图 16-12）。

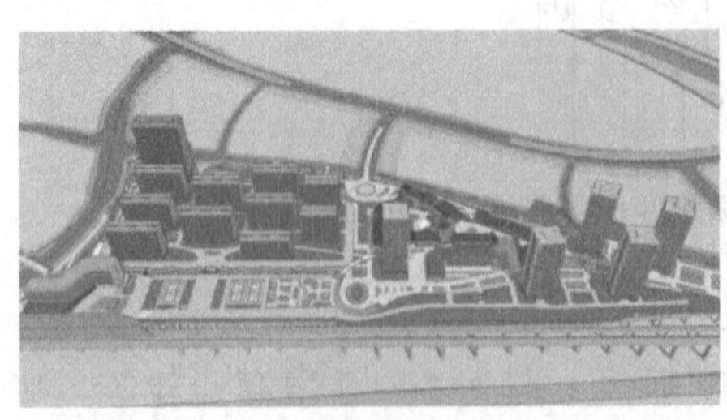

图 16-10　后溪车辆段上盖开发效果

图 16-11　后溪车辆段上盖实景

图 16-12　后溪车辆段盖下实景

2. 车辆段改造方法研究

后溪车辆段咽喉区已按原设计方案预留上盖开发柱头，原结构为普通多层结构设计。目前上盖方案调整，上盖方案为 3 层的学校建筑。通过前后方案对比，项目存在以下调整，见表 16-1。

表 16-1　方案对比

	原设计	现方案	变化
上盖荷载	两层商业建筑	四层学校建筑	楼座区域层数增加，荷载增加
抗震设计标准	丙类建筑 抗震等级三级	乙类建筑 抗震等级二级	抗震构造措施不满足
规范版本	执行旧规范	执行《抗震设计通用规范》	地震水平影响系数由 1.3 调高为 1.4
柱网对应问题	柱跨 8.4m	柱跨 8.4m	预留柱头基本可利用，个别位置需转换柱头

针对桩基及基础可采用控制荷载、覆土替换等方式进行处理。后溪车辆段部分区域存在原设计盖板上为商业建筑，丙类建筑，抗震等级三级；调整后方案上部为学校，乙类建筑，抗震等级二级；已施工的抗震构造措施无法满足。

根据《建筑抗震设计规范》[4] 对于降低抗震等设计方案，规范提供了以下两种处理措施：①当消能减震的地震影响系数不到非消能减震的 50%时，可降低一度；②按抗规附录 M 进行抗震性能化设计。

由于本工程咽喉区盖下部分无法双向设置支撑减震阻尼器，消能减震的改造方案无法实现。本文重点探讨性能设计方案。性能化设计验算，结构承载力满足性能 2 的设计目标，可按常规设计的有关规定降低一度采用；当构件的承载力高于多遇地震提高一度的性能 3 要求时，可按常规设计的有关规定降低一度采用；笔者通过计算对比，选择更易实现的方案，在设计烈度工况下低延性构造验算方案（表 16-2）。

表 16-2 结构抗震等级设计

性能要求	构造的抗震等级
性能 1	基本抗震构造。可按常规设计的有关规定降低二度采用，但不得低于 6 度，且不发生脆性破坏
性能 2	低延性构造。可按常规设计的有关规定降低一度采用，当构件的承载力高于多遇地震提高二度的要求时，可按降低二度采用；均不得低于 6 度，且不发生脆性破坏
性能 3	中等延性构造。当构件的承载力高于多遇地震提高一度的要求时，可按常规设计的有关规定降低一度且不低于 6 度采用，否则仍按常规设计的规定采用
性能 4	高延性构造。仍按常规设计的有关规定采用

由于建筑功能改变，抗震设防类别提高，抗震设计性能目标确定为中震弹性，大震不屈服进行承载力验算。本次改造方案研究重点寻求下部已实施结构的加固改造工程量最小，且能满足上盖功能的方案，结构设计中尽量利用上盖预留柱头，避免或减少植筋工程。

（1）直接加层做法。

预留柱头上接高楼座，建设 3 层学校，学校范围地面层设置架空楼板，控制楼座区域荷载不超原设计，桩基可满足荷载要求（见图 16-13、表 16-3）。

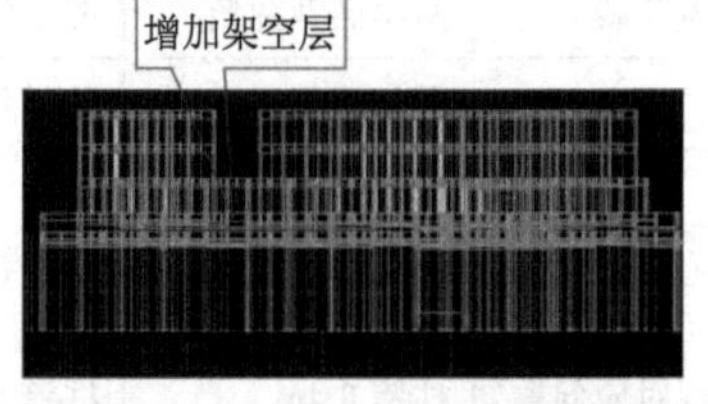

图 16-13 加层方案示意

表 16-3 加层方案设计

实施方案	原设计情况	直接转换方案
总质量	126665.922 吨	104431.641 吨
周期 /s	T_1= 0.9339 T2=0.8985	T_1=1.1179 T_2=1.1034
底层剪力（小震）	V_X=89178.01 V_y=94416.42	V_X=62429.67 V_y=63978.13

经对比，结构整体质量减小 17%，小震工况下地震剪力减小 30%，由于结构功能改变，抗震等级不能满足设计要求，考虑进行性能化设计，原设计计算配筋为 198cm²，实际配筋为 272cm²，考虑性能化验算配筋为 492cm²。采用直接加

高做法，盖下结构无法适应新方案。

（2）隔震方案研究（图 16-14、表 16-4）。

通过在预留柱头上方设置隔震支座，在隔震支墩上方设置架空转换层，实现上部建筑的功能，采用该方案可最大程度减少柱头改造工程。

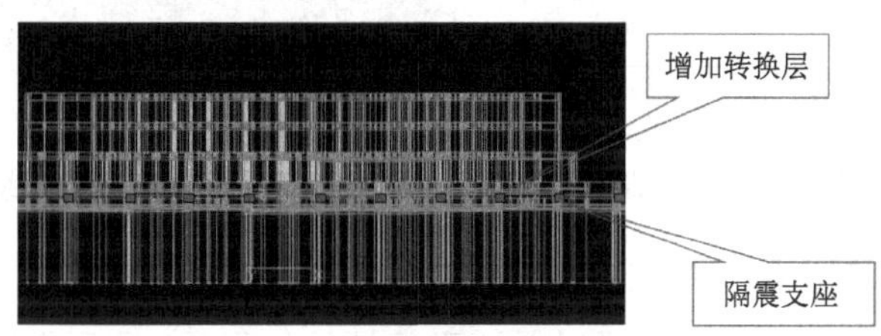

图 16-14　隔震转换方案示意

表 16-4　隔震方案设计

实施方案	原设计情况	隔震方案
总质量	126665.922 吨	104431.641 吨
周期 /s	T_1= 0.9339　T_2=0.8985	T_1=3.7198　T_2=3.7098
底层剪（小震）	V_X=89178.01　V_y=94416.42	V_X=61699.74　V_y=60092.28

层间隔震结构延长了整体结构周期，减小结构地震荷载，本项目开发仅为 2 ～ 3 层建筑，上部结构质量占比，主要地震力来源于首层结构，隔震体系可减小整体地震荷载并不明显，采用隔震与非隔震结构对比，对下部结构地震剪力减小约 4.7%。

根据新版隔震设计标准 [5]，隔震层支墩、支柱及相连构件应采用罕遇地震进行承载力验算，且满足抗剪弹性、抗弯不屈服的设计要求。实际对下部结构的设计要求是加强处理，通过计算分析，后溪车辆段咽喉区首层柱实配钢筋为 272cm²，而采用隔震转换方案计算配筋值为 416cm²。隔震方案在不超限的低矮建筑改造中并不适用，因此隔震改造方案无法实现改造目的。

（3）拼缝做法研究。

后溪车辆段咽喉区原设计根据点式公寓的位置咽喉区盖板进行划分，区块平面尺寸为 70 ～ 150m，具体布置如图 16-15、图 16-16 所示。其中 2 区上部为多层学校建筑，4 区为单层车库，局部有夹层，拟采用拼缝做法将 2 区与 4 区整合，扩大底盘结构，共同承担地震荷载，研究此做法对底部柱配筋的影响。

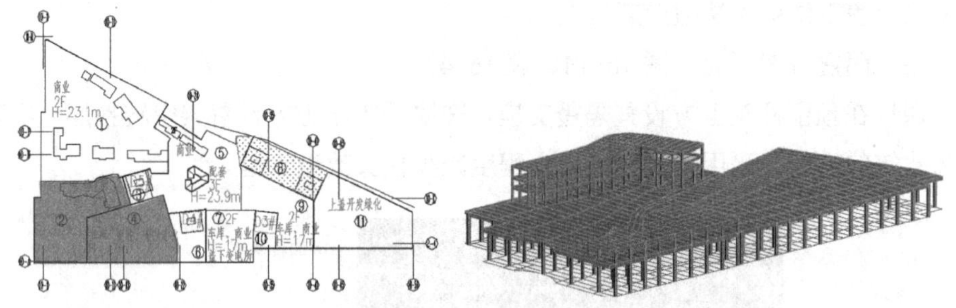

图 16-15　后溪车辆段分缝示意　　图 16-16　后溪车辆段拼缝计算模型

通过整体计算结果分析，对比拼缝前后的结构，拼缝后整体模型周期略有减小，底盘钢筋共同参与受力，通过对比配筋计算结果，2 区配筋降低约 10%；但拼缝后底盘扭转效应明显，周边及 4 区配筋增大，部分柱配筋出现超筋。因此对于多层不规则建筑，底盘拼缝对首层的减配筋效果不明显。

表 16-5　拼缝前后对比表

	2 区	4 区	拼缝整体
质量 /t	58634.742	54616.125	1123136.242
周期 /s	1.1123	1.0861	1.0302
底层剪力 /kN	42727.35	34059.45	66796.04
首层柱截面 /m^2	135.39	97.03	232.42
剪力 / 截面 /（kN/m^2）	316.49	351.02	287.39

（4）荷载减重法研究。

通过对比咽喉区的多次开发结构，首层结构质量占比整体质量的 87.5%，首层地震剪力占比基底剪力的 81.2%，因此要减小首层结构的地震荷载，关键要减小首层结构质量，盖板层结构质量降低将有效减小结构整体地震荷载。本方案拟将咽喉区顶板上预留覆土采用轻质材料换填，楼座下方设置架空层，减小结构质量（表 16-6）。

表 16-6　减重方案

实施方案	原设计情况	减重方案
总质量	126665.922 吨	78066.242 吨
周期 /s	T_1= 0.9339　T_2=0.8985	T_1=1.1142　T_2=1.1003
底层剪力（小震）	V_X=89178.01　V_y=94416.42	V_X=47675.92　V_y=48327.33

通过对比减轻覆土后的结构，与原设计方案比较质量减少 38%，地震剪力减少约 47.8%。减重方案可以大幅度减小结构地震荷载。因本结构存在抗震延性不足问题，考虑性能化验算柱配筋为 240cm²，较原设计方案计算配筋存在一定增加，但结构配筋未超过设计首层柱实配钢筋为 272cm²。因此，减重方案可实现咽喉区上盖改造的设计目标。

本工程存在个别柱位无法与预留柱对位问题，需在梁上进行转换，实施方案中考虑个别梁进行叠合层加固处理做法，做法如图 16-17 所示。

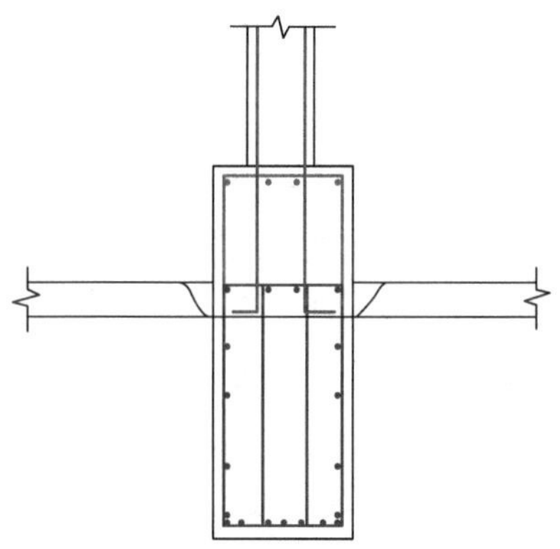

图 16-17　叠合转换梁实施示意

若盖板以上的钢筋混凝土框架调整为钢框架结构，经分析计算结构整体质量进一步减小，结构周期增大。以本工程为例，上盖采用钢框架结构，整体质量为 76035 吨，周期 T_1=1.23s；结构底部剪力较钢筋混凝土框架结构减小约 5.6%。钢框架结构柱脚可结合柱头预留情况，改造成外包式刚接柱脚，如图 16-18 所示。对于部分未预留柱头处，可设置钢结构铰接柱脚，如图 16-19 所示。

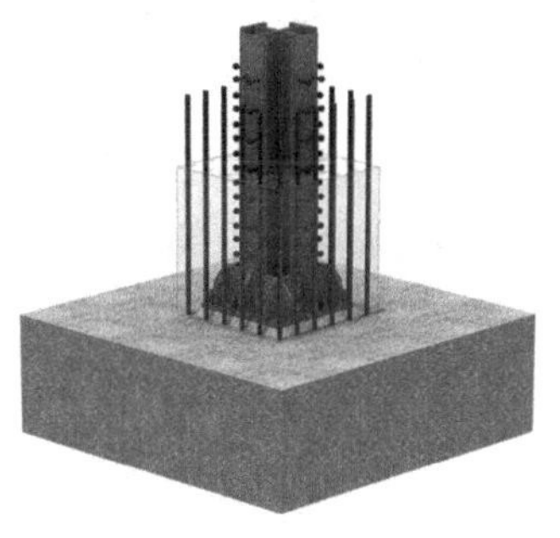

图 16-18　外包式刚接柱脚

图 16-19　钢结构铰接柱脚

四、结论

本文以后溪车辆段咽喉区上盖改造项目分析为例，对车辆段上盖开发改造项目的方法进行论述，主要结论如下。

（1）车辆段开发项目具有底盘大、质量重的特点，结构设计及项目改造研究应重点考虑结构荷载布置的特点提出针对性的方案。

（2）对于车辆段上盖开发超限结构，盖下部分设计性能目标与隔震结构相同，采用层间隔震技术可有效减小地震荷载，减小结构配筋。而对于普通的多层结构，首层结构质量占比大，隔震支座对首层地震力减小不大，首层设计目标反而提高，首层配筋配置更大。

（3）拼缝技术可实现结构整合设计，对于高层结构，拼缝后加大底盘，共同分担上部建筑并传递地震荷载，可减小首层配筋；对应低矮多层结构，此部分作用并不明显，拼缝后形成超长结构，对结构不利。

（4）已施工的结构抗震构造措施不能满足要求，可通过性能优化设计的方法实现，如通过降低结构质量的方法，但原结构承载力需留有足够富余量。

（5）车辆段上盖开发项目调整的可能性极大，前期结构设计应考虑预留富余量，建议车辆段上盖开发项目均考虑性能化设计，按超限结构标准进行预留。

参考文献

[1] 广东省住房和建设厅 . 广东省超限高层建筑工程抗震设防专项审查实施细则 [2]. 广州 , 2016.

[2] 超限高层建筑工程抗震设防专项审查技术要点 . 住房与城乡建设部（建质〔2015〕67 号）.

[3] DBJ/T 15-92-2021 高层建筑混凝土结构技术规程 . 广州：广东省住房和建设厅

[4] GB 50011-2010 建筑抗震设计规范 北京：住房与城乡建设部

[5] GBT 51408-2021 建筑隔震设计标准 北京：住房与城乡建设部

十七　部分框支剪力墙结构基于剪力分配的设计方法

赵振宇　吴垠龙

摘要： 轨道交通车辆段上盖开发常见的部分框支剪力墙结构体系与常规框剪结构和部分框支剪力墙结构均存在明显差异，且易在转换层形成弱框架-剪力墙。经过对弹塑性分析表明，此类结构即使对框架部分按规范进行剪力调整，在大震下框架也会出现大范围的破坏。因此若要实现多道防线，应进行弹塑性补充验算，提高框架承载力。此类结构由于连接框梁的塑性损伤和楼板的面内变形，框架部分二道防线的作用发挥程度有限；抗震性能目标的设定，也使作为转换构件的剪力墙不需要利用其二道防线的作用。因此本文也提出了不考虑多道防线，通过框架与剪力墙间的弱连接，避免剪力重分配向框架转移的设计方法。

关键词： 部分框支剪力墙；二道防线；剪力重分配

一、研究背景

1. 概述

地铁车辆段上盖开发是在满足轨道交通站场基本功能的前提下，对盖上土地进行集约化，多功能的开发，实现经济效益与社会效益的统一，在国内各大城市逐渐得到广泛的应用。

上盖开发项目盖下多为轨道交通工艺层，盖上多为住宅区、商业区，通过转换实现盖上盖下对于空间利用的不同需求。当盖上开发高层剪力墙住宅时，楼座范围内采用框支剪力墙的结构形式进行转换；楼座范围外为方便轨道布置则以框架结构为主。形成了部分框支剪力墙的结构体系。

2. 上盖开发的部分框支剪力墙结构的特点

以某地铁停车场上盖开发项目为例，分析上盖开发的部分框支剪力墙结构的特点。

该项目首层为停车场层，层高 9.5 米，功能为地铁停车及检修；二层为预留开发的汽车库，层高 6.0 米，二层顶覆土为 2.0 米；二层以上为高层剪力墙住宅，共布置 34 栋 18 ～ 27 层的住宅单体。 转换层设置在首层顶，开发高层楼座结构单元范围内采用部分框支剪力墙结构体系，框支剪力墙采用回字形剪力墙保证其两个垂直方向都具有足够的强度和承载力；转换梁采用型钢混凝土梁。无开发高层区域为框架结构。基础采用桩基础，承台＋防水板，结构嵌固部位设置在基础承台顶。

同一结构分区内包含多个塔楼，形成大底盘多塔，选取两个典型楼座及其相关范围，其转换层结构平面布置和结构剖面如图 17-1、图 17-2 所示。

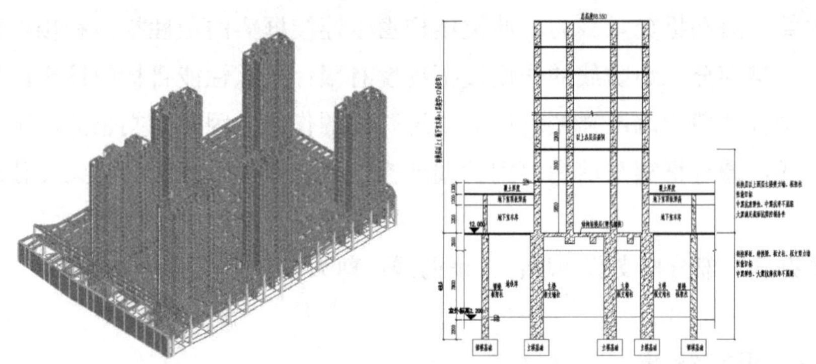

图 17-1　结构分区轴测图及典型剖面

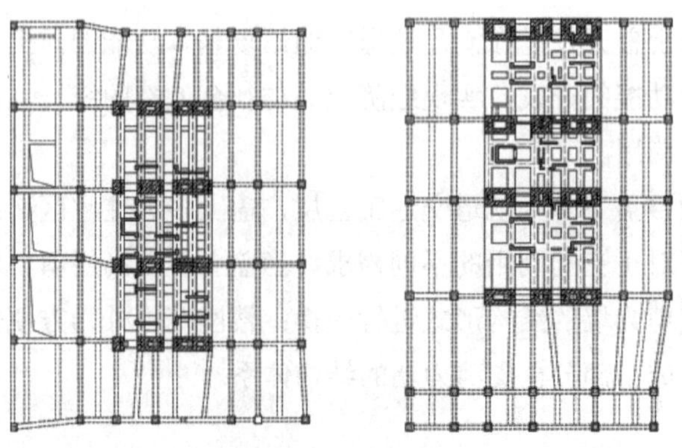

图 17-2　转换层塔楼及相关范围结构平面布置

该类结构体系与常规框剪结构和常规底部大空间框支剪力墙结构存在以下差异。

（1）抗震性能目标。

该项目涉及扭转不规则、竖向构件不连续和竖向构件尺寸缩进三个不规则项，涉及超限，主要构件抗震性能化目标如表 17-1 所示。

表 17-1　主要构件抗震性能化目标

<table>
<tr><td colspan="3">地震水准</td><td>设防烈度地震</td><td>罕遇地震</td></tr>
<tr><td colspan="3">性能水平定性描述</td><td>可修复破坏</td><td>不倒塌</td></tr>
<tr><td colspan="3">结构工作特性</td><td>允许部分次要构件屈服</td><td>允许进入塑性；控制受剪截面限制条件；控制楼层位移</td></tr>
<tr><td rowspan="2">普通构件</td><td>竖向构件</td><td>普通剪力墙、框架柱</td><td>允许进入塑性；正截面和斜截面允许屈服</td><td>允许进入塑性；控制整体结构变形</td></tr>
<tr><td>水平构件</td><td>连梁、框架梁</td><td>允许进入塑性；正截面和斜截面允许屈服</td><td>允许进入塑性；控制整体结构变形</td></tr>
<tr><td rowspan="2">转换构件</td><td>竖向构件</td><td>框支墙、柱</td><td>斜截面弹性；正截面弹性</td><td>正截面、斜截面不屈服</td></tr>
<tr><td>水平构件</td><td>转换梁</td><td>斜截面弹性；正截面弹性</td><td>正截面、斜截面不屈服</td></tr>
</table>

性能化设计主要控制转换结构（转换梁、框支剪力墙）中震弹性，大震不屈服，按照高承载力，低延性控制，保证转换构件的强度。框架部分中震，大震允许进入塑性，按低承载力，高延性控制，以耗散地震能量。

而常规框剪结构则根据多道防线抗震设计概念，允许剪力墙进入塑性，出现刚度退化。通过剪力调整人为提高框架部分的剪力下限，以提高框架部分的承载力，甚至牺牲其延性，发挥二道防线的作用。

两者性能目标差异的原因在于，常规框剪结构在剪力墙失效后，框架部分仍能承担竖向荷载；转换层剪力墙失效后，其上部塔楼竖向荷载无法传递至周边框架。因此作为转换构件的剪力墙更为重要，应重点保证其承载力。

（2）构件布置不均匀。

常规框剪结构和底部大空间转换结构，剪力墙在整个结构体系内布置相对对称、均匀，框架与剪力墙交错布置，两者之间相互作用的传力路径明确、可靠。而上盖开发项目的部分框支剪力墙结构，转换层剪力墙只能布置在楼座下，周边围绕框架结构。两者仅通过楼板和数量较少的框梁连接，其传力路径的可靠性需要进一步研究。

（3）荷载分布不均匀。

常规框剪结构和底部大空间转换结构，其使用功能统一，荷载在平面和高度方向分布均匀。而上盖开发的部分框支剪力墙结构，平面上，转换构件以较小的面积承担了上部高层塔楼全部的地震作用，而框架部分一般仅为两层，单位面积承担荷载较小。高度方向，上盖开发的部分框支剪力墙结构一般为大底盘结构，首层转换层、二层小汽车库层、二层以上塔楼部分荷载均存在突变。荷载分布的不均匀造成剪力墙和框架之间、各楼层之间的刚度相差悬殊，楼板面内变形不能忽略，两种结构体系间协同工作程度较差。

3. *规范设计方法存在的问题*

（1）小震弹性设计。

对于常规框剪结构，由于剪力墙刚度较大，往往首先出现裂缝，刚度退化。内力在剪力墙与框架间发生重分布，使剪力墙的地震剪力向框架转移。规范为考虑其弹塑性阶段的内力重分布，在弹性设计阶段通过剪力调整人为提高了框架地震剪力下限，作为结构的安全储备。具体调整方法，《高规》[1]8.1.4 和《抗规》[2]6.2.13 均通过公式 17-1 实现。

$$V_f = \min\left(0.2V_0, 1.5V_{f,\max}\right) \quad (17\text{-}1)$$

上盖开发的部分框支剪力墙结构中，转换层设计也沿用了规范剪力调整的设计方法。采用图 17-2 左侧结构单元进行小震弹性分析，由于框架部分剪力占比较小须进行剪力调整，根据公式 17-1 的剪力调整系数如表 17-2 所示。

表 17-2　弹性设计剪力调整情况

楼层		首层		二层	
方向		X	Y	X	Y
柱剪力 /kN		1251	1413	3781	4010
柱剪力占比		6.6%	7.9%	28.8%	32.2%
一、二层为 1 个结构分段	0.2V0/kN	3790	3577	3790	3577
	1.5Vfmax/kN	5672	6015	5672	6015
	调整系数	3.030	2.53	1.0	1.0
一、二层为 2 个结构分段	0.2V0/kN	3790	3577	2626	2490
	1.5Vfmax/kN	1877	2120	5672	6015
	调整系数	1.5	1.5	1.0	1.0

根据表中剪力调整系数，由于转换层剪力墙与框架刚度相差悬殊，二层剪力墙截面的突变，造成 0.2V0 项和 1.5Vfmax 项调整系数均较大，由于首层、二层结构型式的差异，一般将其划分为两个结构分段分别调整，首层框架部分的剪力调整系数按上限 1.5 取值。

剪力调整后框架梁柱截面及配筋的变化如表 17-3 所示。

表 17-3　剪力调整对框架构件设计的影响

构件	截面尺寸 /（mm×mm）		配筋率	
	调整前	调整后	调整前	调整后
框架柱	1200×1200	1200×1200	1.4%	1.4%
作为连接的框架梁	600×1200 800×1500	600×1500 800×1800	1.8% 1.5%	2.2% 1.8%
一般框架梁	600×1200 600×1500	600×1500 800×1500	1.5%	1.6%

注：表中截面尺寸为构件的主要截面尺寸，配筋率为平均配筋率，下同

根据表中数据：剪力调整对框架柱影响较小。框架柱受荷面积和上部覆土荷载均较大，截面以轴压比控制，地震作用下承载力存在富余。剪力调整对框架梁影响较大，框架柱剪力会产生的柱顶不平衡弯矩，使梁端弯矩、剪力均有提高，配筋、截面均有增大，特别是剪力墙与框架间连接的框架梁，截面以地震工况控制。

（2）大震弹塑性分析。

选取该工程超限报告中的三条地震波［人工波 RH3TG075,Tg(0.75)，天然波 TH021TG075,Tg(0.75)，天然波 TH024TG075,Tg(0.75)，分别从 X、Y、Z 向进行输入，主方向峰值加速度取 220cm/s^2］，进行罕遇地震下的弹塑性时程分析，并对计算结果取平均值，与小震弹性计算结果一同汇总于表 17-4，各部分构件塑性损伤情况如图 17-3 所示。

分析结果表明，转换层剪力墙底出现受拉损伤，框架部分在弹塑性阶段的剪力占比大于弹性阶段，说明剪力墙刚度退化使剪力向框架转移。

表 17-4　结构计算结果汇总

弹性总剪力 /kN	框架剪力占比	弹塑性总剪力 /kN	框架剪力占比	弹性位移比	弹塑性层间位移角
18955	6.6%	88277	8.9%	1.46	1/302

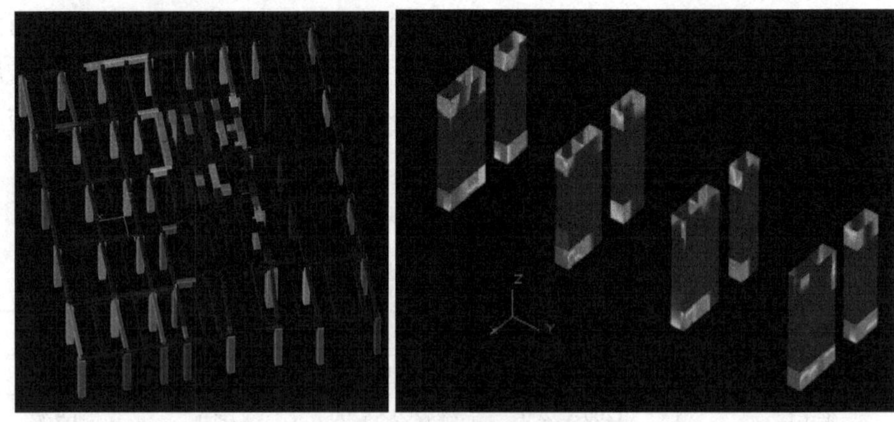

图 17-3 转换层构件塑性损伤情况

大震弹塑性基底总剪力是小震的 4.65 倍，框架柱出现明显的塑性损伤，平均损伤因子达到“中度损伤”等级。由于框架自身剪力较小，弹塑性阶段剪力墙向框架转移的剪力占框架自身剪力的比值较大，使大震框架部分剪力比小震增大 6.28 倍，剪力墙剪力仅增大 4.56 倍。

上盖开发项目中，此类弱框架－剪力墙结构较为常见，该类结构即使在弹性设计阶段进行了剪力调整，弹塑性阶段框架仍出现了明显的破坏，对结构安全不利。而对剪力墙部分，框架的作用仅使剪力墙大震弹塑性剪力从小震弹性的 4.65 倍降低到 4.56 倍，作用并不明显。

为解决上述问题，下文对影响弹塑性阶段框架与剪力墙间剪力分配和重分配的因素进行分析，以采用合理的设计方法。

二、影响部分框支剪力墙结构剪力分配的因素分析

（一）剪力分配规律简化模型

简化模型中，一般可将所有剪力墙综合成一榀理想剪力墙；所有框架综合成一榀理想框架；两者之间的楼板和框架梁（连梁）等效为连接杆。假定楼板的面内刚度无限大，使两者在同一高度具有相同的水平位移，通过梁在楼板平面外转动，约束协调两者的转动变形。当转动约束可以保证时，可简化框架－剪力墙刚接体系简化模型如图 17-4 所示。

由于两者变形方式的差异（框架变形为剪切型，剪力墙变形为弯曲型），框架与剪力墙间会产生相互作用，通过连接杆的内力，使地震作用的剪力在框架与剪力墙间进行分配。根据理论推导，其剪力分配的比例与刚度特征值 λ 有关：

$$\lambda = H\sqrt{\frac{C_b + C_f}{E_c I_{eq}}} \tag{17-2}$$

式中 C_f 为框架的等效侧向刚度，$E_c I_{eq}$ 为剪力墙的抗弯刚度，C_b 用于反映连接的转动刚度。各参数的具体计算方法参见《高层建筑结构设计》[3] 第 6、7 章。

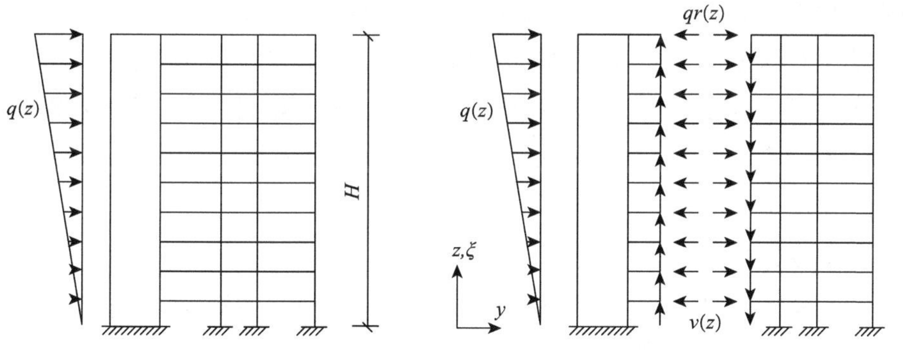

图 17-4　框架 - 剪力墙刚接体系简化模型

（二）约束刚度对剪力分配的影响

1. 弹性分析

由于楼板面外刚度较小，公式 17-2 中 C_b 代表的连接的约束作用主要与框架与剪力墙间框架梁的转动刚度有关。使用图 17-2 所示两个典型楼座范围的结构（左侧编号楼座 1，右侧编号楼座 2），分别代表转换层 λ 较大和较小的两种情况。修改其 X 向和 Y 向框架与剪力墙间框架梁的截面以改变其约束刚度，进行小震弹性分析，得到首层框架部分剪力占比如表 17-5 ～表 17-6 所示。

表 17-5　模型 1 约束刚度与剪力分配关系表

方向	X(λ=2.18 ～ 2.43)			Y(λ=2.54 ～ 2.78)		
Cb/kNx10^6	2.86	7.47	15.15	0.88	2.95	6.76
框架剪力占比	6.6%	7.9%	8.7%	7.9%	8.8%	9.2%
总剪力 /kN	18951	18927	18927	17892	17852	17852

表 17-6　模型 2 约束刚度与剪力分配关系表

方向	$X(\lambda=1.86\sim2.13)$			$Y(\lambda=1.92\sim2.10)$		
Cb/（kNx10⁶）	1.90	6.50	13.4	0.48	1.63	3.75
框架剪力占比	3.2%	3.7%	4.4%	3.3%	3.6%	4.4%
总剪力 /kN	14380	14385	14418	14913	14930	14970

根据表 17-5、表 17-6 的弹性分析结果，结合理论分析模型，C_b 对剪力分配比例的影响主要体现在两个方面。① C_b 会影响公式 17-2 中的分子项，即相当于增加了框架部分的等效刚度。约束刚度越大，框架部分的剪力占比越大。② C_b 会在剪力墙内产生附加弯矩，其方向与轴力产生弯矩的方向相同，相当于加大了底部剪力墙对框架的扶持作用，则约束刚度越大，剪力墙分配的剪力越大。

而对于本项目的部分框支剪力墙结构，由于剪力墙刚度远大于框架梁截面，第②项约束产生的附加剪力占比很小；而第①项 C_b 对框架的刚度影响较大。因此连接刚度越大，框架部分的剪力占比越大。

2. 弹塑性分析

对连接刚度去单位化，采用剪力墙理论分析中常用的整体工作系数 a 代表剪力墙间连梁的相对连接刚度，a 的计算公式参考《高层建筑结构设计》[3] 第 6 章，当单榀剪力墙刚度不变时，连梁刚度越大，a 越大，各榀剪力墙的整体刚度越大；采用框架与剪力墙间连接梁的转动刚度 C_b 与框架等效侧向刚度 C_f 的比值 β 代表框架与剪力墙间框架梁的相对连接刚度：

$$\beta=\frac{C_b}{C_f} \tag{17-3}$$

模型 1 为 1.3 节模型，保持剪力墙和框架部分截面不变，调整相对连接刚度 a 和 β 的取值建立模型 2 和模型 3；采用楼座 2 的结构单元代表 λ 较小的情况建立模型 4 进行罕遇地震动力弹塑性分析。选波与数据处理与 1.3 节一致。

表 17-7　连接刚度对剪力重分配和结构变形的影响

模型编号	模型 1(λ=2.43)		模型 2(λ=2.18)		模型 3(λ=3.54)		模型 4(λ=2.13)	
刚度比取值	a	β	a	β	a	β	a	β
	4.33	0.33	4.33	0.07	2.38	0.07	4.19	0.38
连接框梁主要截面 /（mm×mm）	600×1500 800×1800		500×800 600×1200		500×800 600×1200		600×1500 800×1800	

续表

连梁主要截面	1200×2000	1200×2000	2×700×1200	1200×2000
弹性总剪力 /kN	18955	18951	19034	14418
框架剪力占比	6.6%	6.9%	7.1%	4.4%
弹塑性总剪力 /kN	87723	87867	86225	75428
框架剪力占比	8.9%	5.2%	6.5%	4.5%
弹性位移比	1.42	1.41	1.47	1.34
弹塑性层间位移角	1/306	1/308	1/251	1/352

（1）相对连接刚度 β 对剪力重分配影响。

对比模型 1 和模型 2，如图 17-5 所示，框架与剪力墙间的连接梁均出现较为明显的塑性损伤。但强连接的模型 1 剪力向框架转移，弱连接的模型 2 剪力向剪力墙转移，弱连接避免了框架柱出现大面积的塑性损伤。

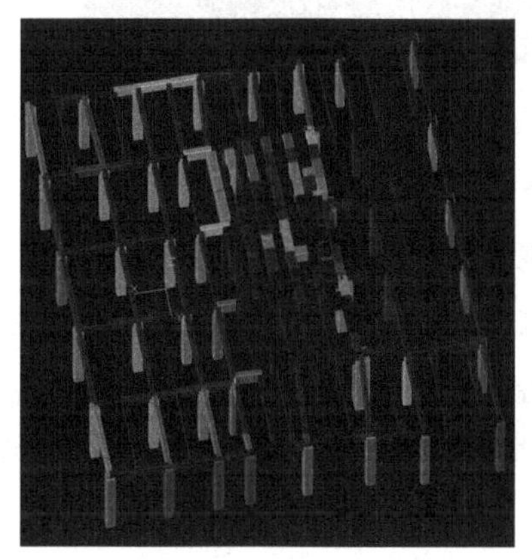

（a）模型 1 塑性损伤情况

（b）模型 2 塑性损伤情况

图 17-5　模型混凝土受压塑性损伤情况

产生该现象的原因是框架与剪力墙间的弱连接梁出现塑性铰后，刚接体系转变为铰接体系，连接梁刚度作为框架刚度的一部分，使框架总刚度下降，继续增大的地震作用分配到框架的剪力占比明显减小。虽然后期剪力墙也出现了刚度退化，但由于连接的削弱，剪力向框架转移不再明显。从而避免了框架出现明显破坏。而强连接框梁出现塑性铰较晚，大部分地震剪力已按刚接模型进行分配，且剪力墙刚度退化后，强连接也能有效将地震力向框架转移。

（2）整体工作系数 a 对剪力重分配影响。

对比模型 2 和模型 3，剪力墙连梁刚度越大，剪力重分配后剪力墙剪力的增幅越大。图 17-6 反映混凝土受拉塑性损伤情况，其中模型 2 受拉基本完好的剪力墙占比为 89.5%，小于模型 3 的 90.8%。但模型 2 达到“倒塌”等级的剪力墙占比仅为 2.46%，小于模型 3 的 3.75%，反映了剪力墙刚度退化后，强连接有利于剪力墙协同工作，共同受力的特点。

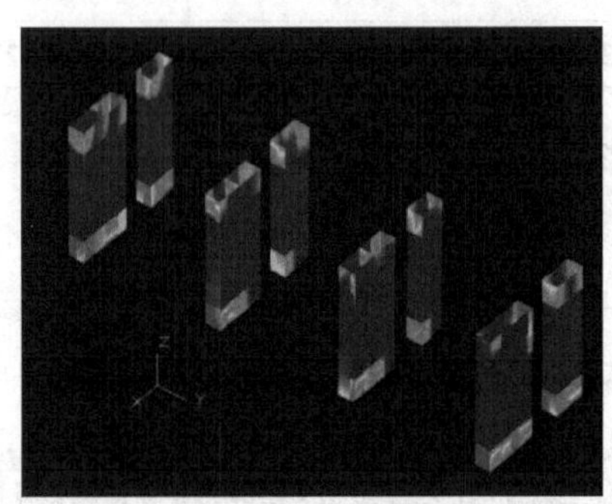

（a）模型 2 塑性损伤情况

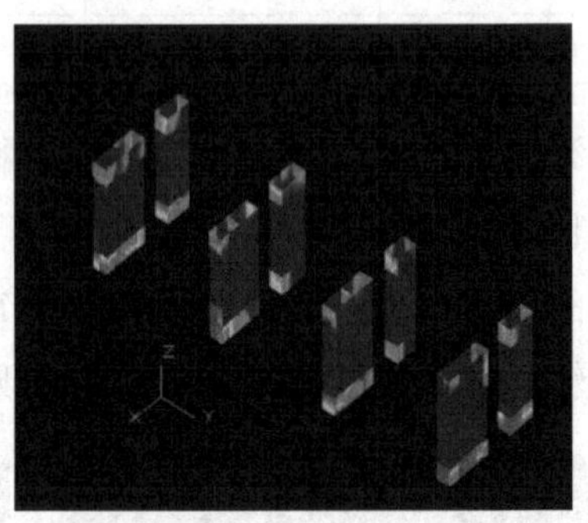

（b）模型 3 塑性损伤情况

图 17-6　模型混凝土受拉塑性损伤情况

（3）框架与剪力墙刚度比对剪力重分配影响。

对比模型 1 和模型 4，剪力重分配情况基本一致。但根据图 17-7 框架部分混凝土受压塑性损伤情况可知，框架与剪力墙间采用强连接时，相关范围框架刚度越小，框架柱塑性损伤越明显，存在损伤框架柱比例分别为 38.5% 和 50.5%。说明框架刚度越弱，强连接对结构越不利。

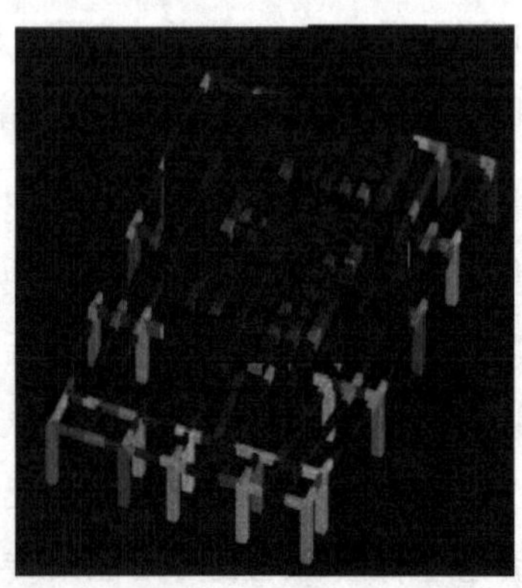

图 17-7　模型 4 混凝土受压塑性损伤情况

3.小结

（1）简化模型假定框架与剪力墙间内力的传递始终能得到保证，即连接杆始终保持弹性。而实际情况下，上盖开发的部分框支剪力墙结构，作为框架与剪力墙间连接的框架梁数量少、剪跨比普遍较大，梁端弯矩较大，容易出现塑性铰，框架－剪力墙刚接体系将转化为铰接体系，框架部分剪力占比减小。从而造成剪力墙刚度退化后，地震作用向框架部分的转移比例相比常规框剪结构比较有限。

（2）当减弱框架与剪力墙间连接框梁的截面时，出现弹塑性阶段框架剪力占比小于弹性阶段的现象。使框架分配的剪力减小，避免了框架柱大面积损伤的出现。而剪力墙剪力虽然增大，但大震弹塑性剪力与小震弹性剪力比值也仅仅是从模型 1 的 4.65 增加到模型 2 的 4.72。增大部分的剪力在剪力墙内部重分配，通过连梁传递到同一榀受力较小未出现刚度退化的剪力墙，通过楼板抗剪传递到相邻榀未出现刚度退化的剪力墙上。

（三）楼板面内刚度对剪力分配的影响

由于荷载分布和构件分布的不均匀，楼板面内刚度也会影响框架与剪力墙间的剪力分配。采用楼座 1 结构单元，2.2 节模型 1 的强连接形式，进行罕遇地震下的动力弹塑性分析。楼座范围内楼板厚度为 300mm，楼座相关范围楼板厚度为 150mm，考虑楼板面内刚度，楼板水平向位移云图和面内剪力云图如图 17-8 所示。

根据楼板 X 向位移云图，在弹塑性阶段，由于结构受力较大，各榀剪力墙之间，以及剪力墙与框架之间均出现明显的相对位移，楼板面内变形无法忽略，简化模型忽略连接杆的轴向变形的假定不再成立。框架与剪力墙间协同工作程度较差，从而造成剪力墙刚度退化后，地震作用向框架部分的转移比例相比常规框剪结构比较有限。

楼板面内剪力云图也印证了这一观点，弹塑性阶段，受力方向上各榀剪力墙之间和剪力墙与框架间的剪力重分配主要通过楼板的抗剪实现。各榀剪力墙间楼板剪力明显大于剪力墙与框架间的楼板剪力，说明受力较大的剪力墙刚度退化后，地震剪力优先在各榀剪力墙内部进行重分配。

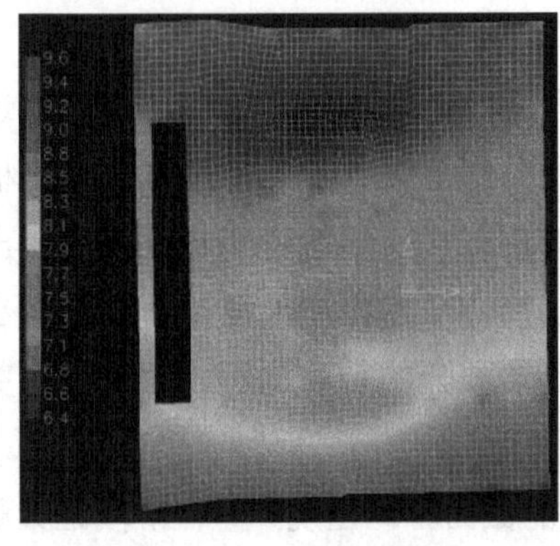

（a）水平向位移云图

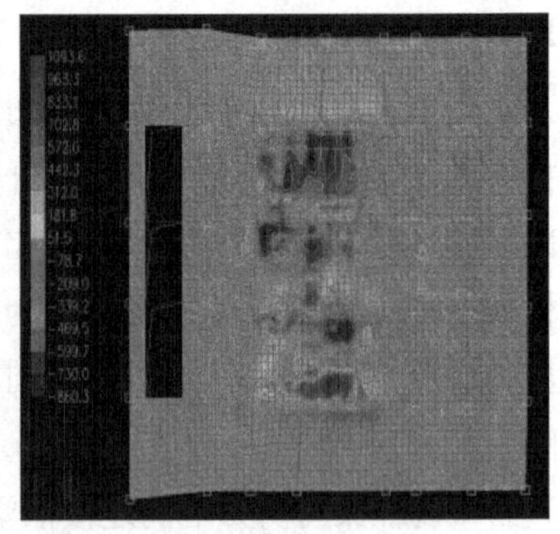

（b）面内剪力云图

图 17-8　楼板弹塑性分析结果（见彩图 51）

三、设计方法研究

根据以上分析，框架与剪力墙连接的抗弯刚度对弹性阶段剪力分配和弹塑性阶段剪力重分配的影响较大。通过调整连接梁的抗弯刚度，就形成了强连接和弱连接两种不同受力思路的结构体系，其具体实施思路如下。

（一）规范设计方法的改进

对于上盖开发的部分框支剪力墙结构，在转换层容易形成弱框架 - 剪力墙结构体系，规范将此类结构按剪力墙结构控制最大高度和抗震等级，对框架部分按框剪结构中的框架进行设计。但实际效果并不理想，出现了 1.3 节中框架部分即使进行了剪力调整，在弹塑性阶段仍出现大范围破坏的现象。

根据规范多道防线的设计概念，控制作为连接的框架梁和与其相连的框架柱平均塑性损伤等级小于“轻度损坏”（损伤因子小于 0.3），试算框架截面，结果如表 17-8 所示。

试算后，主要增大框架柱截面尺寸避免其发生大范围破坏；增大连接框梁的截面尺寸保证其传递剪力重分配后的地震力。弹性阶段框架部分剪力占比由原来的 6.6% 增大到 13%。弹塑性阶段框架部分剪力占比 8.9% 增大到 17.1%。

通过做强框架既发挥了二道防线的作用，使剪力墙承担的罕遇地震剪力从原来小震的 4.56 倍降低到 3.53 倍；又保证了剪力墙自身承担这部分剪力后不出现大范围破坏。符合规范多道防线的设计思路。

表 17-8　剪力调整对框架构件设计的影响

构件	截面尺寸 /（mm×mm）		配筋率	
	调整前	调整后	调整前	调整后
框架柱	1200×1200	1800×1800	1.4%	1.1%
作为连接的框架梁	600×1500 800×1800	800×1800	2.2% 1.8%	1.8%
一般框架梁	600×1500 800×1500	600×1500 800×1500	1.6%	1.6%

因此，在按规范多道防线设计思路进行设计时，应避免转换层形成弱框架－剪力墙体系。对于作为连接的框架梁，应增大其截面尺寸保证其可靠传递重分配的地震作用；对于框架部分：若塔楼相关范围内框架较弱，除按规范进行剪力调整外，应对其进行补充弹塑性分析，校核框架部分承载力；或参考国外规范，取消剪力调整中 1.5Vfmax 项，保证双重抗侧力体系中框架部分至少承担 20% 的设计地震作用。

（二）框架与剪力墙间弱连接的设计方法

本文 2.2 节提出了剪力墙与框架之间框梁采用弱连接的设计思路。通过减小连接框梁的截面，使其在罕遇地震下成为薄弱点产生塑性铰，减小框架刚度，以减小剪力重分配向框架的传递，避免了框架部分的大面积破坏，也不再利用框架作为二道防线的作用。通过前文分析，可以采用该设计思路的原因有以下几点。

（1）弱连接在小震弹性设计时会提高剪力墙承担的地震作用，对剪力墙截面进行加强。而框架部分承担地震作用减小。符合作为转换构件的剪力墙按高承载力低延性设计，框架按低承载力高延性设计的抗震性能优化目标。

（2）根据本文第 2 部分的分析，上盖开发所采用的部分框支剪力结构体系与常规框剪结构相比，由于连接框梁的塑性损伤和楼板的面内变形，都会削弱弹塑性阶段剪力向框架传递。框架二道防线的作用不如常规框剪结构显著。

（3）由于此类结构框架与剪力墙刚度相差悬殊，框架若要发挥二道防线作用，对其截面的增大十分明显。而若不考虑框架二道防线的作用，对剪力墙承担地震作用的增大比例却很小，对剪力墙截面和配筋的影响几乎可以忽略。受力较大剪力墙刚度退化后，地震作用通过连梁和楼座范围内楼板，转移至同一榀或相邻榀受力较小的剪力墙上，实现各剪力墙共同受力。

综上所述，若要发挥框架二道防线作用，代价很大，且效果并不明显。而若不考虑其作用，剪力墙刚度退化后，剪力向其他受力较小的剪力墙上转移，将受力较小的剪力墙作为“二道防线”。虽然剪力墙整体地震作用增大，但结构整体受力更为合理。

此设计思路的关键是弱连接的实现，超限结构可通过性能优化设计实现，而非超限结构则需对连接刚度 a 和 β 的具体取值进行量化。

一般情况下，框支剪力墙间连梁起到剪力墙共同受力的作用，有时甚至兼作转换梁，一般不作为耗能构件，其截面主要由竖向荷载或盖下工艺净空要求决定，并由弹塑性位移角控制。其相对连接刚度系数 a 可调整范围不大，不再进行讨论。而剪力墙与框架间的连接梁在设计中可调整范围较大，因此重点对 β 的取值进行讨论。建立不同 β 值的模型，统计其罕遇地震动力弹塑性分析结果中，连接框架梁和框架柱的混凝土平均受拉塑性损伤因子的大小，如表 17-9 所示。

表 17-9　相对连接刚度对损伤因子的影响

相对连接刚度 β	0.07	0.12	0.17	0.33	0.45
连接梁损伤因子	0.53	0.43	0.32	0.20	0.12
框架柱损伤因子	0.08	0.11	0.15	0.23	0.42

β 越小，连接梁损伤因子越大，框架柱损伤因子越小。因此 β 的取值应在保证连接梁不出现严重破坏的基础上，尽可能减小框架柱的损伤。取与连接框梁相连的框架柱平均损伤因子小于 0.3（损伤等级小于“轻度损坏”），连接梁平均损伤因子小于 0.5（损伤等级小于“中度损伤”），得到 β 的取值在 0.10 ～ 0.35 较为合理。λ 较大，可取其上限；λ 较小，可取其下限。

同时，根据图 17-3 可知，剪力调整也会使弱连接无法满足弹性设计阶段截面和配筋要求，因此在满足框支剪力墙构件抗震性能化要求和楼层弹塑性位移角要求的前提下，可在弹性设计阶段不再对框架部分进行剪力调整。

关于剪力墙部分的设计，则应重点关注其承载力，可对其截面和配筋适当放大，对受力较小的剪力墙也应做适当加强，作为结构的安全冗余，并保证传力路径（连梁、楼板）的可靠性。必要时应进行弹塑性补充验算。

参考文献

[1] 中国建筑科学研究院 . 高层建筑混凝土结构技术规程 [M]. 北京 : 中国建筑工业出版社 , 2002.

[2] 中国建筑科学研究院 . 建筑抗震设计规范 [M]. 北京 : 中国建筑工业出版社 , 2016.

[3] 史庆轩 , 梁兴文 . 高层建筑结构设计（第 2 版）[M]. 北京 : 科学出版社 , 2012.

十八　动物园公交枢纽站装修改造工程结构设计

白记东

摘要：本文论述了动物园公交枢纽站装修改造工程结构设计过程中探讨论证的若干改造关键节点和设计拟定的施工工序。通过采取增设摩擦阻尼器的减震措施，有效地减小了主体结构地震作用，继而可观地减少了原结构构件加固数量。介绍了局部新增钢结构平台和屋顶抽柱实现大空间两项改造难点在设计阶段及方案比选迭代阶段的关注要点和注意事项。通过利用有限元软件 ABAQUS 对复杂加固节点予以有限元分析验证进行数值分析，分析结果显示相关设计均满足规范要求。

关键词：改造；减震；新增平台；抽柱；有限元分析

一、项目概况

动物园公交枢纽站位于北京市西城区西直门外大街以南，西直门外南路以北，西侧紧邻北京天文馆，东侧紧邻京鼎大厦。改造前后建筑立面对比详见图 18-1 和图 18-2。

图 18-1　改造前建筑立面

1. 基本信息

动物园公交枢纽主体结构东西长约 215m，南北宽 30 ～ 60m，地下室宽 30 ～ 85m。结构总高 39.05m，地上 8 层（局部 10 层），地下两层。

图 18-2　改造后建筑立面

首层为公交车站，层高 6.50m；二层以上为商业、餐饮娱乐及办公用房，层高 4.50m；地下室为集散厅、车库及设备用房，地下二层局部为六级人防地下室。

结构体系为全现浇钢筋混凝土框架－抗震墙结构，其中，框架主梁为有黏结预应力梁，次梁为无黏结预应力梁，楼板为普通钢筋混凝土楼板，框架柱有普通钢筋混凝土柱和钢骨混凝土柱两种，基础为梁板式筏基。地上部分在轴 9 和轴 10 之间设置变形缝（图 18-3），地下部分未设变形缝。

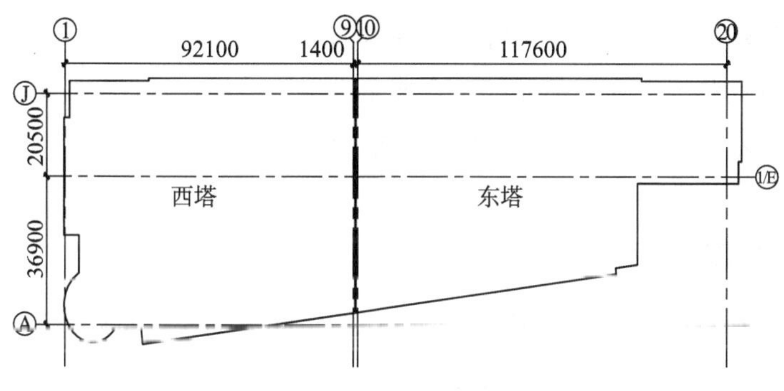

图 18-3　总平面示意

本项目设计改造范围包括本枢纽站的主体结构及地基基础。

2. 改造诉求

动物园公交枢纽工程于 2001 年完成施工图设计，设计依据规范为 1989 版规范。至今，结构设计规范经历了 2001 版和 2010 版的更新迭代。根据《建筑抗震鉴定标准》中 1.0.6 条的规定，本项目须进行建筑抗震鉴定。该项目设计依据不仅要符合《建筑抗震鉴定标准》相关规定，而且须符合国家现行标准及规范的有关规定。该建筑已投入使用约 20 年，根据委托诉求，改造后建筑使用年限仍维持原设计年限。

本工程改造的主要内容有：地下二层消防水池扩容、地下一层自行车库夹层取消、部分扶梯取消并进行扶梯洞口封堵、局部新增设备用房、一层南侧增加平台、楼电梯更新带来的核心筒剪力墙局部新开洞、结构退台与原设计不同、屋顶增加冷却塔、新增消防水箱、幕墙更新、新增支撑及屋顶抽柱等。

根据北京市相关部门下发的关于进一步规范本市内部改造项目施工图审查工作通知的相关要求，该结构进行了必要的检测鉴定。根据《房屋建筑安全（含抗震）鉴定报告》鉴定结果可知：

（1）动物园公交枢纽站结构安全性鉴定等级评定为 B_{su} 级，略低于国家现行标准规范的安全性要求，尚不显著影响整体安全性能；

（2）动物园公交枢纽站的抗震能力等级均评定为 C_{se} 级，不符合现行国家标准《建筑抗震鉴定标准》（GB 50023—2009）和《房屋结构综合安全性鉴定标准》（DB 11/637—2015）的抗震能力要求，显著影响整体抗震性能；

（3）根据对动物园公交枢纽站结构安全性鉴定及建筑抗震鉴定的评级结果，动物园公交枢纽站的综合安全性等级均评定为 C_{eu} 级；

（4）根据动物园公交枢纽站的综合安全性鉴定结果，建议委托有资质的设计及施工单位对本工程采取有效的加固处理措施。

二、改造原则

为实现本项目改造功能的实现，结合现场实际情况及各专业要求，经多次论证，结构专业最终形成如下五条改造原则。

原则一：改造后的结构应保证与建筑的一致性，遵循安全、经济的原则，满足相关现行国家及地方规范和标准。

原则二：通过采取适当的减震措施，改善结构整体抗震性能，减小主体结构所受的地震作用，从而达到减少原结构构件加固数量的目的。

原则三：采用受力合理、安全可靠的加固改造方法，便于现场施工，利于提高施工进度，同时兼顾结构加固改造的经济性。

原则四：采取有效措施，保证加固改造期间一层公交的正常运营。

原则五：加固确有困难或通过经济综合比较确实不合理，而原结构损坏又不严重时，积极与相关专业协商，可采用改变结构用途或减少和限制荷载的方法进行处理。

下文逐一释疑各项原则确立原因。

1. 抗震验算

改造后该建筑后续使用年限为30年，根据《建筑抗震鉴定标准》相关条文规定可知，该建筑为A类建筑。进行结构构件抗震验算时，采取的设计表达式如下：

$$S \leqslant R / \gamma_{RE} \tag{18-1}$$

式中　S——结构构件内力组合的设计值；

R——结构构件承载力设计值；

γ_{RE}——抗震鉴定的承载力调整系数。

计算所依据的设计表达式等同于《建筑抗震设计规范》（GB 50011—2016）。

本结构2001年施工图设计时的设计依据规范为《建筑抗震设计规范》（GBJ 11—1989），而本次加固改造依据的设计规范为《建筑抗震鉴定标准》（GB 50023—2009）（后文中《建筑抗震设计规范》GBJ 11—1989简述为“旧版抗规”，《建筑抗震鉴定标准》GB 50023—2009简述为“鉴定标准”）。

两规范对上述表达式中三项数值的要求不尽相同，现进行逐一对比，以初步判断该结构的基本结构状况。

（1）外力。

因该结构设计完成后，设计规范经历了两次较大的迭代更新，现将两版规范对地震影响系数中取值相关参数进行比对，具体详见表18 1。

表18-1　取值新旧规范对比

	旧版抗规	鉴定标准
特征周期值 T_g	0.30s	0.30s
反应谱区段	$T_g \sim 5T_g$	$T_g \sim 5T_g$
结构周期 T	0.909s	0.909s
$\alpha_{\max}$	0.16	0.16
区段计算公式	$\left(\frac{T_g}{T}\right)^{0.9} * \alpha_{\max}$	$\left(\frac{T_g}{T}\right)^{0.9} * \alpha_{\max}$
α	0.06	0.06

通过新旧规范对比可知，地震影响系数相等。但对于尚未进行改造的主体结构，其整体所承担的地震作用，尚须考虑其他因素的影响。比如活荷载取值的调整（表 18–2）等。

表 18–2 新旧规范活荷载对比

房间功能	旧版荷载规范	新版荷载规范
办公	1.5kN/m^2	2.0kN/m^2
卫生间	1.5kN/m^2	2.0kN/m^2
楼梯	2.0kN/m^2	3.5kN/m^2

注：改造设计阶段，《工程结构通用规范》尚未施行

同时需要注意的是，依据旧版抗规，框架和剪力墙的抗震等级分别为三级和二级；依据新版抗规，框架和剪力墙的抗震等级分别提升为二级和一级。此外，旧版抗规并未涉及“双向地震作用下的扭转影响”和“计算单向地震作用时应考虑偶然偏心的影响”。故对于尚未进行改造的主体结构所受地震作用是提升的。

（2）抗力。

“鉴定标准”中指出：结构构件承载力设计值，须按现行国家标准《建筑抗震设计规范》（GB 50011—2011）的规定采用。但是，各类结构材料强度的设计指标应按本标准附录 A 采用，材料强度等级按现场实际情况确定。现将两规范对材料强度等级取值进行比对，具体详见表 18–3，其中混凝土设计值以 C40 为例，钢筋设计值以 HRB335 为例。

表 18–3 材料强度等级取值新旧规范对比

	旧版抗规	鉴定标准	比例
混凝土轴压 f_c	19.1N/mm^2	19.5 N/mm^2	提升 2.09%
混凝土轴拉 f_t	1.71 N/mm^2	1.8 N/mm^2	提升 5.26%
HRB335f_y	300 N/mm^2	310 N/mm^2	提升 3.33%

通过新旧规范对比可知，对于该结构，结构构件的材料强度等级均有一定的提升，亦即相比于改造前，结构抵抗外力的能力有一定提升。

（3）调整系数。

“鉴定标准”中指出：抗震鉴定的承载力调整系数，可按现行国家标准《建筑抗震设计规范》（GB 50011—2016）的承载力抗震调整系数值采用。但

是，对于A类建筑，钢筋混凝土构件应按现行国家标准《建筑抗震设计规范》（GB 50011—2016）承载力抗震调整系数值的0.85倍采用。

通过对比旧版抗规和新版抗规可知，承载力抗震调整系数没有变化。考虑到对于A类建筑承载力抗震调整系数值调整，即相比于改造前，结构抵抗外力的能力有17.65%（1/0.85-1）的提升。

综上所述，通过对A类建筑进行结构构件抗震验算时所采用设计表达式中三项系数的比对可知，该待加固结构主体所承担的外力和结构自身抗力均有一定幅度的提升。

2. *减震措施*

此次改造涉及既有剪力墙增加洞口和既有剪力墙洞口加宽加高，对既有剪力墙削弱较多，即削弱了原结构承载力。

因建筑专业等需求，原单层薄玻璃幕墙须替换为双层玻璃幕墙，相应的线荷载由6kN/m增至15.3kN/m，新替换幕墙较原有幕墙荷载增加较多，结构主体所承受地震作用增大。

原结构设计中剪力墙偏少，其布置偏置（原结构设计依据的旧版抗规对结构位移比的规定尚未引入），且原结构中剪力墙偏少。

为弥补改造对原结构带来的削弱影响，同时尽量减少对原框架梁柱的改造，本工程增设摩擦型金属抗震阻尼器和屈曲约束支撑，提升结构抗侧能力，现场布置详见图18-4和图18-5。

图18-4　改造后增加高性能摩擦阻尼器现场1

图18-5　改造后增加高性能摩擦阻尼器现场2

地震发生时结构物会吸收大量地震能量，必然要进行能量转换或消耗才能最后终止振动反应。增加约束支撑的目的是将结构中的某些非承重构件（如支撑、剪力墙连梁、连接件等）设计成消能构件，或在结构合适部位设置消能减震装置。

为提升待改造结构的抗侧力，项目方案阶段比选了增设摩擦阻尼器和增设剪力墙 [1] 两种措施。现详述两方案对比如下。

（1）增设摩擦阻尼器。

摩擦阻尼器可同时提供附加刚度和附加阻尼，可以有效降低结构的水平变形，同时降低地震力。并且摩擦阻尼器在小震作用下即可发挥效果，能够减少原结构的钢筋用量。

受限于原结构抗侧力构件先天偏置的特点，新增摩擦阻尼器设置原则如下，根据模型计算可获知结构抗扭薄弱位置，继而结合建筑功能特点，在合适位置（设置有建筑隔墙的部位）增加摩擦阻尼器。改造后的东西两塔楼结构变为带支撑的框架 - 抗震墙。

图 18-6 给出改造后结构中所增加约束支撑的位置。图 18-7 给出东西两塔楼约束支撑布置三维示意图。

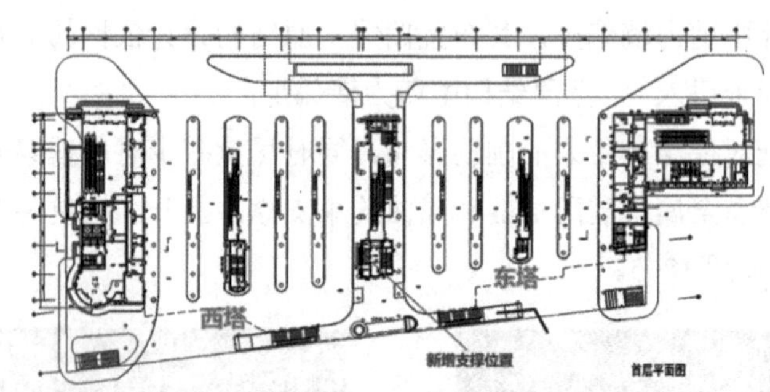

图 18-6　改造后首层约束支撑布置平面

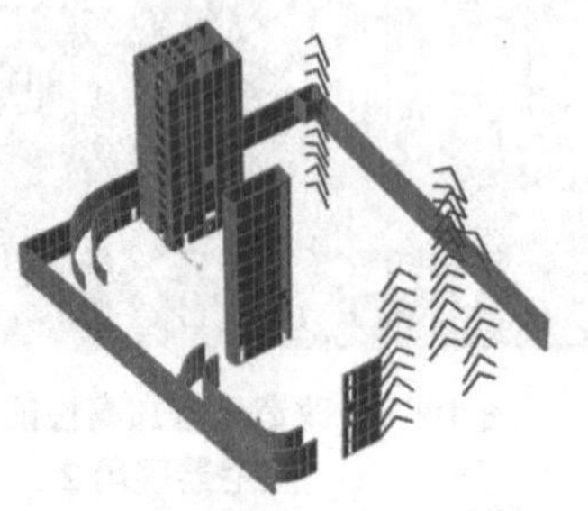

（a）西塔楼约束支撑布置三维示意

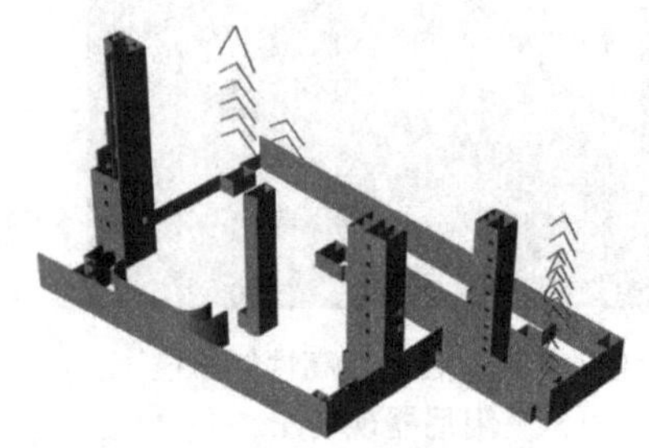

（b）东塔楼约束支撑布置三维示意

图 18-7　东西两塔楼约束支撑布置三维示意

《建筑抗震设计规范》GB 50011—2010 中 12.3.4 条规定，非线性塑性相关性消能部件附加给结构的有效阻尼比可以按照式（18-2）计算。

$$\xi_a = \sum_j W_{cj} / (4\pi W_s) \tag{18-2}$$

附加阻尼比应按照迭代计算，其计算过程如图 18-8 所示。

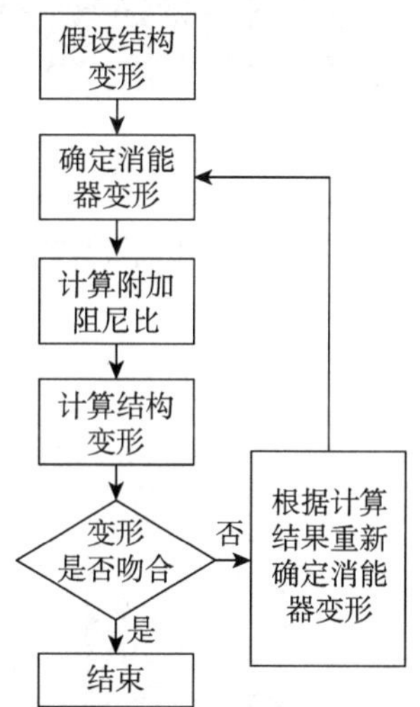

图 18-8　计算附加阻尼比流程

通过若干次迭代计算，可确定 X 方向地震作用下摩擦消能器附加阻尼比取为 2.0%，Y 方向地震作用下摩擦消能器附加阻尼比取为 2.0%。

依据《建筑抗震设计规范》GB 50011—2010 中 5.5.2 条规定，利用 SAUSAGE 软件对东西两塔楼进行罕遇地震作用下的弹塑性时程分析。可得相应塔楼的能量图及等效阻尼比，如图 18-9 ～图 18-11 所示。由图 18-9 ～图 18-11 可知，约束支撑增加的耗能减震比例，西塔可达约 21.9%，东塔可达约 17.7%，减震效果明显。

大震弹塑性的最大层间位移角，增布摩擦阻尼器后，东塔楼 X 向为 1/182，Y 向为 1/143；西塔楼 X 向为 1/232，Y 向为 1/218，满足规范要求 1/100。

（2）增设剪力墙方案。

根据最新的建筑平面在合适位置增加厚度为 300mm 的剪力墙。改造后的东、西两塔楼结构仍为框架剪力墙。如图 18-11 所示，红色粗线给出改造后结构中所增加剪力墙的位置。

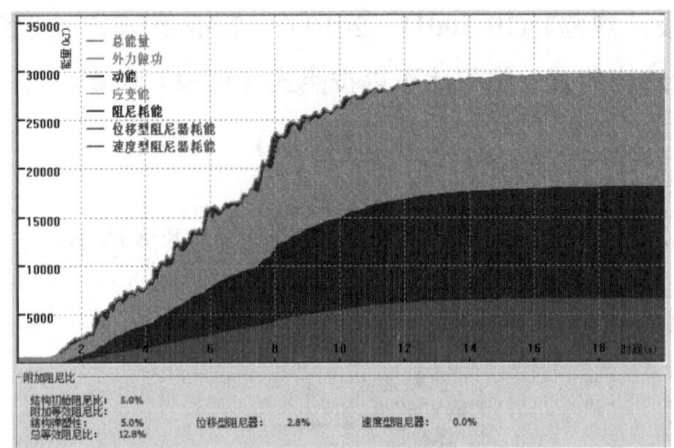

图 18-9 罕遇地震作用下西塔楼能量图及等效阻尼比（见彩图 52）

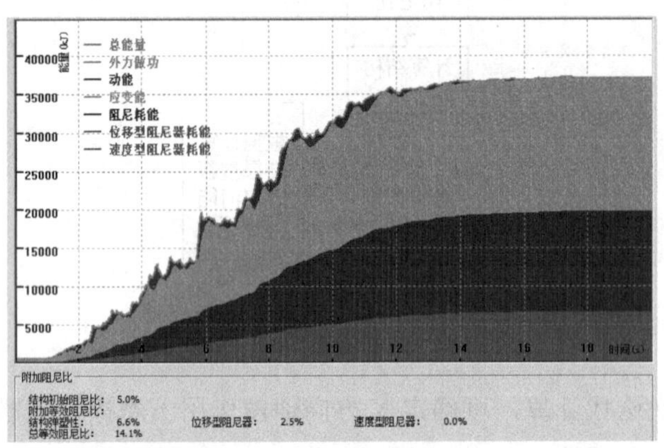

图 18-10 罕遇地震作用下东塔楼能量图及等效阻尼比（见彩图 53）

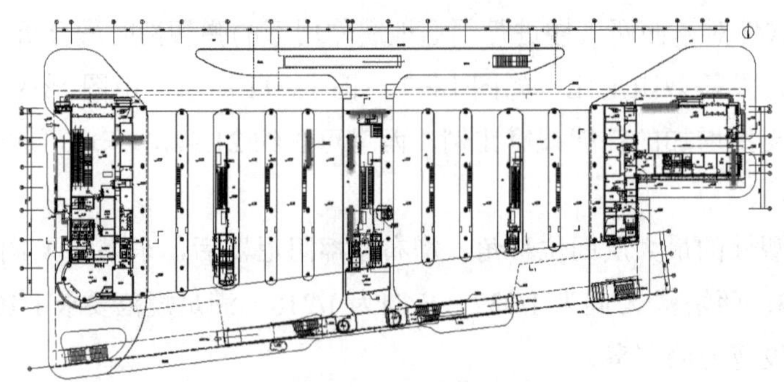

图 18-11 改造后首层约束支撑布置平面

以西塔楼为例进行增加剪力墙方案的计算分析。增布剪力墙后，X 方向及 Y

方向基底剪力分别为48038kN与61454kN。均大于增布约束支撑后X向及Y向基底剪力：45646kN与51737kN。

分析可知，增加剪力墙方案可有效提升结构的抗震性能，但也因结构自重和刚度的增大，该结构所须承担的地震作用也将变大，所须加固构件数量会增多。

（3）方案对比。

从安全性、经济性和施工便捷性三个方面对两个方案予以比对，如下文所示。

①安全性。两种方案均可有效地消耗输入结构的地震能量，衰减结构的地震反应，不分伯仲。

②经济性。增设支撑方案可有效折减传至主体结构的地震作用，较大程度地减少构件加固数量及范围；增设剪力墙方案通过增加剪力墙数量或厚度提高结构的抗震性能，但同时会导致地震力增大，所须改造加固构件数量增多，使结构的造价明显提高。

③施工便捷性。支撑占用施工场地小，对原结构损伤小，施工速度快。且支撑实际占地小，利于建筑交通流线的布置。相比于剪力墙布置，支撑顶部可走设备管线。增加剪力墙，加固施工现场湿作业较多，且因混凝土养护时长的要求导致加固工期长。

3. 幕墙更新措施

对于幕墙埋板节点，因旧有幕墙须进行全面更新，需要和原结构重新打锚栓做预埋件。但现结构梁均为预应力梁，如不明确内部钢绞线位置直接施工锚栓，会破坏已受力的预应力体系。为避免发生此类情况提出如下两方案。

方案一为对需要植筋的预应力梁外包钢板。如图18-12所示，幕墙龙骨与外包钢板进行连接。

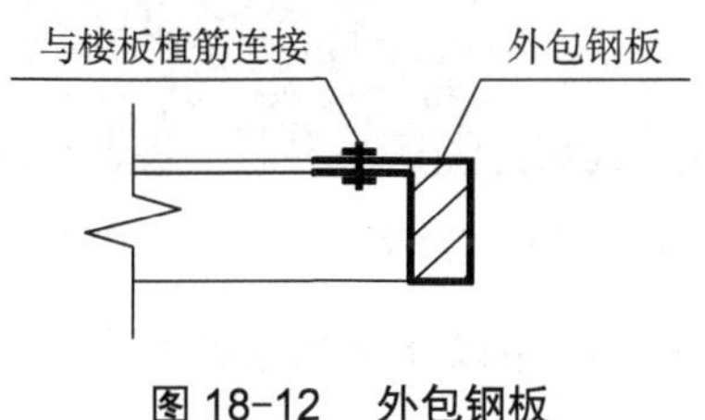

图18-12　外包钢板

方案二为探测原预应力钢筋位置，在梁侧绘制预应力筋线。预埋件施工时避开预应力钢绞线。

对比发现，方案一可有效地避免与预应力梁直接连接，改造的风险相对较小，但造价高、工期也相对偏长。方案二造价低、施工工期快、检测工期长且检测结果不稳定。

综上所述，结合实际情况，综合采用方案一和方案二。以图 18-13 为例，蓝红色虚线区域均采用方案二，红色虚线区域幕墙埋件贴梁底，蓝色虚线区域幕墙埋件贴梁顶；其余梁端为最大限度提升施工速率，采用外包钢板措施。

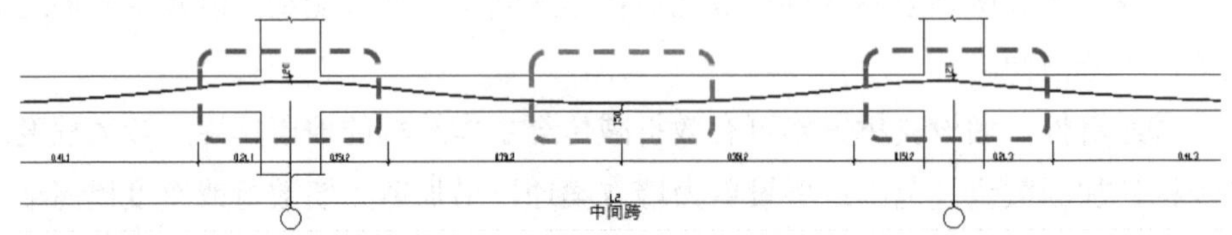

图 18-13　典型梁内预应力筋线

其中方案二执行时，采用的原则为：检测单位抽取部分预应力梁检测预应力线与原结构图纸是否相符，若监测后合格率能满足相关标准，则监测单位根据图纸绘制所有需要植筋连接的梁侧（可上下偏差在 5cm 范围）的预应力筋线。锚栓应避开此区域。

4. 公交运营诉求（图18-14）

图 18-14　改造前首层公交运营现状

该枢纽共有 10 多条公交线路以此站为起始站和终点站。北京地铁 4 号线动物园站也设在此地，形成了地铁与公交换乘关键枢纽。

故在此次改造期间公交运营不得中断，且地下两层加固改造期间不得影响地铁的正常换乘运营。

三、整体计算

1. 加固改造基本措施

对于梁承载力不足的情况，可采用增大截面法、梁粘钢加固法或碳纤维布加固法；

对于剪力墙开洞或承载力不足的情况，可采用增大截面法、粘钢加固法；

对于楼板封堵、开洞或承载力不足的情况，可采用粘钢加固法或碳纤维布加固法。

上述措施均依照《混凝土结构加固设计规范》和《混凝土结构加固改造构造》等相关加固规范图集。

2. 二层新增钢平台

本次改造建筑专业考虑首层为公交，二层及以上为办公楼，为优化交通流线，于南侧新增平台，弥补首层门厅缺失，如图 18-15 所示。改造前拟增设钢平台的范围现状为预应力钢筋混凝土悬挑梁（悬挑长度 4.05m），如图 18-16 所示。新增平台完成后侧视如图 18-17 所示。

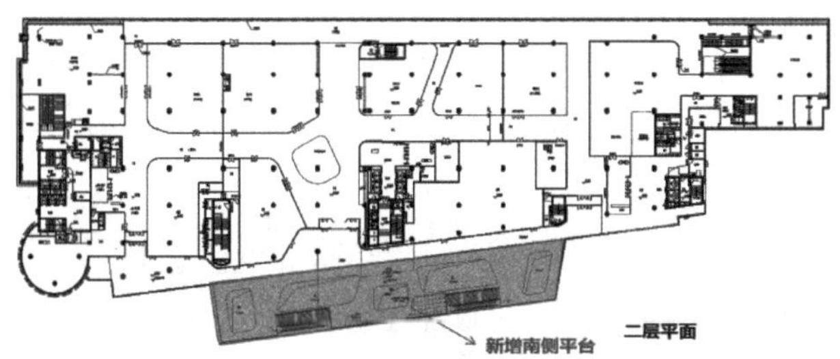

图 18-15　首层增加平台平面

图 18-16　新增平台与原结构衔接部位改造前仰视

图 18-17　新增平台完成后侧视

（1）方案论证。

考虑到施工期间首层公交正常运营的需求，为减少施工期间对公交运营的影响及公交运行对层高的要求，该新增平台不采用钢筋混凝土结构，而采用钢结构。

同时考虑公交运行对转弯半径的要求，并结合新增平台范围地下室柱网情况，新增两排钢柱的北侧一排钢柱距离现有柱网间距约为 14 米，新增南侧一排钢柱生根于地下室外墙顶部。如图 18-18 所示，红色粗线表示改造前建筑结构外轮廓，紫色圆点表示新增两排钢柱。

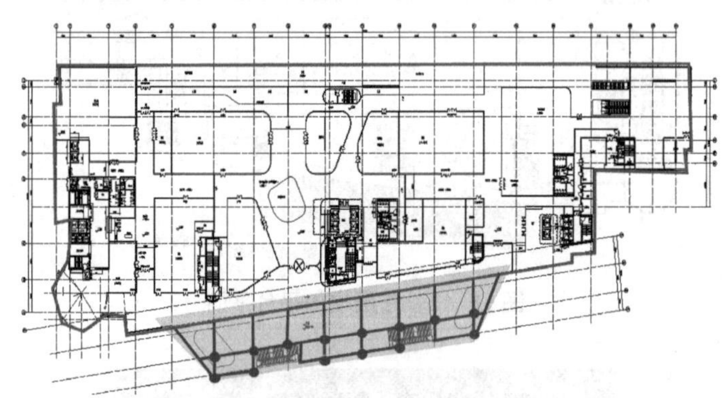

图 18-18　新增平台柱网示意

新增平台钢梁与原结构的连接，可选用如下三种：方案一，凿除南侧悬挑梁（内含预应力），平台钢梁与原结构柱连接；方案二，新增钢平台与原结构脱开，紧邻原框架柱新增钢柱；方案三，新增钢平台钢梁与悬挑梁相连。

因公交运营不得中断，故如按方案一予以实施，悬挑梁的拆除只能在公交运营的休整期（凌晨 0:00 ～凌晨 5:00），工期上不可接受，故方案一予以排除。

对于方案二，虽结构方面可行且钢柱架设速度快，但新增钢梁须布置于现有悬挑梁梁底，考虑其 14 米跨度，拟采用梁高 800mm 的工字形截面，影响公交车运营净高需求，故方案二也予以排除。最终选取方案三予以实施。

（2）设计方案详述。

新增单层钢平台重量约 1300 吨，约占该楼层总重量的 7.6%，计算结果显示，新增钢平台与原结构连接，原结构所承受地震作用基本不会增大。

新增钢梁与原结构悬挑梁铰接连接。新增楼板与原结构设缝脱开。

新增钢平台的荷载以点荷载的形式施加于原结构模型，经核算发现原悬挑梁抗剪不足。对原南侧悬挑梁进行加固，于悬挑梁下部增加变截面钢梁形成组合截面，钢梁梁高须结合公交运营需求。如图 18-19 所示。

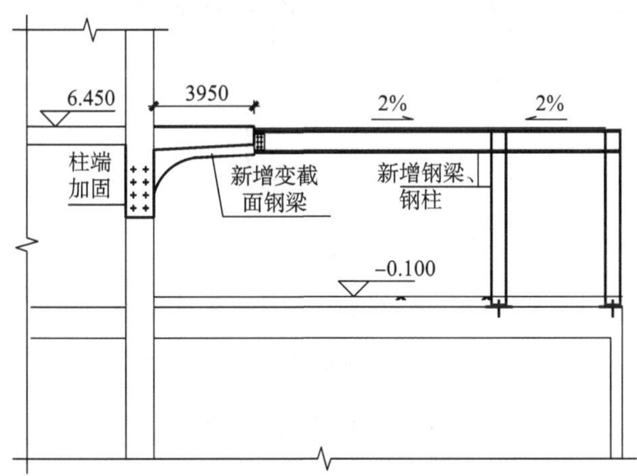

（a）新增平台与悬挑梁连接示意

（b）新增平台与悬挑梁连接现场

图 18-19　悬梁下部增加变截面钢梁形成的组合截面

本方案仅对原结构悬挑梁根部及框架柱进行加固，不拆除原结构。

原结构公交站台范围内的结构柱均为圆形截面柱，新增平台钢柱选用圆形截面，对下部公交运营更有利。

后续施工图设计中，通过对新增平台钢柱增加汽车冲击荷载工况的补充分析，考虑后续使用中可能出现的汽车撞击，避免连续倒塌发生。

（3）ABAQUS 有限元分析。

采用通用有限元软件 ABAQUS 对悬挑梁根部加固节点进行有限元分析，有限元模型如图 18-20 所示。各构件计算参数详见表 18-4。

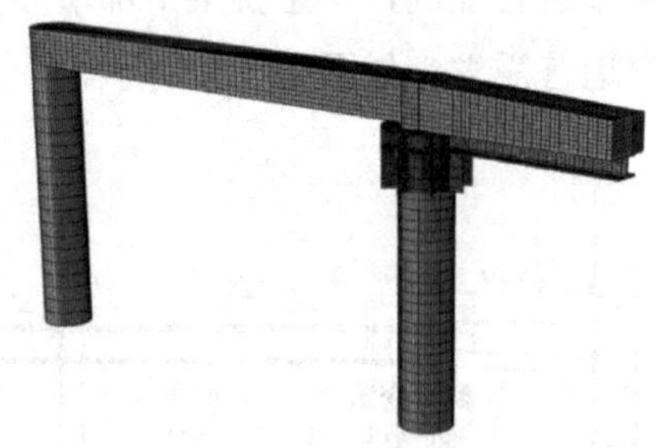

图 18-20　整体有限元模型

分析模型的边界条件如下：约束两个柱子底端的所有自由度，在混凝土悬臂梁端施加大小为 550kN 的集中荷载，同时考虑重力作用。

表 18-4　各构件计算参数表

梁	截面尺寸：1000mm×800mm
柱	截面尺寸：R=1100mm
型钢	厚度：翼缘 25mm，腹板 20mm
锚栓	柱壁：M20；间距：200mm 悬臂梁：M16；间距：200mm
梁钢筋	纵筋：HRB335；箍筋：HRB235

经分析可得如下结论。

①整体的最大竖向挠度为 21.63mm，位置在悬臂梁端。

②梁顶部混凝土最大主拉应力值为 2.85MPa，其值超过 f_{tk}2.39MPa，采用碳纤维布予以加固处理。

③混凝土主压应力最大为 20.82MPa，其值小于 f_{ck}26.8MPa，混凝土未出现受压屈服。

④型钢的最大等效应力值为 184.5MPa，其值小于 345MPa，型钢未出现屈服（图 18-21）。

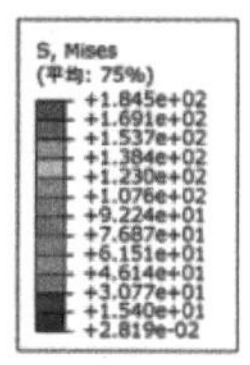

图 18-21　型钢应力云图

⑤梁下锚栓最大等效应力为 179.2MPa，柱侧锚栓最大等效应力为 60.82MPa，锚栓应力值均远小于 640MPa，故锚栓不会发生屈服，亦不会发生剪切破坏（图 18-22）。

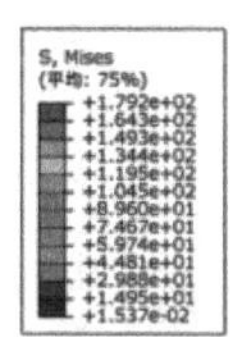

图 18-22　悬臂梁下部锚栓应力云图

⑥梁纵筋最大应力值为 143.1MPa，其值小于 335MPa；梁箍筋最大应力值为 27.85MPa，其值小于 235MPa，故钢筋不会屈服。

3. *屋顶抽柱*

东塔楼九层，因建筑增加报告厅，须切除某根框架柱，具体位置详见图 18-23。改造前，待抽柱以北轴 F ～轴 H 范围内阴影填充部分，九层顶为玻璃幕墙顶棚；待抽柱以南，九层顶为钢筋混凝土楼板。

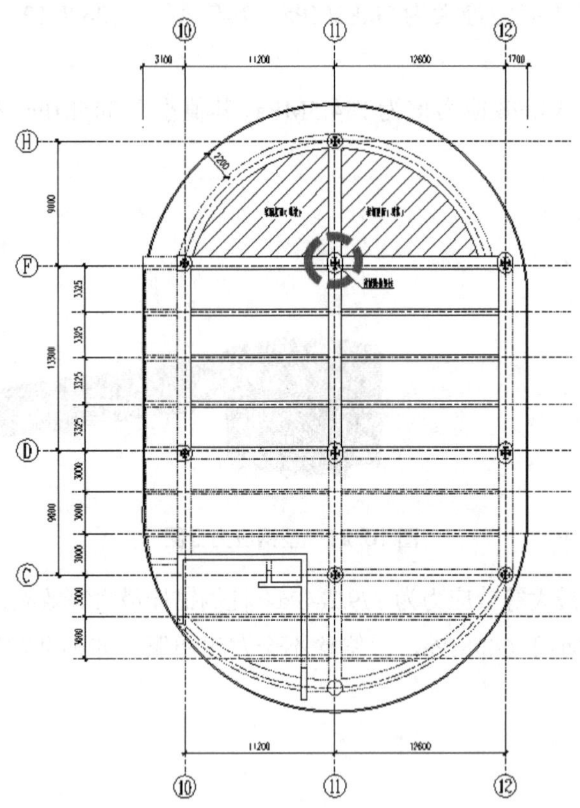

图 18-23　改造前九层顶结构（红色圈示为待抽柱）

图18-24～图18-25分别给出改造前和改造后建筑装修后现场照片对比情况。

图 18-24　改造前九层现场照片

图 18-25　改造后九层现场照片

（1）施工图方案。

考虑围全幕墙全部需要换新，且待抽除框架柱位于顶层，从经济与否、施工复杂简单与否、施工过程安全与否三个角度出发，经与甲方、各专业论证，均认可拆除既有屋面结构后完成抽柱[2]，采用轻钢屋面予以恢复的方案。正式施工图平面情况如图 18-26 所示。

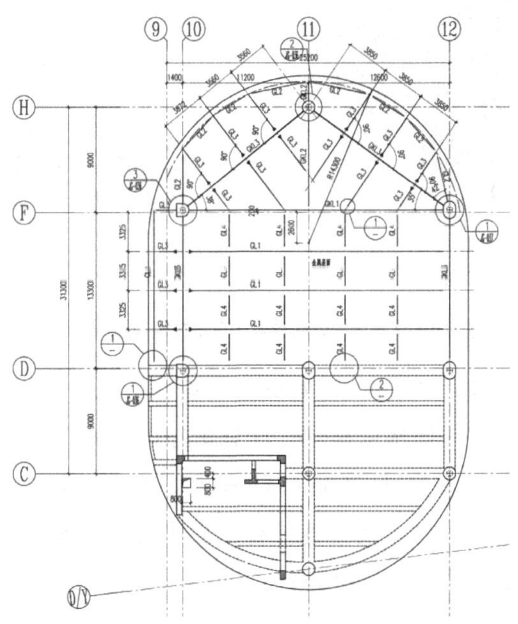

图 18-26　改造后九层顶钢梁布置

针对正式施工图，设计提出如下施工步序：

①清除屋面保温防水垫层等，拆除屋顶废弃设备基础，拆除周圈幕墙；

②利用水钻等静力手段拆除相关范围内梁板构件，按照先楼板，再悬挑梁，再次梁，最后框架梁的次序；

③利用水钻进行待抽柱的分段切割外运；

④施做框架柱顶外包节点（具体可详见下文提及的节点有限元分析及图18-27）；

⑤分段吊装型钢梁，过程中须设置必要的支撑措施；

⑥轻钢屋面的铺设；

⑦幕墙更新。

上述方案的优势为施工难度低，改造工艺成熟，施工风险小。缺点为改造量大，因涉及既有钢筋混凝土构件切割破除，形成的建筑垃圾外运压力大。

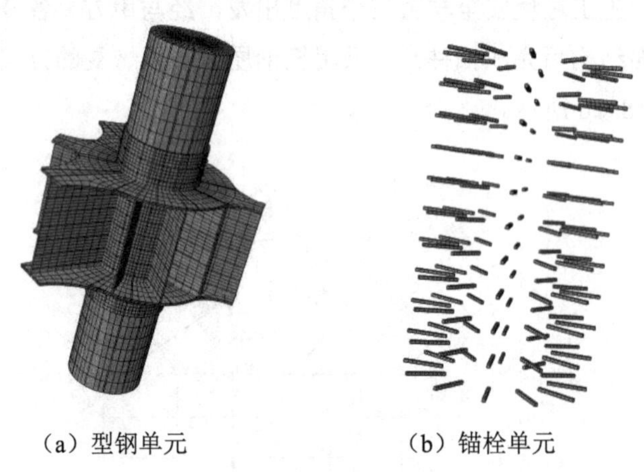

（a）型钢单元　　（b）锚栓单元

图 18-27　新增钢梁与柱法兰连接分析节点

通过运用有限元软件ABAQUS对梁柱节点（图18-27）进行静力有限元分析，外包型钢与既有框架柱采用锚栓连接，计算可知：

①对于法兰外伸长度为500mm的模型，型钢的最大等效应力值小于335MPa，详见图18-28，法兰翼缘连接处钢板未发生屈服；

②锚栓最大等效应力值为159.4MPa，小于640MPa，故锚栓不会发生屈服，亦不会发生剪切破坏，可见锚栓的设计方案是安全的。详见图18-29。

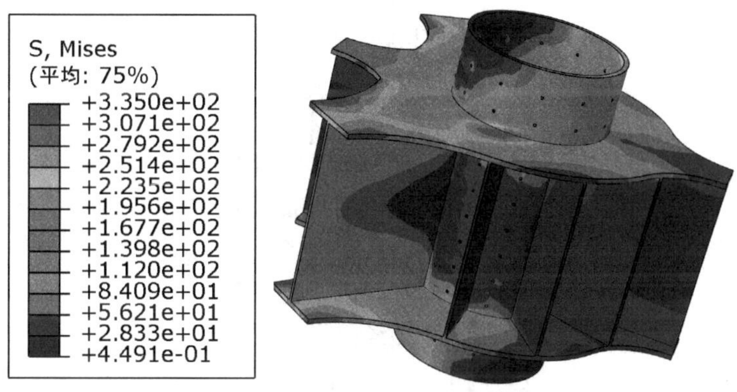

图 18-28　型钢 Von Mises 应力云图（见彩图 54）

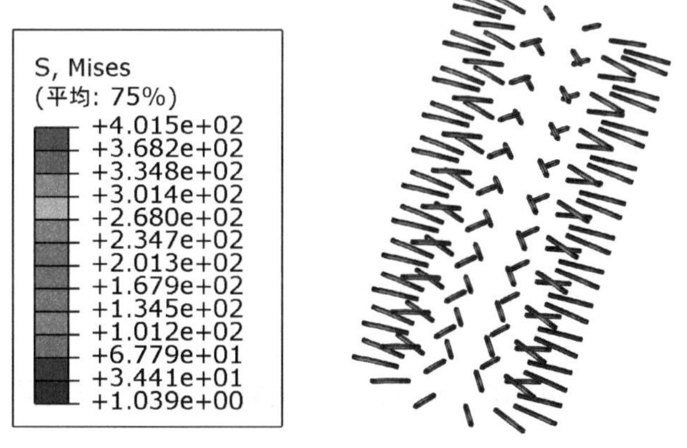

图 18-29　锚栓 Von Mises 应力云图（见彩图 55）

（2）设计变更方案。

正式施工图出具后一周左右的时间，甲方提出三周之后幕墙必须亮相的诉求。即已经出具的施工图纸是无法满足上述需求的。研究后发现，只有在尽可能保留现状梁系及该层顶周圈悬挑板（幕墙需要与之连接）的前提下，方可完成幕墙更新。

故屋顶抽柱增设如下前置条件：幕墙已更新，须保留原梁系。经与甲方、施工方及各专业论证，按照在保留既有梁系的基础上增设钢梁形成叠合梁（图 18-30）的思路，完成变更图纸的深化，且现场最终按此变更施工。

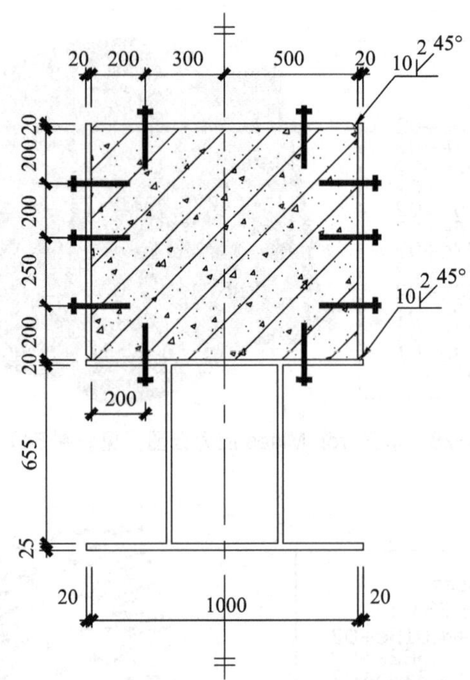

图 18-30　新增钢梁与既有梁叠合节点

针对变更图纸，设计提出如下施工步序。

①清除屋面保温防水垫层等，拆除屋顶旧有设备基础。

②利用水钻等静力措施拆除相关范围楼板（图 18-31），并及时进行建筑垃圾的清理。

图 18-31　相关范围楼板拆除后现场

③确认叠合梁分段组装原则，叠合梁需形成十字梁体系，钢梁的架设拼装分两段实施（图 18-32）。其中首段为图中阴影区范围，第二段为中间的十字节点。

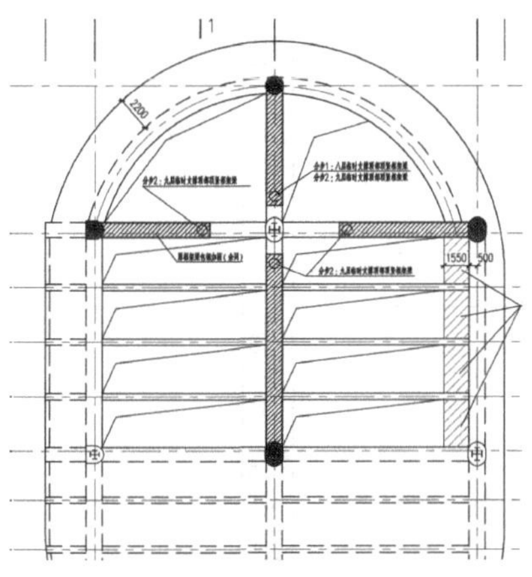

图 18-32　钢梁分段原则

④进行叠合梁首段施工。钢梁与原结构梁采用锚栓连接，并压力注胶；钢梁与原结构柱腹板铰接连接，并增设四根临时支撑钢管柱，以协调叠合梁施工拼装（图 18-33）。

⑤利用水钻等静力措施分段切除待抽除框架柱。

⑥进行叠合梁十字节点的拼接施工。

⑦屋顶铺设轻钢屋面。

图 18-33　临时支撑现场

施工过程中，待抽柱完成切除，叠合梁完成架设，所有焊接及压力注胶完成后，在待抽柱位置顶部布置位移计，且在四道临时支撑顶增设千斤顶，并在钢梁关键点位布置应力测点。测点布置如图 18-34 所示。

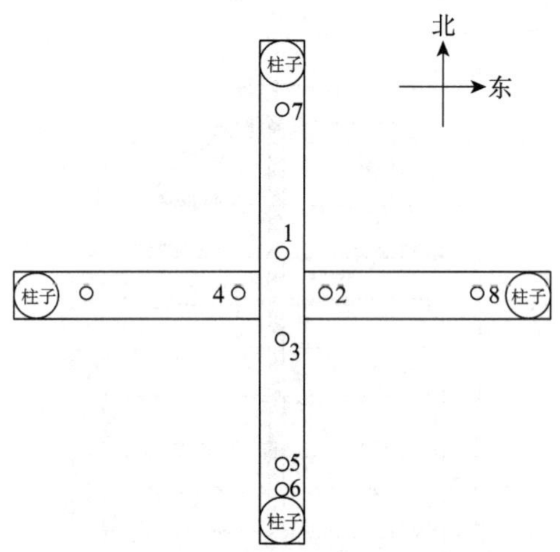

图 18-34　钢梁应力测点布置

现场试验测量，待四根临时支撑钢管柱完成卸载后，抽柱柱顶位置最大挠度为 5.8mm，满足设计要求。

应变片结果显示接近水平梁中心点位置的测点 2 受力最大，其应力值为 28.1MPa，低于屈服强度 345MPa。

四、结论

动物园公交枢纽工程改造项目，结构专业通过安全可靠的改造措施完成了各专业改造诉求，各个结构子项施工图形成均经过反复的“探讨 - 论证 - 验证”。经上文总结，可得到以下结论。

（1）通过采取增设摩擦阻尼器的减震措施，可增加结构的附加阻尼比。同时可通过在结构薄弱部位增设摩擦阻尼器，有效降低薄弱部位的水平变形，继而增强结构整体抗扭能力。且摩擦阻尼器自身可有效耗散地震能量，实现原结构构件加固数量的可观减少。

（2）通过采用受力合理、安全可靠的幕墙连接节点，有效满足施工进度诉求，同时兼顾结构加固改造的经济性。

（3）新增钢平台采用新增钢梁与原结构悬挑梁铰接连接的方式予以实现，实现了对公交运营零影响。并利用有限元软件 ABAQUS 对该加固节点予以有限元分析验证，满足规范要求。

（4）针对幕墙更新步序提前导致的不利影响，通过新增钢梁与既有钢筋混凝土梁形成叠合梁的设计，既保证了更新后幕墙的安全与稳定，又成功完成屋顶抽柱。抽柱柱顶位置最大挠度为 5.8mm。叠合梁应力值最大为 28.1MPa，低于屈服强度 345MPa，满足设计要求。

参考文献

[1] 徐彤 , 周云 , 李良 . 结构减震控制技术在抗震加固改造中的应用 [J]. 建筑结构 , 2000, 30(10): 63-66.

[2] 张继文 , 吕志涛 , 贡浩平 , 等 . 某综合楼顶层抽柱改造的设计与施工 [J]. 建筑结构 , 1996, 16(2): 37-40.

十九　城市轨道交通配电变压器最佳经济运行区分析

王实山

摘要：配电变压器的经济运行是城市轨道交通节能研究的一个重要内容。通过对配电变压器综合功率损耗的分析，得到了无功经济当量在城市轨道交通供电系统中的取值特点，从而简化了综合功率损耗的计算公式并提高了其计算精度。结合城市轨道交通低压负荷的运行特点，通过分析得到了工程中负载波动损耗系数的参考取值，并据此得出了配电变压器最佳经济运行区计算结果。进一步对城市轨道交通目前已开始应用的 3 种不同类型的配电变压器进行了最佳经济运行区的比较，所得结论对于今后配电变压器的选型具有一定的指导意义。

关键词：城市轨道交通；配电变压器；最佳经济运行区；无功经济当量；负载波动损耗系数；非晶合金变压器

配电变压器在城市轨道交通中使用数量较多，在每个车站以及车辆段、停车场、控制中心等较大的单体建筑内都需要设置变电所，每个变电所需配置 2 台相同容量的配电变压器为低压负荷供电。因此对配电变压器最佳经济运行区进行分析，为选用合适的节能型配电变压器提供一种借鉴，对于提高城市轨道交通运营经济效益、响应国家节能环保政策具有一定的现实意义。

一、配电变压器的功率损耗分类

变压器在传输功率时会产生一定的有功功率损耗，分为铁耗与铜耗两类，每一类又包含基本损耗与杂散损耗。变压器的铜耗与负载电流的平方成正比，因此也被称为可变损耗；铁耗可以看作与变压器一次侧电压的平方成正比，一般视为不变损耗 [1]。

变压器利用电磁感应原理进行交流电压的变换，可视作一个感性的无功负载。

在变压器传输功率的过程中，变压器自身的无功功率损耗远大于有功功率损耗[2]。无功功率损耗又分为空载励磁功率损耗与额定负载漏磁功率损耗。一般应用场合的配电变压器在考虑其经济运行时，无功功率损耗也应着重考虑。

二、配电变压器综合功率损耗分析

分析计算配电变压器的损耗需要4个参数，分别为：短路阻抗（数值与短路电压百分比 $U_k\%$ 相等），负载损耗 P_k（一般取F级绝缘120℃的值），空载电流（使用百分比表示 $I_0\%$），空载损耗 P_0。P_0 和 P_k 反映配电变压器的有功功率损耗，也分别对应上文的铁耗与铜耗；$I_0\%$ 和 $U_k\%$ 进行换算后，用来反映配电变压器的无功功率损耗[3]。配电变压器的空载励磁功率 Q_0 与额定负载漏磁功率 Q_k 的实用简化计算公式为：

$$Q_0 = I_0\%S_N \times 10^{-2} \tag{19-1}$$

$$Q_k = U_k\%S_N \times 10^{-2} \tag{19-2}$$

式中　Q_0——变压器空载励磁功率，kvar；

S_N——变压器额定容量，kVA；

Q_k——变压器额定负载漏磁功率，kvar。

分析配电变压器经济运行时，需引入无功经济当量 K_Q 来计算配电变压器的综合功率空载损耗及综合功率额定负载损耗[4]。

$$P_{0Z} = P_0 + K_Q Q_0 \tag{19-3}$$

$$P_{kZ} = P_k + K_Q Q_k \tag{19-4}$$

式中　P_{0Z}——变压器综合功率的空载损耗，kW；

P_{kZ}——变压器综合功率的额定负载损耗，kW；

K_Q——无功经济当量，kW/kvar。

无功经济当量 K_Q 在城市轨道交通这一特殊供电系统内如何取值是值得探讨的。无功经济当量的定义是变压器无功消耗每增加或减少1kvar时，引起受电网有功功率损耗增加或减少的量。从该定义以及对无功经济当量的求解过程可知[5]，目前的无功经济当量 K_Q 有一个未说明的前提条件，即受电网与配电变压器的阻抗一样呈现感性。但这一前提条件在城市轨道交通供电系统中不是一直成立的，若沿用 K_Q 取值的一般做法，会使计算值明显偏大。

城市轨道交通的中压环网采用电缆线路，由于电缆分布电容的存在，在系统运行时会产生较大的电容电流。当城市轨道交通夜间停运或在运营初期时，由于感性负载较小，城市轨道交通供电系统整体上呈现为容性负载。通过对某主变电所功率因数的实际测量也充分说明了这一问题[6]。当整个城市轨道交通供电系统对外呈现为容性时，变压器的无功功率并没有穿越供电网络而增加有功功率的损耗，反而因补偿了一部分电缆产生的无功功率，减少了无功电流，降低了有功功率的损耗。因此无功经济当量 K_Q，在城市轨道交通供电系统中，是一个正负交替的值。城市轨道交通正常运行时，由于牵引及低压动力照明负荷的存在，整个供电系统对外呈现感性，K_Q 为正值；城市轨道交通停运后，牵引负荷消失，低压动力照明负荷也大幅减小，此时整个供电系统对外呈现容性，K_Q 为负值。

无功经济当量 K_Q 的绝对值大小，应与该点的无功功率、电网电阻成正比[5]。由于配电变压器低压侧也大量使用电缆线路，且一般设有带无功补偿功能的 APF 装置，因此配电变压器的功率因数能保持在 0.9 以上，无功功率不大。查询文献 4 中的表格数据可知此时无功经济当量 K_Q 的绝对值取 0.04。在城市轨道交通供电系统中，对于无功经济当量 K_Q 这一正负交替，绝对值为 0.04 的值，应将其忽略不计来简化计算，同时也提高了计算精度。

三、配电变压器最佳经济运行区计算

文献 4 中规定，配电变压器最佳经济运行区的上限负载系数为 0.75，最佳经济运行区的下限负载系数为 $1.33\beta_{JZ}^2$，其中 β_{JZ} 是配电变压器综合功率经济负载系数。因为最佳经济运行区的上限负载系数为一定值，所以下文仅对下限负载系数进行讨论。

配电变压器的综合功率经济负载系数采用式 19-5 计算。

$$\beta_{JZ} = \sqrt{\frac{P_{0Z}}{K_T P_{kZ}}} \tag{19-5}$$

由于无功经济当量 K_Q 忽略不计，因此式 19-5 可以直接简化为

$$\beta_{JZ} = \sqrt{\frac{P_0}{K_T P_k}} \tag{19-6}$$

式中　K_T——负载波动损耗系数。

负载波动损耗系数 K_T 是指一定时间内，负载波动条件下的变压器负载损耗

与平均负载条件下的负载损耗之比。由此可见，负载波动损耗系数 K_T 可以将一个实际上时刻变化的负载所引起的损耗，用一个不变的平均负载来求解，从而大大简化计算过程，且 K_T 反映的是负载自身的特性与所选用的变压器类型无关。因此，K_T 选择的准确与否对最佳经济运行区的计算是非常重要的。

配电变压器的负载损耗与负载电流的平方成正比。负载损耗的波动主要体现为电流的变化，忽略配电变压器三相负载的不平衡后，负载波动损耗系数 K_T 可以根据式 19-7 求得[7]：

$$K_T = \frac{I_{rms}^2}{I_{avg}^2} \tag{19-7}$$

式中　I_{rms}——波动负载负荷电流曲线的有效值，A；

I_{avg}——波动负载负荷电流曲线的平均值，A。

根据式 19-7 准确计算负载波动损耗系数 K_T，需要得到配电变压器的典型负荷曲线。但由于目前缺少城市轨道交通低压负荷的系统性实测分析，对于配电变压器的典型年负荷曲线没有十分清楚的认识，而且气候条件、车站类型、客流特征等都会在一定程度上影响负荷曲线，造成了负载波动损耗系数 K_T 的取值困难。

鉴于此，现阶段 K_T 只能在结合城市轨道交通运营特点的前提下，利用文献 4 附录 C 中的查表法得到。表 19-1 列出了文献 4 中部分 K_T 的具体取值，其中 γ_T 可以表示在一年（8760h）的时间内负载的平均视在功率与最大视在功率之比的百分数。由于城市轨道交通配电变压器低压负荷的功率因数基本稳定在 0.9 以上，所以 γ_T 也可以用有功功率或电流的比值来表示。T_m% 可以表示在一年（8760h）的时间内出现 95% 以上最大负载的时间所占的百分数。

表 19-1　负载波动损耗系数表

γ_T \ T_m%		5	10	15
5	19.010	20.000	—	—
10	9.037	9.519	10.000	—
15	5.725	6.039	6.353	6.667
20	4.083	4.312	4.542	4.771
25	3.111	3.289	3.467	3.644
30	2.476	2.619	2.762	2.905
35	2.037	2.154	2.271	2.388

续表

T_m% / γ_T		5	10	15
40	1.722	1.819	1.917	2.014
45	1.495	1.576	1.657	1.737
50	1.333	1.400	1.466	1.533

城市轨道交通每天都有约 6 小时的停运时间，停运后低压用电负荷大大减小；而在早晚高峰客流量大时，低压用电负荷也相应较大；还有在夏季或者冬季时，低压用电负荷占比最大的环控空调系统用电量增大。因此城市轨道交通配电变压器的典型年负荷曲线的波动性是很大的，有 25% 的时间段负载很小，95% 以上最大负荷仅出现在夏季或冬季的早晚高峰。因此 γ_T 的值应该是明显小于 50% 的，在此取 35%；T_m% 的值应该小于 5%。根据表 19-1 中的典型数值，本文 K_T 的值取为 2.1。经过以上分析，城市轨道交通配电变压器的最佳经济运行区可以取 $0.63P_0/P_k \sim 0.75$。

四、不同配电变压器最佳经济运行区比较

目前城市轨道交通 35kV 电压等级的配电变压器使用最多的为 SCB10 系列普通干式变压器，近些年开始试点应用非晶合金与立体卷铁芯两种节能型干式变压器。但对于 35kV 电压等级的两种节能型配电变压器目前还没有专门的国家规范标准。本文用 10kV 电压等级的不同类型配电变压器进行最佳经济运行区的分析比较，所得结论同样适用于 35kV 电压等级的配电变压器。

结合文献 8、9、10、11、12 中的参数要求，可得到不同类型配电变压器的空载损耗 P_0 与负载损耗 P_k 的值 [8～12]，并列于表 19-2 中。其中负载损耗取绝缘系统温度为 120℃的值，配电变压器容量选择城市轨道交通最常见的 4 种规格。

表 19-2　不同类型配电变压器空载与负载损耗值

变压器容量 / kVA	普通干式变压器		立体卷铁芯干式变压器		非晶合金干式变压器	
	空载损耗 /W	负载损耗 /W	空载损耗 /W	负载损耗 /W	空载损耗 /W	负载损耗 /W
630	1040	5960	935	5360	410	5960
800	1215	6960	1090	6260	480	6960

续表

变压器容量 / kVA	普通干式变压器		立体卷铁芯干式变压器		非晶合金干式变压器	
	空载损耗 /W	负载损耗 /W	空载损耗 /W	负载损耗 /W	空载损耗 /W	负载损耗 /W
1000	1415	8130	1270	7310	550	8130
1250	1670	9690	1500	8720	650	9690

上文已经根据城市轨道交通低压负荷的特点得到配电变压器的最佳经济运行区间为 $0.63P_0/P_k$ ～ 0.75，再结合表 19-2 中的数据可以计算出不同容量不同类型配电变压器最佳经济运行区下限负载系数，如图 19-1 所示。从图中可以看出配电变压器最佳经济运行区下限负载系数只与配电变压器的类型有关，而与配电变压器的容量无关；普通干式变压器与立体卷铁芯干式变压器的最佳经济运行区下限负载系数基本一致；非晶合金干式变压器的最佳经济运行区下限负载系数明显比另外两种变压器小，负载率在 4.3% ～ 11% 时，仍处于最佳经济运行区。由于城市轨道交通的单台配电变压器容量需要满足全站的一、二级负荷用电需求，再加之目前负荷计算普遍存在严重偏大的情况，实际运行中的配电变压器负载率很低 [13]。这种情况下非晶合金干式变压器最佳经济运行区下限负载系数小的特性可以更好地发挥节能效果。

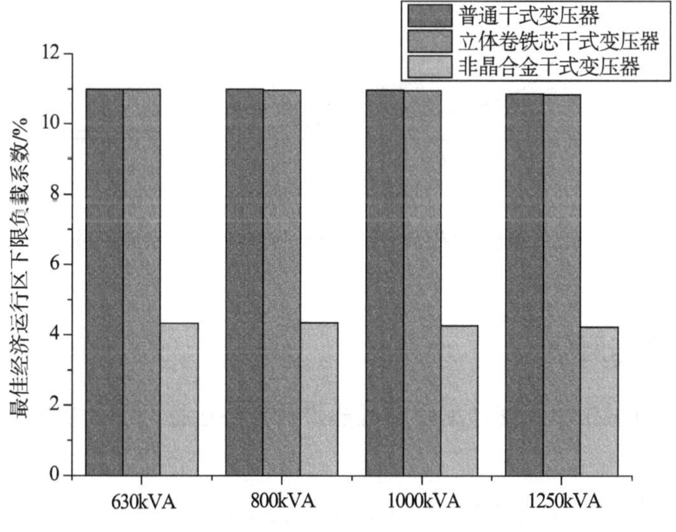

图 19-1　最佳经济运行区下限负载系数柱状图

因为实际中的负载波动损耗系数 K_T 会因为车站类型，气候条件、客流特征等原因而有所变化。所以有必要比较当 K_T 在一定范围内变化时 3 种配电变压器的最佳经济运行区下限负载系数。已知最佳经济运行区下限负载系数与变压器容量无关，所以选择容量为 1000kVA 的 3 种不同类型配电变压器进行比较，可以得到图 19-2 中的曲线。从图中可以看出普通干式变压器与立体卷铁芯干式变压器的最佳经济运行区下限负载系数随 K_T 的变化曲线几乎重合，这说明立体卷铁芯干式变压器虽然在空载损耗与负载损耗上都比普通干式变压器有所减小，但在波动负载的适应能力上并没有提高；负载的波动损耗系数 K_T 小于 6 时，非晶合金变压器的最佳经济运行区下限负载系数明显小于其他两种变压器，该类负载选用非晶合金变压器时节能效果更加明显。

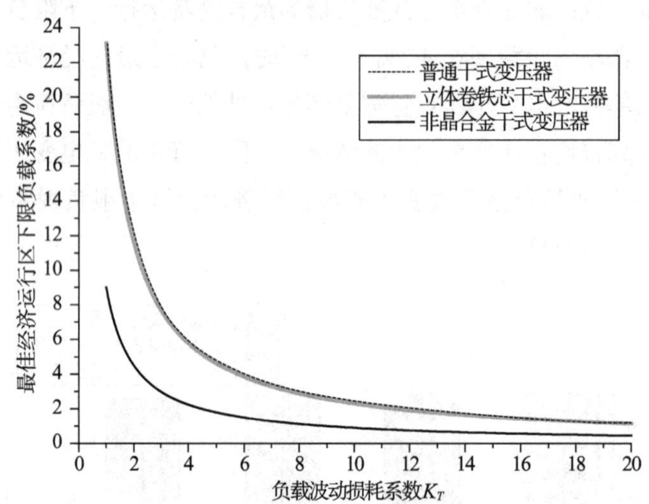

图 19-2　最佳经济运行区下限负载系数与 K_T 关系的曲线

五、结语与展望

本文通过对城市轨道交通配电变压器最佳经济运行区的分析得到了以下几点结论：

（1）在城市轨道交通供电系统中，配电变压器的无功经济当量 K_Q 是一个正负交替，绝对值小，工程计算应忽略不计的值。

（2）配电变压器最佳经济运行区与变压器的容量无关，主要由变压器的类型以及负载波动损耗系数决定。

（3）当负载波动损耗系数 K_T 小于 6 时，非晶合金干式变压器的最佳经济运行区下限负载系数明显小于立体卷铁芯干式变压器与普通干式变压器，更加适用于负载率较低的场合。

对于城市轨道交通配电变压器的经济运行还需从理论、投资以及实际应用上做进一步的研究。在有条件的情况下，应对我国不同气候条件、不同类型、不同客流特征的车站进行低压负荷的实测，计算出更加准确的负载波动损耗系数。进一步了解低压负荷的实际工作状况，利用实测数据完善低压负荷计算。再综合考虑变压器的价格、寿命、电价等经济技术指标使配电变压器的类型选择、容量选择更加经济合理，节能高效。

参考文献

[1] 汤蕴璆 . 电机学（第四版）[M]. 北京：机械工业出版社 , 2011.

[2] 吴玉香 . 220kV 变电站变压器经济运行方式计算与效益分析 [D]. 北京：华北电力大学 , 2008.

[3] 徐丹 . 配电变压器的经济运行方式研究 [D]. 北京：华北电力大学 , 2013.

[4] 电力变压器经济运行 : GB/T 13462—2008[S]. 北京：中国标准出版社 , 2008: 6.

[5] 李云台 , 徐进义 . 电网的无功经济当量与无功补偿效益 [J]. 中国电力 , 1996, 29: 17-19.

[6] 陈飞 . 轨道交通供电系统功率因数分析及补偿方案研究 [J]. 铁道工程学报 , 2012, 4: 100-103.

[7] 李少萱 . 负荷曲线对形状系数及电能损耗的影响分析 [J]. 福建电力与电工 , 1999, 19(2): 8-11.

[8] 三相干式立体卷铁心配电变压器技术参数和要求 : GB/T 32825—2016[S]. 北京 : 中国标准出版社 , 2016: 12.

[9] 干式非晶合金铁心配电变压器技术参数和要求 : GB/T 22072—2008[S]. 北京 : 中国标准出版社 , 2008: 11.

[10] 三相配电变压器能效限定值及能效等级 : GB 20052—2013[S]. 北京 : 中国标准出版社 , 2013: 7.

[11] 干式电力变压器技术参数和要求：GB/T 10228—2015[S]. 北京：中国标准出版社，2015: 12.

[12] 城市轨道交通机电设备节能要求：GB/T 35553—2017[S]. 北京：中国标准出版社，2017: 12.

[13] 谢红，张华志．非晶合金变压器在城轨交通中的应用前景 [J]. 都市快轨交通，2013, 26(5): 66-68.

二十　基于云平台的供电智能运维系统设计与应用

于木里

摘要：为贯彻国家“双碳”重大战略决策，推进宁波轨道交通低碳节能技术创新，设计了基于云平台的供电智能运维系统。通过对传统供电设备运维的分析与优化，提出了以数智化电力系统为主体的供电智能运维系统方案，推进了城市轨道交通供电系统运营管控层面的数智化转型。基于大数据、云计算及人工智能等先进技术，实现了集成智能巡检、智能控制和智能决策等核心功能的新型运维模式，达到了增强设备可靠性、优化检修模式、提高运营服务水平的目的，同时为线网级的智能能源系统提供设备层数据支撑。

关键词：“双碳”目标；数智化转型；云平台；供电智能运维

一、“双碳”目标下的电力系统数智化转型

“碳达峰、碳中和”目标（“双碳”目标）的具体含义是力争CO_2排放于2030年前达到峰值，努力争取2060年前实现碳中和。实现以电力行业为主的能源领域碳减排将成为达成“双碳”目标的重要一环，构建以新能源为主体的新型电力系统是实现“双碳”目标的必然选择[1]。

新能源装机、电量占比不断提升带来的量变，将逐步引发电力系统在物理形态上和技术框架上的质变。相较于传统电力系统，新型电力系统具备电源清洁化、电网柔性化、系统电力电子化和系统数智化等显著特征。新型电力系统的显著特征，如图20-1所示。其中，电力系统数智化转型是从能源生态数字化和运营管控智能化两方面建设以新能源为主体的数字化、智能化新型电力系统[2]。

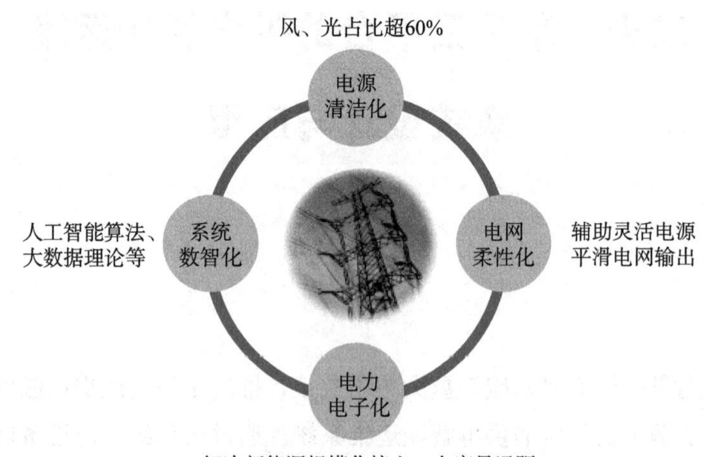

图 20-1　新型电力系统的显著特征

1. 能源生态数字化

数据的传输、处理与交互是能源生态数字化的根本，依托于5G通信、云计算和大数据等高新技术实现。随着电力系统各环节的智能终端不断增加，智能终端的数据监测、采集、传输过程日益完善，新型电力系统需要通过实时、稳定、可靠的通信技术传输并汇总。与此同时，新型电力系统对计算规模和效率提出了更高的要求，设备独立计算已无法满足运算需求。大数据和云计算技术通过聚合大量计算资源和存储资源，拥有强大的数据处理和信息交互能力，保障新型电力系统大规模、多维度的数据处理。

2. 运营管控智能化

运营管控智能化是通过深度学习、人工智能等技术对新型电力系统数据信息进行有效的管理和分析，使新型电力系统实现可智能调控的智慧化与数字化。通过健康管理、故障预测、辅助决策等功能，减少在运营管控过程中人为因素造成的影响。基于语音图像识别、神经网络等技术实现数据的采集、共享、分析与再分配，对不同时间、空间、功能等各维度信息进行全面融合与优化互补，保证新型电力系统在运营、维护、管理、控制全过程中的智能化决策与数字化交互。

城市轨道交通作为城市电网的用电大户，其供电系统的结构性优化转型成了城市电网终端用能需求转型的重要环节。城市轨道交通供电系统的改进与优化，除了针对供电方式及供电设备等方面的技术创新，亦可将供电设备运维方式与新一代的技术紧密结合，构建完善的数智化供电设备运维体系[3]。

二、基于云平台的供电智能运维系统

针对城市轨道交通供电系统的数智化转型，供电智能运维系统作为一种新型智能化运维模式，依托于云计算、大数据、物联网等新兴技术，集成自动巡检、数据整合、智能决策等核心功能。逐步代替以人工为主导的传统供电设备运维，增强设备可靠性，优化检修模式，提高运营服务水平。

1. 传统供电设备运维分析

从设备角度分析。供电设备相对分散，无法快速准确地获取设备有效信息，只能依靠大量人力和时间按既定计划现场巡视；供电设备较为复杂，故障诊断困难，严重依赖运维人员现场经验；供电设备监控多偏向调度控制，维护类信息定义或流向不明确，设备潜在故障容易被忽视。

从管理角度分析。运维人员经验不足，定位或解决故障困难，存在人为因素隐患；运维手段与方案匮乏，经常造成过维护或欠维护；不同线路分别维护，信息数据不共享，严重缺乏整体性和系统性。

通过对传统供电设备运维模式的分析，提高供电设备运维的效率和质量已迫在眉睫。但实践数智化的运维模式必须从运维工作本身存在的实际问题出发，提出全面、完善、可行的功能需求，通过成熟的技术手段，科学、经济地加以实现。

2. 供电设备数智化运维需求分析

（1）高安全性运维功能。供电设备运维以安全为首要任务，保证运维工作的高度安全和可靠是运维数智化的前提与根本。

（2）全面数据采集功能。作为运维数智化的基础，底层设备的状态采集应更加全面，确保对设备关键部位的实时在线监测。

（3）设备环境监测功能。实时监测设备周围及变电所内环境参数，具备对变电所环境温湿度、积水、火灾等因素的监视功能，以保证人员和设备运行的安全。

（4）自动辅助巡检功能。通过在变电所内增设摄像机或巡检机器人实现全方位视频监视、巡视，减少人工巡检的工作量，提高运维效率。

（5）智能生产管理功能。通过数智化运维平台实现所有数据的共享与关联，根据设备的监控数据和生产管理要求自动生成相关的作业要求，同时对整个生产流程全过程监控与记录。

（6）智能分析决策功能。主要包括故障预测和健康管理功能以及事故抢修专家决策功能等。针对设备状态进行全方位分析，为巡检维护、资源配置、事故抢修等工作提供参考决策。

通过对供电设备运维实际需求的调研与分析，运维人员主要对数智化运维提出了智能巡检、智能管理、智能诊断及智能决策四个方面的要求。根据这些需求设计真正切实可用、精准完善的供电智能运维系统方案[4～6]。

3. 宁波地铁6号线供电智能运维系统方案

宁波地铁 6 号线一期工程供电智能运维系统从功能上分为变电所在线监测子系统、电能质量监测子系统和智能巡检子系统。从组成架构上分为现场级采集系统、车站级运维系统、中央级运维系统三层结构。宁波地铁 6 号线一期工程供电智能运维系统架构如图 20-2 所示。

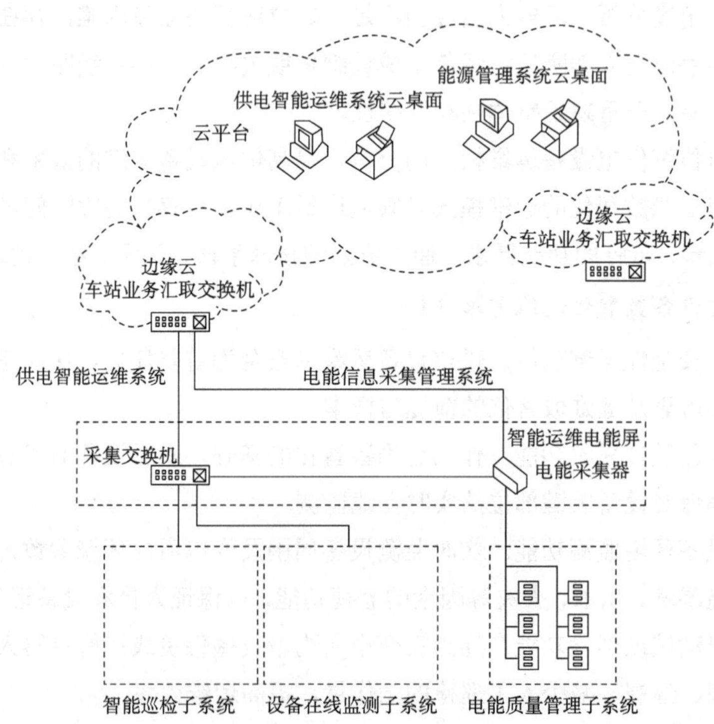

图 20-2 宁波地铁 6 号线一期工程供电智能运维系统架构

（1）现场级采集系统。

现场级采集系统负责供电设备状态数据、音视频信号及表计信息的采集。包含变电所在线监测子系统、电能质量管理子系统及智能巡视子系统三部分。

①变电所在线监测子系统。配置高频传感器、光纤测温传感器以及断路器开关特性监测装置等，对设备局放、温度等状态进行监测。主要包括各变电所智能设备内部的状态传感器、变电所环境温湿度传感器、35kV 开关柜室 SF6 传感器、变电所夹层气体传感器（O_2、CO、H_2S）、水位传感器等。

如图 20-3 所示，采用无线测温传感器对开关柜电缆接头处温度进行实时在线监测，对温度异常情况发出告警信息。无线传感器可选用高可靠锂电池供电，或者采用感应取电。如图 20-4 所示，采用红外测温摄像机对整流变本体、接头、引线等重点部位的红外图谱数据进行采集，监测设备温度，及时发现异常温度点。

图 20-3　无线测温传感器对开关柜电缆接头处温度进行实时在线监测

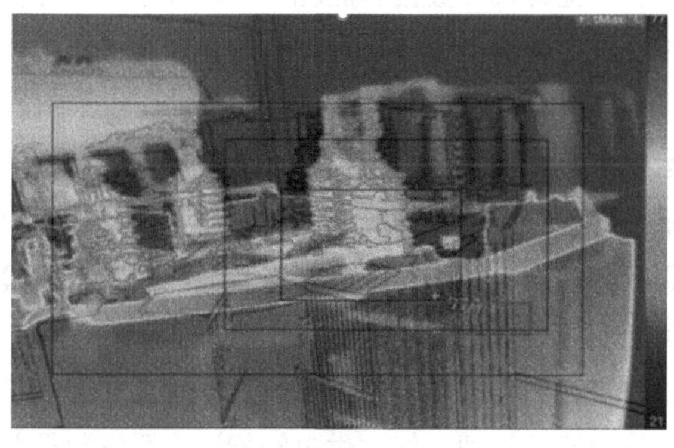

图 20-4　红外测温摄像机采集整流变重点部位红外图谱数据

②电能质量管理子系统。作为对设备电能参数进行实时监测、管理、分析与评价的综合应用平台，通过集成分散的设备电能数据，在实时数据监测及分析的基本功能基础上，实现电能质量评估、综合性能分析等综合优化评价功能。

③智能巡视子系统。利用智能巡检机器人、高清摄像机图像识别等人工智能技术实现对各变电所主要供电设备视频、音频数据的采集及分析，从而达到对设备运行状态的远程巡视，替代人工巡检的目的。巡检机器人的控制软件操作界面，及其对主变电所进线电缆状态监测的实时捕捉画面如图 20-5 所示。

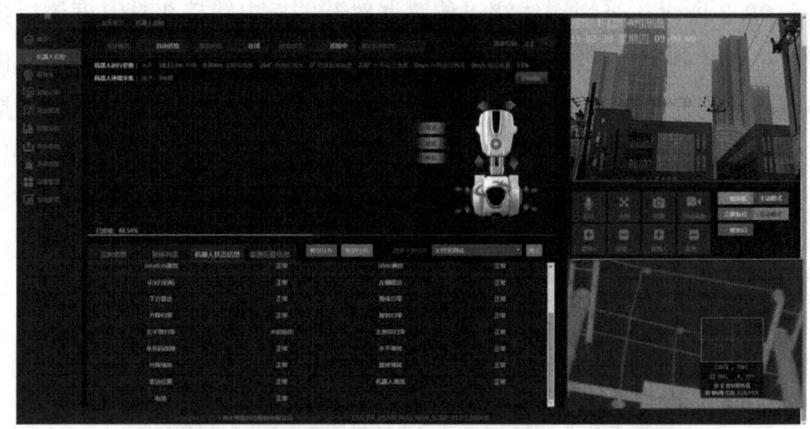

图 20-5 巡检机器人控制与实时视频监测界面

（2）车站级运维系统。

车站级运维系统负责站内数据汇集、音视频数据存储、智能巡检任务执行及与中央级运维系统之间的数据交换。主要对变电所内各类传感器数据、供电设备状态感知数据、智能巡检音视频数据和能耗数据进行采集与上传。同时，通过工作站和手持移动终端，实现站内设备运行状态查看、维修记录填报等运营生产管理功能。

（3）中央级运维系统。

中央级运维系统实现供电设备的统一监视、自动巡检、运营管理、健康管理、故障诊断、寿命预测、智能决策等功能，满足智能巡视、智能管理、智能诊断以及智能决策四大运维业务需要 [7, 8]。

根据宁波市轨道交通建设需求，宁波市第三轮轨道交通线路设置线网级云平台及基于云平台的线网能源管理系统。供电智能运维系统数据首先接入车站边缘云节点（车站业务汇聚交换机），继而接入云平台，利用公共的云平台资源进行运算、存储。供电智能运维系统提供软件安装在云平台服务器内，由云平台在指定位置提供云桌面实现人员的操作与监控。

变电所内设电能信息采集管理系统，能耗数据一方面上传至基于云平台的线网能源管理系统，另一方面在智能运维电能屏内上传给智能运维系统，为电能质量管理子系统进行能耗监测和电能评估提供依据。

宁波地铁 6 号线一期工程与其他工程相比，智能运维系统的构成与功能基本一致，各工程之间的区别仅在通信通道与中央级运维系统的设置方案。宁波地铁 6 号线一期工程智能运维系统利用了云平台更加强大的数据处理能力和计算分析能力，并且真正地实现了线网级数据的互联互通、资源共享，为整个宁波城市轨道交通线网的建设、运营提供了完善的基础数据。

三、供电智能运维系统的应用与优势

城市轨道交通供电智能运维系统目前已实际应用于上海城市轨道交通、南京城市轨道交通、西安城市轨道交通及青岛城市轨道交通等多条城市轨道交通线路中。供电智能运维系统的应用使用户在实时掌握供电设备状态的同时，可进一步打造标准化、精细化的节能管理思路，为将绿色低碳理念融入全过程运营管理提供先决条件。

基于云平台的供电智能运维系统可以实现专业之间、部门之间的信息交互，面向的不仅仅是供电系统单一专业，而是真正可以实现专业间的共享与联动。各系统间可随着其他系统设备的状态变化而策略性地改变自身设备的运行状态，充分体现了系统性与整体性。为城市轨道交通工程可持续发展和实现“碳达峰、碳中和”目标奠定了夯实的基础[9, 10]。

四、结论

通过对“双碳”目标下的电力系统数智化转型的分析，提出针对城市轨道交通供电系统的优化方案。利用数智化的思维增强系统的自愈能力，改善系统的电能质量，提高系统的响应能力，最终形成安全、经济、高效、节能的数智化城市轨道交通供电系统。

针对城市轨道交通供电系统设备的运维需求，建立以服务为导向、数据为核心、设备为基础的供电智能运维系统，可以显著提升设备的利用效率和管理信息化水平，使供电设备的运维工作更加高效与规范。打造数智化、高效化的创新运维模式，提升城市轨道交通设备智慧化，实现数据共享、信息整合，专业联动也必将成为未来城市轨道交通行业的发展方向和大势所趋。

参考文献

[1] 李俊峰．“双碳”目标为能源电力发展指明方向 [J]. 国家电网，2021 (3)：46-47.

[2] 汤广福．加快构建“四化”特征新型电力系统 [N]. 国家电网报，2021-10-12（005）.

[3] 肖先勇，郑子萱．“双碳”目标下新能源为主体的新型电力系统：贡献、关键技术与挑战 [J]. 工程科学与技术，2022, 54（1）：47-59.

[4] 徐维甲．城市轨道交通供电设备智能运维系统 [J]. 城市轨道交通研究，2021, 24（9）：212-215+219.

[5] 郭德龙．地铁供电系统智能运维架构与功能实现 [J]. 城市轨道交通研究，2020, 23（12）：155-157+172.

[6] 李军．城市轨道交通供电设备运维智能管控系统研究 [J]. 都市快轨交通，2021, 34（1）：149-154.

[7] 牛涛，张辉．城市轨道交通智能运维系统方案研究 [J]. 铁道运输与经济，2022, 44（4）：99-105.

[8] 常占宁．基于大数据的牵引供电智能运维系统研究与实践 [J]. 电气化铁道，2021, 32（S1）：68-71+75.

[9] 孟新心．轨道交通供电系统智能运维平台研究与应用 [J]. 电气化铁道，2020, 31（S1）：94-96.

[10] 李杰，徐启禄．基于云平台的城市轨道交通智能运维系统设计与应用 [J]. 城市轨道交通研究，2021, 24（8）：213-217.

二十一　牵引供电系统优化设计研究

李丹丹

摘要：本文借助基于 Pareto 方法的多目标粒子群优化算法对采用组合式同相供电技术的牵引供电系统进行优化设计。以总费用最小为目标对最优化方案进行选择，在考虑再生制动和不考虑再生制动两种情况下对线路最低电压进行计算，以电压限值为约束条件对最低电压进行校验。采用优化补偿，即使电压不平衡度满足国标限值要求的情况下，对牵引变电所和补偿装置的容量进行优化配置，并从技术指标和经济效益两个方面对既有供电方案、直接贯通供电方案、最优化设计方案进行分析比较。

关键词：多目标粒子群优化算法；同相供电；牵引供电系统；优化设计；优化补偿

一、前言

牵引负荷具有单相、不对称性，存在负序、谐波、无功、谐振、过分相等电能质量问题 [1,2]。同相供电技术具有滤除谐波、降低负序、补偿无功等优点，是一种最理想综合的解决方案 [3]。组合式同相供电针对现有同相供电方案存在的缺陷，在设计中使供电装置和补偿装置结构上互不影响，功能上相互配合，实现各种电能质量问题的满意解决，即在满足国际电能质量标准限值要求的情况下，使同相补偿装置的容量达到最小，技术达到最优。随着目前城郊铁路的发展，组合式同相供电技术在铁路和城市轨道交通中的应用越来越成熟，开展对进一步取消分区所电分相的同相贯通牵引供电系统设计的研究十分有必要。

李群湛等率先提出了牵引供电系统优化设计这一课题，在牵引仿真计算的基础上建立最小损耗和最小工程费用模型，综合考虑经济效益和技术指标，确定牵引变电所及分区亭的最佳位置、最佳容量、最佳个数 [4]。孙小凯、陈民武等结合计算机仿真技术和智能优化算法，对同相贯通牵引供电系统的容量和位置进行优化，验证同相贯通牵引供电系统较既有供电系统的优越性 [5、6]。

本文将以同相贯通牵引供电系统为研究对象（在牵引变电所采用组合式同相供电，在分区所实施双边供电，实现全线贯通），从其系统特性出发，利用计算机智能优化算法，综合同相贯通牵引供电系统的牵引及潮流计算仿真模型，对供电设施的布置及容量选择进行优化设计，并分析不同供电方案的经济性，对既有供电方案的改造及新建线路的选址选容具有重要意义。

粒子群优化算法

1998 年，Shi 和 Eberhart 等正式给出了标准 PSO 算法的数学描述[7～10]：在粒子群优化算法中的个粒子，任何一个粒子都被看成在维空间里的点，第 i 个粒子的位置坐标为 $\boldsymbol{X}_i^k=(X_{i1}^k, X_{i2}^k,\dots, X_{in}^k)$，速度坐标为 $\boldsymbol{V}_i^k=(V_{i1}^k, V_{i2}^k,\dots, V_{in}^k)$。$pBest_i$ 为第 i 个粒子的个体最优位置；$gBest$ 为全局最优粒子的位置。每个粒子的速度和位置的更新公式为

$$V_{ij}^{k+1} = \omega V_{ij}^k + c_1 r_1 (pBest_{ij}^k - X_{ij}^k) + c_2 r_2 (gBest_{gj}^k - X_{ij}^k) \tag{21-1}$$

$$X_{ij}^{k+1} = X_{ij}^k + V_{ij}^{k+1} \tag{21-2}$$

式中，V_{ij}^k 和 V_{ij}^{k+1} 分别是第 i 个粒子第 j 维分量在第 k 次迭代和 $k+1$ 次迭代的速度；X_{ij}^k 和 X_{ij}^{k+1} 分别是第 i 个粒子第 j 维分量在第 k 次迭代和 $k+1$ 次迭代的位置。$1 \leqslant i \leqslant M$，$1 \leqslant j \leqslant N$。

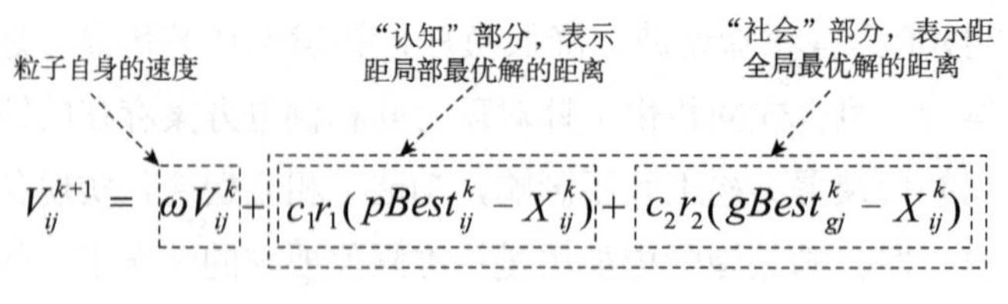

粒子的速度更新公式包含三部分，三者之间的关系示意如图 21-1 所示。

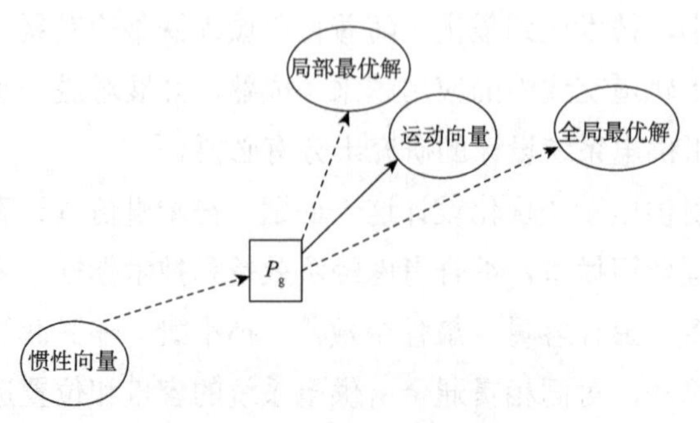

图 21-1 速度更新公式解读

ω为惯性权重，$\omega=1$ 表示基本粒子群算法，$\omega=0$ 失去对粒子本身速度的记忆；c_1和c_2是两个正惯性系数，称为学习因子。$c_1=0$ 时为无私型粒子群算法，“只有社会，没有自我”迅速丧失群体多样性，易陷入局部最优而无法跳出。$c_2=0$ 时为自我认知型粒子群算法，“只有自我，没有社会”完全没有信息的社会共享，导致算法收敛速度缓慢。r_1和r_2均为（0，1）区间的随机数。

二、同相贯通牵引供电系统多目标优化设计

（1）牵引供电系统多目标优化模型。

建立以牵引变电所个数最小、牵引变电所最小有功损失、最小建所投资为优化目标，以线路最小电压、选址范围为约束条件，以全线牵引变电所和 AT 所的选址和个数为优化变量的优化设计模型。

同相贯通牵引供电系统优化设计目标函数的模型建立如下。

①总有功损失最小模型。

$$f_1=\min P_{\text{lose}}=\min\frac{(\sum_{j=1}^{N}(\sum_{i=1}^{N_{TS}}P_{ij}-\sum_{l=1}^{N_{\text{t}}}P_{lj}))\Delta T}{T} \tag{21-3}$$

式中，P_{lose}表示在仿真时间内全线有功功率损失；N表示采样点数；N_{TS}表示牵引变电所的个数；P_{ij}表示仿真时刻时牵引变电 i 所输出的有功功率；N_{t}表示仿真时刻时线路上机车的数量；P_{lj}表示仿真时刻时 j 电力机车的有功功率（牵引为正，制动为负）；ΔT表示仿真间隔；T表示仿真时长。

当有功损失最小时，即所对应的牵引变电所容量为相对于给定位置的最佳容量[11]。

②总建所投资最小模型。

牵引变电所的建所投资和其所在的地理位置、环境条件、占地面积等关系密切，受多种因素的影响，实际建设投资计算复杂。在此为简便考虑，假设各个牵引变电所的基本建设费用相同，仅考虑地理位置和环境因素对其影响，用额外建所费用系数对因线路环境因素引起的费用进行表示，总建所投资最小模型为

$$f_2=\min C_{\text{C}}=\min A\sum_{i=1}^{N_{\text{TS}}}\delta_i=\min A\sum_{i=1}^{N_{\text{TS}}}(1+\Delta\delta_i) \tag{21-4}$$

式中，C_C表示全线牵引变电所的总建所投资；A表示每个牵引变电所的基本建所投资，取为300万元；δ_i表示第i个牵引变电所的建所投资系数；$\Delta\delta_i$表示第i个牵引变电所的额外建所投资系数。

额外建所投资系数的取值受地理因素、环境因素、社会因素的影响，在不适宜建所处选择较大的额外建所投资系数，即可避免在实际应用中，供电方案无法实施。本文选取模拟取值对其进行确定[12]，额外建所投资系数的模拟情况如图21-2所示，根据牵引变电所的位置，通过该图即可确定额外建所投资系数。

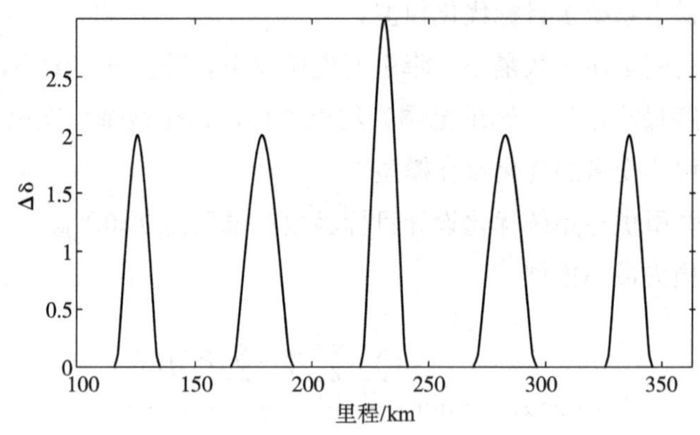

图 21-2 额外建所投资系数

③牵引变电所个数最小模型。

在满足线路最小电压约束的前提下，使牵引变电所的个数尽量少可节省投资，牵引变电所个数最小模型为

$$f_3 = \min N_{TS} \tag{21-5}$$

④约束条件。

牵引变电所的选址受到线路起始位置的约束，列车运行的过程中其电压必须在20～29kV，保证列车的正常运行，因此有约束为

$$\text{s.t.}\begin{cases}\forall i \quad U_{\min} \leqslant U_i \leqslant U_{\max} \\ \forall j \quad L_{\min} \leqslant L_j \leqslant L_{\max}\end{cases} \tag{21-6}$$

式中，=- 表示线路上第辆列车的电压，等于接触线电压和钢轨电压之差。表示列车电压的最高限值，取为29kV。表示列车电压的最低限值，动车组满功率运行的最小电压为22.5kV。表示第个牵引变电所的选址。为起始里程限值为100km；终止里程限值为358.8km。

在优化过程中，调整优化变量即牵引变电所的位置，可使牵引供电系统的拓扑图及牵引负荷的潮流进行重新分布，每次迭代后线路中的最低电压会发生变化，如果最低电压不满足约束条件，则将其对应的优化设计方案排除。

（2）牵引供电系统多目标优化流程。

改进粒子群优化算法的参数设置：种群规模为 30，迭代次数为 50 次，外部档案容量一般选择和种群规模相同为 30，惯性系数初值为 0.9，终值为 0.4，采用线性递减策略，学习因子取值范围为 0.5 ～ 2.5，变异概率为 0.2。在定义域内对牵引变电所的位置进行初始化，仿真间隔为 2s，仿真时长为 30min。

变电所个数减少可极大地减少建设初期外部电源投资成本。本文在优化设计前以线路电压为约束，令牵引变电所位置均匀分布，通过简单的潮流迭代确定满足要求的最小牵引变电所个数及位置。通过仿真得到当牵引变电所个数为 5 时，线路上列车最小电压为 24.4490kV；当牵引变电所个数为 4 时，线路上列车最小电压为 22.9160kV。考虑留有一定的预量，若列车安全运行的限制电压为 22.5kV，则在后续的优化设计中取牵引变电所的个数为 5，将此优化设计方式记为方式一；若列车安全运行的限制电压为 20kV，则在后续的优化设计中取牵引变电所的个数为 4，将此优化设计方式记为方式二。变电所初始位置为沿线路里程均匀分布。

基于改进粒子群优化算法的牵引供电系统多目标优化流程如图 21-3 所示。

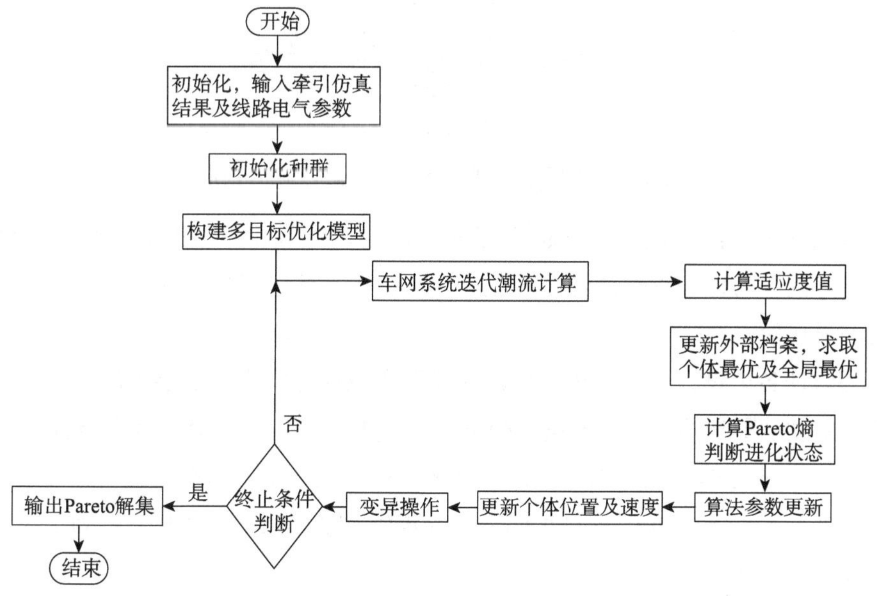

图 21-3　改进粒子群优化算法的牵引供电系统多目标优化流程

（3）牵引供电系统多目标优化方案。

根据介绍的同相贯通牵引供电系统优化方法及参数设置，得到 Pareto 解集（优化目标值）在目标空间中的分布如图 21-4 所示。

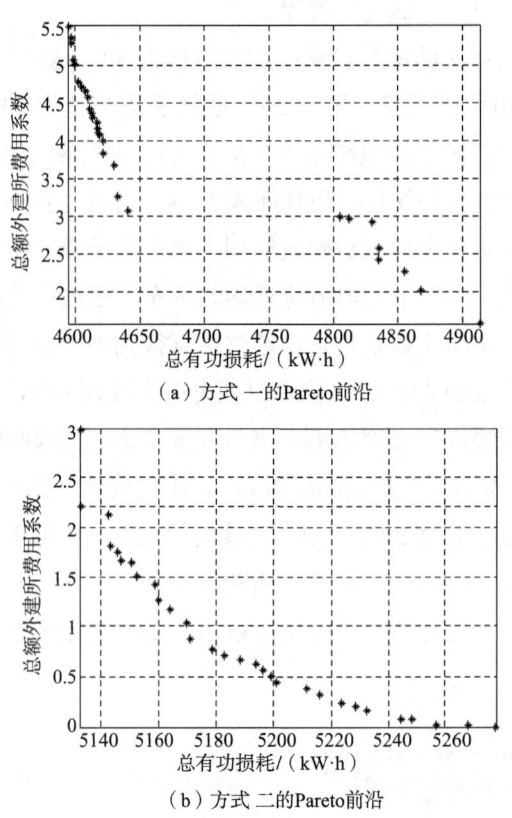

图 21-4　牵引供电系统多目标优化 Pareto 前沿

从图 21-4 可以看出，Pareto 前沿分布均匀，体现了算法既有较好的收敛性又有较好的分布性。得到的各个优化设计方案中，各子目标之间相互独立，没有绝对的最优解。

为验证各个设计方案的可行性，计算各个设计方案中的最小电压，方式一下考虑再生制动影响的各优化方案中列车最小电压如表 21-1 所示，不计再生制动影响的各优化方案列车最小电压如表 21-2 所示；方式二下考虑再生制动影响的各优化方案列车最小电压如表 21-3 所示，不计再生制动影响的各优化方案列车最小电压如表 21-4 所示。

表 21-1　方式一考虑再生制动各优化方案中列车最小电压

方案编号	最小电压 /kV	方案编号	最小电压 /kV	方案编号	最小电压 /kV
1	23.5258	11	23.9780	21	23.9991
2	23.6982	12	23.9347	22	24.0560
3	23.8264	13	23.9928	23	24.0804
4	23.7805	14	23.9867	24	23.9974
5	23.7208	15	24.0497	25	23.9724
6	23.8002	16	24.0209	26	23.9271
7	23.7816	17	24.0356	27	23.9094
8	23.8138	18	23.9987	28	23.8800
9	24.0032	19	24.0229	29	23.9429
10	24.0000	20	24.0077	30	23.9989

表 21-2　方式一不考虑再生制动各优化方案中列车最小电压

方案编号	最小电压 /kV	方案编号	最小电压 /kV	方案编号	最小电压 /kV
1	23.3734	11	23.6909	21	23.7135
2	23.5515	12	23.6495	22	23.7648
3	23.6843	13	23.7057	23	23.7914
4	23.6406	14	23.7016	24	23.7106
5	23.5774	15	23.7593	25	23.6860
6	23.6550	16	23.7176	26	23.6428
7	23.6134	17	23.7356	27	23.6296
8	23.6086	18	23.6975	28	23.5971
9	23.7147	19	23.7301	29	23.6552
10	23.7126	20	23.7106	30	23.7061

表 21-3　方式二考虑再生制动各优化方案中列车最小电压

方案编号	最小电压 /kV	方案编号	最小电压 /kV	方案编号	最小电压 /kV
1	23.1192	5	23.2011	9	22.8947
2	23.0640	6	22.9446	10	22.9209
3	22.7176	7	22.9016	11	23.0343
4	22.9165	8	22.8425	12	22.7834

续表

方案编号	最小电压 /kV	方案编号	最小电压 /kV	方案编号	最小电压 /kV
13	22.7838	19	22.7751	25	22.9576
14	22.7062	20	22.8845	26	22.8918
15	22.6763	21	22.9357	27	22.8660
16	22.6655	22	22.9034	28	22.8427
17	22.9007	23	22.7755	29	22.9291
18	22.9236	24	22.9089	30	22.9200

表 21-4　方式二不考虑再生制动各优化方案中列车最小电压（kV）

方案编号	最小电压 /kV	方案编号	最小电压 /kV	方案编号	最小电压 /kV
1	22.7494	11	22.6517	21	22.5179
2	22.6863	12	22.4327	22	22.4878
3	22.3585	13	22.4135	23	22.4069
4	22.5090	14	22.2922	24	22.4968
5	22.8391	15	22.3295	25	22.5610
6	22.5319	16	22.3156	26	22.4778
7	22.4821	17	22.4833	27	22.4286
8	22.4723	18	22.5126	28	22.3961
9	22.4740	19	22.4161	29	22.5334
10	22.5015	20	22.4650	30	22.5054

由表 21-1 和表 21-2（或表 21-3 和表 21-4）可知，每个方案在计及再生制动能量的影响时比不计再生制动能量影响的线路最低电压要高，但相差不大。表明再生制动能量对电压有抬升作用，但考虑到在计及和不计再生制动能量两种情况下电压变化不大，所以在优化设计时为了满足更严酷情况的要求，在进行电压校验时可以不计再生制动能量的影响。由表 21-2 和表 21-4 可知在两种方式下，不计再生制动能量影响时，各个方案的电压均满足限值的要求，且在考虑再生制动能量的影响时，方式二下的最低电压亦满足电压限值为 22.5kV 的要求。

三、同相贯通牵引供电系统优化方案研究

根据第 2 节的优化结果，若考虑不同的侧重点可以从得到的 Pareto 解集中选

择不同的方案作为最优化设计方案。首先，本章定义总费用等于建所投资、进线投资与 n 年年损耗费用及 n 年固定容量电费之和。其次，通过总费用对最优设计方案进行选取。再次，对不同供电方案中的牵引变压器容量和补偿装置的容量进行优化配置。最后，从技术指标和经济效益两个方面对既有供电方案、同相贯通牵引供电方案及最优设计方案进行综合比较。为既有供电改造为同相贯通供电方式或者新建线路同相贯通供电优化选址、选容提供理论基础和数据支撑。

通过分析得到方式一和方式二下最优化方案供电设施布局如图 21-5 所示。

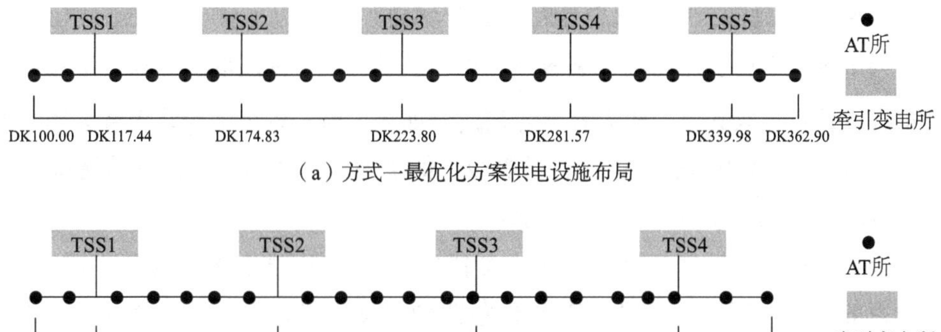

（a）方式一最优化方案供电设施布局

（b）方式二最优化方案供电设施布局

图 21-5　最优化方案供电设施布局

（1）同相供电系统容量计算理论。

考虑牵引变压器及高压匹配变压器过负荷倍数的影响，并对变压器的温升和寿命损失进行计算，对牵引变压器和同相补偿装置的容量进行合理配置。

单相组合式同相供电系统结构上是由牵引变压器和高压匹配变压器两个单相变压器构成不等边的平衡变压器，按单相变压器进行设计。补偿装置的计算容量由引起三相电压不平衡度超标的牵引计算负荷确定，同相补偿装置的计算容量定为

$$S_{计（补偿）}=S_{C计}=\frac{S_{max}-S_{\varepsilon max}}{2} \tag{21-7}$$

式中，$S_{C计}$ 为补偿装置的计算容量；S_{max} 为负荷功率最大值；$S_{\varepsilon max}$ 为满足国标要求的负序功率最大值。

单相牵引变压器的计算容量和校核容量计算表达式分别为

$$S_{计（变压器）}=S_{T计}=S_{rms}-S_{C安装} \tag{21-8}$$

$$S_{校（变压器）}=S_{T校}=\frac{S_{max}-S_{C安装}}{K} \tag{21-9}$$

式中，$S_{T计}$为牵引变压器的计算容量；S_{rms}为负荷功率有效值；$S_{C安装}$为同相补偿装置的安装容量；$S_{T校}$为牵引变压器的校核容量；S_{max}为负荷功率最大值；K为牵引变压器的过负荷倍数。

单三相组合式同相供电的计算过程和单相组合式的不同之处在于高压匹配变压器为YNd11接线，变压器容量利用率为75%。

为了确定牵引变压器的安装容量，首先需要对牵引变压器的计算容量和校核容量进行计算，取其中的较大者记为$S_{b\max}$。如果为移动备用则安装容量选择大于而又接近$S_{b\max}/2$的牵引变压器容量等级，如果为固定备用则安装容量选择大于而又接近$S_{b\max}$的牵引变压器容量等级。

牵引变压器的计算容量$S_{计}=UI$，式中U为牵引变压器的额定电压，I为变压器绕组的有效电流。变压器校核容量$S_{校}$为牵引变压器最大容量和牵引变压器过负荷倍数的比值。其中三相YNd11、单相、Scott、阻抗平衡与非阻抗平衡变压器过负荷倍数K分别按150%、175%、200%、150%进行取值。

根据TB/T 3159—2007《电气化铁路牵引变压器技术条件》相关规定对牵引变压器安装容量进行选择，其中额定安装容量选择序列为3MVA、5MVA、6.3MVA、8MVA、10MVA、12.5MVA、16MVA、20MVA、25MVA、31.5MVA、40MVA、50MVA、63MVA、75MVA、80MVA、90MVA、100MVA和120MVA。

（2）补偿装置及牵引变压器的容量计算。

①单相组合式同相供电（表21-5～表21-6）。

表21-5 方式一最优化方案变压器和补偿装置容量配置 单位：MVA

统计量	TSS1	TSS2	TSS3	TSS4	TSS5
牵引变压器安装容量	63	63	63	63	63
高压匹配变压器安装容量	10	8	8	10	10
同相补偿装置安装容量	16	16	12.5	16	20

表 21-6　方式二最优化方案变压器和补偿装置容量配置　　单位：MVA

统计量	TSS1	TSS2	TSS3	TSS4
牵引变压器安装容量	63	63	63	63
高压匹配变压器安装容量	20	16	16	16
同相补偿装置安装容量	31.5	31.5	25	31.5

②单三相组合式同相供电（表 21-7）。

表 21-7　直接贯通方案变压器和补偿装置容量配置　　单位：MVA

统计量	TSS1	TSS2	TSS3	TSS4	TSS5	TSS6
牵引变压器安装容量	63	63	63	63	63	63
高压匹配变压器安装容量	12.5	6.3	6.3	0	6.3	10
同相补偿装置安装容量	12.5	6.3	6.3	0	6.3	10

因单三相组合式同相供电既可用于新建线路也可用于既有线路的改造，所以对最优化方案采用单三相组合式同相供电的牵引变压器和补偿装置的容量进行计算，可得容量配置如表 21-8 和表 21-9 所示。

表 21-8　方式一最优化方案变压器和补偿装置容量配置　　单位：MVA

统计量	TSS1	TSS2	TSS3	TSS4	TSS5
牵引变压器安装容量	63	63	63	63	63
高压匹配变压器安装容量	16	16	12.5	16	20
同相补偿装置安装容量	16	16	12.5	16	20

表 21-9　方式二最优化方案变压器和补偿装置容量配置　　单位：MVA

统计量	TSS1	TSS2	TSS3	TSS4
牵引变压器安装容量	63	63	63	63
高压匹配变压器安装容量	31.5	31.5	25	31.5
同相补偿装置安装容量	31.5	31.5	25	31.5

采用单三相组合式同相供电时，方式一最优化方案全线安装容量为 395.5MVA；方式二最优化方案全线安装容量为 371.5MVA；直接贯通方案全线安装容量为 419.4MVA，既有供电方案全线安装容量为 455MVA。

四、总结

本文以改进多目标粒子群优化算法为手段，以牵引供电系统牵引、潮流计算仿真模型为基础，对同相贯通牵引供电系统进行优化设计研究。最后，用总费用作为约束，对最优化方案进行选取。在此基础上，对牵引变压器和同相补偿装置的容量进行优化配置，使补偿装置容量达到最优，投资最少，提高经济性，指导工程实践。

参考文献

[1] 曹建猷 . 电气化铁道供电系统 [M]. 北京 : 中国铁道出版社 , 1983: 106-109.

[2] 李群湛 , 贺建闽 . 牵引供电系统分析 [M]. 成都 : 西南交通大学出版社 , 2007.

[3] 李群湛 , 贺建闽 , 等 . 电气化铁路电能质量分析与控制 [M]. 成都 : 西南交通大学出版社 , 2011.

[4] 李群湛 , 贺建闽 , 李曙辉 . 牵引供电系统优化设计研究 [J]. 西南交通大学学报 , 1992, 1: 83-90.

[5] 孙小凯 . 同相贯通牵引供电系统优化设计研究 [D]. 成都 : 西南交通大学硕士学位论文 , 2015.

[6] 陈民武 , 许臣友 , 黄文勋 , 等 . 基于改进粒子群算法的牵引供电系统多目标优化设计 [J]. 中国铁道科学 , 2016 (1): 85-92.

[7] 张振宇 . 粒子群优化算法及其在电力系统优化运行中的应用 [D]. 天津 : 天津大学硕士学位论文 , 2006.

[8] Kennedy J, Eberhart R. Particle swarm optimization[C]. Proceeding of IEEE International Conference on Neural Network, Piscataway, NJ, 1995: 1942-1948.

[9] 于赞梅 . 改进粒子群优化算法在最优潮流计算中的应用 [D]. 北京 : 华北电力大学硕士学位论文 , 2007.

[10] 胡旺 , Gary G. YEN, 张鑫 . 基于 Pareto 熵的多目标粒子群优化算法 [J]. 软件学报 , 2014, 25 (5): 1025-1050.

[11] 宫衍圣 . 牵引供电系统优化设计技术的应用研究 [D]. 成都 : 西南交通大学硕士学位论文 , 2002.

[12] 孙小凯 . 同相贯通牵引供电系统优化设计研究 [D]. 成都 : 西南交通大学硕士学位论文 , 2015.

二十二　郑州地铁车站给排水管道冬季防冻保温方案研究

杨广伟　江琴

摘要：城市的冬季气候条件直接影响着地铁车站内给排水管道冬季的防冻保温方案。本文以郑州地铁城郊线一期工程车站为研究对象，依据郑州市气候特点并结合历史气象资料，采用实地数据采集＋数值模拟分析的方法，研究冬季不利室外气温条件下地铁车站各区域环境及管道内水体的温度变化情况，以此优化冬季站内给排水管道防冻保温方案。与既有线方案相比，新方案大大减少了管道电伴热系统设置范围，既节约建设投资又可以实现节能降耗，对今后郑州地铁管道防冻保温设计具有一定的指导意义。

关键词：郑州；地铁车站；给排水管道；电伴热系统；测试；数值模拟；防冻保温；节能降耗

管道电伴热技术作为一种主动式管道保温措施在北方城市地铁内得到广泛应用，该系统一般设置于受室外环境气温影响较大的出入口、风道、出入线隧道洞口等处的给排水管道上。

郑州地处河南省中北部，属温带大陆性季风气候，1月最冷，月平均气温0.5℃。经调研，郑州市民用建筑室外给排水管道一般情况下冬季仅设置常规防冻保温，不设置电伴热；郑州地铁已运营线路如城郊线一期、2号线及5号线的管道电伴热设置范围不尽相同，没有统一的设计标准，并且与某些北方城市地铁相比，郑州地铁管道电伴热设置范围也偏大。

有研究表明[1]，在距地表深1.3m处，郑州岩土温度主要在17℃和18℃范围内，部分地区会超出此范围。其中城区西南部、东北部和花园路、人民路沿线区段大于18℃；城区西北部、东南部和文化路地段小于17℃；恒温带深度为27m，恒温带温度17℃。岩土温度的以上特点有利于地下车站管道的防冻保温。

电伴热系统在运营期经常出现电缆漏电、传感器损坏、传感器隐蔽、系统误报警等问题，给后期运营维护带来了诸多困难和挑战。同时，系统的冗余设置不仅造成建设投资的浪费，冬季大量电能的消耗也与我国的“双碳”战略不符。

因此， 基于以上原因，在满足运营需求的前提下，如何科学合理地确定郑州地铁车站管道冬季防冻保温方案已经成为一个亟须解决的课题。本文通过对郑州市城郊线一期工程地铁车站特定区域的冬季环境温度进行实测，在实测数据的基础上采用神经网络模型和COMSOL多场耦合模拟软件分别预测极端条件下地铁特定区域的环境温度、管道内水温的变化情况，结合地铁冬季维保经验，提出郑州地铁给排水管道冬季防冻保温方案。

一、地铁车站典型区域气温测试

1. 测试线路及点位布置

郑州地铁城郊线一期工程为郊区线路，站点周围空旷，郊区冬季气温较城区低，可避免城市热岛效应，因此将其选择为测试线路。结合车站运营条件，选择港区北站（地下站）、华南城东站（高架站）作为测试车站。

2. 测试点位布置

（1）港区北站。

港区北站为地下2层岛式双柱车站，其中地下一层为站厅层，地下二层为站台层。车站设置了4个非敞口出入口、2组低矮风亭。

测试站分别布置于B出入口和1号活塞风道。B出入口长约51.6m，埋深约8.7m，出入口测试点分别布置在室外地面（测试点1）、扶梯底部（测试点2）、扶梯底部往内约20m（测试点3）和扶梯底部往内约40m（测试点4）（图22-1）。

港区北站1号活塞风道长约59.25m，埋深约9.04m，覆土约3.44m。在港区北站1号活塞风道内（图22-2）布置3个气温测试点，分别位于活塞风阀（测试点1）、活塞风道中部（测试点2，距测点1约25m）、活塞风井底部（测试点3，距测点2约27.5m）。在测试点2处设置一个水温测点。

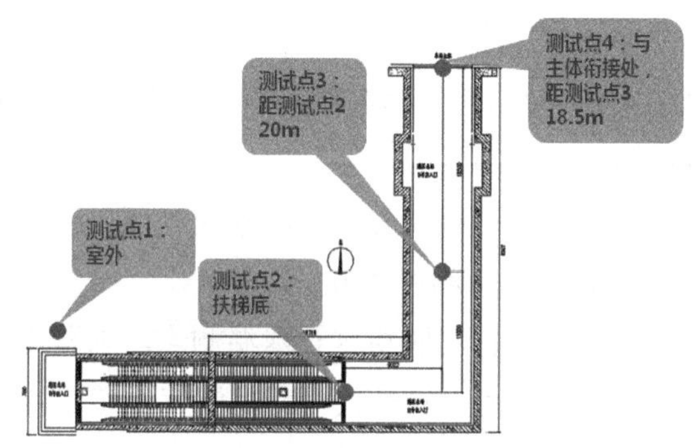

图 22-1　港区北站 B 出入口测点布置示意

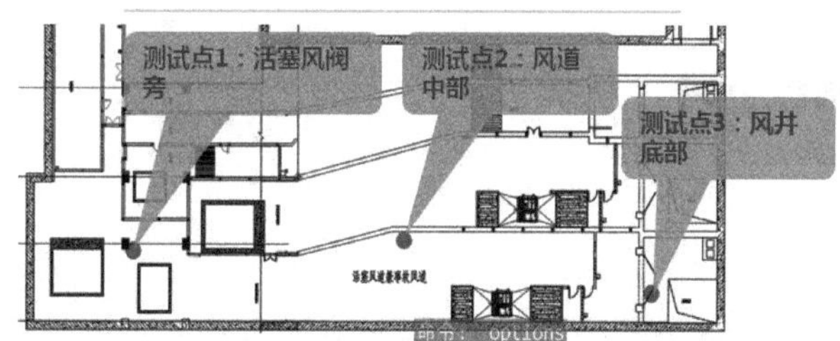

图 22-2　港区北站 1 号活塞风道内的测点布置示意

（2）华南城东站。

华南城东站首层为架空层，二层为站厅层，包括站厅公共区和设备管理用房，三层为站台层。车站共设两座出入口天桥与站厅相接，天桥及楼扶梯均设有风雨棚。车站站厅层公共区及设备区未设置冬季采暖措施，站台层两端敞开与室外大气相通，站台层仅设置空调候车室。

在车站公共区及设备区站厅各设置一个测试点（测试点 1、测试点 2），在两个测点同时开展环境气温及管道水温测试（图 22-3）。

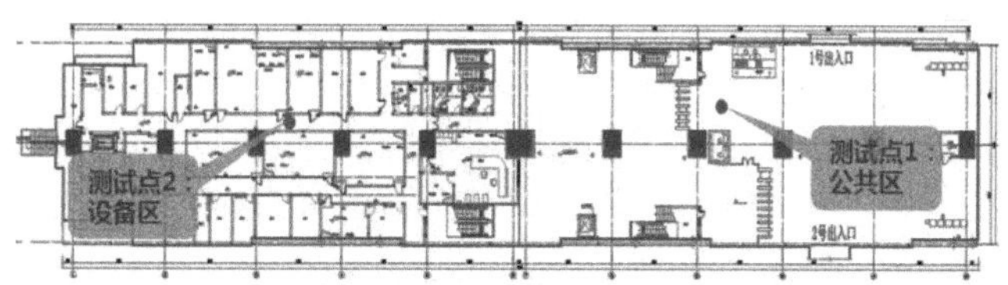

图 22-3　华南城东站站厅层公共区及设备区测点布置示意

3. 测试时间及数据采集方式

根据郑州市气候特点，结合气象预报数据，测试时间选择在 2020 年 1 月 14 日至 20 日，测试持续时间为 7 天。

空气温度采集采用温湿度有线传感器、高精度温度自计仪自动记录，测量量程为 -30 ～ 60℃，传感器的测量精度为 0.1℃ / 0.3℃。

港区北站及华南城东站设置消防给水管水温测点，水温均由人工测试，时间间隔为 20min。测试人员打开消火栓开关，利用温度传感器持续测量消防给水管排出水的水温，并将水管内水温不变时的水温作为消防给水管测量水温。水温传感器的测量量程为 -30 ～ 60℃，测量精度为 0.1℃。

二、测试数据分析

1. 港区北站

（1）B 出入口。

图 22-4 给出了 2020 年 1 月 14 日至 20 日 B 出入口测点处实测气温变化情况。表 22-1 给出了各测试点最低、最高及平均气温统计数据。出入口扶梯底部距离外界低温空气最近，因此扶梯底部的平均温度和最低温度最低。距离外界低温空气越远，测点处的平均温度和最低温度越高。因此，出入口通道距离室外的距离和室外气温是影响出入口及站厅气温分布的决定性因素。

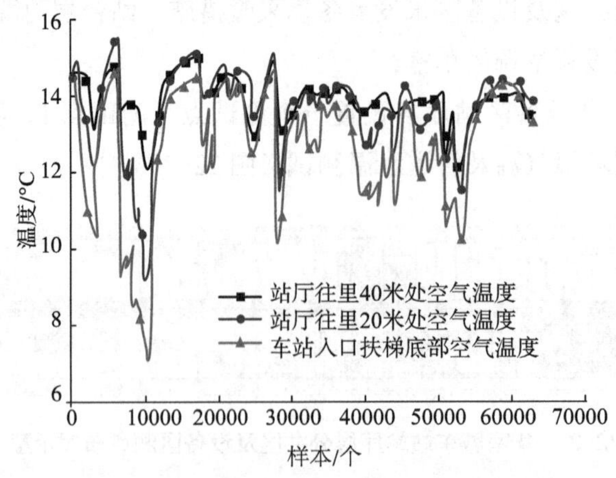

图 22-4 港区北站 B 出入口测点气温数据

表 22-1　B 出入口测试气温数据汇总

测试点	最低气温	最高气温	平均气温
测试点 1	-3.6℃	3.8℃	
测试点 2	7℃	15℃	12.76℃
测试点 3	9.08℃	15.62℃	13.7℃
测试点 4	11.8℃	15.1℃	13.92℃

（2）活塞风道。

①活塞风阀处。

图 22-5 给出了测试期间港区北站活塞风道风阀处实测气温。风阀处最高温度为 1 月 20 日 4:38 时的 13.9℃，最低温度为 1 月 18 日 8:07 时的 2.5℃。风阀处实测气温在 2.5℃～13.9℃范围内，平均温度 8.97℃。23:00 至 6:10 列车停运期间，风阀处实测气温稳定在 12℃左右。

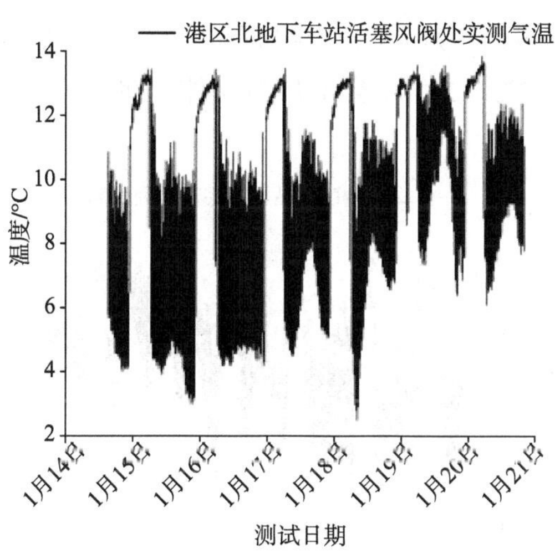

图 22-5　活塞风道风阀处测点气温数据

②活塞风道中部。

图 22-6 给出了测试期间活塞风道中部实测气温。测试期间风道中部平均气温 8.8℃，最低气温 3.3℃，最高气温 13.3℃。23:00 至 6:10 地铁停止运营期间，港区北站风道与主体连接处实测气温稳定在 12℃左右。数据呈现的变化规律与风阀处相同。

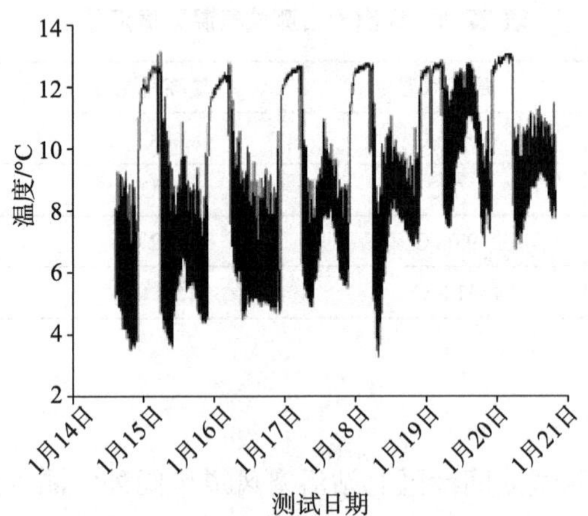

图 22-6　活塞风道中部测点气温数据

③风井底部。

图22-7给出了活塞风道风井底部实测气温。风井底部最高气温为1月20日4:37时的13.4℃，最低温度为1月18日7:42时的-2℃。实测气温在-2℃～13.4℃范围内，平均温度6. 7℃。23:00至6:10列车停运期间，风井底部实测气温稳定在10℃左右。

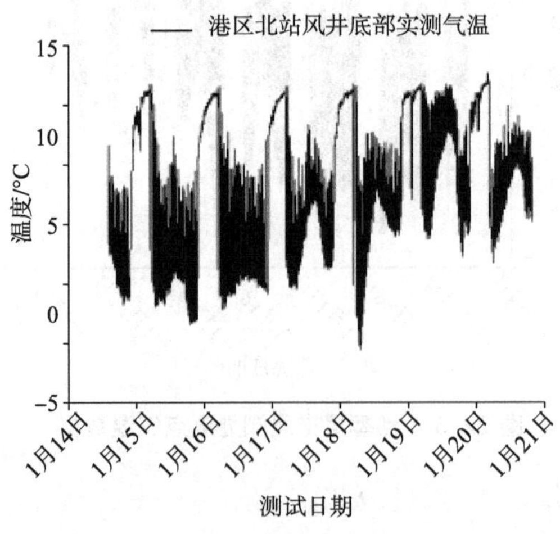

图 22-7　活塞风道风井底部测点气温数据

④风道内管道水温。

图22-8给出了测试期间风道水管内水温测量值。水管最低水温为6.4℃，最高水温为9.6℃，平均水温7.94℃，水管内水温波动3.2℃。

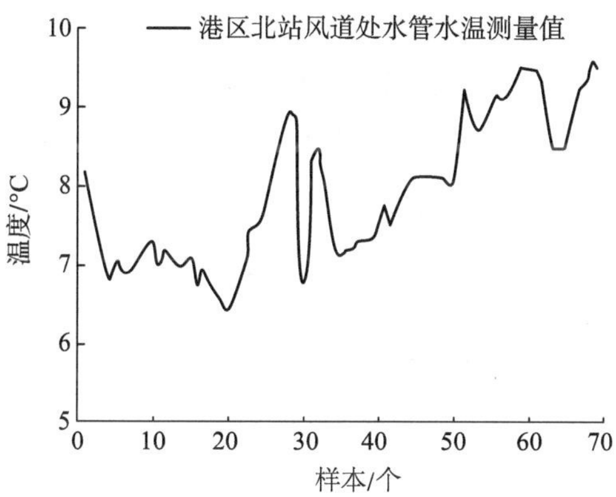

图 22-8　港区北站风道水管内水温测量值

2. 华南城东站

（1）站厅层公共区汽温。

图 22-9 给出了测试期间华南城东站站厅层公共区实测气温。运营单位担心室外低温会破坏站内管道，测试后期开启了管道电伴热。华南城东站站厅层公共区实测气温为 −2.6 ～ 8.8℃，平均温度 2.52℃。

华南城东站为地上车站，车站出入口连廊半封闭，站厅公共区气温受室外低温影响很大。测试期间有 4 天的最低温度都在 0℃以下，站厅公共区气温最低值一般出现在早晨 6 ～ 8 时。

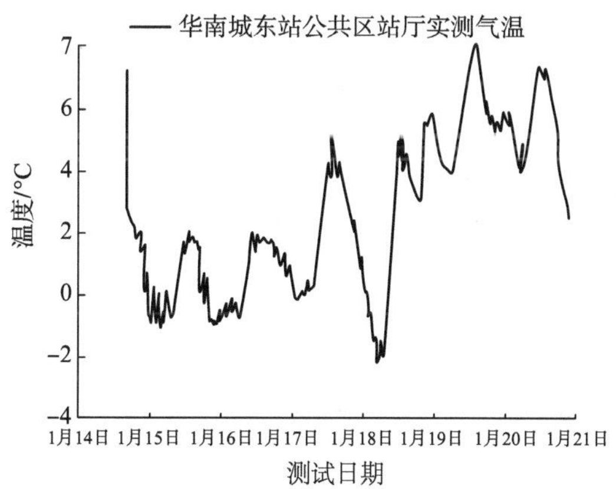

图 22-9　华南城东站站厅层公共区实测气温变化情况

（2）站厅层设备区气温。

图 22-10 给出了测试期间华南城东站站厅层公共区实测气温。设备区实测温度为 4.7 ～ 8.3℃，平均温度 6.52℃，最低温度 4.7℃，最高温度 8.3℃。因设备区具有较好的密闭性，内部气温较为恒定。

图 22-10　华南城东站站厅层设备区实测气温变化情况

（3）站厅层公共区管道水温。

图 22-11 给出了测试期间站厅层公共区水管内水温测量值。公共区气温接近室外气温，因此水管内水温较低。公共区水管最低水温为 2.1℃，最高水温为 11.8℃，平均水温为 7.22℃，水管内水温波动为 9.7℃。

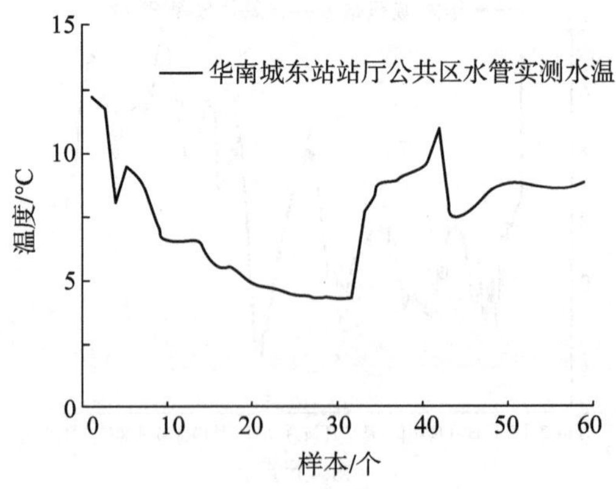

图 22-11　华南城东站站厅层公共区水管实测水温

三、最不利室外气温条件的判定

1. 规范和标准中气象资料分析

《民用建筑供暖通风与空气调节设计规范》（GB 50736—2012）给出的郑州市不保障 5 天平均气温为 -3.8℃。《蓄能空调工程技术标准》（JGJ 158—2018）给出的郑州市室外最低设计气温是 -7.9℃，郑州市室外逐时设计气温见图 22-12。《工业设备及管道绝热工程设计规范》（GB 50264—2013）给出的郑州市极端最低室外气温为 -11℃。

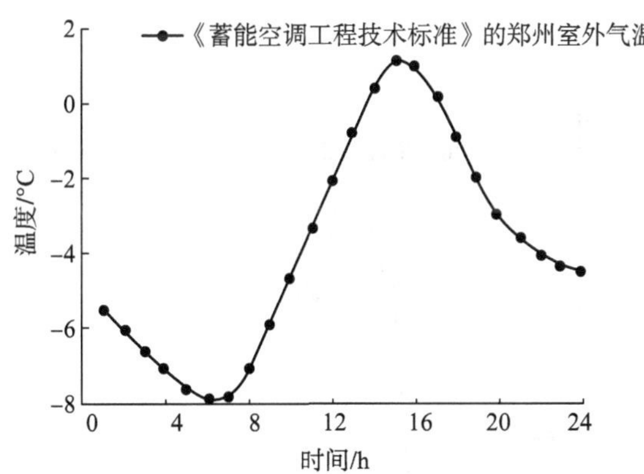

图 22-12　《蓄能空调工程技术标准》给出的郑州室外气温

2. 郑州市近20年气象资料分析

本文研究分析了郑州市 2000—2020 年 12 月 21 日至次年 1 月 20 日 21:00 至次日 09:00 的室外逐时气温。

郑州市近 20 年 12 月 20—31 日最低室外气温为 -9.9℃（2008 年），每天最冷 13 小时平均温度为 -0.5℃。2001 年、2002 年、2008 年和 2018 年出现了最低气温低于 -7.9℃。近 20 年共有 7 天（不连续）和 27 小时（不连续）最低气温低于 -7.9℃。2008 年最低气温为 -9.9℃，2002 年连续 3 天（2002 年 12 月 25 日至 27 日）最低室外气温低于 -7.9℃。

郑州市近 20 年 1 月 1—20 日最低室外气温为 -9.3℃（2001 年），每天最冷 13 小时平均气温为 -0.4℃。2001 年、2003 年、2009 年、2011 年、2013 年和 2018 年出现了最低气温低于 -7.9℃。近 20 年共有 13 天（不连续）和 32 小时（不连续）出现了最低气温低于 -7.9℃。2001 年最低气温为 -9.3℃，2001 年（2001 年 1

月 14 日至 16 日）和 2003 年（2003 年 1 月 5 日至 7 日）连续 3 天最低气温低于 -7.9℃。

3. 郑州市2021年1月6日气象条件分析

根据河南省气象局天气预报数据，2021 年 1 月 6 日室外气温破郑州市近 30 年的最低室外气温纪录，最低气温达到 -11.3℃，最高气温 -0.4℃，平均气温为 -8.7℃（图 22-13）。2021 年 1 月 6 日室外气温的平均气温 -8.7℃低于《蓄能空调工程技术标准》（JGJ158-2018）给出的郑州市室最低室外逐时气温 -7.9℃。因此，将 2021 年 1 月 6 日室外气温作为郑州近 30 年极端最低气温，用于郑州地铁管道电伴热系统设置研究。

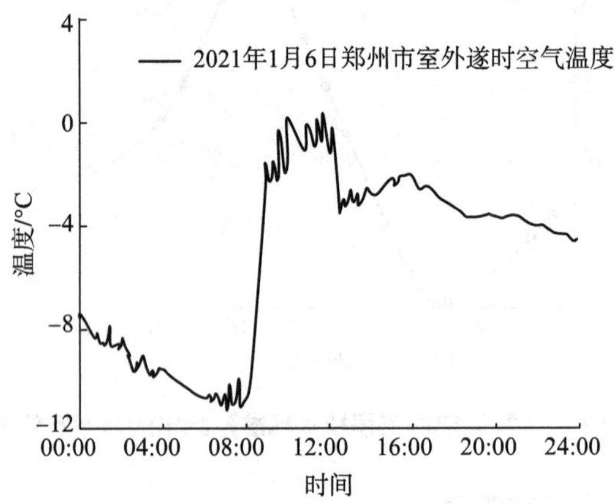

图 22-13 2021 年 1 月 6 日郑州市室外逐时气温

为了增加地铁电伴热系统设计方案的安全可靠性，本文考虑一定的安全系数：增加 1 天作为管道电伴热设置的安全系数。综上所述，给出郑州地铁设置管道电伴热系统的最不利室外气温判定条件：室外最低气温 7.9℃持续时间 4 天（96h），且室外气温 -11.3℃持续时间超过 2 天（48h）。

四、数值模拟分析

1. 理论基础

（1）神经网络模型。

神经网络是在生物功能启示下建立起来的一种数据处理技术。它是由大量简单神经元互连而构成的一种计算结构，在某种程度上模拟生物神经系统的工作过程，从而具备解决实际问题的能力。神经网络具有很强的自适应性和学习能力、非线性映射能力、鲁棒性和容错能力[2]。

本文采用神经网络方法预测极端室外气温条件下的郑州地铁各典型区域的环境气温情况，为研究提供管道外部环境气温数据。

（2）COMSOL 多场耦合模拟软件。

COMSOL 软件是瑞士 COMSOL 公司开发的一款大型的高级数值仿真软件，已广泛应用于各领域的科学研究以及工程计算，模拟科学和工程领域的各种物理过程。本文采用 COMSOL 软件数值模拟地铁水管水温变化规律，开展地铁管道冻裂的影响因素分析。

2. COMSOL 多场耦合模拟准确性验证

通过华南城东站站厅公共区、设备区实测水温数据与 COMSOL 软件模拟水管水温进行对比分析，以验证 COMSOL 软件数值模型预测结果的准确性。验证结果（图 22-14）如下：实测值与模拟值之间最大温差为 0.67℃，水温实测值与预测值基本吻合，COMSOL 数值模拟结果准确性较高。

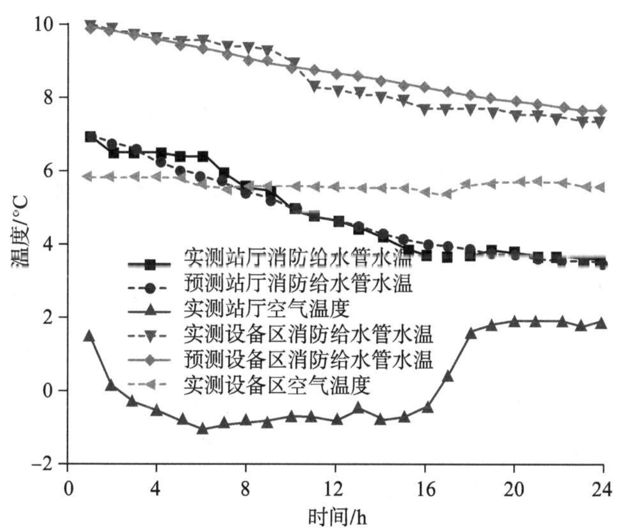

图 22-14　华南城东站消防水管实测水温与预测温度对比

3. 神经网络模型模拟分析

（1）港区北站 B 出入口气温预测。

将郑州市室外设计气温 −7.9℃、−11.3℃作为输入数据，利用经过验证的神经网络模型预测港区北地下车站入口扶梯底部气温。图 22-15 给出了出入口扶梯底部预测气温。结果表明，地铁停止运营期间气温较高且比较稳定，地铁运营期间气温较低，预测的入口扶梯底部最低气温分别为 4.1℃和 2.8℃。这表明，即使在室外最不利气温条件下，出入口的环境温度仍然大于 0℃，给排水管道不会被冻裂。

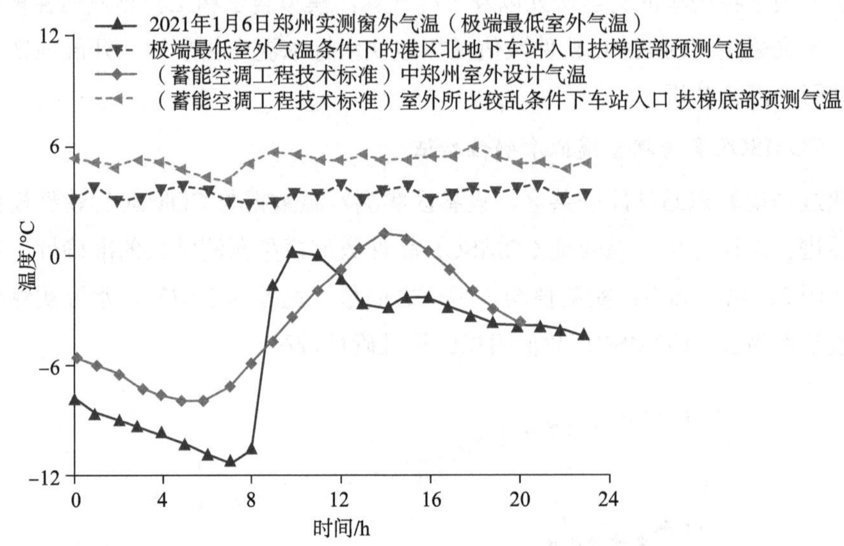

图 22-15　室外气温 −7.9℃、−11.3℃条件下港区北站扶梯底部气温预测

（2）港区北站活塞风道中部气温预测。

将郑州市室外设计气温 −7.9℃、−11.3℃作为输入数据，利用经过验证的神经网络模型预测港区北地下车站活塞风道中部气温。图 22-16 给出了风道中部预测气温。结果表明，地铁停止运营期间气温较高且比较稳定，地铁运营期间气温较低，预测的风道中部最低气温分别为 −3.3℃和 −8.2℃。

（3）港区北站活塞风井底部气温预测。

图 22-17 给出了风井底部预测气温。结果表明，地铁停止运营期间气温较高且比较稳定，地铁运营期间气温较低，预测的风井底部最低气温分别为 −4.1℃和 −9.3℃。

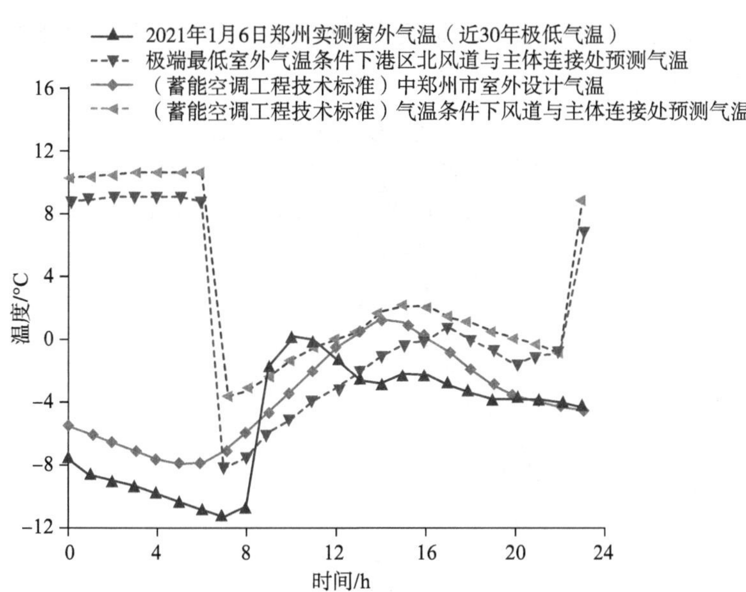

图 22-16　室外气温 -7.9℃、-11.3℃条件下港区北站活塞风道中部气温预测

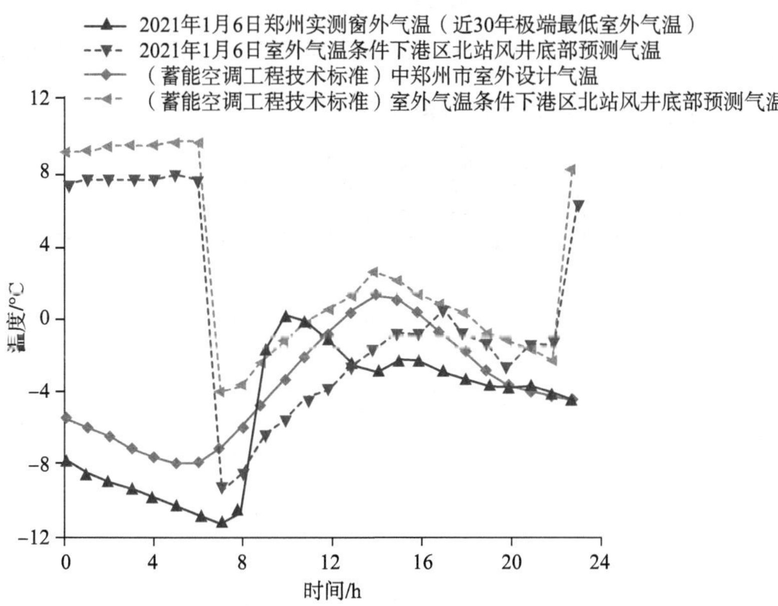

图 22-17　室外气温 -7.9℃、-11.3℃条件下港区北站风井底部气温预测

（4）华南城东站站厅层公共区气温预测。

图 22-18 给出了华南城东站站厅层公共区预测气温。结果表明，因出入口采

用半封闭设计，站厅公共区预测气温受室外低温影响较大，预测的最低气温分别为 -5.8℃和 -9.2℃。

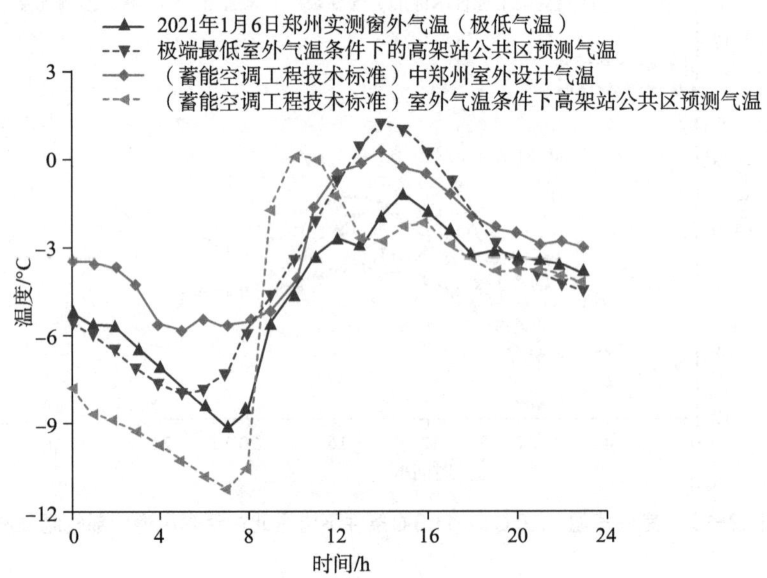

图 22-18　室外气温 -7.9℃、-11.3℃条件下华南城东站站厅公共区气温预测

（5）华南城东站站厅层设备区气温预测（图 22-19）。

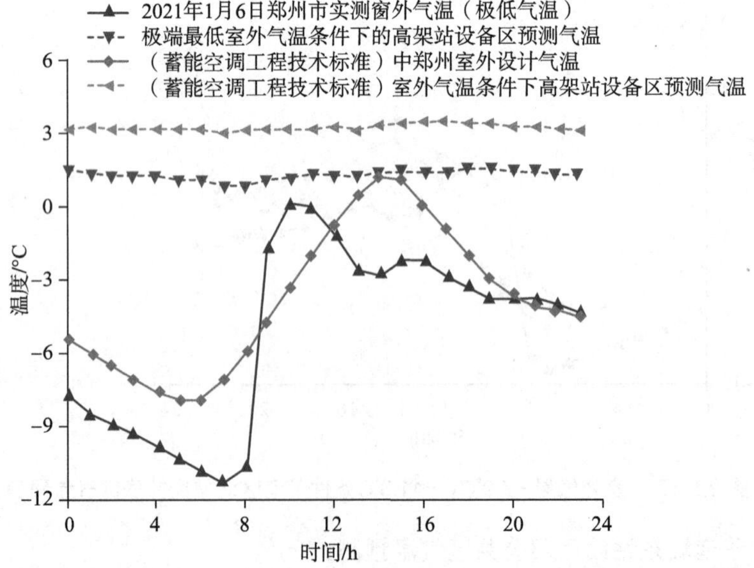

图 22-19　室外气温 -7.9℃、-11.3℃条件下华南城东站站厅层设备区气温预测

4. COMSOL软件模拟分析

（1）港区北站活塞风井底部管道水温预测。

图22-20、图22-21分别给出了包覆50mm复合硅酸镁保温层的DN65、DN100水管水温变化情况。结合图22-17活塞风井底部气温预测结果，风井底部环境温度-4℃时，包覆50mm复合硅酸镁保温层的DN65和DN100管道不会结冻，而DN65和DN100管道在环境气温-9℃条件下结冻时间分别为33.6h和62.4h。因此，根据判定条件，风井底部管径大于等于DN100的管道可不设置电伴热，仅需设置常规防冻保温（50mm复合硅酸镁）。

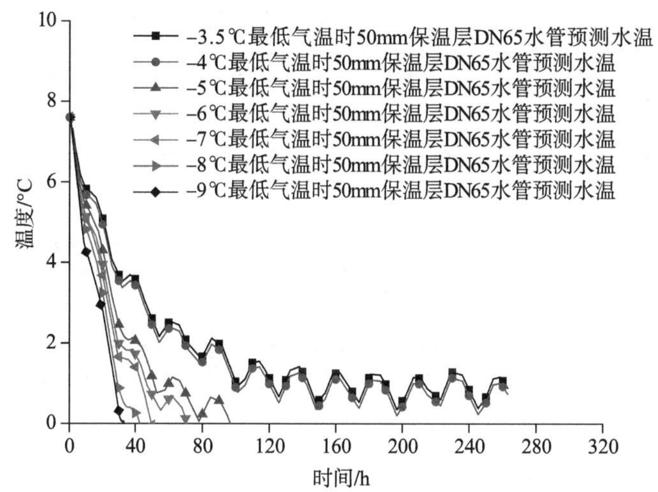

图22-20　包覆50mm复合硅酸镁保温层的DN65水管水温变化情况

（2）港区北站活塞风道中部管道水温预测。

根据活塞风道中部气温预测结果，研究了DN50管道水温变化。图22-22给出包覆50mm复合硅酸镁保温层的DN50水管水温变化情况。图22-23给出-8.2℃温度条件下包覆50mm复合硅酸镁保温层时不同管径水管水温变化情况。

因此，风道中部50mm复合硅酸镁保温层的DN50水管水温在最不利室外气温条件下降至0℃时间大于48h和96h，不会出现管道结冰冻裂现象。因此，建议风道中部管径小于DN50的水管设置50mm复合硅酸镁保温层和管道电伴热。

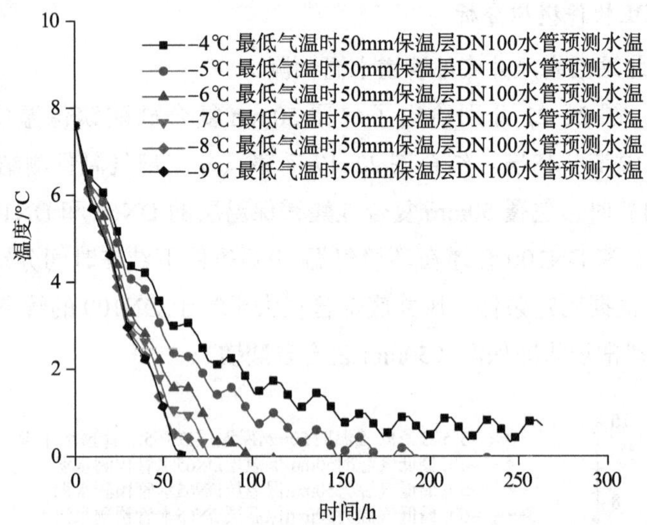

图 22-21　包覆 50mm 复合硅酸镁保温层的 DN100 水管水温变化情况

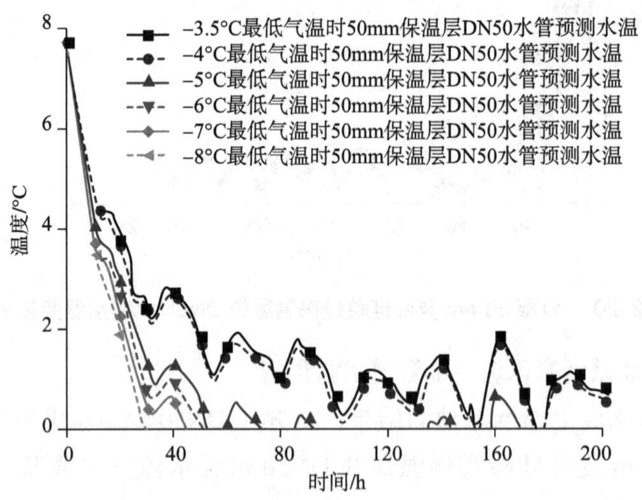

图 22-22　包覆 50mm 复合硅酸镁保温层的 DN50 水管水温变化情况

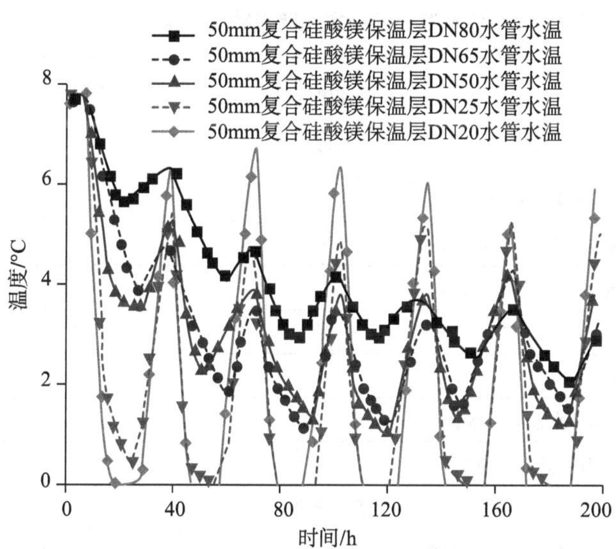

图 22-23　-8.2℃温度条件下包覆 50mm 复合硅酸镁保温层时不同管径水管水温变化情况

（3）华南城东站站厅层公共区管道水温预测。

对比港区北站风井底部与华南城东站站厅层公共区气温预测结果发现，两处预测气温基本一致，因此，风井底部管道防冻保温方案适用于华南城东站站厅层公共区管道。

鉴于管径≤ DN100 的消防支管一般均与 DN150 消防干管连接，DN100 消防支管单独设置电伴热系统的难度较大，为减少电伴热系统设置难度，建议高架站站厅公共区、站台层及板下的生产、生活及消防管道均设置 50mm 厚复合硅酸镁保温和电伴热系统。

五、车站管道防冻保温方案总结

对第 3 章、第 4 章数值模拟结果进行总结形成郑州地铁车站管道冬季防冻保温设置方案（表 22-2）。

表 22-2　冬季郑州地铁车站管道防冻保温设置方案

管道位置		管道电伴热	50mm 复合硅酸镁保温	冬季措施
地下车站				
1	风井下排水泵站扬水管	×	×	冬季泄空
2	风井内管道（管径≥ DN100）	×	√	
3	风井内管道（管径＜ DN100）	√	√	
4	风道内管道（管径≥ DN50）	×	√	
5	风道内管道（管径＜ DN50）	√	√	
6	出入口局部排水泵站扬水管	×	×	
7	出入口内的其他管道	×	√	
高架车站				
1	站厅公共区、站台层及板下的管道	√	√	
2	设备区内的管道	×	×	设防结露

六、结语

本研究提供的郑州地铁车站给排水管道冬季防冻保温方案大大减少了电伴热设置范围，动力照明、BAS 等相关专业也减少了配电箱、模块箱及线缆数量。研究结论所带来的经济效益是相当可观的，运营能耗也能大幅度降低，符合我国关于碳中和和碳排放的节能减排要求。

参考文献

[1] 王春喜 . 郑州地区土壤源热泵建筑应用的可行性分析 [J]. 墙材革新与建筑节能，2011, 2011（1）: 53-56+5.

[2] 贾永会，杜建桥，汪潮洋，彭晨峰 . 基于 BP 神经网络的燃煤锅炉温度分布预测 [J]. 热能动力工程，2020, 35（7）: 130-138.

二十三　模块化蒸发式冷凝冷水机组在地下车站应用分析

张意祥

摘要：本文介绍了模块化蒸发式冷凝冷水机组的组成及特点，并基于实际工程从初投资、运行成本、机房占地面积、控制模式角度比较应用整体式蒸发冷凝冷水机组以及模块化冷水机组的成本。通过初投资对比可知整体式机组与模块化机组设备价格相近，价格略高于模块化机组，整体式机组采用变频风机，模块化机组采用双速风机，因此两种方案风机价格相差较大。相较于整体式机组方案，模块化机组可减少约 18% 的占地空间，显著降低了土建造价。模块化机组年运行费用略低于整体式机组，整体式机组 COP 较高可达 4.9，但需配置单独的排风机，导致系统 COP 低于模块化机组。本文通过冷冻泵频率、机组压缩机频率以及风机频率三个方面阐述了两种方案的具体控制策略，得出模块化机组在冷冻水泵频率、压缩机频率以及排热风机频率调节方面均优于整体式机组的结论。

关键词：模块；蒸发式冷凝冷水机组；地铁车站

引言

地铁作为我国城市交通系统的重要组成部分，已经成为大中城市缓解交通压力的一种高效、节能环保的交通方式，近几年得到了快速的发展。然而相对于其他交通方式，地铁在运行方面有其特殊之处。其主体位于地下，运行场所相对封闭。内部存在内热源。因此，需要地铁通风空调系统来维持站内的热湿环境使其满足舒适度要求。目前地铁站空调系统通常采用传统水冷式系统，然而地铁用水冷式系统除了冷却塔占地，漂水及噪声扰民的问题以外，还存在地下集中冷站建设难度大、投资高，冷却水系统存在水泵能耗高，冬季泄水防冻等问题。蒸发冷凝器将传统水冷式系统冷凝器中制冷剂冷凝和冷却塔中冷却水降温的过程合而为一，以空气和水为介质，利用水的蒸发吸热带走制冷剂的冷凝热的新型冷凝器。蒸发冷凝器作为一种兼具冷凝器、冷却水系统以及冷却塔功能的新型换热器，在地铁车站中得到越来越多的应用[1]。

而目前应用蒸发冷凝制冷系统的地铁工程，大多采用整体式蒸发冷凝冷水机组[2, 7～10]。因机组包含集水箱，因此其尺寸往往大于同制冷量的冷水机组。为保证蒸发冷凝机组换热效率，机房一般布置在车站新排风道间。综合考虑机房面积，同时出于避免冷冻水穿越车站公共区减小水泵扬程考虑，蒸发冷凝冷水机组需要在车站两端各布置一台，各负责一半的公共区负荷及对应设备管理人员房间负荷。相较于地下集中设置水冷式冷水机组方案，该方案无法通过台数控制调节制冷量，在没有良好的节能控制策略的情况下常导致制冷量输出过多的情况。而且整体式蒸发冷凝机组采用单独的排风机，实际运行中缺少合理的控制策略导致风机能耗偏高。因此基于整体式机组存在的问题，在杭州地铁 3 号线一期工程访溪路站中采用模块化蒸发冷凝冷水机组解决整体式机组存在的问题。

一、模块化冷水机组构成

模块化蒸发式冷凝冷水机组由多台模块机组及统一的集中控制柜组成。每个模块机组均有独立的压缩机，蒸发式冷凝器，节流阀及蒸发器，模块自带排风机，模块机组均可独立运行。各模块间通过冷冻水管、控制线缆相连接。可基于地铁实际负荷需求进行台数调节。实际运行中可由车站综合控制系统下达指令或者基于回水温度通过集中控制柜控制各模块机组启停（图 23-1）。

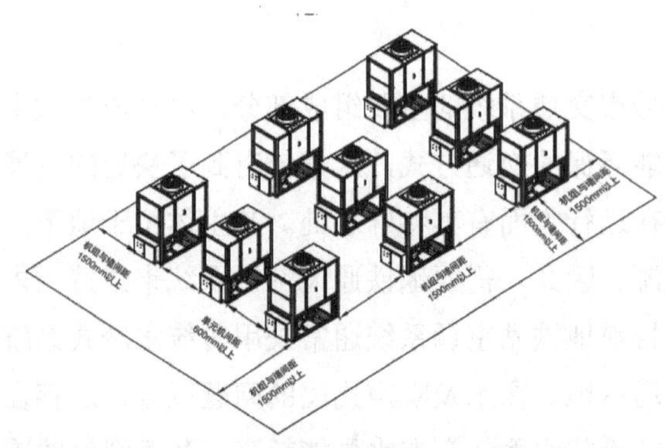

图 23-1　模块化蒸发式冷凝冷水机组布置

二、实例分析

（一）工程概况

本工程为杭州某地下二层岛式车站，车站设置两组风亭，形式均为敞口低风亭，位于绿化带内。每组风亭由1座活塞/事故风亭，1座新风亭，1座排风亭组成。车站冷源采用蒸发式冷凝冷水机组，冷源分设在车站大、小端的机房内，机房设置于车站两端新排风道间。车站大端冷负荷为631kW，小端冷负荷为326kW。

（二）冷源方案比较

1. 机组费用比较

采用整体式蒸发式冷凝冷水机组与模块化机组设备，价格如表23-1所示。

表23-1　两种机组方案初投资价格比对表

<table>
<tr><td></td><td colspan="3">整体式机组</td><td colspan="3">模块化机组</td></tr>
<tr><td>设备类型</td><td>规格</td><td>数量/个</td><td>价格/万元</td><td>规格</td><td>数量/个</td><td>价格/万元</td></tr>
<tr><td rowspan="4">蒸发式冷凝冷水机组</td><td>340kW</td><td>2</td><td>91.1</td><td>240kW</td><td>2</td><td>64.1</td></tr>
<tr><td>340kW</td><td>1</td><td>45.6</td><td>173kW</td><td>2</td><td>46.2</td></tr>
<tr><td></td><td></td><td></td><td>160kW</td><td>1</td><td>21.4</td></tr>
<tr><td colspan="2">总价</td><td>136.7</td><td>总价</td><td></td><td>131.7</td></tr>
<tr><td rowspan="3">风机</td><td rowspan="4">56000m³/h; 500Pa（外置）</td><td rowspan="4">3</td><td rowspan="4">14.7</td><td>33000m³/h; 400Pa（内置）</td><td>2</td><td>3.7</td></tr>
<tr><td>24000m³/h; 400Pa（内置）</td><td>2</td><td>2.7</td></tr>
<tr><td>23000m³/h; 400Pa（内置）</td><td>1</td><td>1.3</td></tr>
<tr><td>风机变频器</td><td colspan="3">—</td></tr>
<tr><td rowspan="2">冷冻水泵</td><td>75m³/h</td><td>2</td><td>3.5</td><td>65m³/h</td><td>2</td><td>3.2</td></tr>
<tr><td>75m³/h</td><td>1</td><td>1.8</td><td>68m³/h</td><td>1</td><td>1.7</td></tr>
<tr><td>水处理装置</td><td></td><td>2</td><td>5.1</td><td></td><td>2</td><td>5.1</td></tr>
<tr><td>定压补水装置</td><td></td><td>2</td><td>5.6</td><td></td><td>2</td><td>5.6</td></tr>
<tr><td>合计/万元</td><td colspan="2"></td><td>167.4</td><td colspan="2"></td><td>155</td></tr>
</table>

车站大端冷负荷为631kW，对应2台340kW的整体式蒸发式冷凝冷水机组（因

运输通道尺寸限制，机组由 2 台冷水机组拼接）或 2 台 240kW 模块机组 +160kW 模块机组。车站小端冷负荷为 326kW，对应 1 台 340kW 整体式蒸发式冷凝冷水机组或 2 台 173kW 模块机组。根据费用对比表可知整体式机组与模块化机组设备价格相近，整体式机组采用变频风机，模块化机组采用双速风机，因此两种方案风机价格相差较大。地铁车站负荷按远期晚高峰负荷计算，近期负荷远小于远期负荷，因此模块化机组方案可考虑采用分期实施的方式降低初投资。

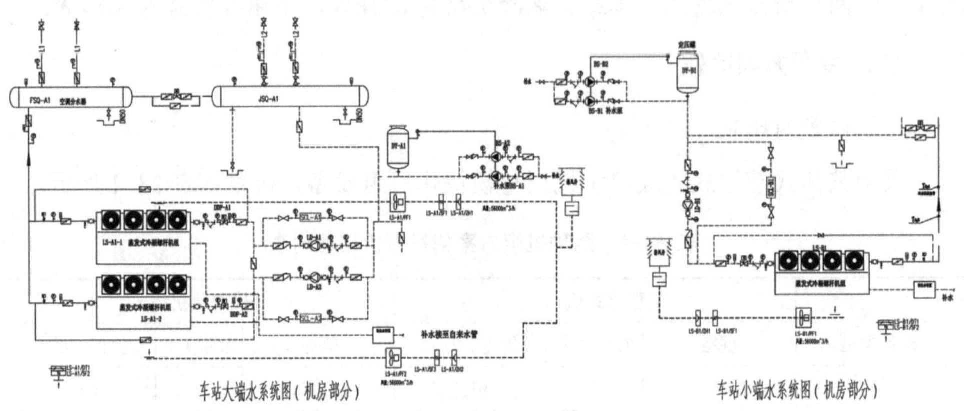

图 23-2　采用整体式蒸发式冷凝冷水机组方案水系统（机房部分）

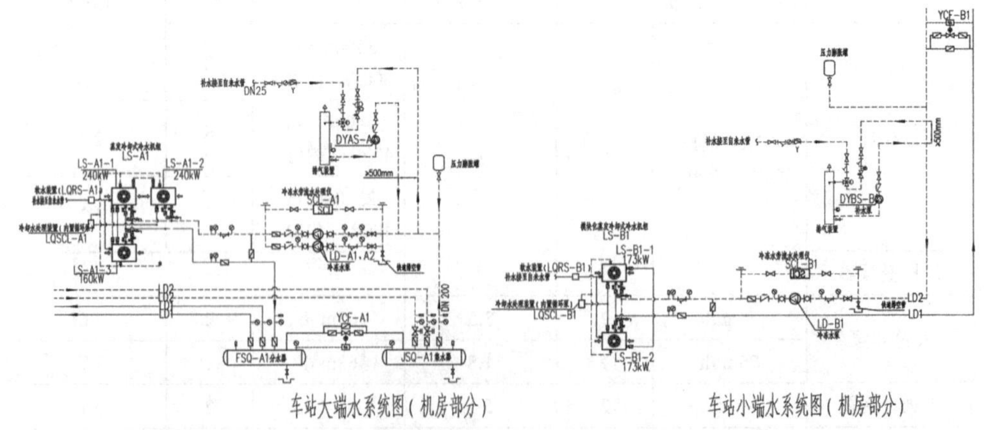

图 23-3　采用模块化蒸发式冷凝冷水机组方案水系统（机房部分）

2. 机房布置分析（以大端为例）

图 23-4 ～图 23-5 分别为模块化蒸发式冷凝冷水机组方案以及整体式蒸发式

冷凝冷水机组方案在地铁车站设备大端的布置示意图。其中整体式机组蒸发器一般采用管壳式换热器，考虑到需要预留检修时更换换热器的空间，以及蒸发式冷凝冷水机组上侧换热器的进风空间，所需机房面积为 118.8m²。模块化机组蒸发器采用板式换热器，大端所需机房面积为 98.1m²。

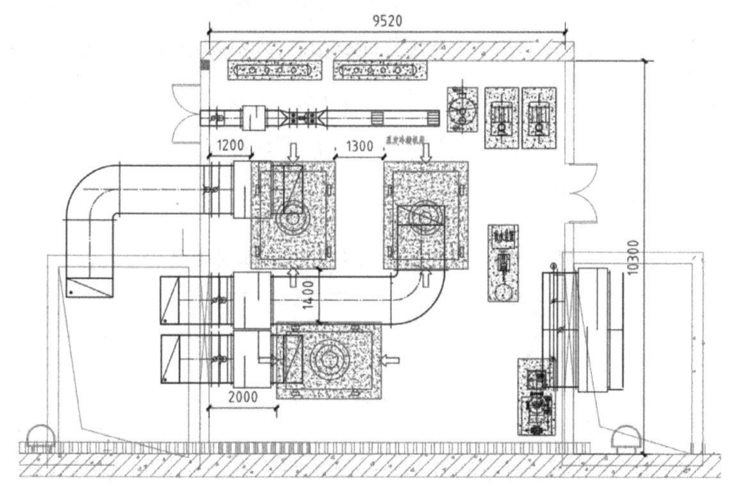

图 23-4　模块化冷水机组车站大端机房布置

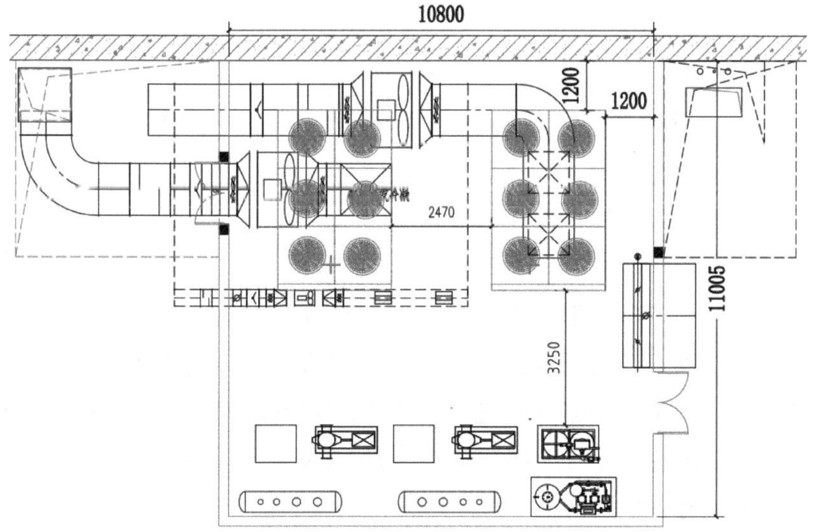

图 23-5　整体式蒸发式冷凝冷水机组车站大端机房设备布置

相较于整体式机组方案，模块化机组可减少约 18% 的占地空间。显著降低了土建造价。

3. 运行成本分析

考虑到地铁车站早晚高峰与平峰负荷不同的情况，且工程尚未完工无法对车站实际冷负荷数据进行收集。做如下假设：（1）制冷系统全年运行时间为 180 天；（2）车站人员早高峰为 7:30 ～ 9:30，晚高峰为 17:30 ～ 19:30 在此时间段内按机组满负荷工况计算；（3）夜间停运期间（0:00 ～ 5:00）机组停止运行；（4）其余时间按 75% 满负荷工况运行。商业电费按 0.73 元 /kW・h 计算[3]。

经计算可得运行费用如表 23-2 所示。

表 23-2　两种机组方案运行成本对比表

—	整体式机组			模块化机组		
设备类型	功率 /kW	数量 / 个	运行费用 / 万元	功率 /kW	数量 / 个	运行费用 / 万元
蒸发式冷凝冷水机组	69.4	2	27.8	58	2	23.2
	69.4	1	13.9	41	2	16.4
	—	—	—	39	1	7.8
	总计		—	总计		—
风机	15	3	9.0	模块化机组风机内置，设备功率包含风机功率		
风机变频器						
冷冻水泵	11	2	4.4	11	2	4.4
	11	1	2.2	11	1	2.2
机组 COP	4.9		—	4.13		—
系统 COP	3.56		—	3.61		—
合计 / 万元	—		57.4	—		54.1

模块化机组年运行费用略低于整体式机组，整体式机组 COP 较高可达 4.9，但需配置单独的排风机导致系统 COP 低于模块化机组。而冷水机组能效比受负荷率影响较大[4]，根据夏热冬冷地区地铁车站实测数据反馈冷水机组仅有 35% 的时间负荷率高于 60%，而约有 36% 的时间负荷率低于 40%[5]。整体式蒸发式冷凝冷水机组运行在低负荷工况时，为满足最小冷冻水量以及最小冷凝风量的要求，常导致机组能效过低的情况。根据笔者前期对车站蒸发冷凝制冷系统的调研[6]，

整体式蒸发冷凝制冷系统在低负荷运行情况下能效比不到2.5。模块化机组可以通过台数调节实现高负载率运行，节能潜力高于整体式机组。

4. 控制模式分析

实际运行中，主要通过对蒸发冷凝制冷系统排风机频率，机组压缩机频率，冷冻水流量以及水系统阀门进行控制。两种机组的水系统阀门控制策略相同，均通过送风温度进行调节，因此以下主要针对前三种方式进行对比分析。

（1）机组压缩机频率控制。

压缩机频率调节是调节制冷机组制冷量的主要手段。整体式机组一般每端机房各设置一台机组，通过监测冷冻水回水温度对压缩机频率进行调节。由于地铁车站人流量变化导致的人员负荷以及室外温湿度变化引起的活塞新风负荷变化使得车站负荷变化大，但冷冻水回水温度变化较为迟缓，实际供冷量难以和冷负荷相匹配。而且送风机频率、水系统阀门调节情况以及水泵频率也会对冷冻水回水温度造成影响。因此实际通过调节压缩机频率匹配站内冷负荷难度较大，实际运行中站内温度远低于设计值，存在制冷量过大的情况。

模块化机组根据综合监控系统或节能控制系统提供的车站冷负荷需求，通过台数控制调节制冷量。具体控制流程如图23-6所示。

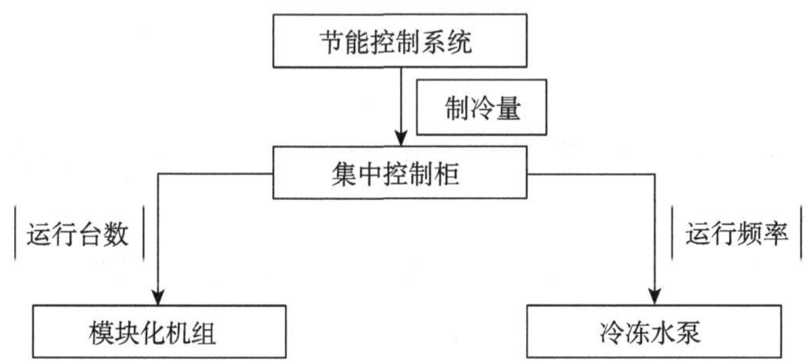

图23-6　控制模式流程

实际运行时由综合监控系统或节能控制系统给出制冷量，通过集中控制柜根据制冷量调节模块化机组运行台数，根据制冷量及运行台数调节冷冻水泵频率。

（2）冷冻水泵频率控制。

冷冻水泵频率一般采用负反馈调节，通过监测回水温度调节冷冻水泵频率控制冷冻水流量。但整体式机组方案未避免冷冻水流量过低导致蒸发器结冰的情况，一般设定最小冷冻水流量为额定流量的 50%。因此车站在低负荷运行时存在冷冻水泵能耗过大的问题。

模块化机组方案冷冻水泵频率基于机组运行台数进行调节，在低负荷工况下也可以进行流量调节。

（3）排风机频率控制。

蒸发冷凝制冷系统主要通过监测系统制冷剂冷凝温度调整排风机的排热风量。整体式机组采用外置风机，在实际运行过程中由于单独配置的风机与机组不匹配，机组难以根据冷凝温度确定合适的风机频率，导致风机长期定频运行，无法实现变频调节。模块化机组的生产厂家根据实际运行中制冷剂的冷凝温度直接设定内置风机对应的运行频率，使得风机可以根据负荷变化进行变频调节。

三、结论

整体式蒸发式冷凝冷水机组初投资与模块化蒸发式冷凝冷水机组相近，但整体式机组存在机房面积较大，低负荷工况下能效比低，节能控制难度大的问题。因此模块化蒸发式冷凝冷水机组在地铁车站中有相对较好的应用潜力。

参考文献

[1] 张超，丁路．蒸发冷凝式螺杆冷水机组在地铁车站空调系统中的应用 [J]. 暖通空调，2018, 48(1): 96-98.

[2] 温敏健．整体式蒸发冷凝机组在某地铁车站的应用 [J]. 暖通空调，2018, 48(6): 83-86.

[3] 李永斌，孙立镖，倪丹，刘锟，庄兆意．济南某地铁车站空调冷源设计分析 [C]// 中国建筑学会建筑热能动力分会第二十一届学术交流大会．

[4] 赵建伟．某地铁车站空调水系统节能控制系统设计及节能测试数据分析 [J]. 暖通空调，2017(5): 9-14.

[5] 王鲁平，马惠颖，孙云祥，等．高静压模块蒸发式冷凝冷水机组在地铁的应用分析 [J]. 都市快轨交通，2021, 34(3): 125-129.

[6] 张意祥，郁文红，魏祎璇，等．杭州市某地铁站用集成式蒸发冷凝冷水机组性能

实测分析 [J]. 都市快轨交通 , 2020, 33(2): 1-8.

[7] 周颖 , 魏军 , 凌人 , 李迎春 . 蒸发冷凝冷水机组在地铁站应用中的注意事项 [J]. 新型工业化 , 2021, 11(12): 244-245.

[8] 朱璐璐 . 蒸发式冷凝冷水机组在地铁车站的应用分析 [J]. 中国新技术新产品 , 2021(9): 77-79.

[9] 张海燕 , 郑志明 . 整体式蒸发冷凝机组在地铁通风空调系统中的应用 [J]. 安装 , 2021(1): 31-33.

[10] 颉鹏 , 黄亮亮 , 周良奎 , 齐大洪 . 徐州地铁七里沟站蒸发冷凝系统应用分析 [J]. 机电工程技术 , 2020, 49(5): 174-176.

二十四　基于故障统计数据的自动售票机设备模块关联分析方法

陈卓

摘要：为减少设备在短时间内发生多次告警、降低处理告警派单数、实现设备关联恢复，本文在自动售票机设备中引入因果关系检验的思想，重点研究了设备模块间的关联关系。选取设备故障次数较多的纸币接收模块、发卡模块和硬币模块作为研究对象，采用格兰杰因果关系检验作为关联分析的方法来构建模型。选取模块的故障时间序列作为模型的输入，F 统计量作为模型的输出。再将关联分析结果与模块实际故障波形图进行对比，证明三个模块之间存在关联关系。

关键词：故障统计；自动售票机；格兰杰因果关系检验；关联恢复

一、引言

城市轨道交通经常性的大客流现象[1～3]，造成了轨道交通的高强度运行，增加了自动售检票系统（Automatic Fare Collection, AFC）设备的使用时间，使得设备单元发生失效或故障频率增高。现行的 AFC 设备维修策略主要是故障维修、定期检修相结合[4～6]，设备的运行状态和性能指标参数则由监控系统监管。

现有的设备维修策略并未考虑到设备模块之间的关联，只是在设备某一模块出现故障后仅仅维修故障模块，这就导致了同一设备有可能在短时间内发生多次根源不同的故障，这不仅极大地耗费了人力物力，更是对设备的故障统计产生了不利影响。因此，本文提出一种基于故障统计信息的设备模块关联分析方法，以自动售票机（TVM）为对象，对该设备主要模块间的关联关系进行分析，为设备故障关联恢复提供参考。

二、自动售票机故障根源定位及时间序列数据建立

（一）自动售票机模块组成

自动售票机以主控单元为核心，辅以纸币接收装置、硬币处理装置、触摸屏装置、发卡装置等模块组成[7]，如图 24-1 所示。

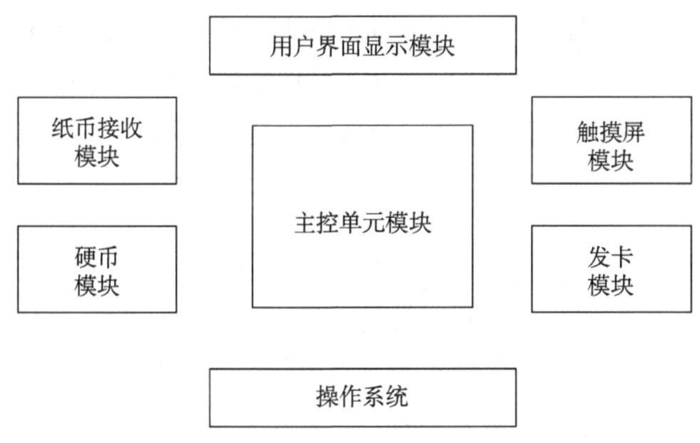

图 24-1　自动检票机组成结构

通常情况下，模块之间具有很强的关联性，故障通常表现为在设备的某个模块出现一个扰动，它随着物流及其他连接传递到过程的其他部位，直至某一处的扰动超过阈值而引起报警。然而初始扰动的出现是隐蔽的，往往不是产生故障现象的模块，这不利于设备故障的根源定位。

不仅如此，在对根源模块进行修缮之后，如果直接重启设备，由于受到初始扰动在传递过程的影响，其他相关联的模块也可能会接连产生报警行为，造成该设备在短时间内出现多次报警记录。

针对上述情况，应验证设备模块之间的关联关系，并综合业务流程，在设备出现故障报警后，定位故障根源模块，并在修缮工作结束后，继续检测关联模块的状态，进行设备故障关联恢复，确定状态健康后再进行故障闭环操作。

结合实际故障数据分析发现，纸币接收模块、硬币模块、发卡模块是故障频率较高的单元，同时也是 TVM 最重要的业务执行模块，所以将这三个模块作为目标模块。

（二）故障根源定位

采用 FMEA 分析法对设备的模块进行功能分析、功能失效模式分析、功能失效原因分析。

功能分析是为明确各模块对 TVM 设备的功能支持；功能失效模式分析是为全面了解 TVM 设备的故障现象；功能失效原因分析是故障根源的重中之重，是为将故障现象与故障根源对应。功能失效原因分析的方法主要有故障树分析法（FTA）、根本原因分析法（RCA）、PM 分析法等，本文采用 PM 法对 TVM 设备的主要故障现象进行功能失效原因分析以定位故障根源，PM 分析的步骤如图 24-2 所示。

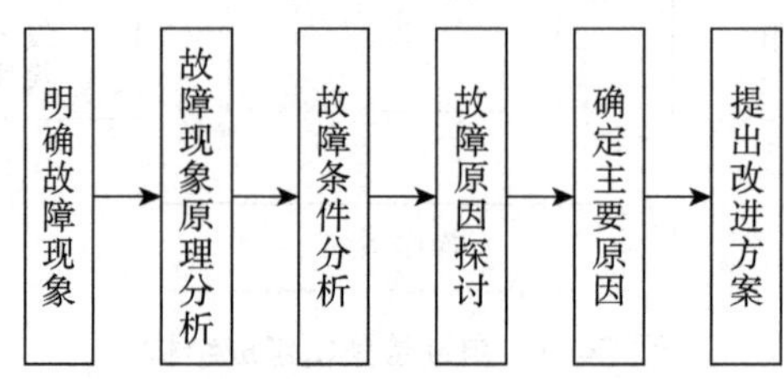

图 24-2　PM 分析步骤

（三）模块故障数据时间序列建立

故障数据主要有日检、现场、调度、信息系统、其他和计划修 6 类来源，记录有故障时间、设备名称、设备模块、故障现象等相关信息，但均是以事件的形式进行记录保存。鉴于这种情况，需要先建立设备模块故障数据的时间序列。

时间序列是一种具有时间信息，并且每一个时间都由一个向量构成的序列。从时间序列的角度来看，每个数据单元可以抽象为一个二元祖 [x]。其中，t 为时间变量；v 为数据变量，反映数据单元的实际意义，如故障次数等。时间序列为一个有限集 $\{(v_0,t_0),(v_1,t_1),\cdots\}$，多个模块多个测量项构成的时间序列数据为多维时间序列。

建立多维时间序列数据需要规范化数据，需要统一时间间隔，时间间隔需要根据时间情况进行设定，但至少要大于模块正常状态的循环周期，以减少故障次数为 0 的间隔数。

TVM 的故障时间序列 y 可表示为该设备包含各个模块的函数，即：

$$Y_t = ff_{it} \tag{24-1}$$

时间序列分解的方法可采用加法模型：

$$Y_t = f_{1t} + f_{2t} + \cdots + f_{it} \tag{24-2}$$

或乘法模型：

$$Y_t = f_{1t} \times f_{2t} \times \cdots \times f_{it} \tag{24-3}$$

将 TVM 的时间序列分解为该设备包含模块的时间序列。

三、自动售票机设备模块关联分析模型的建立

经过前文的处理，形成三种目标模块的时间序列数据f_{1t}、f_{2t}、f_{3t}，再采用格兰杰因果关系检验的方法验证模块间的关联关系。

格兰杰因果关系模型用来通过变量间的时间序列检测变量间的相互预测关系，格兰杰认为，如果一个变量 X 有助于预测另一个变量 Y，那么必须满足两个条件：第一，Y 关于 Y 过去值的回归中，添加 X 的过去值作为独立变量应当显著地增加回归的解释能力；第二，Y 不应当有助于预测 X，也就是说，X 关于 X 过去值的回归中，添加 Y 的过去值作为独立变量应当不显著地增加回归的解释能力。其原因是，如果 X 有助于预测 Y，Y 也有助于预测 X，则很可能存在一个或几个其他变量，它们既是引起 X 变化的原因，也是引起 Y 变化的原因[8～9]。

变量 X 是否为变量 Y 的格兰杰原因，是可以通过模型检验的。第一步，假设“H_0：X 不是引起 Y 变化的原因”。首先，估计下列两个回归模型[10]：

$$Y_t = \alpha_0 + \sum_{i=1}^{p} \alpha_i Y_{t-i} + \sum_{i=1}^{q} \beta_i X_{t-i} + \varepsilon_t \tag{24-4}$$

$$Y_t = \alpha_0 + \sum_{i=1}^{p} \alpha_i Y_{t-i} + \varepsilon_t \tag{24-5}$$

式（24-4）是无约束回归模型，式（24-5）是有约束回归模型。其中 α_0 表示常数项；p 和 q 分别为变量 Y 和 X 的最大滞后期数；ε_t 为白噪声。

然后，利用这两个回归模型的残差平方和 RSS_u 和 RSS_r 构造 F 统计量：

$$F=\frac{(RSS_r-RSS_u)/q}{RSS_u/(n-p-q-1)}\sim F(q,n-p-q-1) \tag{24-6}$$

其中，n 为样本容量。

如果$F \geqslant F(q,n-p-q-1)$，则$\beta_1,\beta_2,\ldots,\beta_q$显著不为 0，应拒绝原假设“$H_0$：$X$不是引起 Y变化的原因”；反之，则不能拒绝原假设。

第二步，将 Y 与 X 的位置交换，按同样的方法检验原假设“H_0：Y不是引起X变化的原因”。

第三步，要得到“X是引起 Y变化的原因”的结论，必须同时拒绝原假设“H_0：X不是引起 Y变化的原因”和接受原假设“H_0：Y不是引起 X变化的原因”。

四、实例分析

（一）数据描述及处理

以无锡地铁 1 号线三阳广场站的 27 台自动售票机为研究对象，选取 2017 年全年的故障记录数据为故障预测的原始数据集，分析设备发卡模块、纸币接收模块、硬币模块的关联关系。在全年的故障记录数据中，共统计得到 273 条故障数据，其中发卡故障数据 59 条，硬币模块故障记录 90 条，纸币接收模块故障记录 88 条。

建立 TVM 的时间序列数据，选取时间间隔为 7 天，得到y_0。采用加法模型：

$$y_t=f_{1t}+f_{2t}+f_{3t} \tag{24-7}$$

分解分别得到发卡模块的时间序列f_{1t}、硬币模块的时间序列f_{2t}和纸币接收模块的时间序列f_{3t}，如表 24-1 所示。

表 24-1　三个模块的时间序列数据

序号	时间	发卡模块（f_{1t}）	硬币模块（f_{2t}）	纸币接收模块（f_{3t}）
1	2017.01.01—2017.01.07	2	1	0
2	2017.01.08—2017.01.14	0	1	0
3	2017.01.15—2017.01.21	1	2	2

续表

序号	时间	发卡模块（f_{1t}）	硬币模块（f_{2t}）	纸币接收模块（f_{3t}）
4	2017.01.22—2017.01.28	2	0	1
⋮	⋮	⋮	⋮	⋮
50	2017.12.10—2017.12.16	2	1	1
51	2017.12.17—2017.12.23	1	1	3
52	2017.12.24—2017.12.30	2	1	9
53	2017.12.31—2018.01.06	0	0	1

（二）定位故障根源模块

由数据统计得到，TVM 设备发生的故障有卡纸币、卡票、抓票失败、卡硬币、无法识别钱箱、后背找零箱故障、排异部件故障 7 类故障。其中卡硬币和卡纸币故障最多，占总故障近 30%，采用 PM 法对 TVM 设备的主要故障现象进行功能失效原因分析以定位故障根源。以卡币故障为例，鱼骨图如图 24-3 所示。

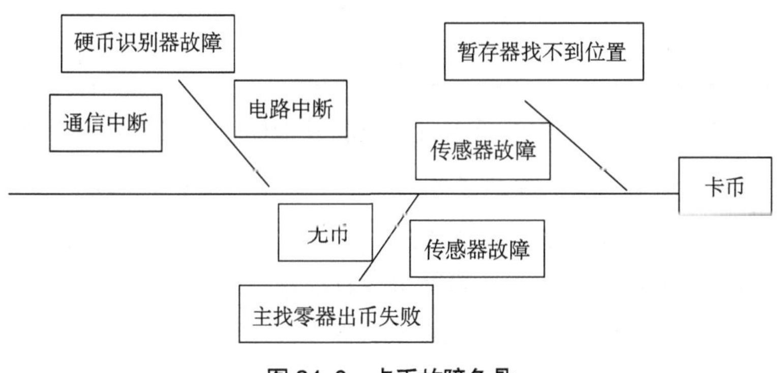

图 24-3　卡币故障鱼骨

（三）模块关联分析

将f_{1t}、f_{2t}、f_{3t}按 2.3 中所述步骤两两分别带入无约束回归模型和有约束回归模型中：

$$f_{it}=\alpha_0+\sum_{j=1}^{p}\alpha_j f_{j,t-i}+\sum_{j=1}^{q}\beta_j f_{j,t-i}+\varepsilon_t \tag{24-8}$$

$$f_{it}=\alpha_0+\sum_{j=1}^{p}\alpha_j f_{j,t-i}+\varepsilon_t \tag{24-9}$$

并查阅 F 检验临界值表，得到三个模块互相间的 F 统计量结果如表 24-2 所示。

表 24-2　三个模块间的 F 统计量结果

组别	f_{it}	f_{jt}	$F(q,n-p-q-1)$	关系	F 统计量
1	发卡模块	硬币模块	2.323	>	1.756
1	硬币模块	发卡模块	2.291	>	1.321
2	发卡模块	纸币接收模块	2.323	>	1.050
2	纸币接收模块	发卡模块	2.297	<	2.606
3	硬币模块	纸币接收模块	2.577	<	2.868
3	纸币接收模块	硬币模块	2.297	>	1.194

如表 24-2 所示第 2 组中纸币接收模块和发卡模块、第 3 组硬币模块和纸币接收模块 F 统计量均只有一个大于相对应的 F 检验临界值，满足变量 f_{it} 是引起变量 f_{jt} 变化的原因，即拒绝原假设“H_0：纸币接收模块不是引起发卡模块变化的原因”“H_0：硬币模块不是引起纸币接收模块变化的原因”，同时接受原假设“H_0：纸币接收模块不是引起硬币模块变化的原因”“H_0：纸币接收模块不是引起发卡模块变化的原因”。

所以认为纸币接收模块是引起发卡模块变化的原因，而硬币模块是引起纸币接收模块变化的原因，即纸币接收模块、硬币模块、发卡模块三个模块存在相互关联关系。三个模块的故障波形如图 24-4 所示。

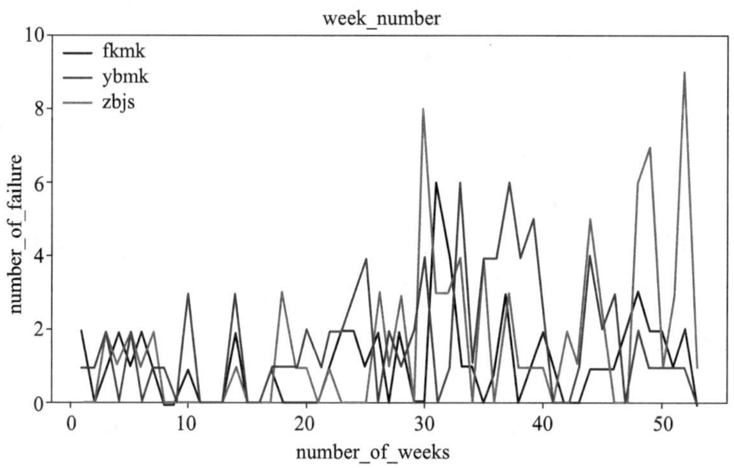

图 24-4　三个模块故障波形（见彩图 56）

从波形图也可看出，三个模块的故障波形波峰波谷较为一致，说明三个模块间存在关联关系，这与模型计算结果相吻合。

五、结论

本文针对自动售检票机设备维修策略未考虑模块间关联关系的不足，基于因果关系检测的思想，提出设备模块的关联分析方法。此方法基于历史统计数据，依次验证两两模块间的因果关系，得出设备纸币接收模块、硬币模块、发卡模块三个模块存在相互关联关系。该方法是一种从数据角度出发、结合自动售票机设备特点的模块关联关系分析方法，能有效地实现设备模块的关联恢复，也能一定程度上预测设备故障，以便及时采取预防措施避免。

参考文献

[1]　张炳森 . 轨道交通自动检票机设备故障预测技术研究 [D]. 南京 : 东南大学 , 2018.

[2]　严俊 . 地铁车辆故障分析及维修技术应用研究 [D]. 上海 : 上海交通大学 , 2008.

[3] 胡超芬, 董源, 董方武. 地铁自动售检票系统设备故障数据分析与维修策略 [J]. 城市轨道交通研究, 2017, 20(3): 144-147.

[4] 王海俊, 南京地铁车辆维修资源优化配置研究 [D]. 南京: 南京理工大学, 2011.

[5] 张河苇, 胡瑾秋, 张来斌. 化工过程故障根源精准定位模型 [J]. 中国安全科学学报, 2016, 26(11): 133-138.

[6] 习伟, 李鹏, 郭晓斌, 等. 多维时间序列关联分析方法在电力设备故障预测中的应用 [J]. 电网与清洁能源, 2014, 30(12): 60-65.

[7] 李新原. 高铁牵引供电系统故障统计数据的关联分析方法研究 [D]. 南昌: 华东交通大学, 2017.

[8] 范传棋, 范丹. 格兰杰因果检验中不同检验方法的功效比较 [J]. 统计与决策, 2017(23): 9-13.

[9] 赵迎红, 王译慧, 仝思雨. 公共图书馆与新闻出版发展水平关系研究——基于协整检验和格兰杰检验 [J]. 图书馆论坛, 2018, 38(11): 70-76.

[10] 李葆文. 故障诊断逻辑与数学原理 [M]. 广州: 广东高等教育出版社, 1994: 218-220.

二十五　一种视频压缩技术在轨道交通市场的应用浅析

文靖

摘要：随着《中华人民共和国反恐怖主义法》《城市轨道交通公共安全防范系统工程技术规范》（GB 51151—2016）的颁布，以及大数据、云平台、智慧化、人工智能的全新技术理念的引进。如何在有限的空间里，利用有限的传输带宽，更快、更有效地利用这些视频数据，很大程度受制于视频压缩技术的发展。

本文通过对一种高压缩比的国产视频压缩技术的研究，总结出该视频压缩技术的技术特点为高压缩比、高质量、低码流。为了验证该技术的技术特性，在实验室中搭建了两个模拟实验环境，一个是针对冷数据压缩；另一个是针对实时视频数据压缩。利用现场试验环境的搭建，获得该算法进行不同质量的冷数据压缩后的数据容量，从而获得其压缩系数，以及同等画面质量下的最小实时视频压缩码流数据。通过对轨道交通行业发展的研究，总结出两个典型的应用场景，分别针对这两个应用场景，进行该视频压缩技术的可行性、经济性的系统分析，得出该视频压缩技术在轨道交通行业应用前景浅析。

关键词：视频压缩；冷数据压缩；车地无线实时视频传输

一、轨道交通行业现状

进入 21 世纪以来，随着国民经济发展，我国城市化的进程大大加快，城市人口急剧增长，导致大城市的交通客运量迅速增长，交通拥挤、混乱的现象日益严重，交通拥挤影响了城市经济和社会活动的正常秩序以及居民的出行。这也是世界交通领域近 10 余年一直面临的共同问题。轨道交通以其安全、正点、大容量、高效率、绿色、环保、节能等诸多优点被公认为解决城市拥堵的最佳途径。

截至2020年12月31日，我国城市轨道交通运营总里程约7655km，通车城市43个，通车线路245条。据不完全统计，截至2020年底，全国有57个城市（个别有地方政府批复项目未纳入统计）在建线路总规模6797.5km，在建线路297条（段），仅2020年当年共完成建设投资6286亿元，同比增长5.5%，再创历史新高。

2020年，全国新增运营线路里程1226km，同比增长252km，增幅25.87%，全年累计完成客运量175.27亿人次，比2006年的年客运量18亿人次增长157.27亿人次，是14年前的10倍[1]。

从上述数据可以看出，随着全国各大城市对轨道交通的大规模建设，轨道交通已逐渐成为全国各大城市居民出行的主要方式之一。因此，伴随着北京市轨道交通规模的不断扩大，客流规模不断攀升，对轨道交通的安全性、乘客服务水平的要求也不断地提升。

1. 视频监控系统现状

视频监控系统作为轨道交通通信系统一个重要组成部分，一直发挥着辅助运营对站内、站外、车辆实时情况的及时掌控的重要作用。随着《中华人民共和国反恐怖主义法》《城市轨道交通公共安全防范系统工程技术规范》（GB 51151—2016）的颁布，以及大数据、云平台、智慧化、人工智能的全新技术理念的引进，关于视频监控系统的技术需求、技术运用逐步成为轨道交通建设方和运营方较为关心的一个关键问题。

2. 用户需求变化趋势

轨道交通大规模建设的这20年，视频监控系统经历了多次技术变革。随着城市轨道交通的快速发展，用户需求也越来越丰富，更多地希望不局限于视频监控系统的基本功能，用户需求呈现规模化、数据化、智慧化的变化。

（1）规模化。

①监控范围规模扩大。

我国加速“平安城市”建设推行，对公共区域视频监控系统的监控范围不断扩大，车站摄像机布点数量不断增加。

北京市于2015年5月1日实施的《北京市轨道交通运营安全条例》明确要求“轨道交通车站、地面线路、高架线路、安全检查点、站前广场和车厢等场所应当安装视频监控系统；通风亭、冷却塔和变电站等部位应当安装视频监控系统，并合理设置防盗报警系统、防护栏或防护网等物理防护设施”。该条例适用于 2015 年之后所有新建线路及改造线路。

以北京地铁 1 号线为例，在 2017 年视频改造项目实施前，全线摄像机总数量为 1041 台，改造后全线摄像机总数量增至 4144 台，摄像机总量增加近 3 倍。

②存储时间不断增加。

2016 年 1 月 1 日实施的《中华人民共和国反恐怖主义法》第 32 条规定：“重点目标的管理单位应当建立公共安全视频图像信息系统值班监看、信息保存使用、运行维护等管理制度，保障相关系统正常运行。采集的视频图像信息保存期限不得少于九十日。”轨道交通公共区域的视频监控存储时间从 30 天增至 90 天。

（2）数据化。

轨道交通建设的速度不断加快，为广大人民群众提供了比较便利的出行方式，但密集的人口和封闭的空间也为犯罪分子提供了犯罪场所。视频监控系统作为预防和追查事故不可或缺的重要技术手段，对其实时性、时效性的要求越来越高。

现阶段轨道交通行业的视频存储方式仅做了简单的视频流的数据存储，未对视频流进行数据分类整理，没有增加数据标签等信息。因此当事故发生以后，警务人员需要在大量视频资料里找到关联信息的难度较大，需要花费大量人力、时间。

（3）智慧化。

近年来“智慧地铁”的理念不断被各地轨道交通建设方和运营方所接受，高品质的乘客服务和更高效的运维方式成为各地运营企业的迫切需求。

针对不同的应用场景，将视频分析技术与特定的业务相结合，解决面向业务上的实际问题，视频监控的意义逐步从传统的事故记录转变为事故监测，实时获取大量高清的业务场景越来越多。

综上所述，轨道交通视频监控系统具有监控范围广、数据存储大的特点，对视频监控的需求呈现多元化的需求，如何在有限的空间里，利用有限的传输带宽，更快、更有效地利用这些视频数据很大程度受制于视频压缩技术的发展。

二、视频压缩技术现状

1. 发展历程

视频信息压缩技术在过去 30 余年以来的一系列视频编码国际标准中得到充

分的体现。从20世纪90年代初的第一代视频编码标准H.261/MPEG-1[2]、H.262/MPEG-2起，到第二代视频编码标准H.264 /AVC[3]，第三代视频编码标准H.265/HEVC[4]，第四代视频编码标准已于2020年7月发布第一版，其正式名称在ITU-T为H.266/VVC[5]。

纵观视频压缩技术的发展，视频压缩的效率每进化一代都大致提高一倍。H.265/HEVC较之H.264 /AVC，一样质量的编码视频能节省40%～50%的码流。H.266/VVC比H.265/HEVC也提高大约一倍的编码效率，大约只需要HEVC的50%的比特，H.264 /AVC的25%的比特。

2. 行业现状

目前评估一个图像视频压缩算法最主要的两点：同一个压缩比下，比较视觉效果（PSNR值）；同一个视觉效果（PSNR值）下，比压缩比。而要提高压缩比，同时保证视觉效果是这个图像视频压缩算法的痛点。

众所周知，芯片是实现算法逻辑的微电子电路，系统是算法功能的集合，算法才是信息技术的核心，算法是芯片、系统和IT行业的灵魂，而视频编解码的核心正是图像视频的压缩解压算法。

目前国内大部分监控公司所采用的还是H.264 /AVC、H.265/HEVC等国外标准，甚至直接采购国外视频编解码芯片，仅做上层系统集成。但上述算法的基础理论和知识产权均属于国外，每年在我国信息领域收取大量的专利费用。

算法研究需要有良好的数学基础，我国信息技术起步晚，且算法研究能力极其薄弱。未来支撑新信息技术的核心算法势必将成为我国学者们攻坚克难的关键技术领域之一。

本文将介绍一种全新的自主知识产权视频压缩算法，该算法基于加权滤波函数的小波变换算法，通过调整概率模型能实现近熵无损压缩，这种视频压缩算法的名字叫金龙码（下文简称JL码）

三、JL码技术简介

JL码是一种国产自主知识产权的视频压缩算法，该算法以加权滤波函数的小波变换算法为核心，旨在解决现有技术中采用算术编码对图像信号进行压缩时，编码效率低的问题。

1. 高压缩比

H.264 /AVC、H.265/HEVC 的帧内压缩原理是将图片划分成一个一个编码树单元（CTU，Coding Tree Unit），对每个 CTU 分别进行图像编码，然后再进行帧内预测、帧间预测、运动补偿等处理。这种采用 CTU 树形划分的视频压缩方式往往容易出现方块效益，另外为了减少 CTU 本身的数据量而采用的基于块的运动补偿策略，其运用补偿本身也会产生大量的数据信息。

而 JL 码采用的基于加权滤波函数的小波变换算法，不再将图像切割成小块进行小波变换，而是整图进行二维小波变换。二维小波变换是基于行列的迭代运算过程，叠加采用加权滤波方法，这样在大尺寸图像下长时间递推计算时，不会引起滤波发散。

二维小波变换行列迭代运算中引入加权滤波方法，其主要目的是每层小波变换过程中求细节数值（高频数值）$v_{i,j}$（其中 i,j 为二维数据的行列下标）的滤波值 $\hat{v}_{i,j}$ 时，逐渐减弱离现在时刻（i,j）较远的细节数值的作用，从而实现更充分的视频分解，因此 JL 码不存在方块效应。在保证最大图像质量前提下利用加权滤波函数调节小波尺度，使小波变换过程与各层小波系数滤波量化有机结合，充分分解视频特性，使后续熵编码压缩效率更高。

在实验室里，我们利用 JL 码视频压缩软件对地铁 CCTV 系统录制的两段视频信息进行四种质量的冷数据压缩，原视频为 MP4 格式，视频体积分别为 212M、171M。我们通过格式转化先将 MP4 格式解码为 YUV 格式，再对 YUV 数据进行 JL 码压缩，得到表 25-1 中的数据。

表 25-1　JL 码视频压缩对比

名称	原数据体积	无损压缩		高级质量		中级质量		一般质量	
		数据体积	压缩比例	数据体积	压缩比例	数据体积	压缩比例	数据体积	压缩比例
视频 1	212M	75.6M	0.357	37.9M	0.179	22.7M	0.107	16.2M	0.076
视频 2	171M	58.0M	0.339	28.3M	0.165	16.1M	0.094	10.7M	0.063

视频效果演示截图如图 25-1 ～图 25-5 所示。

（1）无损压缩。

图 25-1　MP4 与 JL 码无损压缩对比

图 25-1 左侧为原始 MP4 格式播放的图像效果，右侧为 JL 码无损压缩后的视频图像效果。

图像编码数据如图 25-2 所示。

```
src.data
Address   0  1  2  3  4  5  6  7  8  9  a  b  c  d  e  f  Dump
002f74c0 82 82 82 82 82 82 82 82 82 82 82 82 82 82 82 82 倏倏倏倏倏倏倏倏
002f74d0 81 81 81 81 81 81 81 81 81 81 81 81 81 81 81 81 ................
002f74e0 81 81 81 81 81 81 81 81 81 81 81 81 81 81 81 81 ................
002f74f0 80 80 81 82 84 85 86 86 88 88 88 88 88 88 88 88 €€.佽厗唸垐垐垐?
002f7500 89 89 89 89 89 89 89 89 89 89 89 89 89 89 89 89 墘墘墘墘墘墘墘墘
002f7510 89 89 89 89 89 89 89 89 89 89 89 89 89 89 89 89 墘墘墘墘墘墘墘墘
002f7520 89 89 89 89 89 89 89 89 89 89 89 89 89 89 89 89 墘墘墘墘墘墘墘墘
002f7530 89 89 89 89 89 89 89 89 89 89 89 89 89 89 89 89 墘墘墘墘墘墘墘墘
002f7540 89 89 89 89 89 89 89 89 89 89 89 89 89 89 89 89 墘墘墘墘墘墘墘墘
002f7550 89 89 89 89 89 89 89 89 89 89 89 89 89 89 89 89 墘墘墘墘墘墘墘墘
002f7560 89 89 89 89 89 89 89 89 88 88 88 88 88 88 88 88 墘墘墘墘垐垐垐垐
002f7570 88 88 88 88 88 88 88 88 88 88 88 88 88 88 88 88 垐垐垐垐垐垐垐垐
002f7580 88 88 88 88 88 88 88 88 88 88 88 88 88 88 88 88 垐垐垐垐垐垐垐垐
002f7590 88 88 88 88 88 88 88 88 88 88 88 88 88 88 88 88 垐垐垐垐垐垐垐垐
002f75a0 88 88 88 88 88 88 88 88 87 87 87 87 87 87 87 87 垐垐垐垐噰噰噰噰
002f75b0 84 84 84 84 84 84 84 84 80 80 80 80 80 80 80 80 剟剟剟剟€€€€€€€€
002f75c0 7e 7e 7e 7e 7e 7e 7e 7e 7f 7f 7f 7f 7f 7f 7f 7f ~~~~~~~~........
002f75d0 80 80 80 80 80 80 80 80 81 81 81 81 81 81 81 81 €€€€€€€€........
002f75e0 7e 7e 7e 7e 7e 7e 7e 7e 80 80 80 80 80 80 80 80 ~~~~~~~~€€€€€€€€
002f75f0 7d 7d 7d 7d 7d 7d 7d 7d 79 79 79 79 79 79 79 79 }}}}}}}}yyyyyyyy
```

```
JLx.data
Address   0  1  2  3  4  5  6  7  8  9  a  b  c  d  e  f  Dump
002f74c0 82 82 82 82 82 82 82 82 82 82 82 82 82 82 82 82 倏倏倏倏倏倏倏倏
002f74d0 81 81 81 81 81 81 81 81 81 81 81 81 81 81 81 81 ................
002f74e0 81 81 81 81 81 81 81 81 81 81 81 81 81 81 81 81 ................
002f74f0 80 80 81 82 84 85 86 86 88 88 88 88 88 88 88 88 €€.佽厗唸垐垐垐?
002f7500 89 89 89 89 89 89 89 89 89 89 89 89 89 89 89 89 墘墘墘墘墘墘墘墘
002f7510 89 89 89 89 89 89 89 89 89 89 89 89 89 89 89 89 墘墘墘墘墘墘墘墘
002f7520 89 89 89 89 89 89 89 89 89 89 89 89 89 89 89 89 墘墘墘墘墘墘墘墘
002f7530 89 89 89 89 89 89 89 89 89 89 89 89 89 89 89 89 墘墘墘墘墘墘墘墘
002f7540 89 89 89 89 89 89 89 89 89 89 89 89 89 89 89 89 墘墘墘墘墘墘墘墘
002f7550 89 89 89 89 89 89 89 89 89 89 89 89 89 89 89 89 墘墘墘墘墘墘墘墘
002f7560 89 89 89 89 89 89 89 89 88 88 88 88 88 88 88 88 墘墘墘墘垐垐垐垐
002f7570 88 88 88 88 88 88 88 88 88 88 88 88 88 88 88 88 垐垐垐垐垐垐垐垐
002f7580 88 88 88 88 88 88 88 88 88 88 88 88 88 88 88 88 垐垐垐垐垐垐垐垐
002f7590 88 88 88 88 88 88 88 88 88 88 88 88 88 88 88 88 垐垐垐垐垐垐垐垐
002f75a0 88 88 88 88 88 88 88 88 87 87 87 87 87 87 87 87 垐垐垐垐噰噰噰噰
002f75b0 84 84 84 84 84 84 84 84 80 80 80 80 80 80 80 80 剟剟剟剟€€€€€€€€
002f75c0 7e 7e 7e 7e 7e 7e 7e 7e 7f 7f 7f 7f 7f 7f 7f 7f ~~~~~~~~........
002f75d0 80 80 80 80 80 80 80 80 81 81 81 81 81 81 81 81 €€€€€€€€........
002f75e0 7e 7e 7e 7e 7e 7e 7e 7e 80 80 80 80 80 80 80 80 ~~~~~~~~€€€€€€€€
002f75f0 7d 7d 7d 7d 7d 7d 7d 7d 79 79 79 79 79 79 79 79 }}}}}}}}yyyyyyyy
```

图 25-2　图像编码效果对比

图 25-2 为原视频与无损压缩后的数据对比。左侧为原视频数据，右侧为无损压缩后的视频数据，可以看出两者完全一样，数据体积为原有视频的 1/3。

（2）高级质量压缩。

图 25-3　MP4 与 JL 码高级质量压缩对比

图 25-3 左侧为原始 MP4 格式播放的图像效果，右侧为 JL 码高级质量压缩后的视频图像效果，保留了原始图像中的所有细节，数据体积为原有视频的 1/5。

（3）中级质量压缩。

图 25-4　MP4 与 JL 码中级质量压缩对比

图 25-4 左侧为原始 MP4 格式播放的图像效果，右侧为 JL 码中级质量压缩后的视频图像效果，压缩后的图像出现物体边界虚化的现象，部分细节丢失（如轨道），数据体积为原有视频的 1/10。

（4）一般质量压缩。

图 25-5　MP4 与 JL 码一般质量压缩对比

图 25-5 左侧为原始 MP4 格式播放的图像效果，右侧为 JL 码一般质量压缩后的视频图像效果，压缩后的图像物体边界虚化的现象加重，部分细节丢失严重，数据体积为原有视频的 1/13。

2. 高质量

JL 码构建了一个简单易实现且硬件资源需求很少、码长和纠错率可自定义的线性信道编码方法。该方法同时共有错误校验和前向纠错两个功能，在限定纠错率时，无法纠正的错误均可被检测出来。该方法主要分为两个部分：信源序列处理和加权概率模型无损编码。

加权概率模型无损编码其实是一种熵编码，在针对类似的“每个符号 1 被多个符号 0 隔开”或者“每个符号 0 被多个符号 1 隔开”的二进制序列压缩比达到 CABAC，但是针对小波变换后的系数进行 CABAC 编码时，受限于每块小波系数需独立编码，因为每个子图的空间相关性仅体现在当前块内。加权概率模型无损编码无此限制，仅需要使小波系数满足“每个符号 1 被多个符号 0 隔开”或者“每个符号 0 被多个符号 1 隔开”等条件。同时 JL 码结合采用了特殊的映射和量化方法，及类似 SPIHT 的位扫描方法，确保控制码流时图像质量达到最优。

3. 低码流

我们将 JL 码的视频编码算法写入 FPGA 编码板，并将其制作成一个实时视频展示系统，系统由 FPGA 开发板、显示器以及其他相关配件组成，使用了压缩模块 + 解码模块的模式设计，压缩模块和解码模块之间使用高速板间连接器连接。核心板主要由 FPGA+DDR2（2 片）+FLASH 构成，承担视频图像处理的自主知识产权核心算法，充分利用了 FPGA 并行处理的能力，加上 FPGA 和 DDR2 之间的高速数据读写，整个系统的带宽高达 8.5Gb/s（266.7M×32bit）；另外两片 DDR2 容量高达 2Gbit，满足视频处理过程中对高缓冲区的需求。FPGA 和两个 DDR2 芯片连接组成 32 位的总线宽度，FPGA 和 DDR2 之间通信的时钟频率达到 133.3MHz，DDR2 内部 266.7MHz，这种高频率和高带宽设计充分满足了 1080p 视频处理的需求。

在实验室中我们搭建一个模拟环境，即利用一个原帧摄像机进行实时图像的摄取，通过视频分流技术，将视频流分成两路，一路进行 H.264 实时编码，将另一路进行 JL 码实时编码。我们将 H.264 的实时码流调整为 2Mbit/s，保证同等画面质量的前提下，不断调整 JL 码的压缩比例，实验结果显示当 JL 码的实时码流降至 700Kbit/s 时，依然可以保证和 H.264 同等画面质量，实验视频截图如图 25-6 所示。

图 25-6　H.264 视频截图（码流为 2Mbit/s）

从图 25-7 可以看出 JL 码的实时视频质量并未因码流的降低而受到影响，未出现方块效应、边缘虚化、细节丢失等问题。

图 25-7　JL 码视频截图（码流为 700Kbit/s）

四、轨道交通市场应用分析

通过对目前轨道交通行业发展需求的分析，结合 JL 码高质量、高压缩比的特性，我们对其应用场景及经济效益进行了一定程度的分析，本文仅对两个最典型的场景进行展开论述。

1. 轨道交通行内的大规模冷数据压缩场景

（1）概述。

上文提及由于《中华人民共和国反恐怖主义法》的颁布，从国家法律层面就要求轨道交通公共区域的视频监控存储时间从 30 天增至 90 天。这一变化使得所有后续新建及改造的项目需要增加存储空间，增加房间占用面积，增加用电损耗，增加散热需求等。

以 2017 年北京地铁运营 8 条线改造工程为例，该工程对北京地铁运营公司管辖范围内的 1 号线、2 号线、5 号线、8 号线一期、10 号线一期、13 号线、八通线、机场线的模拟视频监控系统进行改造，改造前 8 条线摄像机总量为 4651 台，改造后摄像机总量为 22314 台，重点位置的摄像机存储时间为 90 天，其余位置摄像机存储时间为 30 天，拟采用集中存储的方式，详细数据如表 25-2 所示。

表 25-2 北京地铁 8 条线视频改造项目摄像机数量统计

序号	线路名称	改造前摄像机总数 / 台	改造后摄像机总数 / 台	可存储 90 天的摄像机数 / 台	30 天（单位：路）
1	1 号线	1041	4144	2880	1264
2	2 号线	776	2970	2461	509
3	5 号线	700	4276	2674	1602
4	8 号线一期	191	723	572	151
5	10 号线一期	1031	3972	2771	1201
6	13 号线	399	2756	1525	1231
7	八通线	344	2539	1320	1219
8	机场线	169	934	286	648
9	合计	4651	22314	14489	7825

针对该项目的实际情况，结合 JL 码的冷数据压缩能力，我们做了一个大胆的假设，如果用 JL 码对上述 8 条线改造后的 CCTV 系统产生的视频冷数据进行

不同程度的压缩处理后再进行存储，那么会带来怎么样的变化呢？于是我们进行了以下计算。

（2）存储容量。

根据《北京市轨道交通视频监视系统应用规范》关于视频存储功能要求，高清图像分辨率为 1080p，码流不低于 6M。

所以视频存储容量的计算公式如下：

存储容量 = 摄像机数量 $\times 6 \times 3600 \times 24 \times N \div 1024 \div 1024 \div 8 \div 0.8$（其中“$N$”代表存储天数，“0.8”为磁盘存储冗余系数）。

我们假设对上述 8 条线所有视频冷数据进行无损压缩、高级质量压缩、中级质量压缩、一般质量压缩，按照前文实验结果中所得压缩系数，即无损压缩系数 =0.357、高级质量压缩系数 =0.179、中级质量压缩系数 =0.107、一般质量压缩系数 =0.076，得到表 25-3 中的数据。

表 25-3　JL 码冷数据压缩对比　　单位：TB

线路既有情况		原存储容量	无损压缩	高级质量压缩	中级质量压缩	一般级质量压缩
1	1 号线	22952	8194	4108	2455	1745
2	2 号线	18290	6529	3274	1957	1390
3	5 号线	22303	7962	3993	2386	1695
4	8 号线一期	4327	1545	775	463	329
5	10 号线一期	22048	7872	3946	2359	1676
6	13 号线	13455	4803	2409	1439	1023
7	八通线	12002	4285	2149	1284	912
8	机场线	3490	1246	625	374	265
9	合计	118867	42436	21279	12717	9035

从上述计算过程，可以得到以下结论：如果采用 JL 码对既有 8 条线的视频监控系统产生的数据进行转码压缩存储的方式，如采用无损压缩方式，可节省存储容量 76431 TB；如采用高级质量压缩的方式，可节省存储容量 97588 TB；如采用中级质量压缩的方式，可节省存储容量 106150 TB；如采用一般质量压缩的方式，可节省存储容量 109832 TB。

（3）经济效益。

如果采用 IPSAN 的存储方式，采用 48 槽位的网络存储设备（VX3048-V2），采用 8T 的存储硬盘，采用 RAID5 的方式，备盘采用 24 备 1 的方案，可以得到如表 25-4 所示数据。

表 25-4　码冷数据压缩设备使用情况对比　　单位：台

序号	线路名称	既有系统		无损压缩		高级质量压缩		中级质量压缩		一般质量压缩	
		硬盘总数	机框数	硬盘总数	机框数	硬盘总数	机框数	硬盘总数	机框数	硬盘总数	机框数
1	1 号线	2989	63	1068	23	536	12	320	7	229	5
2	2 号线	2383	50	852	18	428	9	256	6	182	4
3	5 号线	2905	61	1038	22	521	11	312	7	221	5
4	8 号线一期	564	12	203	5	102	3	61	2	44	1
5	10 号线一期	2871	60	1025	22	515	11	308	7	219	5
6	13 号线	1753	37	627	14	315	7	188	4	134	3
7	八通线	1564	33	559	12	281	6	168	4	119	3
8	机场线	456	10	163	4	83	2	49	2	36	1
9	合计	15485	326	5535	120	2781	61	1662	39	1184	27

通过厂家询价，一般网络存储设备（VX3048-V2）厂家出货价位为 4.5 万元 / 台，8T 硬盘厂家出货价格为 0.25 万元 / 块，因此对应的投资差异如表 25-5 所示，表中所列数据单位为万元。

表 25-5　JL 码冷数据压缩经济效益对比　　单位：万元

序号	线路名称	既有系统	无损压缩		高级质量压缩		中级质量压缩		一般质量压缩	
		价格小计	价格小计	节省投资	价格小计	节省投资	价格小计	节省投资	价格小计	节省投资
1	1 号线	1030.75	370.50	660.25	188.00	842.75	111.50	919.25	79.75	951.00
2	2 号线	820.75	294.00	526.75	147.50	673.25	91.00	729.75	63.50	757.25
3	5 号线	1000.75	358.50	642.25	179.75	821.00	109.50	891.25	77.75	923.00
4	8 号线一期	195.00	73.25	121.75	39.00	156.00	24.25	170.75	15.50	179.50
5	10 号线一期	987.75	355.25	632.50	178.25	809.50	108.50	879.25	77.25	910.50

续表

序号	线路名称	既有系统	无损压缩		高级质量压缩		中级质量压缩		一般质量压缩	
		价格小计	价格小计	节省投资	价格小计	节省投资	价格小计	节省投资	价格小计	节省投资
6	13 号线	604.75	219.75	385.00	110.25	494.50	65.00	539.75	47.00	557.75
7	八通线	539.50	193.75	345.75	97.25	442.25	60.00	479.50	43.25	496.25
8	机场线	159.00	58.75	100.25	29.75	129.25	21.25	137.75	13.50	145.50
9	合计	5338.25	1923.75	3414.50	969.75	4368.50	591.00	4747.25	417.50	4920.75

从上述计算过程，可以得到以下结论：如果采用 JL 码对既有 8 条线的视频监控系统产生的数据进行转码压缩存储的方式，如采用无损压缩方式，可节省 3134.5 万元；如采用高级质量压缩的方式，可节省投资 4368.5 万元；如采用中级质量压缩的方式，可节省投资 4747.25 万元；如采用一般质量压缩的方式，可节省投资 4920.75 万元。

（4）能耗效益。

按照 48 槽位的网络存储设备（VX3048-V2）的产品说明书中显示，该设备硬盘满配的情况下的整机功耗为 700 瓦。以此为依据去推算 8 条线既有月用电情况，以及采用 JL 码四种不同质量的压缩方式后的用电情况，推算出对应的能耗效益。

我们采用的年用电总量的计算公式如下所示：

$$\text{线路年用电总量} = \text{网络存储设备数量} \times \text{单台设备功耗} \times 24\text{小时} \times 365\text{天} \div 1000 \quad (25\text{-}1)$$

采用式 25-1 我们得出如表 25-6 中的相关数据。

表 25-6　JL 码冷数据压缩能耗效益对比　　单位：度

序号	线路名称	既有系统	无损压缩		高级质量压缩		中级质量压缩		一般质量压缩	
		年用电总量	年用电总量	节省电总量	年用电总量	节省电总量	年用电总量	节省电总量	年用电总量	节省电总量
1	1 号线	386316	141036	245280	73584	312732	42924	343392	30660	355656
2	2 号线	306600	110376	196224	55188	251412	36792	269808	24528	282072
3	5 号线	374052	134904	239148	67452	306600	42924	331128	30660	343392
4	8 号线一期	73584	30660	42924	18396	55188	12264	61320	6132	67452

续表

序号	线路名称	既有系统	无损压缩		高级质量压缩		中级质量压缩		一般质量压缩	
		年用电总量	年用电总量	节省电总量	年用电总量	节省电总量	年用电总量	节省电总量	年用电总量	节省电总量
5	10 号线一期	367920	134904	233016	67452	300468	42924	324996	30660	337260
6	13 号线	226884	85848	141036	42924	183960	24528	202356	18396	208488
7	八通线	202356	73584	128772	36792	165564	24528	177828	18396	183960
8	机场线	61320	24528	36792	12264	49056	12264	49056	6132	55188
9	合计	1999032	735840	1263192	374052	1624980	239148	1759884	165564	1833468

从上述计算过程，可以得到以下结论：如果采用 JL 码对既有 8 条线的视频监控系统产生的数据进行转码压缩存储的方式，如采用无损压缩方式，每年可节省用电 1263192 度；如采用高级质量压缩的方式，每年可节省用电 1624980 度；如采用中级质量压缩的方式，每年可节省用电 1759884 度；如采用一般质量压缩的方式，每年可节省用电 1833468 度。

（5）空间效益。

按照 48 槽位的网络存储设备（VX3048-V2）的产品说明书中显示，该设备的尺寸为 178mm×482mm×801mm（H×W×D），即需要适配 600mm 宽、1000mm 深的机柜。

如果我们采用 600mm（宽）×1000mm（深）×2200mm（高）的 42U 机柜，其最小检修空间为前后预留 800mm，故一台机柜的实际占用空间为 1.56m^2。

考虑到网络存储设备的体积及散热需求，本计算过程按照每台机柜设置 6 台网络存储设备（VX3048-V2）考虑。因此对应的机房占用面积如表 25-7 所示，表中所列数据单位为 m^2。

表 25-7　JL 码冷数据压缩空间效益对比　　单位：m^2

序号	线路名称	既有系统	无损压缩		高级质量压缩		中级质量压缩		一般质量压缩	
		占用空间面积	占用空间面积	优化空间面积	占用空间面积	优化空间面积	占用空间面积	优化空间面积	占用空间面积	优化空间面积
1	1 号线	17.16	6.24	10.92	3.12	14.04	3.12	14.04	1.56	15.6
2	2 号线	14.04	4.68	9.36	3.12	10.92	1.56	12.48	1.56	12.48

续表

序号	线路名称	既有系统	无损压缩		高级质量压缩		中级质量压缩		一般质量压缩	
		占用空间面积	占用空间面积	优化空间面积	占用空间面积	优化空间面积	占用空间面积	优化空间面积	占用空间面积	优化空间面积
3	5 号线	17.16	6.24	10.92	3.12	14.04	3.12	14.04	1.56	15.60
4	8 号线一期	3.12	1.56	1.56	1.56	1.56	1.56	1.56	1.56	1.56
5	10 号线一期	15.60	6.24	9.36	3.12	12.48	3.12	12.48	1.56	14.04
6	13 号线	10.92	4.68	6.24	3.12	7.80	1.56	9.36	1.56	9.36
7	八通线	9.36	3.12	6.24	1.56	7.80	1.56	7.80	1.56	7.80
8	机场线	3.12	1.56	1.56	1.56	1.56	1.56	1.56	1.56	1.56
9	合计	90.48	34.32	56.16	20.28	70.2	17.16	73.32	12.48	78.00

注：以上用房面积仅考虑网络存储设备本身占用面积，未考虑配套系统设备占用面积及管理用房

从上述计算过程，可以得到以下结论：如果采用 JL 码对既有 8 条线的视频监控系统产生的数据进行转码压缩存储的方式，如采用无损压缩方式，可用房面积约 56.16m^2；如采用高级质量压缩的方式，可用房面积约 70.20m^2；如采用中级质量压缩的方式，可用房面积约 73.32m^2；如采用一般质量压缩的方式，可用房面积约 78.00m^2。

综上所述，我们认为从技术上采用 JL 码对视频冷数据进行转码压缩后再存储的方式，从存储容量、投资、能耗、用房面积等方面都会带来很大的优化空间，可以直接为轨道交通建设、运营单位节省大量的投资、运维成本。

2. 车地无线实时视频传输

车地综合无线通信系统为控制中心行车、电力、环控、维修等调度员，车辆段值班员、车站值班员（值班站长）及列车司机、现场运营和维护流动人员等有关用户提供无线通信服务，满足全线运营、日常维护通信需求，并提供车辆段内调车及车辆维修的通信需求。同时，在运营出现异常情况和有线通信出现故障时，亦能迅速提供防灾救援和事故处理等指挥所需要的通信手段。

车地综合无线系统主要承载列车的关键数据业务（CBTC 列车运行控制、列车状态监视、紧急信息发布）、低时延的语音调度业务（集群调度）、大带宽的视频数据业务（车载视频监控、乘客信息系统视频流、运维人员可视化通信）、

小带宽海量连接的通信业务（设备设施窄带物联）等无线通信需求。

通过对各地轨道交通建设方案的调研，车地无线综合承载已经是各地轨道交通建设时的一个首选方案，主流的车地无线技术是 WLAN、LTE-M、EUHT 等，其中 LTE-M 因其高可靠性备受各地业主的青睐，EUHT 因为具备大带宽的特性也逐渐增加其市场份额。

通常车地综合无线系统中，LTE-M 为车地无线视频传输预留 2×2Mbit/s 的带宽，EUHT 为车地无线视频传输预留 24Mbit/s 的带宽，即如车地综合无线系统使用 LTE-M 技术，可以支撑 2 路 H.264（一路带宽为 2Mbit/s）的实时视频传输；如果车地综合无线系统使用 EUHT 技术，可以支撑 12 路 H.264（一路带宽为 2Mbit/s）的实时视频传输。

常规六辆编组的 B 型车载摄像机至少 20 台，现有的车地综合无线传输技术无法满足中心调度员对整车情况的及时掌控需求。因此，我们不妨换一个角度思考问题，如果无线传输带宽无法再增加，不妨通过降低每路实时视频的码流，从而达到实现更多车辆实时视频上传的目的。

通过上文中提及的实时视频压缩实验，当 JL 码的实时视频码流压缩至 700Kbit/s 时，依然可以保证和实时码流为 2Mbit/s 的 H.264 同等画面质量。假设使用嵌入 JL 码视频压缩算法的摄像机设备作为车载摄像设备，则当车地综合无线系统采用 LTE-M 技术时，可以实现同时上传 6 路与 2Mbit/s 码流的 H.264 同等质量的实时视频传输。当车地综合无线系统采用 EUHT 技术时，可以实现 35 路与 2Mbit/s 码流的 H.264 同等质量的实时视频传输。

这仅是针对车地无线视频传输这一个场景，随着智慧运维业务需求的不断增加，针对实时视频传输的要求将会越多，怎么更有效地利用既有的传输资料，满足更多的智慧业务需求，是一个值得全行业思考的问题。

五、结束语

视频数据作为一种数据资产，可以通过视频分析技术、数据建模等科技手段，结合运营和运维的实际业务需求，对其进行分析利用，实现其经济价值，同时提高乘客服务质量，提升设备运维效率。JL 码视频压缩技术可以利用有限的空间实现更大量的视频数据存储，更有利于视频数据价值的实现，减少初期投资的同时，可以减少对车站空间的占用，减少后期运营对能源的消耗，符合国家“要实施重点行业领域减污降碳行动，工业领域要推进绿色制造，建筑领域要提升节能标准，交通领域要加快形成绿色低碳运输方式。要推动绿色低碳技术实现重大突破，抓紧部署低碳前沿技术研究，加快推广应用减污降碳技术，建立完善绿色低碳技术评估、交易体系和科技创新服务平台”的方针。

参考文献

[1] 叶晓平，冯爱军．中国城市轨道交通 2020 年数据统计与发展分析 [J]. 隧道建设（中英文）. 2021. 41(5): 871–876.

[2] ITU–T. Video Codec for Audiovisual Services at p × 64kbit/s[S]. ITU–T Rec, H. 261, 1993.

[3] ITU–T. Adanced Vidoe Coding for Generie Audio–Visual Services[S]. ITU–T Rec. H. 264 and ISO/IEC 14496–10(AVC), ITU–T and ISO/IEC JTC 1, 2003.

[4] ITU–T. High Effciency Video Coding[S]. ITU–T Rec. h. 265 and ISO/IEC 23008–2, ITU–T and ISO/IEC JCT–VC, 2013.

[5] ITU–T. Versatile Video Coding[S]. ITU–T Rec. H. 266 version 1, 2020.

[6] 朱秀昌，唐贵进，H. 266/VVC: 新一代通用视频编码国际标准 [J]. 南京邮电大学学报（自然科学版）. 2021, 41(2). 1–11.

二十六　元宇宙时代轨道交通全场景智慧出行的应用研究

鲁秋子

摘要：轨道交通智慧化建设蓬勃发展，乘客出行的需求持续上涨，针对智慧出行设计的理论研究逐步成为国内外关注的重点。本文基于场景化设计的理论将轨道交通智慧出行领域场景分为自然场景和用户场景，并提出从场景发现、场景创建、场景测试、场景优化四个步骤开展场景化设计。在元宇宙时代的背景下，场景化设计逐渐进阶为全场景设计，文中重点研究了全场景智慧出行设计的实现方法，从交互层、数据层、技术层、应用层阐述了全场景智慧出行的整体架构，并展望了元宇宙时代下的全场景智慧出行的应用呈现。旨在通过场景化设计方法在轨道交通智慧出行的应用研究，促进轨道交通领域智慧化建设的自我革新与升级，使乘客真正体会到智慧化带来的便利和价值。

关键词：轨道交通；智慧出行；元宇宙时代；场景化设计；全场景

一、引言

2021 年 12 月，国务院印发“十四五”现代综合交通运输体系发展规划，文中指出要提升旅客出行服务品质，坚持人民交通为人民，要提供能够更好满足人民群众需要的交通运输服务。在城市轨道交通领域，满足人们日益增长的智能化、个性化出行需求，是轨道交通智慧化建设的重要内容。

随着元宇宙时代的到来，5G、大数据、云计算、扩展现实和人工智能等新兴技术的广泛应用，人们的出行场景也将被重构。如何为乘客提供精准的、高质量的智慧化出行体验是当下轨道交通行业内热议的话题。为此，本文基于元宇宙时代背景，从轨道交通出行场景入手，以“乘客需求为中心”为导向，探讨新兴技术加持下全场景出行的构建，为智慧出行的设计方法创新提供一个新的视角。

二、智慧出行场景化设计

1. 场景化设计概述

场景（Scenario）这一词汇来自影视剧本[1]，描述了关于角色、背景信息、目的或目标、一系列活动和事件等内容[2]。在设计领域，场景即为用户在使用该产品时所处的时间、空间环境，它更加关注用户行为的时空体感和行为时间的整体性和关联性，理解用户的生活方式、行为模式、思维范式等规律，进而确定用户的目的或期望[3～5]。到了场景时代，大数据、移动设备、社交媒体、传感器、定位系统被称为“场景五力”[6]。

场景化设计紧紧围绕人的意识形态、价值观念、行为动作而开展，其具备以下特征。

（1）多维动态。

场景化设计可以根据用户的需求变化、行为情境、体验感知、交互关系和心理氛围等，在新技术的加持下，建立多维时空领域内个性化、自适应的场景，精准地满足用户的心理需求和在场景中的角色期待。这凸显了元宇宙时代以人的需求为核心的鲜明特征[7]。

（2）共享联结。

场景化设计能够集合设计者、用户的多元智慧，加深各个领域在广度和深度上的链接，帮助设计者理解用户的内心感受，进而采取合适的表达方式和交互方式，来完成人与场景之间的信息传递。用户能在多维度下开展互动和广泛联结，实现场景生态的最大化利用。

因此，采用场景化设计，能够高效平衡设计与用户的价值关系，创造强体验互动，达到事半功倍的设计效果。

2. 场景化轨道交通智慧出行设计概述

轨道交通智慧出行需要针对不同特色的乘客服务群体的实时状态和生活习惯，在出行全链条过程中结合时间、空间、周围环境等多维度信息进行服务方式分析，从被动、单一、迟滞的服务方式，全面转向主动、整合、及时的服务方式，为乘客提供线上、线下多渠道全链条的服务。

轨道交通智慧出行设计要求以乘客的需求为核心，以时空体验为导向，这与场景理论具有高度的契合性。对于乘客而言，基于场景化设计的智慧出行不仅能为自身带来更好的乘车体验，也在一定程度上借由场景的多维动态、共享联结的特征，创造出更高的价值。通过不断进行想象、追问、反思、迭代，进而明确智慧出行的发展需求，提出智慧出行的功能规划（图 26-1）。

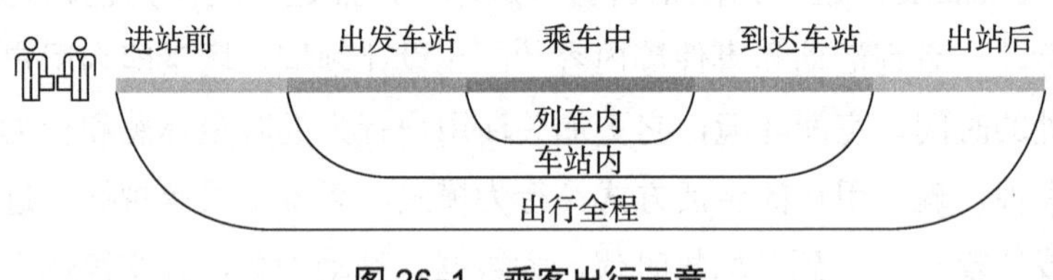

图 26-1 乘客出行示意

3. 场景化轨道交通智慧出行设计流程

结合场景化设计方法，针对轨道交通智慧出行领域场景，本文将其分为自然场景和用户场景。自然场景包括环境场景和硬件场景，其中环境场景包括乘客出行的时间、空间，硬件场景包括轨道交通基础设备设施及其状态。用户场景包括客观场景、目标场景、测试场景。

将场景类型和设计流程进行匹配，通过场景发现、场景创建、场景测试、场景优化四个步骤构建智慧出行场景。构建场景的方法贯穿于设计过程的始终。

（1）场景发现——客观场景的构建：客观场景是需求产生的场景，是指乘客在使用轨道交通出行的过程中遇到的各种可能的情况。在确定乘客所处的不同空间位置、运营时段以及周围的设备状态后，设计者需要构建客观场景，通过分析观察乘客所处真实场景中的行为来不断挖掘潜在设计需求，以促进后期场景方案的迭代。

（2）场景创建——目标场景的构建：目标场景是基于客观场景，确定乘客行为的目的、期望和价值等要素，全方位梳理乘客的真实需求。设计者在深入洞察乘客需求和各环节的具体场景后，寻找机会，并结合场景、乘客、出行服务，以联结、复制、参与、叠加的方法制造新场景。在目标场景中定位系统功能，在自然场景下，构建出满足乘客需求的场景。

（3）场景测试——测试场景的构建：在虚拟仿真或真实测试场景中优化设计。在此过程中，数据的沉淀、计算、处理，对后期升级人机关系、优化交互与行为引导、铸造体验式服务。通过场景测试评估系统的性能是否满足设计需要，继而进行优化和改善（图 26-2）。

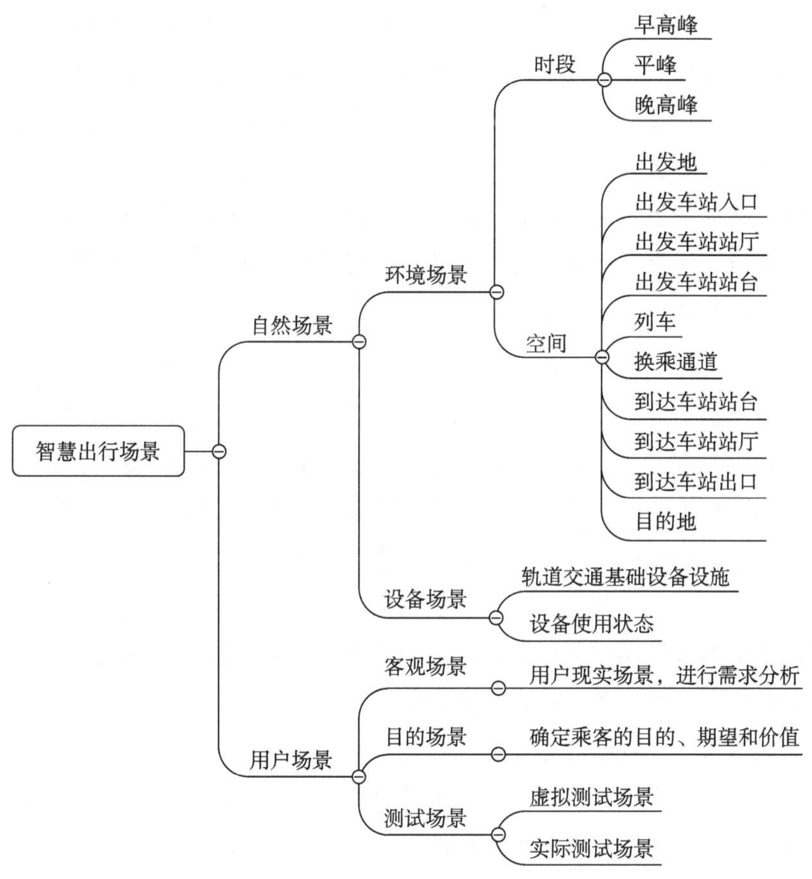

图 26-2　智慧出行场景分类

（4）场景优化——各阶段场景循环迭代：在场景测试之后，设计者再进行场景的复盘和优化。在场景复盘时，设计者会发现原来预料之外的状况，或不断遇到新的问题。发现缺陷以供在后期设计中评估迭代。场景优化贯穿场景化设计的各个阶段。

三、元宇宙时代全场景智慧出行设计的实现

随着新兴技术的不断发展，场景化设计逐渐进阶为全场景设计，其形式更具智能化、情感化、个性化，但是本身的含义并未发生本质性变化。

1. 全场景智慧出行

就传统场景而言，常常忽略乘客的自主意识、情感需求，人与场景、人与人

之间的实际互动常常停留于多媒体和文字对话。随着元宇宙的不断成熟，场景化紧随时代的各项核心技术发展，打破原有局限，逐渐演变成一个万物互联、智慧化、虚实共生的全场景化生态。这种全场景化生态将以技术与数据为基础，不断打造定制化出行服务。

全场景出行与场景化出行相比，更加凸显了“以乘客为中心”的理念，全场景的真实情境性使乘客拥有沉浸式的体验，构建个性化的出行服务体系。

2. 全场景智慧出行的整体架构

（1）交互层——元宇宙入口 。

元宇宙中将实现更丰富的多模态交互体验，即通过文字、语音、视觉、动作、环境等多种方式进行交互，给人以全景式、多感官、多维度的震撼感受[8]。通过XR终端、自然交互等形式，利用手势、语言、声纹、脑电波、意识等形式，扩展对乘客需求的感知能力，进一步联通物理世界和数字世界，让软件、数据和人工智能算法在云、边、端自由流动。实现乘客对物理空间客观实体的操作向信息空间中的虚拟客服发出服务的要求，并得到及时反馈，营造乘客与环境的深度互动。给予乘客视、听、触、味、嗅全方位的感官沉浸体验。

（2）数据层——数据内容处理。

元宇宙是由数字技术为基础构建的数据空间，需要由数字化技术勾勒出空间结构、场景、主体等。需要通过大数据采集海量数据，并对数据进行清洗、加工、计算等处理以建立数据模型，以模块化方式投入全场景构建和应用中。

数字内容的多模态互动，是元宇宙的基本属性。全场景出行下，大量数据来自智能穿戴设备、五官感应设备、IOT系统等，包含现实与虚拟设备运行及设备运行状态数据，需要处理大量高频度实时数据。在智慧出行场景中，应保持数据的实时动态更新，不断推动数据模型迭代与进化。通过数据分析与算法，对模型进行训练并实行预测。通过对关键特征与信息的提炼，驱动决策的生成，并将决策予以实施。而在决策实施过程中，会产生新的数据源，需要对其进一步进行数据评估，以综合评价的形式进行混合测量，不断优化数据使用，从而形成数据驱动到决策生成的闭环。

元宇宙下的全场景智慧出行，通过数据处理与场景优化，根据乘客需求变化智能的延续、更新、迭代场景，进一步优化全场景出行服务的需求供应、呈现形态。

（3）技术层——场景技术支撑。

为了给予乘客智能动态环境和万物互联的优质体验，首先需要搭建出元宇宙下的智能化场景。以云计算、大数据、人工智能、定位技术、智能监测、3D 姿势合成器、机器学习等核心，通过云、边、端协同，从而构建出立体开放、万物互联、无缝覆盖、精确判断、持续进化的乘客出行全场景。

在完成场景搭建的基础上，以乘客需求为中心，提供完善的出行服务体验。数字孪生技术能够映射真实场景空间以形成虚拟数字空间，通过对现实的动态模拟，多维度实现虚拟场景的赋能。XR 技术、全息技术、4K（8K）超高清分辨率、人工智能、情感计算等技术的应用，可从五感等多重感官体验上促进乘客对场景的理解[9]；触碰感知、人形识别、体态识别、手势识别、表情识别、语音识别等融合运用，营造与环境的深度互动。此外，情感计算也在不断加持到场景体验中，通过计算科学与心理科学、认知科学的结合，识别乘客的情绪变化，建立具有情感反馈的人机交互环境，精准推送乘客所需内容，确保场景体验时刻保持最佳效果。5G、6G 等高速传输网络技术，保证了场景数据的稳定流通，并为全场景出行提供了稳定的泛在技术环境。

（4）应用层——元宇宙应用服务。

全场景应用是全场景乘客体验实现的基础。通过与运营人员、乘客之间的协同创新，加速信息、通信技术与智慧地铁领域知识的深度融合，将全场景的应用深入乘客出行的各个维度，打破时空界限，重构乘客出行体验、优化乘客出行流程。

近日，卡塔尔航空公司引入了 MetaHuman 机组人员，通过一位名为 Sama 的数字高保真 3D 模特，为乘客提供一段 VR 探索之旅，同时还会与客户进行互动，为旅客提供了全新的数字体验，提前感受元宇宙航空出行服务。在元宇宙时代中，这样的虚拟数字人将充当场景达人，能够针对人脸面部表情、体态体势、语音语气等进行乘客状态检测，通过场景的动态变化和实时反馈等方式有针对性地为乘客提供服务。

基于虚拟现实、数字孪生、全息投影等前沿科技的全场景出行，可以更好地为包容性设计赋能，使得每位乘客，都能感受到沉浸式的全场景出行体验。对于身体功能障碍者来说，可以通过虚拟现实技术，不受地域限制地接受面对面协作和沟通，从“万物互联”逐步推向“万物协作”[10]，快速建立引导者和乘客之间的联系，为特殊乘客搭建个性化且安全的引导。

（5）展示层——可视化界面。

元宇宙时代的乘客出行虚拟世界，本质是新一代的传播媒介——孪生媒介。元宇宙对乘客出行的应用展示要求更加直观可视化，易于乘客对服务的理解，利于系统逻辑推理，形成自然交互式沟通。将离散碎片化的信息进行分析推理，形成知识图谱。融合多种业务系统，将传统的以平面展示为主的应用功能，进阶为更加人性化的3D孪生应用。

乘客使用元宇宙中各类应用，需通过访问终端接入元宇宙虚拟世界，以自己的数字人为虚拟化身代理自己在元宇宙中进行各类操作行为。元宇宙中各类对象通常是现实物理世界中实在对象的孪生体。用户与虚拟对象交互，通过应用功能实现[10]。可视化能力的提升使得乘客在出行过程中获得更好的交互体验。

四、全场景智慧出行的呈现

元宇宙+全场景时代的到来将大大地提升人机交互的自然度与设备的宁静程度。技术应无缝地融入人们的生活，计算机将从人们的视野中消失[11][12]。人们能够在任何时间、任何地点、以任何方式进行信息的获取与处理。在出行过程中，乘客无须再面对着几寸小的手机屏幕或固定的显示终端，界面已经融入乘客出行过程当中。

在乘客出行的过程中，乘客感受不到服务的提供，却实实在在地被场景所影响。系统通过设备感知，能随时调取某场景并与任意时空中的人互动。服务资源向着多元化方向发展，人工智能通过分析乘客场景数据，挖掘每一位乘客的真实需求，推送个性化服务资源，追踪并捕捉乘客的行为轨迹，帮助每一位乘客在出行过程中拥有更加真实、丰富的参与式体验，也更加精准地满足了乘客的心理、情感需求。在高速移动通信技术的加持下，智慧地铁将不再局限于现有的智慧终端，而紧密依赖于具备真实感受的技术。

五、结语

进入元宇宙时代，基于全场景的智慧出行功能的搭建将重新塑造未来乘客出行的应用场景。人们将直接与虚拟数字世界进行交互，甚至打破现实世界与虚拟数字世界之间的界限，虚拟世界对物理世界进行数字孪生，成为现实世界的拓展部分，再反向影响现实世界中的出行方式、价值观念和社会体系等。

本文将场景化设计的方法应用到轨道交通智慧出行的设计中来，从乘客需求出发，为智慧出行的实施落地提供了一种新的研究思路。相信在不久的将来，越来越多的新兴技术被应用在人们的日常出行中，轨道交通全场景出行的实现机制，将从城市轨道交通借鉴扩展到整个城市建设中，最终实现智慧城市的全场景出行生态构建。

参考文献

[1] 沈贻讳，俞春放，刘连开，等．影视剧创作 [M]. 杭州：浙江大学出版社，2012.

[2] Go K, Carroll J M, Imamiya A. Surveying scenario-based approaches in system design[J]. IPSJ SIG Notes, 2000, 12: 43-48.

[3] 吴明，刘振宇．基于场景变化的社交产品交互设计 [J]. 包装工程，2020, 41(8): 134-139.

[4] 王丹力，华庆一，戴国忠．以用户为中心的场景设计方法研究 [J]. 计算机学报，2005, 28(6): 1043-1047.

[5] 陈义冰．浅谈影视动画中的场景设计 [J]. 新闻界，2008(5): 177-180.

[6] ［美］斯考伯，［美］伊斯雷尔著．即将到来的场景时代 [M]. 北京：北京联合出版公司，2014.

[7] 邹波，杨晓龙，董彩婷．基于大数据合作资产的数字经济场景化创新 [J]. 北京交通大学学报，2021(10): 1-10.

[8] 中国电子信息产业发展研究院，江苏省通信学会．元宇宙产业链生态白皮书 [R]. 江苏，2022.

[9] 袁凡，陈卫东，徐铷忆，等．场景赋能：场景化设计及其教育应用展望——兼论元宇宙时代全场景学习的实现机制 [J]. 远程教育杂志，2022, 40(1): 15-25.

[10] 中国科技新闻学会大数据与科技传播专业委员会，北京信息产业协会，等．中国元宇宙白皮书 [R]. 北京，2022.

[11] MARK Weiser. The Computer for the 21st Century[J]. ACM SIGMOBILE Mobile Computing and Communi-cations Review, 1991, 3(3): 1.

[12] MARK Weiser. Designing Calm Technology[J]. Xerox PARC, 1995(1): 22-29.

二十七　岩沥青及其改性沥青混合料的路用性能及应用研究

宋硕

摘要：各种类型的道路病害已成为城市道路存在的普遍性问题，路段中不同程度的道路病害严重影响了道路的行车安全和服务质量，并直接影响道路路面的使用寿命。为防治城市道路的各种病害，提高路面的路用性能，目前常采用 SBS 等聚合物化学改性剂制备的沥青混合料铺筑路面，而岩沥青作为一种天然沥青改性剂，在实际工程中的应用较少。本文通过研究岩沥青及其改性沥青混合料的材料性质，从路用性能、检测试验、社会经济效益等方面，结合 2019 年北京市城市道路中修项目的工程应用阐述岩沥青在城市道路病害防治中的应用情况。结果表明，岩沥青改性沥青混合料的应用能有效提高路面整体使用性能，延长城市道路的使用寿命，是解决城市道路沥青路面问题的有效措施之一，符合我国“双碳”战略背景下绿色、环保、低碳的理念，本研究对城市道路病害的防治工作以及提高道路服务水平的设计施工具有一定参考价值。

关键词：岩沥青；改性沥青混合料；路用性能；社会经济效益

一、研究背景

城市交通量的快速增长导致城市道路病害问题日益凸显，各种病害在不同程度上影响了道路的行车安全和服务质量，更是直接影响道路路面的使用寿命。

为了解决城市道路存在的各种病害问题，国内外专家学者提出了各种不同的技术措施和解决办法，其中提高沥青混合料的路用性能已成为普遍认可的有效手段之一。在沥青混合料方面，目前广泛采用 SBS、PE 等聚合物改性剂来提高沥青混合料的性能，在实际工程中应用较多，对岩沥青的使用相对较少。聚合物改性剂为化学用剂，与基质沥青相容性差，在化学作用下形成的改性混合物内部结构并不稳定，其运输和储存也在一定程度上受限。 岩沥青作为一种天然材料，其软化点高、含氮量高、性质稳定，以岩沥青作为改性剂的沥青混合料具有较好的高温抗车辙和抗水损性能，能有效减少车辙、水损坏等道路病害的发生，提高路面整体使用性能，延长道路使用寿命，是解决城市道路沥青路面问题有效的措施之一。

我国提出力争在2030年前实现碳达峰，2060年前实现碳中和，在“双碳”目标的大背景下工作生产，倡导绿色、环保、低碳的理念。本文通过阐述岩沥青及其改性沥青混合料的材料性质，分析混合料配合比设计及施工过程中的技术要求， 对岩沥青及其改性沥青混合料的路用性能进行研究，为岩沥青未来在城市道路建设中的广泛应用提供一定参考价值。

二、岩沥青及其特性

1. 岩沥青介绍

岩沥青是石油在岩石夹缝中经过长达亿万年的沉积变化，在热、压力、氧化、融酶、细菌的综合作用下生成的沥青类物质。岩沥青是天然沥青中的一种，其结构中的矿物质颗粒细度比较大，因此可以有效地吸收沥青，增强与矿料的黏附作用。岩沥青所含沥青四组分分析数据如表27-1所示。

表27-1　岩沥青所含沥青四组分分析数据

分析项目	试验数据
饱和分	13.03%
芳香分	33.09%
胶质	34.21%
沥青质	19.67%

由表27-1中数据[1]可见，岩沥青中的饱和分含量低，胶质、沥青质含量多，说明岩沥青有良好的高温性能和吸附性；岩沥青中沥青质含量较高，饱和分含量较低，说明岩沥青的硬度较大，具有较好的感温性能。

由矿物组成（表 27-2）可以看出，岩沥青中的矿料是以碳酸钙、硫酸钙和碳酸镁等碱性物质组成，对沥青混合料中沥青质与矿粉胶浆作用和沥青与集料的裹附都有很好的促进作用。

表 27-2　岩沥青中所含矿料的矿物成分

矿物成分	含量
$CaCO_3$	81.62% ～ 85.27%
$MgCO_3$	1.98% ～ 2.25%
$CaSO_4$	1.25% ～ 1.70%
CaS	0.17% ～ 0.33%
SiO_2	8.95% ～ 8.25%
$Al_2O_3+Fe_2O_3$	2.15% ～ 2.84%
水分	1.30% ～ 2.15%
残余物	1.83% ～ 1.12%

2. 岩沥青特性

由于天然岩沥青常年处于自然环境中，经受自然条件的各种作用，性质极其稳定，岩沥青本身的特性使其具有优良的路用性能。

（1）软化点高，耐高温。

岩沥青的软化点很高，为 160 ～ 175℃，使用其制造的岩沥青改性沥青的软化点要高于相应的基质沥青，因此其改性沥青混合料具备了良好的高温稳定性，能明显提高城市道路沥青路面的抗车辙性能。

（2）含氮量高。

在天然岩沥青中，氮元素以官能团形式存在，这种形式使天然岩沥青具有很强的浸润性和对自由氧化基的抵抗性。这样的特性使沥青黏度增大，抗氧化性增强，特别是抗剥离性得到明显改善，其抗水损坏能力更稳定且耐久。

（3）不含蜡。

在自然环境中长期与各种条件作用下，岩沥青的蜡含量降低，并转化成其他形式存在。将其加入基质沥青中，会把这种特性在重组中一定程度传递给基质沥青，进而减小蜡在沥青中的危害。

（4）抗老化能力强，耐久性好。

天然岩沥青常年存在于自然环境中，性质特别稳定，具有很强的抗微生物侵蚀能力，在各种条件作用下，使沥青的自由表面十分光亮，形成了一个天然沥青富集保护层，保护了里面的沥青不被侵蚀。同时岩沥青高含氮量获得的抗氧化性也会减缓沥青的老化速度，进而提高沥青路面的耐久性，延长道路路面的使用寿命。

（5）改性效果稳定。

与 SBS 等聚合物改性沥青相比，岩沥青具有与基质沥青相近的化学结构，与沥青的配伍性非常好，与基质沥青很容易相容共存。岩沥青与基质沥青混合后，形成特殊的紧密分子，这种分子既有岩沥青的硬度和耐磨性，同时也保留了普通沥青的韧性。

（6）储存简单，施工方便。

岩沥青为颗粒状材料，常温时不会流动、结块，便于运输和储存。岩沥青施工使用时也十分简单，不需要改造设备，直接拌和制作沥青混合料即可，很大程度节约了施工成本。

三、岩沥青改性沥青混合料及其路用性能

1. 材料性能及技术要求

岩沥青作为改性剂按一定比例添加到基质沥青中形成改性沥青，岩沥青的路用性能于改性沥青中体现。

岩沥青技术要求及指标参考《岩沥青改性沥青路面施工技术规范》（DB11/T 1169—2015）。岩沥青的技术要求 [2] 如表 27-3 所示。

表 27-3　岩沥青技术要求

指标	单位	技术要求	试验方法 *
颜色	—	黑色或黑褐色	目测
形状	—	粉末或颗粒	目测
沥青含量	%	≥ 85	T0735 或 T0722
含水率	%	≤ 2	T0332
加热损失	%	≤ 2	T0608
闪点	℃	≥ 230	T0611

* 试验方法应按照 JTG E20 执行。

岩沥青改性沥青的技术要求如表 27-4 所示。

表 27-4　岩沥青改性沥青技术要求

指标	单位	技术要求	试验方法*
针入度（25℃，100g，5s）	0.1mm	30 ~ 50	T0604
软化点（R&B）	℃	≥ 50	T0606
运动黏度（135℃）	Pa·s	≤ 3	T0625
闪点	℃	≥ 230	T0611
溶解度	%	≥ 97.0	T0607
贮存稳定性	-	无明显沉淀、凝聚	T0661
TFOT 或 RTFOT 后残留物			
质量变化不大于	%	±1.0	T0610 或 T0609
残留针入度比	%	≥ 60	T0604

* 试验方法应按照 JTG E20 执行。

本文及 2019 年北京市城市道路中修工程试验路段均采用优质重交通道路石油沥青（70#）为基质沥青，将岩沥青作为改性剂，按一定的掺配比例制备岩沥青改性沥青混合料。沥青的各项技术指标[3]符合《公路沥青路面施工技术规范》（JTG F40—2004）中 70 号 A 级道路石油沥青的技术要求。

岩沥青改性沥青混凝土中的面层骨料应具备良好的抗压、抗磨耗功能，集料整体应干燥、洁净、无风化、无杂质。

粗集料：为了充分发挥沥青混合料中粗集料的作用，粗集料必须洁净、干燥、表面粗糙。细集料：沥青路面所用细集料应洁净、干燥、无风化、无杂质，并有适当的颗粒级配。矿粉：应采用石灰岩或岩浆岩中的强基性岩石等憎水性石料经磨细得到的矿粉，原石料中的泥土杂质应除净，矿粉应干燥、洁净，能自由地从矿粉仓流出，路面结构中粘层材料采用改性乳化沥青。材料各项技术指标[3]均需符合《公路沥青路面施工技术规范》（JTG F40—2004）的技术要求。

2. 岩沥青改性沥青混合料配合比设计

为了提高沥青混合料的抗车辙性能，混合料的矿料级配应在规范要求的范围内调整。岩沥青改性沥青混合料配合比设计按马歇尔试验法进行。考虑到岩沥青改性沥青混合料主要应用于城市道路路面的上面层和中面层，故本次矿料级配选取 SMA-13 和 AC-20 型（表 27-5）。

岩沥青改性沥青混合料的矿料级配应符合工程设计规定的级配范围，采用马歇尔试验配合比设计方法[4]，各项技术指标[3]等应符合《公路沥青路面施工技术规范》（JTG F40—2004）的要求，并具有良好的施工性能。

表 27-5　密级配沥青混凝土混合料马歇尔试验技术标准

试验指标	单位	技术要求	岩沥青改性沥青 SMA-13	岩沥青改性沥青 AC-20
击实次数（双面）	次	50/75	50	75
试件尺寸	mm	Φ101.6mm×63.5mm	Φ101.6mm×63.5mm	Φ101.6mm×63.5mm
稳定度 MS 不小于	kN	6.0/8.0	9.34	9.70
流值 FL	mm	-/1.5～4	3.5	3.5
油石比	%	（6.0±0.3）/（4.4±0.3）	5.9	4.4
动稳定度	次/mm	≥4000	5931	6137
残留马歇尔稳定度	%	≥85	89.3	86.9
冻融劈裂残留强度比	%	≥80	83.5	84.7
破坏应变	με	≥2500	2622	2545

根据马歇尔试验及从沥青厂拌和机取样试验综合确定生产配合比的最佳沥青用量，按照《公路沥青路面施工技术规范》（JTG F40—2004）附录 B 的方法来确定油石比。通过马歇尔试验确定的矿料级配 SMA-13 的油石比为 6.0% 和 AC-20 的油石比为 4.4%。

3. 岩沥青改性沥青混合料路用性能检验

岩沥青改性沥青混合料的路用性能检验，对高温性能进行车辙试验检验，对水稳定性能进行浸水马歇尔试验和冻融劈裂试验检验，对低温抗裂性能应进行弯曲试验，测定破坏强度、破坏应变、破坏劲度模量[5]，并根据应力应变曲线的形状综合评价低温抗裂性能（表 27-6）。

表 27-6　沥青混合料技术要求

检验项目	单位	技术要求	试验方法*
车辙试验（60℃、0.7MPa）动稳定度	次/mm	≥4000	T0719
残留马歇尔稳定度	%	≥85	T0790
冻融劈裂残留强度比	%	≥80	T0729

续表

检验项目	单位	技术要求	试验方法*
破坏应变	με	≥ 2500	T0715
渗水系数	mL/min	≤ 120	T0730

* 试验方法应按照 JTG E20 执行

（1）基质沥青混合料、岩沥青改性沥青混合料和 SBS 改性沥青混合料的车辙试验结果如图 27-1、图 27-2 所示。

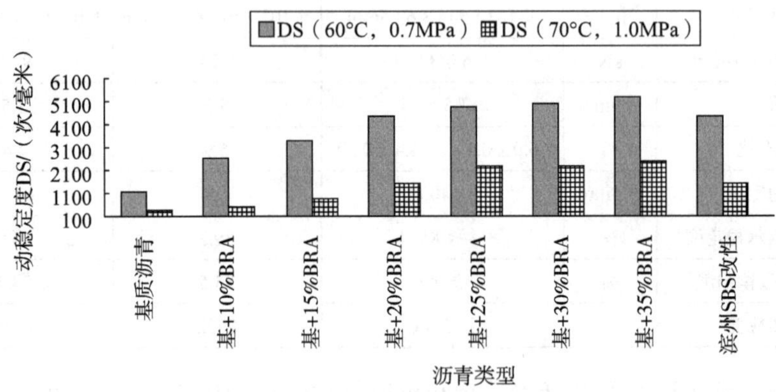

图 27-1　车辙试验动稳定度对比

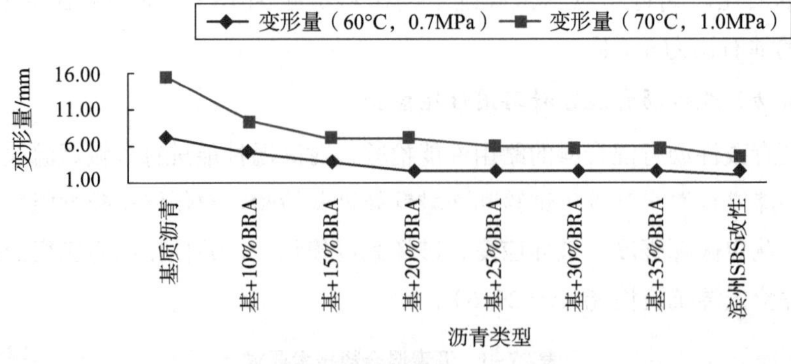

图 27-2　车辙试验变形量对比

由图中可看出岩沥青改性沥青混合料的高温抗车辙性能得到显著提高，比基质沥青混合料提高 3 倍（60℃，0.7MPa）和 6 倍（70℃，1.0MPa），与 SBS 改性沥青混合料相当，能够满足改性沥青混合料的路用技术要求。

（2）基质沥青混合料、岩沥青改性沥青混合料和 SBS 改性沥青混合料的水稳定性试验结果如图 27-3 所示。

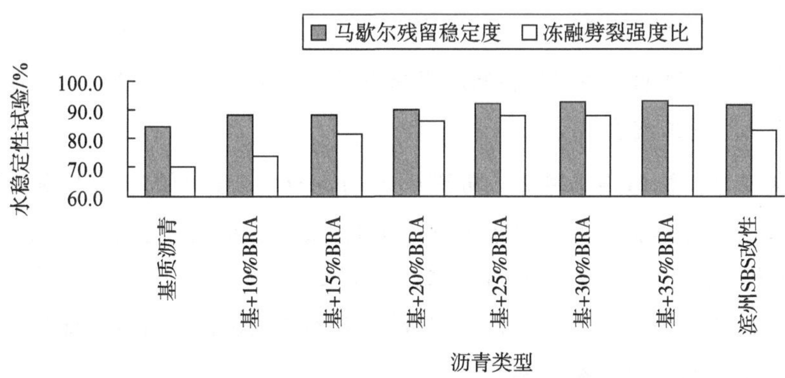

图 27-3　水稳定性试验对比

由图 27-3 可看出岩沥青改性沥青混合料的水稳定性能比基质沥青混合料提高 10%（马歇尔残留稳定度）和 25%（冻融劈裂强度比），与 SBS 改性沥青混合料的效果相当。

（3）在动态模量试验中，在动荷载作用下，岩沥青改性沥青路面的动态模量较 SBS 改性沥青路面提高 12%，动态变形恢复能力增强，可以有效延长道路路面的使用寿命。

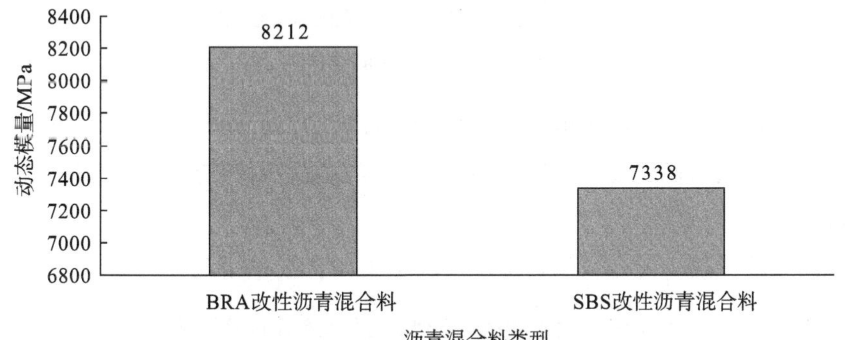

图 27-4　动态模量试验对比

从试验结果及国内已应用案例估计，岩沥青改性沥青路面可较基质沥青混合料使用寿命延长 3 ～ 5 年，较 SBS 改性沥青混合料延长 1 ～ 3 年，可大大缓解、减轻道路养护管理工作。

四、岩沥青改性沥青混合料的工程应用及适用性分析

岩沥青的性能和价格优势，使其在我国的应用逐年增加。在 2019 年北京市城市道路中修车辙专项工程中，对双龙路、玉泉路等 4 条道路做了岩沥青改性沥青的系列应用，并通过检测机构对岩沥青改性沥青混合料的性能进行了检测。

1. *岩沥青的工程应用*

本次中修工程道路车辙路段处理中岩沥青应用于路面的上面层和中面层，针对北京地区夏季温度高、持续时间长的特点，为确保高温抗车辙能力，选取 SMA-13 和 AC-20 型改性沥青混合料，以双龙路为例，道路的路面结构上面层和中面层采用：4cm 岩沥青改性沥青玛蹄脂碎石 SMA-13 + 6cm 岩沥青改性中粒式沥青混凝土 AC-20（图 27-5）。

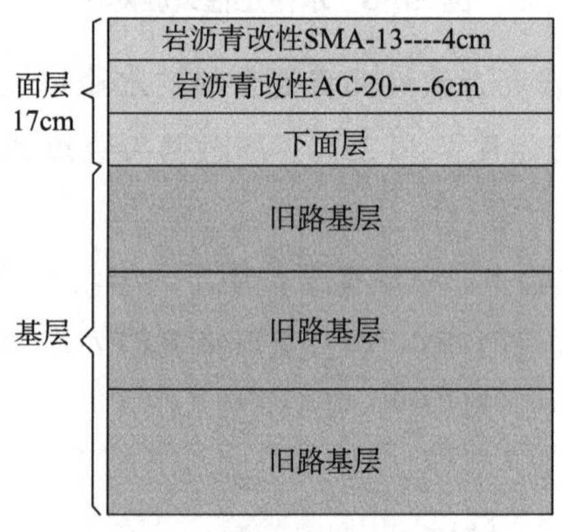

图 27-5 道路路面结构

通过对岩沥青改性沥青混合料的性能进行检测，上、中面层沥青混合料动稳定度、残留马歇尔稳定度、冻融劈裂强度比等各项路用性能指标均能满足施工技术规范要求。

岩沥青改性沥青混合料的马歇尔实验结果如表 27-7 所示。

表 27-7 岩沥青改性沥青混合料马歇尔试验结果

试验指标	单位	技术要求	岩沥青改性沥青 SMA-13	岩沥青改性沥青 AC-20
击实次数（双面）	次	50/75	50	75
试件尺寸	mm	Φ101.6mm×63.5mm	Φ101.6mm×63.5mm	Φ101.6mm×63.5mm

续表

试验指标	单位	技术要求	岩沥青改性沥青 SMA-13	岩沥青改性沥青 AC-20
稳定度 MS 不小于	kN	6.0/8.0	9.34	9.70
流值 FL	mm	–/1.5 ～ 4	3.5	3.5
油石比	%	（6.0±0.3）/（4.4±0.3）	5.9	4.4
动稳定度	次 /mm	≥ 4000	5931	6137
残留马歇尔稳定度	%	≥ 85	89.3	86.9
冻融劈裂残留强度比	%	≥ 80	83.5	84.7
破坏应变	με	≥ 2500	2622	2545

从表 27-7 可以看出，掺加岩沥青后，上、中面层沥青混合料动稳定度、残留马歇尔稳定度、冻融劈裂强度比等各项路用性能指标均能满足施工技术规范要求。

岩沥青在提高路面抗车辙能力，比普通抗车辙剂造价节约 10% ～ 20%，应用后道路达到预期效果，可以在后续同类型项目中推广（图 27-6）。

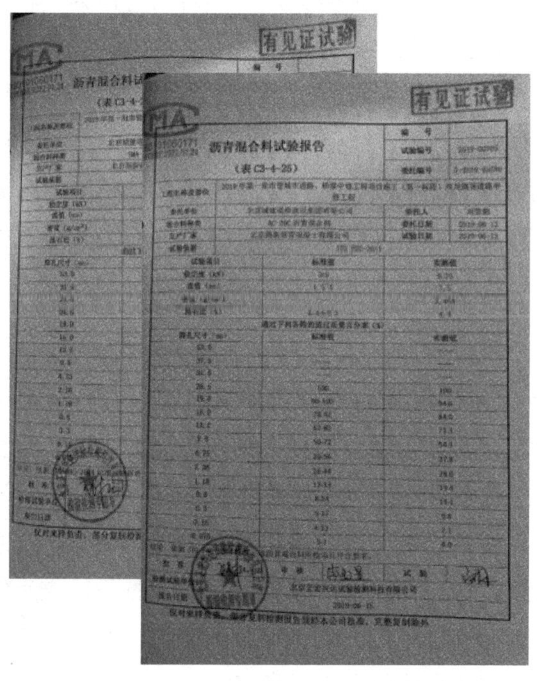

有见证试验

沥青混合料试验报告

（表 C3-4-25）

图 27-6　岩沥青改性沥青混合料检测报告

由于施工过程中摊铺温度控制、碾压遍数、压实度控制对沥青混合料的性能以及道路的后期使用有着至关重要的作用，因此道路施工时施工单位要严格按照施工规范要求进行施工。岩沥青改性沥青混合料的施工应满足《公路沥青路面施工技术规范》（JTG F40—2004）和《岩沥青改性沥青路面施工技术规范》的技术要求。

2. 岩沥青的适用性分析

工程实践表明，城市道路病害防治中使用岩沥青改性沥青混合料铺筑的沥青路面，可明显提高道路的抗车辙性能，同时具有很强的耐微生物侵蚀的能力、稳定性好、抗水害能力强，可显著改善和提高沥青路面性能。

经济效益方面，我国沥青改性剂多使用聚合物等化学改性剂，对岩沥青的研究和应用较少，随着对岩沥青的引进和工程应用的积累，通过经济指标对比分析，每吨沥青混合料中岩沥青改性沥青混合料的沥青成本比 SBS 沥青混合料节省 10% ～ 20%，同时它的抗老化能力使沥青混合料铺筑的路面使用寿命延长，从效果和经济角度看岩沥青都是较有优势的。岩沥青的储量非常大，印度尼西亚布敦岛上的天然岩沥青储量达 5 亿吨，开采方便，在价格上与同类产品相比具有价格优势。在世界油价日益增长的今天，天然岩沥青作为一种战略资源从国外引进，对节省我国不可再生资源，具有重要的战略意义。

社会效益方面，和 SBS 等聚合物改性剂通过化学改性不同，岩沥青对沥青的改性作用属于一种天然改性，混合料的生产和施工过程可以降低 10% 的能耗，同时可减少约 15% 的 CO_2、NO_x、SO_2 等排放量，对环境的污染也明显小于 SBS 改性沥青混合料，有效减少碳排放量，具有显著的社会环境效益。

五、结论

通过本次研究， 岩沥青作为一种天然材料，自身特性突出，其软化点高、含氮量高、性质稳定，通过物理改性提高沥青路面的高温、水稳等性能，具有较好的高温抗车辙和抗水损性能，同时具备环保再生、抗疲劳、抗老化的自然特性，有效提高了路面整体使用性能，延长城市道路的使用寿命，是解决城市道路沥青路面问题有效的措施之一。在我国“双碳”目标背景下，秉承绿色环保、智慧创新的发展理念，将岩沥青技术推广到道路工程领域，对于改善道路建设的循环经济效果，将具有重要的社会价值和工程意义。

参考文献

[1] 崔江峰 . 布敦天然岩沥青 (BRA) 及其混合料性能研究 [D]. 西安 : 长安大学 , 2017.

[2] 岩沥青改性沥青路面施工技术规范 : DB11/T 1169—2015[S]. 2015.

[3] 公路沥青路面施工技术规范 : JTG F40—2004[S]. 2004.

[4] 公路沥青路面设计规范 (附条文说明): JTG D50—2017[S]. 2017.

[5] 张凯伟 . 天然岩沥青改性沥青及其混合料技术性能研究 [D]. 郑州 : 郑州大学 , 2018.

[6] 李德章 , 李宏卓 . 岩沥青改性沥青在城市道路中的应用研究 [J]. 安徽建筑 , 2009, 16(3): 88-89, 110.

二十八　市域铁路大跨度混凝土斜拉桥设计研究

张航

摘要：为研究预应力混凝土斜拉桥在市域铁路工程中的适用性，以上跨东苕溪（105+230+105）m 双塔双索面预应力混凝土斜拉桥为例，根据项目特点、环境特点，对斜拉桥结构体系、主梁梁型、斜拉索体系、桥塔构造、横梁及纵横向预应力、配重方式、辅助墩设置与否等方面进行了对比分析，并给出了普遍适用于市域铁路的建议。建立了斜拉桥有限元分析模型，提出了考虑预应力、收缩徐变、拉索非线性等因素的预应力混凝土斜拉桥索力调整方法。最后对该斜拉桥的强度、刚度等主要计算结果进行结构分析验证。分析结果表明，该桥结构受力合理，强度、刚度均满足规范要求，适用于市域铁路、城际铁路、城市轨道交通工程的结构特点和受力特点。

关键词：市域铁路；轨道交通；斜拉桥；混凝土梁；斜拉索；结构设计

一、研究背景

斜拉桥作为一种组合体系，具有跨越能力强、受力性能好、结构轻盈、景观性好等特点，在我国公路、干线铁路中的应用越来越多，建造技术成熟且已达到世界先进水平，然而市域铁路、城际铁路、城市轨道交通中的应用还相对较少。近年来，我国经济迅猛发展，主要城市群之间的经济合作、通勤客流需求激增，为满足方便快捷的出行需求，市域铁路工程建设逐渐被提上日程。实际工程中，市域铁路以高架形式为主，且经常需要跨越河流、山脉、保护区等大型障碍物，因此大跨度斜拉桥在市域铁路，乃至城市轨道交通、城际铁路的应用将越来越广泛。

由于活载相差较大，直接套用公路或干线铁路的斜拉桥设计方法不尽合理、不够经济，因而需要探索适用于市域铁路、城际铁路、城市轨道交通的斜拉桥设计方法，以保证结构安全、经济和美观。

本文以杭州至德清市域铁路工程中，上跨东苕溪（105+230+105）m 双塔双索面预应力混凝土斜拉桥为例，开展大跨度混凝土斜拉桥设计研究，为大跨度混凝土斜拉桥在市域铁路，乃至城市轨道交通、城际铁路的广泛应用，提供理论基础，具有广泛的社会效益，为“双碳”目标下城市综合建设技术体系提供支撑。

二、工程概况

杭州至德清市域铁路工程起自余杭区仁和北站（含），终于德清高铁站，线路全长 25.6km，其中地下段长 13.1km；高架及地面段长 12.5km。采用市域 A 型车，直流 1500V 接触网供电，最高运行速度 120km/h，初、近、远期车辆编组分别为 4/4/6 辆。本工程是促进长三角一体化、杭州都市圈、大湾区发展战略朝纵深发展的都市圈轨道交通骨干线；是服务区域内部交通及城市间快速连通的复合功能快线；加快杭德同城化发展，对于支持沿线区域经济社会发展，促进沿线土地综合开发利用具有积极作用。

该工程在右线里程 K5+947.061 处上跨东苕溪余杭饮用水水源二级保护区及准保护区，综合水源保护要求、通航净空要求、防洪水位要求、线路敷设要求、景观协调要求，上跨东苕溪最终采用（105+230+105）m 双塔双索面预应力混凝土斜拉桥，立面布置如图 28-1 所示，主跨 230m 跨越河道及两岸大堤，在堤外设置桥塔。斜拉桥小里程侧边跨的平面位于缓和曲线上，其余部分均为直线。

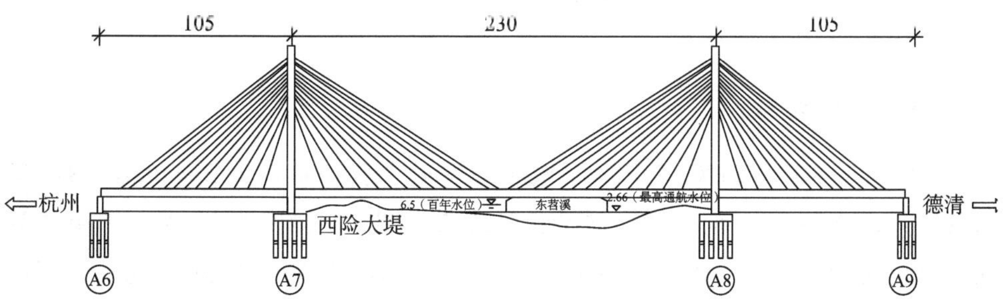

图 28-1　上跨东苕溪斜拉桥立面布置

三、主要技术标准

正线数目及线间距：双线，标准线间距 4.6m，局部有加宽。

车型：车辆型式采用市域 A 型车，近期列车编组为 4 辆，远期列车编组为 6 辆。

轨道类型：一次铺设无缝线路，整体道床。

供电方式：接触网直流供电方式。

最大设计时速：120km/h。

线路条件：缓和曲线 + 直线。

设计洪水位：1/200 洪水位（与防洪堤相同）9.16m。

最高通航水位：2.66m。

刚度标准：

（1）竖向刚度：梁体在列车静活载作用下，其不应超过梁体计算跨度的 1/1000。

（2）梁端竖向转角：遵循《市域（郊）铁路设计规范》（TB 10624—2020）表 11.3.6 的规定，即 $\theta 1+\theta 2 \leqslant 2.0‰$。

（3）水平刚度：在列车横向摇摆力、离心力、风力和温度的作用下，梁体的水平挠度不应大于梁体计算跨度的 1/2000。

地震基本烈度：根据《中国地震动峰值加速度区划图》（GB 18306—2015），设计地震基本加速度峰值为 0.05g；抗震设防烈度Ⅵ度。抗震设防类别为 A 类。

设计基本风速：根据《公路桥梁抗风设计规范》（JTG/T 3360-01—2018）附录 A.3 及相关公式计算确定，桥位水面以上 10m 高度、重现期 100 年、10min 平均的年最大风速 29.4m/s，为本桥设计基本风速。

四、结构设计

（105+230+105）m 双塔双索面预应力混凝土斜拉桥，全长 440m，斜拉索扇形布置，全桥共 52 对，梁上斜拉索除边跨外侧 9 根索间距 6m 外，其余均为 8m，塔上索间距除最内侧两根索间距 2.5m 外，其余间距均为 2m。边跨位于两岸地块内，施工条件较好，因此边跨采用支架现浇以提高施工效率，中跨部分除 0 号块支架现浇外，设置 T1 ～ T13 悬臂浇筑节段，节段长均为 8m，最终设置 2m 长合龙段 H1。

1. 结构体系

桥梁结构体系采用半漂浮体系。

常规半漂浮体系的斜拉桥，通常全桥采用纵向滑动支座，并在塔处设置纵向粘滞阻尼器。粘滞阻尼器的设置可以在不增加结构本身刚度的前提下，通过吸收和耗散能量，来减小地震或风荷载对结构造成的不利影响。同时，对于大跨度斜拉桥，由于温度变化造成的梁体纵向变形较大，若采用全纵向 + 粘滞阻尼器的支撑体系，有利于释放变形，减小温度引起的附加应力。

值得说明的是，粘滞阻尼器只针对地震或风荷载等突然施加在结构上的动力作用有削减效果，温度作用作为逐渐、缓慢作用于结构上的荷载，粘滞阻尼器无法发挥本应有的约束作用。市域铁路的斜拉桥，其铺轨方式通常为一次铺设的无缝线路，采用整体道床，若桥与桥之间梁缝距离过大，则会导致线路不平顺，影响乘车舒适度甚至安全性，需要设置钢轨伸缩调节器。需要注意的是，伸缩调节器只能用于直线地段，若线路位于曲线或缓和曲线段，则无法通过设置伸缩调节器来达到调节作用。

综合以上因素，本桥在小里程端桥塔（A7 塔）设置固定支座，其余塔、墩处设置纵向滑动支座，为结构抗震、抗风计算通过，采用了粘滞阻尼器，此种结构支撑体系的设计有如下优点。

（1）由于固定支座在 A7 塔处，大里程端自由伸缩长度总共为 230+105=335m，且均位于直线上，可采用伸缩调节器确保轨道顺接。

（2）小里程端自由伸缩长度仅 105m，虽然位于缓和曲线上，但由于总长短，温度导致的伸缩量较小，通过合理减小梁缝宽度，不设置伸缩调节器仍可满足轨道顺接要求。

（3）本桥整体跨径小，温度应力低，设置一处固定支座对整体受力影响不大，通过索力、预应力的合理配置，结构受力仍可处于规范要求范围之内。

因此，结合本工程实例，本文建议在市域铁路，乃至城市轨道交通、城际铁路设计时，应综合考虑斜拉桥跨径、线路平面线形（直线还是曲线）、轨道类型、温度作用影响（包括对梁体伸缩量及应力水平的影响）等因素，选择合适的结构体系，合理降低梁缝宽度，确定是否采用或尽量避免采用伸缩调节器，而粘滞阻尼器可根据抗风或抗震验算结果确定是否采用。即通过恰当的构造设计，使得结构在安全可靠的基础上，提高其经济性。

2. 混凝土主梁

本桥采用预应力混凝土主梁，单箱单室大箱梁截面，材料为C55混凝土。由于本桥跨度为（105+230+105）m，跨径不大，属于混凝土斜拉桥的经济范围内，且混凝土梁施工工艺成熟、可靠，耐久性好，更适用于桥位处较为潮湿的环境，后期维护的工作量小，因此就本项目而言，混凝土主梁较钢主梁更为合适。

本文针对适用于市域铁路的混凝土斜拉桥梁型做了比选，详见表28-1。

表28-1　主梁型式对比

梁型	断面图	优点	缺点
单箱单室大箱梁	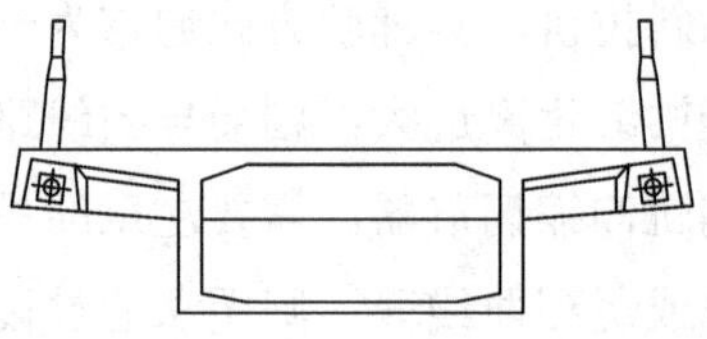	（1）受力明确，结构刚度大，变形小； （2）支架或悬臂浇筑工艺成熟，相对于单箱双室梁施工简洁，速度较快	（1）景观性稍差； （2）闭口箱型断面，施工中拆除内模，施工工序相对较多； （3）风阻系较数大
单箱双室大箱梁	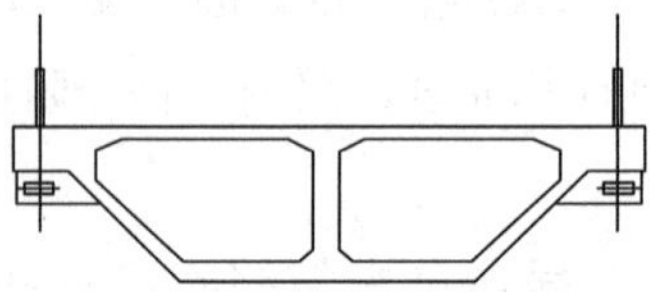	（1）结构刚度大，变形小； （2）悬臂浇筑工艺成熟； （3）风阻系数较小	（1）箱室多，施工空间小； （2）闭口箱型断面，施工中拆除内模，施工工序相对较多，施工工艺最复杂
π型梁	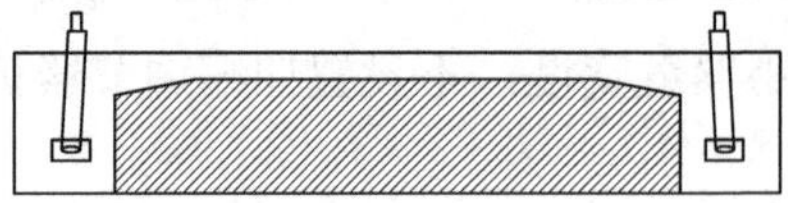	（1）受力明确； （2）悬臂浇筑工艺成熟，开口梁板式断面，无须内模，施工速度快	（1）开口截面，整体刚度较小； （2）风阻系数较大； （3）景观性差

市域铁路桥梁的特点是桥宽相对较窄，桥面系宽度一般不超过11m。综合考虑受力特性、景观性、施工进度等因素影响，本桥最终选定单箱单室大箱梁作为主梁梁型。此梁型为闭口截面，对于活载占比较大的市域铁路双索面斜拉桥，其抗扭刚度更大，受力性能更好，且施工工艺成熟，单箱室施工速度较快，对于本就不宽的梁体，箱内施工空间较大，经济性也较好（图28-2）。

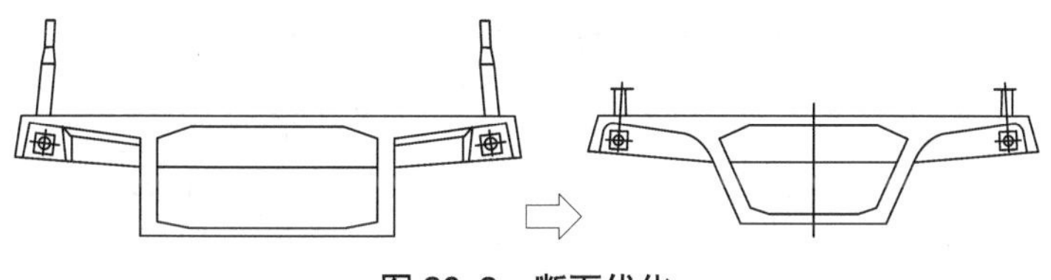

图 28-2　断面优化

由于直腹板抗风性能较差，主梁断面优化为斜腹板形式，需要注意的是斜腹板虽然抗风性能较好，混凝土用量也相对较少，但是会导致底板横向宽度缩短，布置底板预应力钢束的空间也会缩减，有可能会导致各跨跨中下缘出现拉应力，因此本文建议综合实际工程中主梁的受力性能、抗风性能，共同确定是否采用斜腹板，以及斜腹板的倾斜角度。

3. 斜拉索

当代斜拉桥主要使用高强度钢丝、钢绞线来制作拉索。在我国，绝大部分斜拉桥采用的是平行钢丝拉索，这种拉索是将若干根钢丝平行并拢，同心同向作轻度扭绞，再用包带扎紧，最外层直接挤裹聚乙烯索套作防护而制成[1]。这种索更适合在工厂内机械化生产，盘绕成卷再用重型设备运输至施工现场并安装到位。由于平行钢丝在工厂已做成成品，故其运输和吊装的重量均较大，施工效率偏低，如苏通大桥拉索重量高达 59t，安装难度很大。张拉设备也同样需要大吨位群锚千斤顶。因此无论运输、安装，还是将来需要换索，都面临着操作困难的问题。

近年来，平行钢绞线拉索因其重量轻、施工难度低、防腐性能好以及可实现单根钢绞线换索等特点，逐渐受到重视和青睐，工程应用实例越来越多。平行钢绞线拉索是由多根单层 PE 防护钢绞线和 HDPE 外护套构成，其运输单件重量较轻，钢绞线、锚具及其他配套部件可在工厂预制后分别运输，在施工现场结合需求进行安装。钢绞线可单根安装，操作简便，安装效率高，安装时配备小型卷扬机即可满足施工条件。随着应用的广泛和技术的进步，目前平行钢绞线可在锚具内安装若干磁通量传感器，配合成套的测量仪器组成智能张拉体系，基于等张法的原理测量、计算拉索索力，实现最终各根钢绞线的受力均匀。

除以上特征外，本文还从涂装、性能试验、施工便利性、耐久性等方面详细比较了两种斜拉索的差异，详见表 28-2。

表 28-2　平行钢丝与平行钢绞线性能对比

类型比较项目	镀锌铝钢丝	环氧钢绞线
涂装厚度	平均为 45 ～ 55μm	平均为 120 ～ 180μm
氢脆现象	在镀锌铝钢丝生产操作过程中（如酸洗时），会形成氢原子，氢原子与金属原子结合，在应力作用下会发生氢脆断裂。氢原子进入金属内部需要经过相当长的时间，预应力筋氢脆断裂一般在安装后的许多年以后发生	无
极限强度	镀锌铝工艺影响材料性能，极限强度降低 5% 为 1770MPa	与涂装前的 PC 钢绞线相同 1860 MPa
疲劳强度	疲劳强度会降低 20%	与涂装前的 PC 钢绞线相同
中性盐雾试验	完成中性盐雾试验 1600h，出现红锈	完成中性盐雾试验 10000h，未出现红锈
其他锈蚀试验	无	耐干湿性试验完成 229 个循环，表层和内部均不发生锈蚀；耐化学药品［NaOH、$Ca(OH)_2$、$CaCl_2$］完成 5500 小时浸泡后，表面无明显可见变化
腐蚀保护	牺牲阳级的阴级保护法，每根钢丝之间会产生电化学腐蚀，钢丝之间的腐蚀会相互影响	非金属隔离保护法，每根钢丝之间相互隔离，当一根钢丝产生腐蚀时不会造成其他钢丝的腐蚀
握裹性能	单根钢丝锚固力为 10000 ～ 30000N	采用夹片结构
疲劳试验	目前仅有最高为应力幅 250MPa 的疲劳试验	应力幅 280 MPa 的疲劳试验
施工便利性	钢丝拉索是在工厂内完成制作与检验，其施工技术要求比钢绞线要低，施工的周期相对钢绞线要短一些。但在运输的条件上要求较高，施工需要大型吊装设备	钢绞线斜拉索由单根无黏结筋组成，化整为零，在一些运输限宽的道路以及施工空间有限的情况，采用钢绞线拉索具有较大的优势。相比钢丝拉索其施工技术要求较高，施工周期略长
耐久性	按照中性盐雾试验 24 小时，等效于在 C4 环境下的耐久性约为 1 年，可知镀锌铝钢丝在温带的耐久性（C4 环境），可满足 1600/24 ＝ 66 年使用要求	按照中性盐雾试验 24 小时，等效于在 C4 环境下的耐久性约为 1 年，可知环氧喷涂钢丝的耐久性（C4 环境），可满足 100 年使用要求

综合以上特点，平行钢绞线在自身性能、施工便利性、高效性、耐久性等方面均优于平行钢丝，尤其本桥位于东苕溪保护区，地处南方，水系丰富，气候潮湿，拉索的防腐耐久性能更为重要，而平行钢绞线采用的HDPE护套能起到很好的防护作用，且单根更换操作方便简洁，是因地制宜的最佳选择。因此本桥斜拉索采用公称直径为φ15.2mm的单丝涂覆环氧涂层预应力钢绞线，且满足《斜拉桥钢绞线拉索技术条件》（GB/T 30826—2014）、《无粘结钢绞线斜拉索技术条件》（JT/T 771—2009）的相关要求。

4. 桥塔

桥塔作为斜拉桥主要承重构件之一，不仅承受巨大的轴力，还需要承受很大的弯矩作用，其结构形式、塔高、截面尺寸等要综合考虑地质条件、环境因素、斜拉桥跨径、桥宽、拉索布置形式、施工方法及景观因素等条件。

斜拉桥常用的桥塔形式有单柱式、双柱式、A型塔、H型塔、钻石型塔等，双塔双索面斜拉桥常以A型塔与H型塔为主，详见图28-3、图28-4。

图28-3　A型塔上跨东苕溪斜拉桥效果

图 28-4 H 型塔上跨东苕溪斜拉桥效果

A 型塔和 H 型塔受力性能均可满足本工程要求。对于 H 型塔而言，塔端斜拉索可做成交叉锚固形式，即塔两侧拉索通过主塔塔柱的轴线，锚固于对侧塔壁的锯齿凹槽内。由于锚槽位于塔外，可节省部分塔内空间，使得桥塔截面稍微减小，给人以轻盈纤柔的视觉效果。但此种做法的缺点在于锚槽外露，锚槽处锚固和维护均要临空作业，受天气影响较大，容易对周边造成干扰，还需要很高的起重设备、施工平台等，导致施工难度加大。且锚槽外露容易积灰，长年累月的积灰会使锚槽颜色与塔表面不一致，与追求景观效果的初衷相悖。采用 H 型塔的工程较多为公路斜拉桥，桥面宽度较宽，H 型塔两个塔柱间距较大，景观上更为协调，而市域铁路、城市轨道交通等桥梁的特点是桥面系较窄，采用 H 型塔显得过于细高，不够协调。受力上而言，交叉锚头需要两侧斜拉索在塔轴线处错位布置，易造成局部截面的扭转，因此对施工工艺要求高，施工效率必然降低。

A 型塔柱景观上笔直挺拔，两根塔柱向上延伸合而为一，有“擎天之剑，谁与争锋”的磅礴气势，同时又不显突兀。为保证塔面整体景观效果，将两侧拉索锚固于塔内。A 型桥塔更适用于桥面较窄的斜拉桥，且景观造型丰富，近年来工程中采用较多，因而本桥最终采用了 A 型塔。

从以往工程经验来看，类似跨径的混凝土斜拉桥桥塔截面尺寸均做得较大，部分铁路斜拉桥桥塔塔柱纵桥向尺寸做到6m以上，横桥向也达到了4.5m。其设计初衷除保证受力性能外，还考虑了拉索在塔内张拉的施工空间需求。本桥设计过程中，经计算发现，在市域铁路的荷载体系下，塔实际受力并不需要如此大的截面，标准断面4.5m×3m（纵 × 横），在塔底处横桥向局部加厚至4.5 ～ 4.866m（两塔下塔柱高度不同）以抵抗控制设计的横向外力（地震力或风力）所引起的弯矩即可满足规范要求。与此同时，将拉索张拉端置于梁处，避免了塔内张拉空间不足的问题。

本工程桥面以上塔高为75m，与主跨跨径之比为1/3.067，在《铁路斜拉桥设计规范》3.2.3条要求的1/5 ～ 1/3范围之内。

5. 辅助墩设置

本桥在设计过程中对比了有无辅助墩情况下结构受力性能，结合对比结果，辅助墩的设置有利于增加结构整体刚度，一定程度上可改善结构受力性能，塔顶位移、塔底弯矩、主梁内力均可实现一定程度的削减。同时辅助墩位于边跨的位置不同，其产生的作用效果也不尽相同。有研究认为，将辅助墩设置在距离端部1/3处对改善主梁应力状态最为有利[2]。

但辅助墩也会产生一些不利影响，如有可能使结构抗震性能降低；活载作用下易产生负反力，从而导致配重区域延长，配重量增加；此外部分斜拉桥由于现场条件影响，通航或地理条件不允许，不宜设置辅助墩或代价较大时，也不建议设置。总之虽然大多数斜拉桥均设置辅助墩，但设计者仍应综合考虑现场条件、经济效益等制约因素，以及受力性能改善的程度来确定是否设置辅助墩。

本桥经过计算对比，不设置辅助墩的情况下，结构强度、刚度亦可满足规范要求。虽然边跨现场条件较好，有条件设置墩柱，但辅助墩处出现负反力导致的配重量增加、辅助墩本身的工程量均导致经济性降低，降低施工效率，因此不予采用。

6. 构造细节

斜拉桥是一个相对复杂的桥梁形式，除塔、梁、索等主要承重构件之外，诸多的构造细节设计亦应准确把握。构造细节的设计除通过整体计算验证外，还应结合设计者的理论基础和实际经验，以及必要的局部分析、专项设计综合把控，对设计者的能力要求较高。本文针对设计中遇到的若干构造细节问题进行理论论述，限于篇幅具体计算分析另文讨论。

（1）横梁设置。

斜拉索在梁处的锚固点均设置0.6m厚横梁，梁高1.5m。以往采用混凝土主梁的斜拉桥中通常将斜拉索锚固于箱梁腹板内或在锚固位置加厚翼缘，以便于斜拉索的纵向水平分力均匀传递至整个断面。而本桥采用单箱单室大箱梁，如图28-5所示，拉索锚固于箱梁两侧的翼缘板上，翼缘板厚度较薄，不足以将拉索水平分力传递至腹板上。因此在锚固处增加横梁，以增强翼缘板与箱梁腹板的联系，纵向分力可通过横梁传递至腹板，从而均匀分布于整个截面，避免了翼缘压应力过于集中。

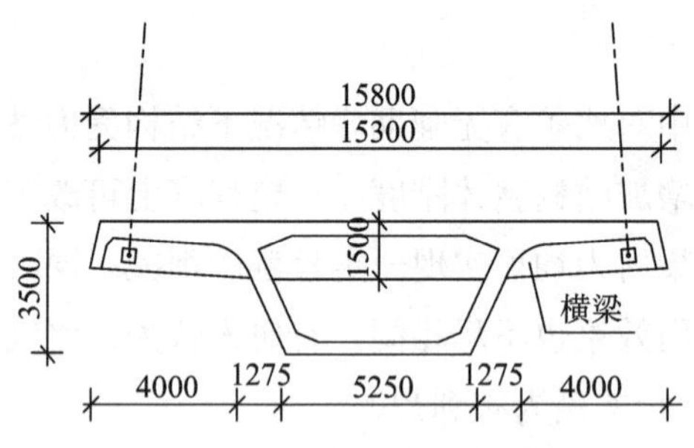

图28-5 斜拉索锚固处主梁断面

（2）横梁处横向预应力设置。

横梁两侧受斜拉索向桥塔方向的水平分力作用，会在平面上形成以腹板为支点的局部弯曲效应，可将横梁视为以两腹板为支点，两侧悬臂端受力的构件，为防止与腹板相交的根部开裂，横梁内除设置竖向抗弯的预应力钢束外，还另在背离塔侧设置预应力钢棒，加强受力主筋，并设置0.5m×0.5m的加腋。其立面预应力布置如图28-6所示。

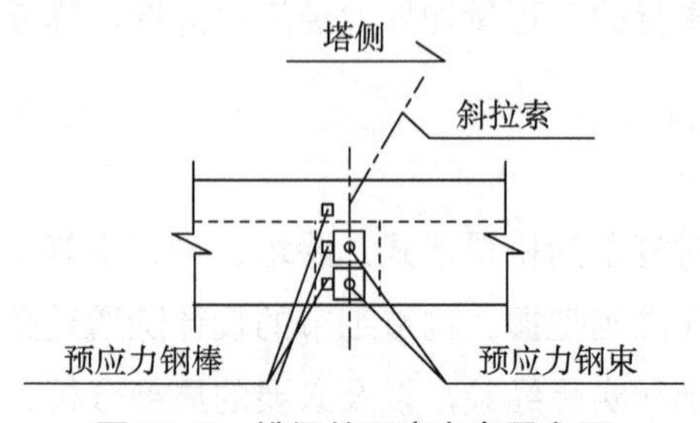

图28-6 横梁处预应力布置立面

（3）纵向翼缘板附加钢束设置。

横梁两侧受斜拉索向桥塔方向的水平分力作用，这个分力使得横梁至桥塔之间的梁截面处于受压状态，也会在横梁后产生顺桥向的局部拉力，此拉力作用于较薄的翼缘板上时，易产生局部裂缝，尤其在施工阶段。

本桥采用边跨支架现浇，中跨悬臂浇筑再合龙的施工方法。支架现浇边跨时，不施工斜拉索。在悬臂浇筑 T1 ～ T13 节段时，每施工完一个节段，都要张拉对应节段的斜拉索。这里需对边跨、中跨分别讨论。

边跨现浇梁段虽然张拉了通长的顶、底板钢束，为顶、底板提供了预压应力，但翼缘板相对较薄，同时又没有对应的预压力作用，可能会导致局部裂缝的产生。因此本工程在现浇段的悬臂处设置了三道预应力纵向通长钢束，如图 28-7 所示，在现浇段施工完毕后，钢束在边跨梁段及 0 号块中跨侧双端张拉，以提供预压力。

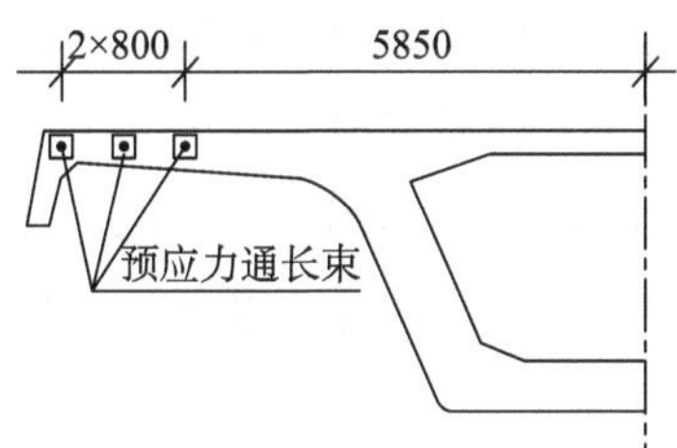

图 28-7　翼缘板处通长钢束示意

中跨 T1 ～ T13 均为 8m 长节段，悬臂浇筑。斜拉索锚固端又位于 8m 梁段的 3/8 处，即张拉完拉索后，节段仍有 3m 处于悬臂状态。由于本桥施工并非塔两侧对称悬浇，因此无法设置类似悬浇梁所采用的腹板束，剩余 3m 悬臂状态的节段，不仅翼缘板处需要预压应力，顶、底、腹板处也需要，因此本桥在中跨悬臂浇筑段的全断面设置纵向预应力钢棒，锚固于 0 号块中跨侧，施工完一个节段，张拉一个节段，并使用连接器与下一节段的预应力钢棒连接，相应断面如图 28-8 所示。

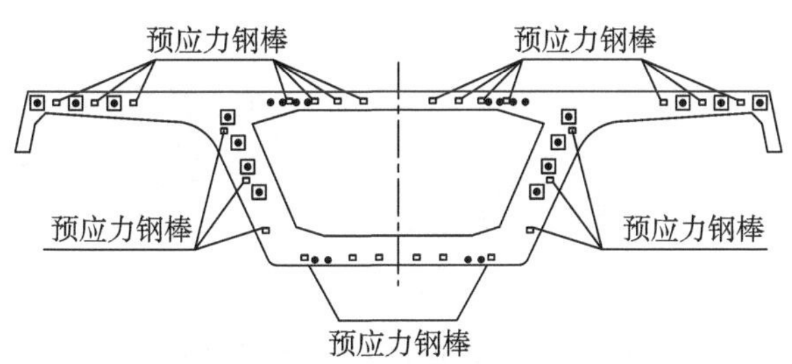

图 28-8　预应力钢棒布置

（4）配重。

本桥边中跨比为 105/230=0.457，满足《铁路斜拉桥设计规范》中 3.2.1 条的 0.40 ～ 0.50 的要求。但由于边跨长度短于中跨，施工方式也不是对称悬浇施工，且运营工况下，若活载均位于中跨，会导致边墩支座出现负反力，即支座脱空的情况发生，设计时应予以避免。

根据以往工程经验，斜拉桥通常在边跨梁端一定范围内设置配重，避免负反力的出现。配重方式通长有两种，一种是边跨梁端的局部构造加厚，另一种是配置一定量的铁砂混凝土。本文针对两种配重方式，结合市域铁路桥梁特点进行比较，最终采用了局部构造加厚的方式。原因是市域铁路桥梁桥面宽较窄，采用箱梁的断面形式后，箱内空间很局促，又要布置预应力钢束的锚固齿块，还每隔 6m 或 8m 一道的 1.5m 高横梁，若采用铁砂混凝土，则施工空间极为有限，甚至无法施工。同时铁砂混凝土需要在梁顶板处每隔一段距离预留孔洞以方便灌注，对顶板强度的削弱也较大。而且铁砂混凝土与既有混凝土的结合问题、铁砂混凝土的耐久性问题都会对斜拉桥产生不利影响。因此本文建议市域铁路斜拉桥采用加厚构造的方法使梁体一次浇筑成型，并在整体计算中将配重作为截面特性予以考虑。

五、结构计算分析

1. 计算模型

全桥整体静力分析采用 Midas Civil 空间有限元软件，计算荷载包括梁体自重、预应力、二期恒载、列车活载、整体温度变化、温度梯度、风荷载、列车制动力、摇摆力、支座沉降等，按《市域（郊）铁路设计规范》的规定对以上荷载进行最不利组合并进行计算。有限元模型如图 28-9 所示。

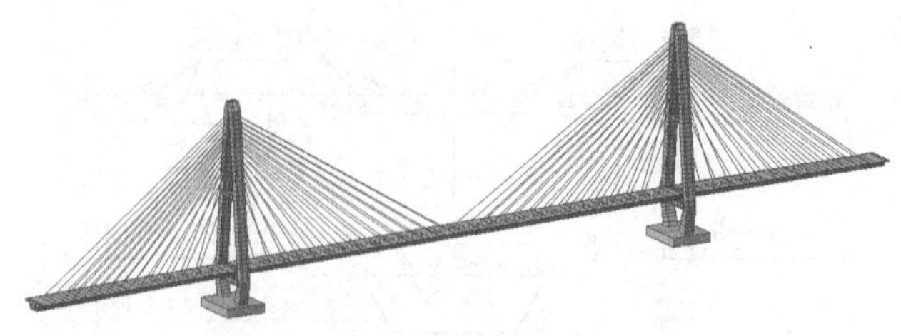

图 28-9　Midas Civil 有限元模型

2. 索力调节方法

斜拉桥是由斜拉索、桥塔、主梁三种基本构件组成的高次超静定组合体系。当斜拉桥各项荷载确定后，需要通过调整斜拉索索力以求斜拉桥的内力与线形达到相对合理的状态。可以说确定合理索力，最大程度优化结构受力情况，使结构满足设计要求是斜拉桥设计中的最为关键的步骤。

常规斜拉桥确定合理索力时，往往先不考虑施工步骤，依据零位移法、最小弯曲能量法、可行域法等调索方法，确定合理成桥状态，再以这个合理成桥状态为目标，或倒拆、或正装迭代以确定每根拉索的初拉力，使考虑了施工过程的斜拉桥成桥状态等同于合理成桥状态。然而实际情况是无论是调索方法还是使最终成桥状态等同于合理成桥状态的各种方法，都有其适用条件和局限性，如零位移法可控制主梁内力达到十分合理的状态，但对于中、边跨不对称的结构很容易使主塔变形很大，塔底弯矩不合理；再如倒拆法最直接的问题就是无法考虑收缩徐变、拉索非线性等因素，尤其预应力混凝土斜拉桥，其预应力效应和收缩徐变是设计者不可忽略的重要因素。

针对以上问题，有文献指出，预应力混凝土斜拉桥合理成桥状态确定后，无法保证主梁与成桥状态的无应力构形一致，既然无法通过确定合理成桥状态来直接得出施工过程的合理索力，那么设计过程中就没有必要先进行合理成桥状态分析，而应当直接考虑施工阶段进行调索[3]。

本桥在设计过程中采用了最小弯曲能法得到初始索力及一次成桥下的合理成桥状态，并采用了正装迭代法以求得到考虑施工阶段后成桥状态与合理成桥状态一致的结果。然而实际操作过程中发现主梁内力无法收敛到合理成桥状态。追其原因会用到无应力状态的概念，即以本桥边跨现浇、中跨悬浇的施工过程形成的斜拉索的无应力长度和梁的无应力曲率无法与一次成桥状态相一致，因此结果无法闭合。

因此在之后的调索过程中，本桥放弃了合理成桥状态的确定，在最小弯曲能法确定初始索力的基础上，直接代入具有完整施工阶段的计算模型中，同时考虑预应力作用、收缩徐变和拉索非线性等因素，计算施工阶段、运营阶段各项最不利荷载作用下的受力性能，若不满足规范要求，则通过影响矩阵法调整索力。如此反复调整几次即可得到一组合理索力。值得一提的是，若一开始设计者对预应力的具体配置并无概念，也可先不考虑预应力作用，转而在得到初始索力后，根据运营状态主梁上下缘出现的拉应力情况有针对性地配置预应力钢束。但需注意预应力钢束的配置和斜拉索索力的调整是两个相辅相成的效应，应综合调整以使最终结果满足规范规定的各项要求。

本桥运用以上方法得到的成桥索力如图 28-10 所示。

由图 28-10 可以看出，成桥索力整体较为均匀，不完全对称是由于小里程处平面线形为曲线，且 A7 塔和 A8 塔约束不同，A7 塔处塔梁固定，A8 塔处主梁纵向滑动，而且全桥计算时考虑了纵向坡度，导致重力作用下梁体有向小里程端滑移的趋势。

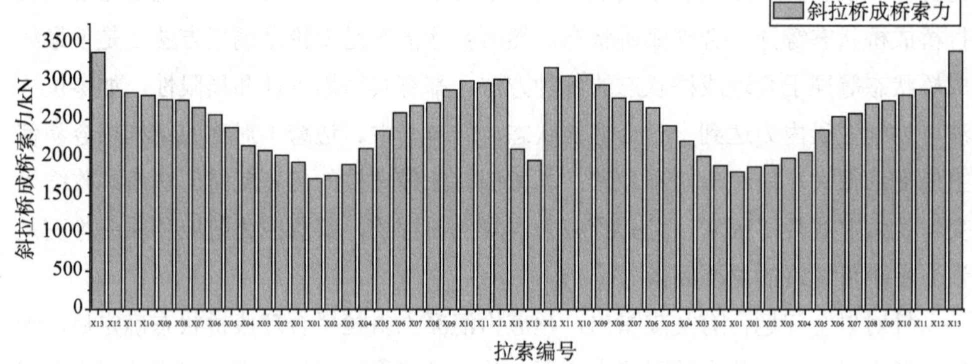

图 28-10 斜拉桥成桥索力

恒载作用下桥面以上塔变形如图 28-11 所示。

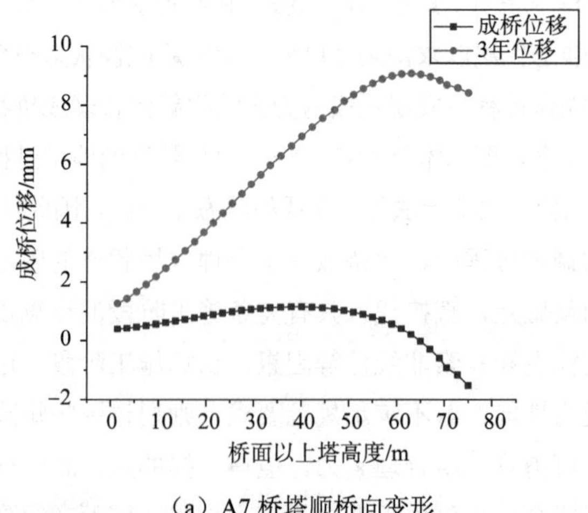

（a）A7 桥塔顺桥向变形

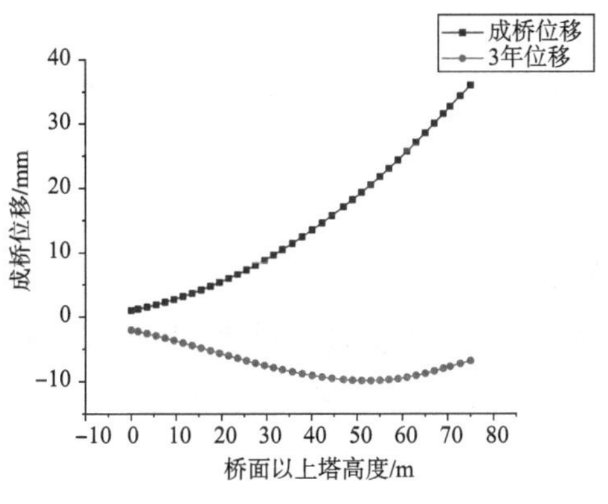

（b）A8 桥塔顺桥向变形

图 28-11　桥面以上塔顺桥向变形

由图 28-11 可以看出，在成桥状态索力作用下，恒载导致的 A7 塔顶位移为 -1.88mm，A8 塔顶位移为 36.03mm（位移以向小里程端为负值，向大里程端为正值），即在成桥时塔稍微向岸侧偏移，与设计初衷相符；随后经过 3 年的收缩徐变作用，可见 A7 塔顶位移为 8.25mm，A8 塔顶位移为 -6.81mm，即在长期收缩徐变作用下塔有向河道中心偏移的趋势。两种工况下位移值均处于较低水平，可认为塔在成桥索力作用下可保持桥塔顺直的状态。

成桥状态恒载作用下主梁弯矩如图 28-12 所示。

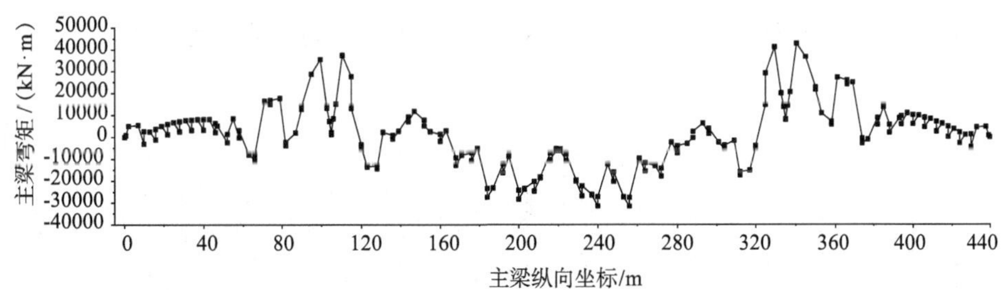

图 28-12　成桥状态下主梁弯矩

由图 28-12 可以看出，在成桥索力、预应力、收缩徐变的作用下，弯矩最大值为 42798kN • m，处于设计要求的安全范围之内。值得一提的是，考虑收缩徐变及预应力作用后，主梁弯矩并不能像按最小弯曲能法等确定初始索力后的模型一样是均匀的波浪形状，这也侧面印证了合理成桥状态与考虑了施工阶段的成桥状态最终结果很难闭合。

综合以上结论，可以看出，由本文提及的索力调整方法最终得到的成桥索力可达到“塔直梁平”的目的，可以在市域铁路，乃至城市轨道交通、城际铁路斜拉桥调索时应用。

3. 斜拉桥主要计算结果

（1）斜拉桥强度验算。

斜拉桥正截面抗弯强度及斜截面抗剪强度一般情况下并不控制设计，因此本节重点对运营阶段最不利组合下主梁的应力进行验算分析。

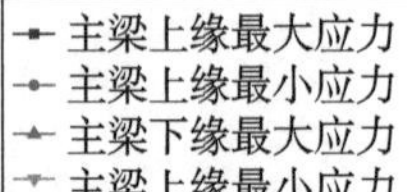

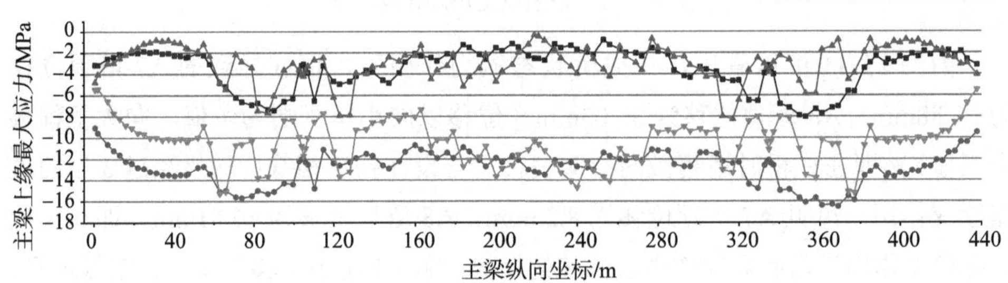

图 28-13　运营阶段最不利组合下主梁上、下缘应力

由图 28-13 可知，最不利荷载组合下，主梁最小压应力为 0.33MPa，未出现拉应力；最大压应力 16.5MPa<0.5fc=18.5MPa，可知应力验算满足要求。

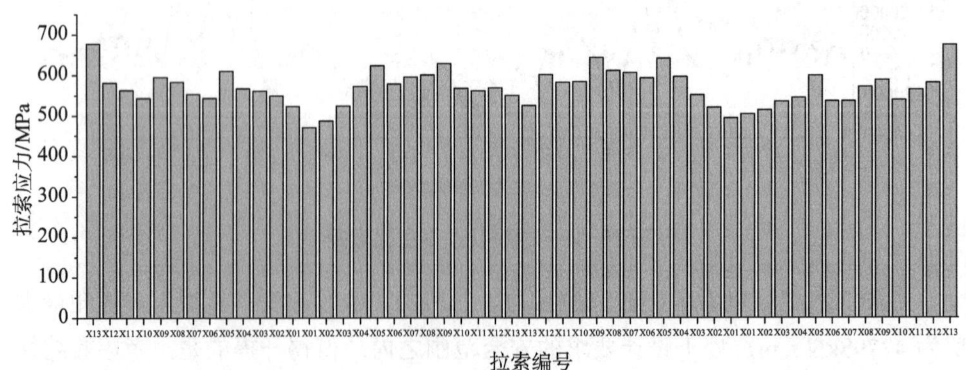

图 28-14　运营阶段最不利组合下斜拉索应力

斜拉索采用公称直径为 φ15.2mm 的单丝涂覆环氧涂层预应力钢绞线，抗拉强度 fpk=1860MPa。

由图 28-14 可知，运营阶段最不利组合下斜拉索应力最大为 679.4MPa，本桥要求斜拉索最大应力不超过 0.45fpk=837MPa，可见满足要求。

（2）斜拉桥刚度验算。

不同活载体系下的桥梁竖向刚度限值应有所区分，本工程采用市域 A 型车，经推导计算，将活载作用下竖向挠度限值设为 L/1000。需要注意的是，连续梁等超静定结构的竖向挠度除考虑列车静活载外，还需计入温度变化的影响，如《市域（郊）铁路设计规范》中规定了两种同时考虑活载与温度的方式：（1）1.0× 竖向静活载 +0.5× 温度效应；（2）0.63× 竖向静活载 +1.0× 温度效应。上述两种荷载组合下斜拉桥竖向挠度如图 28-15 所示。

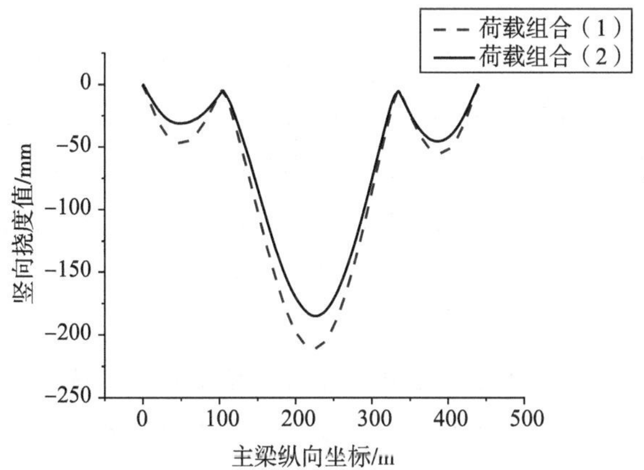

图 28-15　两种荷载组合下竖向挠度

由图 28-15 可知，中跨跨中最大竖向挠度值为 210.9mm<L/1000=230mm，满足设计要求。

横向刚度需考虑列车横向摇摆力、离心力、风力、温度效应的共同作用，水平挠度不大于 L/2000。上述荷载组合下斜拉桥水平挠度如图 28-16 所示。

由图 28-16 可知，中跨跨中最大水平挠度值为 33.9mm<L/2000=115mm，满足设计要求。

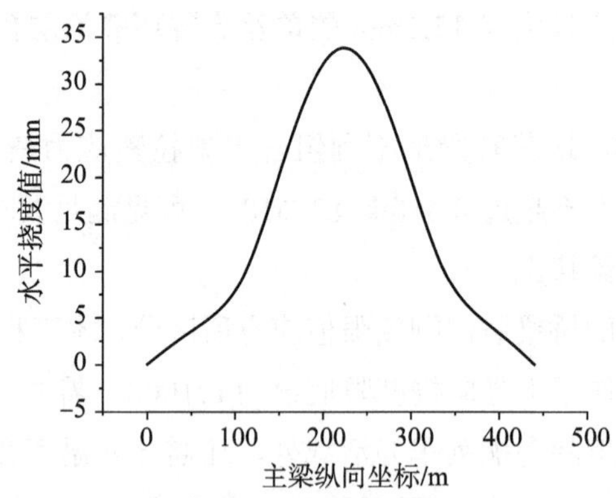

图 28-16　斜拉桥水平挠度

六、结论与建议

1. 在市域铁路，乃至城市轨道交通、城际铁路设计时，应综合考虑斜拉桥跨径、线路平面线形（直线还是曲线）、轨道类型、温度作用影响（包括对梁体伸缩量及应力水平的影响）等因素，选择合适的结构体系，合理降低梁缝宽度，确定是否采用或尽量避免采用伸缩调节器，而粘滞阻尼器可根据抗风或抗震验算结果确定是否采用。即通过恰当的构造设计，使得结构在安全可靠的基础上，提高其经济性。

2. 市域铁路桥梁的特点是桥宽相对于公路桥梁较窄，选择单箱单室大箱梁作为主梁梁型可满足桥面系布置和受力性能，但是否采用斜腹板以及斜腹板的倾斜角度应综合实际工程中主梁的受力性能、抗风性能，共同确定。

3. 平行钢绞线体系从自身性能、施工便利性、高效性、耐久性等方面均优于平行钢丝，尤其本桥位于东苕溪保护区，地处南方，水系丰富，气候潮湿，拉索的防腐耐久性更为重要，而平行钢绞线采用的 HDPE 护套能起到很好的防护效果，且单根更换操作方便简洁，是因地制宜的最佳选择。

4. A 型桥塔更适用于桥面较窄的斜拉桥，而且景观造型丰富。本桥设计过程中，经计算优化了桥塔截面，并将拉索张拉端置于梁处，避免了塔内张拉空间不足的问题。

5. 本桥通过设置梁上拉索张拉处横梁，配置了横、纵向预应力钢束、钢棒，优化了斜拉桥局部受力性能，避免了应力过于集中，预防了梁体的局部开裂。

6. 市域铁路斜拉桥建议采用加厚构造的配重方法，梁体一次浇筑成型，并在整体计算中将配重作为截面特性予以考虑。

7. 设计者应综合考虑现场条件、经济效益等制约因素，以及受力性能改善的程度来确定是否设置辅助墩。

8. 本桥放弃了合理成桥状态的确定，在最小弯曲能法确定初始索力的基础上，直接代入具有完整施工阶段的计算模型中，同时考虑预应力作用、收缩徐变和拉索非线性等因素，计算施工阶段、运营阶段各项最不利荷载作用下的受力性能，并通过影响矩阵法调整索力直至全部计算结果满足规范。

9. 上跨东苕溪（105+230+105）m 双塔双索面预应力混凝土斜拉桥结构刚度大，受力合理，安全可靠。

本文以跨东苕溪（105+230+105）m 双塔双索面预应力混凝土斜拉桥为依托，给出了若干适用于市域铁路，乃至城市轨道交通、城际铁路的斜拉桥设计建议，在保证安全可靠的基础上，提高了经济性，同时也积极响应了国家的节能减排、绿色环保号召，为我国轨道交通行业又好又快地可持续发展提供了一种解决方案，社会效益、经济效益显著。

参考文献

[1] 林元培，等．斜拉桥 [M]. 北京：人民交通出版社，1994.

[2] 马宁．辅助墩的设置对斜拉桥内力的影响分析 [J]. 北方交通，2014, 6: 32–35.

[3] 张鹏．预应力混凝土斜拉桥调索设计新方法 [J]. 城市道桥与防洪，2020, 4(4): 68–71.

[4] 陈胜斌．基于压电材料的粘滞阻尼器中阻尼液黏度监测 [D]. 大连：大连理工大学，2021.

[5] 梁鹏，肖汝诚，张雪松．斜拉桥索力优化实用方法 [J]. 同济大学学报，2003, 11: 1270–1274.

[6] 颜东煌，李学文，刘光栋，等．混凝土斜拉桥合理成桥状态确定的分步算法 [J]. 中国公路学报，2003(1): 44–47.

[7] 龚俊虎．高速铁路大跨度混凝土斜拉桥设计研究 [J]. 铁道科学与工程学报，2020, 17(7): 1611–1619.

二十九　市域铁路混凝土斜拉桥抗震体系研究

刘磊

摘要：斜拉桥的抗震体系对该桥地震下的响应影响巨大。本文以一座（105+230+105）m双塔双索面预应力混凝土斜拉桥为研究对象，建立了有限元分析模型，对比了不同抗震体系下本斜拉桥的地震响应，对比结果表明：采用半漂浮体系（允许地震作用下支座剪断）并设置阻尼器的方式是本桥较为合理的抗震体系，并通过对粘滞液体阻尼器的参数进行敏感性分析，找到了本桥最为合理的阻尼参数，为其他类似斜拉桥的抗震体系研究提供了参考。

关键词：斜拉桥；抗震体系；粘滞液体阻尼器；速度锁定装置；摩擦摆支座

一、前言

随着全球气候变暖对人类生活环境的威胁越来越大，包括我国在内的越来越多国家也将“碳中和”上升为国家战略。我国目前作为世界第二大经济体，在全球的影响力也不断扩大，在2020年宣布了碳达峰、碳中和的目标。“双碳”目标下，高能耗地区的产业结构调整将成为能源消费强度控制的着眼点之一，以煤炭为主的传统能源地区以及以钢铁、有色、化工、水泥等高耗能产业为主导的区域，都将面临着的严重挑战。桥梁工程建设主要依托钢材和混凝土为建筑材料，抗震分析是桥梁设计中至关重要的一部分，因此一个斜拉桥的抗震体系选择对该桥的安全性及经济合理性尤为重要。

斜拉桥的抗震体系对该桥的抗震性能影响巨大[1]。按照斜拉桥的索塔梁之间的关系将斜拉桥的基本结构体系主要分为以下四类：漂浮体系，半漂浮体系，塔梁固结体系和刚构体系[2]。本文以杭州至德清市域铁路工程中，上跨东苕溪的一座（105+230+105）m双塔双索面预应力混凝土斜拉桥为研究对象，通过对比该斜拉桥在不同抗震体系下不同的抗震性能，提出一种合理的抗震方式，可为类似斜拉桥的抗震设计提供参考。

二、工程概况与抗震分析参数

1. 工程概况

杭州至德清市域铁路工程起自余杭区仁和北站（含），终于德清高铁站，与杭州城市轨道交通 10 号线在仁和南站换乘，线路全长 25.6km，其中地下段长 13.1km，高架及地面段长 12.5km。项目采用市域 A 型车，直流 1500V 接触网供电，最高运行速度 120km/h，初、近、远期车辆编组分别为 4/4/6 辆。

采用（105+230+105）m 双塔双索面预应力混凝土斜拉桥跨越仁和北站至八字桥站区间东苕溪，总体布置如图 29-1 所示。主跨 230m 跨越河道及两岸大堤，在堤外设置桥塔。斜拉桥小里程侧边跨的平面位于缓和曲线上，其余部分均为直线。桥塔采用“A”字形塔，小里程塔高 90.5m，大里程塔高 94m，不仅造型简洁美观，而且受力性能好，构造如图 29-2 所示，主梁标准断面如图 29-3 所示。

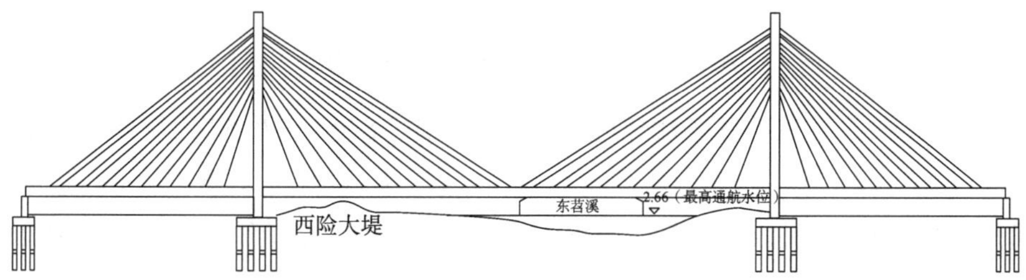

图 29-1　（105+230+105）m 斜拉桥立面布置

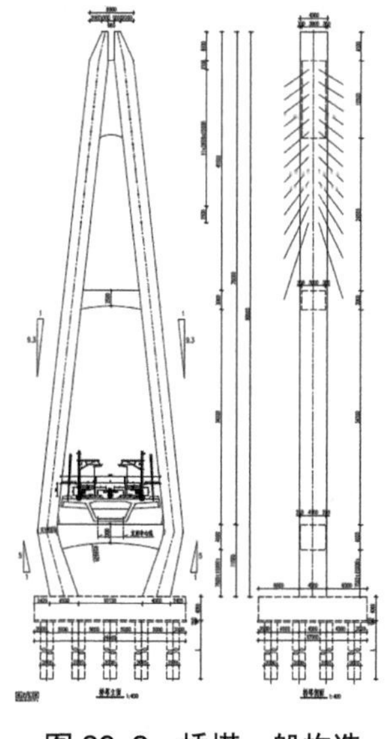

图 29-2　桥塔一般构造

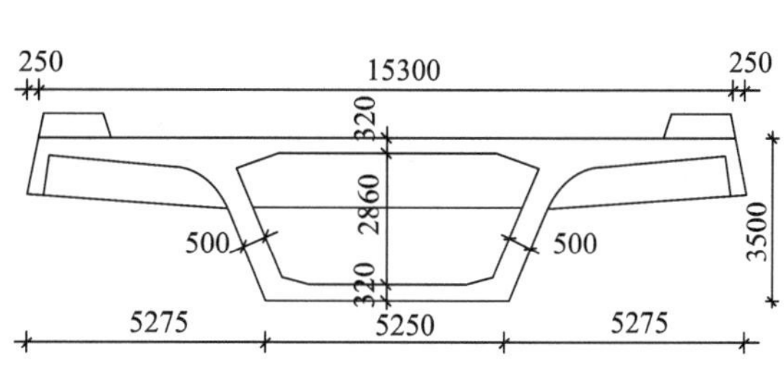

图 29-3　主梁标准断面

2. 动力分析模型与地震动参数

采用 Midas Civil 软件建立空间动力模型进行计算，总体坐标系以顺桥向为 x 轴，横桥向为 y 轴，竖向为 z 轴，梁单元、墩、系梁、承台均采用梁单元，斜拉索只用受拉单元模拟。桩－土结构相互作用根据实际地质钻孔，用等效的六节点弹簧刚度进行模拟，全桥有限元模型如图 29-4 所示，主桥结构阻尼比为 0.03。

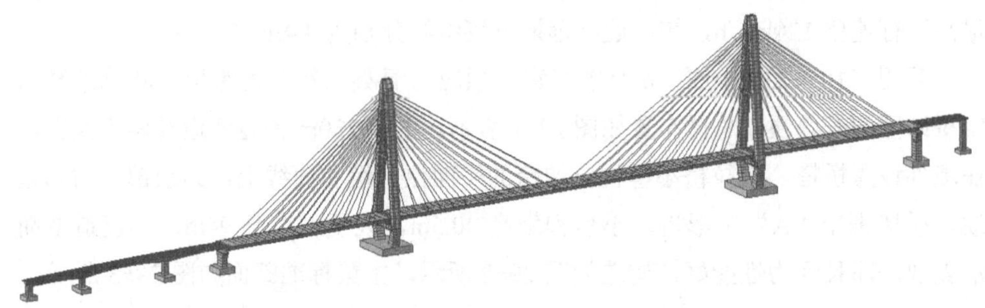

图 29-4　斜拉桥 Midas Civil 计算模型

根据《中国地震动峰值加速度区划图》（GB 18306—2015），设计地震基本加速度峰值为 0.05g；抗震设防烈度Ⅶ度，抗震设防类别为 A 类。采用时程分析法计算主桥的地震反应，地震动参数依据《杭州至德清市域铁路工程场地地震安全性评价报告》[3] 确定，时程波采用报告中 3 条人工波，见图 29-5 ～图 29-7，计算结果取大值。E1 和 E2 地震工况分别采用 50 年超越概率 10% 和 50 年超越概率 2%。

本桥的抗震设防目标为 E1 地震作用下塔、梁、边墩、拉索及基础均保持弹性；E2 地震作用下，塔、梁和基础处于基本弹性状态[4]（表 29-1）。

表 29-1　东苕溪大桥地震动参数

地震	Am(gal)	β_m	α_m	T_1(s)	T_g(s)	γ
E1	82	2.95	0.205	0.1	0.50	1.04
E2	142	2.95	0.355	0.1	0.60	

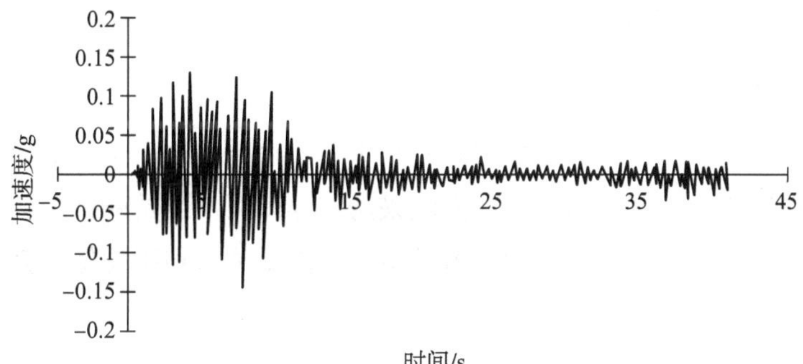

图 29-5　E2 地震波 1

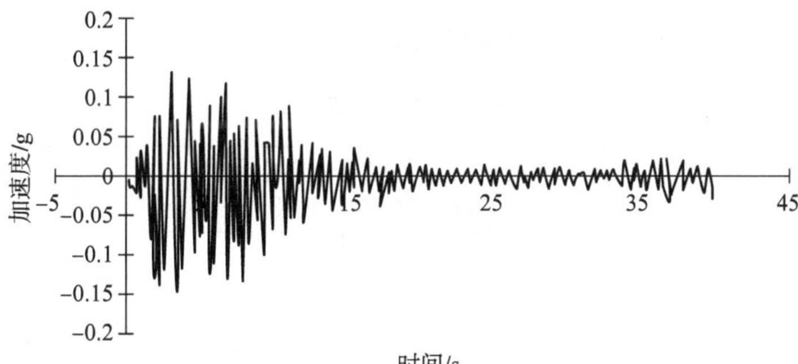

图 29-6　E2 地震波 2

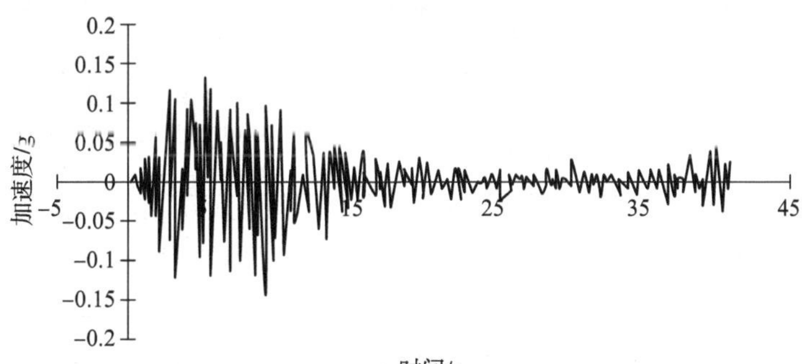

图 29-7　E2 地震波 3

三、抗震体系比选

1. 斜拉桥抗震体系方案

本斜拉桥有两个特点：一是本斜拉桥小里程侧边跨的平面位于缓和曲线上，所以该桥无法设置伸缩调节器，因此无法采用漂浮体系；二是两桥塔下塔柱均较矮，高度分别为 11.5m 和 14m，因此若采用塔梁固结体系和刚构体系会导致桥塔温度内力过大，受力不尽合理。

因此综合考虑以上特点，本桥仅能采用半漂浮体系，塔梁之间通常设置液压粘滞阻尼器来限制主梁的纵向位移[5～8]。因此以半漂浮体系作为（105+230+105）m 三跨斜拉桥的基础方案，在基础方案上采用另外四种抗震方案对本斜拉桥的抗震性能进行研究，各抗震方案如表 29-2 所示。

表 29-2　各抗震方案对比

方案类型	抗震体系	固定支座位置	固定支座是否允许剪断	阻尼器数量	抗震措施
基础方案	半漂浮体系	小里程桥塔横梁处	不允许	—	—
对比方案 1	基础方案 + 速度锁定装置	小里程桥塔横梁处	不允许	—	大里程桥塔活动支座的塔梁之间设置 lookup 装置，地震作用下活动支座锁定，协同受力
对比方案 2	基础方案 + 阻尼器	小里程桥塔横梁处	不允许	2	大里程桥塔活动支座的塔梁之间设置粘滞液体阻尼器，地震作用下阻尼器耗能
对比方案 3	减隔震体系	小里程桥塔横梁处	允许	—	全桥均采用摩擦摆减隔震支座，地震作用下支座剪力销剪断，摩擦摆摆动，延长结构周期
对比方案 4	基础方案 + 阻尼器	小里程桥塔横梁处	允许	4	采用可更换剪力销的固定支座，地震作用下支座剪力销剪断，梁体纵向活动，采用阻尼器控制位移

基础方案：半漂浮体系，在小里程的桥塔横梁处设置固定支座，其余均为活动支座。

对比方案一：半漂浮体系与速度锁定装置联合使用，锁定装置不具备耗能功能，是一种类似速度开关的限动装置，当桥梁运动到某一速度时启动并锁定装置上两个安置点间的相对位移，在基础方案的桥塔活动支座设置速度锁定装置，在地震作用下，可以将活动墩与固定墩联合使用。

对比方案二：半漂浮体系与阻尼器联合使用，本方案固定支座不允许剪断，在基础方案采用活动支座的桥塔横梁处设置粘滞液体阻尼器，顺桥向共设置 2 个阻尼器，阻尼器参数如下：阻尼系数 C=3000，速度指数 α=0.3。

对比方案三：减隔震体系，本方案将原有球形钢支座均替换成摩擦摆减隔震支座。

对比方案四：半漂浮体系与阻尼器联合使用，本方案固定支座允许剪断，固定支座设计为可更换剪力销类型，固定支座剪断力仅需满足制动力、风荷载的基本需求即可。本方案在两个桥塔横梁处均设置粘滞液体阻尼器，顺桥向共设置 4 个阻尼器，阻尼器参数如下：阻尼系数 C=3000，速度指数 α=0.3。

2. 结果分析

通过对上述四种抗震方案进行罕遇地震作用下的非线性时程分析，得到各方案的结构地震响应结果如表 29-3 和图 29-8 ～图 29-11 所示。

表 29-3　各方案的结构地震反应

1 号桥塔（固定支座）					
地震响应	基础方案	对比方案一	对比方案二	对比方案三	对比方案四
塔底弯矩 /（kN/m）	180487.7	212884.5	166884.5	71751.1	58599.8
塔底剪力 /kN	22677.3	23159.7	18828.3	5116.4	5477.9
横梁支座剪力 /kN	19843.7	20563.4	18247.45	—	—
主梁最大位移 /mm	58	56	47	125	84
塔顶最大位移 /mm	116.6	93.7	109.4	137	88
2 号桥塔（活动支座）					
地震响应	基础方案	对比方案一	对比方案二	对比方案三	对比方案四
塔底弯矩 /（kN/m）	88022.4	226035.7	104322.8	86037.2	77850.2
塔底剪力 /kN	8895.1	19743.4	9409.7	8777.0	9166.1
横梁支座剪力 /kN	—	16867.7	—	—	—
主梁最大位移 /mm	58	56	47	125	84
塔顶最大位移 /mm	111.6	90.1	109.3	134	88

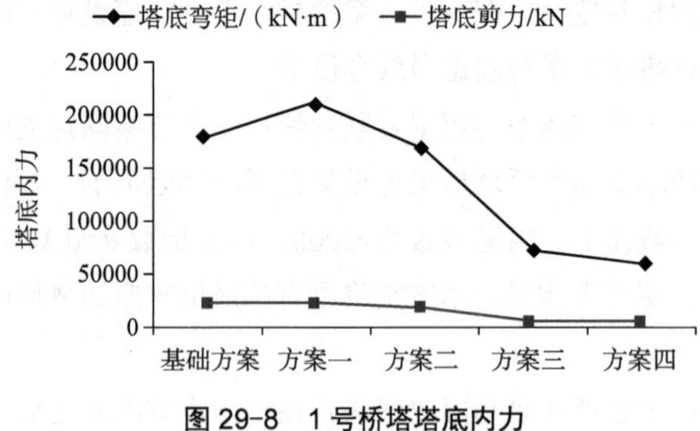

图 29-8　1 号桥塔塔底内力

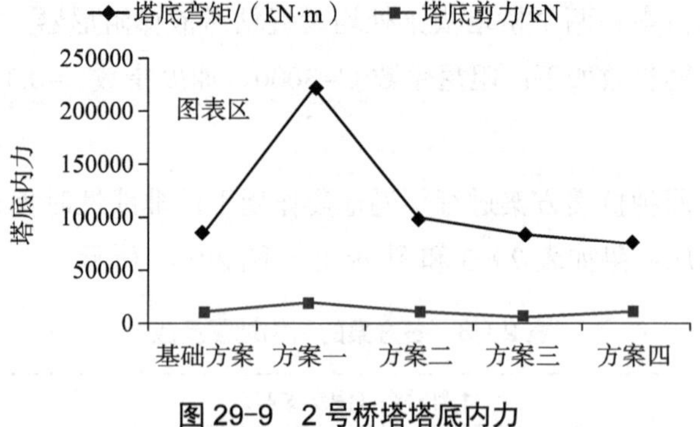

图 29-9　2 号桥塔塔底内力

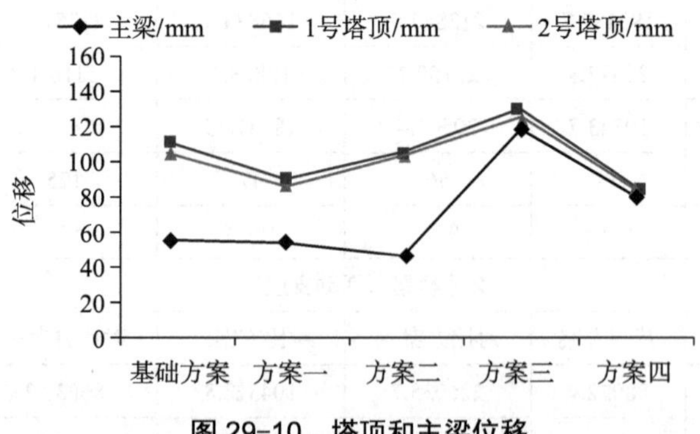

图 29-10　塔顶和主梁位移

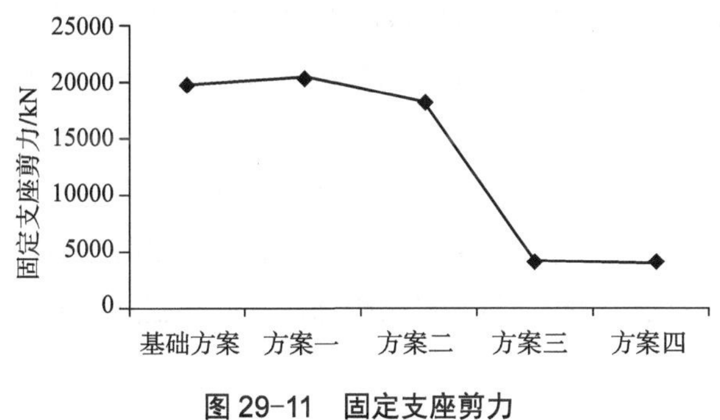

图 29-11　固定支座剪力

根据表 29-3 可知，基础方案采用半漂浮体系，E2 地震作用不容许支座剪断的要求，该方案主要由 1 号桥塔承担地震力，1 号桥塔支座位置剪力高达 19843.7kN，而该支座的吨位采用 15000kN，因此在支座设计难以实现。

方案一与基础方案相比，采用速度锁定装置后，虽然可以使两桥塔顶最大位移分别由 116.6mm 和 111.6mm 减少为 93.7mm 和 90.1mm，但是桥塔塔底内力、横梁处的支座剪力均增大了。通过对本斜拉桥动力特性进行分析，基础方案时斜拉桥前两阶顺向阵型对应周期分别为 1.64s 和 1.12s，阵型参与质量为 20% 和 30.9%；采用速度锁定装置后，前两阶顺向阵型对应周期改变为 1.62s 和 0.88s，阵型参与质量变为 15.5% 和 43%。本桥 E2 反应谱特征周期为 0.6s，因此在采用速度锁定装置后，桥塔整体刚度增大，斜拉桥的二阶阵型与反应谱特征周期很接近，会趋于共振从而导致桥塔内力增大的现象，因此本斜拉桥在活动支座处设置速度锁定装置来分担地震力的方案不可行。

方案二与基础方案相比，1 号桥塔的塔顶位移、主梁位移、桥塔内力和支座剪力均有一定程度的降低，但减小得十分有限，特别是固定支座剪力由基础方案的 19843.7kN 下降到 18828.3kN，该支座吨位为 15000kN，对支座设计来说依旧十分困难，无法解决支座设计问题。

方案三与基础方案相比，1 号桥塔内力有不小程度的降低，2 号桥塔（原活动支座处）的内力变化不大，但主梁位移和塔顶位移与基础方案相比均增大了，特别是主梁位移由 59mm 增大为 125mm，增大超过 1 倍之多。这是因为地震作用下摩擦摆支座的剪力销会剪断，纵向形成漂浮体系。本方案剪力销的剪断力需满足制动力、风荷载的基本需求即可，发生地震时需要更换支座剪力销。

方案四与基础方案相比，1 号桥塔内力均有较大程度的降低， 2 号桥塔内力和两桥塔位移也有所降低，主梁位移与基础方案相比由 58mm 增大为 84mm，增量不大。这是因为地震作用下固定支座的剪力销剪断，纵向形成漂浮体系，但可以通过粘滞液体阻尼耗能来控制主梁的位移。本方案剪力销的剪断力需满足制动力、风荷载的基本需求即可，发生地震时需要更换支座剪力销，因此本方案需要对支座进行复位及锚栓对孔。与方案三相比，本方案更具优势，因此推荐本方案为该斜拉桥的抗震体系。

3. 阻尼器参数敏感性

本桥通过阻尼器装置耗散地震能量来达到减小主梁位移的目的，粘滞液体阻尼器阻尼力与装置运动速度的关系为 $F=Cv\^\alpha$，其中 F 为阻尼器出力，C 为阻尼系数，v 为阻尼器两端的相对速度，α 为速度指数。C 和 α 作为阻尼器最关键的两个指标，下面对这两个指标进行参数敏感性分析。

（1）阻尼系数 C。

在两个桥塔处各设置两个阻尼器，全桥一共 4 个粘滞阻尼器，保持速度指数 $\alpha=0.3$ 不变，阻尼系数 C 值从 1000 ～ 5000 变化，研究 C 值对桥塔内力和主梁位移的影响，计算结果如表 29-4 所示。

表 29-4　阻尼系数 C 值参数分析

阻尼器参数	塔底弯矩 /（kN・m）	主梁位移 /mm
C=1000	66705.48	155.2
C=2000	56817.74	104.7
C=3000	58599.79	84.4
C=4000	62725.91	65.3
C=5000	73591.22	58.5

根据图 29-12、图 29-13 可知，在速度指数 α 一定时，随着阻尼系数 C 的增加，主梁位移呈逐步降低的趋势，桥塔内力呈先减小后增大的趋势，在阻尼系数 C=2000 ～ 3000 时，阻尼器出力较小，桥塔内力较小。因此为了更好地控制位移，可以选择更大的阻尼系数，但同时也会带来一定负面效果，如桥梁需要较大的反力装置，构造较为复杂，且阻尼器价格比较昂贵。因此根据上述计算结果，综合考虑阻尼器吨位及对主梁位移的控制，本斜拉桥选择 C=3000 的阻尼系数。

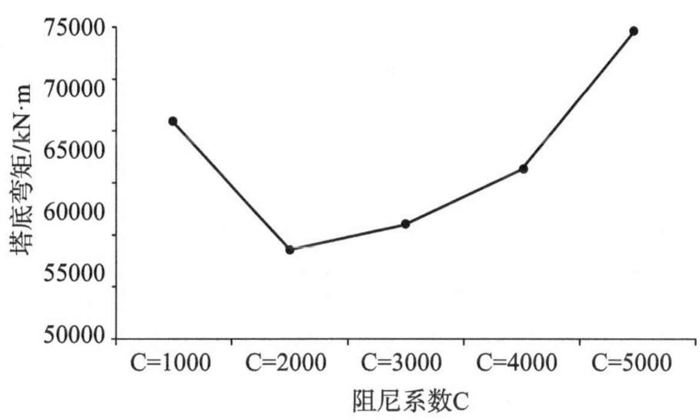

图 29-12　桥塔内力和 C 值关系

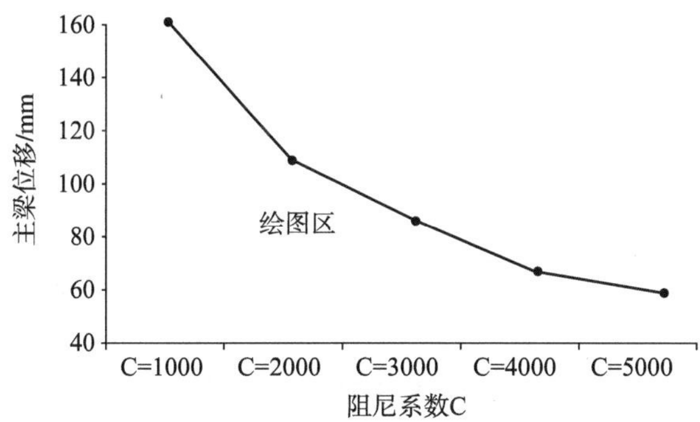

图 29-13　主梁位移和 C 值关系

（2）速度指数 α。

根据抗震使用角度，α 取值范围一般为 0.2 ～ 1.0。通过上面结果，本桥选择阻尼系数 C=3000，根据类似工程经验，斜拉桥阻尼器的速度指数一般在 0.5 以内，因此本次计算保持 C=3000 不变，α 分别取 0.25、0.3、0.35、0.4 和 0.45，研究 α 值对桥塔内力和主梁位移的影响，结果如表 29-5 所示。

表 29-5　速度指数 α 参数分析

阻尼器参数	塔底弯矩 /（kN · m）	主梁位移 /mm
α=0.25	58594.9	77.9
α=0.3	58599.8	84.4
α=0.35	58030.3	89.5

续表

阻尼器参数	塔底弯矩 /（kN·m）	主梁位移 /mm
α=0.4	57014.3	92.9
α=0.45	55619.6	95.2

根据图 29-14、图 29-15 可知，在阻尼系数 C 一定时，随着速度指数 α 的增加桥塔内力逐渐减小，主梁位移逐渐增大，考虑到设置阻尼器的初衷是限值位移作用，综合经济效益，本桥选择阻尼系数 C=3000，速度指数 α=0.25 的参数。

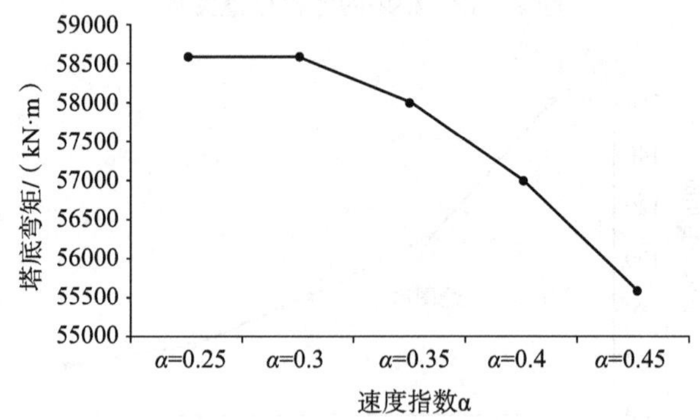

图 29-14　塔底弯矩和 α 值关系

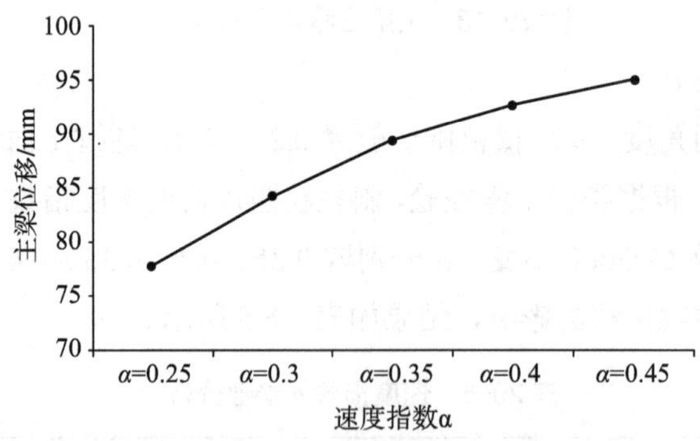

图 29-15　主梁位移和 α 值关系

（3）阻尼器滞回曲线。

阻尼器的滞回曲线如图 29-16 和图 29-17 所示，本斜拉桥采用阻尼系数 C=3000，速度指数 α=0.25 时，阻尼器最大出力为 2091kN，阻尼器最大变形为 72mm，本结果可以为阻尼器型号的选择提供依据。

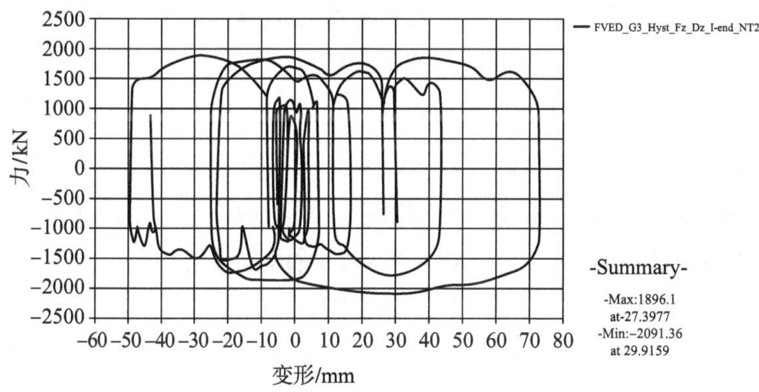

图 29-16　阻尼器力 - 位移滞回曲线

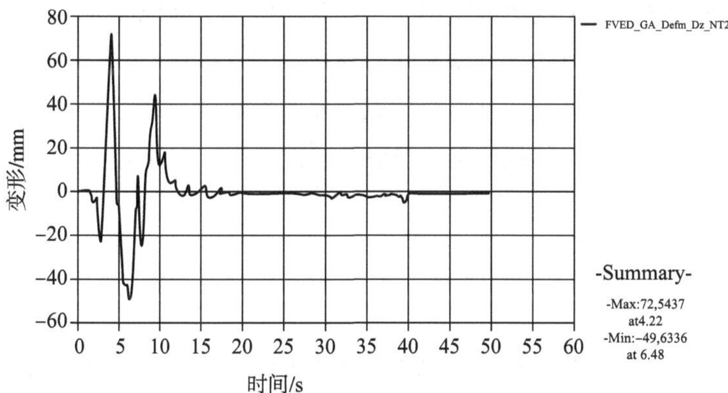

图 29-17　阻尼器变形时程曲线

四、结论

本文以（105+230+105）m 双塔双索面预应力混凝土斜拉桥为研究对象，采用时程分析法对该桥在不同抗震体系下进行分析，比较不同体系下斜拉桥的地震响应，得出如下结论。

（1）半漂浮体系存在一定问题：若允许固定支座在地震作用下剪断，但在支座剪断后，E2 地震作用下桥梁的位移将会很大，可能导致梁端碰撞问题的出现；若将固定支座的剪断力设置较大，不允许其在地震作用下剪断，则在 E2 地震作用下，桥塔内力和支座剪力均较大，支座设计上难以实现。

（2）采用速度锁定装置，采用该装置不仅无法降低桥塔内力和支座剪力，反而因为该装置使得整个斜拉桥周期与场地特征周期接近，形成共振效应，使得桥塔内力和支座剪力增大。因此本斜拉桥不适宜采用速度锁定装置，本装置更适用于周期较长的斜拉桥，在采用该装置时应关注对该桥动力特性影响的程度。

（3）采用减隔震体系，桥塔内力的减震效果较为显著，但是主梁位移增大较多，因此在采用该种体系时，应注意对主梁及桥塔位移的控制。

（4）采用粘滞液体阻尼器时，若不允许固定支座剪断，仅在 2 号桥塔的塔梁之间设置阻尼器，该方式减震能力十分有限，无法解决半漂浮体系支座设计上的难题；若允许固定支座剪断，在两个桥塔位置均设置阻尼器，该种减震方式在桥塔内力上有较为理想的减震效果，且主梁位移通过阻尼器的控制增大不多。由于本斜拉桥在 6 度区推荐采用该种减震方式，若本桥位于高烈度区，采用减隔震体系和阻尼器联合使用的方式，可以更好地控制主梁位移。

（5）采用推荐减震方案对粘滞液体阻尼器的参数进行敏感性分析，综合经济效益及位移控制效果，本斜拉桥阻尼器参数建议采用 C=3000，α=0.25。

参考文献

[1] 叶爱君 , 范立础 . 超大跨度斜拉桥的横向约束体系 [J]. 中国公路学报 , 2007.

[2] 刘士林 , 王似舜 . 斜拉桥设计 [M]. 北京 : 人民交通出版社 , 2006.

[3] 浙江省震灾风险防治中心 . 杭州至德清市域铁路工程场地地震安全性评价报告 [R]. 2022.

[4] 铁路斜拉桥设计规范 : TB 10095—2020. [S]. 国家铁路局 , 2020.

[5] 王志强 , 胡世德 , 范立础 . 东海大桥粘滞阻尼器参数研究 [J]. 中国公路学报 , 2005, 18(3): 37-42.

[6] 黄永福 , 徐艳 , 李建中 . 近断层地震作用下斜拉桥粘滞阻尼器参数简化设计方法 [J]. 土木工程学报 , 2016, 49(9): 7.

[7] 焦驰宇 , 李建中 , 彭天波 . 塔梁连接方式对大跨斜拉桥地震反应的影响 [J]. 振动与冲击 , 2009, 28(10): 6.

[8] 韩万水 , 黄平明 , 兰燕 . 斜拉桥纵向设置粘滞阻尼器参数分析 [J]. 地震工程与工程振动 , 2005, 25(6): 6.

三十　轨道交通高架改造工程中的绿色低碳技术应用探讨

韩倩

摘要： 近年来国内轨道交通发展迅速，大量高架线路不断投入运营使用。一些开通较早的运营线路中部分设备即将到达使用寿命，高架桥梁、车站等土建结构等也出现了不同程度的病害。同时城市客流数量日益增长，运营线路普遍面临提高运力的迫切需求。因此轨道交通高架改造工程成为城市轨道交通建设领域的一个重要课题。在日益增多的轨道交通高架改造工程中研发和推广绿色低碳技术，是构建市政基础设施低碳运行技术体系的有效措施。本文从设计建造、改造实施、维养管理3个主要阶段入手，通过对现有技术方案和工程实施情况的调研，结合“双碳”背景下新材料、新技术的发展，研究更经济合理、更绿色环保的更新改造方案。

关键词： 轨道交通；桥梁；运营改造；碳达峰；碳中和

一、引言

城市轨道交通是重要的公益性交通基础设施，“十三五”以来，我国城市轨道交通快速发展，运营里程持续高速增长。据中国城市轨道交通协会统计，截至2021年12月31日，我国大陆地区（不含港澳台）共有50个城市开通城市轨道交通（其中包括超大城市7个，特大城市14个，大城市19个），投运线路总长度9192.62km，其中地铁线路长度7253.73km，占比78.9%[1]。随着运营里程的不断增长，城市轨道交通建设逐渐步入维修养护期，为适应现代交通系统的升级改造，地铁运营线路更新改造项目成为新的研究热点，具有重要的理论研究前景和应用价值。

2021年9月22日，中共中央、国务院印发《关于完整准确全面贯彻新发展理念做好碳达峰碳中和工作的意见》，要求加快推进低碳交通运输体系建设，明确推广节能低碳型交通工具和积极引导低碳出行。地铁本身是一种绿色低碳环保的交通工具，肩负着“减碳”重任，但是同时也是城市碳排放和噪声污染的重要来源。根据住建部印发的《“十四五”住房和城乡建设科学发展规划》，发展绿色低碳技术是落实城乡建设领域碳达峰碳中和目标任务的重要途径。在地铁运营线路更新改造项目中，应积极贯彻落实国务院《2030 年前碳达峰行动方案》，以绿色低碳技术创新为主导，加强城轨运营期节能减排和污染防治，推动基础设施加固维修过程中绿色低碳技术的研发和推广，形成绿色、 低碳 、循环的城市轨道交通发展模式。

本文主要从设计建造、改造实施、维养管理 3 个主要阶段入手，通过对现有技术方案和工程实施情况的调研，结合“双碳”背景下新材料、新技术的发展，研究更经济合理、更绿色环保的更新改造方案。希望在这些常见运营改造项目中推广绿色低碳技术，并对相关类似工程提供参考。

二、设计建造阶段

1. 优化结构设计

设计建造阶段是高架结构改造项目实施的基础，改造项目中涉及的维修加固、运营改造等都需要以结构现状为依托，因此在设计建造阶段充分考虑为后期改造项目提供便利，能够极大降低改造实施的难度，达到节材节能的减碳目的。

以运营线路高架桥上加装声屏障方案为例。作为目前运营线路噪声治理的主要手段，加装声屏障项目大部分是利用原高架桥上预留的基础预埋板，这样既不需要破坏原桥结构，又能保证施工过程中既有设施的安全。但在项目实际实施过程中，经常发现原结构预留位置偏差、尺寸偏小、结构老化严重等问题，导致预留基础利用率低，钢框架结构扭转等实际困难。这就对原桥设计建造阶段提出了新的要求，声屏障预留基础不能仅考虑线路新建阶段的环评要求，对未来线路周边的发展也需要综合考虑进来。另外在曲线段应考虑两侧预埋基础之间的相互对应关系，避免后期加装声屏障时出现基础偏差的情况。这些措施都能有效节省后期改造项目实施的材料投入，大幅度缩短线上施工工期，是行之有效的减碳手段（图 30-1）。

图 30-1　线上预留声屏障基础

2. 采用预制装配式结构

轨道交通高架桥建设过程中，采用预制装配式结构能有效减少施工粉尘、降低环境噪声、缩短施工工期，是公认的绿色低碳技术。对于后期运营改造工程而言，预制装配式结构的优势在于施工质量有保证，结构耐久性高。因此采用预制装配式结构能有效降低高架结构的维修加固成本，减少碳排放。

高架结构出现的主要病害有混凝土裂缝、钢筋锈蚀、渗水泛白等，运营期间需要花费大量的人力财力对结构进行检测和维修加固。一般大气环境下，混凝土碳化是引起钢筋锈蚀的主要原因，预制装配式结构能有效保证混凝土浇筑养护质量，大幅提高结构本身的耐久性，但是存在大量的预制和现浇连接节点，结合面成为耐久性的薄弱部位。

3. 提高结构耐久性

地铁为百年工程，而且需要边维护、边使用。受运营、空间等条件限制，结构维修加固极为困难，因此结构经久耐用至关重要。美国学者用“五倍定律”形象地说明耐久性的重要性，对于新建钢筋混凝土工程，从耐久性角度每节省 1 美元，钢筋锈蚀后的处理费用需要 5 美元，结构开裂后的修补费用需要 25 美元，严重破坏时的加固费用需要 125 美元。可见，工程建设之初就该建立全生命周期能耗的概念，建议将工程耐久性提升到与安全、适用、经济（建设期投资）同等重要的高度。

三、改造实施阶段

1. 降低施工碳排放

地铁运营线路更新改造项目因为牵涉到在运营线路上施工，所采用的施工工法有限，主要涉及的碳排放包括建材碳排放、吊车等大型器械排放、施工照明等电力消耗、拆除阶段使用小型机具排放、改造项目实施过程中的办公生活用房等生活排放。

降低施工期间碳排放，主要控制因素在于工期，工期越长产生的碳排放越多，由于线上施工需要考虑降效系数，合理的施工组织和与运营单位其他工程之间的配合是减少工期的有效措施。

2. 绿色低碳材料的应用

目前轨道交通运营线路中的支座设施设计使用年限一般为 15 年，远小于轨道交通的运营使用年限，在此过程中支座很容易产生转角超限等病害。除了考虑传统顶升置换的治理措施，目前市面上出现的低熔点合金可调高支座也可作为一种绿色低碳的支座病害治理技术。

这种新型支座是利用低熔点合金为介质，经加热，合金可轻易由固体变为液体， 冷却后合金又转变为固态，具备金属的特性。在今后的支座病害治理中，如果将原病害支座都更换为可调高型支座，那么在以后的运营过程中可以通过对支座高度的升降来处理梁体倾斜、不均匀沉降等病害，大幅减少支座病害治理过程中的碳排放量。

另外轨道交通高架区间是安装光伏发电系统的理想地点，高架区间声屏障具有较大的朝阳空间，在发挥降噪效应的同时，可将其作为太阳能光伏发电装置的载体，产生的电能可用于区间照明或输送给供电系统[3]。目前，传统高架区间光伏声屏障中的光伏组件主要安装在声屏障的中屏段，安装位置和朝向都会影响光伏组件的利用率。因此在运营线路加装声屏障的设计过程中，可以根据线路走向和周围建筑光学条件，对声屏障中的光伏组件利用率进行计算，综合考虑声屏障的降噪效果和光伏发电效率，提高光伏资源的有效利用，降低光伏组件的热损失，同时避免反射光污染出现（图 30–2）。

图 30-2　光伏声屏障实例

四、维养管理阶段

1. 桥梁结构加固维修现状

影响既有桥梁安全和合理使用的主要因素包括：桥梁的老化问题，随着轨道交通运营里程增加，相当一部分桥梁已进入老化期，较多的桥梁表现出耐久性不足的问题；大量的桥梁带病工作，承载力不足的桥梁或危桥的数量逐年上升；各类自然与人为灾害对桥梁造成的伤害危及桥梁的正常使用安全；轨道交通运营系统的升级改造对既有桥梁的长期使用提出了新的要求。针对上述问题开展桥梁结构评估和加固维修理论与技术研究是目前研究的热点之一，具有重要的理论研究前景和应用价值。

目前对轨道交通桥梁结构维修加固理论主要是基于时变理论的既有桥梁可靠性评估方法，一般采用加强地基处理、截面加固、抗震加固、抗拉补强材料粘贴加固等措施。这些维修加固措施存在的主要问题是加固后的耐久性不足，同时在施工过程中会产生大量的碳排放。

2. 建立桥梁全寿命期监测系统的必要性

近年来，随着结构健康监测技术的发展和应用，桥梁运维管理开始形成以结构健康监测为基础的全寿命期监测系统。建立这种系统可以估计结构的剩余使用寿命，将时变可靠性评估与生命周期成本分析相结合，为既有桥梁结构的维修优化规划提供决策依据[4]。这样既可以确保结构的可靠运行，也可以使维修加固工作更加经济低碳。

桥梁全寿命监测系统从设计阶段出发，建立设计、施工、运营、维修过程中的全寿命监测数据分析系统。对于施工阶段，监测系统可以有效控制结构变形，判断是否满足设计要求，避免了施工过程中产生的结构缺陷（如裂缝），为下一步结构维修加固提供更合理的信息。对于运营阶段，监测系统可以随时监测材料性能退化和结构老化所产生的结构承载力和耐久性的降低，并通过合理的安全评估系统计算出结构当前状态和预测未来性能趋势。这在很大程度上节约了维修加固成本，从而降低了桥梁结构加固维修施工过程中产生的碳排放。

以武汉智慧桥梁管理系统项目为例，这种桥梁全寿命监测实现了对武汉市42座桥梁的13大类共计3049个传感器监测数据的集中采集，同时系统还复用在武汉市各区桥梁应急监测、施工监测等40多个项目中，极大减少了开发和运维工作量[5]。

3. 结合BIM技术的智能管养

BIM技术未来将在桥梁建养信息融合方面发挥巨大作用。因为BIM技术在设计应用、施工管理和运维管理方面都可以完整应用，并把这些数据交付全寿命监测系统作为管养支撑。

BIM设计应用可以在正向设计、场地建模、设计出图和施工工艺仿真等方面实现真正的全过程应用，并通过可视化交底来指导施工，在施工过程中能够对进度、质量和档案进行合理管理把控。这些过程无疑都是对材料和工期的大幅节约，真正能实现减碳目的。

五、结论

本文从设计建造、改造实施、维养管理3个主要阶段入手，通过对现有技术方案和工程实施情况的调研，结合“双碳”背景下新材料、新技术的发展，研究更经济合理、更绿色环保的轨道交通高架桥更新改造方案。

在设计建造阶段，根据改造工程具体实施情况来指导设计建造阶段的结构优化，推行使用预制装配式结构和提高结构的耐久性，是符合目前绿色低碳交通发展趋势的。

在改造实施阶段，可以通过合理安排工期达到减少施工过程碳排放的目的，同时采用绿色低碳材料，推广清洁能源和可重复利用材料。

对于维养管理阶段的建议是以 BIM 智能建养技术为依托，建立桥梁全寿命期监测系统，合理评估桥梁维修的必要性和可实施性，节约维修加固成本。

参考文献

[1] 中国城市轨道交通协会 . 2021 年中国内地城轨交通线路概况 [EB/OL]. 2021-12-31.

[2] 李建斌 . 城市轨道交通轨道降振减噪设计研究 [J]. 石家庄铁道大学学报（自然科学版）, 2011, 24(1): 73-77.

[3] 靳忠福 . 光伏发电在城市轨道交通中的应用及其关键技术 [J]. 城市轨道交通 , 2020(12).

[4] 陈华鹏 , 刘昌雨 . 桥梁服役状态评估与性能预测 [A]. 第九届桥梁与隧道工程技术论坛 , 2019.

[5] 吴巨峰 , 钟继卫 , 赵训刚 , 江禹 , 王鑫 . 面向桥梁全寿命期监测系统软件的架构设计 [J]. 公路 . 2021, 2(2): 94-98.

三十一　胶轮有轨电车钢导轨梁主要技术标准研究

申昊　张宏杰

摘要：胶轮有轨电车钢导轨梁作为一种全新的结构形式，国内尚未有规范、标准对其主要技术标准予以规定，进而导致不同设计单位的设计成果相差迥异。本文结合实际工程中的理论与试验成果，对胶轮有轨电车钢导轨梁设计荷载、结构刚度、倾覆稳定、疲劳性能进行了系统总结并对荷载取值、计算方法、控制标准给出了建议，研究成果可以直接用于工程设计实践。本文研究了列车荷载及竖向动力系数、疲劳荷载、离心力、横向摇摆力、列车风荷载、梁体温度梯度取值，可以直接用于钢导轨梁结构加载；研究了列车荷载作用下钢导轨梁竖向刚度限值、竖向频率限值、梁端竖向位移限值、横向刚度限值，可直接用于钢导轨梁结构刚度控制，进而确定结构尺寸；研究了小半径、大跨度连续钢导轨梁倾覆稳定计算方法并给出了限值标准，可用于结构倾覆稳定验算；研究了胶轮有轨电车常用顶板刻纹钢板的疲劳力学性能，对两个典型疲劳细节进行了疲劳试验，给出了疲劳容许应力幅限值建议值。

关键词：胶轮有轨电车；钢导轨梁；车桥动力相互作用分析；疲劳试验；桥梁刚度

一、研究背景

2020 年 9 月中国明确提出 2030 年“碳达峰”与 2060 年“碳中和”目标。2020 年 10 月党的十九届五中全会上“双碳”目标被写入《中共中央关于制定国民经济和社会发展第十四个五年规划和二〇三五年远景目标的建议》，这是党中央统筹国内国际两个大局作出的重大战略决策，是着力解决资源环境约束突出问题、实现中华民族永续发展的必然选择，是构建人类命运共同体的庄严承诺。

钢结构具有资源可回收利用、更加生态环保、施工周期短、抗震性能好等优势，是一种符合新形势下绿色建筑要求的建筑形式。积极推广、发展钢结构建筑是保障建筑业整体实现碳减排目标的必要手段和措施，为实现国家碳达峰、碳中和目标任务提供有效支撑。轨道交通工程中，特别是轨道交通高架结构中大量应用钢结构也成为未来的主流趋势。

近年来一种新型的有轨电车系统“云巴”在国内开始应用，其采用特殊的高架 U 形半穿式轨道形式，对于 30m 及以下轨道梁，由双偏心工字钢组成，两片工字钢之间通过横梁及斜撑连接。由于“云巴”荷载加载形式完全不用于成熟的有轨电车活载、公路活载、铁路活载，且曲线梁上加载产生的横向扭转与横向弯曲、竖向弯曲耦合，受力状态呈现明显的空间作用，尤其重要的是钢轨道梁设计过程中国内外尚无成熟可靠的规范，这些都给实际工程设计带来巨大的挑战。

本文结合实际项目中的理论及实践成果，总结了钢轨道梁主要技术标准，可供实际工程设计参考。

二、工程概况

3m×30m 连续钢导轨梁为等高工字钢梁，连续梁梁高 1.2m，工字钢上、下翼缘宽度 0.38m，顶底板厚度为 24mm，腹板厚度 12mm。

连续梁每隔 1.5m 设置一道横梁，以保证连续梁整体稳定。根据腹板稳定需要，钢梁的腹板设置腹板横向加劲肋，间隔为 1.5m，加劲肋厚度为 10mm，伸出肢宽度为 210mm。中、边支点处支点加劲肋厚度 20mm，伸出肢宽度 238mm（图 31-1）。

钢梁在工厂以焊接为主，工地拼接采用栓接。钢梁分五段，最大吊装重量 8.4t。钢梁采用 Q355c 钢材。

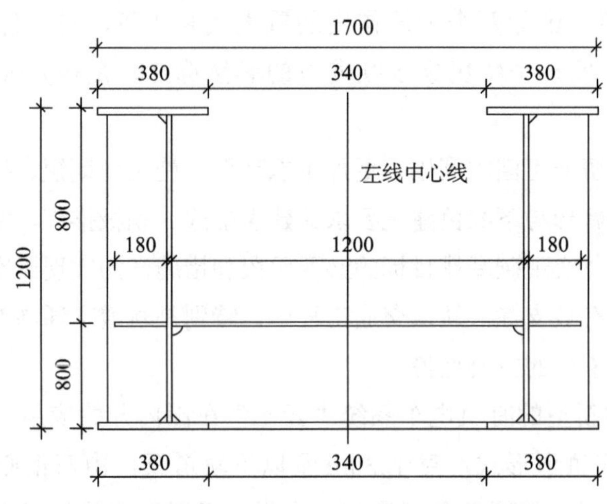

图 31-1　胶轮有轨电车钢导轨梁截面形式

三、钢导轨梁设计荷载

1. 列车荷载及竖向动力作用

胶轮有轨电车列车荷载可根据车辆实际空载、满员及超员轴重与车轴布置作为移动活载，直接加载于钢导轨梁进行结构内力、应力计算（图 31-2）。

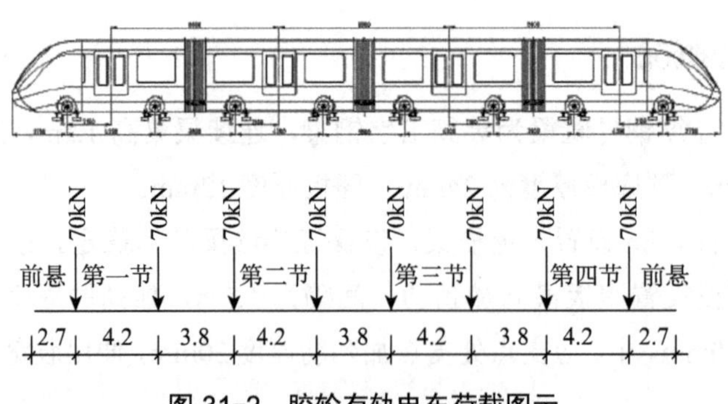

图 31-2　胶轮有轨电车荷载图示

活载的竖向效应为车辆竖向静活载和车辆竖向动力作用之和，车辆的竖向动力作用应按车辆竖向静活载乘以动力系数 μ 进行计算。

由于胶轮有轨电车轮——“轨”关系更接近于公路工程中机动车与桥梁的弹

性接触（图 31-3），利用自主开发的风车桥耦合计算程序，根据胶轮有轨电车车辆、桥梁的实际参数计算得到各速度下桥梁的动力学响应如表 31-1、表 31-2 所示。

图 31-3　胶轮有轨电车钢导轨梁

表 31-1　空车工况下桥梁跨中动力响应

编组数	车速	工况	桥梁跨中动力响应							
			位移			梁端折角	动力系数	加速度		
			横向	垂向挠跨比				纵向	横向	垂向
	km/h		mm	mm	—	‰ rad		m/s²	m/s²	m/s²
2 节	10	AW0	2.78	24.41	1/1230	2.6	1.08	—	0.41	0.38
	20		2.69	24.56	1/1222	2.64	1.09	—	0.64	0.62
	30		2.71	23.84	1/1259	2.56	1.06	—	0.77	0.8
	40		2.76	23.95	1/1253	2.58	1.06	—	0.89	0.93
	50		2.59	24.12	1/1244	2.61	1.07	—	1.25	1.28
	60		2.64	24.35	1/1233	2.57	1.08	—	1.37	1.43
	70		2.68	23.89	1/1256	2.58	1.06	—	1.48	1.57
	80		2.74	24.11	1/1245	2.64	1.07	—	1.61	1.72

表 31-2 超员工况下桥梁跨中动力响应

<table>
<tr><th rowspan="3">编组数</th><th rowspan="2">车速</th><th rowspan="3">工况</th><th colspan="9">桥梁跨中动力响应</th></tr>
<tr><th colspan="3">位移</th><th rowspan="2">梁端折角</th><th rowspan="3">动力系数</th><th colspan="3">加速度</th></tr>
<tr><th>km/h</th><th>横向</th><th colspan="2">垂向挠跨比</th><th>纵向</th><th>横向</th><th>垂向</th></tr>
<tr><th></th><th></th><th></th><th>mm</th><th>mm</th><th>—</th><th>‰ rad</th><th>m/s²</th><th>m/s²</th><th>m/s²</th></tr>
<tr><td rowspan="8">2 节</td><td>10</td><td rowspan="8">AW3</td><td>5.08</td><td>34.82</td><td>1/862</td><td>3.81</td><td>1.06</td><td>—</td><td>0.53</td><td>0.49</td></tr>
<tr><td>20</td><td>5.15</td><td>34.69</td><td>1/865</td><td>3.74</td><td>1.05</td><td>—</td><td>0.58</td><td>0.64</td></tr>
<tr><td>30</td><td>5.02</td><td>34.92</td><td>1/860</td><td>3.68</td><td>1.06</td><td>—</td><td>0.66</td><td>0.75</td></tr>
<tr><td>40</td><td>5.11</td><td>34.75</td><td>1/864</td><td>3.75</td><td>1.05</td><td>—</td><td>0.75</td><td>0.86</td></tr>
<tr><td>50</td><td>5.06</td><td>34.88</td><td>1/861</td><td>3.71</td><td>1.06</td><td>—</td><td>0.84</td><td>0.95</td></tr>
<tr><td>60</td><td>5.16</td><td>35.04</td><td>1/857</td><td>3.64</td><td>1.06</td><td>—</td><td>1.12</td><td>1.25</td></tr>
<tr><td>70</td><td>5.21</td><td>35.12</td><td>1/855</td><td>3.77</td><td>1.06</td><td>—</td><td>1.26</td><td>1.33</td></tr>
<tr><td>80</td><td>5.12</td><td>34.88</td><td>1/861</td><td>3.62</td><td>1.06</td><td>—</td><td>1.44</td><td>1.48</td></tr>
</table>

根据车桥耦合分析结果，可以看到：

（1）空载、超员工况下，桥梁竖向动力系数计算结果接近；

（2）不同车速工况下，桥梁竖向动力系数计算结果接近；

（3）竖向动力系数计算结果略低于《公路桥涵设计通用规范》（JTG D60）中的

$$\mu = 0.1767ln(f) - 0.0157 \quad 1.5\text{Hz} \leqslant f \leqslant 14\text{Hz}$$

计算结果。

综上所述，建议动力系数 μ 的取值符合现行行业标准《公路桥涵设计通用规范》（JTG D60）的有关规定。

2. *列车疲劳荷载*

胶轮有轨电车采用完全不同于公路、铁路工程的列车轴重、轴距，且列车运营频率远大于铁路客货运列车。在暂不能通过大量实测数据，统计得到准确的列车疲劳活载图示的前提下，结合线路列车运行计划、列车轴重分布，采用雨流计数法统计了钢梁各个构造细节全寿命周期的应力幅值及循环次数，依据等效疲劳应力幅的计算原则［《钢结构设计标准》（GB50017—2017）］，由变幅疲劳预期使用寿命折算成循环次数 $n=2\times10^6$ 次的等效正应力幅，对钢梁疲劳强度进行校核性检算，并应满足铁路桥梁规范要求 [1]。

正应力幅的疲劳计算应符合下列公式规定：

$$\Delta\sigma_{e} \leqslant \gamma_{t}\left[\Delta\sigma\right]_{2\times10^{6}} \tag{31-1}$$

$$\Delta\sigma_{e}=\left(\frac{\sum n_{i}\left(\Delta\sigma_{i}\right)^{\beta_{Z}}+\left([\Delta\sigma_{c}]_{5\times10^{6}}\right)^{-2}\sum n_{j}\left(\Delta\sigma_{j}\right)^{\beta_{Z}+2}}{2\times10^{6}}\right)^{1/\beta_{Z}} \tag{31-2}$$

剪应力幅的疲劳计算应符合下列公式规定：

$$\Delta\tau_{e} \leqslant \left[\Delta\tau\right]_{2\times10^{6}} \tag{31-3}$$

$$\Delta\tau_{e}=\left(\frac{\sum n_{i}\left(\Delta\tau_{i}\right)^{\beta_{J}}}{2\times10^{6}}\right)^{1/\beta_{J}} \tag{31-4}$$

式中　$\Delta\sigma_{e}$——由预期使用期内应力循环总次数$\left(=\sum n_{i}+\sum n_{j}\right)$的变幅疲劳损伤与应力循环 2×10^{6} 次常幅疲劳损伤相等而换算得到的等效正应力幅（N/mm²）；

$\left[\Delta\sigma\right]_{2\times10^{6}}$——疲劳寿命 N=2×10^{6} 次的容许正应力幅（N/mm²），应根据《钢结构设计标准》附录 K、《铁路桥梁钢结构设计规范》规定的构件和连接类别采用；

$\Delta\sigma_{i}$ 、n_{i}——正应力幅谱中在 $\Delta\sigma_{i}\geqslant[\Delta\sigma_{c}]_{5\times10^{6}}$ 范围内的各个正应力幅（N/mm²）及其频次；

$\Delta\sigma_{j}$、n_{j}——正应力幅谱中在 $[\Delta\sigma_{L}]_{1\times10^{8}}\leqslant\Delta\sigma_{j}<[\Delta\sigma_{c}]_{5\times10^{6}}$ 范围内的各个正应力幅（N/mm²）及其频次；

$\Delta\tau_{e}$——由预期使用期内应力循环总次数$\left(=\sum n_{i}\right)$的变幅疲劳损伤与应力循环 2×10^{6} 次常幅疲劳损伤相等而换算得到的等效剪应力幅（N/mm²）；

$\left[\Delta\tau\right]_{2\times10^{6}}$——疲劳寿命 N=2×10^{6} 次的容许剪应力幅（N/mm²），应根据本标准附录 K 规定的构件和连接类别，按本标准表 16.2.1 ～ 2 采用；

$\Delta\tau_{i}$、n_{i}——剪应力幅谱中在 $\Delta\tau_{i}\geqslant[\Delta\tau_{L}]_{1\times10^{8}}$ 范围内的各个剪应力幅（N/mm²）及其频次。

由于日常运营下车辆冲击作用并非长期处于最大值，疲劳荷载动力系数应采用列车运营状态下动力系数，根据实测统计结果，疲劳荷载动力系数（1+μ）采用1.06（表31-3）。

表31-3 超员工况下桥梁跨中动力响应实测值

编组数	车速	工况	动力系数	加速度		
				纵向	横向	垂向
—	km/h	—	—	m/s^2	m/s^2	m/s^2
2节	10	AW3	1.07	0.12	0.56	0.39
	20		1.06	0.18	0.68	0.64
	30		1.06	0.19	0.76	0.75
	40		1.06	0.28	0.95	0.96
	50		1.05	0.28	1.04	1.15

3. 列车风荷载

胶轮有轨电车导轨梁采用半穿式U形断面，风载动力特性与铁路桥涵设计规范相差较大，缺少成熟的研究成果可以借鉴。

根据数值风洞研究成果，小跨径双工字钢导轨梁截面气动参数与《公路工程抗风设计规范》接近，建议按该规范取值。

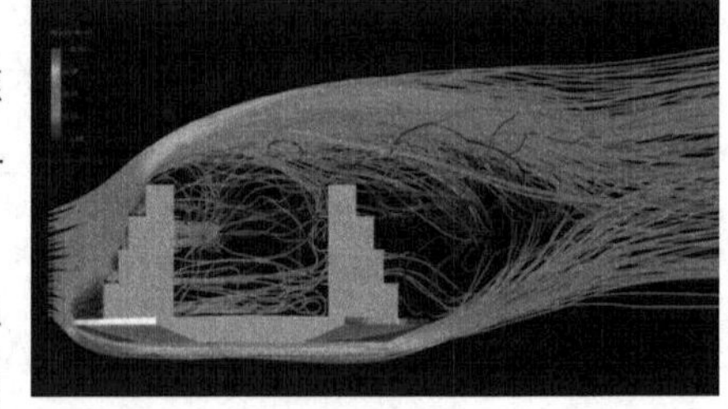

图31-4

风荷载强度标准值应按现行行业标准《公路桥梁抗风设计规范》（JTG/T 3360-01）取值，并应符合下列规定：

导轨梁应按单线计算风荷载；双线导轨梁桥下部结构设计，线路等高时应按照100%、50%分别计算迎风面前后两线车辆、导轨梁的风荷载，不等高时宜按照100%分别计算迎风面前后两线车辆、导轨梁风荷载；三线及以上导轨梁桥，线路等高时宜按照100%、50%、25%分别计算三条线路车辆、导轨梁风荷载；线路不等高时宜按照100%、100%、50%分别计算前后三条线路车辆、导轨梁风荷载。

4. 温度梯度荷载

由于导轨梁表层不设或设置很薄的铺装，钢结构竖向直接受日照影响，国内相关研究成果较少，温度竖向梯度参照欧标的规定执行。

鉴于钢梁是开口截面，钢梁尚受侧面日照影响，故设计过程中必须计入横向温度的影响，横向温度梯度按照 5℃考虑（表 31-4）。

表 31-4　梁体温度梯度荷载

温度变化	升温	降温
温度梯度	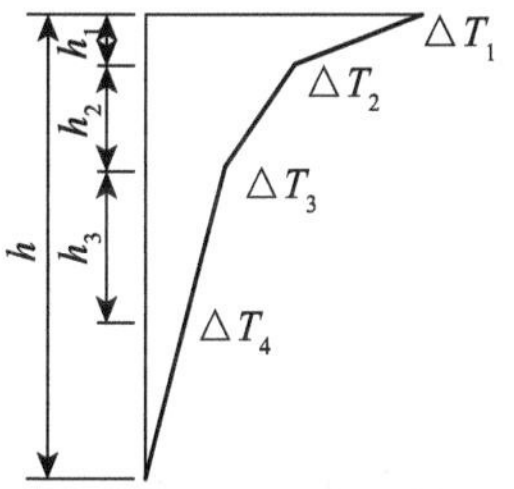 h_1=0.1m ΔT_1=24℃ h_2=0.2m ΔT_2=14℃ h_3=0.3m ΔT_3=8℃ ΔT_4=4℃	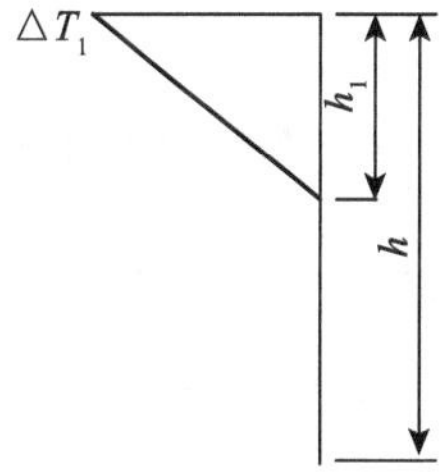 h_1=0.5m ΔT_1=−6℃

5. 列车横向摇摆力

由于轨道不平顺的激励及车辆的不平衡性，车辆即使在直线上行驶时导向轮受力仍会产生变化，导向轮会对轨道梁产生撞击，由此引起的列车横向力称为摇摆力。实际求列车的横向摇摆力时可以直接求各个导向轮的径向力矢量和摇摆力是桥梁系统设计时必须考虑的重要荷载之一，因此有必要对列车的横向摇摆力作出限制。

车桥耦合振动模型求得各个速度下列车的摇摆力如表 31-5 所示。

表 31-5　列车横向摇摆力计算结果

车速 /（km/h）	载荷	摇摆力 /N	轴重 /N	占轴重比 /%
80	AW3	14210	60822	23.4
70		11490		18.9
60		10140		16.7
50		9140		15
40		8315		13.7
30		5107		8.4
20		3345		5.5
10		2412		4

计算结果统计可以看出：

（1）随着列车运行车速增大，列车横向摇摆力逐渐增大；

（2）运行车速大于 80km/h 车速时，列车横向摇摆力约为列车竖向轴重的 25%。

综上所述，列车横向摇摆力取值建议采用车辆超员轴重的 25% 计，以横桥向集中力形式取最不利位置作用于导轨梁顶面。多线桥可仅计算任一条线的横向摇摆力。

四、钢导轨梁刚度标准

1. 导轨梁竖向刚度

为了保证列车荷载作用下导轨梁应具有足够的竖向刚度，保证列车运营的平稳性。车桥耦合计算中，通过改变桥梁的截面参数，计算得到不同垂向刚度下的车辆动力学响应如表 31-6 所示。

表 31-6　不同导轨梁竖向刚度下的车辆动力响应

项目	速度 /（km/h）	工况		
		垂向刚度（L/600）	垂向刚度（L/800）	垂向刚度（L/1000）
车体垂向加速度 m/s^2	10	0.35	0.21	0.18
	20	0.42	0.34	0.29
	30	0.76	0.63	0.52
	40	0.92	0.86	0.73
	50	1.26	1.07	0.94
	60	1.41	1.18	1.01
	70	1.52	1.35	1.23
	80	1.76	1.52	1.38
垂向平稳性指标	10	1.67	1.40	1.36
	20	1.78	1.55	1.45
	30	2.00	1.71	1.58
	40	2.14	1.89	1.72
	50	2.32	2.04	1.98
	60	2.47	2.26	2.15
	70	2.65	2.36	2.32
	80	2.82	2.54	2.45

续表

项目	速度 /（km/h）	工况		
		垂向刚度（L/600）	垂向刚度（L/800）	垂向刚度（L/1000）
轮重减载率	10	0.09	0.05	0.03
	20	0.13	0.09	0.07
	30	0.16	0.10	0.08
	40	0.20	0.12	0.09
	50	0.25	0.13	0.10
	60	0.28	0.14	0.11

根据上述计算结果可以得出：

（1）随着桥梁系统垂向刚度的增大，车辆垂向加速度、垂向平稳性指标、垂向梁端折角、轮重减载率都减小；

（2）车辆技术规范要求 80km/h 时车辆垂向平稳性指标约 2.5，同时具有较好的运行安全性能，由计算结果来看，桥梁系统垂向刚度达到 L/1000 才可同时满足这两个条件，刚度 L/800 时垂向平稳性指标略有超限，考虑到实际应用并兼顾经济性，可将桥梁系统垂向刚度适当放宽，认为桥梁系统垂向刚度达到 L/800 时可获得较好的舒适性和安全性。

建议实际工程设计中，导轨梁最大竖向挠度不应大于其跨度的 1/800，但相较一般轨道交通桥梁，尚应考虑以下问题：

（1）由于胶轮有轨电车横向限界尺寸小，钢导轨梁截面宽度仅 1700mm，截面抗扭刚度差，小半径曲梁在自重、列车重力下均存在严重的扭转变形。计算中应采用空间曲线模型，并计入扭转对竖向变形的影响。

（2）胶轮有轨电车适用曲线半径小，离心力、摇摆力均引起较大的主梁扭矩，并间接引起主梁竖向挠度，导轨梁挠度计算中尚应包含该部分的影响。

2. 列车荷载下梁端位移

为保证列车荷载作用下梁端指形板过大翘起造成胶轮磨耗并影响行车平顺性，模拟不同的走行面接缝板面差，将其输入车桥耦合振动模型，计算对应的车辆垂向平稳性指标，结果如表 31-7 所示。

表 31-7 列车横向摇摆力计算结果

速度 /（km/h）	接缝板面差（0mm）	接缝板面差（±1mm）	接缝板面差（±2mm）	接缝板面差（±3mm）	接缝板面差（±4mm）
10	1.22	1.21	1.20	1.23	1.25
20	1.54	1.55	1.55	1.57	1.59
30	1.73	1.74	1.71	1.76	1.78
40	1.86	1.88	1.89	1.92	1.93
50	2.01	2.02	2.04	2.07	2.09
60	2.23	2.25	2.26	2.29	2.31
70	2.36	2.33	2.36	2.38	2.40
80	2.52	2.55	2.54	2.57	2.56

根据计算可以看出：不同走行面指形板高差下，列车竖向动力作用相差不大，车辆竖向平稳性指标相差不大。

但考虑过大的指形板翘起将对车轮产生严重的磨耗，在运营车辆荷载作用下，导轨梁梁端走行面错缝高差不宜大于 2mm。

（1）由于走行面、导向面均采用指形板，该指标既是竖向刚度控制标准，也是横向刚度控制指标。

（2）胶轮有轨电车适用曲线半径小，离心力、摇摆力均引起较大的主梁扭矩，并间接引起主梁竖向挠度，梁端竖向、水平位移计算中应计入这部分的影响。

3. 导轨梁横向刚度标准

桥梁系统的横向刚度主要影响车辆的运行平稳性[2]。借鉴《铁路桥涵设计规范》（TB 10002—2017）和《跨坐式单轨交通设计规范》（GB 50458—2008）中的相关规定，国内规范多采用摇摆力、离心力、风力作用下的跨中挠度和梁端横向折角来限制桥梁系统的横向刚度。改变桥梁的截面参数，计算得到不同横向刚度下的车辆动力学响应如表 31-8 所示。

表 31-8 不同横向刚度指标列车响应计算结果

项目	速度 /（km/h）	工况		
		横向刚度（L/1800）	横向刚度（L/2500）	横向刚度（L/3500）
车体横向加速度 m/s^2	10	0.28	0.15	0.12
	20	0.39	0.28	0.21
	30	0.52	0.46	0.38

续表

项目	速度 / (km/h)	工况		
		横向刚度（L/1800）	横向刚度（L/2500）	横向刚度（L/3500）
车体横向加速度 m/s²	40	0.61	0.55	0.46
	50	0.66	0.59	0.51
	60	0.75	0.66	0.59
	70	0.87	0.80	0.72
	80	1.15	0.97	0.89
横向平稳性指标	10	1.39	1.35	1.31
	20	1.71	1.63	1.60
	30	1.85	1.71	1.65
	40	2.05	1.90	1.76
	50	2.13	1.97	1.88
	60	2.21	2.02	1.94
	70	2.28	2.05	1.98
	80	2.37	2.20	2.14
横向梁端折角 ‰ rad （考虑摇摆力、九级风力、离心力）	10	2.91	2.32	1.78
	20	2.95	2.38	1.82
	30	3.02	2.15	1.75
	40	3.05	2.22	1.68
	50	2.92	2.28	1.81
	60	2.78	2.33	1.78
	70	2.98	2.15	1.87
	80	2.94	2.20	1.73

由计算结果可以看出：

（1）随着桥梁系统横向刚度的增大，车辆横向加速度、横向平稳性指标、横向梁端折角均呈减小的趋势；

（2）车辆技术规范要求 80km/h 时车辆横向平稳性指标约 2.5，桥梁系统横向刚度在上述工况下都可同时满足这两个条件；

（3）进一步，在摇摆力、离心力、风力作用下的跨中挠度达到计算跨度的 1/2500 级以上时，梁体的横向梁端折角超过 2‰ rad；

综上所述，为了保证导轨梁梁端导向面指形板错缝高差不大于 2mm，建议梁体的横向梁端折角不超过 2‰ rad，进而控制摇摆力、离心力、风力作用下的跨中横向挠度不超过 L/2500。

4. 结构频率

为了避免桥梁出现剧烈的振动，保证车辆运行的安全性和乘坐的舒适性，对桥梁系统的最小自振频率加以限制是十分必要的。行业研究表明桥梁固有频率过低将导致车辆通过时产生较大振动或共振，频率过高时轨道不平顺引起的车辆动力响应明显增加（表 31-9）。

参考随机振动中的隔振理论，为了避免车辆与桥梁之间产生共振，车体一阶垂向频率应与桥梁系统的一阶垂向频率（移动活载加载频率、列车自振频率）相差 1.4 倍以上。其中列车活载激振频率：

$$f=\frac{V}{L} \tag{31-5}$$

其中 L 为列车车长，V 为列车运行速度。

表 31-9　列车主要模态自振频率

振型	频率	阻尼比
车体下心滚摆	0.88Hz	6.64%
车体沉浮	1.49Hz	27.1%
车体点头	1.17Hz	19.4%
车体摇头	1.24Hz	17.1%
车体上心滚摆	1.69Hz	7.85%
转向架沉浮	5.52Hz	45.5%
转向架侧滚	8.01Hz	17.7%

五、钢导轨梁倾覆稳定设计

胶轮有轨电车适用曲线半径小，结构自重轻，钢导轨梁倾覆稳定成为控制结构布置的重要因素。

（1）铁路桥涵设计规范中倾覆稳定计算的方法过于简化：对于小半径导轨梁缺少最不利缺少倾覆轴的判断；缺少支座脱空验算的内容。因此胶轮有轨电车钢导轨梁倾覆计算推荐采用《公路钢结构桥梁设计规范》中分析方法。

（2）由于导轨梁自重轻，列车活载比重大，列车横向离心力摇摆力及风荷载都对系统稳定性影响较大。梁体风荷载计算按《公路桥梁抗风设计规范》

（JTG/T 3360-01—2018）计算，根据《城市轨道交通工程项目建设标准》第 42 条规定，遇暴风 9 级（风速 20.8 ～ 24.4m/s）及以上，列车应及时停运，偏安全计，当风荷载参与汽车荷载组合时，桥面高度处的风速 V_z 可取为 25m/s（图 31-5）。

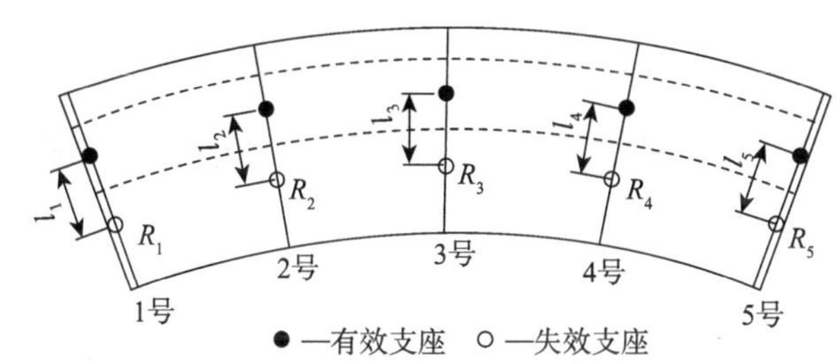

图 31-5　倾覆稳定验算图示

依据《公路钢结构桥梁设计规范》4.2.2，上部结构采用整体式截面的桥梁在持久状况下结构体系不应发生改变，并应按下列规定验算横桥向抗倾覆性能：

（1）在作用基本组合下，单向受压支座始终保持受压状态。

（2）当整联只采用单向受压支座支承时，应符合下式要求：

$$\frac{\sum S_{bk,i}}{\sum S_{sk,i}} \geqslant K_{qF} \tag{31-6}$$

由于胶轮有轨电车行车线路稳定，不存在超载情况，倾覆稳定系数可参考《公路钢结构桥梁设计规范》。

六、钢结构表面防滑及疲劳力学性能

由于有轨电车直接在钢导轨梁顶面走行，钢轨道梁顶面需采取合理的措施保证列车走行中不发生滑移。导轨梁顶面刻纹被广泛采用。但刻纹钢板的疲劳力学性能没有现成的试验成果，疲劳细节的选取及疲劳容许值的制定缺少可靠的理论及试验数据，相关项目实践过程中对该类型钢板刻纹疲劳性能进行了专题研究（图 31-6）。

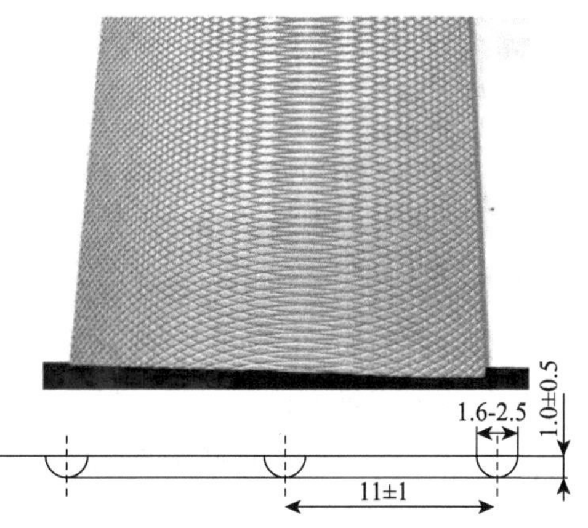

图 31-6　钢板刻纹疲劳性能研究

国内外没有机械刻痕钢板的研究成果和应用经验，细节抗疲劳性能缺乏规范依据，本试验目的是通过高周疲劳试验，确定刻痕钢板疲劳容许应力幅，以及应力幅与寿命的关系（S-N）[3]，用作云巴轨道梁工程设计参考和细节疲劳强度标准。

1. *疲劳细节的选取*

防滑花纹板用于云巴轨道梁上翼缘，其中连续梁中支座区段内翼缘板受循环拉应力作用，加之表面刻痕引起的缺口效应，影响翼缘板若干细节的抗疲劳性能。

参考目前云巴轨道梁的设计，以及常用规范的细节类别，刻痕钢板疲劳试验参考表31-10中2类设计式样。综合车辆运营需求和结构细节的合理化考虑，建议对接接头设在无刻痕段，避免刻痕与焊接热影响区重叠，从而保证该细节疲劳设计同普通钢板对接接头，疲劳强度不必折减。

表31-10　刻纹钢板疲劳细节要点

	构件或连接细节	参考细节简图
1	刻痕板对焊接头 说明： • 建议对接接头设在无刻痕段，避免刻痕与焊接热影响区重叠 • 按上述工艺保证该细节疲劳设计同普通板，疲劳强度可不考虑折减	
2	刻痕上翼缘板T型接头 说明： • 刻痕钢板光面T型焊接，总体参考IX类，[σ0]=80.6MPa，待试验证明 • 加工质量及其他要求	

2. *疲劳试件的制作*

疲劳试件形式参考相关疲劳试件标准，因含刻痕缺口细节，理论上应考虑尺寸效应影响，断面尺寸不宜过小，以50mm左右为宜。

（1）为研究刻痕缺口效应、刻痕尺寸效应和试件几何形式对疲劳断裂模式的影响，设计一组2个不同形式的母材试件进行测试，包括SP-A-X、SP-A-Y。

（2）根据母材、对接接头和T型接头3类细节的疲劳强度试验要求，设计3组试件，分三级循环加载，Ⅰ、Ⅱ级加载试件各4个，Ⅲ级加载试件2个。

（3）考虑到试件加工误差及有效性，不同细节分别考虑备用试件2个（表31-11）。

表31-11　刻纹钢板疲劳细节试件

	母材疲劳试件
试件1	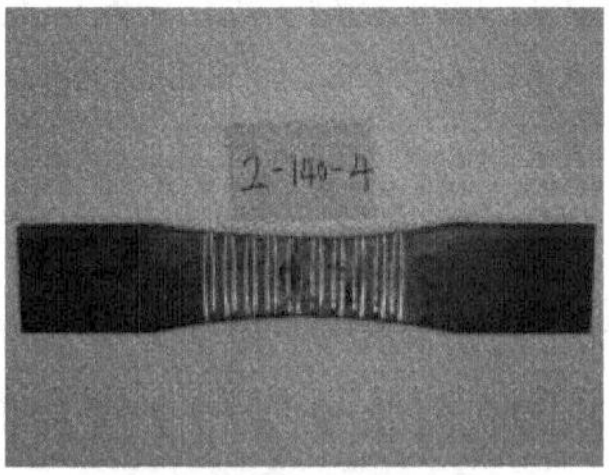
	T型接头疲劳试件
试件2	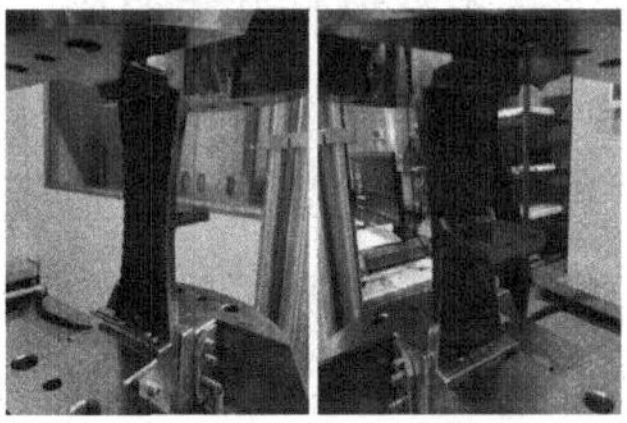

3. *疲劳加载试验过程*

（1）电磁谐振式高频疲劳试验机，主机载荷容量最大静载 ±100kN，最大动载 ±50kN；载荷传感器精度为示值的 ±1%；试验频率60～300Hz；采样频率1～100Hz；控制方式为载荷控制。

（2）静态单轴拉伸试验：对同类型试件选择1个试件进行静态拉伸试验，检验试件的强度和加工质量。

（3）采用高频试验机或3～10Hz液压伺服作动器开展本试验，加载频率初步拟定为3～20Hz。

（4）采用常幅正弦循环疲劳加载（R=0.1）；每组试件选取3个应力幅进行疲劳试验。

（5）通过静载试验的疲劳试验结果，进一步确定试件正式疲劳试验应力幅、加载荷载幅、测点的位置和数量。

4. 疲劳试验结果处理

（1）根据试验研究成果，刻纹钢板母材疲劳容许应力幅为 $[\sigma_0]$=102.4MPa，相应 S–N 曲线拟合公式（97.7%）log N=14.5315−4.09logΔS;

（2）在高应力幅循环荷载下，T 型接头试件的疲劳失效均为角焊缝焊趾处断裂，在低应力幅循环荷载下，存在未失效试件。该试验现象表明，T 型接头试件的疲劳性能受焊接损伤的影响较刻纹缺口影响较大。

设计曲线，推荐 log N 均值减掉 2S（两倍标准差），即保证率为 97.7% 的疲劳曲线为:

$$\log N=11.7045-3\log\Delta S$$

根据上式，可计算 200 万次寿命的容许应力幅：[σ0]= 63.3MPa

由图 31–7 能得出本次试验结果均高于规范曲线，《铁路钢结构桥梁设计规范》表 3.2.7–1 中， 第 IX 类细节 T 型接头疲劳容许应力幅 80.6MPa，高于本文试验结果统计值，其可能原因是本次试件数量有限，数据离散性偏大，影响了接头寿命曲线的统计结果。

另外从 7 个失效试件的断裂现象看，T 型接头试件断裂均由焊趾扩展，可以认为单面刻纹不影响 T 型接头的抗疲劳性能。因此建议本类细节的设计疲劳容许应力幅按 TB 10091—2017 取值，本文试验结果及数据分析可供设计人员参考。

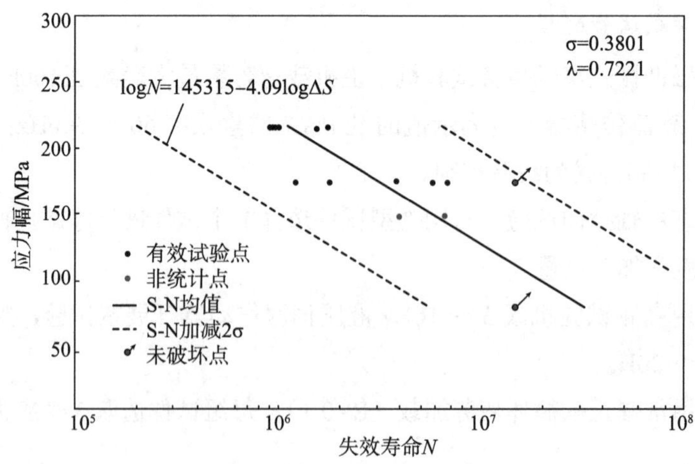

图 31–7 母材疲劳 S–N 曲线

七、结论与建议

1. 根据实测及车桥耦合分析结果，建议胶轮有轨电车列车活载动力系数按《公路桥涵通用设计规范》执行。

2. 根据实测并参考国内外相关规范，提出列车风荷载、温度梯度、列车横向摇摆力计算方法。

3. 根据车桥耦合分析结果，给出了连续钢导轨梁竖向、横向刚度限制标准，梁端位移差限制，并给出了设计中应特殊考虑的几个问题。

4. 结合胶轮有轨电车桥梁布置特点，给出了导轨梁倾覆稳定验算方法，可用于导轨梁布置方式的核验。

5. 结合胶轮有轨电车桥梁走行面刻纹特点，对两种疲劳细节进行了试验并给出疲劳容许应力幅建议值。

参考文献

[1] 铁路桥梁钢结构设计规范 : TB 1009—2017[S]. 北京 : 中国铁道出版社 , 2017.

[2] 徐新 , 申昊 . 铁路钢桁梁加固方案对比研究 [J]. 北方交通 , 2015, 11: 17-20.

[3] 公路钢结构桥梁设计规范 : JTG 064—2015[S]. 北京 : 人民交通出版社 , 2015.

三十二　胶轮有轨电车小半径连续钢导轨梁设计及制造要点

周凯旋　张宏杰

摘要：胶轮有轨电车是一种中低运量的新型“轨道交通系统”，云巴相比常规有轨电车系统，其独立路权性质胜出，在便捷性、准点率和舒适度方面更有保障；而与传统地铁系统相比，其投资更省、转弯半径更小、爬坡能力更强，运营噪声更小，运营成本更低，具有更强的适应性和安全性，应用前景广阔。为适应其灵活多变的线路走向，必然会有诸多小半径的曲线。轨道梁作为胶轮有轨电车的承载系统、走行及导向系统，在小半径曲线上的安全可靠性尤为重要。对于常规跨径（30m）的小半径钢梁，其设计既要兼顾经济性又需根据小半径梁受力特性进行特殊设计，本文以 R=300m 线路上 3m×30m 连续钢导轨梁为研究对象，探究其经济合理安全的构造设计。

关键词：胶轮有轨电车；小半径；钢梁；结构设计

一、研究背景

中小城市的发展近年来取得了巨大成就，已成为我国发展的重要组成部分。随着中小城市经济的发展，小汽车的出行比例不断提高，高峰期交通拥堵现象越来越严重，城市交通供（道路交通设施等）与需（人、机动车出行）的矛盾也越来越尖锐。从国内外城市发展的经验来看，仅依靠发展常规公交的手段很难解决这一问题。而以中低运量公交方式为骨干，以公共交通体系的多层次发展为脉络，提升服务水平，满足客流需求，集约出行，才是实现可持续交通发展的有效途径。

胶轮有轨电车，具有导轨式胶轮有轨电车的基本属性，是现代有轨电车中的一种新系统。它通过轨道支撑电动大巴在空中行驶，采用电池＋储能式供电，拥有独立路权，在便捷性、准点率和舒适度方面更有保障，适用于小区内部或商业街区内的短距离运输。

本文以新建西安高新区有轨电车试验线中，曲线半径为300m，3m×30m三跨连续钢导轨梁为例，开展常规跨径小半径钢导轨梁设计研究，为更小半径钢导轨梁的设计提供思路及方向。

二、工程概况

西安高新区有轨电车试验线项目线路全长17.369km（不含出入线），均为高架线，起点为鱼化寨站，终点为纬二十八路站，共设置车站18座，设车辆场1座，位于终点纬二十八路站南侧，正线设置4列位停车充电线一处，位于云水一路站至天谷四路站区间（靠近云水一路站）。全线设接驳站3座，分别为鱼化寨站（与已运营三号线）、丈八四路站（与在建六号线）、祝村站（与规划十五号线）。

三、主要技术标准

车型：车辆采用比亚迪胶轮有轨电车，近期采用2辆编组，远期3辆编组，按4辆编组预留。超员轴重P=70kN，定员轴重P=60kN，空车轴重为P=37.5kN。

轨道：桥面上导轨梁断面尺寸为1700mm×800mm（宽 × 高）。

最大设计时速：80km/h。

线路技术标准：正线数目为双线；标准段（R>200m）线间距3.1m，标准段（R<200m）线间距应加宽。

风荷载：导轨梁桥风荷载应按《公路桥梁抗风设计规范》[3]（JTG/T 3360-01）的规定取值。

四、结构设计

胶轮有轨电车是一种新制式的“轨道交通”，关于其轨道梁的设计，目前国内相应的技术标准较为匮乏，根据该种新制式的特点，在轨道梁设计的时候大体遵循以下思路。鉴于有轨电车轻量化、灵活的特点，其轨道梁的设计应纤细灵活方可与之匹配，在视觉上才能呈现更美的效果。除此之外，还应当具有良好的施工便利性，尽量减少对周围环境的影响。此外，重中之重就是根据有轨电车轨道梁的受力特点，在结构设计中针对主要受力部位进行加强设计。

1. 结构选型

胶轮有轨电车在梁顶面行走，导向轮位于两行走轮之间并且需给导向轮提供侧向行走面。因此导轨梁上部的走行系统部分只能采用U形断面，车轮行走在U形顶面，导向轮内嵌于U形内腔并且在侧面行走从而提供导向作用。根据车辆限界要求，行走及导向空间需保证U形高度至少800mm。对于以上要求，钢结构及混凝土结构均能做到，但是胶轮有轨电车的线路走向一般较为灵活，曲线较多并且转弯半径较小，若是采用混凝土结构，难以做到模板统一，如此一来，不仅施工工法难度较大，并且建设成本亦会增加。在考虑到现场施工情况，采用混凝土结构，若是现场浇筑，工期较长，若是预制吊装，由于混凝土梁较重，吊装作业的困难及风险更为突出。而钢结构的加工制作则能更好地适应不同的线路走向，并且钢结构较为轻盈，现场吊装相对容易施工，因此综合上述比较，轨道梁结构采用钢结构。

根据项目前期研究，对于常规跨径连续钢导轨梁，考虑其经济性，采用工字钢截面，两片工字钢梁兼作主梁与走行系统（工字钢上缘作为走行面，腹板作为导向板）。两片工字钢之间通过横梁及斜撑连接（横梁及斜撑顶面距离主梁顶面800mm，满足导向系统限界要求），横梁间距为1.5m，斜撑采用T形截面，其一般位置及支点位置横断面如图32-1、图32-2所示。

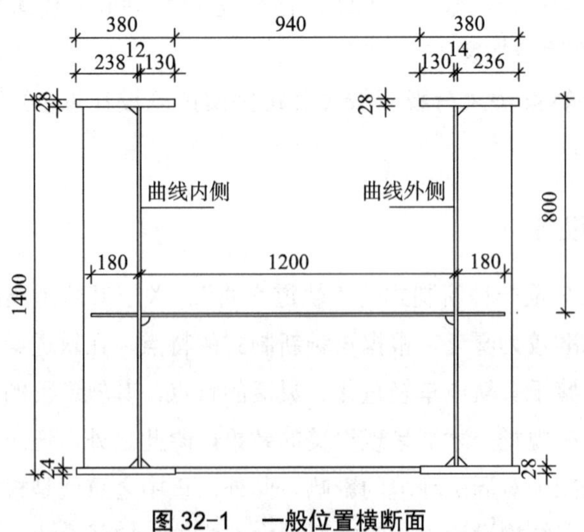

图32-1　一般位置横断面

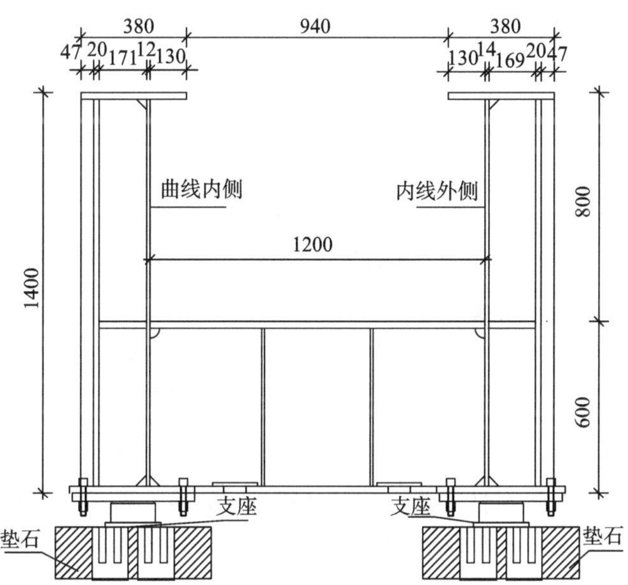

图 32-2　支点位置横断面

2. 小半径轨道梁设计

对于小半径的轨道梁，其弯扭作用更加明显，在列车荷载作用下，呈现较为明显的曲线外侧工字钢受力大的特点，因此需要考虑一定措施增加左右主梁的协同受力性能。增加左右主梁整体性能最好的办法就是将断面做成整体箱型截面，而对于标准轨道梁，除去导向系统限制的高度外，下部仅有 600mm 高度，做成封闭箱型，无法施工，而增加梁高的话，对于小跨径来说又较为不经济，因此考虑在现有横梁及斜撑基础上进行加强。经过计算对比，将横梁的间距加密到 1.25m，斜撑的截面由 T 形截面改为“工”字形，并且将斜撑的高度由 200mm 加高到 600mm。此外，由于曲线外侧主梁受力较大，单独对曲线外侧主梁进行加强，将曲线外侧腹板厚度由 12mm 增加到 14mm，顶底板厚度由 24mm 增加到 28mm。

五、结构计算分析

1. 计算模型

全桥整体静力分析采用 Midas Civil 空间有限元软件，计算荷载包括梁体自重、预应力、二期恒载、列车活载、整体温度变化、温度梯度、风荷载、列车制动力、摇摆力、支座沉降等，按《公路桥涵设计通用规范》的规定对以上荷载进行最不利组合并进行计算。有限元模型如图 32-3 所示。

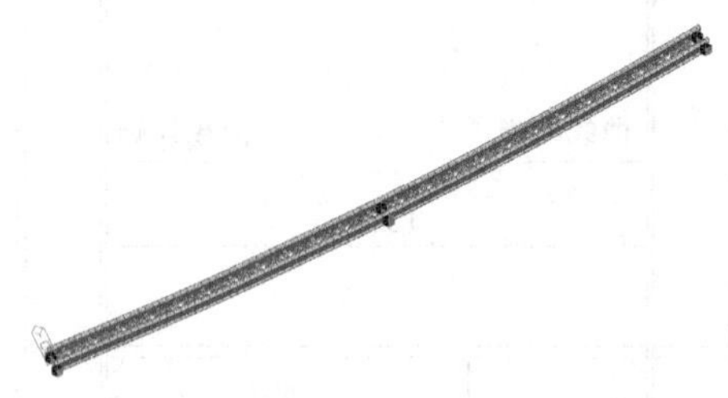

图 32-3　Midas Civil 有限元模型

2. 计算结果

经过对结构进行针对性加强，常规计算指标强度、刚度、应力、位移等均能满足规范要求，在此不再详细叙述。下面主要将由于小半径引起的较为突出的问题进行阐述。

由于该种断面形式未能组成封闭箱型，横向抗弯刚度较弱，在没有横梁位置处的横断面，仅为两片独立的工字钢，因此在计算整体稳定的时候，偏安全考虑，选取一片工字钢进行计算，因此对于小半径钢梁来说，曲线外侧主梁分担的弯矩更大，在整体稳定计算的时候更为不利。曲线外侧主梁的整体稳定计算结果如表 32-1 所示。

表 32-1　整体稳定计算结果

位置	工况	系数	取值
基本参数	等效弯矩系数	βmy	1.00
		βmz	1.00
	构件最大弯矩	*My*	2712.30
		Mz	51.2
	截面模量	*Wy*	1.778E+07
		Wz	1.327E+06
	截面承载力	*MRDy*	4799.6
		MRDz	358.2
弹性屈曲	弹性有限元法	*Mcry*	24855.7
		Mcrz	573.5
弯扭长细比		λLTy	0.497
		λLTz	0.893

续表

位置	工况	系数	取值
整体稳定折减系数		χLTy	0.773
		χLTz	0.515
整体稳定验算左式		竖向	0.961
		横向	0.927

此外，由于该梁的支座间距仅为1.32m，并且梁体结构较为轻盈，其整体抗倾覆问题较为突出。而在小半径曲线上，在竖向荷载作用下，曲线内侧支座更容易出现负反力，加之曲线上离心力的作用，因此小半径导轨梁的抗倾覆问题需特别关注。根据计算，采用常规支座设置时候，曲线内侧出现负反力并且整体抗倾覆系数小于1.3，均不能满足规范要求。此时可采用加宽支座间距或者采用抗拉支座的办法，综合对比，加宽支座，在梁端部的景观效果较差，考虑到在基本组合下支座拉力为-84.1kN，边支座采用竖向支撑力为500kN，其抗拉力系数为0.2即100kN，能够满足要求，因此对于R=300m曲线梁，支座采用抗拉支座，将支座抗拉力作为恒载反力计入，抗倾覆计算结果如表32-2。

表32-2　支座脱空及抗倾覆验算（2mx30m，R=300m）（按跨中弯矩最大布置列车）

项目			支座编号					
			1-1	1-2	2-1	2-2	3-1	3-2
		li	1.32	0	1.32	0	1.32	0
	恒载+支座抗拉力		142.5	68.8	275.4	185.1	142.5	68.8
	活载1 边跨空车	R_{Q1}列车	47.5	86.4	90.7	93.1	-1.3	-16.4
		R_{Q2}摇摆+离心力	-41.5	40.5	-47.5	49.4	3.4	-4.3
		R_{Q3}横风+车风	-106.9	104.4	-135.7	140.7	-0.2	-2.3
		R_{Q4}温度	8.0	32.1	-108.6	28.5	8.0	32.1
		$\sum R_q$（倾覆作用标准值）	-92.8	263.4	-201.1	311.7	9.9	9.1
	活载3 边跨满载	R_{Q1}列车	88.7	161.2	169.3	173.8	-2.4	-30.6
		R_{Q2}摇摆+离心力	-77.4	75.6	-88.6	92.2	6.3	-8.1
		R_{Q3}横风+车风	-106.9	104.4	-135.7	140.7	-0.2	-2.3
		R_{Q4}温度	8	32.1	-108.6	28.5	8	32.1
		ΣR_q（倾覆作用标准值）	-87.6	373.3	-163.6	435.2	11.7	-8.9
特征状态1验算		$1.0\sum R_{gk}1+1.4\sum Rqk1$	25.1	281.8	49.9	443.7	143.9	37.5
		活载1标准组合$1.0\sum Rgk1+1.0\sum Rqk1$	49.7	332.2	74.3	496.8	152.4	77.9
		$1.0\sum R_{gk}1+1.4\sum Rqk3$	15.9	391.7	70.9	567.2	145.2	12.3
		活载3标准组合$1.0\sum Rgk1+1.0\sum Rqk1$	54.9	442.1	111.8	620.3	154.2	59.9
特征状态2验算		稳定效应1$\Sigma R_{gk}i\ li$	250.8	0.0	483.2	0.0	186.4	0.0
		稳定效应3$\Sigma R_{gk}i\ li$	305.2	0.0	587.0	0.0	184.9	0.0
		失稳效应1$\sum R_{qk}i\ li$	-185.3	0.0	-385.1	0.0	14.8	0.0
		失稳效应3$\sum R_{qk}i\ li$	-232.7	0.0	-439.4	0.0	18.6	0.0
		稳定性系数∑Rgki li/∑Rgki li		活载1	1.66			
				活载3	1.65			

表 32-3 支座脱空及抗倾覆验算（2mx30m，R=300m）（按中支点反力最大布置列车）

项目			支座编号					
			1-1	1-2	2-1	2-2	3-1	3-2
li			1.32	0	1.32	0	1.32	0
支座竖向力	恒载	R_g（永久作用标准值）	142.5	68.8	275.4	185.1	142.5	68.8
	活载1 中支点空车	R_{Q1}列车	4.9	13.0	130.2	132.8	5.2	13.9
		R_{Q2}摇摆+离心力	-6.6	5.7	-72.1	73.8	-6.9	6.0
		R_{Q3}横风+车风	-25.9	23.1	-189.7	195.2	-26.7	24.0
		R_{Q4}温度	8.0	32.1	-108.6	28.5	8.0	32.1
		$\sum R_q$（倾覆作用标准值）	-19.6	73.8	-240.2	430.3	-20.4	76.0
	活载3 中支点满载	R_{Q1}列车	9.2	24.2	243.0	247.9	9.7	26.0
		R_{Q2}摇摆+离心力	-12.3	10.6	-134.5	137.8	-12.9	11.2
		R_{Q3}横风+车风	-25.9	23.1	-189.7	195.2	-26.7	24.0
		R_{Q4}温度	8	32.1	-108.6	28.5	8	32.1
		$\sum R_q$（倾覆作用标准值）	-21.0	90.0	-189.8	609.4	-21.9	93.3
特征状态1验算		$1.0\sum R_{gk}1+1.4\sum Rqk1$	112.3	106.5	1.0	552.8	111.3	108.5
		活载1标准组合$1.0\sum Rgk1+1.0\sum Rqk1$	122.9	142.6	35.2	615.4	122.1	144.8
		$1.0\sum R_{gk}1+1.4\sum Rqk3$	108.6	122.7	26.4	731.8	107.4	125.8
		活载3标准组合$1.0\sum Rgk1+1.0\sum Rqk1$	121.5	158.8	85.6	794.5	120.6	162.1
特征状态2验算		稳定效应1$\sum R_{gk}i\ li$	194.6	0.0	535.4	0.0	195.0	0.0
		稳定效应3$\sum R_{gk}i\ li$	200.2	0.0	684.3	0.0	200.9	0.0
		失稳效应1$\sum R_{qk}i\ li$	-32.3	0.0	-488.9	0.0	-33.8	0.0
		失稳效应3$\sum R_{qk}i\ li$	-39.9	0.0	-571.3	0.0	-41.7	0.0
		稳定性系数$\sum Rgki\ li/\sum Rgki\ li$		活载1	1.67			
				活载3	1.66			

依据表 32-3 可见，（2×30）m 连续钢梁整体倾覆稳定满足规范要求：（1）作用基本组合下，单向受压支座始终保持受压状态；（2）横向抗倾覆系数 $KqF \geqslant 1.3$。

六、制造要点

胶轮有轨电车钢导轨梁既是结构承重梁又是导向轨，既要满足结构受力荷载要求，又要满足列车平稳运行的精度要求，因此，钢导轨梁精确、高效地加工制作就显得尤为重要。在制造加工过程中，对于以下四点要做到严格控制。

（1）梁体竖向线形要严格控制，钢材下料要结合设计所给预拱度严格控制线形，现场拼装时，要根据实际设置拼接缝位置计算拼接点的高度。要确保最终成桥线形与理论一致。

（2）由于导轨梁兼作车辆导向系统，对于曲线梁，平面线形亦需要高精度控制，钢材下料要适当加密纵向控制点，确保导向轮行走的平顺性。

（3）由于焊接容易引起焊接变形，影响轨行面精度。因此，为减少焊接变形带来的影响，焊接时先焊腹板加劲肋等次要焊缝，后焊走行板与腹板的焊缝。同时，为保证焊接质量，通过翻转构件，确保各焊缝都在平焊位置施焊。

（4）应根据实际下料时候的温度与设计温度的差值调整板件尺寸（纵向），确保梁缝的准确性。

七、结论与建议

1. 综合考虑胶轮有轨电车车辆特点，施工便利性、精度控制及建设成本，轨道梁采用钢结构设计更有优势。

2. 在小半径曲线上，对于小于 35m 跨径的梁跨，可采取加密横梁以及加强斜撑的方式来加强设计，这样有更好的施工便利性及经济性。

3. 由于曲线梁存在弯扭耦合特性，小半径上开口截面的轨道梁，其整体稳定性需要特别关注。

4. 由于钢梁结构较为轻盈，并且在曲线上在竖向荷载作用下，内侧支座反力较小甚至有可能出现负反力，因此需特别关注整体抗倾覆性能，可采取加宽支座间距或者采用抗拉支座来解决这一问题。

参考文献

[1]　铁路桥梁钢结构设计规范 : TB 10091—2017 [S]. 北京 : 中国铁道出版社 , 2017.

[2]　公路钢结构桥梁设计规范 : JTG D64—2015 [S]. 北京 : 人民交通出版社 , 2015.

[3]　公路桥梁抗风设计规范 : JTG/T 3360-01—2018 [S]. 北京 : 人民交通出版社 , 2019.

三十三　北京轨道交通 13 号线运能提升改造工程车辆关键技术探讨

王璐　施炳娴

摘要：车辆是城市轨道交通重要的系统之一，对于既有线改造工程，车辆的改造对后期土建工程量及其他各专业影响非常大，同时车辆改造受到既有线系统能力的限制。因此车辆扩能改造的关键问题需要结合工程实际改造原则、改造目标及改造量综合进行考虑。本文基于北京 13 号线扩能提升改造工程，从改造工程角度介绍既有线车辆改造的关键技术，提出在改造过程中车辆、车辆与相关专业配合过程中出现的问题及解决思路。随着国内城市轨道交通越来越多的线路陆续进入改造期限，本文可提供一定借鉴。

关键词：既有线改造工程；车辆关键技术；互联互通

一、引言

随着轨道交通运营规模迅猛发展，截至 2021 年底，国内累计有 50 个城市开通城轨交通运营线路 283 条，运营线路总长度达 9206.8km[1]。北京轨道交通已运营线网规模达 856.2km[1]。自 20 世纪 60 年代建成第一条轨道交通线路以来，北京轨道交通已经过 50 多年的发展，城市规划不断优化，各线路的建设时期和建设标准不同，轨道交通线路在线网中功能定位随之进行调整，面对不断增长的客流压力和更高的服务水平要求，部分线路已难以适应现在轨道交通的发展态势。轨道交通客流量初、近期与远期客流预测与实际客流相差较大，很多线路甚至初、近期即达到系统能力，为了解决暴露出的问题，北京市持续在进行既有线的更新改造工程。

车辆是轨道交通系统重要的系统之一，也是提升运能的主要载体。一方面对于扩能改造工程，车辆的改造对后期土建工程量及其他各专业影响非常大；另一方面车辆改造也会受到既有线系统能力的限制。

二、北京 13 号线运能提升改造工程项目背景

北京地铁 13 号线是北京继 1、2 号线之后第三条建成的城市轨道交通线路，于 2002 年开通运营，线路全长 40.5km，设车站 17 座，采用六辆编组的 B 型车，最高运行速度 80km/h，采用固定闭塞 +ATP 的信号制式，运营高峰期行车间隔为 2min30s，每小时运行 24 对列车，运能已达到信号系统上限，运输能力达 3.43 万人 / 小时，满载率 117%。

随着对线网认识的逐渐深入，为适应客流增长需要，13 号线提出通过线路拆分重组、新建 + 改造相结合、车辆扩大编组等综合改造实施方案[2]，将既有 13 号线“U”形线进行拆分，形成 13A 线、13B 线两条线路。拆分后 13A、13B 线路均利用部分既有 13 号线线路、新建部分线路，进行车辆、信号、供电等系统改造，提升 13 号线系统运输能力和服务水平，同时通过拆分、延伸新建，与多条线路换乘，提升轨道交通可达性（图 33-1）。

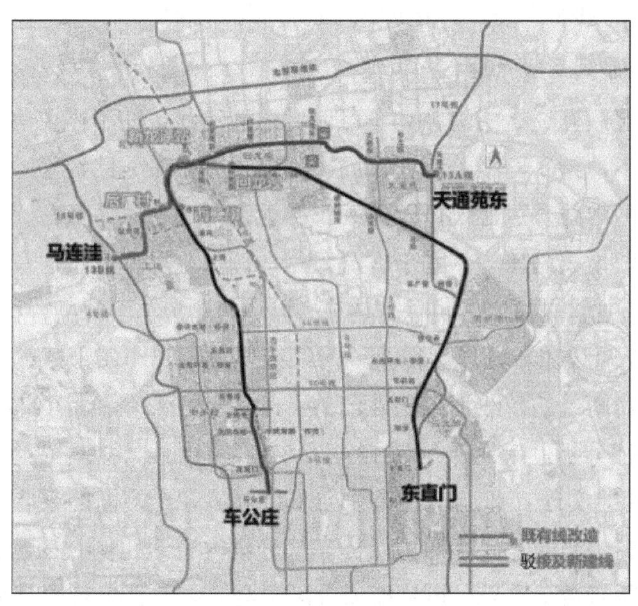

图 33-1　13 号线运能提升改造工程线路示意

1. 13A线

13A线起于车公庄站，止于天通苑东站，线路全长约31.2km，平均站间距1.78km，最大坡度34‰，全线设车站18座。车辆制式为B型车，与既有13号线一致。

13A线远期预测高峰小时客流最高断面4.81万人/小时，本工程的改造旨在解决既有13号线尤其是西段的运力瓶颈，为回龙观乃至昌平线沿线居民进城通勤提供更为充足的运输能力，解决高峰运输压力问题，故采用8辆编组列车。从线路运营经济性角度分析，平峰客流量约为高峰的1/5～1/4，考虑减少列车空驶、降低运营成本，提出平峰采用6B编组方案。故13A线新购8B、6B列车，采用6、8编组混跑方式组织，高峰以8B为主；平峰以6B为主，运能达5.88万人/小时。

2. 13B线

13B线起于地铁16号线马连洼站，途经新龙泽站至东直门站，线路全长32.2km，线路最大坡度23‰，设车站15座。车辆制式为B型车。

13B线远期预测高峰小时客流最高断面3.03万人/小时，维持6辆编组，充分利用既有13号线列车资产，运能达3.69万人/小时。

3. 13A、13B线互联互通

轨道交通互联互通是指地铁列车可以通过联络线，在不需要停车和不改变驾驶模式的前提下，跨不同线路运营，同一站点也有多条线路经停。通过互联互通提高乘客在线网中的直达比例，改善乘车感受，降低换乘系数；“消除”一部分换乘客流，降低换乘站压力，利于客流组织。例如，日本东京通过互通运营实现私铁与地铁的互通，郊区乘客可以直达核心区域，车流与客流契合程度更高[3]。

13A、13B两线在新龙泽站衔接，两线接驳方式、车站形式为实现互联互通运营提供了相对简单的配线设置条件，13A、13B线在新龙泽站可实现互联互通[4]。

从客流特征分析，新龙泽站为13A、13B、19号线（规划）的3线换乘站，13A、13B线两线实现互通运营，跨线列车可服务4个流向的乘客流量占车站总换乘量的22.6%，实现互联互通可以提高部分乘客直达比例。在运营高峰13A、13B线互联互通后由于信号、道岔能力等因素会限制总行车对数且会造成A线运力不足、车厢拥挤度升高，因此也可考虑单向贯通的方式。实际运营方案根据客流变化情况灵活选择（图33-2、图33-3）。

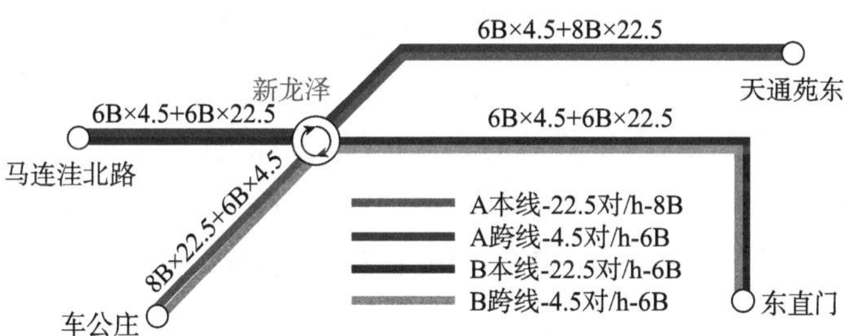

图 33-2　13A、13B 线互联互通行车交路

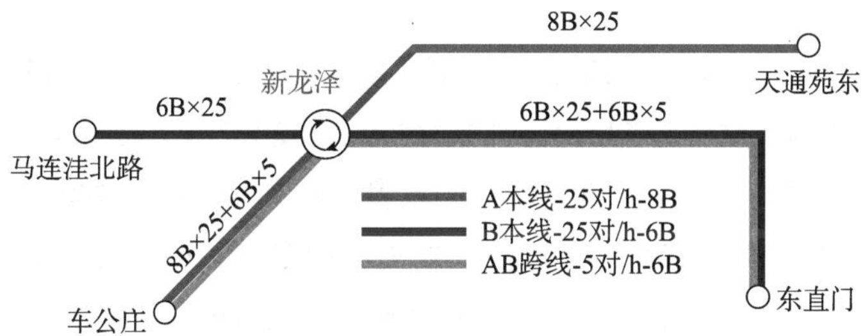

图 33-3　单向互通行车交路

鉴于互通运营方案，在运营平峰期 13B 线列车跨线运行至 13A 线，可以实现节约 A 线 8B 列车走行里程数、降低运营成本的目标。13A 线平峰全部采用 6B 编组列车，每年可节省约 200 万车公里，既有跨线的 6B 编组列车的走行里程数每年增加量也基本适应远期客流（图 33-4）。

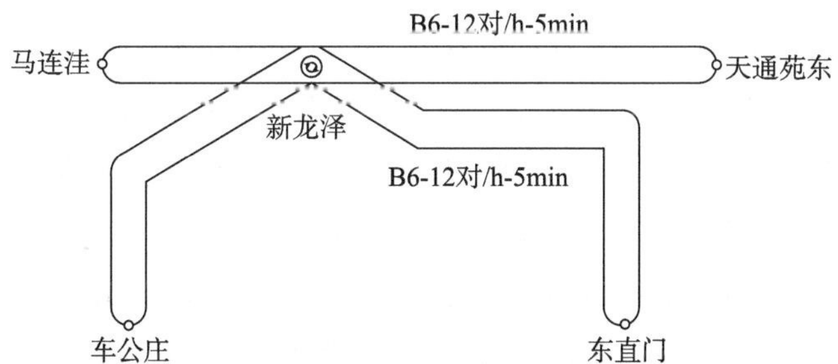

图 33-4　平峰均采用 6B 列车运营交路

4. 13号线改造工程特点总结

13 号线扩能提升改造工程具有鲜明的工程特色：①以提升运输能力为核心，线路包括既有线利旧、更新改造以及新建线路；②在新龙泽站实现跨线运行，是

互联互通的一种探索；③由于工程实施难度大，新建线路存在34‰大坡度，线路条件相对苛刻。

改造工程的特殊性对车辆参数的选择存在制约影响，针对新购列车与既有线系统制式的匹配、既有列车与新购列车动力性能与连挂救援要求、既有列车有效利用等问题，其研究成果对后续既有线改造具备很大借鉴意义。

三、13号线车辆参数的选择

1. 13号线既有车辆介绍

13号线既有车辆最早于2002年投入运营，初期采用56列4辆编组列车（224辆），为2动2拖（Mc+T+T1+Mc）的编组形式，2007年开展了4辆编组扩编工程，将原有的2动2拖扩编为3动3拖的六辆编组列车，并于2008年投入运营。13号线供电制式为DC750V接触轨受流器受流的方式。车辆的动拖比为1∶1，牵引能力也较低，0～40km/h的起动平均加速度为0.83m/s²，0～80km/h的平均加速度为0.5m/s²。

目前13号线既有列车使用已达20年，运营里程已超200万公里，基于对既有车辆利用率最大化、改造量最小化的原则，不对车体、牵引、制动等系统列车进行改造，改造以不降低现有车辆运行能力为前提、以提升乘客服务设施为原则，对列车车载信号系统、乘客信息显示系统、广播系统等进行更新改造。

2. 13号线新购车辆介绍

13A线包括利用既有线路与新建线路，因此新购车辆的轮廓尺寸、限界、供电制式等均与既有13号线车辆保持一致。一方面，随着轨道交通车辆技术发展越来越成熟，乘客对于乘车舒适度的要求越来越高，新购的车辆应适应性提升车辆的技术性能与服务品质；另一方面，13A线最大坡度为34‰，车辆救援对列车牵引性能提出更高要求。故推荐采用6动2拖的8辆编组列车与4动2拖的6辆编组列车。依据现行规范标准要求，同时考虑提升车辆动力性能，最高运行速度80km/h，0～40km/h的起动平均加速度为1.0m/s²，0～80km/h平均加速度为0.5m/s²。

3. 13号线车辆服务设施提升

作为13号线扩能提升改造工程，其主旨是以提升运输能力为核心，解决目前13号线运力低、客流压力大的问题。同时随着乘客对城市轨道交通乘坐舒适度、乘坐需求个性化的新要求，对 13 号线车辆也提出了绿色化、智能化的方案以提升列车服务性能。

针对既有列车，将原有 LED 动态地图改造为 LCD 屏，可以更灵活、更丰富地展示各种列车到站信息，包括全线站点信息、到站车站的三维地图，停靠站台的扶梯或直梯的分布位置信息、开门方向的动画展示，当前站与下一站报站切换等动态显示，为乘客提供更好的信息获取体验；同时为 13 号线互联互通后列车站点的显示提供便捷性和可操作性。

新购车辆在丰富的乘客信息显示功能基础上，还增加了智能空调系统、可视化召援系统与平安列车车厢系统。智能空调系统，可以实现车内温度的智能化控制、自适应季节变化控制、车辆整备空调控制、自适应恒温控制（“冷”“暖”车辆功能），为乘客乘坐提供舒适的车厢环境的同时，智能化的设置可以节约资源，实现绿色低碳的目标。可视化召援系统在客室出现紧急情况或突发事件时，乘客可按下设置在客室内的列车单向可视召援终端的按键进行求助，司机室或控制中心（OCC）可与乘客单向可视对话，为乘客提供安全、便捷的出行环境。平安列车车厢系统通过车载音视频智能分析设备，具备乘客异常行为分析、车厢拥挤度分析、驾驶员行为分析等功能，同样为乘客提供了安全、健康的出行环境。

四、车辆关键问题分析

1. 列车救援能力分析

《地铁设计规范》（GB 50157—2013）[5] 中要求“一列空载列车应具有在正线线路最大坡道上牵引另一列超员载荷的无动力列车运行到下一车站的能力”。下面从列车牵引救援能力与车钩连挂能力两个方面分析车辆救援能力。

（1）救援问题梳理。

①牵引救援能力不足。

13 号线改造工程特点，即在 13A 线正线最大坡度 34‰线路条件下，既有 6B 列车将与新购 8B 和 6B 列车混跑。前文已提及既有列车采用 3 动 3 拖的编组形式，列车牵引能力不足，无法满足救援的要求。

②车钩连挂型式、车钩强度不匹配。

13 号线既有列车两端车钩连挂形式为 CG-5 连挂系统。目前新购列车通常采用的两端车钩连挂形式为330连挂系统。不同的车钩连挂形式之间无法实现连挂。因此应保证13号线所有列车的车钩连挂型式保持一致（图33-5、图33-6）。

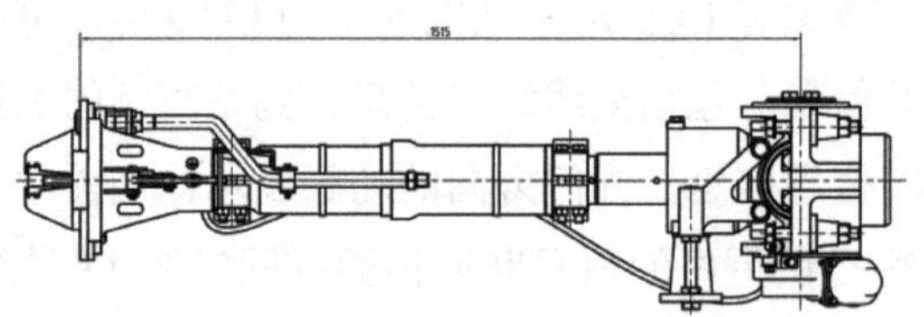

图33-5　CG-5连挂系统

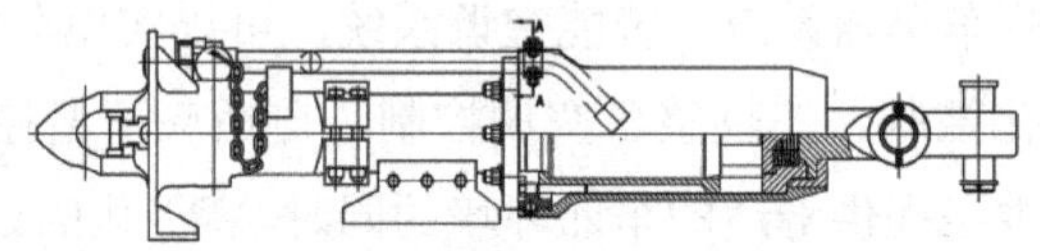

图33-6　330连挂系统

13号线既有列车车钩强度、车体强度也远低于现行规范中对列车车钩强度和车体强度的要求。依据列车坡道救援不同工况的纵向动力学仿真结果，各种救援工况下，车体及车钩需要承受的断面最大力均大于13号线既有列车的能力。

因此得出基本的结论，既有列车参与救援时，均不满足现行规范中对救援能力的要求。

（2）解决方案。

基于既有车辆的限制性，13号线互联互通、多编组混跑的工程特点，列车救援时提出应尽可能避免既有车辆参与救援的原则，通过行车运营调度的方式解决救援的需求。根据不同的救援工况，依次梳理了如下的救援方式、流程及延误时间估算。

①新购8B列车故障。

该工况下新购6B、8B列车均能实现救援。根据牵引能力计算既有6B列车在线路坡度超过19‰的坡道牵引能力不满足要求，同时救援时各断面最大车钩力也都大于车钩的屈服极限。

从救援概率角度分析，事实上仅在高平峰转换段，存在既有6B列车与8B列车同时在线混跑，既有6B列车救援8B列车概率极小，需同时满足以下几个条件。

a.8B 列车故障：参考既有线列车运营经验，一年一列车发生故障需要救援的概率约为 1.8%；

b. 故障位置在大于 19‰的坡道上：梳理 13A 线线路条件，超过 19‰的坡长占全线长度比例为 17.13%；

c. 故障列车后续为既有 6B 列车无法实施救援：根据全日行车计划，列出不同时段在线列车数量，并计算故障车后方为既有 6B 列车的概率 9.1%。

综合考虑，一年之中出现该种救援工况的概率为上述概率的乘积，仅为 0.028%。因此鉴于极小概率发生的可能性，此时建议利用线路对向 8B 列车清客后通过车站渡线转线运行至故障点实施救援。根据 13A 线全线渡线的设置情况及救援操作流程时间估算，可以将救援时间控制在 30min 内（图 33-7）。

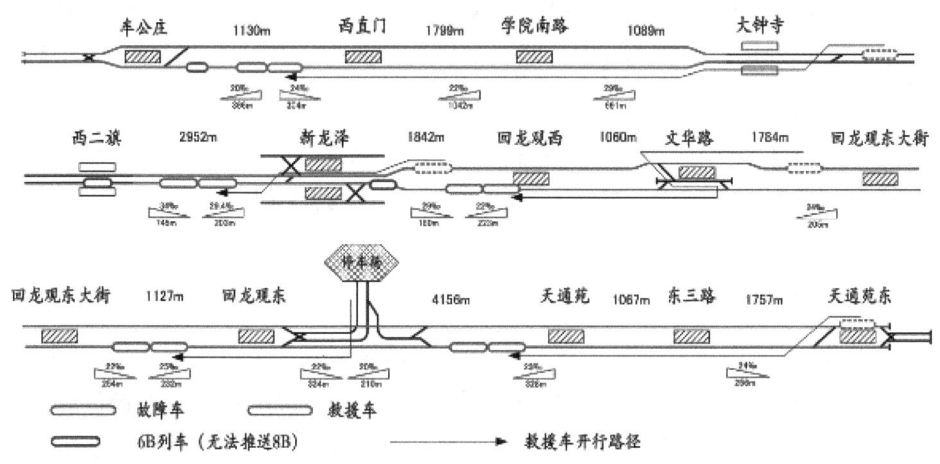

图 33-7　上行方向利用对向 8B 列车组织救援示意

②新购 6B 列车故障。

该工况下新购 6B、8B 列车均能实现救援。既有 6B 列车尽管从牵引能力上满足救援的要求，但连挂救援时连挂断面最大的车钩力大于既有列车车钩可承受的极限。因此救援同样存在问题。

该工况下，一方面，可以借鉴 8B 列车故障救援方式，通过行车运营调度，利用线路对向新购 6B 或 8B 列车清客后通过车站渡线转线运行至故障点实施救援。另一方面，以既有 6B 列车的车钩极限能力、车体强度能力为输入，模拟列车处于坡道上救援情况下进行紧急制动时车钩力变化情况，根据计算将救援的既有 6B 列车启动加速度限制为 0.25m/s²，推送救援故障新购 6B 编组 AW3 列车，各断面最大车钩力均为拉钩力，最大力小于车体的抗拉屈服极限，满足救援要求。

③既有 6B 列车故障。

该工况下，救援存在主要问题是连挂断面最大的车钩力大于既有列车车钩可承受的极限。参考北京 13 号线现状救援方式及车钩模拟计算结果，将救援列车（新购 6B 或 8B）启动加速度限制为 0.1m/s²，推送救援故障既有 6B 编组 AW3 列车，各断面最大车钩力均为拉钩力，小于车体的抗拉屈服极限，满足救援要求。

④小结。

根据 13 号线工程特点、互联互通的需求以及上述故障分析结果，对于救援难度大、既有列车能力不足等复杂的救援要求，笔者提出本线列车救援的几点原则：第一，既有 6B 列车不作为救援车辆参与救援；第二，当新购 6B、8B 列车故障时，建议利用对向新购列车，通过前方车站的渡线实现列车转线，将故障车牵拉出区间的救援方式；第三，当既有列车作为被救援车，救援时司机限制起动加速度，通过缓慢操作、避免紧急制动等方式实施救援，使连挂救援后产生的断面最大力在既有列车车钩、车体的实际强度可承载的范围内。

2. 列车供电需求与供电能力匹配分析

（1）问题梳理。

既有 13 号线采用 DC750V 接触轨授电的供电制式，不改变本线供电制式要求下，13A 线为国内首条采用 DC750V 牵引供电制式的 8 辆编组车辆供电的线路，具有牵引网电压等级低、电流大、车辆牵引负荷大、行车间隔小的特点，因此 DC750V 牵引制式的供电能力与 13A 线 8 辆编组车辆供电需求之间的矛盾突出；即使在不考虑建设规模、投资的前提下，13A 线通过增加牵引所数量实现大双边情况下供电，但线路短路电流过大与没有满足要求的直流开关设备之间也存在矛盾。

（2）解决措施。

作为需求与能力不匹配的综合性问题，需要多专业共同努力解决。

从车辆角度。随着轨道交通车辆技术更新迭代，车辆技术已实现质的飞跃，相应的设计标准也随之更新，13 号线新购车辆依照最新的设计标准对车辆动力性能有更高的要求，0 ～ 40km/h 的起动平均加速度要求 1.0m/s²。基于目前存在的矛盾，车辆牵引系统设计时设置两种模式，满足高动力性能基础上，在列车实际运行时通过将启动平均加速度限制为 0.83m/s² 的方式降低列车网侧电流。

从供电系统角度提出在正线设置 22 座牵引变电所，采用三套机组的方案，即在常规变电所主接线方案基础上，增加了第 3 套整流机组，并设置单独的直流开关柜和 10kV 进线开关柜。该方案仅在中间一座牵引所解列退出相邻所大双边供电时，不满足 2min 发车间隔的运行。供电系统通过计算故障概率的方式，在采用三机组方案后，可以将导致牵引变电所解列故障工况的概率降低为 3%。而可能发生的 3% 的极端故障工况，在北京地铁实际运营过程中未发生过。故从降低牵引所解列概率等方面综合考虑，提出三套机组相对合理的方案 [6]（图 33-8）。

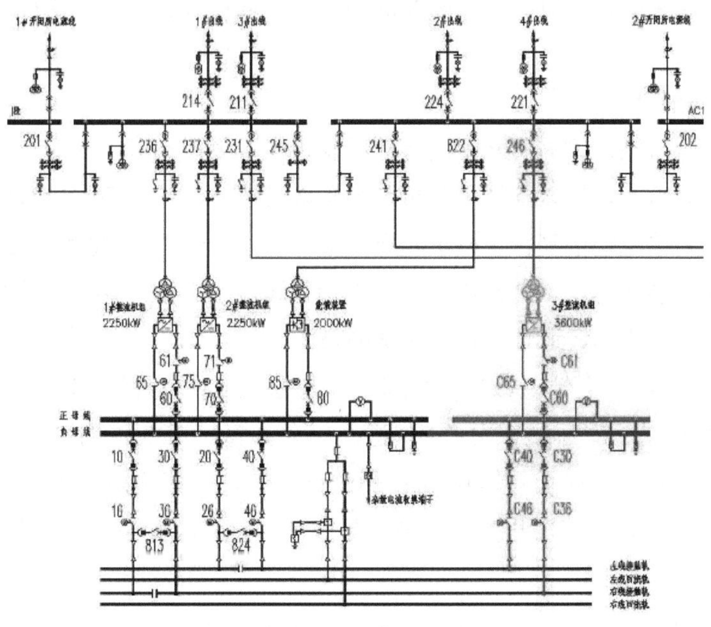

图 33-8　三机组方案示意

通过车辆与供电系统共同努力，在既有线外部制约因素多、节省投资、实现互联互通的大背景下，降低车辆牵引用电需求端与降低供电系统供给端故障概率的方式，尽可能提高系统可靠性，提出解决矛盾的合理方案。

3. 列车受流器集电靴材质与接触轨材质匹配分析

（1）问题梳理。

接触轨材质主要包括钢铝复合轨和低碳钢两种材质，近些年建设线路接触轨采用的材质以及技术发展趋势为钢铝复合轨，与之对应匹配的列车受流器集电靴材质为浸金属碳，同时有少量线路或区段也存在受流器集电靴材质采用铜滑块的例子。早期建设的线路中（如既有北京 13 号线）仍有部分线路接触轨材质采用低碳钢，与之对应的集电靴材质为铜滑块。在 13 号线扩能提升工程中已将正线接触轨材质全部更换为钢铝复合轨，但基于投资等因素综合考虑，13 号线既有回龙观车辆段的接触轨材质未更换。

为了与正线钢铝复合轨材质匹配，13 号线新购车辆将受流器集电靴材质确定为浸金属碳，同时将既有列车的受流器集电靴材质全部改造更换为浸金属碳。

基于该方案设计，势必带来列车在回龙观车辆段运行时存在低碳钢的接触轨材质与浸金属碳的集电靴材质不匹配的问题，其取流情况、磨耗情况的运营经验相对较少。

（2）问题分析。

浸金属碳与低碳钢材质匹配的运营经验极少，经过调研，在北京 2 号线已经开展了相关试验。根据试验结果分析，列车取流情况正常，但集电靴的磨耗量明显大于浸金属碳与钢铝复合轨材质匹配的磨耗量。在同等走行里程及运营条件下，浸金属碳与低碳钢匹配，更换次数约为钢铝复合轨的 2 倍，耗材费用约 2 倍，因此必然导致运营成本、运营人员工作量的增大。

基于 13 号线实际情况，13B 线列车平均每日走行里程约 378km，列车出入段次数为 1 次或 2 次，按 2 次（4 次进、出）计算，在低碳钢接触轨走行里程为 3.2km；占全日走行里程的 0.8%；另外列车在车辆段内运行速度低，不会产生由于高速运行时受流器与第三轨冲击导致的磨耗。因此整体磨耗量影响较小。

4. 其他问题

13 号线改造工程中车辆系统的选择还存在其他相关问题，包括新购 6B、8B 列车与既有 6B 列车车门位置对应；不同编组列车车站居中对齐与端部对齐的比选；居中对齐停靠时，站台门增设 6B 列车司机下车瞭望的司机手推门；既有回龙观车辆段检修库仅满足 6B 列车检修长度；13 号线既有列车即将到寿更新等问题。鉴于这些问题在新建线的设计中也或存在，或属于 13 号线独特的问题不具备推广借鉴性，这里不再赘述，仅作提醒。

五、总结

本文以北京 13 号线扩能提升工程为工程案例，介绍既有线改造车辆的关键技术，提出在改造过程中车辆以及相关专业接口需要注意的问题及解决思路。在既有线车辆改造过程中，随着对既有线车辆认识的逐渐深入，发现了越来越多隐藏的问题，主要矛盾集中在轨道交通各系统技术标准的提高后，既有线建设标准与现阶段执行标准的差异。由此带来了包括车辆救援连挂问题、车辆牵引用电需求与供电系统供电能力匹配、车辆受流方式以及受流材质匹配等一系列问题。

目前已有 50 多个城市开通了轨道交通线路，各城市也逐渐会遇到既有线改造或技术革新的要求。希望本文可以为未来其他城市、其他既有线改造工程提供一定的借鉴。

参考文献

[1] 中国城市轨道交通协会 . 城市轨道交通 2021 年度统计和分析报告 [R]. 2022.

[2] 徐成永 , 贺鹏 , 邱丽丽 . 北京地铁 13 号线运能提升改造综合实施方案剖析 [J]. 都市快轨交通 , 2021, 34(2): 54-58.

[3] 禹丹丹 , 徐会杰 , 姚娟娟 , 等 . 国外都市圈轨道交通互联互通运营对我国的启示 [J]. 综合运输 , 2019(5): 6.

[4] 邱丽丽 , 王少楠 , 鞠昕 , 等 . 北京轨道交通 13 号线扩能提升工程跨线运营设计与思考 [J]. 城市轨道交通研究 , 2022, 25(7): 7.

[5] 中华人民共和国住房与城乡建设部，中华人民共和国国家质量监督检验检疫局 . 地铁设计规范 : GB 50157—2013 [S]. 北京 : 中国建筑工业出版社 , 2014.

[6] 李晶 , 邱丽丽 . 北京地铁 13A 线改造工程供电方案探索 [J]. 电气化铁道 , 2021.

三十四　市域(郊)铁路物流规划研究

荆敏

摘要：轨道交通运营具有网络化运营、覆盖中心城和市域（郊）、平峰时段和市域（郊）段线路客流效益较差、运能富余的特征。充分利用线路平峰时段和外围段线路运输能力成为当前轨道交通运营面临的问题。为提升社会经济效益，促进轨道交通高质量发展，将轨道交通纳入城市物流体系，实现城市轨道交通与城市快件物流运输的融合发展成为城市轨道交通可持续发展的新契机。通过收集国内外轨道交通参与物流运输的案例、查阅相关文献研究资料，对现有物流存在的问题进行梳理。结合文献研究、案例借鉴，对轨道交通参与物流运输需解决的关键问题进行了梳理，包括轨道交通与快件运输的匹配性分析、轨道交通与物流环节适配性分析，轨道交通参与物流运输的改造 / 规划需求以及轨道物流的社会经济影响评价研究。

关键词：市域（郊）铁路；物流规划；轨道交通与物流运输的匹配性

交通运输和物流业是我国支撑经济社会发展的基础性和战略性产业。为应对国家节能减排发展战略，解决物流领域长期存在的成本高、能耗高、效率低等问题，国务院和交通运输部先后发布《物流业中长期发展规划》《加快推进绿色循环低碳交通运输发展指导意见》《国家综合立体交通网规划纲要》，提出“全球123 快货物流圈”（国内 1 天送达、周边国家 2 天送达、全球主要城市 3 天送达）的发展战略，提出建设便捷、安全、经济、高效的综合运输体系，构建高效运行的多式联运体系，实现相互衔接、运输体系融合，推进各种运输方式协调发展[1]。充分发挥轨道交通网络化、规模化运营优势，利用富余能力服务于城市快件运输，可缓解地面交通拥堵，推动轨道交通运营可持续发展，全面提升轨道交通网络运输的社会经济效益。

一、现有物流存在的问题解析

1. 交通限行政策降低物流配送时效性

以上海为例，在 6:00 至次日凌晨 1:00 划定了大面积的货车车辆禁行区域，并严格限定了 5t、8t 和集卡等禁行货车类型。禁令政策下，部分物流企业采用更多数量的小型货车来弥补大型货车缺失的运力，或者将客运车辆改造成小型货车，此举反而加重城市交通拥堵，阻碍物流配送的时效性发展。[2]

2. 物流时效性有待加强，物流中心延误较明显

物流园区卸货时间、物流园区发往物流中心、物流中心发往派件网点的时间集中。存在员工操作时间紧张，装卸车流程混乱，班车集中到发件、人员配置不足、用地紧张、设备不足、操作时间紧张造成的时间延误（图 34-1）。

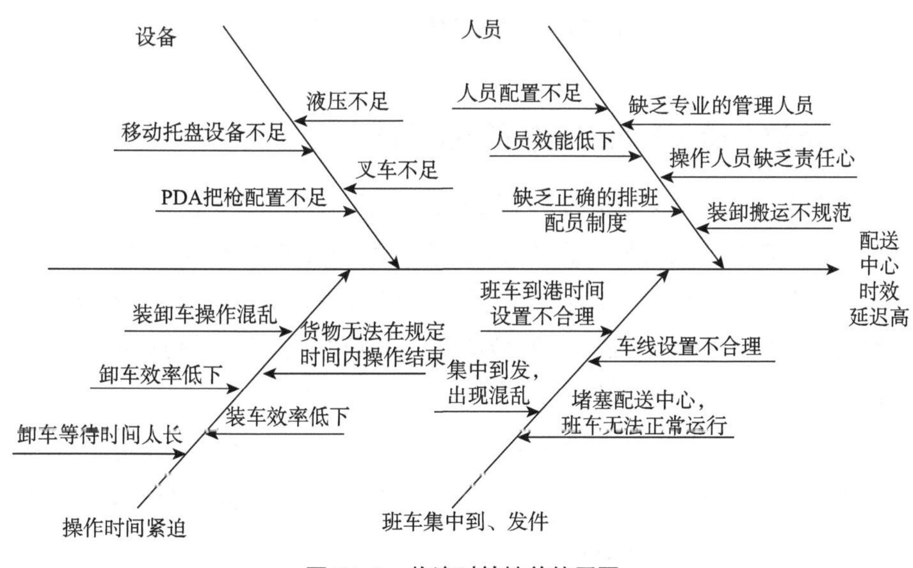

图 34-1　物流时效性差的原因

3. 物流运输能耗较大

《中共中央　国务院关于完整准确全面贯彻新发展理念做好碳达峰碳中和工作的意见》（2021 年 9 月 22 日）指出，加快发展绿色物流，整合运输资源，提高利用效率。

根据网络数据，物流产业的能源消耗量占全国能源消耗总量的 9.4%，且单位产业产值能耗远高于单位 GDP 能耗，严重影响到我国的低碳经济发展，所以

解决物流产业的高消耗和高排放的问题对我国实现可持续发展十分重要。运输成本约占总物流成本的1/2，在整个物流成本中占比最大。

2016年中国社会物流总费用按结构划分

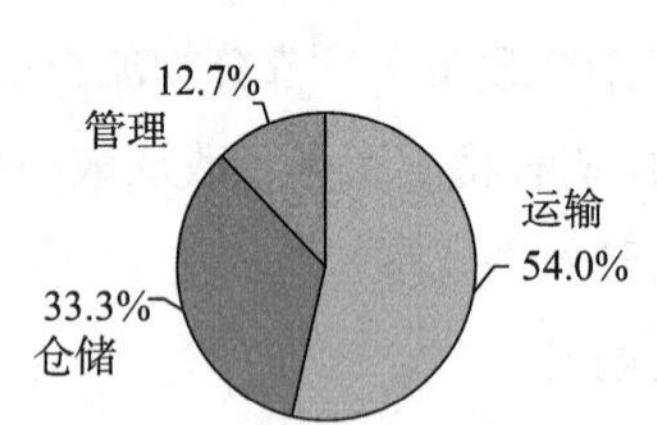

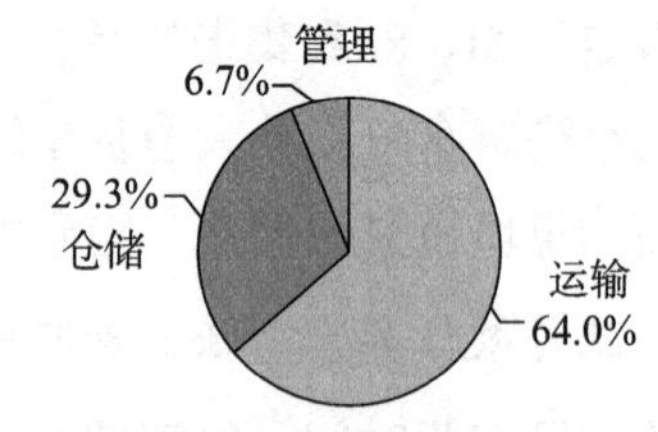

	仓储	运输	管理
总费用/（万亿美元）	0.55	0.89	0.21

	仓储	运输	管理
总费用/（万亿美元）	0.40	0.87	0.09

图 34-2　物流总费用结构划分

二、轨道交通参与物流运输的案例解析

对国内外利用轨道交通参与物流运输的案例进行了收集、剖析，目前国内外有关案例相对较少，具有参考意义的案例主要有法国TGV邮政专列、国内高铁货运、日本札幌及北越急行线地铁运输等，为本项目提供了企业合作模式、运输组织模式、车站货运组织方法、货物装卸、运输管理办法等一系列实际运营经验。

1. 日本札幌地铁物流试验

札幌市冬天降雪量较大，11月至次年3月平均降雪量约为500cm，2月底积雪深度约为80cm，道路交通严重受限。在道路交通严重受限的背景下，于2020年9月进行了地铁物流的试验。

参与地铁物流的时段在非高峰时间的10:30至14:00运行了3次，在大和运输札幌基地（郊区）和大通快递中心（市中心）之间进行了约10km的距离，其中涉及札幌新札幌站和大通站之间的地铁东西线。

货物利用手推车（w=500mm，h=900mm，d=700mm，毛重 =60kg）装载在普通乘客地铁车厢（轮椅地板）上。通过人工装卸，穿过检票口，通过电梯从站厅到达站台层，装上地铁车厢。到达目的地车站后，通过电梯到达站台层，离开检票口后，到达地上。

本次物流试验，近 90% 的受访者支持地铁综合物流项目，对有效利用札幌地铁系统作为城市资产持积极态度。近 80% 的参与者在与交付的货物一起登上地铁时没有感到烦躁或不舒服。大多数人支持采用专门货运车厢运货（图 34-3、图 34-4）。

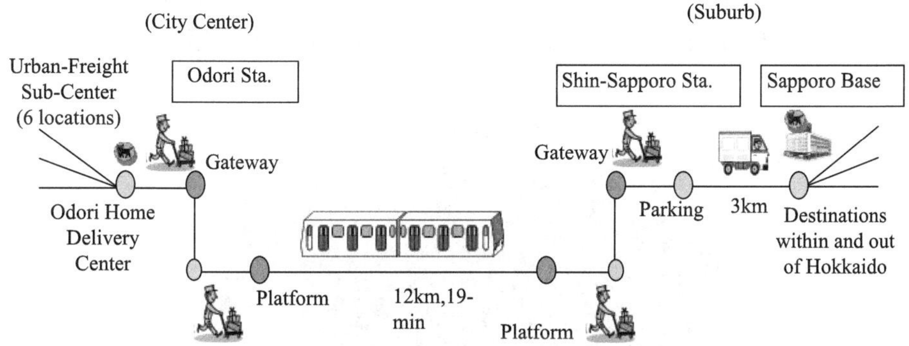

图 34-3　札幌地铁物流概念

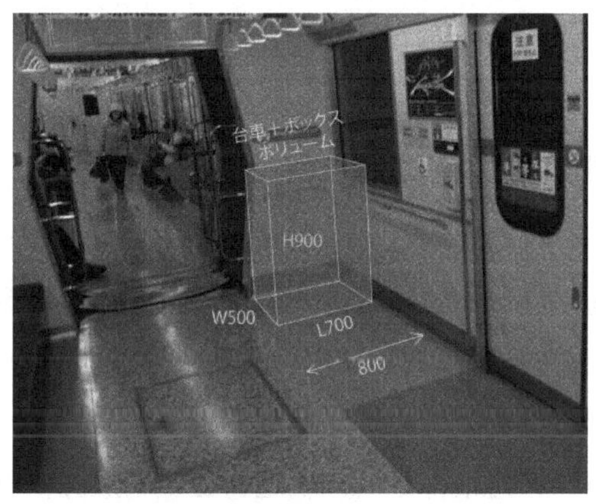

图 34-4　札幌地铁物流货物存放处

2. 国内高铁快递

主要分为 3 种，分别为高铁货运专列、高铁确认车运输、载客动车组列车捎带（载客率低时预留车厢），目前高铁货运专列仅在 2020 年 11 月 1 日由汉口站至北京西站开行 1 对。

高铁快运自营“门到门”服务，包括“当日达”“次晨达”“次日达”“隔日达”4 项限时服务和“经济快递”“同城快递”2 项标准服务[3]。

中铁快运创新设计研发了专门用于对高铁运输货物进行防火阻燃、防液体渗漏等安全防护的高铁快运安全防护专用包。安全防护专用包在外部材质上选用较硬质的特殊复合材料，具备防渗漏性、隔热阻燃性和保温性；尺寸方面适用于多种产品，且大小适中，更便于操作；外观设计方面，四周均设有提手，袋体两侧设有条形码供装包扫描操作，实现循环使用信息化管理。除常规货物的专用包外，针对冷链运输的货物主要包括生鲜、药物等还设计了智能蓄冷箱（图 34-5）。

图 34-5　复兴号一节车厢拆座椅运货

三、物流规划拟重点研究的问题

结合文献研究、案例借鉴，对轨道交通参与物流需解决的关键问题进行了梳理，包括轨道交通与快件运输的匹配性分析、轨道交通与物流环节适配性分析、轨道交通参与物流运输的改造/规划需求以及轨道物流的社会经济影响评价研究。

1. 轨道交通与快件运输的匹配性分析

轨道交通以运输乘客为根本目的，轨道交通线网服务范围，是否与快件货物的货流流向相匹配？轨道交通是否能融入快件运输配送体系？是本项目需解决的关键问题。

（1）网络匹配。

常规物流网络体系分为干线网络、本地网络、终端网络。干线网络指一级枢纽网络（京津冀、长三角、珠三角、成渝等），对应的是干线运输网（铁路、航空、国道、省道）；本地网络（包括一级及二级分拣中线），对应的是本地运输网（公路）；终端网络包括快递三轮、末端配送点、快递柜等。

从物流网络匹配性角度看，轨道交通适宜提供本地网络运输服务，即提供二级分拣中心之间的运输或分拣中心到末端配送网点的服务。具有运力富余的轨道交通适合发展物流运输，如客流规模较小的市区线以及市域（郊）线（图 34-6）。

①城区（15km）轨道普线——快递网络终端配送网络。

②城市副城及组团（15 ～ 30km）轨道快线、局域线——本地网络（服务都市圈）。

③周边县城（30 ～ 50km）市域（郊）线——本地网络（服务都市圈、城市群）。

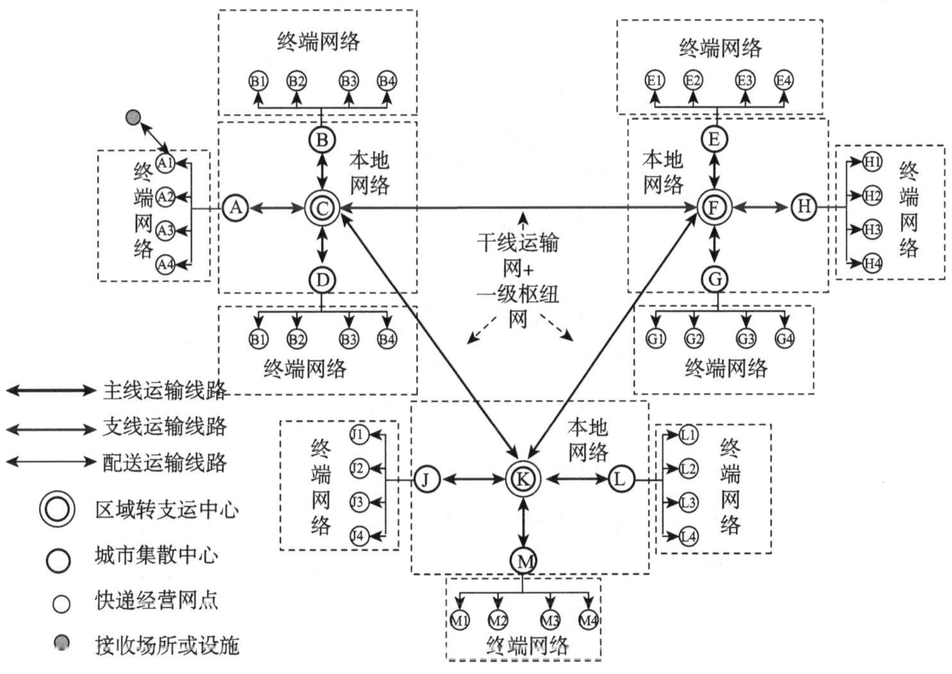

图 34-6　物流运输网络

（2）节点匹配。

常规物流可分为三级物流节点体系，即区域集散中心—城市分拨中心—城市配送中心。其中区域集散中心主要为中长距离运输节点（包括航空、铁路、公路）。根据市域（郊）铁路 / 地铁物流线路长度，可连接二级 / 三级物流节点。提供物流中心运输（到中转节点）到配送网点的服务（表 34-1、图 34-7）。

在配送网点至用户的末端配送环节，由于轨道交通站点覆盖区域有限，难以承担该环节的物流运输，仍需配送员、配送机器人等方式进行再配送 [4]。

表 34-1 轨道交通与物流运输节点匹配

类型	服务范围	客流特征	轨道交通节点	物流运输节点
地铁	通勤圈 市中心	客流大 间隔密	站点	市区外围站点适合作为物流中心 市区内站点适合作为配送网点
			段场	物流园区
市域（郊）	都市圈 市区与郊区之间	客流小 间隔大	市区站点	配送网点
			市域站点	物流中心
			段场	物流园区

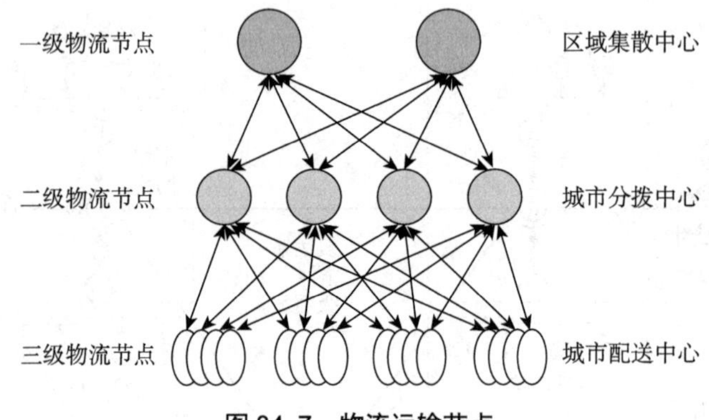

图 34-7 物流运输节点

2. 轨道交通与物流环节适配性分析

将物流运输中的揽收环节、中转运输环节和派送环节对应到轨道交通，研究轨道交通在物流体系可参与的环节、模式。研究如何实现轨道交通与城市物流运输的融合发展是本项目的工作重点。

（1）普通物流路径。

物流园区（仓库）仓储包装分拣→物流中心（分拣中心、中转场）分拣→中心节点分拣→中转节点分拣→功能节点（派件网点、营业网点）分拣→目的地。

（2）轨道交通参与物流路径。

物流园区（仓库）仓储包装分拣→物流中心（分拣中心、中转场）分拣→地面通道→中心节点卸货、分拣、搬运、再包装、站台层装车→轨道车辆（客货同列 / 货运专列）→中转节点站台层卸货、站厅层分拣、搬运、站台层装车→轨道车辆（客货同列 / 货运专列）→功能节点站台层卸货、搬运、站厅层存储、搬运→地面通道（小汽车派送 / 地铁站自提柜自提）（图 34-8）。

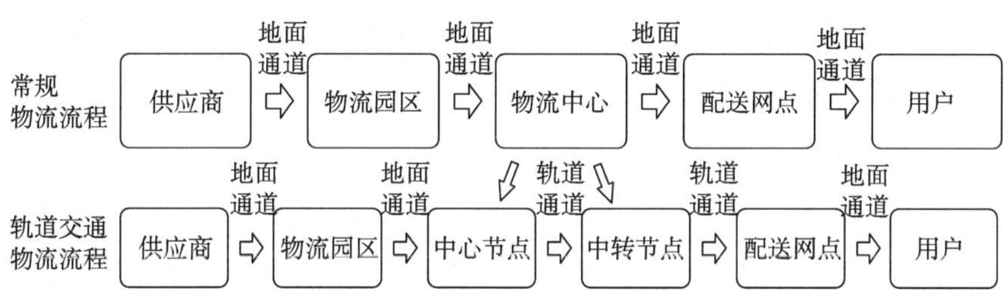

图 34-8　轨道交通与物流运输环节匹配

3. 轨道交通参与物流运输的改造/规划需求

物流业务具有仓储、装卸搬运、包装、分拣、运输、配送等多个环节，且对于土建、设施设备具有特殊要求。对于既有线 / 新线参与物流运输，研究车站（出入口、站台、站厅）、车辆基地、车辆的改造 / 规划需求是必要的。

（1）车站。

①站台分割：对车站站台区域进行改造，货运空间与乘客区域形成独立空间，便于物件装卸和运输，并且不影响乘客乘降。

②增加货梯、叉车：货梯和客梯分设。在物流压力重的区域建设若干中心装卸货平台，其他次重要的物流区域通过改造现行车站即可，如修建货梯，配置叉车等。

③增设货物安检、快递柜、货物中转库、小型运输设备。

④货运需求大的站点，在地面上建立仓库或配送中心，处理附近收货配送。

（2）车辆段停车场。

①承担物流仓储功能，承担较为集中的货物收发任务。

②车辆段场需增建货运平台、仓库基地建设等。

③场区内道路等级提升，仓储空间布局规划和拓展，货运平台建设。

④设置装卸货平台，立体空间利用，将地下和地面的空间合理开发。

⑤添加专用的货运车辆，大型叉车等进行货物摆放。

（3）车辆。

①车厢：对车厢内部座椅、扶手、吊环、立柱进行拆除。添加必要的挡板进行货运和客运的隔离分割。设置一定的防冲撞设施保证货物的安全。

②装卸器具：适用于动车车辆的器具，集装化器具，物流箱、小型集装箱、编织袋、纸箱等。

③可专门配置货物列车，车门要求：车门数量可减少，车门开度增大，货运车门开度增加值 3.4m，方便货物进行装卸[5]。

4. 轨道物流的社会经济影响评价研究

由于轨道物流作为非公益性质的营业性业务，需要产生一定的效益以保证项目的可行性。充分了解轨道运营公司、快递物流企业及城市居民需求，是此规划项目能否真正落地的核心（图 34-9）。

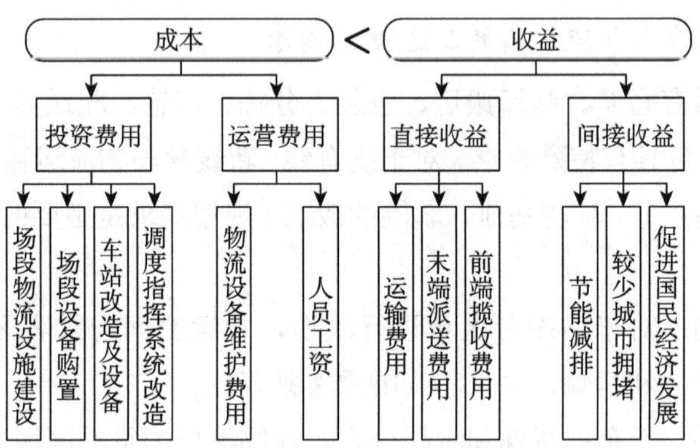

图 34-9　轨道物流成本及效益组成

轨道物流为非公益性事务，可以申请到大额国家财政补贴的概率较小。因此对物流业务来说，直接经济效益就是物流货运业务运输、配送收费产生的收益。通常一单票据收费按件或重量计费，同时与货物品类，时效需求有较大关系，需优先了解轨道交通货物适配性特点，进而开展下一步研究。

四、总结与展望

后续，将进一步梳理物流运营模式与轨道交通运营的匹配关系，构建基于城市轨道交通的城市间物流运输体系，构建轨道物流运输社会经济评价体系，梳理场段、站点适配轨道物流的改造需求等。

基于我院作为众多线网规划、建设规划及单条线路总体设计单位的优势，以及我院作为综合性设计单位、轨道交通设计专业配置齐全的优势，可以以我院在手项目为研究对象，以实际项目为依托，提高本项目研究内容的可实施性。

参考文献

[1] 中共中央、国务院印发《国家综合立体交通网规划纲要》.

[2] 王亮 . 西安地铁参与城市物流运输的可行性研究 [D]. 西安 : 长安大学 , 2018.

[3] 鲁斌 , 张梦霞 . 城市轨道交通开展物流配送的可行性及运行模式研究 [J]. 物流技术 , 2019, 38(8): 8-12.

[4] 鲁斌 . 基于城市轨道交通的智能物流基础设施规划研究 [J]. 智能建筑与智慧城市 , 2019(7): 78-81.

[5] 李润国 . 基于城市轨道交通的物流配送系统及其节点研究 [D]. 兰州 : 兰州交通大学 , 2020.

三十五　地铁车站与一体化开发工程既有线结构破除施工技术

高然

摘要：对北京地铁17号线亦庄站前区南站与亦庄站前区南站一体化工程北侧结合部位需进行既有结构破除的案例作了分析，对临近既有线工程大范围静力破除施工进行了总结，探讨了破除工程存在的风险，并提出了施工的具体工序和在破除过程中要采取的保护措施，说明了所选施工方案的可行性。

关键词：地铁车站；既有结构破除；绳锯切割；施工技术

一、绪论

2018年北京市政府下发了关于加强轨道交通场站与周边用地一体化规划建设的意见，意见要求严格落实北京市总体规划，结合实施轨道交通建设规划，对轨道交通场站与周边进行一体化规划建设和综合利用，促进轨道交通场站及其相关设施与周边用地规划建设紧密衔接，有机融合，形成轨道交通与城市协调发展机制，有效提升城市综合服务功能。

亦庄站前区南站车站结合次渠南停车场一体化设计理念——TOD交通发展模式。从设计理念上，采用TOD的交通发展模式，按照500米范围内的核心区以及1000米范围内的拓展区进行平面布局。对于轨道交通站点一体化来说，TOD的发展模式是相对比较成熟的，在中国香港、日本及欧洲等多个国家和地区等多个项目已经证实。我们也搜集了日本几个比较成功的案例，都是以地铁站点为中心，向周边地块辐射，形成一定规模的地下空间。

随着我国城市地下交通的迅速发展和城市地铁的网络化，轨道交通场站与周边用地一体化规划结合，必然会在地铁施工中遇到地铁与一体化结合、地铁与地铁结合换乘问题。[1]既有结构破除工程一般具有施工组织复杂、技术要求高、风险大等特点。破除过程中一方面需保证地铁正常运营；另一方面整个结构改造过程需控制既有运营地铁车站的沉降变形。[3] 目前国内外对地铁车站既有结构破除的工艺研究尚处于发展的阶段，既有结构破除涉及的问题主要有工程风险、施工步序、既有结构及防水保护、沉降控制等。这些具体问题均有待进一步研究。

二、工程概况

次渠南一体化工程位于通州区环渤海总部基地南侧台湖地区。拟建场地原为村庄及耕地，现村庄已拆迁、场地整平及管线改迁已完成，场地范围内未发现重要建（构）筑物和控制性地下管线。目前该场地北侧为正在建设的次渠南停车场，南侧为已建成的亦庄站前区南站及起点区间。

次渠南一体化工程是利用次渠南停车场南侧地块与地铁车站北侧之前的地块进行停车场上盖、地铁车站一体化开发，开发业态为办公 + 商业，场地 ±0 为 24m，在地块北区区域布置 5 栋高层办公楼，在办公楼楼下及周边设置两层（局部三层）地下室，地下三层层高为 4.35m，地下一层（仅住宅楼下局部布置）层高为 3.95m，功能为设备机房用房；地块西侧为下沉广场，下沉广场基础埋深同一体化开发地下三层深度（图 35-1）。

工程实际开工日期是 2021 年 2 月 26 日，2021 年 12 月完成主体结构、涉及地铁范围的机电安装和装饰装修工程，确保北京地铁 17 号线南段工程 2021 年底顺利通车。

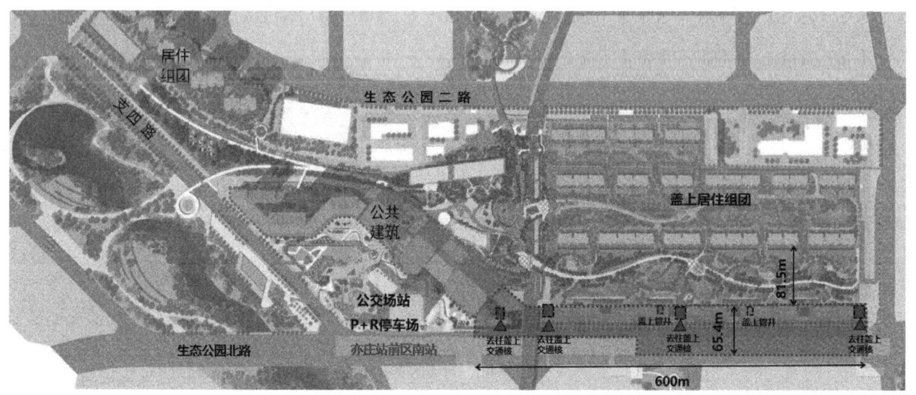

图 35-1　一体化预留工程平面位置

本一体化预留工程地下共 3 层，其中地下三层为地下车库，地下二层为与地下商业（与地铁车站站厅层连通布置），地下一层为设备层；地上为远期预留，为 11 层（2 层商业 +9 层办公）。本期仅实施至 ±0.000 位置，其上待二级开发进入后实施，地下三层为地下车库，战时用作人防掩蔽用途，如图 35-2 所示。本一体化预留工程北侧次渠南停车场及南侧次渠南地铁站均已完成，一体化北侧距离次渠南停车场约为 16m，南侧地下二层与地铁站停车层平接，作为地下商业使用。地下三层底板最大深度约为 15m。

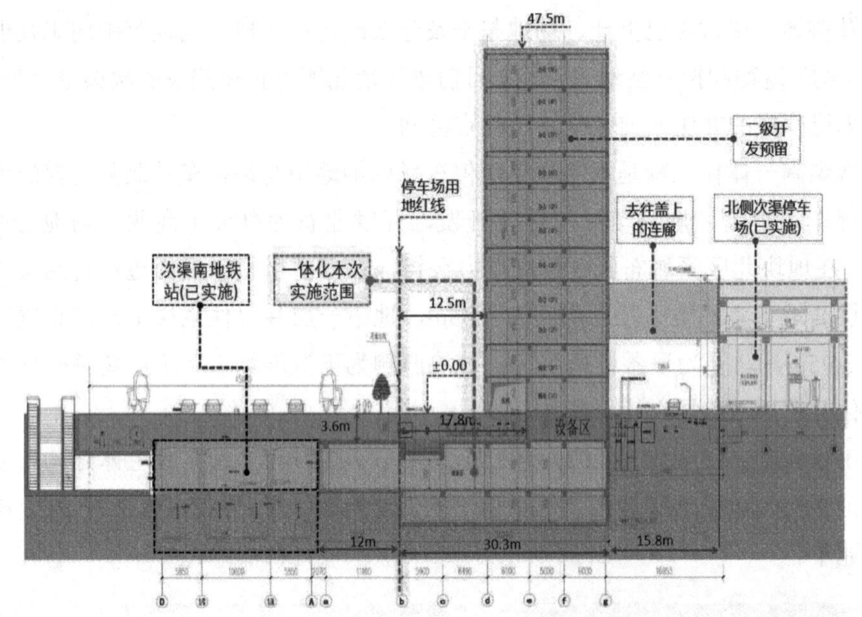

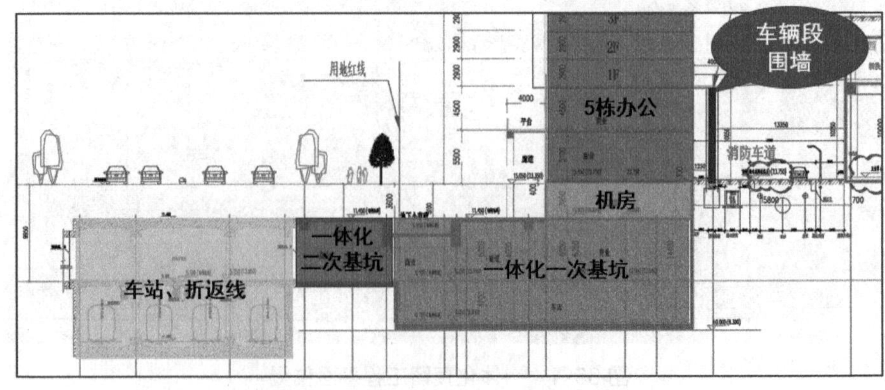

图 35-2 区间与地块竖向关系示意

南侧为已建成的亦庄站前区南站及起点区间，综合利用结构预留工程，利用已建成的亦庄站前区南站及起点区间北侧的地连墙作为基坑围护结构。施工过程需破除已建成的北侧负一层的车站及区间的地连墙和主体结构，二次基坑开挖后需要车站北侧附属结构地连墙破除及 32 ～ 71 轴之间区间北侧结构墙和地连墙破除。车站北侧附属结构共涉及 A 出入口、B 出入口、1 号风道、区间风道。A、B 出入口净空尺寸均为6000mm×4050mm，区间洞口尺寸为6000mm×4750mm（图 35-3）。

主要工作内容包括：

（1）地下连续墙及压顶梁拆除、吊装、清理；

（2）车站及站后折返线部分墙体拆除、吊装、清理；

（3）一、二次基坑间的围护结构（包括冠梁、挡土墙、围护桩）拆除、吊装、清理。

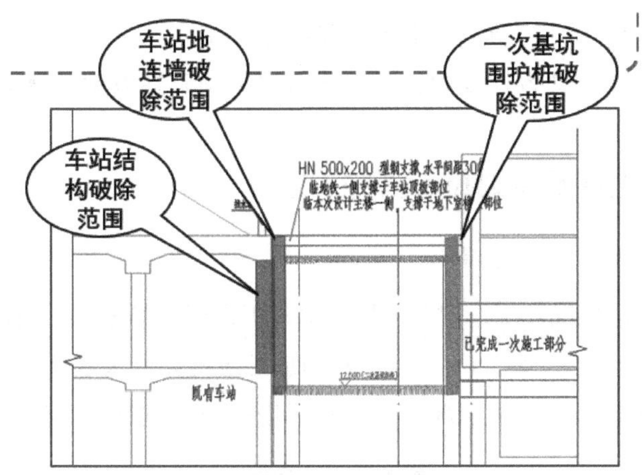

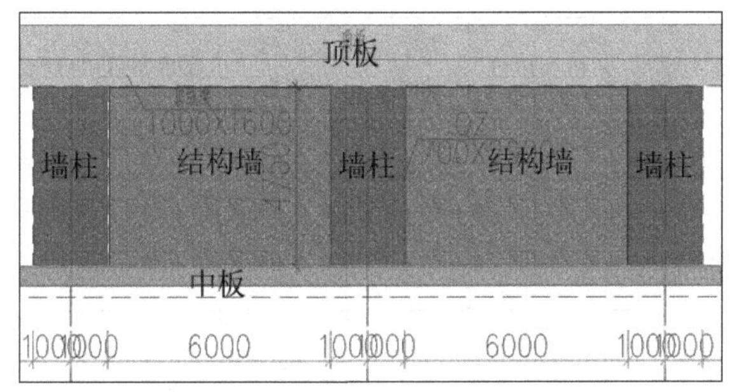

图 35-3　围护结构、结构切除剖面

三、工程风险

既有结构的破除问题主要有以下几个难点：

（1）破除结构截面大。原车站及站后折返线北侧既有结构及围护结构均需要破除，风险等级为二级，如果拆除工艺不当，预留结构容易有较大的沉降变形，甚至发生严重的事故。

（2）对原车站结构变形控制要求高。破除时结构中的钢筋会发生应力重分布，并对原既有结构产生一定影响，须在施工前和施工过程中，对拆除结构的施工流程、对保留结构的变形控制等做好充分准备，以减小因结构拆除对保留结构的变形值，确保新建结构的质量达到总体目标。[2]

（3）新旧结构结合部位处置要求高。围护结构地连墙、结构侧墙和底板拆除后需要和新建通道结合，新旧混凝土节点部位的钢筋处置对保留结构的实体质量影响较大。施工时，需对节点部位的结构进行处理。同时，既有结构破除时，原防水层的保护及新旧结构防水接缝节点也是施工重点。

（4）既有结构周边场地受限，吊装设备选型与破除方案统筹考虑。

四、施工工序及主要技术措施

1. 既有结构破除方案选择

根据上述工程概况及工作内容，项目部对工程整体筹划、工期进展情况、现场作业条件、绿色施工进行了方案讨论，针对施工过程如何采取有效的措施，推动施工过程绿色转型，降低资源消耗、减小对环境的影响进行方案比选（表 35-1）。

表 35-1 方案对比

序号	方案名称及内容	可实施性	工期目标性	经济效益性	绿色施工	综合评分	确定
1	采用水钻＋绳锯切割	10	10	8	10	38	✔
2	采用水钻＋炮锤破除	10	8	10	5	33	✘
3	采用炮锤破除	10	8	8	5	31	✘

评分标准：

10 分，施工质量对工程创优的影响大、工期要求紧迫、施工难度特大、施工面广、投入小且经济效益好、绿色环保资源消耗低、对环境影响小。

8 分，施工质量对工程创优的影响程度较大、工期要求紧迫程度较大、投入大且经济效益较好、绿色环保资源消耗较低、对环境影响较小。

5 分，施工质量对工程创优的影响程度不大、工期要求紧迫程度较大、投入大且经济效益一般、绿色环保资源消耗一般、对环境有一定的影响。

根据以上评价情况，最终确定了破除方案为采用水钻 + 绳锯切割的形式。

2. 施工工序

附属结构与车站相接处净空范围内采用绳锯切除，下部与二次基坑相接处待二次基坑开挖后排孔墙锯分段切割，高度 800mm。一、二次基坑间的围护结构采用 Φ800@1500 钻孔灌注桩，绳锯切除至基底标高。

（1）拆除工程总体遵循的原则为：安全第一、施工有序、平衡对称、化整为零。

（2）主体结构墙和连续墙开孔部位采用水钻钻孔，绳锯静力切割分块拆除；为节约结构墙体切割时间，先安排从隧道结构墙体内部钻穿绳孔。

（3）主体结构拆洞以上及以下（包括主体结构柱后面）的连续墙拆除，压顶梁及护坡桩冠梁、护坡桩拆除，采用挖掘机挖土配合拆除。

地连墙切割施工流程：施工现场准备 → 接好临时用施工水电 → 搭设围挡（仅车站范围内）→第一步土方开挖（共分为二次开挖）→ 放线确定拆除部位→切割孔钻眼→切割分块（绳锯、圆盘锯）→ 吊装。

3. 施工机械、物资准备（表35-2）

表 35-2　主要施工机具

序号	机具名称	数量	备注
1	万向轮	20 套	—
2	绳锯切割机	20 台	—
3	钻孔机	30 个	—
4	电锤	26 台	—
5	移动式脚手架	20 套	—
6	挖掘机	2 台	—

4. 主要技术措施

（1）工艺流程。

第一步土方开挖→切除北侧围护结构（冠梁、挡土墙、围护桩）→第二步土方开挖→南侧护坡支护→南侧（车站主体）结构及地连墙拆除→现场清理。

图 35-4 为二次基坑剖面示意。

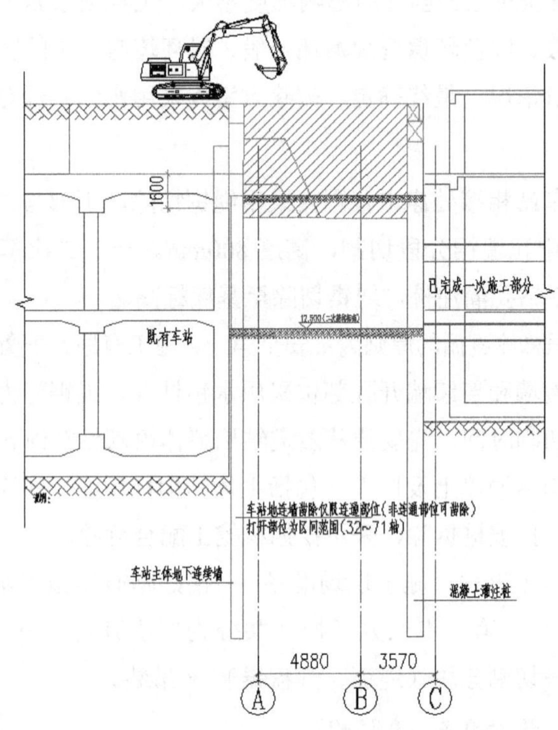

图 35-4　二次基坑剖面示意

（2）土方开挖。

为确保二次基坑按业主节点施工完成，土方开挖分 4 个工作面。与亦庄站前区南站相接附属结构优先施工移交给运营单位。第一步土方开挖深度为 5.3m，纵向坡度不陡于 1 ∶ 6，而后切除北侧冠梁、挡墙及围护桩，南侧冠梁、挡墙、地连墙及结构墙。

（3）结构切除。

结构切除整体采用水钻开孔，绳锯静力切割分块拆除工艺；南侧连续墙框架柱、顶梁、底梁采用墙锯静力切割分块拆除工艺。

南侧切除流程：施工准备→顶梁和上部连续墙拆除→静力切割在主体墙和连续墙开洞→静力切割拆除连续墙顶梁→静力切割拆除连续墙框架柱→静力切割拆除连续墙底梁→吊装→现场清理。

一、二次基坑间的围护结构切除流程：施工准备→冠梁及挡墙拆除→静力切割围护桩 1 →静力切割围护桩 2 →吊装→现场清理。

图 35-5 为混凝土切割剖面。

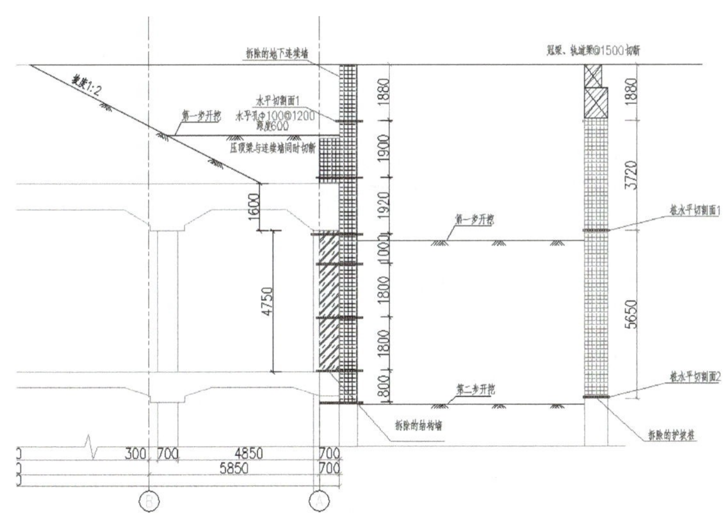

图 35-5　混凝土切割剖面

二次基坑土方开挖完成后需在基坑内侧对地连墙进行切割，每块重量不得大于 10t。A、B 出入口共分 15 块，1 号风道分 54 块，详见图 35-6 ～图 35-9。

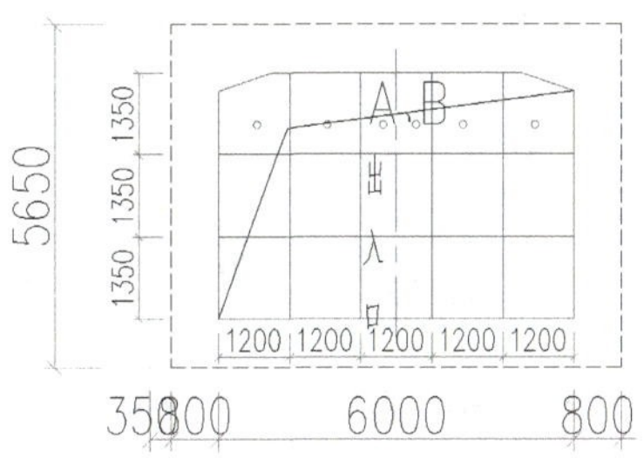

图 35-6　A、B 出入口分块示意

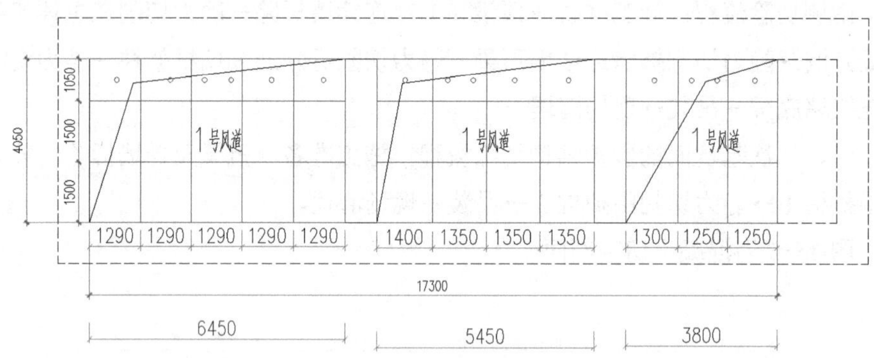

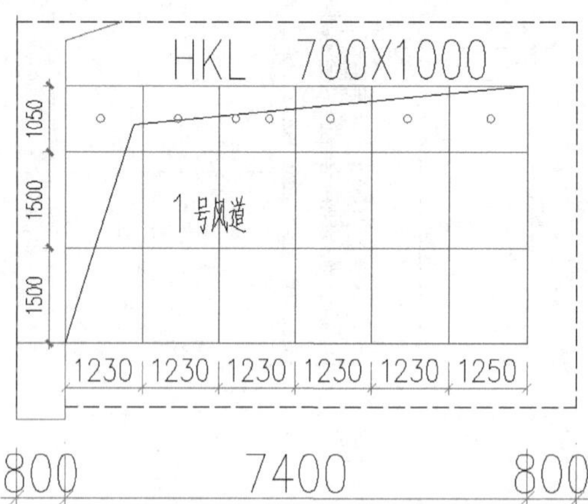

图 35-7　1 号风道分块示意

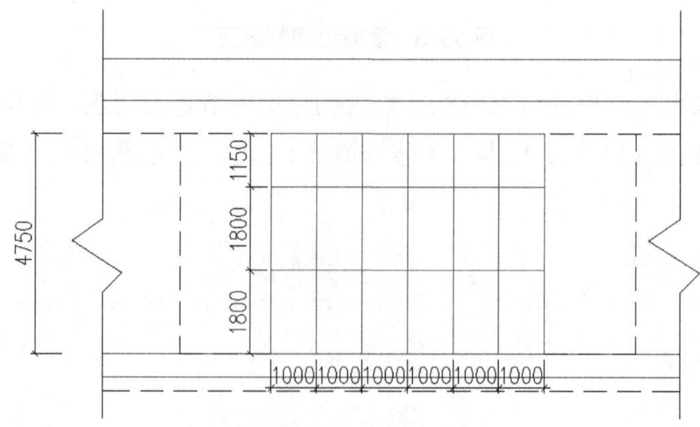

图 35-8　标准门洞分块示意

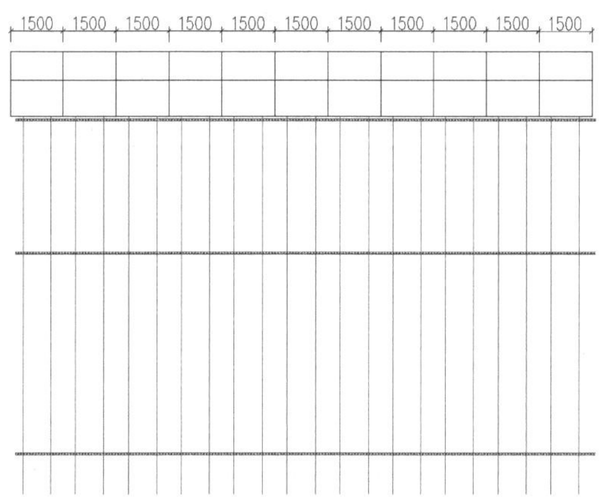

图 35-9　北侧围护桩切除示意

1）主体结构顶板以上顶梁和连续墙、墙体及连续梁墙体开洞。

①工艺流程。

施工准备→放线→水钻开孔→绳锯静力切割→倒运、吊装→现场清理。

②施工工艺。

A. 施工准备：协同业主、甲方做好现有工作面的全面清理、勘查工作；及时办理工作面移交；调试设备，备足易损、易耗材料。

B. 放线：按图示尺寸施放切割定位线，布置穿绳孔。

C. 绳锯静力切割：采用绳锯进行静力切割，切割厚度 1.2m（0.5m 厚主体墙 +0.1m 厚防水和保温 +0.6m 厚连续墙），分块不大于 1.0m×1.8m×1.2m；重量 1.0×1.8×1.2×2.5=5.4t；每个分块钻穿绳孔；切割时宜先切割纵刀，然后切割横刀，切割顺序为纵刀采用从一端起逐刀切割，横刀采用自下而上分块切割。

D. 倒运、吊装：先用小挖掘机将砼块推倒至车站外，再由吊车从底部将砼块吊装至地面板车上，统一运至消纳处；

E. 现场清理：吊装完毕，对现场进行清理，方便下一步拆除施工。

2）连续梁顶梁、框架柱、底梁拆除。

①整体流程。

主体结构墙体及连续梁墙体开洞施工完成，现场清理干净，按照先拆除顶梁、然后拆除框架柱、最后拆除底梁的顺序进行拆除作业。

注：顶梁拆除前应先切断与框架柱连接部位。

②工艺流程。

施工准备→放线→墙锯静力切割分块→倒运、吊装→现场清理。

③施工工艺。

A. 顶梁拆除。

a. 施工准备。

清理现场，确定施工作业面，场地移交。

b. 放线。

顶梁拆除按 3m 分段，计算重量 3×1.5×0.7×2.5=7.875t；分段重按 8t 计。

c. 墙锯静力切割分块。

采用墙锯静力切割连续墙上部连梁（顶梁），切割厚度 0.7m（0.6m 厚连续墙 +0.1m 厚防水和保温），分块 1.5m×3.0m，纵刀间距 3.0m；切割时先切割柱头 2.0m 横刀，然后再切割纵刀，纵刀宜采用从一端起逐刀切割（图 35-10）。

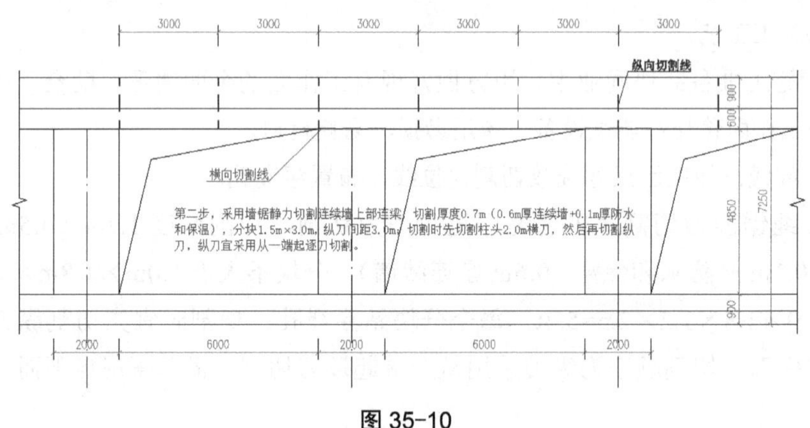

图 35-10

d. 倒运、吊装。

先用小挖掘机将砼块推倒至车站外，再由吊车从底部将砼块吊装至地面板车上，统一运至消纳处。

e. 现场清理。

吊装完毕，对现场进行清理，方便下一步拆除施工。

B. 框架柱拆除。

a. 施工准备。

清理现场，确定施工作业面，场地移交。

b. 放线。

每根框架柱高 4.85m，分为两段切割，上段 2.40m，下段 2.45m；拆除按 2.45m 计算重量：2.45×2×0.7×2.5=8.575t；分段重按 9t 计。

c. 墙锯静力切割分块。

采用墙锯静力切割连续墙部分框架柱，切割厚度 0.7m（0.6m 厚连续墙 + 0.1m 厚防水和保温），分块 2.0m×2.45（2.40）m，每个柱中部、底部各切割一刀（图 35-11）。

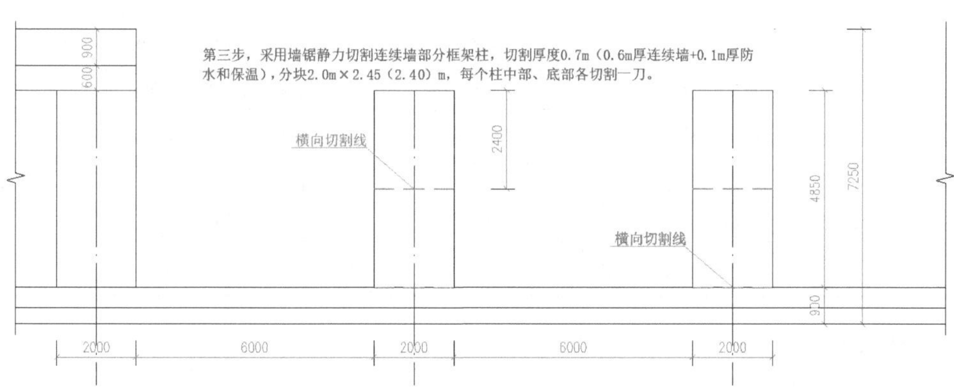

图 35-11　墙锯静力切割分块

d. 倒运、吊装。

先用小挖掘机将砼块推倒至车站外，再由吊车从底部将砼块吊装至地面板车上，统一运至消纳处。

e. 现场清理。

吊装完毕，对现场进行清理，方便下一步拆除施工。

3）一、二次基坑间的围护结构切除。

一、二次基坑间的围护结构拆除共两步，第一步为冠梁、挡墙 +3.72m 围护桩，第二步至基坑底围护桩长度为 5.65m。

计算重量：第一步为（0.6×0.8×1.5+0.8×1.0×1.5+3.14×0.4×0.4×3.72）2.5=9.47t；第二步为 3.14×0.4×0.4×5.65×2.5=7.1t。

五、施工监测

1. 监测项目

既有线监测范围如下：亦庄站前区南站 13 ～ 14 轴变形缝以东范围内，亦庄站前区南站及起点区间 B2 层南侧轨行区以及道岔区的结构和轨道道床（表 35-3）。

表 35-3 监测对象、项目、方法及精度一览

监测对象	监测项目	监测仪器	监测方法	仪器精度
车站（区间）结构	竖向位移	水准仪	人工监测	0.3mm/km
		静力水准仪	自动化监测	0.5%F.S
	横向位移	全站仪	人工监测	0.5″，（0.6+1）ppm
轨道结构	竖向位移	水准仪	人工监测	0.3mm/km
	横向位移	全站仪	人工监测	0.5″，（0.6+1）ppm
	轨道几何形位	轨道尺	人工监测	0.25mm
	无缝线路钢轨位移	钢尺	人工监测	0.1mm
	道岔尖轨及基本轨剥离	塞尺	人工监测	0.1mm

频度要求如下：

（1）自动化监测项目。

采用自动化监测的项目，在关键施工期应对地铁运营期间实行不间断监测。根据数据变化情况，每天监测 4 ～ 12 次。

（2）人工监测项目。

A. 施工期间，2 ～ 3 次 / 周；

B. 施工完成一个月内，1 次 / 周；

C. 一个月后，1 次 / 月。

基于工程的相对位置关系、新建工程工法、规模以及施工时序，本工程可采用唯一的变形控制值 U0 进行控制，并无设定分步控制值的必要。

基于变形分析及变形安全结论。设定监测控制值如表 35-4、表 35-5 所示。

表 35-4 监测控制值——位移 U01 单位：mm

项目	黄色预警	橙色预警	红色预警
左线侧墙—竖向位移—上浮	2.1	2.4	3.0

续表

项目	黄色预警	橙色预警	红色预警
左线侧墙—竖向位移—下沉	-2.1	-2.4	-3.0
左线侧墙—水平位移	±1.4	±1.6	±2.0
道岔区底板—竖向位移—上浮	1.4	1.6	2.0
道岔区底板—竖向位移—下沉	-1.4	-1.6	-2.0

注：1. 既有线为整体道床，本工程无注浆、道床、钢轨可视为与结构协调变形，控制指标相同。

2. 线路设备同时执行运营单位几何控制指标《L4b-WI-OE-PWA-013》。

表 35-5　监测控制值——速率 U02　　单位：mm/d

项目	黄色预警	橙色预警	红色预警
左线侧墙—竖向位移—上浮	0.7	0.8	1.0
左线侧墙—竖向位移—下沉	0.7	0.8	1.0
左线侧墙 - 水平位移	0.5	0.6	0.8
道岔区底板—竖向位移—上浮	0.5	0.6	0.8
道岔区底板—竖向位移—下沉	0.5	0.6	0.8

2. 监测成果分析

隧道自动化监测竖向位移阶段变形量最大测点 JLSZ-03，阶段变形量为 -0.13mm，变形速率为 -0.13mm；累计变形量最大点为 JLSZ-11，累计变形量为 0.24mm（图 35-12）。

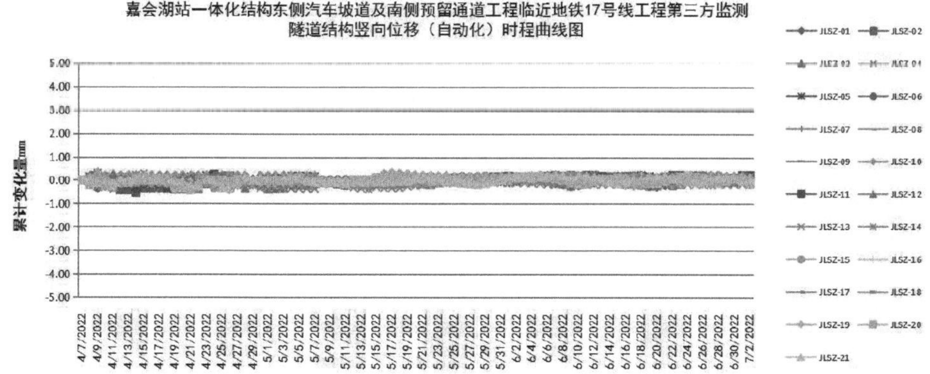

图 35-12

六、结论

既有结构的破除是亦庄站前区南站与一体化结合施工的一个难点，风险等级为二级。亦庄站前区南站及站后折返线既有围护结构，结构侧墙和底板位置破除的范围广，形成的临空面大，施工难度大。施工过程中通过顶板和底板的严格监测，指导施工安全进行，通过施工全程监测，沉降值控制在允许的范围内。

此次城市轨道交通工程施工实践，降低了地铁建设风险，加快了地铁与一体化开发建造速度，推动了我国地铁与一体化开发建设技术的快速发展。通过项目研究与工程实践，在地铁土建工程领域，尤其是一体化工程与地铁既有线工程领域获取了宝贵施工经验。同时，根据方案比选，采取了有效的措施，大大降低了施工过程对原既有结构的影响，减小了噪声污染，降低了资源消耗。

参考文献

[1] 周清福 . 既有隧道破除改造沉降变形的施工风险控制研究 [J]. 隧道建设 , 2012.

[2] 张长泰 . 换乘站施工破除既有车站结构的力学分析 [J]. 隧道与地下工程 , 2014.

[3] 秦李林 , 郭连东 . 地铁车站既有结构破除施工技术研究 [J]. 山西建筑 , 2015, 41,（21）.

三十六　富水砂卵石地层 PBA 暗挖车站洞内硬咬合桩施工技术

刘大鹏

摘要：为贯彻落实北京市领导关于加强水资源保护，促进水资源节约与合理开发利用的指示精神，最大限度减少水资源浪费。北京市重大办积极在全市轨道交通工程建设领域开展了多项止水试验，试验以解决北京地铁建设进入深层后面临的全断面砂卵石地层地下水控制治理难题为目标。暗挖车站洞内咬合桩止水帷幕作为重点方案被应用在多项止水试验工程中，进行实践检验。

本文以北京地铁 12 号线蓟门桥站洞内咬合桩止水帷幕施工为例，详细阐述了咬合桩施工工艺，施工中素桩材料选择与控制、钻机钻具选型、垂直度控制等管控重难点和措施，施工过程中咬合效果验证的方法，形成了一套技术先进、经济上合理、工期满足要求的止水帷幕施工技术。该技术具有显著的经济和社会效益，可广泛用于富水砂卵石层地铁暗挖车站施工。

关键词：地下水控制；咬合桩止水帷幕；素桩材料选择；垂直度控制

绪论

国内外咬合桩止水帷幕技术在地面开放空间应用较多，分为软咬合和硬咬合两种方式，成孔设备先进，工艺技术成熟。但在地下受限空间内咬合桩施工应用较少，主要因为现有洞桩施工设备性能无法满足咬合桩施工工艺要求，且施工效率低，尤其在富水砂卵石地层中施工，随深度增加，成孔难度更大，成孔质量、咬合效果无法保证，施工技术有待改进和完善。

本文以北京地铁 12 号线蓟门桥站洞内咬合桩止水帷幕施工为例，详细阐述了硬咬合工艺的施工流程，施工中素桩材料选择与控制、钻机钻具选型、垂直度控制等管控重难点和措施，施工过程中咬合效果验证的方法。经改进和完善后的洞内咬合桩施工技术，现场验证能够形成止水帷幕，并且止水效果良好，施工工艺可行。可对同类工程施工提供参考意见。

一、工程概述

1. 工程概况

12 号线蓟门桥站位于北三环中路与西土城路交叉路口东侧，东西布置于北三环中路下方，车站上方为横跨西土城路的蓟门桥东桥立交桥。蓟门桥站为 12 号线与 27 号线的换乘车站，两线车站采用 T 形节点换乘，同期实施。

12 号线车站为地下三层岛式车站，车站主体长度 243.5m，断面宽度 23.7m，采用 4 导洞 PBA 暗挖工法施工。车站底板埋深约 37.93m，结构埋深大，车站负三层整体入水。

近两年，北京市重大办积极在全市轨道交通工程建设领域开展了多项止水试验，试验以解决北京地铁建设进入深层后面临的全断面砂卵石地层地下水控制治理难题为目标。地铁 12 号线蓟门桥站作为试验站，地下水处理方式由管井降水变更为侧壁咬合桩止水帷幕 + 盆底冻结止水施工。洞内咬合桩作为围护结构，兼作止水帷幕，采用硬咬合施工工艺，设计最长桩长 30.5m，共 844 根，在上层边导洞内施工。

2. 设计概况

车站边导洞净空为 5500mm（高）×4000mm（宽），车站边导洞内设计桩位中心与导洞侧壁距离为 0.9m，咬合桩与结构间预留 100mm 余量，此量包括防水层工程做法厚度、桩身变形量、桩位偏差、垂直度偏差及施工误差等。

洞内咬合桩采用硬咬合施工工艺。分为 A 桩：I 序素桩，Φ1000@1200mm；B 桩：II 序钢筋混凝土桩（以下简称荤桩），Φ1000@1200mm；素桩：C5 低强度塑性砼材料，强度最高不得超过 7.5MPa，渗透系数≤ 1×10^{-6}cm/s，共 444 根；荤桩（II 桩）：C30，共 440 根；咬合桩桩长 26.5 ～ 30.5m，嵌固深度结合冻结底板的设置深度及缓冲层的厚度，为基底以下 9m。桩顶设计咬合量 400mm，桩底咬合量≮ 50mm[1]，横通道两侧及受力转换处咬合桩局部加长处理（图 36-1 ～图 36-3）。

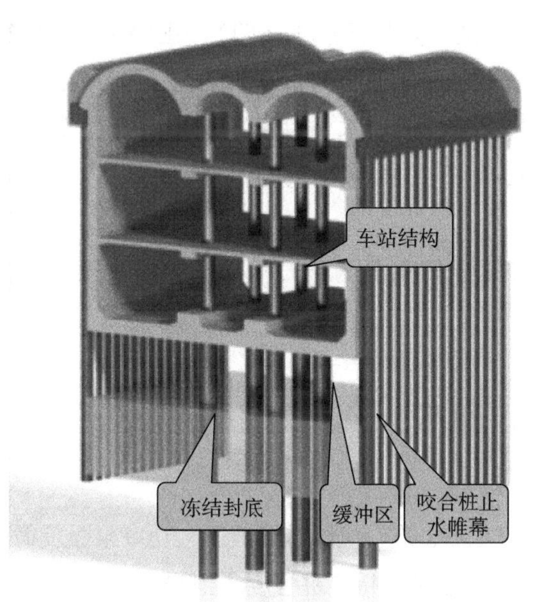

图 36-1　蓟门桥站侧壁咬合桩 + 盆底冻结效果

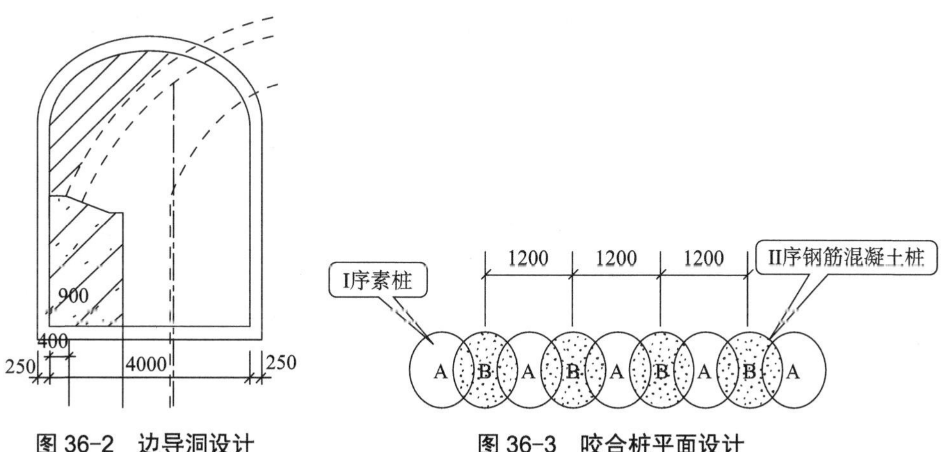

图 36-2　边导洞设计

图 36-3　咬合桩平面设计

3. 水文地质情况

根据地勘报告，咬合桩施工穿越地层自上而下主要为：粉细砂⑤$_2$、粉质黏土⑥层、粉细砂⑦$_2$层、卵石－圆砾⑦层、粉质黏土⑨$_3$层、粉细砂⑨$_2$层、粉质黏土⑨$_3$层、卵石⑨层。其中，车站底板位于粉质黏土⑨$_3$层，桩底坐落于卵石⑨层中。

咬合桩施工范围主要涉及层间潜水（四），主要接受侧向径流及越流补给，以侧向径流和人工开采的方式排泄。层间潜水（四）水头标高 18.66 ～ 20.90m，水头埋深 27.80 ～ 31.99m，位于水位以下地层主要有卵石－圆砾⑦层、粉细砂$⑨_2$层、粉土$⑨_3$层、卵石⑨层。车站开挖底板底标高 13.8m，车站主体结构入水深度约 7m。

本次止水施工技术研究主要为卵石－圆砾⑦及卵石⑨地层处的潜水（四）处理。

二、咬合桩施工技术

1. 咬合桩施工工艺

洞内咬合桩采用 DKZ-8 第六代履带式液压大功率泵吸反循环钻机成孔，采用硬咬合施工工艺，先施工素桩，待素桩强度达到 5MPa 后，施工荤桩切割相邻素桩成孔，浇筑成型后形成止水帷幕。切割的相邻素桩之间的强度差值不得大于 3MPa。

咬合桩施工时，素桩需采用“跳三打一”施工，分 3 序施工完成，荤桩采用“跳一打一”施工，分 2 序施工完成，施工相邻桩位时保证桩位搭接 400mm。施工步序如图 36-4 所示。

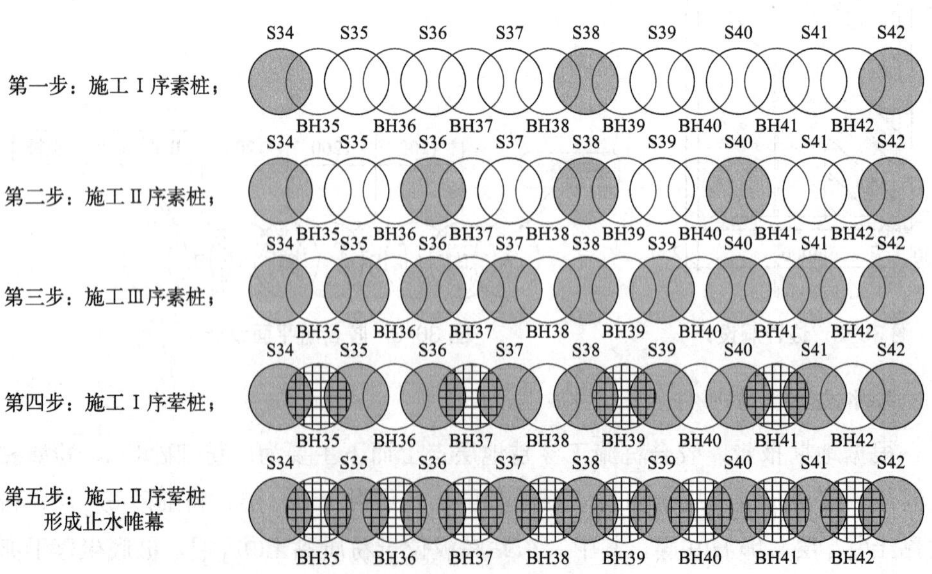

图 36-4　咬合桩施工步序示意

2. 咬合桩施工流程（图36-5）

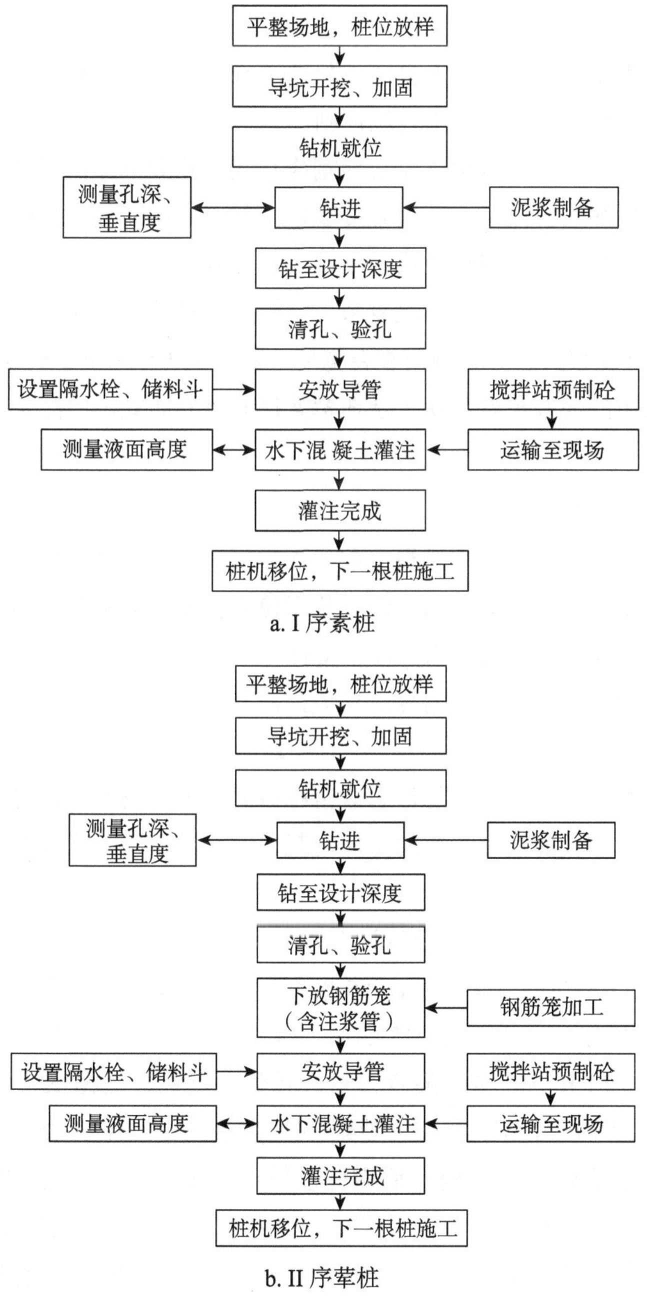

a. I 序素桩

b. II 序荤桩

图36-5　咬合桩施工流程

三、咬合桩施工重难点及控制措施

1. 咬合桩施工重难点

咬合桩施工重难点主要有素桩桩体材料选择与控制，钻机、钻具设备改造和选型，咬合桩垂直度控制，泥皮效应控制。

素桩强度较高，会导致荤桩无法切割成孔或成孔效率低；素桩强度较低，会影响素桩抗渗性和围护效果；素桩强度稳定性差，素桩间强度差值较大，影响荤桩施工垂直度，进而影响咬合效果；车站上层导洞净空尺寸有限，净空无法满足现有钻机施工需求，并且地质情况复杂，钻机、钻具性能对成孔质量、成孔效率影响较大；垂直度较大会导致桩间咬合宽度不足甚至无法咬合，造成渗漏水现象；泵吸反循环采用的泥浆护壁，易夹杂在荤素桩间交界面处形成泥浆夹层，影响止水效果。

2. 素桩材料选择与控制

塑性混凝土是一种水泥用量很少并加入了膨润土（有时掺加黏土、粉煤灰）的混凝土，其水泥胶结物的黏结力低，从而使其强度大大降低，塑性变大。塑性混凝土的优良性能主要取决于它的以下特性。

（1）塑性混凝土具有极低的变形模量，而且可以人为控制其配合比，使其变形模量在较大范围内变化。

（2）塑性混凝土具有与土层形态非常相似的应力应变曲线，可以人为地选择与周围土层应力应变曲线相吻合的塑性混凝土配合比，同时又具有很好的防渗性能。[2]

根据以上特性，结合本工程设计要求：相邻素桩之间的强度差值不得大于3MPa，强度最高不得超过7.5MPa，渗透系数$\leqslant 1\times10^{-6}$cm/s，本工程试配了3种素桩材料，分别为C5混凝土、M5膨润土砂浆、C5膨润土混凝土。综合考虑施工造价、后期28d和56d材料强度、渗透系数等指标，根据试验室试配分析，C5混凝土抗渗性较差，M5膨润土砂浆、C5膨润土混凝土抗渗性能符合要求，但M5膨润土砂浆强度不稳定，后期强度较高。最终选用了C5膨润土混凝土作为素桩材料。其配合比参考《现浇塑性混凝土防渗芯墙施工技术规程》（JGJ/T291—2012）的相关技术要求，由与我部合作的搅拌站试验室进行试配，确定了以下配比，具体配比如表36-1所示。

表 36-1　塑性混凝土配合比

北京盛和诚信搅拌站素桩混凝土配合比（膨润土混凝土，5MPa）									
配合比编号	水泥 /（kg/m³）	水 /（kg/m³）	砂 /（kg/m³）	碎石 /（kg/m³）	粉煤灰 /（kg/m³）	减水剂 /（kg/m³）	膨润土 /（kg/m³）	水胶比	砂率
	109	283	556	653	85	2.25	127	0.88	46%

在洞内非设计桩位施工三根素桩、两根荤桩进行试验，待试验桩浇筑龄期达到 28d 后，在三根素桩和荤素桩交界面处分别进行取芯，验证上述配比下素桩材料的强度、渗透系数、稳定性、完整性等指标，如图 36-6 ～图 36-8 所示。

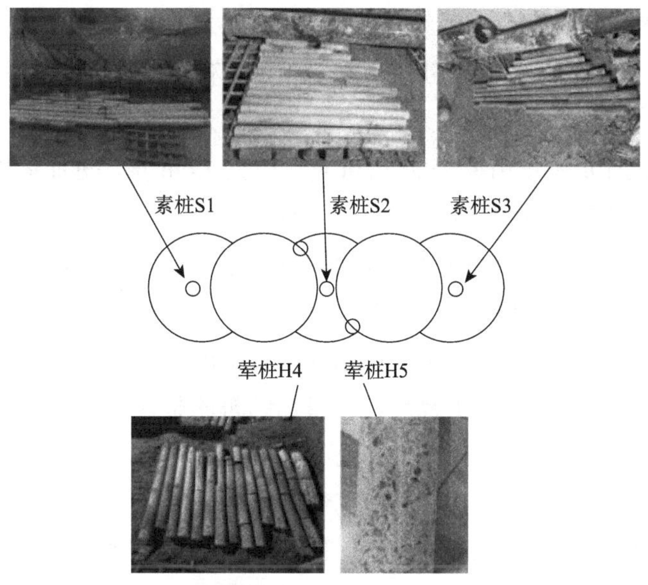

图 36-6　试验桩芯样留置

图 36-7　试验桩芯样抗压试验

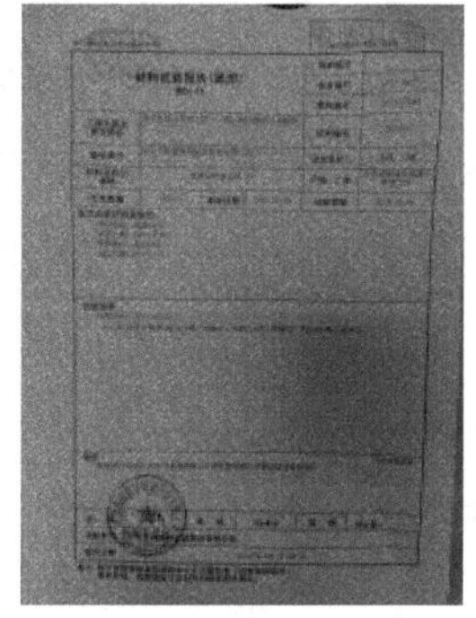

图 36-8　试验桩芯样抗渗试验报告

S1、S2、S3 素桩芯样 28d 强度分别为 5.1MPa、5.7MPa、5.5MPa，且后期 56d 强度几乎不增长，材料稳定，符合设计要求；素桩芯样渗透系数试验结果均符合设计要求（渗透系数≤ 1×10^{-6}cm/s）；分别在荤素交界面处取样分析，芯样完整性较好，均可见完整分界面，咬合情况良好。试验数据表明，该配合比满足施工要求。

3. 咬合桩钻机、钻具的改造和选型

（1）钻机改造。

车站边导洞内设计桩位中心与导洞侧壁距离为 0.9m，无法满足常规反循环钻机 1.2m 的最小作业宽度。因此需对现有设备进行改造。

为了适用于蓟门桥站现有的地质条件和作业环境条件，在第六代泵吸反循环钻机的基础上，研发出 DKZ-8 系列钻机。具体改造如下：

1）履带式行走系统由原来的 2.2m 宽，改为 1.6m 宽，进而钻机整机宽度为 1.6m，以能满足桩中心线距边墙 0.9m 的条件。

2）为弥补钻机宽度减小带来的不稳定性，采取了如下措施：

①钻机底盘加厚，钻机整机重量为 14t，与第六代钻机相比，只差 2t；

②为钻机配备丝杠，或千斤顶，在钻机对位后用于支撑边墙，增加其稳定性；

③降低钻机动力头支架的高度，以增加钻机的整体性，但钻杆长度由 1.5m 改为 1.0m，增加了接钻杆的时间，降低了成孔效率。

（2）钻具改造和选型。

根据本工程地质情况，结合以往施工经验和现场试验桩情况，素桩施工选用常规截齿筒钻钻头，能够保证素桩施工质量。荤桩施工时，因不同地层间交界面、地层和素桩间、素桩和素桩间强度存在差值，钻头的选型是确保荤桩钻进效率和成孔质量的重要因素，在以往筒钻基础上通过改造钻筒、选用钻齿、钻齿间的不同排列等方法，研发出两种适用于砂卵石地层的钻头，分别为板齿截齿钻头、牙轮钻头，通过现场试验进行比选，比选结果如表 36-2 所示。

表 36-2 钻头选型表

对比内容	钻头名称		
	常规三翼筒钻	截齿板齿筒钻	牙轮钻
成孔质量	差	好	一般

续表

对比内容	钻头名称		
	常规三翼筒钻	截齿板齿筒钻	牙轮钻
钻进效率	低、切削能力差	较高	高
钻头磨耗、更换造价	磨耗大、更换造价低	磨耗大、更换造价低	磨耗低、更换造价高
综合评价	差	好	一般

通过比选，本工程采用了截齿板齿筒钻，该钻头结构形式和主要优点如下。

①钻筒：全断面1m高、5cm厚钻筒，钻筒内壁附三块互成120°的配重板。钻筒较一般钻筒整体性强，钻进时垂直度有良好的保证。

②截齿布置：内嵌式截齿，截齿钻头型式采用子弹头型式。配合外嵌式板齿切削土体，保证钻进动力，极大提高钻进效率（图36-9）。

③板齿布置：外嵌式板齿，分偏离中垂面-5°、0°、+5°三种形式布置于钻桶底端断面处，配有耐磨块。切削素桩时效率高，耐磨块减少换齿次数，保证钻进施工效率。

④吸浆管钻杆：0寸吸浆管钻杆，开设大孔洞出泥口，通过三块互成120°的配重板连接钻筒，钻杆开设大孔洞出泥口，方便清淤出泥，减少卡钻、堵钻概率（图36-10）。

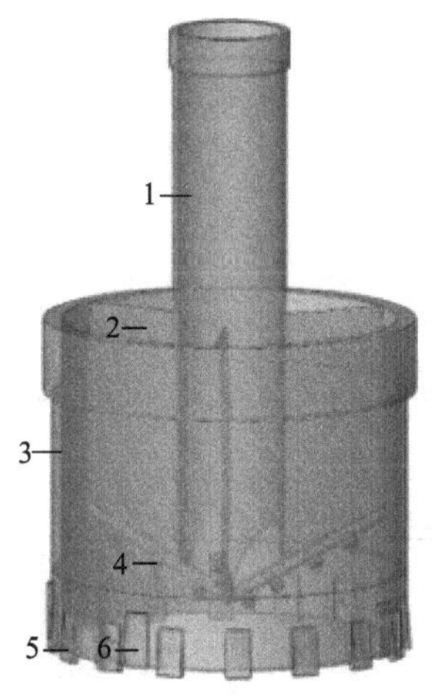

1—吸浆管；2—配重板；3—钻筒；
4—截齿；5—板齿；6—耐磨块

图36-9　板齿截齿钻头模拟

图36-10　板齿截齿钻头实物

钻杆改造：钻杆壁厚由 16mm 变为 20mm，材质由 Q235 变为 Q425，增加钻杆刚度；钻杆接头采用锻造工艺、渗碳处理，材料选用 40 铬钢，提高耐磨性，较原来耐磨程度提高 3 倍以上。

4. 咬合桩垂直度控制措施

（1）使用改造后的钻机、钻杆和钻头。

（2）增加钻头的配重，在钻头上方第一节钻杆处增加配重器，配重器重量不小于 1t。

（3）地层卵石粒径较大，在钻进过程中，多次发生卡钻、跳钻，造成垂直度控制较为困难，偏差较大，并且偏差多发生在由粉细砂层与卵石层的交界处（12 ～ 17m 发生突变）。在钻进作业时，行进到 12m 左右处，严格控制钻进速度，减小钻头回转速度（3r/min），减小进尺速度（0.1 ～ 0.3m/h）。下部钻杆配置扶正器，安装 6 ～ 8 个扶正器（图 36-11、图 36-12）。

（4）在钻机上配备显示钻机姿态的仪表盘，由操作手负责，每钻进一根钻杆，实时监控钻机姿态，确保钻机水平，钻杆垂直。

（5）钻机成孔后，采用超声波检测仪检测钻孔垂直度，了解每个钻孔的垂直度。

（6）成孔后若发现垂直度大于设计值，采用回填重钻等措施。

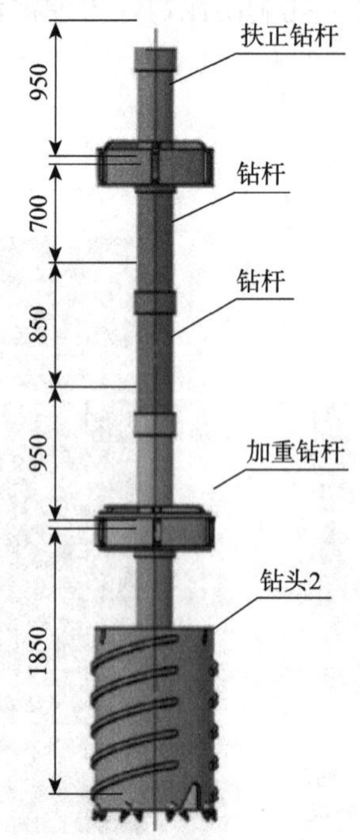

图 36-11 增设扶正器、加重钻杆示意

图 36-12　扶正钻杆、加重钻杆实物

5. 泥皮效应控制措施

施工中应缩短各工序时间，做好工序衔接工作，减少泥浆浸泡孔壁时间；在两桩之间采用侧压浆补强措施，荤桩孔内设置 4 根注浆管（DN32×2.75 钢管），位于帷幕内外侧、相邻桩交点处。桩侧注浆根据含水层情况，水位以上 2m 至桩底每 5m 设置注浆孔。

在荤桩成桩 14 天后开始压浆，压浆的浆液为水泥浆，水灰比 0.8 ～ 1.0，压浆采用低速慢压的方法。地层以密实的砾石、卵石层为主，终压以压浆量控制。压浆完毕后立即给压浆管拧上堵头，以免因回浆而降低压浆效果。

四、咬合桩施工效果验证及评价

1. 施工中咬合效果验证方法

咬合桩施工过程中，咬合桩施工止水评价应以咬合宽度控制为主。本工程在每根桩成孔后，采用超声波检测仪检测成孔数据，根据测得的咬合桩不同标高处的桩径、垂直度等数据，通过自主研发的咬合桩 3D 展示软件进行模拟分析，得出相邻咬合桩间整体成孔情况三维模拟图（图 36-13 ～图 36-15），通过调阅咬合桩三维图像中不同标高处的咬合桩截面（图 36-16），可得出相应位置咬合宽度及侵线情况。

咬合宽度取 5 个典型断面进行评估：负一层中板、负二层中板、负三层底板、冻结上表面和冻结层上表面下 2m。在咬合桩 3D 展示软件输入检测数据后形成三维图像，能够及时预判每根桩的咬合情况和侵线情况。对施工中咬合度不符合设计要求的，回填塑性混凝土重新钻进。

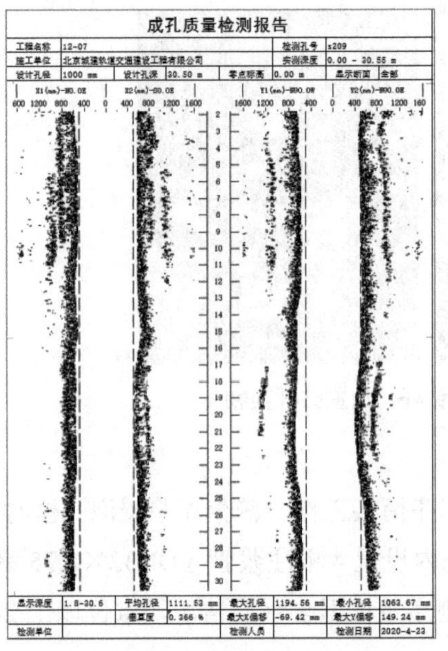

成孔质量检测报告

工程名称	12-07				检测孔号	s209	
施工单位	北京城建轨道交通建设工程有限公司				实测深度	0.00 - 30.55 m	
设计孔径	1000 mm	设计孔深	30.50 m	零点标高	0.00 m	显示断面	全部

显示深度	1.8-30.6	平均孔径	1111.53 mm	最大孔径	1194.56 mm	最小孔径	1062.67 mm
		垂直度	0.366 %	最大X偏移	-69.42 mm	最大Y偏移	149.24 mm
检测单位				检测人员		检测日期	2020-4-23

图 36-13 成孔质量检测报告

图 36-14 咬合度断面划分

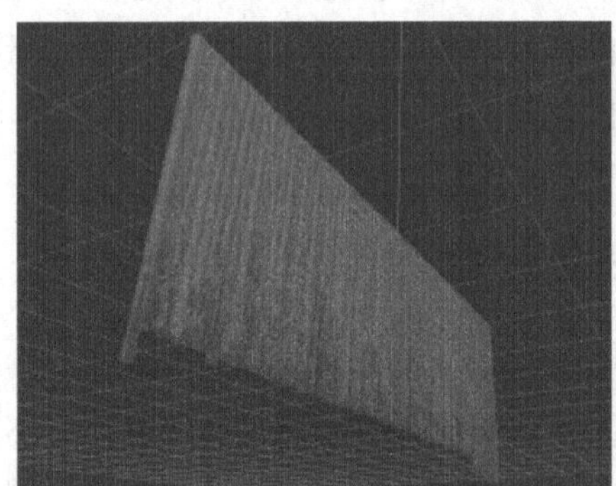

图 36-15 3D 展示软件中咬合桩三维成像

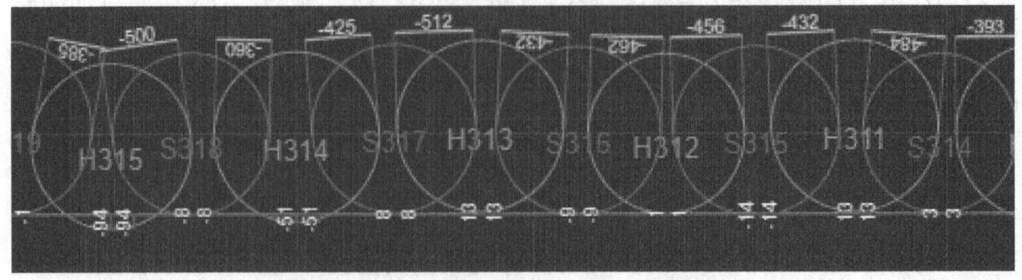

图 36-16 3D 展示软件中咬合桩截面

2. 施工效果评价

对所有咬合桩成桩质量、咬合效果进行分析，评价咬合桩整体成桩效果，主要分析咬合桩成孔垂直度、侵线量、咬合宽度。

素桩垂直度控制在 10‰内的占比 96.8%，垂直度控制在 5‰内的占比 89.1%。

荤桩垂直度控制在 10‰内的占比 76.3%，垂直度控制在 5‰内的占比 39%。

根据现场统计，素桩均不侵线，主要对荤桩的侵线情况进行统计分析，结果如下。

表 36-3　侵线量统计表

侵线范围		0～150mm	150～250mm	＞250mm
		占比	占比	占比
荤桩	负一层中板	100%	0	0
	负二层中板	95.4%	4.6%	0
	负三层底板	91%	9%	0

由表 36-3 可得出：考虑到桩基与主体侧墙之间预留 10cm 间隙，等强荤桩在破除桩基保护层的情况下，91% 桩基不需要处理。咬合桩侵线形成原因主要有两方面：一是垂直度偏差过大；二是砂卵石地层桩基存在扩径现象。

为研究咬合桩的咬合宽度情况，我们选取了 3 个典型断面进行评估：负一层中板、负二层中板、负三层底板的位置。依据上面所选定的 3 个典型断面，对咬合桩咬合宽度数据进行了统计分析，结果如下。

表 36-4　咬合量统计表

位置	≥400mm	100～400mm	50～100mm	≤50mm
	占比	占比	占比	占比
负一层中板	87%	13%	0	0
负二层中板	68%	31%	1%	0
负三层底板	59%	39%	2%	0

由表 36-4 可得出：咬合宽度均大于 50mm，满足咬合桩止水要求；咬合宽度在 400mm 以上占比 59%，主要原因是在砂卵石地层桩基扩孔严重，桩径普遍大于 1m。

综合评价：根据车站开挖所揭露的咬合桩成桩情况，统计出的数据进行分析研判，咬合桩成桩质量、咬合效果、止水效果良好，能够形成止水帷幕，洞内咬合桩施工工艺可行（图 36-17）。

图 36-17 洞内咬合桩止水帷幕实施效果

五、结论

通过本技术的研究，解决了在富水砂卵石地层中，PBA 暗挖车站洞内咬合桩止水帷幕施工中的难题。该研究成果技术方法成熟、可操作性强、工期造价可控。素桩材料的创新、钻机改造和钻具的研制、垂直度控制等一系列措施，施工过程中咬合效果验证的方法，均为地铁 PBA 暗挖车站咬合桩施工应用的先例。本工程采用的咬合桩止水帷幕，既有效地降低了地下水对暗挖车站施工安全的风险，也有效地保护了地下水资源被开采，践行了绿色环保的施工理念，具有显著的经济和社会效益，可广泛用于富水砂卵石层地铁暗挖车站施工。

参考文献

[1] 中华人民共和国住房和城乡建设部 . 咬合式排桩技术标准 : JGJ/T 396-2018[S]. 北京 : 中国建筑工业出版社 , 2018.

[2] 程瑶 , 张美霞 . 塑性混凝土配合比试验研究及应用 [J]. 技术应用 , 2012(4): 62-64.

[3] 中国建筑工业出版社 . 现浇塑性混凝土防渗芯墙施工技术规程 : JGJ/T 291-2012[S]. 北京 : 中国建筑工业出版社 , 2013.

三十七　盾构切削大直径钢筋混凝土群桩刀具配置及磨损分析

杨昊

摘要：依托绍兴某区间盾构磨桩工程，通过实测刀具磨损情况、分析整理钢筋及混凝土块的粒径，结合实际推进参数，得到以下结论：1. 一主一辅一刮三层刀布置原则及“慢推速、中转速、小扭矩、勤量测、严同步、早二次”施工过程控制准则能有效完成连续切桩任务；2. 钢筋破坏形态分为剪拉、弯拉和纯剪三种形式，78% 的钢筋断口满足预期目标，验证了刀具布置的有效性；3. 撕裂刀中 57% 存在损耗，且多发生在轨迹线大于 2500mm 以外区域，刀尖的磨耗大于外法面及内法面，磨耗系数约为 1.04mm/km；4. 基于现有刀具磨损状态，预计还能切削 13 根直径 1m 工程桩或 4 排（每排 7 根）直径 0.8m 围护桩。研究成果可为相似工况盾构穿越地下障碍物提供参考及借鉴。

关键词：盾构磨桩；盾构切削；刀具磨损；损伤预测

引言

随着城市化水平的快速发展，地铁逐渐成为大城市居民日常出行的重要方式，截至 2021 年底，我国已有 48 座城市开通轨道交通线路，总运营里程达 7970 公里，并且地铁建设速度逐渐增大。部分地铁线路在建设过程中无法避免，必须穿越一些地下障碍物如废弃的人防工程、建筑物基础、漂石（孤石）、地下遗留管线等，给地铁工程建设带来一定的挑战，尤其是那些地理位置敏感的中心城市建筑的基础，地铁线路往往无法绕开，传统的方法是将上部构筑物拆除，处理完基础后再进行穿越，这种方式虽然相对安全成熟，但是存在对周围环境影响大、成本高、工期长、严重影响城市交通等缺点。

对于区间隧道与建筑物桩基发生冲突的情况，国内外学者开展一系列研究及工程实践。王飞、袁大军[1～5]等分别采用数值模拟、现场试验开展了苏州富水软弱粉细砂地层盾构全断面切桩工程研究，成功实现14根桩基础的切除工作；王哲[6]等在砂质粉土及淤泥质粉质黏土地层中，完成了6根直径1000mm桥梁桩基的连续切削作业；李宏波、吴志峰[7～8]等基于以色列地铁项目，开展室内切桩试验，并分析了滚刀和切刀对钢筋和混凝土的切削效果；李发勇[9]分析宁波三号线盾构切削灌注桩基础实际工程，从刀具配置、施工参数控制、混凝土钢筋破坏、地表沉降等方面开展研究，成功解决了工程磨桩问题；傅德明[10]开展切削素混凝土、玻璃纤维混凝土及钢筋混凝土模型试验，通过在原有刀盘上增加先行刀和贝壳刀的方式成功通过10根主筋直径18mm的桩基。

认真总结前人的研究成果，可以发现：1. 单台盾构机磨桩数量一般不超过10根；2. 桩基直径一般不超过1m，主筋直径不超过20mm；3. 盾构切削桩基多为全断面切削，尚未见到悬臂切削桩基报道；4. 磨桩前对桩周土体多采取地表加固措施，断桩进行托换处理等。

在以往经验的基础上，结合本文所依托的实际工程特点（桩基数量多、地理位置敏感、钢筋直径大、悬磨排桩等），重点介绍实际工程盾构磨桩刀具配置、磨桩后刀具的损伤情况及刀具继续切桩的可行性分析，为相似地层盾构穿越桩基础提供参考。

一、工程概况

1. 工程简介

如图37-1所示，区间左右线下穿市政府时与连接市政府的三座地下通道（矩形单跨钢筋混凝土结构）的桩基础发生冲突，左线25根（15根直径800mm的悬臂围护桩，入侵隧道4m，10根直径1m的全断面工程桩），右线22根（14根直径800mm的悬臂桩围护桩，入侵隧道4m，18根直径1m的全断面工程桩），围护桩配筋14根直径25mm钢筋，工程桩配筋20根直径25mm钢筋，配筋见图37-2。

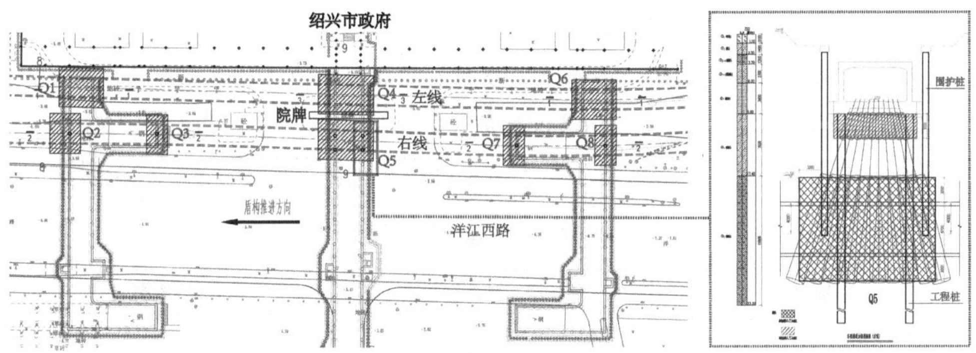

图 37-1　区间与地下通道位置关系

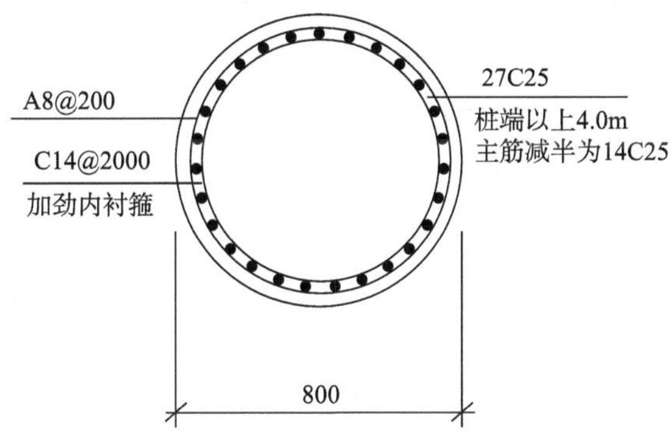

（a）悬臂围护桩

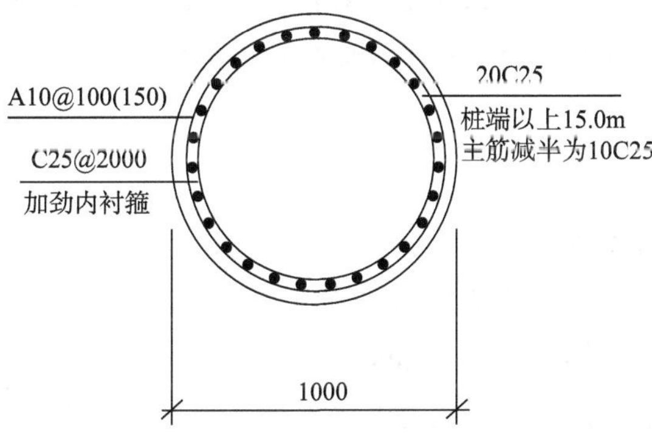

（b）全断面工程桩

图 37-2　桩基配筋

2. 工程地质与水文地质条件

区间埋深 18.4 ～ 20.6m，穿越土层为④$_3$粉质黏土夹粉土和⑤$_2$粉质黏土，土层物理力学参数见表 37-1，由液性指数分析结果显示，④$_3$粉质黏土夹粉土呈软塑态，中偏高压缩性；⑤$_2$粉质黏土，呈流塑态，含少量有机质、腐殖质。

表 37-1　物理力学参数

项目	④$_3$粉质黏土夹粉土	⑤$_2$粉质黏土
天然含水率 /%	37.6	45.5
天然密度 /（g/cm^3）	1.97	1.89
土粒比重	2.74	2.75
液限 /%	43.5	38.9
塑限 /%	25.8	28.3
塑性指数	17.7	10.6
液性指数	0.92	1.62
初始孔隙比	1.06	1.25
黏聚力 /kPa	37.0	34.0
内摩擦角	30.7°	16.1°
渗透系数 /（cm/s）	6.93E-07	7.95E-07

区间内地下水类型主要由第四纪松散岩类孔隙潜水、孔隙承压水和基岩裂隙水构成。其中，孔隙潜水主要赋存于浅部黏质粉土和淤泥质土层，磨桩区域不涉及承压水和裂隙水。

3. 技术难点

总结区间工程技术难点如下。

（1）桩基数量多：单线切削 22 根直径 1m 的桩基础。

（2）主筋直径大：钢筋直径 25mm。

（3）地理位置敏感：磨桩区域位于市政府门口。

（4）土质差：桩后土体提供的反作用力小。

（5）形式多样：既有悬臂磨桩，又有全断面磨桩，还有小径距桩间通过（出入口处）。

（6）渣土改良要求高：磨桩前后各有 300 多米软土推进段，易结泥饼。

二、盾构机选型及刀具配置

1. 盾构机选型

盾构选型基于开挖面稳定原则，隧道范围内土层以粉质黏土为主，粉粒和黏粒含量占颗粒组成的 95% 以上，渗透系数为 4.56E-07 至 6.32E-07，宜选土压平衡盾构机，开挖直径 6980mm，开口率 35%，考虑盾构磨桩，刀盘选用 6 辐条复合式刀盘，如图 37-3 所示。

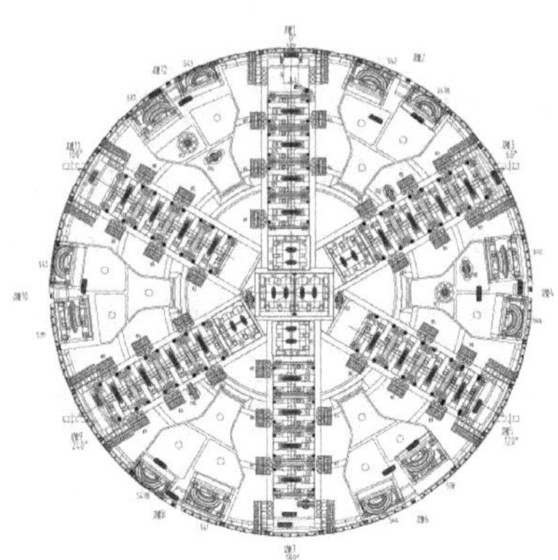

图 37-3　刀盘结构

2. 刀具配置

参考国内外切桩案例，刀具配置按照"一主一辅一刮"三层刀原则进行布置，轨迹线间距 7 ~ 10cm，刀具布置参数详见表 37-2 及图 37-3。

表 37-2　刀具参数

刀具类型		数量 / 把	刀高 /mm	轨迹半径 /mm	刀间距 /mm	用途
撕裂刀	中心双联	12	160	70 ~ 1058	70 ~ 92	主切削刀
	单刃可换	24	160	1145 ~ 2985	80	主切削刀
	单刃焊接	18	140	2585 ~ 3490	27 ~ 80	辅助切削刀
边缘滚刀		12	160	3064 ~ 3490	13 ~ 69	主切削刀
切刀		32	115	1200 ~ 2880	170 ~ 220	剥离
边缘刮刀		24	115	3020 ~ 3485	—	保径

三、参数控制

“慢推速、中转速、小扭矩、勤量测、严同步、早二次”作为切桩过程参数控制原则。表 37-3 为右线切削 8 个断面桩基时的推进参数统计值。

1. 切桩推进参数控制

以右线第二断面为例（右数第 2 根桩），图 37-4 为磨桩过程中推速、推力、扭矩、转速随推进时间的变化规律，图 37-4 可知，切削第二根工程桩时，平均推力 8761kN，推速 6.36mm/min，平均刀盘转速 1.03r/min，扭矩 1340kN • m。

2. 切桩辅助施工参数

（1）同步注浆及二次注浆。

同步浆液为惰性浆液，切桩期间，同步注浆量控制在每环 4.3 ～ 5.4m^3（取理论注浆量的 120% ～ 150%），注浆压力 2.5 ～ 3.0bar。

二次注浆为水泥 - 水玻璃，浆液配比 1:1，注浆量不大于 2m^3，注浆压力不大于 3.5bar；二次注浆位置为盾尾后 7 ～ 10 环，每 3 环一注，注浆点位为 1 点位或 15 点位交错进行，提高同步注浆效果及管片背后土体密度。

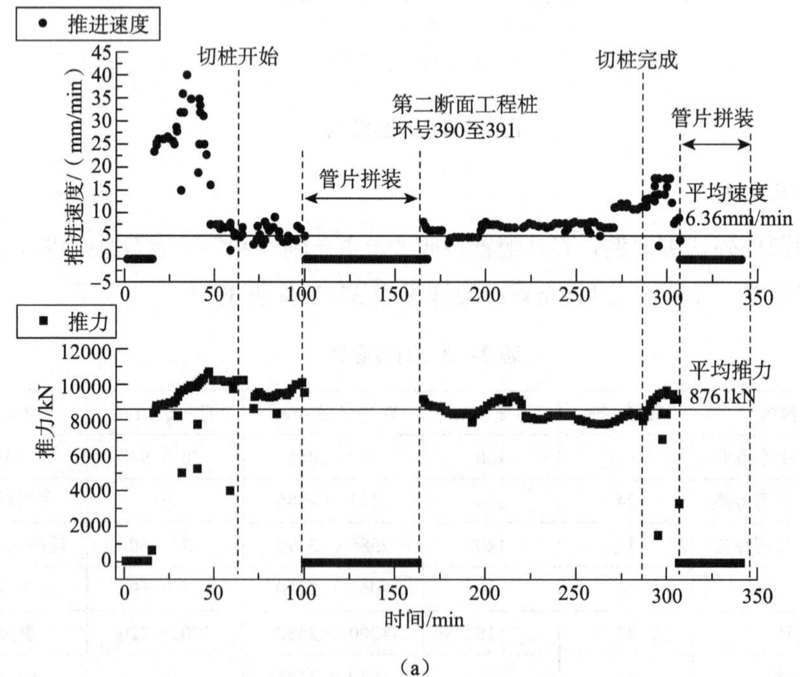

（a）

图 37-4　切桩时推力、推速、扭矩和转速变化规律

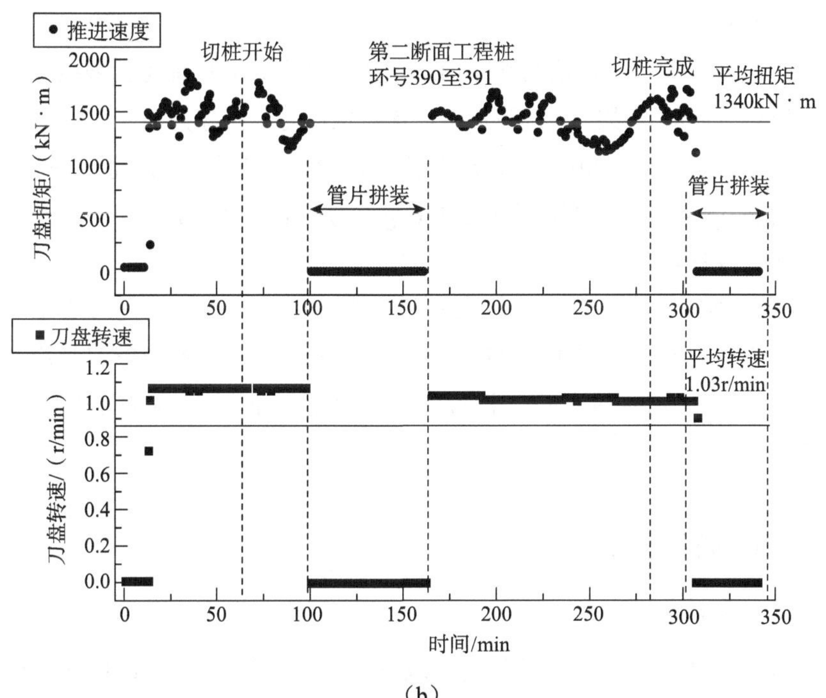

（b）

图 37-4　切桩时推力、推速、扭矩和转速变化规律

表 37-3　右线切桩参数统计

工况	环号	桩体	推速均值 /（mm/min）	刀盘转速 /（r/min）	推力 /kN		刀盘扭矩 /（kN•m）		出土量 /m³
					平均值	最大值	平均值	最大值	
断面 1	366～367	工程桩	5.33	0.88	8480	9106	1509	2050	50.8
断面 2	390～391	工程桩	6.36	1.03	8761	10325	1340	1741	50.2
断面 3	431	围护桩	4.35	0.86	9031	9452	1263	1561	51.0
断面 4	432～433	工程桩	4.21	0.86	8297	9280	1347	1903	50.8
断面 5	440～441	工程桩	4.05	0.84	8986	9854	1504	1905	50.7
断面 6	442	围护桩	4.72	0.85	7996	8427	1443	1668	50.5
断面 7	488～489	工程桩	4.98	0.84	11086	12377	1479	2043	51.5
断面 8	512～513	工程桩	5.34	0.85	9222	10474	1447	1689	50.8

（2）盾尾密封。

受推进速度影响，切桩期间油脂消耗量显著升高。为保证密封效果，密封油脂需持续填充盾尾刷形成的密封腔室中。正常推进时，推速为 40 ～ 50mm/min，4 ～ 5 环消耗一桶油脂（250kg），每延米消耗 46.33kg；切桩时，推速约 5mm/min，整环耗时约 240min，每延米消耗油脂 370kg，为正常推进时的 8 倍。

（3）渣土改良。

作业土层为④$_3$粉质黏土夹粉土和⑤$_2$粉质黏土。渣土改良选用泡沫剂，提高渣土流塑性，防止黏土糊刀盘、结泥饼。泡沫剂同时有利于刀具冷却，减小刀盘刀具损坏。切桩过程中，泡沫剂浓度 3% ～ 4%，膨胀率 15%，注入率 20% ～ 35%。

四、切桩效果分析

1. 混凝土破碎情况分析

将切桩后 1 环至 2 环渣土进行随机取样、清洗、筛分，如图 37-5 所示，分析渣块的大小、比例可以看出，粒径小于 50mm 渣块居多，约为 70%，渣块最大直径为 97mm，均小于轨迹线间距，满足盾构机渣样输排要求，刀间距设计合理，对混凝土可形成有效切削。

2. 钢筋断裂情况分析

右线共收集 40 余根钢筋，通过断口可划分为三类破坏形式：剪切 - 拉伸破坏（剪拉破坏）、弯曲 - 拉伸破坏（弯拉破坏）、纯剪切破坏（纯剪破坏），如图 37-6 ～图 37-8 所示。

在收集的钢筋中，剪拉破坏约占 47%，占比最大，其次为弯拉破坏约占 28%，纯剪破坏占比略小于弯拉破坏，占 25%。三类破坏形态中，纯剪破坏（图 37-8）是最理想的破坏形态，满足刀具配置原理；弯拉破坏（图 37-7）断面端头处有明显的弯曲变形，无剪切口，刀具没有发挥其切削作用，是应该避免的状态；剪拉破坏是在形成明显切口的基础上，钢筋受力产生应力集中而被拉断，属于较为理想的状态。通过钢筋形态的分析，验证了刀具布置的有效性。

图 37-5　混凝土渣样

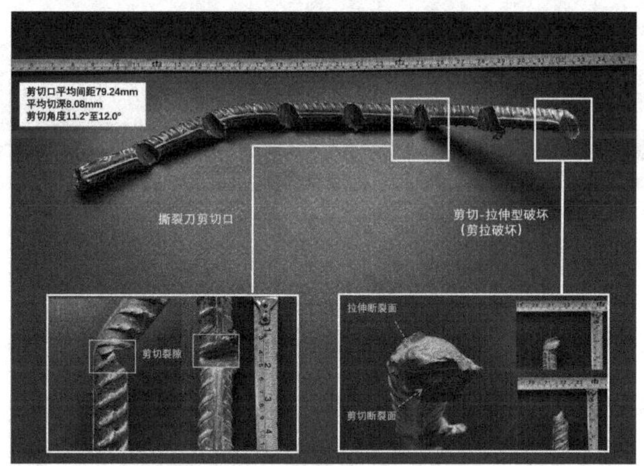

图 37-6　剪拉破坏钢筋

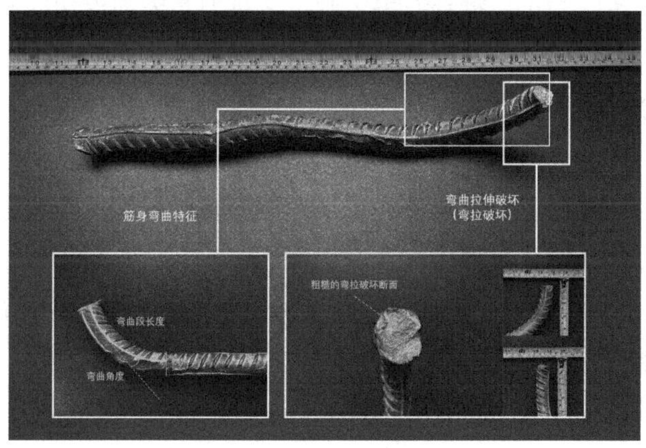

图 37-7　弯拉破坏钢筋

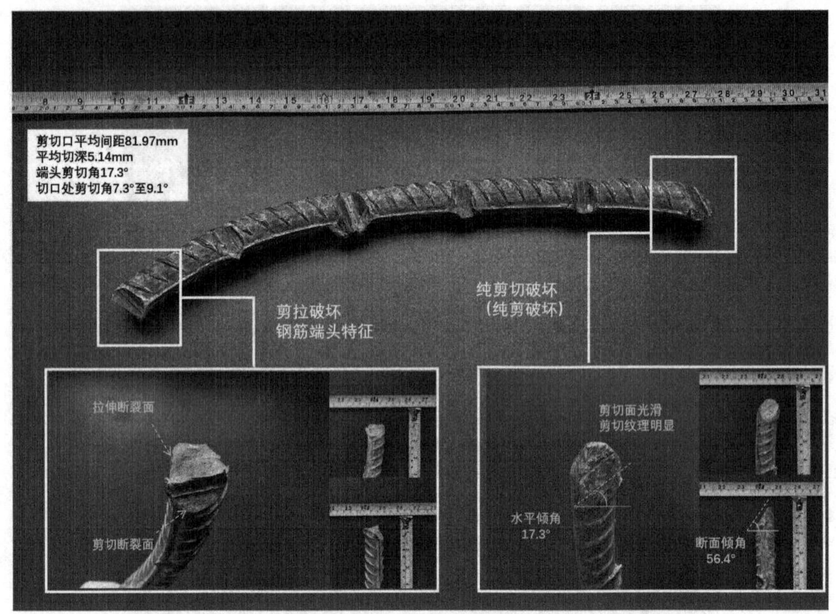

图 37-8　纯剪破坏钢筋

五、刀具磨损

刀具磨损分为“磨”和“损”，“磨”指刀具表面堆焊层的磨耗，属于正常消耗；“损”多发生于刀尖合金，有明显崩裂破损，属于非正常的消耗。

如图 37-9 所示，为了进一步分析撕裂刀的磨损情况作如下定义：①沿盾构掘进方向顺时针转向为正，符合右手定则；②将刀具表面沿切向和法向分解为正切面、逆切面、外法面、内法面，用于分析刀具磨耗；③刀尖合金沿正切面、逆切面和中心面分解，用于分析刀具损耗。

（1）刀具损耗。

图 37-10 为三类撕裂刀随轨迹线扩展后的刀具破损情况，定义破损率为合金崩裂数与单把刀具合金总数之比。

统计图 37-10 中的数据可知：①撕裂刀发生破坏的数量约占总数的 57%；②在破损的撕裂刀中，中心面破损占 51%，正切面破损占 22%，逆切面破损占 27%，破损以中心面为主；③随着轨迹半径增大，破损率显著增长，中心双联撕裂刀由于轨迹半径较短，75% 的刀具完好；④单刃可换式撕裂刀破损率随轨迹半径增大而升高，有 38% 的可换式撕裂刀破损率超过 50%；⑤对于焊接式撕裂刀，相同轨迹线下，受可换式撕裂刀的刀高保护，刀具无合金损伤，轨迹半径达到 3307 ～ 3457mm 后，约 39% 的焊接式撕裂刀破损率超过 71%。图 37-11 为三种撕裂刀的破损情况。

如图 37-12 所示，刀尖破损随着轨迹半径增大，刀尖破损宽度、厚度及高度均呈增长趋势，轨迹半径达到 2500mm 后，刀尖破损量陡增。

中心双联撕裂刀（刀宽 215mm）的破损宽度整体低于 60mm，不足刀宽的 30%，较为完整；11% 的焊接式撕裂刀，破损宽度超过刀宽的 50%；约 13% 的单刃可换撕裂刀，破损宽度超过刀宽的 50%。对于破损厚度，25% 的破损刀具，破损厚度超过刀厚的 50%，且轨迹半径多在 2500mm 以外。对于破损高度，仅 6% 的破损刀具，破损高度超过合金高度 50%，高度方向破损量约 5mm。

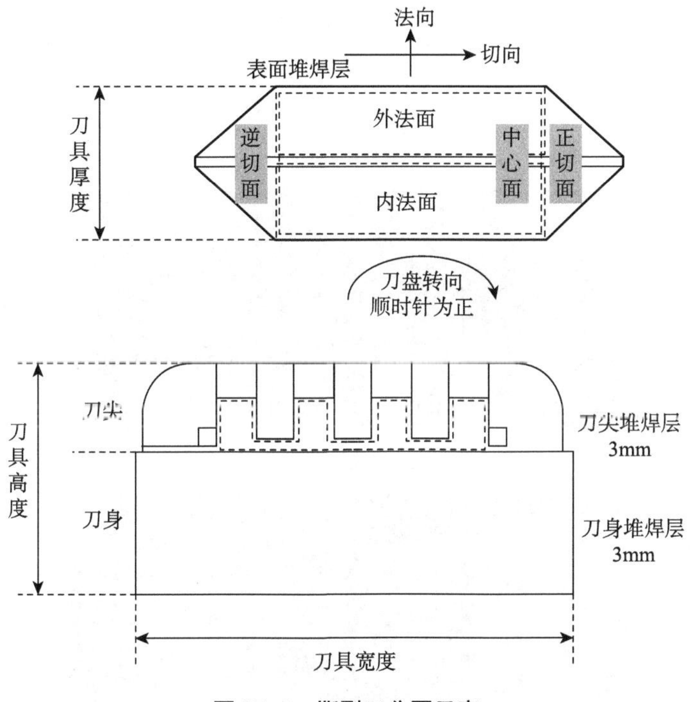

图 37-9　撕裂刀分区示意

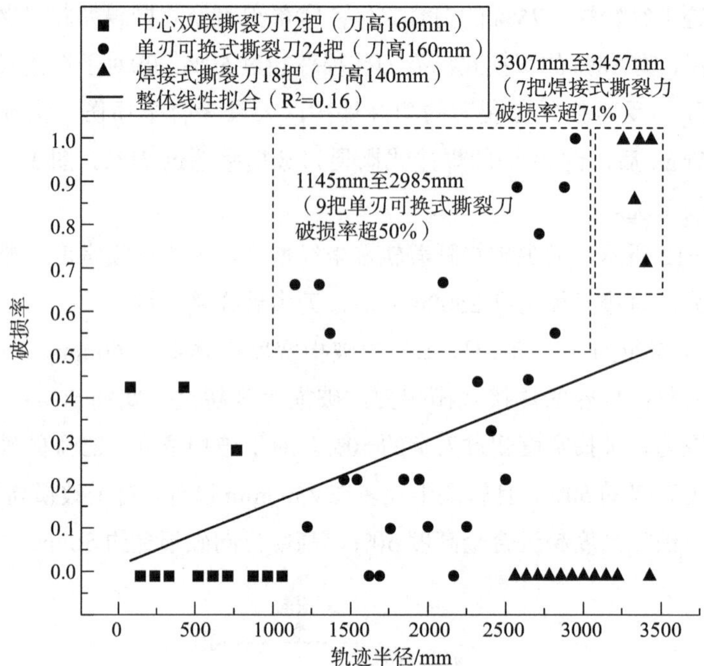

图 37-10　撕裂刀破损分析

（a）焊接式撕裂刀

（b）单刃可换式撕裂刀

（c）中心双联撕裂刀

图 37-11　撕裂刀破损

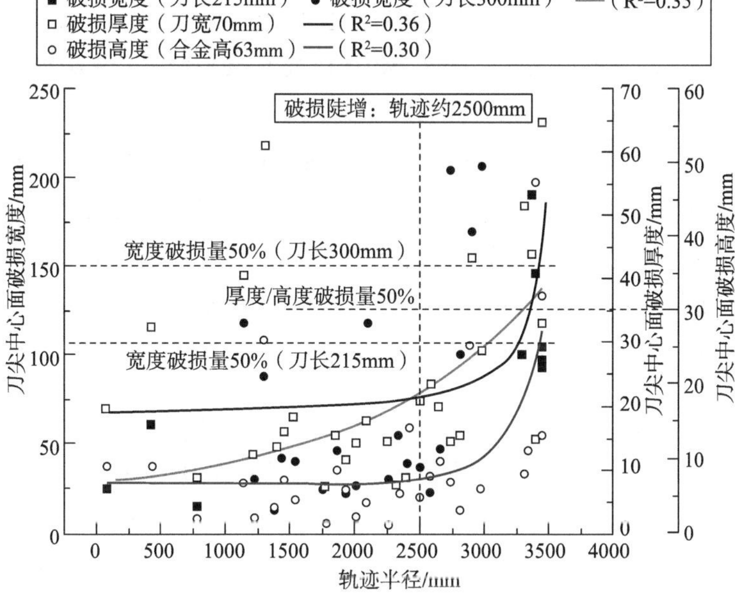

图 37-12　中心区破损规律

（2）刀具磨耗。

刀具磨耗方面，刀具进场时刀尖合金部位及刀身的堆焊厚度为 3mm。图 37-13 为出洞后实测实量刀具堆焊的厚度。

统计结果显示，刀尖外法面堆焊层残余量均值 2.04mm，低于刀尖内法面，外法面磨耗程度更高。轨迹半径 <2500mm 时，残余量增大，磨耗量小。

刀身外法面及内法面堆焊剩余量为 2.16 ～ 2.26mm，当轨迹半径 <2500mm，内外法面堆焊磨耗减小。

刀身正逆切面磨耗量整体高于刀身法向磨耗约 34%。当轨迹半径减小，切向磨耗量同步减小，且逆切面堆焊层残余量小于正切面，这与刀盘旋转方向有关（统计了 8 个切桩断面刀盘旋转方向，得到切桩过程 53% 为逆时针转动，47% 为顺时针转动）。

（3）切桩能力预测。

由于刀尖正逆切面是接触钢筋混凝土桩基的首要位置，因此正逆切面合金情况是决定刀具能否继续磨桩的关键，经统计，刀尖中心区破损高度达到 20mm 后，正逆切面破损率为 100%，破损量 25 ～ 63mm。综上，考虑一定安全储备，将刀尖中心区破损高度 10mm 设定为刀具失效深度。

如图 37-13 所示，基于当前刀具状态，八个断面切削完成后，R=0 ～ 2985mm 的撕裂刀中心区破损高度为 5.25mm，剩余 10 把焊接式撕裂刀未破损，对应轨迹 3064 ～ 3457mm，各轨迹线刀具分布较完整。

统计 8 个桩基断面，平均贯入度为 4.65mm/r，刀具轨迹 R=2500mm，工程桩均为中部桩 [11]。刀具切削一根工程桩约需 216 转，总轨迹长度约 336m，一排 7 根围护桩需切削 172 转，总轨迹长度约 1170m，计算刀具磨损系数 k=1.04mm/km，根据 10mm 高度失效限值，预计刀具可继续切削 4.57km，约 13 根直径 1m 工程桩或 4 排（每排 7 根）直径 0.8m 围护桩。

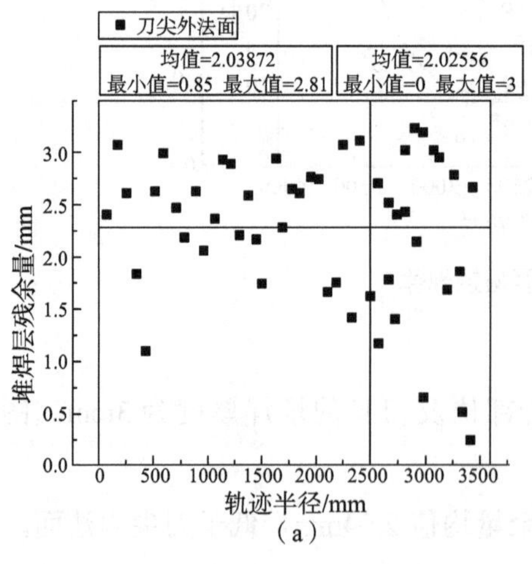

（a）

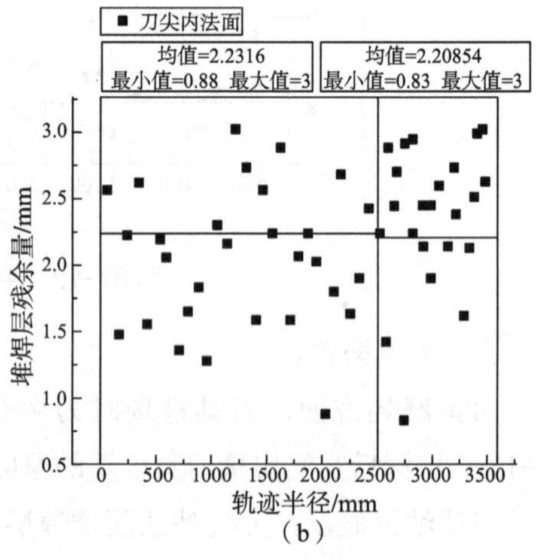

（b）

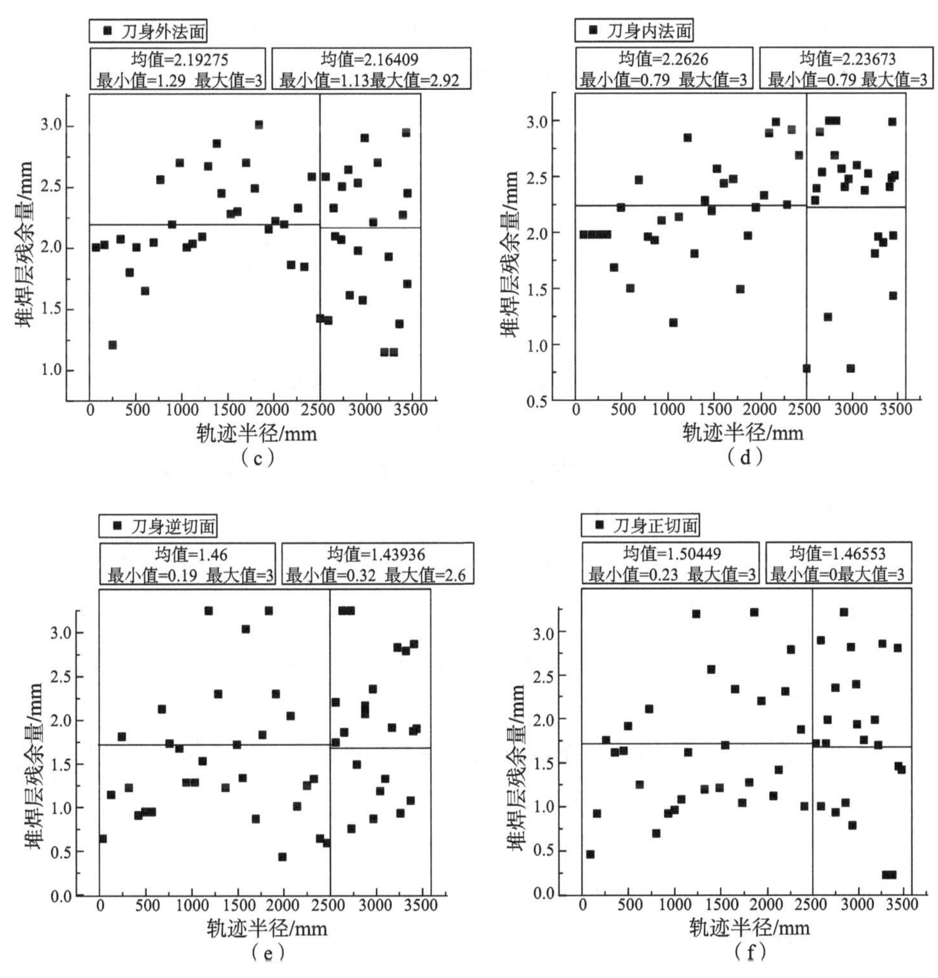

图 37-13　刀具堆焊磨耗统计

六、结论

通过分析绍兴某区间实际磨桩施工数据，总结盾构刀具布置及磨损情况，得到以下结论。

（1）“一主一辅一刮”三层刀布置原则及“慢推速、中转速、小扭矩、勤量测、严同步、早二次”施工过程控制准则能有效完成磨桩任务。

（2） 钢筋存在剪拉、弯拉和纯剪三种破坏形式，78% 的钢筋断口满足预期目标，验证了刀具布置的有效性。

（3） 57% 的刀具发生损耗，且多发生在轨迹线大于 2500mm 以外区域，刀尖的磨耗大于外法面及内法面，磨耗系数约为 1.04mm/km。

（4）基于现有刀具磨损状态，预计还能切削 13 根直径 1m 工程桩或 4 排（每排 7 根）直径 0.8m 围护桩。

参考文献

[1] 王飞, 袁大军, 董朝文, 等 . 盾构直接切削大直径钢筋混凝土桩基试验研究 [J]. 岩石力学与工程学报, 2013, 32(12): 2566-2574.

[2] 王飞, 袁大军, 董朝文, 等 . 盾构直接切削大直径群桩的刀具配置研究 [J]. 土木工程学报, 2013, 46(12): 127-135.

[3] 陈海丰, 袁大军, 王飞, 等 . 盾构直接切削大直径桩基的掘削参数研究 [J]. 土木工程学报, 2016, 49(10): 103-110.

[4] 袁大军, 王飞 . 盾构切削大直径钢筋混凝土群桩的理论与实践 [M]. 北京: 科学出版社, 2017.

[5] 袁大军, 王飞, 董朝文, 等 . 盾构切削大直径钢筋混凝土桩基新型刀具研究 [J]. 中国公路学报, 2016, 29(3): 89-96.

[6] 王哲, 吴淑伟, 姚王晶, 张凯伟, 李强, 许四法 . 盾构穿越既有桥梁桩基磨桩技术的研究 [J]. 岩土工程学报, 2020, 42(1): 117-125.

[7] 李宏波 . 盾构直接切削 ϕ25mm 主筋钢筋混凝土桩基可行性研究 [J]. 隧道建设(中英文), 2020, 40(12): 1808-1816.

[8] 吴志峰, 刘永胜, 张杰 . 盾构直接切除大直径桩基的试验与工程实践 [J]. 隧道建设, 2020, 40(增 2): 280-288.

[9] 李发勇 . 盾构掘进切削灌注桩桩基群施工关键技术——以宁波地铁 3 号线钱仇区间为例 [J]. 隧道建设, 2020, 40(4): 569-574.

[10] 傅德明 . 盾构切削混凝土模拟试验和切削桩基施工技术 [J]. 隧道建设, 2014, 34(5): 472-477.

[11] 陈馈, 王江卡, 谭顺辉, 等 . 盾构设计与施工 [M]. 北京: 人民交通出版社, 2019.

三十八　多制式公共交通共享廊道运行方案研究与应用实践

蔡天明

摘要：通过分析中低运能轨道交通规划建设和推广存在的问题，结合株洲智能轨道交通系统一期工程的规划、建设和运营的实践，以电子导向胶轮系统（智能轨道快运系统）和常规公交共享廊道运营为研究对象，分析并验证“智轨＋公交”多制式公共交通系统共享廊道运行的必要性和可行性，并结合株洲智轨一期工程实践经验，说明多制式公共交通系统共享廊道运行方案具有可复制、可推广的实践价值。

关键词：多制式公共交通；共享廊道；运营组织

一、引言

根据中国城市轨道交通协会发布的《城市轨道交通分类》（T/CAMET 00001-2020）[1] 标准规定，中低运能轨道交通系统分为自动导向系统、悬挂式单轨系统、有轨电车系统、导轨式胶轮系统和电子导向胶轮系统。

中低运能轨道交通系统主要有如下技术特征 [2]：

（1）运输能力 0.5 万～ 1.5 万人次 / 时，沿固定轨迹（物理轨道、轨道梁、虚拟轨道）运行。

（2）转弯半径小、爬坡能力强、噪声振动小、景观效果好、环境融合度高。

（3）主要采用地面敷设方式，与路口平交，服从城市道路交通系统管理，路段可采用开放式或部分封闭。胶轮导轨系统和悬挂式单轨系统采用高架敷设方式、独立路权。

（4）造价低，一般介于 0.5 亿～ 2 亿元 / 公里。

智能轨道快运系统是由中车株洲所研制的一种全新的交通制式，是“电子导向胶轮系统”的典型代表，其融合了现代有轨电车和快速公交系统（BRT）的特点，具有自动循迹，多轴转向，持久续航，准时准点，安全舒适，绿色环保等优点。智能轨道快运系统兼顾运量和经济性，为缓解中小城市的公共交通出行压力提供了新的解决方案[3]。

二、中低运能轨道交通系统推广存在的问题分析

中低运能轨道交通系统制式多样，现已在国内多个城市的多种场景得到应用，但在系统推广应用中，存在如下问题。

1. 系统制式多样，难成主导

中车集团下属多家车辆厂商、比亚迪等公司均能提供不同制式的中低运能轨道交通车辆系统，因不同车辆制式适用范围、技术方向和应用场景不同，虽然各系统制式厂家在国内的竞争激烈，但至今未能形成主导系统制式。

2. 如采用高架中低运能轨道交通系统，造价偏高，性价比不足；地面系统与既有交通系统路权分配冲突大

以高架敷设为主的中低运能轨道交通系统（跨座式单轨、悬挂式单轨、自导向轨道系统、导轨式胶轮系统）综合造价较高，部分系统超过 2 亿元 / 公里，性价比不足。

以地面敷设为主的中低运能轨道交通系统，与既有道路交通系统路权分配冲突大，特别是能否与既有道路公交系统路权进行合理分配和融合，是决定地面敷设为主的中低运能系统能否进入中心城区运营的主要因素。

3. 公共交通专用廊道运输能力匹配困难

城市公共交通系统运营具有明显潮汐性，存在客流运输能力匹配困难问题。特别是中低运能系统运输能力区间为 5000 ～ 12000 人次 / 时，高峰期客运廊道客流超出常规公交运输能力，需要采用低运量轨道系统解决，如低谷期客流量如小于 5000 人次 / 时，若只采用低运量轨道交通系统运营，存在大马拉小车的情况；如加大发车间隔，又会降低服务水平。

亟须找到突破口，既能发挥轨道交通运量大、快速准点优势，又能发挥常规公交机动灵活的优势，实现公交系统效率最大化。目前，国内对于中低运能轨道

交通系统运营研究主要是考虑单一系统，对共享公共交通专用廊道的运行研究，国内已经有一些相关的以快速公交（BRT）专用道与常规公交进行共享路权的实践，采用快速公交为主线，接驳的常规公交为支线的方式[4]。但对多制式公共交通共享廊道运营，特别是轨道交通系统和常规公交系统融合运行的研究较少。

智轨与常规公交共享廊道运行实践与快速公交（BRT）专用道共享廊道实践具有相似性。本文针对中低运能轨道交通制式发展和运营中存在的问题，研讨多制式公共交通系统共享廊道运行方案研究和工程实践。

三、多制式公共交通系统共享廊道运行分析研究

1. 公共交通系统共享廊道运行可行性分析

各类中低运能公共交通制式（含快速公交）优缺点对比如下（表 38-1）。

表 38-1　主要低运量交通系统优缺点对比

序号	系统名称	优点	缺点	典型产品
1	有轨电车	技术成熟，应用广泛；运营成本低；物理轨道约束，安全性高	交通融合性差，对城市管理要求高；物理轨道约束，灵活性较差；钢轮钢轨噪声较大；造价相对较高	国内多个厂家生产
2	电子导向胶轮系统	自动人工驾驶均可，运行平稳；无物理轨道约束，灵活性较强；轨下工程简单，投资较低；车体寿命长，全寿命周期成本低	胶轮系统，运行滚动摩擦力相对钢轮钢轨大；主要在地面运行，交通融合性对城市交通管理有较高要求；运营可靠性需进一步验证	智轨（ART）、超轨（SRT）、数轨（DRT）
3	导轨式胶轮系统	独立路权，运能拓展能力强；物理轨道约束，安全可靠；胶轮系统，噪声振动小；全产业链、全寿命周期技术创新（系统简化且高度集成，运营前过程参与，模块化生产、装配化施工）	轨下工程复杂，投资较高；梁轨合一系统，平顺性差；物理轨道约束，灵活性较差；高架敷设，景观影响；运营成本高，粉尘污染；端门疏散，效率较低	比亚迪云巴
4	悬挂式单轨	独立路权，运营安全可靠	梁轨合一系统，运行平稳性差；下悬高架敷设方式，景观影响大；救援疏散难度很大；运行横向稳定性差；梁柱的高度和宽度均较大，小众产品，投资较大	熊猫悬轨

续表

序号	系统名称	优点	缺点	典型产品
5	快速公交系统	采用公共汽车，交通融合性好；顶级常规公交，应用广泛，经验丰富；无物理轨道约束，灵活性较强。工程简单，投资低	无物理约束，横向安全性差；车辆最大长度18米，运能受限；车辆寿命短，全寿命周期成本高。运行条件复杂，智能化发展难度大	宜昌BRT；常州BRT

通过对智轨系统（电子导向胶轮系统的典型代表）的相关规范[5]和技术文件分析，智轨专用廊道与快速公交专用道[6]具有相似的典型特性，两类系统在道路上并没有本质区别，这为智轨系统与常规公交系统融合运营提供了基础设施条件。

通过对智轨车内环境、正点率、换乘便捷性及可达性进行对比，智轨系统乘客舒适度服务水平与钢轮系统轨道交通相近，体验感略高于快速公交系统（BRT）；由于智轨系统与快速公交系统线路主要设置在城市主要交通走廊上，其便捷性与可达性低于常规公交。

经过对比，电子导向胶轮系统可共享公共交通廊道运营。

2. 多制式公共交通系统共享廊道运行特征分析

“智轨系统”作为中低运能轨道交通系统，定位是城市骨干公共交通系统。骨干公共交通系统的规划、建设和运营，需要按照“快速、准点、安全、便捷”的要求进行。

以“智轨系统”等以地面敷设为主的中低运能轨道交通系统，为实现“快速、准点和安全” 的目标，需要处理好专用路权与既有公交系统和路面交通系统路权合理分配问题，确保新建智轨系统尽快融入城市，与相关公共交通系统协同发展。同时，专用路权在运营期受到当地法规保护和城市交通管理者的支持。

智轨系统与快速公交系统（BRT）等系统相似，一方面，在形成网络化运营之前，必须要解决好专用廊道客流来源和快捷输送问题，做好与既有公交系统的线网优化和衔接，形成“以线带面”“一线成网”的鱼骨式系统；另一方面，为最大化发挥智轨专用廊道通行效率和通行能力在保证智轨系统运行不受较大影响前提下，可以在智轨和常规公交共线的道路上，将廊道通行能力进行合理共享，将闲置时段的智轨专用道提供给公交车等使用，提高道路资源利用率，优化道路资源配置。假如按照智轨发车间隔为高峰期间5min，智轨专用廊道上单向最高流量为12veh/h，如不在间隙时间通行其他公共交通车辆，专用廊道通行能力将得不到充分利用。

在实现路径上，需要对道路、车站、交通组织、设备系统（包括通信、信号优先、站台门、综合调度系统、售检票系统）等进行综合设计，确保多制式公共交通系统共享廊道运行目标的实现。

通过以上分析，“智轨+公交”多制式公共交通系统共享廊道运行无论从规划、设计和实现路径上，都有其必要性和可行性。

3. 多制式公共交通系统共享廊道运行的优势

采用多制式公共交通系统共享廊道运行方案，有如下优势。

一是专用廊道利用效率得到提高。多制式公共交通共享廊道运行可有效利用智轨系统发车间隔期，合理调度和补充部分公交车辆进入廊道，大幅提高专用廊道利用率。

二是有利于提升城市公共交通系统综合运能。智轨系统作为骨干交通，主线运能明显高于常规公交；常规公交作为廊道接驳支线，可在智轨运行间隔期为主线补充接驳换乘客流，且公交车在智轨运行间隔期进入廊道运行，利用专用廊道和专用站点的优势，公交的运行速度和运行效率将提高，间接提高了城市公交系统的运能。多制式公共交通系统共享专用廊道运营，有利于城市公共交通系统综合运能的提升。

三是有利于城市公共交通系统准点率、便捷性和可达性提升。首先，借助专用智轨廊道的优势，智轨运营受路段其他交通影响降低，运营速度和准点率将显著提升；其次，常规公交通过在智轨站点停靠载客，享受专用廊道、车下收费、零距离免费换乘等便利，使乘客享受到公共交通的高效便捷。另外，进入廊道运行的常规公交延伸了服务区域，使得其可达性得到提高，弥补了智轨系统可达性不足的问题。

四、多制式公共交通共享廊道运行的应用实践

1. 多制式公共交通共享廊道运行工程实践

株洲智能轨道交通系统一期工程包括三段，全长约14.6公里。智轨廊道为

路中设置，主要采用路中错位侧式站台。智轨一期工程第二段（湖南工大站—株洲站）和第三段（新华桥—向阳广场站）已于 2021 年 6 月 20 日全部投入运营，2022 年 6 月 20 日实现全线贯通运营。

通过采用国内首创的“智轨 + 公交”多制式公共交通系统共享廊道运行方案，实现了多制式公共交通共享专用廊道运行，开创了中低运能轨道交通系统在中心城区主干客流廊道与公交的融合运营的应用场景。

目前，共有 32 条公交线进入智轨廊道运营，廊道运营旅行速度 18 ～ 22km/h，比未建设智轨前 8 ～ 14km/h 快。初步统计，全廊道运营时间节省 12 ～ 15min。目前，全廊道日均收费客流约 3 万人次（不含 25% 左右免票客流），客流强度在国内中低运能系统内排名靠前。

2. 多制式公共交通系统共享廊道运行的创新经验

株洲市智能轨道交通系统一期工程通过采用“智轨 + 公交”多制式公共交通系统共享廊道运行方案，主要采取了如下创新措施，为类似项目提供了可复制、可参考的有益经验。

（1）公交线网优化与智轨项目同步规划、设计，实现多种公共交通系统统筹规划设计，实现有效接驳衔接。

株洲智轨一期工程项目在设计过程中，同步启动了“株洲智轨廊道公交线网运营优化研究”[7] 方案编制和研究工作。智轨专用廊道按照“直达式服务”运营组织模式，其共享运行路段按照相关约束条件优化公交线网，配置车辆，组织运营调度计划。

智轨电车主要负责廊道内高峰期高断面流量运输，常规公交负责增加廊道内高峰期发车班次、平峰期廊道运输和廊道内外客流交换运输，以“鱼骨式”的开放式“直达式服务”线网结构和运营网络，大幅度优化公交线网，提高智轨廊道服务范围，提升乘客乘坐公交的便捷性和可达性。

以智轨河西段公交调整为例，调整前总运行公交线路 21 条，调整后总运行公交线路 14 条，减少了 7 条线路，形成“鱼骨式”快速公交网络，大幅度地提高了公用廊道的利用效率，基本解决了公交“扁平化”问题，减少公交与社会车辆的交织影响。如图 38-1 所示。

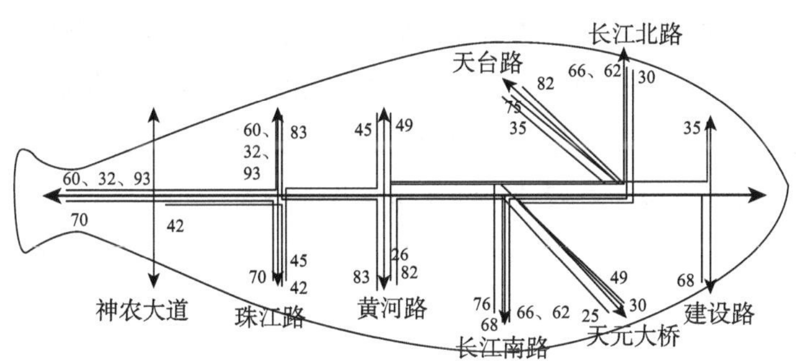

图 38-1　株洲智轨河西段公交线网优化示意

（2）乘客服务和调度相关的设备控制系统，要在设计阶段研究、明确多制式融合运营条件。

智轨系统为城市新加入的骨干公共交通系统，需充分调研城市既有公共交通系统，并根据智轨系统的技术条件、设计施工和验收规范[5, 8, 9]，对智轨系统相关设备控制系统进行专项设计，明确多制式公共交通系统融合运营的技术条件。

需重点关注设备系统设计，一是站台安全门系统，需要考虑公交和智轨停靠、精准控制方案；二是站台报站和服务设施，需准确预播报相关运营资讯；三是后台调度系统，需要融合公交和智轨的运营调度功能，实现廊道运营公共交通系统融合调度；四是票务和清分系统需要集成考虑，按一卡通思路考虑智轨与既有公共交通系统票务系统的融合，采用包容性设计，实现快速进出站，为乘客提供直达便捷服务。

（3）沿线交通工程优化提升改造方案确定和信号优先实现，对廊道运行效率提升至关重要。

智轨项目的设计和建设，一方面，是通过对沿线交通组织进行重新优化设计，对沿线道路及路口进行全面的优化改造，使交通流线更顺畅；另一方面，通过建设专用公交智轨廊道，并出台法规和管理办法保障廊道专用，提高廊道车辆运行速度，提高廊道内运行的智轨和公交运营效率；另外，为保障路口通行效率，需要根据公交智能调度系统对智轨廊道所有车辆的计划和资源进行调配，实现智轨相对信号优先控制。

五、结语

通过分析中低运能轨道交通规划建设和推广存在的问题，提出了“智轨＋

公交”多制式公共交通共享廊道运行方案的必要性和可行性。同时，通过对“智轨＋公交”多制式公共交通共享廊道运行方案相关运行特征和优势分析，结合株洲智能轨道交通系统一期工程的工程创新实践，验证该方案具有可复制、可推广的实践价值，可为类似项目规划、建设和运营提供参考。

参考文献

[1] 中国城市轨道交通协会 . 城市轨道交通分类 : T/CAMET 00001—2020[S]. 北京 : 中国铁道出版社 , 2020.

[2] 刘迁 . 低运量轨道交通系统需求分析及产品实用性探究 , 中国城市轨道交通协会团体标准宣贯暨电子导向胶轮系统（智轨）发展峰会 , 2021.

[3] 黄天明 , 余晓丽 , 王晶 . 我国中小城市发展智能轨道快运系统探讨 [J]. 综合运输 , 2021, 43(5) : 9.

[4] 杨琦 . 快速公交与常规公交专用车道共享设置阈值条件研究 [D]. 南京 : 东南大学 , 2018.

[5] 湖南省市场监督管理局 . 智能轨道快运系统设计规范 : DB 43/T 1835—2020[S]. 长沙 : 湖南省市场监督管理局 , 2020.

[6] 中华人民共和国住房和城乡建设部 . 快速公共汽车交通系统设计规范 : CJJ 136—2010[S]. 北京 : 中国建筑工业出版社 , 2010.

[7] 株洲智轨廊道公交线网运营优化研究 [R]. 株洲市规划设计院城市交通研究中心 , 2021.

[8] 湖南省市场监督管理局 . 智能轨道快运电车通用技术条件 : DB 43/T 1837—2020[S]. 长沙 : 湖南省市场监督管理局 , 2020.

[9] 湖南省市场监督管理局 . 智能轨道快运系统施工及验收规范 : DB 43/T 1836—2020[S]. 长沙 : 湖南省市场监督管理局 , 2020.

三十九　石材幕墙在地铁车辆基地工程中的应用

王文军　赵建武　韩兆衡

摘要：本文根据乌市 2 号线哈马山车辆基地综合楼项目在实际室外干挂石材幕墙工程当中的应用，阐述了外墙石材幕墙的特点，结合项目特征，提出了本工程石材幕墙的施工方案及其控制措施。

关键词：石材幕墙；外墙保温；施工技术

一、工程概况

综合楼工程是哈马山车辆基地的主要建筑物，位于场区东南部，建筑高度 22.35m，建筑面积 22096.39m^2，综合楼为独立基础，五层框架结构（局部六层），主要为生产办公用房，外墙为干挂石材幕墙，具体设计：30mm 厚荔枝面花岗岩石材，颜色为芝麻灰及芝麻深灰两种；幕墙抗风压性能为 6 级，分级指标值 3.5kPa $\leqslant P3 <$ 4.0kPa；水密性为 4 级，分级指标值 350Pa $\leqslant \triangle P<$500Pa；气密性能为 6 级，分级指标值 1.5 $\geqslant q>$1.0，4.5 $\geqslant q^2>$3；平面内变形能力为 3 级，分级指标值 1/200 $\leqslant r <$ 1/150；外墙保温采用 100 厚竖丝岩棉。

二、施工准备

1. 综合楼室外干挂石材幕墙图纸二次深化

综合楼室外干挂石材幕墙图纸一般需由专业设计进行二次图纸深化，深化设计内容包括在原设计的基础上对石材的宽度、高度、整体排布效果以及主、次龙骨的规格、位置、间距、长度尺寸等进行详细设计，并充分利用已施工的主体结构、二次结构填充墙等结构工程，确保外墙干挂石材幕墙现场安装的牢固性、合理性、美观性。

2. 机械设备准备

根据工程需要，主要的设备有切割机、电焊机、冲孔机、角磨机、电锤、气泵、电剪刀、胶枪、配电箱、电动吊篮、脚手架等，以上机械设备应在工程开工前 2 天进场并进行调试、验收，验收后合格后方可使用。

3. 材料准备

根据深化图纸，提出外墙干挂石材材料需求计划，确保材料进货周期，材料进场后进行验收，合格后方可使用。材料以封样样品为准，板材采用同一矿坑同一加工厂家的产品，以墙面转角为界分批次加工生产运输到施工现场，钢材及配件采用同一厂家产品，分两次加工生产运输到施工现场。

三、方案设计及施工方法

1. 干挂石材幕墙方案设计

（1）石材干挂的种类一般有钢销式、短槽式、通槽式、背栓式等方式。结合本工程的特点综合考虑选用短槽式进行石材干挂，即石材安装采用在石材上开槽的方式，用不锈钢钩板实现石材的定位，达到定位安装的目的。主次龙骨选用型钢，表面热浸镀锌处理，不仅使用寿命长，且强度高，刚度大，抗风压变形性能好。采用短槽式方案设计，既经济实惠，又安全可靠。

（2）石材应采用石材吸水率小于 0.8% 的花岗岩，材料应由甲方确认封样，花岗岩弯曲强度不应小于 8.0MPa。石材性能应符合国家标准《天然花岗石建筑板材》（GB/T 18601—2009）的规定。

（3）钢材：本工程所用钢材采用 Q235B，材质符合《碳素结构钢》（GB/T 700—2006）、《优质碳素结构钢》（GB/T 699—1999）规定：进行表面热浸镀锌，锌膜厚度符合 GB/T 13912—2020 的有关规定；采用防腐涂料时，除密闭的闭口型材的内表面外，涂层应完全覆盖钢材表面。

（4）胶类：本工程所采用的胶类符合《建筑用硅酮结构密封胶》（GB 16776—2005）的规定，采用中性硅酮胶。根据使用功能的不同，分别采用专用中性硅酮结构密封胶、中性硅酮耐候密封胶。

（5）五金配件和紧固件：本工程中五金件须满足《紧固件机械性能 不锈钢螺栓、螺钉和螺柱》（GB/T 3098.6）和《紧固件机械性能 不锈钢螺母》（GB/T 3098.15—2014）的规定，幕墙主要五金配件的使用寿命应满足设计要求；紧固件规格和尺寸应有足够的承载力和可靠性。

（6）防雷幕墙的金属框架应与主体结构的防雷体系可靠连接，并保持导电畅通。

2. 干挂石材幕墙及外墙保温工艺流程

基层处理→测量放线→钢支座安装→主次龙骨安装→保温、阻火带安装→石材安装→板缝打胶→验收。

3. 干挂石材幕墙与保温系统施工方法

（1）基层处理。

①测量放线前，墙体基层表面凸出部分凿平，对蜂窝、麻面、露筋、疏松部分等凿到实处，把外露钢筋头和铅丝头、钉子等清除掉，墙体表面孔洞、裂缝应先用水泥砂浆局部填补。

②基层处理完成后涂刷一道 YJ-302 型混凝土界面处理剂（砂浆粘接增强剂），随刷随进行 15mm 厚 1 ∶ 3 水泥砂浆找平层施工。

（2）测量放线。

找平层施工完成后，根据施工现场提供的基准控制点，使用经纬仪对各楼层预留的基准点和轴线位置校核合格后，进行外墙面的细部控制线的引测，采用 50m 钢卷尺竖向传递，每层必须经交圈闭合检查，误差不超过 5mm。利用水准仪测量放出建筑 50cm 线，作为各楼层的标高控制线。

（3）钢支座安装。

钢支座采用 300×200×10 钢板与 M12×160 化学锚栓组成，其规格型号及示意图见图 39-1。

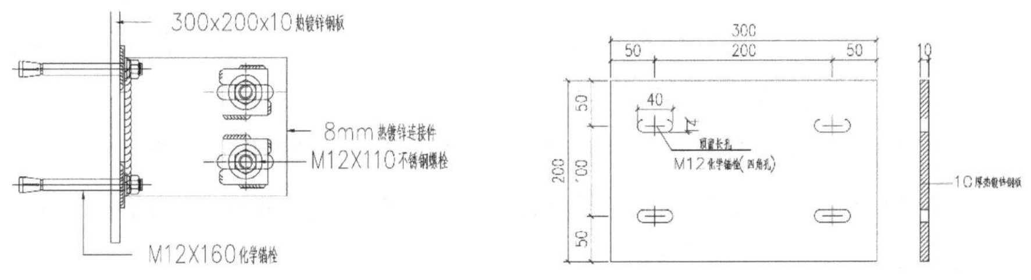

图 39-1　后置埋件节点图

①后置埋件定位。

对后置埋件进行准确定位，要控制预埋件的三维误差（X 向 20，Y 向 20，Z 向 10），在实际准确定位时不能积累误差，在定位准确后，对预埋件孔位进行标记、钻孔后采用四只 M12×160 化学螺栓固定。

②化学锚栓施工。

经过钻孔→清孔→注胶→植筋→验收等工序完成化学锚栓施工，待胶泥固化后进行拉拔试验，拉拔试验值不得小于相关规范要求，拉拔合格后进入下道工序施工。

③钢支座焊接施工。

a. 钢支座与支座底板采用 E43 系列型焊条焊接连接，焊接连接焊缝等级为二级，焊缝高度为其壁厚的 70%，并不宜小于 4mm 焊缝高度。

b. 焊缝处理完毕后，采用银浆磁漆涂料系列防腐漆对焊缝进行处理。

（4）主次龙骨安装。

①主次龙骨位置、规格符合图纸要求，安装间距均不得大于 1200mm；②主龙骨与支座采用焊接连接及 M12×110 不锈钢螺栓连接；③主龙骨与次龙骨连接：主龙骨上焊接 L50×4 热镀锌角钢连接件，连接件与次龙骨通过 M12×110 不锈钢螺栓连接。主次龙骨安装应符合下列要求：

a. 根据施工深化图检查主次龙骨放线位置。

b. 先安装同立面两端的竖框，然后拉通线顺序安装中间竖框。

c. 将各施工水平控制线引至竖框上，并用水平尺校核。

d. 按照设计尺寸安装金属 L50×4 角钢横梁。角钢横梁一定要与竖框垂直。

e. 立柱和横梁之间采用焊接，焊接时要采用对称焊，以减少因焊接产生的变形。检查焊缝质量合格后，所有的焊点、焊缝均需做去焊渣及防锈处理，采用银浆磁漆涂料系列防腐漆对焊缝进行处理。

f. 上下立柱的连接用 10mm 的钢板，M12-110 不锈钢螺栓连接。

g. 待金属骨架完工后，监理单位隐蔽工程检查验收，验收合格后，方可进行下道工序的施工。

h. 所有的立杆、竖梁和角码的连接均采用三面围焊。其施工节点详情见图 39-2。

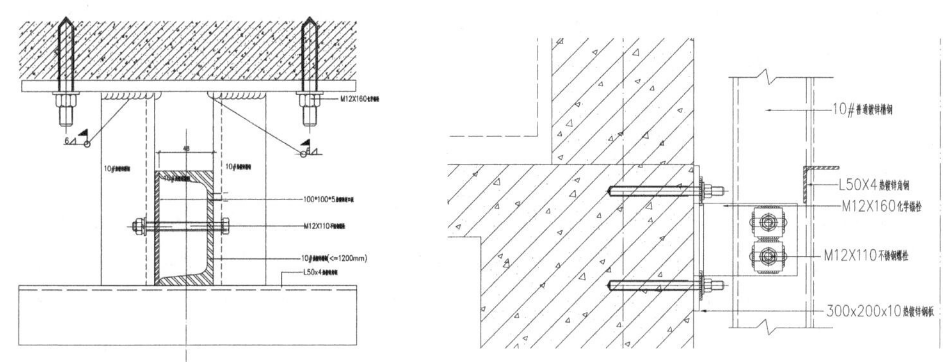

图 39-2　主次梁施工节点平面

②避雷及电气连接施工。

a. 根据幕墙深化图纸要求，主次龙骨安装完成后需做防雷接地；

b. 主龙骨接头处与支座连接处，各设置一道防雷跨接铜丝带，水平间距不大于 12m，铜丝带采用 ST4.8×16 自攻丝与主龙骨及钢支座连接；

c. 本工程按照二类防雷设计进行施工，避雷连接钢筋与避雷钢筋（φ10 圆钢）焊接连接，避雷钢筋与建筑均压环焊接连接，全部采用三角形满焊连接，焊接长度不小于 100mm。避雷网网格尺寸 10m×10m。详见图 39-3、图 39-4。

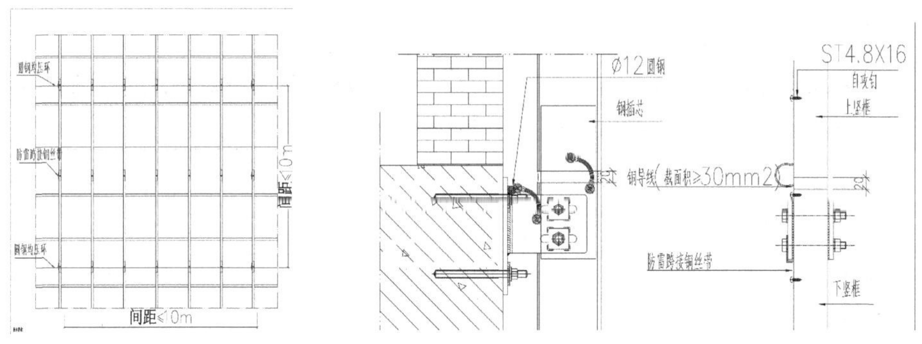

图 39-3　防雷铜丝带及均压环布置　　　　图 39-4　防雷铜丝带施工节点

（5）保温材料及阻火带安装。

①根据图纸设计要求，外墙保温采用 100mm 厚竖丝岩棉，岩棉容重 100kg/m^3，导热系数 0.048W/（m·K），燃烧性能 A 级；

②竖丝岩棉带标准尺寸为 1200mm×150mm，对角线误差不小于 2mm，非

标准按照实际需要尺寸进行现场加工，切割采用密齿手锯切割，尺寸允许偏差±1.5mm，大小面垂直。

③施工工艺。

a. 弹控制线、挂基准。

根据建筑立面设计（或个体工程设计）和外墙外保温技术要求， 在墙面弹出外门窗水平、垂直控制线及伸缩缝、装饰缝线等。在建筑外墙大角（阳角、阴角）及其他必要处挂垂直基准钢线， 基准钢线之间挂水平线，以控制岩棉带粘贴的垂直度和平整度。

b. 聚合物干粉胶黏剂的配制。

在干净的塑料桶里倒入一定量的洁净水，采用手持式电动搅拌器边搅拌边加粉剂黏结剂，加水量为粉剂的 20% ～ 21%；充分搅拌 5 ～ 7min，直到搅拌均匀，稠度适中，放置 5min 钟熟化； 使用时，再搅拌一下即可使用。

c. 翻包网格布。

网格布翻包：在岩棉带收口部位，如伸缩缝、结构设有伸缩缝、沉降缝和防震缝处、预制墙板相接处、外保温系统与不同材料相接处两侧等需预粘贴窄幅网格布，其宽度约 200mm，翻包部分宽度约 100mm。

d. 排板、选板、切板。

在粘贴岩棉带前应先排尺寸，排板符合规范要求。

在粘贴岩棉带前应选板，要求用岩棉带及砂浆厚度调整保温层的平整度。

岩棉带竖向应错峰铺贴，转角处岩棉带应交错互锁。

e. 岩棉带粘贴。

将布好胶的岩棉带立即粘贴到墙面上，使用 2m 靠尺轻轻敲打、挤压板面，以保证板面平整度符合要求且黏结牢固，板与板间挤紧，不得有缝。

f. 岩棉带平整度控制。

在岩棉带基层对阴阳角、门窗洞口等处弹垂直线、水平线， 偏差较大部位，用不同厚度板调整，偏差较小时，用砂浆找平。

g. 安装敲击式尼龙锚栓，辅助固定。

锚钉按照每平方米不少于 5 ～ 7 个，有效锚固深度不小于 30mm（指进入基层墙体），一般在阳角、门窗洞口边缘区加密处理，距离间隔 0.3m，详见图 39-5。

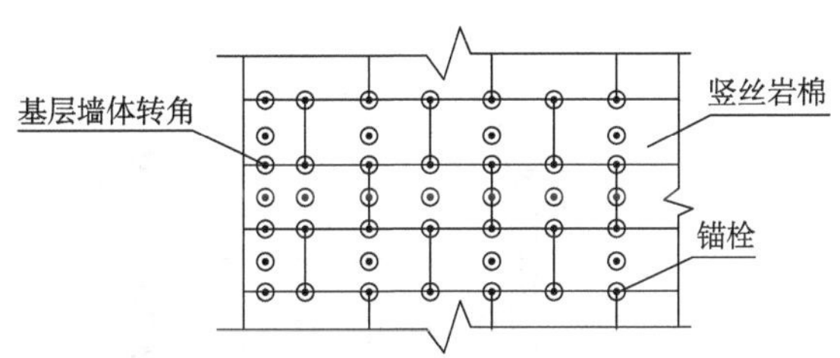

竖丝岩棉板排列及锚栓固定布置

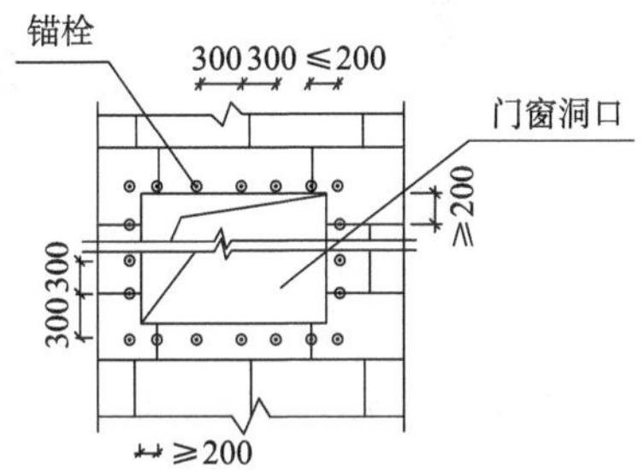

岩棉板洞口四角切割和顶部锚固要求

图 39-5　保温板排板及锚栓固定

在钻孔部位应选择在板缝之间布胶的部位，先用电锤钻孔， 然后将盘形锚栓轻轻敲以达到与岩棉带面平齐，再将锚钉轻轻敲入，确保盘形锚钉回拧使之与基层充分锚固并保持板面齐平。

h. 纤维增强层施工。

应预先对门、窗洞口内侧周边与大墙面阳角部分各加一层 300mm×200mm 网格布进行加强，大面积网格布搭接在门窗洞口周边的网格布上。

大面网格布埋填：沿水平方向绷平，并将弯曲的一面朝里， 用抹刀边缘压实铺展固定，然后由中间向上下、左右方向将聚合物砂浆抹平整，确保砂浆紧贴网布黏结。网格布左右搭接宽度不小于 100mm，上下搭接宽度不小于 80mm，局部搭接处可用聚合物改性砂浆补充原砂浆不足处，不得使网格布皱褶、空鼓、翘边。

④外墙保温施工时按整板进行排板，应从上到下进行施工，上下错缝 1/2，交错互锁，且不少于 300mm，起步不小于 300mm 宽。

⑤阻火带按图纸要求在每层楼板处设置，高度 300mm 高，厚度同墙体至石材厚度竖丝岩棉进行防火封堵幕墙空腔，并采用 1.5mm 厚镀锌钢板承托，并用水泥钉或胀栓将镀锌钢板固定在墙面上，按要求满铺 100mm 厚岩棉板，详见图 39-6。

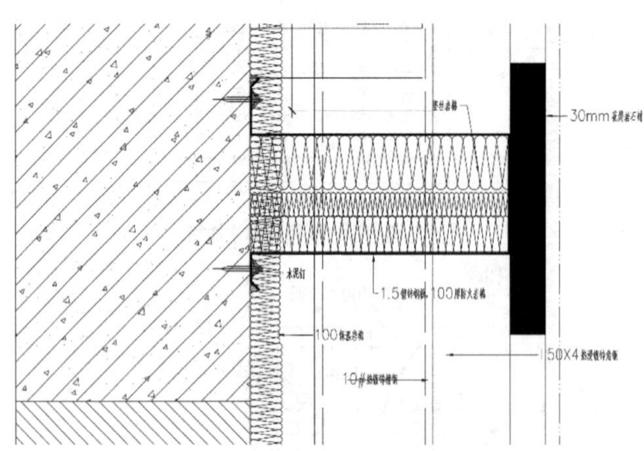

图 39-6 阻火带安装施工

⑥外墙保温防护层厚度，首层≥ 15mm，其他层≥ 5mm，抹灰工艺参照《综合楼装饰装修方案》内抹灰相关施工工艺要求。

（6）花岗岩石材板的安装 。

①石材加工。

板材挂件开槽位置根据现场实测尺寸或施工图中注明的位置。开槽深度依据挂件长度予以控制，石板宜在水平状态下，由机械开槽口，现场开槽尺寸详见图 39-7。

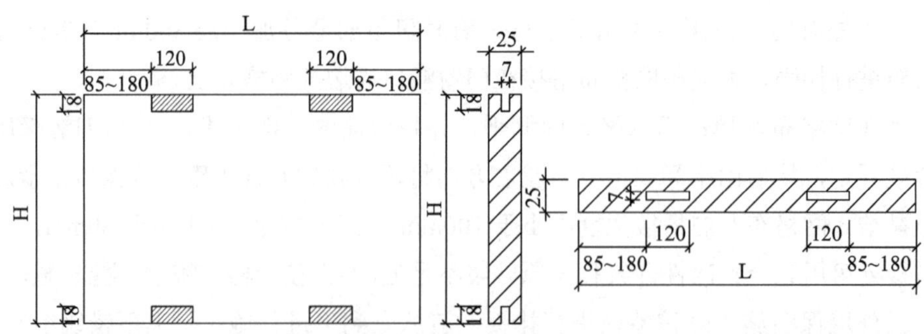

图 39-7 石材加工尺寸示意

②石材安装。

a. 在石材板安装前，应根据结构轴线核定结构外表面与干挂石材外露面之间的尺寸后，在建筑物大角处做出上下生根的金属丝垂线，并以此为依据，根据建筑物宽度设置足以满足要求的垂线、水平线，确保槽钢钢骨架安装后处于同一平面上（误差不大于 5mm），石材干挂节点详见图 39-8。

b. 通过室内的 50cm 线验证板材水平龙骨及水平线的正确，以此控制拟将安装的板缝水平程度。通过水平线及垂线形成的标准平面标测出结构垂直平面，为结构修补及安装龙骨提供依据。

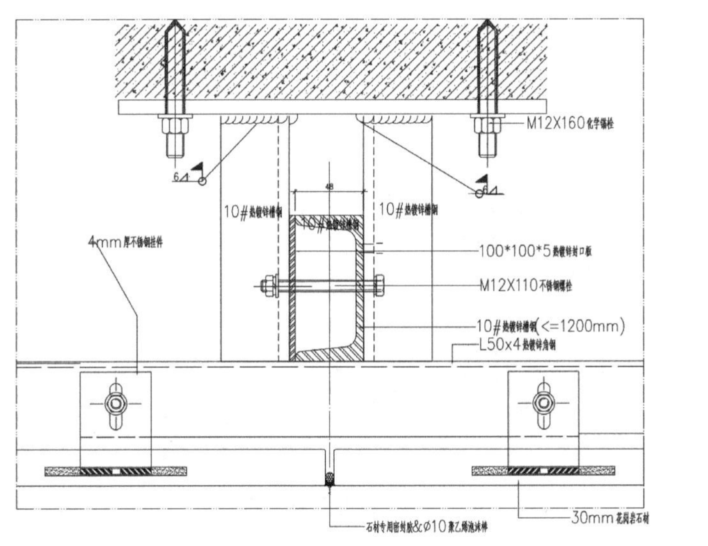

图 39-8　石材干挂节点

（7）板缝密封。

①对密封部位进行清扫：用干燥清洁的纱布将杂物拭去，保持密封面干燥；

②贴防护纸胶带：为防止密封材料使用时污染装饰面，同时为使密封胶缝与面材交界线平直，应贴好纸胶带，要注意纸胶带本身的平直；

③注胶：注胶应均匀、密实、饱满，同时注意施胶方法，避免浪费；

④胶缝修整：注胶后，应将胶缝用小铲沿注胶方向用力施压，将多余的胶刮掉，并将胶缝刮成设计形状，使胶缝光滑、流畅；

⑤清除纸胶带：胶缝修整好后，应及时去掉保护胶带，并注意撕下的胶带不要污染板材表面，及时清理粘在施工表面上的胶痕。

4. 异形构造的施工难点

在整体外立面效果中，存在局部异形构造，对于异形构造的施工也是本工程的难点所在。其中局部石材突出结构面 1100mm，在施工侧立面时，无法在保证安全的前提下进行侧面石材的干挂，如图 39-9 所示。

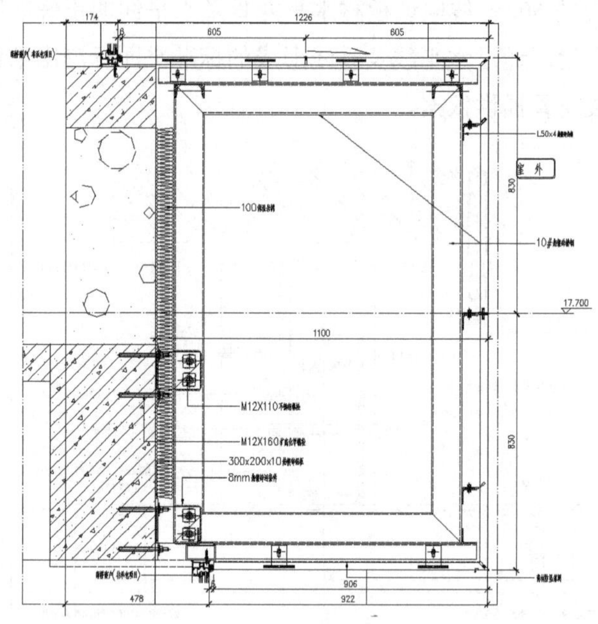

图 39-9 异形石材节点

针对这一施工难点，本工程对常规的电动吊篮进行优化，通过计算，在满足吊篮荷载要求的前提下，在吊篮内侧安装一个小型临时挂篮作为外凸石材侧立面的工作平台，既满足安全施工的要求，又降低了作业难度，便于石材的干挂，如图 39-10 所示。

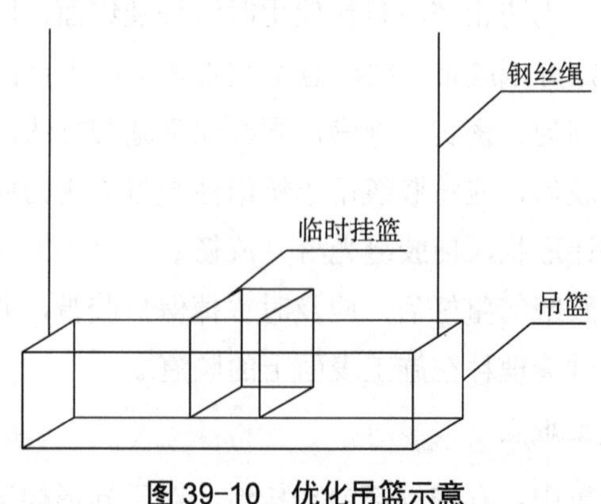

图 39-10 优化吊篮示意

5. 电动吊篮要求

本工程外墙干挂石材施工采用电动吊篮进行外墙面的施工。作业前电动吊篮验收合格后方可进行作业，电动吊篮的安装拆卸及使用验收要求详见《综合楼电动吊篮安装及拆卸专项施工方案》。

6. 相关专业配合

本施工图有防雷接地，需要水电班组进行配合作业。

四、质量控制

1. 原材料进场必须经过复试，合格后方可使用，材料有封样的，进场后按封样样品进场验收。

2. 每块岩棉板与基层面的有效黏结面积应在 50%，锚固件的数量、位置、锚固深度和拉拔力应符合设计要求，防火保温层应平整，拼接处不应留缝隙。

3. 主次龙骨安装质量：

a. 立柱安装标高偏差不应大于 3mm，轴线前后偏差不应大于 2mm，左右偏差不应大于 3mm。

b. 相邻两根横梁水平标高偏差不应大于 1mm。同层标高偏差：当一幅幕墙宽度小于或等于 35m 时，不应大于 5mm；当一幅幕墙宽度大于或等于 35m 时，不应大于 7mm。

4. 石材幕墙验收质量标准：

a. 幕墙的胶缝应横平竖直，表面应光滑无污染；

b. 石材颜色应均匀，色泽应同样板相符，花纹图案应符合设计要求；

c. 石材板表面不得有凹坑、缺角、裂缝、斑纹；

d. 石材板的安装质量应符合 JGJ 133—2001 的规定，如表 39-1、表 39-2 所示。

表 39-1　石板的安装质量

项目		允许偏差 /mm	检查方法
竖缝及墙面垂直缝	幕墙层高不大于 3m	≤ 2	激光经纬仪或经纬仪
	幕墙层高大于 3m	≤ 3	
幕墙水平度（层高）		≤ 2	2m 靠尺、钢板尺

续表

项目	允许偏差 /mm	检查方法
竖缝直线度（层高）	≤ 2	2m 靠尺、钢板尺
横缝直线度（层高）	≤ 2	2m 靠尺、钢板尺
拼缝宽度（与设计值比）	≤ 1	卡尺

表 39-2　金属、石材幕墙安装质量

项目		允许偏差 /mm	检查方法
幕墙垂直度	幕墙高度不大于 30m	≤ 10	激光经纬仪或经纬仪
	幕墙高度大于 30m，不大于 60m	≤ 15	
	幕墙高度大于 60m，不大于 90m	≤ 20	
	幕墙高度大于 90m	≤ 25	
竖向板材直线度		≤ 3	2m 靠尺、塞尺
横向板材水平度不大于 2000mm		≤ 2	水平仪
同高度相邻两根横向构件高度差		≤ 1	钢板尺、塞尺
幕墙横向水平度	不大于 3m 的层高	≤ 3	水平仪
	大于 3m 的层高	≤ 5	
分格框对角线差	对角线长不大于 2000mm	≤ 3	3m 钢卷尺
	对角线长大于 2000mm	≤ 3.5	

五、安全文明施工措施

1. 吊蓝安装后必须经验收方可投入使用，吊篮作业时应佩戴安全帽，使用安全带，安全带上的自锁钩应扣在单独悬挂于建筑物顶部牢固部位的安全保险绳上。

2. 吊篮施工时，必须在楼下四周设置警示线或安全护栏，并且在附近设置醒目的警示标志或配置安全监督员。

3. 所有进场工人必须进行三级安全教育，进行班前讲话，进行施工前作业条件验收。

4. 特种作业操作人员必须按照国家相关规定经过专门的安全作业培训，并取得特种作业操作资格证后，方可上岗作业。

5. 现场动火必须按规定开动火证、有看火人和消防设施。

6. 严格执行施工区作业条件验收制度，对存在安全隐患的拒绝施工。

7. 现场建筑垃圾、下脚料、包装袋等要随时进行清理，做到工完场清。

六、结束语

本工程干挂石材幕墙图纸经过二次设计深化，外立面石材排板设计合理，功能分区明确，整个建筑外观具有独特的建筑造型，取得了较好的立面装饰效果。本项目把外墙干挂石材幕墙及保温系统施工作为课题研究，组织经验丰富的队伍，从方案优化设计、型材石材加工、安装等多个方面采取措施，保证了干挂石材幕墙及外墙保温的安装质量，圆满地完成了施工任务，取得良好的社会效益，也对以后类似工程的施工和课题研究起到了很好的借鉴作用。

参考文献

[1] 建筑施工手册（第四版）[M]. 北京 : 中国建筑工业出版社 , 2003.

[2] 金属与石材幕墙工程技术规范 [M]. 北京 : 中国建筑工业出版社 , 2001.

[3] 建筑幕墙 [M]. 北京 : 中国标准出版社 , 2007.

四十 地下结构绿色施工技术的应用

江桂龙

摘要：本文以某项目地下结构的绿色施工措施的应用为实例，详谈在工程实施过程中绿色施工技术的具体应用。在施工阶段严格按照建设工程规划、设计要求，通过建立管理体系和管理制度，采取有效的技术措施，全面贯彻落实国家有关资源节约和环境保护的政策，最大限度节约资源，减少能源消耗，降低施工活动对环境造成的不利影响，提高人员的职业健康安全水平，保护人员的安全与健康。

关键词：绿色施工；技术措施；环保；能源

一、绿色施工总体框架

绿色施工总体框架由施工管理、环境保护、节材与材料资源利用、节水与水资源利用、节能与能源利用、节地与施工用地保护六个方面组成。这六个方面涵盖了绿色施工的基本指标，同时包含了施工策划、材料采购、现场施工、工程验收等各阶段的指标的子集（图 40-1）。

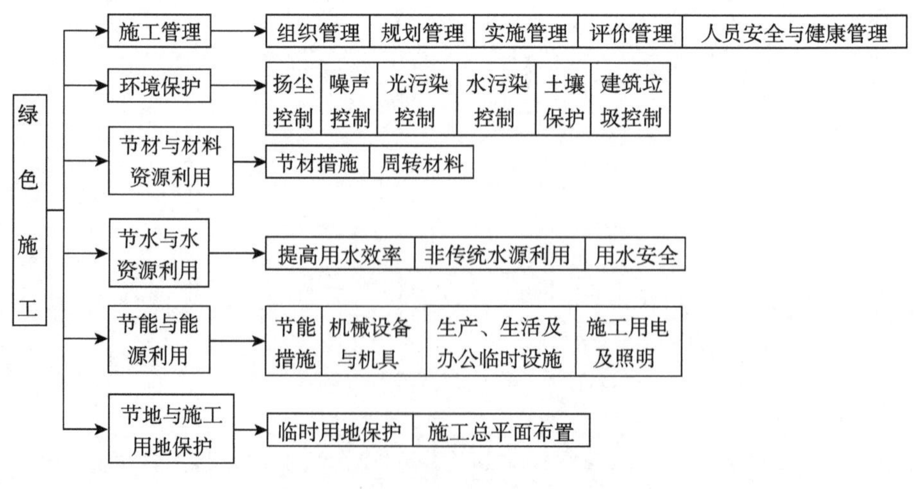

图 40-1 绿色施工总体框架

二、绿色施工目标

（1）环境保护：噪声排放达标，符合《建筑施工场界噪声限值》规定；污水排放达标，生产及生活污水经沉淀后排放，达到《污水综合排放标准》（GB 8978—1996）标准规定；控制粉尘排放，施工现场道路硬化，达到现场目测无扬尘；达到 ISO 14001 环保认证的要求；达到零污染要求的目标。

（2）节材与材料资源利用：合理安排材料进场计划降低材料损耗率，积极推广应用“四新”计划。

（3）节水与水资源利用：生活用水节水器具配置比率达到 60%，节约用水量指标控制在 7.8t。

（4）节能与能源利用：严禁使用淘汰的施工设备、机具和产品；节约耗电量指标控制 75kW • h；公共区域内照明，节能照明灯具的比率大于 80%。

（5）节地与施工用地保护：禁止使用黏土砖；平面布置尽量减少临时用地面积，充分利用原有建筑物、道路等。

三、绿色施工技术措施

1. 管理措施

（1）成立以项目经理为组长的绿色施工管理体系 [1]，制定绿色施工管理责任制度；

（2）组织施工人员进行绿色施工教育培训，增强施工人员的绿色施工意识；

（3）我们定期对现场绿色施工进行检查，做好记录，并随时整改；

（4）在生活区和生产区设置明显的节水、节能、节材等警示标识，并按规定设立安全警示标语。

2. 环境保护措施

（1）扬尘控制。

在出场大门处设置洗车池（图 40-2、图 40-3）和车辆自动清洗冲刷台，车辆清洗后方可出场，设专人轮岗负责冲洗清淤工作，严防车辆携带泥沙出场遗撒造成道路的污染。并组织成立专职清洁队伍，负责现场进出口及“门前三包”的日常清洁工作（图 40-4、图 40-5），每天早 7 时与晚 7 时对责任区域进行全面清扫，做到责任区域无堆积垃圾，无果皮、纸屑、烟头等废弃物，无污泥污水；围挡规范、美观，无乱贴、乱画、乱挂现象；道路干净整洁，无积尘浮土，通行畅通，车辆停放整齐有序，无违章占道行为。

图 40-2 大门洗车池

外出车辆运输容易散落、飞扬、流漏的物料，必须采用密目网严密封盖，保证车辆清洁。

土方开挖至设计标高后，部分不能及时进行下道工序施工的，先采用密目网进行覆盖，长期不使用的裸露地表种植速生草等。施工现场主要道路采用混凝土面，裸露的场地进行草坪砖的铺设，未硬化、绿化的场地，使用 10cm×10cm 内 1000 目以上标准的密目网进行苫盖，并使用木方或其他条形材料对网体进行固定压实，防止扬尘产生。施工现场内存放土方的，堆放高度不得超过 2m，形状整齐大方，采用基层和表层苫盖密布网、中间覆盖塑料布的“2+1”方式 100% 覆盖。边缘采取重叠覆盖时，必须使用木方或其他条形材料对网体进行固定压实。

图 40-3 围挡喷淋系统

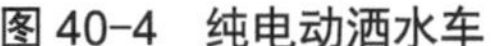
图 40-4　纯电动洒水车

图 40-5　降尘移动雾炮机

（2）光污染控制。

为减少光污染对周边环境产生影响，施工现场照明采用高效节能灯具及光源（图 40-6），并安装时间定时控制器或光源感应器，为避免光污染[2]，灯具设置定型灯罩，照射方向集中在施工范围，避免影响周围居民正常生活。采取措施如下。

现场夜间值班照明采用围挡上安装的 LED 灯，调整照明角度，使施工工地上设置的灯具照射方向始终朝向工地内侧。按照季节性昼夜交替的规律，合理安排夜间值班照明的起止时间。

电焊作业施工时，采取必要的遮挡措施，对于钢结构网架采用钢管扣件、防火帆布搭设，防止强光外射。

图 40-6　节能遮挡功能照明

（3）水污染控制。

施工现场污水排放应达到国家标准《污水综合排放标准》（GB 8978—1996）

的要求。在施工现场应针对不同的污水，设置相应的处理设施。设置沉淀池、隔油池、化粪池。

具体措施：

①雨水：办公区、生活区硬化场地路面，雨水经过排水沟排入三级沉淀池。

②污水排放：办公区设置水冲式厕所。在厕所附近设置化粪池，污水经过化粪池沉淀后排入市政管道。

③设置隔油池：在工地食堂洗碗池下方设置二级隔油池 [3]。

④沉淀池设置：三级沉淀池设置在现场大门处，基坑抽出的水和清洗混凝土搅拌车、泥土车等的污水经过沉淀后，可再利用于现场洒水和混凝土养护等。

⑤化学品等有毒材料、油料的储存地设置独立的储藏室，地面设置隔水层，做好渗漏液收集和处理。

（4）建筑垃圾控制 。

施工现场的固体废弃物不易降解，对环境产生长期不良影响。本工程确保建筑垃圾产生量不超过 400 吨，回收利用率达到 30% 以上。施工现场生活区设置封闭式垃圾容器，施工场地生活垃圾实行袋装化，及时清运。对建筑垃圾进行分类，并收集到现场封闭式垃圾站，集中运出。按照“减量化、资源化和无害化”的原则采取以下措施。

①固体废弃物减量化。

a. 通过合理下料技术措施，准确下料，尽量减少建筑垃圾。

b. 工作面应做到工完场清，每个工作在结束该段施工工序时，在递交工序交接单前，负责把自己工序的垃圾清扫干净。对可回收利用的周转材料等进行回收利用，对其他垃圾进行分类回收处理。

c. 提高施工质量标准，减少建筑垃圾的产生，如提高墙、地面的施工平整度，一次性达到找平层的要求，提高模板拼缝的质量，避免或减少漏浆。

②固体废弃物分类处理。

a. 生活区设置封闭式垃圾容器，生活垃圾实行袋装化，及时清运。施工现场对建筑垃圾进行分类，并收集到现场封闭式垃圾站，集中运出。

b. 垃圾分类处理，可回收材料中的木料、木板由胶合板厂、造纸厂回收再利用。

c. 非存档文件纸张采用双面打印或复印，废弃纸张最终与其他纸制品一同回收再利用。

③施工后应恢复施工活动破坏的植被。种植常见野草，以恢复剩余空地地貌或科学绿化，补救施工活动中人为破坏植被和地貌造成的土壤侵蚀。

现场设置垃圾分类收集点[4]（图 40-7）。对垃圾按无毒无害、有毒有害分类分拣、存放，并选择有垃圾消纳资质的承包商外运至规定的垃圾处理场。

图 40-7　垃圾分类收集设施

3. 节材与材料资源利用

（1）节材措施。

①根据施工进度提前做好材料计划，合理安排材料的采购、进场时间和批次，减少库存，材料堆放整齐，一次到位，减少二次搬运。

②加强管理，模板涂刷脱模剂，拆模时，严禁硬撬，减少人为损坏，增加模板周转次数。废旧模板整修后用作临边洞口的盖板、柱子与楼梯踏步的护角。

③水电、消防管道等预留、预埋与结构施工同步。

④施工前对管线进行综合平衡设计，优化管线路径。

⑤材料采购就地取材；混凝土采用商品混凝土，商品混凝土采用离工地距离较近的混凝土供应公司。本工程注重混凝土的级配优化及施工管理和施工操作方案的优化，控制水泥的用量和每次混凝土浇捣后余量的利用。向搅拌站预定砼时，加强与供应商的沟通，以确保最后二车数据的准确，不造成浪费，最大限度减少混凝土的浪费，达到节约的目标。

⑥钢筋成型加工采用场外工厂加工形式。钢筋根据图纸翻样之后，在工厂内进行成型加工，利用工厂化加工优势，减少加工损耗。采用钢筋直螺纹连接技术。

针对直径18mm以上的钢筋采用直螺纹接头连接，减少传统钢筋绑扎搭接连接钢材的消耗，节约钢材使用。

⑦油漆、涂料等按计划用量随用随开启，不用及时封闭，避免有害物质的滞留。

⑧现场办公区用房采用集装箱临时用房，提高周转利用率，现场四周围挡利用原有围墙继续使用。

（2）周转材料。

①模板材、木方消耗的周转应用。

a. 采用科学合理的施工组织降低材料损耗。非主体结构模板采用旧多层板，主体结构采用新多层板，降低造价。

b. 合理配置模板尺寸，充分利用边角料。施工前对模板工程的方案进行优化，配置模板时，统筹合理规划，将不符合模数切割下来的边角料在尺寸合适的情况下，用在支撑梁梁底、两侧或掖角处，做到废物利用；废旧模板整修后用作临边洞口的盖板、柱子与楼梯踏步的护角、临时道路及周转使用。

c. 加强木材损耗的管理。木方进场分成2.5m、3m、3.5m、4.5m等不同规格进场，可避免由于木方过长导致切割浪费。加强对工人的节材教育，采用教育与经济处罚相结合的方法控制随意切割木料。

②钢管、扣件、工字钢、轻钢结构临时房屋等材料的周转应用。

a. 加快施工速度，提高周转效率。在所有参建人员中树立加快进度的思想，在保证质量、安全的前提下，提高单位时间内的周转次数。

b. 临时设施的管理。现场办公和生活用房采用周转式钢结构活动房[5]（图40-8），组装、拆除简便易行且可重复利用。施工现场采用装配式可重复围挡封闭，既达到封闭效果，又拆装灵活。减少临时设施一次性投入。

图40-8　可周转式钢结构活动房

c. 办公区及生活区洗漱台、废旧钢筋等材料的周转应用。

员工办公区和生活区采用不锈钢制作的不锈钢洗漱台，可拆卸消防柜，可周转使用。

图 40-9　可周转式洗漱台

废旧钢筋、料头处理，定期清理废旧钢筋，经过筛选满足长度要求的用作马凳筋（图 40-10），无用料头当作废旧钢筋处理，节约成本。

图 40-10　筛选马凳筋

d. 可移动式厕所应用。

现场采用可移动式厕所[6]（图 40-11），可根据施工进展场地部署情况，灵活布置安放，使用现场起重机械吊运到指定地点，待工程完工后，运至其他项目周转使用。

图 40-11 可移动式厕所

4. 节水与水资源利用

（1）盥洗水收集：施工现场卫生间冲厕用水占生活区用水比例较大。且盥洗池排水多为洗漱水，水质悬浮物较少，经过简单沉淀处理即可满足卫生间冲厕用水水质要求。因此考虑将盥洗池产生的污水排入沉淀池，经初步过滤沉淀[7]，经过溢流口溢流进入清水池。由清水池经管道泵加压后供给生活区卫生间水箱，作为卫生间冲厕用水备用（图 40-12）。

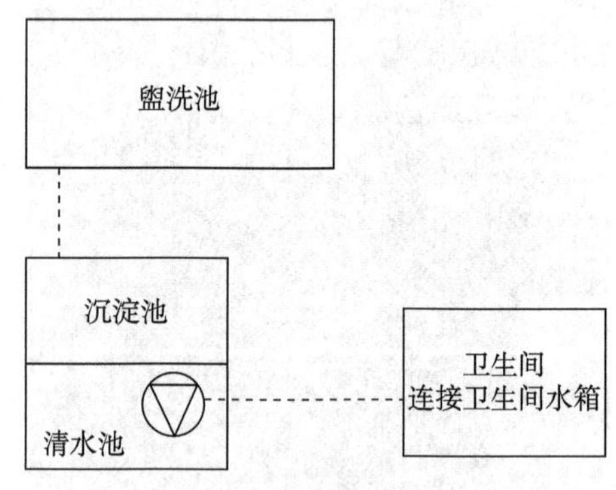

图 40-12 水资源收集原理图

（2）混凝土结构施工阶段现场用水量较大的工作为混凝土养护用水，结合当地降水特点，根据天气情况控制洒水量，进行混凝土的养护工作，混凝土浇筑完毕及时覆盖塑料薄膜（图 40-13），减少水分蒸发。对于不易覆盖的混凝土构件，采用雾化设备喷水养护（图 40-14）。

图 40-13　混凝土覆盖薄膜

图 40-14　混凝土雾化养护

（3）施工现场喷洒路面、绿化浇灌等均采用雾化喷洒设备，提高用水效率。

（4）施工现场供水管网应根据用水量设计布置，管径合理、管路简捷，采取有效措施减少管网和用水器具的漏损。

（5）门口洗车池设立循环用水装置。在现场大门洗车槽处设置三级洗车池，以收集污水，三级沉淀池内水池上部设有自吸泵。当车辆驶入洗车台，自吸泵将沉淀后的污水重新加压送入冲洗装置，供车辆冲洗使用。

（6）施工现场办公区、生活区的生活用水采用节水系统和节水器具[8]，节水器具配置比率达到 100%。在卫生间张贴节约用水标示如图 40-15 所示。

图 40-15　卫生间张贴节约用水标示

5. 节能与能源利用

（1）合理选择施工机械设备，优先使用节能、高效、环保的施工设备和机具，杜绝使用不符合节能、环保要求的设备、机具和产品，选择的设备功率与负载相匹配；采用低能耗施工工艺，充分利用可再生清洁能源。

（2）加强施工机械管理，做好设备维修保养及计量工作；现场施工设电表，施工现场和生活区分别计量；用电电源处设置明显的节约用电标示。

（3）施工临时用电选用节能电线和太阳能节能灯具，临电线路合理设计、布置，临电设备宜采用自动控制装置。采用声控、光控、太阳能灯具等节能照明灯具。

（4）施工照明设计以满足最低照度为原则，照度不应超过最低照度 20%。

（5）公共区域照明采用节能照明灯具（图 40-16）。人走灯关，严禁常明灯，室外照明采用高强度气体放电灯，办公室等场所均采用节能灯 [9]，生活区采用紧凑型荧光灯，在满足照度的前提下，办公室节能型照明器具功率密度值不得大于 8W/m^2，宿舍不得大于 6W/m^2，仓库照明不得大于 5W/m^2，用电设备不用时，关掉电源。

（6）夏季室内空调温度设置不得低于 26℃，冬季室内空调温度设置不得高于 20℃，空调运转期间应关闭门窗。

图 40-16　节能灯具及节能热水器

6. 节地与施工用地利用

（1）根据施工规模及现场条件等因素合理确定临时设施，如临时加工厂、现场作业棚及材料堆场、办公生活设施等的占地指标。临时设施的占地面积应按用地指标所需的最低面积设计。

（2）施工平面布置按施工阶段实施动态管理，要求平面布置合理、紧凑，在满足环境、职业健康与安全及文明施工要求的前提下尽可能减少废弃地和死角，临时设施占地面积有效利用率力求最大（图 40-17）。

图 40-17　节约施工用地

（3）现场施工道路优先利用原有市政道路，合理硬化场地所需的临时道路[10]，但都需要满足施工和消防要求。

（4）优先采用商品混凝土和预拌砂浆。

（5）钢筋加工采用配送化，支撑构件加工采用工厂化。

四、经济效益分析

（1）节材与材料资源利用方面：

材料损耗率比定额损耗率降低了 30% 以上，实现了目标要求。

①钢筋节约 32 吨，损耗率相比定额损耗率降低了 37%；

②木方节约 5m^3，损耗率相比定额损耗率降低了 51%；

③木模板的周转使用次数达到 3 次，废旧模板使用次数达到 3 次；

④商品砼节约了 110m^3，损耗率相比定额损耗率降低了 32%；

⑤工地钢结构周转用房、临时围挡材料可重复使用率达到了 85% 以上。

（2）节水与水资源利用方面：

实施水资源的循环再利用，施工中共利用非传统水 352.45m^3，利用率达到了 7.68%，实现了目标要求。

（3）节能与能源利用方面：

办公区、生活区节能设备和场区的太阳能照明节约电能约 350kW · h。

五、社会效益分析

环境保护方面：对施工现场扬尘的控制，对现场道路洒水，保持现场的湿润，避免了扬尘污染。水污染控制，采取水污染控制，增强了对周围水资源的保护。对促进建筑业的可持续发展，创建节能环保建筑产品具有重要作用。

六、结语

绿色施工是企业转变发展观念、提高综合效益的重要手段。本项目在施工周期内，最大限度地节约资源（节能、节地、节水、节材）、保护环境和减少污染，与自然和谐共生、适应经济社会环境。为实现这个目标从施工管理、环境保护、节材与材料资源利用、节水与水资源利用、节能与能源利用、节地与施工用地保护六个方面来进行的绿色施工。在保证了安全质量的情况下同时确保了绿色施工，社会效益和经济效益明显。为今后类似工程绿色施工提供了可借鉴的施工措施和宝贵的经验。

参考文献

[1] 李超 . 建筑工程项目全面实施绿色施工管理体系 [J]. 建筑工程技术与设计 , 2018.

[2] 雷益红 . 做好绿色工地的管理探讨 [J]. 纪实 , 2009(8).

[3] 徐卓荣 . 建筑工地水污染控制及处理 [C]//2001 年中国绿色建筑 , 可持续发展建筑国际研讨会 . 中国建筑承包公司 , 2001.

[4] 高天罡 . 绿色理念下建筑垃圾分类及再利用 [J]. 建筑技术开发 , 2021, 48(10): 2.

[5] 洪琦 , 欧阳建新 , 林建宁 . 装配式活动临建房屋的研究及应用 [J]. 房地产导刊 , 2019.

[6] 姚健健 . 绿色施工技术应用案例及效益分析 [J]. 建筑科技 , 2017(5): 4.

[7] 周海滨 , 李章韬 . 建筑工程施工现场水收集与循环利用的实践 [J]. 城市建设理论研究（电子版）, 2013, 000(023): 1-6.

[8] 邹宇亮 , 杨少林 , 万芳 , 等 . 施工现场节水及水资源利用研究 [J]. 建筑节能 , 2018, 46(9): 4.

[9] 谢炜 , 黄秉中 . 办公室及类似场所照明节能设计的经济和环保效益 [J]. 电世界 , 2014(11): 3.

[10] 郭典 . 节能环保型施工现场临时道路做法 [J]. 建筑工人 , 2016.

四十一　基于系统动力学的地铁施工碳减排研究

——以地铁降水碳减排路径为例

刘超群

摘要：降低地铁施工行业碳排放对企业碳达峰与碳中和目标的实现具有重要意义。本文分析地铁土建施工降水阶段碳排放的影响因素，利用 Anylogic 软件构建系统动力学模型对地铁降水施工与污水处理碳排放进行仿真模拟，探究地铁施工降水并入市政给排水管网实现碳减排路径的可行性，系统考虑降水、给水、水质检测、水处理、水权交易、碳排放权交易等多个子系统且各子系统之间存在的相互作用关系，分析得出地铁施工行业碳达峰和碳中和的目标和实现路径。

关键词：地铁；降水；碳排放；碳中和；系统动力学

一、我国建筑业“碳排放”现状及趋势

在我国，50% 的城市排放了全国 80% 的二氧化碳，其中建筑建造和建筑运行碳排放约占城市碳排放的 40%。

我国建筑建造阶段（建材 + 施工）碳排放已基本达峰，建筑运行碳排放仍然呈现增长趋势，若要实现 2030 年建筑碳达峰，则年均碳排放量增速需要控制在 1.5%。根据国际能源署数据，2020 年建筑运行碳排放为 22 亿吨 CO_2 其中施工建造碳排放约稳定在 1 亿吨 CO_2，同发达国家相比，我国目前还处于发展阶段，随着城市化进程的继续和经济持续发展，我国建筑运行碳排放总量和占比都存在较大的提升动力。

随着碳排放权交易市场化完善，掌握碳排放权就等于掌握发展权，这将会遏制粗放型、高耗能施工企业的发展：一方面，建筑施工企业要迅速完成节能减排的目标，争取更多的碳排放权；另一方面，企业拥有更多的建筑碳排放权可以获得更多的市场配置资源，也是经济低碳转型的驱动力。

1. 建筑业全产业链各产业变革势在必行

由于建筑碳排放覆盖建筑全产业链、全过程、全生命周期，建筑“碳达峰、碳中和”成为建筑全产业链、全过程、全生命周期的行动，要求从建筑设计—能源供应—建筑材料—建筑施工—运营维护—建筑回收利用全过程、全产业链、全生命周期控制建筑碳排放总量，必将引发建筑业全产业链各产业变革。

（1）建筑施工作业回收方式变革。

“碳达峰、碳中和”要求摒弃传统的粗放型施工方式，采取集约化、低碳的施工方式与措施。要开发创新再利用技术，将废弃物经回收加工后再次使用，降低碳排放。

（2）建筑业“碳达峰、碳中和”路径研究现状及存在的问题。

过分强调单项技术功能，脱离现实客观情况误区多，有的过分强调了单项技术功能的实现和作用，对我国现在所处的发展阶段判断估计不够，盲目追求超越发展阶段不计成本的技术方案，出现了一些“运动式”“碳达峰、碳中和”行为，脱离现实客观情况误区多。

2. 地铁施工与市政系统之间的碳减排关系

地铁施工不是一个孤立的事物，而是和市政给排水系统存在紧密联系。因此，地铁施工行业“碳达峰、碳中和”必须采用系统思维方式及方法体系。

一是地铁施工降水工程地下水具有水量大、不间断开采、开采周期长、开采时间与地铁项目建设时间重合度高，大量优质水源无法利用，造成高耗能、高排放；二是城镇污水处理是一个重要的碳排放源，联合国数据显示，全球污水处理等水处理行业碳排放量大约占全球碳排放量 2% 左右。全国污水处理厂的平均吨水电耗和消减 1kg OCTP 电耗分别为 0.325kW · h/m^3、1.924kW · h/kg[4]。污水处理运行成本高、电耗高，碳排放量高。

2015 年国务院办公厅印发了《整合建立统一的公共资源交易平台工作方案》的通知，为水权交易平台建设提供了政策依据。水权交易市场允许水权使用者将闲置的水权通过市场机制进行买卖，不仅使水资源从利用效率低的一方向利用效率高的一方流转，而且将闲置的水权置换为碳排放权，有利于企业发展。

然而目前大多数降水工程地下水未经其他有效利用直接排入市政管道或地上明渠、河流，中水利用水平、利用效率低，直接影响地铁建造活动的可持续发展，但不可否认的是，施工单位在开展节能减排工作时其与自身的效益有着紧密的关系，而这会直接关系到施工企业自身的节能减排工作是否能够顺利实施[1]。本文围绕北京地铁土建工程节能减排效益的相关问题采用系统动力学模型进行分析与研究，以此为北京轨道交通建设工程企业节能减排工作的开展提供助力与实践依据。

二、项目背景

1.项目概况

北京地铁工程每日抽排水量较大。以北京地铁十二号线某站为例，12 号线车站为地下三层岛式车站，车站主体长度 237.3m，区间长度 974.8m。蓟门桥站与北太平庄站均为暗挖法施工车站，区间埋深 29.4 ～ 35.4m。勘查期间地下水位＞ 30m，降水深度要求达到 40.0 ～ 48.0m。按照《北京地铁十二号线某站降水工程专项施工方案》的计算，总涌水量为 $18.48\times10^4m^3/d$，共计需要 263 口井，抽排水量为 $25.36\times10^4m^3/d$；车站采用矿山法，降水时间非常长，至满足防水施工完毕并满足结构抗浮设计要求为止，平均需要 3 年。

2.地铁施工降水并入城市杂用水管网可行性和必要性

（1）12 号线全长约 29.6km，全部为地下线，正线 21 座车站，估算总抽排水量约为 300.67 万 m^3/d，年排水量可观。

（2）水质控制问题依据《城市污水再生利用城市杂用水水质》（GB/T 18920—2020）要求：项目已通过第三方检测机构对水质进行检测，检测结果如表 41-1 所示。

表 41-1　水质监测报告

检验项目		技术要求	检测结果
pH	≤	6.0 ～ 9.0	7.11
浊度 / NTU	≤	5	1.8
溶解氧 /（mg/L）	≥	2	1
溶解性总固体 /（mg/L）	≤	1000（2000）n	81
总氯 /（mg/L）	≥	1	0.0223
氨氮 /（mg/L）	≤	8	3
嗅	嗅	无不快感	无不快感

（3）据中国轨道交通网统计，截至 2019 年 12 月 31 日，中国大陆共有 46 座城市建设轨道交通，在建线路 229 条（段），总里程 5680.84km。由于地铁施工的特殊性，建造全周期都需要大量且不间断的降水。

（4）地铁建造的区域主要位于城市中心地带，周边市政基础设施完善，地铁降水系统与市政给排水管网并行方便并入。

（5）地铁降水为深层地下水，水质量级别良好以上，水质优于城市杂用水[3]，具备并入城市杂用水系统的条件。

（6）地铁施工企业获得水权，水处理企业获得优质水源，减少耗能、降低碳排放，形成双赢的关系。

3. *研究方法*

地铁施工降水并入市政给排水管网碳减排路径是一个复杂的系统工程，涉及降水、给水、水质检测、水处理、水权交易、碳排放权交易等多个子系统且各子系统之间存在相互作用关系。本文试用系统动力学（System Dynamics，SD）作为一种综合仿真模拟预测模型，从整体上把握节能减排实现过程中的限制因素及其客观规律。其最大的优势是能够避免低维度以及单一预测的片面性，适合处理较复杂系统的非线性和长期性问题。为此，本文拟采用系统动力学模型，从地铁施工降水变给水的角度分析二氧化碳排放各要素之间的相互关系与碳减排路径。

（1）系统动力学。

弗雷斯特在方法论层面对系统动力学的实践应用问题进行过阐述，并总结出系统动力学应用的五个步骤，具体如图 41-1 所示。一是明确所要研究与厘清问题的系统边界，并识别对该问题有影响的各个变量；二是梳理影响因素之间的因果关系；三是构建揭示各个变量之间关系的反馈环系统动力学存量、流量模型；四是要对上述模型进行数理逻辑化以捕捉系统内的相互作用，借助计算机软件进行仿真模拟；五是将模型仿真结果与现实世界的行为与活动相比较，并据此进行优化。

（2）系统边界和研究假设。

考虑到二氧化碳排放系统的整体性和全局性，从二氧化碳排放来源以及减排方式视角出发，将影响二氧化碳排放的各个因素相互作用、相互影响的反馈回路构成一个整体，作为二氧化碳排放系统动力学模型的行为边界。该系统二氧化碳的排放来自地铁施工降水、施工用水和污水处理过程。

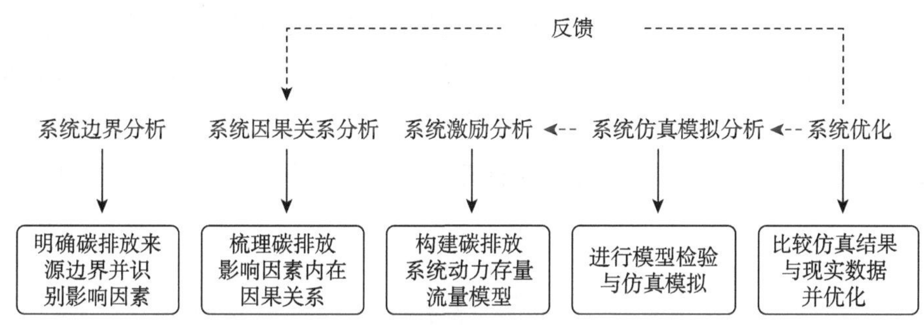

图 41-1　基于系统动力学方法构建二氧化碳排放分析框架

（3）模型因果回路图。

因果回路图是分析系统内各变量相互之间因果关系的工具，它描述了各变量构成的因果反馈回路，其中包含多个变量，各个变量系统动力学表示因果关系的用箭头连接。每条回路都具有正（+）或者为负（-）的极性，正（+）极性因果关系中的两个变量产生相同的变化，负（-）极性指的是因果关系中的两个变量产生相反的变化。正是由于因果回路图的特性，所以因果回路图往往反映了系统动力学的逻辑架构。

本文将建筑业碳排放系统分为企业发展、碳排放、风险、资源。研究地铁施工降水耗能，闲置水资源交易、水处理耗能、水权交易、碳排放权以及降水与坍塌风险之间的复杂关系。从系统角度分析“双碳”目标边界条件下各影响因素之间的相互关系。

企业发展会承接更多的地铁施工项目使投资加大以及产生更多的能源消耗，进而产生更多的碳排放，碳排放造成碳排放权的减少，最终会阻碍企业的发展，通过各个变量之间的相互作用，形成系统复杂动态的过程，通过循环反馈和相互调控保证系统稳定有效运行。子系统中的具体指标如下：①企业发展子系统：资金投入、承建项目、风险控制；②碳排放子系统：碳排放成本、碳排放权；③资源子系统：能源消耗、水资源利用率、水权；④风险子系统：排水量、坍塌；依据上述各影响因素变量绘制建筑业碳排放系统因果回路如图 41-2 所示。各个子系统之间互相影响和互相作用，在系统模型运行过程中共同作用于企业发展。

（4）模型存量流量图。

系统动力学是定性分析与定量分析的结合。系统动力学的定性分析主要是在构建模型时进行的因果关系分析。为了对系统的行为进行更为有效的分析和评价，需要对引起系统行为变化的关键因素进行因果分析，确定引起系统行为变化的主要影响因素，并建立因果关系回路图。定性分析之后，为了进一步研究指标间的数量关系，还需要建立系统存量流量图，这是仿真的基础，存量流量图的建立就是一种定量分析。

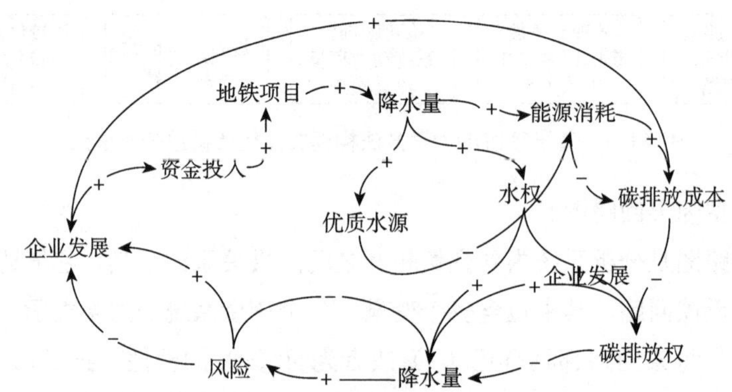

图 41-2 建筑业碳排放系统因果回路

构建存量流量图，并在存量流量图中输入各个变量的相应参数或者函数方程，以保证模型可以在系统动力学软件 Anylogiac 中运行，通过改变模型中的某个变量对模型进行定量分析。存量流量图如图 41-3 所示。

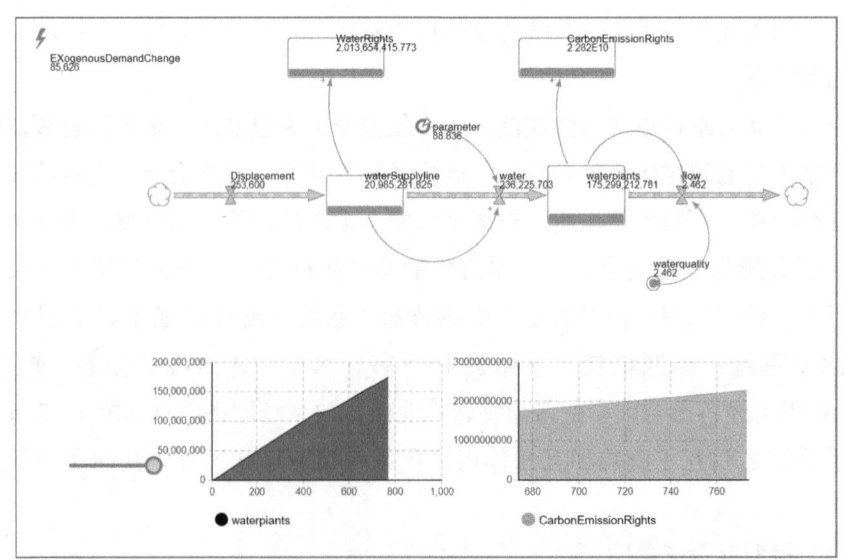

图 41-3 地铁降水碳排放系统存量流量

碳排放计算

（1）用 LCA 方法追溯生命周期后，中国电网电力（各种电力混合后的平均值）每度电的 CO_2 排放是 960g 左右[5]。

（2）经计算标段每年大概需排放 CO_2 1.81647 万 t。

（3）该地铁线路排水量若按污水处理，每年需消耗电量 8536013.2kW，排放 $CO_2$10535.4768 万 t。

三、总结

本文通过对地铁降排水量进行计算分析，若地铁降水能够得到充分利用可以大大减少碳排放量。

同时得出以下结论。①地铁降排水再利用可以提高地下水利用率。②在供水企业的成本中电耗一般占 40% ～ 70% 且每年呈递增趋势。因此利用地铁深层地下水降低能耗是提高城市供水企业经济效益的重要环节。③地铁施工企业为城市供水企业提供优质地下水资源，可以抵消施工用水费用[6]。④地铁线路与城市主要交通干线重合度较高，且与大型市政管线并行，降水改入市政管线工程量小。⑤通过相关机构检测，深层地下水水质优于城市杂用水，可以并入城市杂用水系统，用于冲厕、车辆冲洗、城市绿化、道路清扫、消防、建筑施工等非饮用的再生水。

参考文献

[1] 高瑜，郭戴宁，常征. 地铁基坑降排水再利用研究 [J]. 给水排水，2018, 44(1): 4.

[2] 佚名. 北京水资源现状 [J]. 北京观察，2009(8): 35.

[3] 国家标准《城市污水再生利用城市杂用水水质》(GB/T18920-2020).

[4] 楚想想，罗丽，王晓昌，等. 我国城镇污水处理厂的能耗现状分析 [J]. 中国给水排水，2018(7): 5.

[5] 刘夏璐，王洪涛，陈建，等. 中国生命周期参考数据库的建立方法与基础模型 [J]. 环境科学学报，2010(10): 9.

[6] 庞军，张宁. 论实现“双碳”目标必须处理好的三大关系 [J]. 环境保护，2021, 49(16): 5.

四十二　谈软土地层地铁基坑围护结构设计与施工技术

刘志雄

摘要：随着我国城市开发建设的不断深入，城市土地资源的逐渐稀缺，地下空间开发成为城市发展的趋势和主流方向，相应的深基坑也越来越多。本文主要通过软土地区项目实践总结出绍兴地铁淤泥质软土地层深基坑围护结构的设计方案及施工技术要点，证明相关方案和技术要求在软土地层环境下的适用性，通过采用加固措施，先进施工工艺，科学有效的监测，确保了软土地区地铁深基坑顺利开挖，相关结论可供围护工程技术人员参考。

关键词：软土地层；围护结构；技术

绍兴地区广泛分布着深厚的第四纪潟湖相、溺谷相与滨海相等海相沉积软土层。根据《岩土工程勘察规范》[1]，在静水和缓慢的流水环境中沉积并含有机质的细粒土，其天然含水量大于液限，天然孔隙比大于 1.5 为淤泥；当天然孔隙比小于 1.5 而大于 1.0 时，称淤泥质土。绍兴地区软土分布范围广，沉积厚度大，一般介于 30 ～ 50m，最厚可达 60m，成层稳定，横纵向分布变化较小。该区软土除具一般软土的孔隙比大、天然含水量高、压缩性强、承载能力低等特点外，还有厚度大的特点。

一、工程概况

绍兴地铁城南大道站为绍兴市轨道交通 1 号线工程中间站，位于解放南路与城南大道交叉口处，沿解放南路南北向布置，为 1 号线和规划 3 号线的换乘站。周边既有市政道路主要为解放南路和城南大道。解放南路道路为绍兴的南北向交通主干道，道路交通繁忙。车站西北象限为 6 ～ 8 层龙恩大厦；西南象限为 2 ～ 18

层铭康大厦；东南象限为 6 ～ 11 层中成公寓及沿街商铺；东北象限为城南大道站现场办公区及工人生活区，最近处不足 6m（图 42-1）。

该站主体结构形式为地下二层岛式车站，沿解放南路南北向布置；换乘节点地下三层，车站主体基坑长度 193.6m，基坑标准段深度 16.6 ～ 16.9m，端头井段基坑深度 18.3 ～ 18.7m，换乘节点基坑深度 23.5m。

图 42-1　车站位置示意

二、工程水文地质

根据地下水的含水介质、赋存条件、水理性质和水力特征，勘探揭露范围内场地地下水类型主要是第四纪松散岩类孔隙潜水、承压水和基岩裂隙水。开挖范围主要为空隙潜水。

本工程场地地基土根据地勘报告围护结构范围内地层（图 42-2）由上而下主要分为：$①_1$ 杂填土、$①_2$ 素填土、$③_{1\sim2}$ 淤泥质黏土、$④_2$ 粉质黏土、$④_3$ 粉质黏土夹粉土。

1）填土：$①_1$ 杂填土松散～中密，主要由碎块石、土块等组成，层厚 0.60 ～ 4.10m。$①_2$ 素填土松散，主要由粘黏土组成，含少量碎砾石，层厚 0.40 ～ 5.30m。

2）③$_{1\sim2}$淤泥质黏土：流塑，含少量有机质、腐殖质，有臭味，局部相变为淤泥，为高压缩性土，局部孔段夹少量粉土薄层，层厚 1.40 ～ 18.00m。

3）黏土：④$_{2}$粉质黏土硬可塑，含少量氧化铁及锰质结核，为中等压缩性土，层厚 1.40 ～ 5.10m。⑤$_{3}$粉质黏土夹粉土软塑至软可塑，中偏高压缩性，含少量的铁锰质结核及锈斑，层厚 1.00 ～ 9.10m。

4）凝灰岩：其中车站开挖范围 90% 为饱和淤泥质软土。

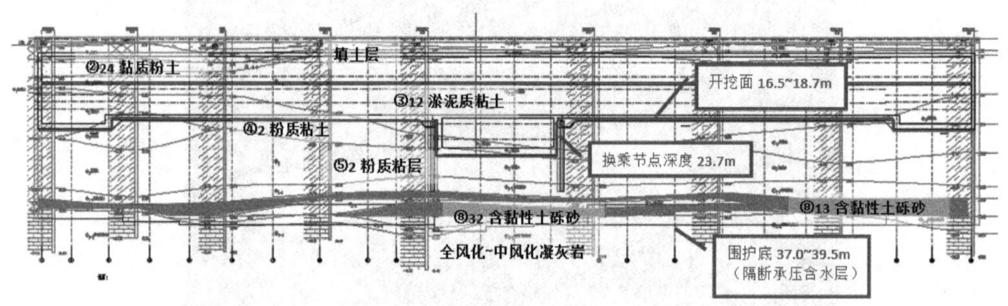

图 42-2 车站地质剖面

三、围护结构选型与设计

（一）围护结构选型

基坑支护设计将工程类比与理论计算相结合，并采用信息化设计和施工，在既有资料和地质勘查报告的基础上开展施工前的预设计，根据施工现场监控测量的信息反馈修正设计，指导施工。该基坑周边离建筑物很近，地面交通车水马龙，管线较多，最深处达 24m[2]。

本站基坑安全等级一级，保护等级为一级。地面最大沉降量≤ 0.2%H，30mm（取小值）；支护结构最大水平位移≤ 0.14%H，25mm（取小值），基坑重要性系数 1.1。围护结构应满足基坑稳定要求，不产生倾覆、滑移和局部失稳，基坑底部不产生管涌、隆起，支撑系统不失稳，围护结构构件不发生强度破坏 [3]。

软土地区常用的围护结构及优缺点如图 42-3 所示。

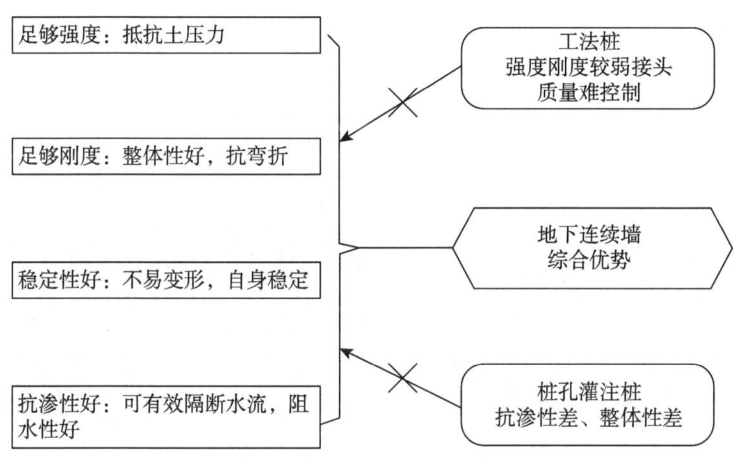

图 42-3　常用围护结构优缺点

为确保周边环境安全和确保工期，决定采用专家评审认可的地下连续墙 + 内支撑形式。地下连续墙与车站主体结构侧墙采用复合式结构[4, 5]。

（二）围护结构设计

该站主体标准段及盾构井段采用 800mm 厚的地下连续墙。竖向设置 5 道支撑，第一道支撑采用间距 5 ～ 6m 的混凝土支撑 800mm×1000mm，其余均采用水平间距 2.5 ～ 3m、φ609/φ800*t*=16mm 的钢管支撑（端头井第四～五道支撑采用 φ800 钢管支撑，其余均为 φ609 钢管支撑）。

换乘节点段采用 1000mm 厚地下连续墙，竖向设置七道支撑，第一道支撑及第五道支撑采用间距 5 ～ 6m 的混凝土支撑 800mm×1000mm。其余均采用水平间距 2.5 ～ 3m、φ609/φ800（*t*–16mm）的钢管支撑。型钢中立柱尺寸 600mm×600mm，采用 φ1100mm 混凝土钻孔灌注桩作为基础。车站基坑采用 800（1000）mm×1000mm 的冠梁。地下连续墙接头采用 10mm 厚 H 型钢钢板型接头。

四、围护结构施工技术

围护结构主要施工流程如图 42-4 所示。

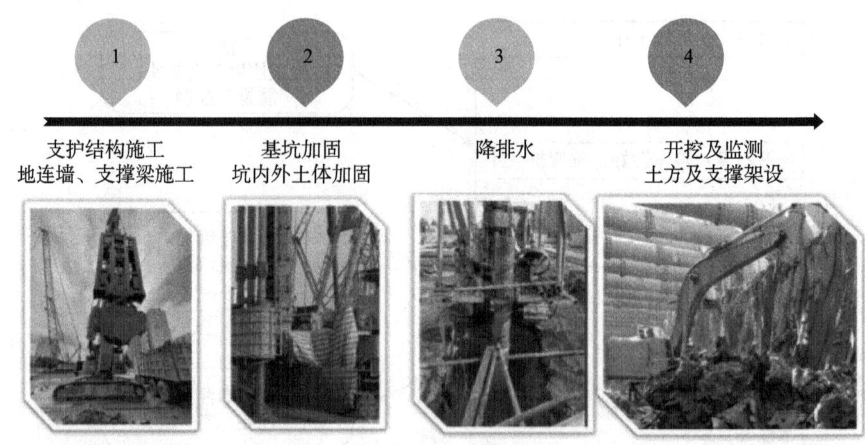

图 42-4　基坑主要施工流程

（一）槽壁加固

加固目的：由于地层自身稳定性较差，避免施工过程中槽壁坍塌，影响成槽质量。

根据试桩参数决定，对地连墙两侧土体采用 850mm×600mm 三轴水泥土搅拌桩进行加固，加固范围为整个基坑沿连续墙开槽两侧，深度为地面 10m 以下。根据现场土质，试桩结果确定参数如下：水灰比 1.5 ∶ 1，槽壁加固水泥掺量为 15%；采用两喷两搅施工工艺；槽壁加固每幅桩水泥用量约 270kg/m^2，泥浆比重为 1.37g/cm^3。下沉速度采用 0.5 ～ 1.0m/min，提升速度采用 1.0 ～ 2.0m/min。水泥浆配置好后，停滞时间不得超过 2h，因故搁置超过 2h 以上的搅拌浆液，应作废浆处理，严禁再用，搭接施工的相邻搅拌桩施工间隔不得超过 24h[6]。水泥土加固体的 28 天龄期无侧限抗压强度不宜低于 1.0MPa（图 42-5）。

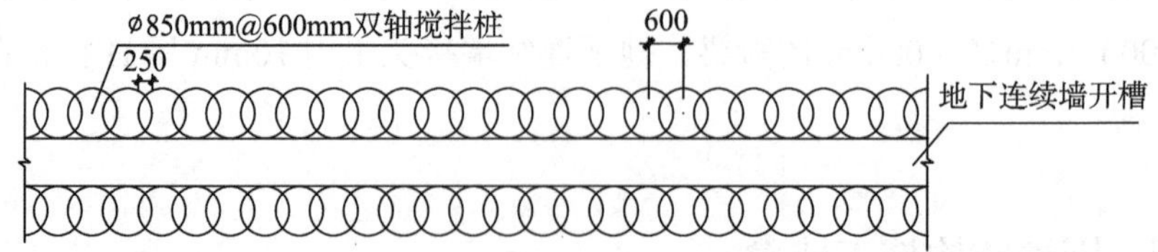

图 42-5　槽壁加固示意

（二）地连墙施工

淤泥质软土中成槽是地连续墙施工的关键工序，成槽约占地下连续墙工期的一半，因此提高成槽的质量和效率是关键。

1. 机型、槽段选择

根据地质情况，成槽采用 SG60A 成槽机。成槽垂直度由成槽机自带的垂直度显示仪及垂直度修正块进行控制，以满足设计精度要求，渣土采用自卸汽车外运弃土，对淤泥质渣土经改良处理后再转运出场。[7]

2. 泥浆配比

泥浆在地下连续墙成槽过程中起到护壁作用，泥浆护壁是地下连续墙施工的基础，其质量好坏直接影响到地下连续墙的质量与施工安全。单元槽段成槽时采用“三抓”开挖，先挖两端最后挖中间，使抓斗两侧受力均匀。

根据地质条件，泥浆采用膨润土制备，初始泥浆配合比如下（每立方米泥浆材料用量 kg）

膨润土 130，纯碱 4，水 950，CMC1，200 目重晶石粉 30。

配合比在施工中根据实际测试指标进行调整，以达到最佳配合比。泥浆配置流程如图 42-6 所示。

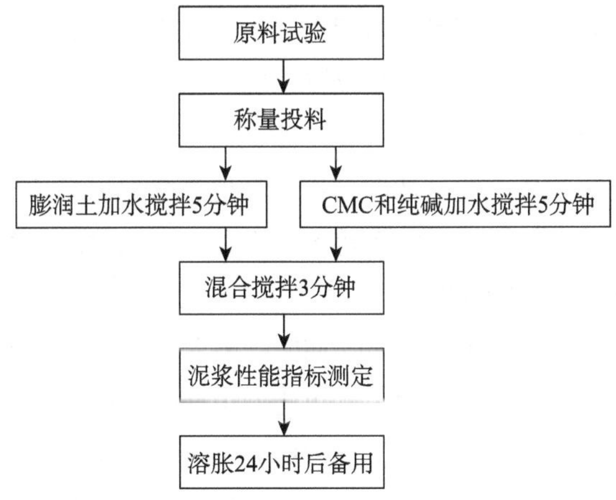

图 42-6 泥浆配置流程

泥浆制备的性能指标如表 42-1 所示。

表 42-1 泥浆制备的性能指标

泥浆指标 泥浆类别	漏斗黏度 /s	比重 / （g/cm^3）	酸碱度 （pH）	失水量 / mL	含砂量 / %	滤皮厚 / mm
新鲜泥浆	22 ～ 30	1.05 ～ 1.10	8.0 ～ 8.5	<10	<1	<1.5
再生泥浆	30 ～ 40	1.08 ～ 1.15	7.0 ～ 9.0	<15	<4	<2.0

续表

泥浆指标 泥浆类别	漏斗黏度 /s	比重 / （g/cm³）	酸碱度 （pH）	失水量 / mL	含砂量 / %	滤皮厚 / mm
挖槽时泥浆	22 ～ 60	1.05 ～ 1.25	7.0 ～ 10.0	<20	可以不测	可以不测
清孔后泥浆	22 ～ 30	1.05 ～ 1.15	7.0 ～ 10.0	<20	<4	<2.0
劣化泥浆	>60	>1.30	>14	>30	>10	>3.0

成槽作业过程中，槽内泥浆液面应保持在不致外溢的最高液位，暂停施工时，浆面不应低于导墙顶面 30 ～ 50cm。

3. 成槽开挖

成槽机定位后，抓斗平行于导墙内侧面，抓头下放自行坠入导墙内，不允许强力推入，以保证成槽精度。成槽时不宜满斗挖土，当抓斗提升到导墙顶面时稍停，待抓斗上泥浆滴净后，再提升转运到自卸汽车，以防泥浆污染场地。掉在导墙上的泥土清至槽孔外，严禁铲入槽内。

抓斗挖土过程中，上、下升降速度均缓慢进行，抓斗还要闭斗下放，开挖时再张开，以免造成涡流冲刷槽壁，引起塌孔。抓斗下放挖土时，抓斗中心对准放于导墙上的孔位中心标志，保证成槽位置正确。

（1）槽壁坍方预防措施。

针对本工程地质条件，地下墙成槽将穿越地层主要以素填土、淤泥层为主。在地下墙施工中容易出现坍孔或缩孔等不利现象，在成槽时从改善泥浆性能、减小施工影响等措施确保槽壁稳定。

在泥浆中加入适量的重晶石粉和 CMC 以增大泥浆比重和提高泥浆黏度，增大槽内泥浆压力和形成泥皮的能力，从而达到更好的护壁和防坍效果。

在成槽时尽量小心，抓斗每次下放和提升都缓慢匀速进行，尽量减少抓斗对槽壁的碰撞和引起泥浆振荡。施工中防止泥浆漏失并及时补浆，始终维持稳定槽段所必须的液位高度，保证泥浆液面比地下水位高。

在槽段成槽过程中，尽量控制大型机械在槽段边的扰动，以及严格控制槽段边的物体堆载情况，尽量减少外部施工荷载对槽壁稳定性的影响。

（2）成槽垂直度控制措施。

采用硬地施工，防止成槽机在成槽挖土过程中产生倾斜而引起槽壁垂直度偏差。由于导墙对地下连续墙上部的垂直度影响较大，在导墙施工时控制好导墙的垂直度和净空，以确保导墙施工的精度。

成槽设备能达到的垂直精度会直接影响成槽的垂直度，本工程选用上海金泰成槽机，以确保成槽的垂直精度要求。成槽过程中按照成槽机上的垂直度显示仪表上显示的垂直度，及时调整抓斗的垂直度，做到随挖随纠，确保垂直精度在3/1000以上，力争达到2/1000以上。成槽过程中采用超声波进行检测。

成槽完成后在相邻一幅已经完成地下墙的接头上必然有黏附的淤泥，如不及时清除会产生夹泥现象，造成基坑开挖过程中地下墙渗水，为此必须采取刷壁措施，当成槽完成后利用成槽机强制性刷壁器，在接头上上下反复清刷（10次以上），确保接头干净，防止渗漏水现象的发生。

4. 钢筋笼

（1）为了保证本工程地下墙的墙体质量，所有钢筋笼都将采用整幅一次吊装的方法就位。整幅吊运配置主吊和副吊各一台，采用整幅吊运安装的方案，可减少钢筋笼安置时间，有利于深槽壁体的稳定，保证地下墙的墙体质量。

（2）钢筋笼的钢筋交叉点至少50%采用焊接，焊接点必须牢固，临时铅丝绑架点在钢筋入槽前应全部清除。

（3）钢筋笼应平稳入槽就位，如遇障碍应重新吊起，查清原因，修好槽壁后再就位，不得采用冲击、压沉等方法强行入槽。钢筋笼就位后应在4小时内浇筑混凝土，而超过4小时未能浇筑混凝土，应把钢筋笼吊起，冲洗干净后再重新入槽。

（4）钢筋笼制作偏差应符合下列规定。主筋间距 ±10mm，水平筋间距 ±20mm，钢筋笼长度 +50mm，钢筋笼宽度 ±20mm。

（5）筋笼吊装的过程中，起吊点均需要放置在主筋之上，不得设置于分布筋等其他钢筋上。

5. 清底换浆

在槽段开挖结束后，灌注墙段砼前，应进行槽段的清底换浆工作，以清除槽底沉渣，要求沉渣厚度 <100mm。要求在浇注墙段砼前，测定槽内泥浆的指标及沉渣厚度，达到设计要求后，才允许灌注墙段混凝土。清底换浆时，应注意保持槽内始终充满泥浆，以维持槽壁的稳定。

6. 混凝土浇筑

（1）在单元槽段同时使用两根导管浇筑时，其间距不应大于3m，导管距槽段端部不宜大于 1.5m，各导管底面的高差不宜大于 0.3m，施工中应采取措施避免混凝土绕过接头流入另一个槽段，混凝土应连续快速浇筑，并应在初凝前结束浇筑作业，槽段过深时宜加缓凝剂。

（2）墙段之间的接缝采用 H 型钢钢板接头，换浆前接头面应严格清刷，不得留有夹泥或混凝土浮渣粘着物[8]。

（3）墙段的浇筑标高应比墙顶设计标高增加 500mm。

7. 其他要求

（1）导管应在混凝土浇筑前伸至槽底并采取堵浆措施。混凝土浇筑过程中，导管插入混凝土内深度为 2 ～ 4m。导管脚部以上的混凝土须连续浇筑。

（2）导墙内壁垂直度偏差小于 0.5%。两导墙间距应比连续墙设计厚度宽 50mm，允许偏差 ±10mm。

（3）预埋件应与主筋连接牢固，外露面包扎严密。预埋件中心位置允许偏差 ±10mm。

（4）钢筋桁架交点，钢筋桁架与钢筋笼交点应全部点焊；主筋与分布钢筋可间隔点焊。为保证钢筋笼的整体性，加强钢筋笼的刚度和方便吊装，本设计标准幅段每幅连续墙中设有 6 个钢筋桁架并且竖向钢筋桁架应均匀布置以保证钢筋笼吊装的平衡。另应注意钢筋笼沉放安装时的内外侧关系。

（5）靠近建筑物等净距小于 0.7H（H 为基坑深度）地下连续墙施工时应注意减少对地层的扰动，做好对建筑物的监测保护工作。

（6）在基坑开挖之前，提前开启坑内降水井，通过对坑外降水井水位观测情况判断围护墙是否存在渗漏，如有渗漏应采取封堵措施。

（7）在槽段成槽过程中，尽量控制大型机械在槽段边的扰动，以及严格控制槽段边的物体堆载情况，尽量减少外部施工荷载对槽壁稳定性的影响[9]。

（8）地下连续墙宜采用声波透射法检测墙身结构质量，检测槽段数应不少于总槽段数的 20%，且不应少于 3 个槽段。每个检测墙段的预埋超声波管数不应少于 4 个，且宜布置在墙身截面的四边纵向点处。应进行槽壁垂直度检测，检测数量不得少于同条件下总槽数的 20%，且不应少于 10 幅。应进行槽底沉渣厚度检测。

（三）基坑加固

加固目的：软土地层坑底被动区土体加固对减小围护桩变形、受力及坑外地表沉降、坑内基底隆起有重要作用。

坑底强加固采用 φ850×600 三轴搅拌桩，加固深度为坑底至坑底下 3m。

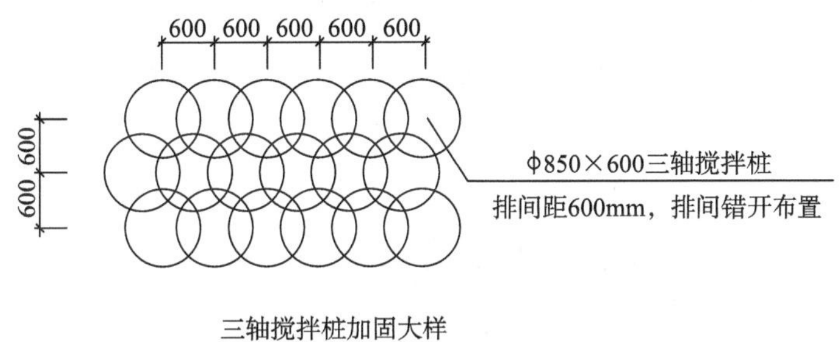

三轴搅拌桩加固大样

采用 P.O42.5 级普通硅酸盐水泥，水灰比宜为 1.2 ～ 2.0，坑底以下水泥掺量不小于 20%，坑底以上水泥掺量 7%，坑底以下加固土 28 天无侧限抗压强度不小于 1.0MPa。基坑阴角进行三重管旋喷桩加固，加固深度地面下 2m 至基底下 3m，抽条宽度 3m，间距 3m。采用 P42.5 普通硅酸盐水泥，试桩水泥掺量不小于 25%，28 天无侧限抗压强度不小于 1.0MPa。坑底加固采用的设备及流程如图 42-7 所示。

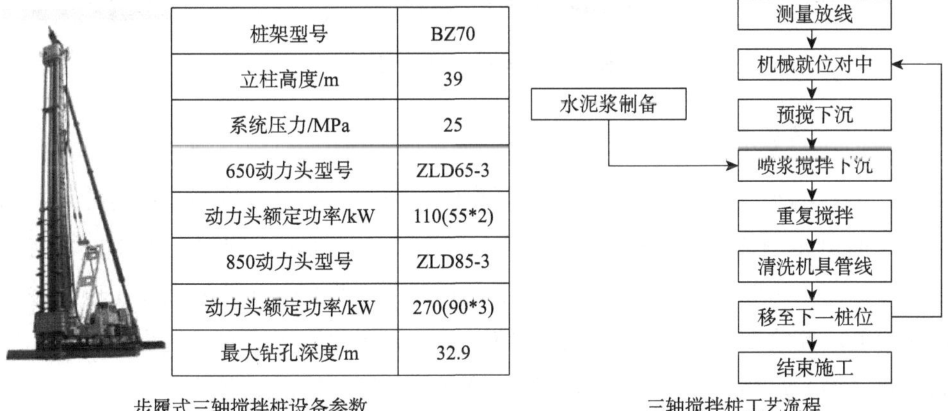

桩架型号	BZ70
立柱高度/m	39
系统压力/MPa	25
650动力头型号	ZLD65-3
动力头额定功率/kW	110(55*2)
850动力头型号	ZLD85-3
动力头额定功率/kW	270(90*3)
最大钻孔深度/m	32.9

步履式三轴搅拌桩设备参数　　三轴搅拌桩工艺流程

图 42-7　三轴设备及流程

基坑外阴角加固目的：坑外转角处为围护结构的薄弱点，基坑外阴角加固能有效地减少围护结构承受的主动土压力。区域土体加固采用 φ800×600 三重管高压旋喷桩，加固深度为地面下 1m 至较深基坑底下 3.0m。

旋喷桩采用 P.O42.5 级普通硅酸盐水泥，水灰比宜为 0.7 ～ 1.0，水泥掺量不小于 25%，水泥土 28 天龄期无侧限抗压强度不小于 1.2MPa。坑底强加固与连续墙之间 400mm 宽采用三重管高压旋喷桩进行加固填充 [10]（图 42-8）。

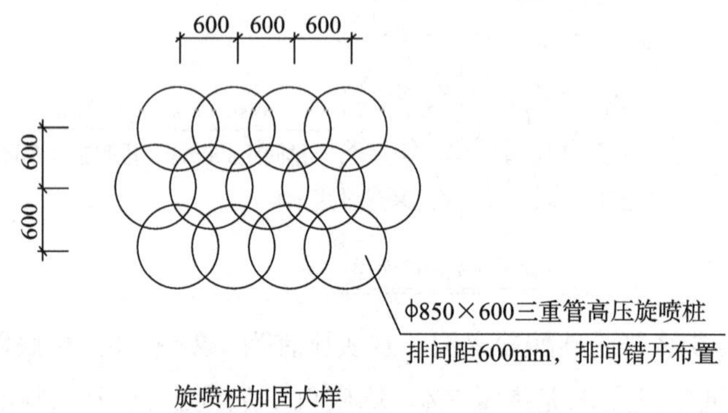

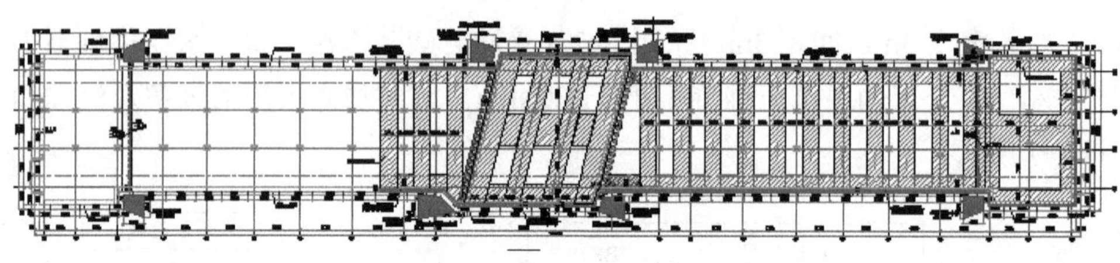

图 42-8 车站基坑加固示意

（四）监控量测

1. 本基坑安全等级为一级，基坑开挖深度较大，结合基坑周边环境特点，确定施工监测范围为 1 ～ 3H（H 为基坑开挖深度），范围内的建（构）筑物均需进行监测。车站监测频率围护结构施工至开挖前，监测点（孔）埋设完毕，并测定初始值，监测期应从基坑工程施工前开始，直至地下工程完成为止，对于基坑周边建（构）筑物的监测应根据需要延续至变形趋于稳定结束后。

2. 监测对象：本基坑监测对象为基坑围护结构与周边环境。周围环境监测对象主要为工程周围地表土体、地下水、建（构）筑物、地下管线、城市道路及其他市政基础设施。

3. 监测方法：基坑监测以获得定量数据的专门仪器测量或专用测试元件监测为主，以现场目测检查为辅。监测项目、 测点布设、监测周期和频率及控制标准详见设计图纸。观测点的布置应能满足监测要求。各监测项目在基坑施工影响前应测得稳定的初始值，且不少于两次。当变形超过有关标准或场地条件变化较大时，应加密观测；当大雨、暴雨或基坑边载条件改变时应及时监测；当有危险事故征兆时，应连续观测。

4. 监测等级：一级。

（1）施工监测目的有以下几个方面。

①将监测数据与预测值相比较，判断前一步施工工艺和施工参数是否符合预期要求，以确定和调整下一步施工，确保施工安全。

②将现场测量的数据、信息及时反馈，以修改和完善设计，使设计优质安全、经济合理。

③将现场测量的数据与理论预测值比较，用反分析法进行分析计算，使设计更符合实际，便于指导今后的工程建设。

（2）量测项目。

根据本工程的特点确定的量测项目有围护结构裂缝观察，基坑周围地表、建筑物沉降及倾斜，围护桩顶水平位移及垂直位移，桩体水平位移，地下水位监测，深层土体水平位移，钢管支撑应力监测，基底回弹等。

五、结论

目前该基坑围护结构地下连续墙已全部施工完成，垂直度、混凝土充盈系数控制较好，施工过程中无槽壁塌孔现象，通过超声波检测，墙体质量均良好。基坑开挖后变形可控，该围护体系安全可靠。总结出以下结论。

1. 在基坑围护设计之前，应对周边环境进行详细的梳理，确定一个合理的保护等级。

2. 软土地区深基坑的围护结构必须要有足够的强度、刚度、稳定性，采用地连墙 + 内支撑的围护体系比较适宜。由于地下连续墙具有整体刚度大和防渗性好，适用于地下水位以下的软黏土和砂土多种地层条件和复杂的施工环境，尤其是基坑底面以下有深层软土需将墙体插入很深的情况。建议在软土地区深基坑优先采用地连墙的围护结构。

3. 软土地区围护结构施工前，为保证围护结构质量，需对施工范围内槽壁作加固处理。

4. 为确保基坑安全，围护结构施工时，要明确基坑内外重点部位的加固方法，加固范围及施工参数。

参考文献

[1] 岩土工程勘察规范 : GB 50021—2001. 郑州 : 黄河水利出版社 , 2002.

[2] 马辰翔 , 张太权 . 超深地下连续墙施工技术 [J]. 天津建设科技 , 2010(4).

[3] 吕达 . 近海岩层地质条件下的深基坑地下连续墙支护体系设计与施工 [J]. 建筑施工 , 2014, 37(3).

[4] 刘玟君 . 软土地区地铁车站地下连续墙围护结构设计研究 [J]. 冶金丛刊 , 2020(11).

[5] 黄茂松 , 王卫东 , 郑刚 . 软土地下工程与深基坑研究进展 [J]. 土木工程学报 , 2012(06): 146-161.

[6] 王东明 . 透水砂质地层地下连续墙施工槽壁稳定性分析 [J]. 施工技术 , 2018, 47(增刊).

[7] 刘国彬 , 王卫东 . 基坑工程手册（第二版）[M]. 北京 : 中国建筑工业出版社 , 2009.

[8] 蒋燕伟 . 富水软土地层中连续墙刚性接头接缝处理技术研究 [J] . 黑龙江科技信息 , 2015(10).

[9] 李纤 . 地铁软土地层超深地连墙施工技术 [J]. 智能建筑与工程机械 , 2020(11): 24-25.

[10] 何凤奎 . 地铁软土地层超深地连墙施工技术 [J] . 工程技术研究， 2021(22).

四十三 “双碳”目标下旋挖桩长钢护筒干成孔施工技术应用

王同超 廖秋林 王高敏 赵亮

摘要：低碳施工作为建筑领域低碳化的实现手段，对确保“2030 年实现碳达峰，2060 年实现碳中和”的宏伟目标具有重要意义。建筑施工中钻孔灌注桩以其良好的承载能力被大量使用，但常用的泥浆护壁成孔工艺，会造成大量废弃泥浆，泥浆处理过程不仅污染环境，还造成大量能源消耗，增加施工过程碳排放量。结合地层情况应用长钢护筒干成孔施工技术，经过综合评价，发现此工法在节能减排方面优势明显。

关键词：“双碳”目标；软硬结合地层；旋挖桩；长钢护筒

一、引言

2020 年 9 月，习近平主席在第 75 届联合国大会提出我国 2030 年前实现碳达峰，2060 年前实现碳中和目标（简称“双碳”目标）之后，绿色建造的意义更加凸显[1]。据统计我国建筑建造相关的二氧化碳排放约占全社会二氧化碳排放总量的 22%[2]。施工企业如何以实际行动践行“双碳”目标，是今后相当长时间内要面临的重要问题。

在建筑施工中，钻孔灌注桩以其良好的承载能力被广泛应用，但常用的泥浆护壁成孔施工工艺，会造成大量废弃泥浆，传统泥浆处理方式大多是直接外运排放任其自然风干，或是过滤、沉淀后外运消纳，无论何种方式，泥浆处理过程均会造成一定的环境污染，还会造成大量能源消耗，极大增加施工碳排放。

针对上述情况，在旋挖桩施工组织阶段，若能结合工程地质情况，选择干成孔施工工艺，取消泥浆的使用，将彻底解决上述问题。本文将结合广州某地铁项目围护桩施工经验，浅谈软硬结合地层中旋挖桩长钢护筒干成孔施工技术的应用，希望研究内容能够给相关从业人员以启发。

二、工程概述

以广州为例的东南沿海地区，由于气候湿润，加上其他因素影响，地下存在较厚的淤泥层、粉细砂层，再深处又存在全、强、中、微风化粉砂质泥岩，属于典型的软弱结合地层。此类地层旋挖桩施工，如何科学合理选定成孔方式，合理安排工艺流程，是高效完成钻孔桩施工的关键[3]。

广州某地铁施工项目车站全长392.00m采用明挖法施工。主体围护结构采用钻孔灌注桩＋内支撑的形式，钻孔灌注桩为φ1000×1200mm，桩长约25m，共计916根。

根据地质钻孔显示，围护桩长度范围内主要穿越地层有：<1-1>、<1-2>填土层；<2-1A>淤泥、<4N-2>粉质黏土层、<3-2>中粗砂层、<3-1>粉细砂层、<7-3>强风化泥质粉砂岩、<8-3>中风化泥质粉砂岩。地层中软土地层厚度为9～12m，其中<3-1>粉细砂层平均厚度3.21m，<3-2>中粗砂层平均厚度2.15m。

三、成孔方案选择

鉴于本场地为软硬结合地层，施工时如果采用不同长度长钢护筒，以穿越不良地层直达强风化岩层面，利用岩层自身的稳定性以及长护筒的密闭性与刚性，可以达到干成孔作业的目的。长钢护筒干成孔相较于传统泥浆护壁成孔具有以下优点：

①对机械资源依赖程度较小，成孔后无须控制泥浆指标，加快施工进度，节约施工成本；

②施工中无泥浆制备、处理等工作有利于现场安全文明施工及环境保护；

③长钢护筒刚度大，能够杜绝塌孔现象，有利于成桩；

④施工过程环节更加紧凑，无多余工序，更加有利于节能减排。

同时，根据长钢护筒成孔特点，其具有以下施工难点。

1. 护筒长度长，有难以打入的风险

应对措施：此类工法的选择，主要依赖于地质情况，软弱地层必须经过确认地层均质、无填石、孤石，或清障完成后方可采用。成孔时采用液压板桩机开启

振动装置，高频、低幅、匀速下放护筒，护筒加工要确保有足够的刚度能够克服外力作用。当仍然受阻时，拔出护筒进行旋挖引孔作业，再下放长护筒，可有效解决上述问题。

2. 护筒埋设，难以控制垂直度

应对措施：护筒埋设前由钻机引导导向孔，导向孔深度不小于 1.5m，护筒打设由测量人员采用全站仪测量护筒垂直度（顶部、中部、底部三点偏差控制），及时进行纠偏处理，调整后通过液压振动锤将护筒压入设计标高，控制得当可以有效保证垂直度。

3. 长护筒拔出困难

应对措施：混凝土浇筑后，若不及时拔出护筒，会造成护筒“抱死”现象。长护筒拔出选择在混凝土初凝前完成，根据护筒尺寸精确计算超灌量，使护筒拔出后混凝土能有效填充护筒与土体之间空隙。护筒拔出要缓慢进行，便于混凝土及时填充后壁。

综上，采用有效措施克服长护筒施工难点后，最终确定本工程采用 9m、12m 两种长度钢护筒穿越软弱层，直达风化岩层，达到干作业成孔目的。

四、钻孔灌注桩施工

1. 施工准备

在施工准备阶段，规划钻机行走路径，硬化场地。结合施工水平适当外放，本工程桩位外放量为 12cm。

2. 长护筒埋设

本工程采用的长护筒为了适应施工需要进行加强处理，护筒采用壁厚 16mm 无缝钢管焊接而成，对接位置均进行包边加强。护筒内径选择上稍大于桩径，取 1060mm（设计桩径 1m），施工前仔细核对地质断面，挑选合适长度的护筒进行施工（图 43-1）。

护筒埋深采用液压板桩（APE 400）进行，此设备臂长 18m，施工时由插拔机夹板夹住护筒顶部，前臂吊起钢板桩放入事先挖好的导坑内。由于护筒直径较大，插拔打桩机只能选择一面打设，施工时可多次左右调换位置，保证护筒垂直受力。

施工过程中测量人员全程跟踪，发现偏移时及时进行校正[4]。护筒竖直度的偏差均控制在1%以内。

施工时遇到护筒难以打入的现象，现场采用旋挖钻机辅助掏孔，配合振动锤打入，如果护筒到底后仍不能遇到岩面，在孔口焊接长护筒，直至打入岩面[5]。

图43-1 长护筒下放施工

3. 钻机钻进

软硬结合面由于地层的变化，钻头极易向岩面倾斜方向偏转，造成成孔垂直度偏差大的问题。针对此现象，旋挖钻在9～12m位置降低钻进速度，加密垂直度监测，做到每钻进一次便检查一次，及时纠正偏差，钻头全部进入岩石区域，再加快钻进速度。

4. 清孔及成孔检查

钻进至设计标高后，施工人员采用测绳进行孔深测量，孔底沉渣厚度不超过10cm，测出沉渣后，进行清孔作业，旋挖钻钻头在原深度处进行空转清土，控制转速10转/分，空转3～5分钟后停止转动提起钻杆，提钻时注意不得回转钻杆，防止钻头内土落入桩孔内[6]。清孔后用测绳再次对孔深进行检测，符合要求后将钻机移出工作场地。

5. 钢筋笼的制安

本工程钢筋笼，采用一台70t履带吊整体吊装下放，钢筋笼对准孔位后，缓慢下沉，避免碰撞孔壁。

6. 混凝土浇筑及长护筒拔出

混凝土灌注采用导管灌注，随着混凝土灌注至设计标高，为防止混凝土初凝导致护筒“抱死”现象，浇筑完成后立即进行护筒拔出。考虑护筒拔出后有扩径的现象。浇筑时，合理计算超方量，本工程单孔约超方 1.2m^3，灌注时进行超灌混凝土。

护筒拔出利用振动锤产生的强迫振动，扰动土质，破坏钢板桩周围土的黏聚力以克服拔桩阻力，依靠附加起吊力的作用将桩拔出。护筒拔出均匀缓慢，给予混凝土足够的填充时间，避免拔出过快侧壁泥土混入桩身混凝土内影响成桩质量。

五、工程应用效果

1. 施工进度方面

本工程采用长护筒干成孔施工作业，不需要调配泥浆，节省造浆时间，且干成孔作业孔底沉渣较少，二次清孔可忽略不计。泥浆护壁与长护筒施工时间对比如表 43-1 所示。

表 43-1 泥浆护壁与长护筒施工时间对比

工序	护筒埋设 /min	钻进 /min	二次清孔 /min	钢筋笼吊装 /min	下导管 /min	混凝土灌注 /min
泥浆护壁	20	90	50	10	15	40
长护筒	30	90	/	10	15	40

由表 43-1 可以看出，长护筒干成孔施工工艺，护筒埋设时间较长但不需二次清孔，每根桩能较泥浆护壁节省 40min 左右。同时，一次可埋设多个护筒工序衔接上不需要等待造浆、布管，更好地确保现场施工工序的衔接，能加快现场施工进度。

2. 文明施工方面

泥浆护壁施工，泥浆在混凝土灌注时容易溢出护筒，污染地面，难以清理，且外运泥浆污染环境不符合文明施工及环保要求。采用长护筒干成孔施工工艺，无泥浆产生，不产生污染，地面设置导流槽能够有效收集孔内外溢泥水，经简单沉淀后即可进行排放。

3. 成型质量方面

长护筒干成孔在岩层钻进时垂直度不会发生较大偏移，控制好外放距离后能够有效保证桩身质量。基坑开挖后复测桩体侵线数量仅为 3 处，最大侵线 5cm。

图 43-2 围护桩成桩质量

4. 经济效果方面

使用常规泥浆护壁时，泥浆外运费用折合约 120 元 /m^3（设计桩身砼计），按 A1000mm 桩，桩长 25m 计，单根桩泥浆外运 + 制作费用约 2750 元 / 根。

使用钢护筒护壁时则需额外发生护筒使用折旧费、护筒打拔机费用、护筒起吊机械费用，按 1m 桩，护筒长度 12m 计，护筒循环使用 40 次，残值按 2000 元 /t 计算，护筒折旧费用约 585 元 / 单根桩，打拔机费用约 500 元 / 单根桩，履带吊费用约 600 元 / 根桩，12m 护筒直接增加成本约为 1685 元 / 根。

因护筒内径必须大于设计桩径，另加上护筒的壁厚及环向加强肋厚度，使用护筒的部分砼浇筑的方量需额外增加 6%，12m 范围增加的砼方量约 1.2m^3，按目前砼单价计，砼材料成本增加为 800 元 / 根，故单根桩制作总费用约 2485 元 / 根。

综上，单根 25m 长，桩径 A1000mm 桩改用 12m 长护筒护壁工艺成本约降低 265 元 / 根。同时考虑到泥浆护壁成孔的围护桩普遍有扩径、塌孔的现象，后续在扩孔砼凿处理问题花费更多，由此可见长护筒配合成桩施工具有明显优势。

5. 节能减排效益测算

根据 GB /T 2589—2008《综合能耗计算通则》，采用式（43-1）计算综合能耗:

$$E=\sum_{i=1}^{n}(\mathrm{e}_i \times p_i) \tag{43-1}$$

式中：n 为施工生产过程中使用的能源种类；e_i 为消耗第 i 种能源的具体器械工具；p_i 为第 i 种能源的折算系数。结合施工环节能耗特征，各施工环节能耗按电力进行计算，计算综合能耗时折算为标准煤当量。

根据 IPCC 碳排放计算指南[7, 8]二氧化碳排放量计算公式为:

$$T_{CO_2}=E\times L' \tag{43-2}$$

式中：L' 为 CO_2 排放系数，查阅文献得 L' =0.705（$kgCO_2$ / kW•h）[9]。

假定施工现场泥浆采用外采形式，泥浆生产计入厂家能耗，泥浆运输、使用、现场处理计入施工能耗，泥浆处理采用固液分离式设备，假定该设备处理后的水占比 40%，采用水泵抽排，固体占比 60%，进行外运消纳。施工过程中每使用 $10m^3$ 泥浆，各工序能耗参数如表 43-2 所示。

表 43-2　各工序能耗参数表[9]

施工方法	施工环节	能耗指标
泥浆护壁施工（E_1）	泥浆运输进场（e_{11}）/$10m^3$	119.5kW • h/$10m^3$（P_{11}）
	现场泥浆循环（e_{12}）/$10m^3$	1.25kW • h/$10m^3$（P_{12}）
	泥浆分离（e_{13}）/$10m^3$	4.5kW • h/$10m^3$（P_{13}）
	排水（e_{14}）/$4m^3$	0.5kW • h/$10m^3$（P_{14}）
	外运（e_{15}）/$6m^3$	71.71kW • h/$10m^3$（P_{15}）

现场每使用 $10m^3$ 泥浆，其综合能耗 E_1 计算过程如式（43-3）所示，二氧化碳排放量如式（43-4）所示。

$$\begin{aligned}E_1 &= \mathrm{e}_{11}p_{11}+\mathrm{e}_{12}p_{12}+\mathrm{e}_{13}p_{13}+\mathrm{e}_{14}p_{14}+\mathrm{e}_{15}p_{15}\\ &=168.476\mathrm{kW\cdot h}\end{aligned} \tag{43-3}$$

$$T_{1CO_2}=E_1\times L'=168.476\times 0.705=118.78\mathrm{kgCO_2} \tag{43-4}$$

长护筒干成孔施工工艺，增加机械打设护筒工序，采用一台 365 型挖机驱动振动锤，则其每小时能耗采用耗油量换算为：

$$E = 19.5 \times 1.2 \times 1.253 \div 0.287 = 102.16\text{kW} \bullet \text{h} / \text{h} \quad （43-5）$$

每根桩机械使用时间为0.5h，则每根桩施工护筒打设能耗如式（43-6）所示，二氧化碳排放量如式（43-7）所示。

$$\text{E}_2 = E \times 0.5 = 51.08\text{kW} \bullet \text{h} \quad （43-6）$$

$$T_{2\text{CO}_2} = E_2 \times L' = 51.08 \times 0.705 = 36.01\text{kgCO}_2 \quad （43-7）$$

该车站围护结构，共计916根旋挖桩，桩长25m，桩径1m，根据工程经验并结合相关文献[10]，其单根桩产生建筑泥浆按桩体2倍计算为35953m³，则两种工法对比二氧化碳排放量减少量如式（43-8）所示。

$$T_{2\text{CO}_2} = T_{1\text{CO}_2} \times 35953 - T_{2\text{CO}_2} \times 1832 = 361.08\text{t} \quad （43-8）$$

综上，现场采用长护筒干成孔施工工艺，较传统泥浆护壁施工工艺降低二氧化碳排放量达到361.08t，计算过程并未考虑泥浆制备环节能耗，可见此工法在节能减排效果上，具有较大优势。

六、结语

本文以“双碳”目标为主题，节能减排为导向。结合文献分析和实例工程，详细阐述了软硬结合地层中旋挖桩长钢护筒干成孔施工技术的应用，经过实践此工法有如下优势：（1）长护筒干成孔较泥浆护壁成孔，每根桩节省约40min，大大节省施工工期；（2）长护筒干成孔施工无泥浆制备、处理环节，能够有效提升现场文明施工；（3）长护筒干成孔作业无扩径、塌孔风险，成桩质量更好；（4）长护筒干成孔作业施工成本更低，单根25m长，桩径A1000mm桩改用此工艺成本约降低265元/根；（5）长护筒干成孔作业能够有效降低CO_2排放，经过测算本工程916根围护桩在采用此工艺后降低CO_2排放量达到361.08t。

综上，对此类软硬结合地层中旋挖桩施工，采用长护筒干成孔施工工艺，不仅对工程自身具有多种优势，更能够极大降低碳排放，助力于实现“双碳”目标，对此类地层中旋挖桩施工有极大的参考意义。

参考文献

[1] 肖绪文，刘星．关于绿色建造与碳达峰、碳中和的思考 [J]. 施工技术，2021, 50(13): 1-5.

[2] 赵振宇，张馨月．“双碳”目标引导下建企该如何行动 [J]. 施工企业管理，2021: 40-42.

[3] 王永峰．复杂地质条件下钻孔灌注桩施工技术 [J]. 城市建筑工程，2019(16).

[4] 张玉良．全岩石回填地层旋挖灌注桩施工技术 [J]. 能源技术与管理，2019, 44(6): 132-134.

[5] 梁宁芳．复杂条件下旋挖桩超长钢护筒施工技术研究 [J]. 建筑实践，2020(7).

[6] 葛文辉．旋挖钻干成孔施工技术浅谈 [J]. 水能经济，2017(6).

[7] IPCC. IPCC Guidelines for National Greenhouse Gas Inventories[EB/OL]. https: //www. ipcc. ch/report/2006-ipcc-guidelines-for-national-greenhouse-gas-inventories /. 2006.

[8] IPCC. Refinement to the 2006 IPCC Guidelines for National Greenhouse Gas Inventories[EB/OL]. https: //www. ipcc. ch/report/2019-refinement-to-the-2006-ipcc-guidelines-for-national-greenhouse-gas-inventories /. 2019.

[9] 钟正君，张 鑫，杨旭东．绿色环保泥浆循环处理技术节能减排效益分析 [A]. 中国环境科学学会 2021 年科学技术年会——环境工程技术创新与应用分会场论文集（四）[C], 2021.

[10] 曾光，李方芳，唐堂，等．基于清洁生产理念的建筑垃圾减量技术 [J]. 环境工程，2020, 38(5): 138-143.

四十四　谈对“安全风险分级管控和隐患排查治理双重预防机制”的认识

白孝杰

摘要：安全风险分级管控和隐患排查治理双重预防机制（以下简称双重预防机制）从提出到现在，已经历了几年构建，由于该机制属于创新性工作，可供借鉴研究理论和实践经验较少，各层级构建过程中由于理解和认识不同会产生差别，且一些企业认为与现有安全管理体系的关系比较模糊，现实中如何有效落实研究欠缺。通过对双重预防机制的学习研究，谈一下自己对双重预防机制的认识。

关键词：双重预防机制；安全风险分级管控；隐患排查治理

一、双重预防机制体系由来

2015 年 8 月 12 日，天津港“8・12”瑞海公司危险品仓库特别重大火灾爆炸事故发生后，从国家层面开始重新思考和定位当前的安全监管模式和企业事故预防水平问题。习近平总书记强调，必须坚决遏制重特大事故频发势头，对易发重特大事故的行业领域采取风险分级管控、隐患排查治理双重预防性工作机制，推动安全生产关口前移。

2016 年初国务院安委会办公室认真贯彻落实党中央、国务院决策部署，坚决遏制重特大事故频发势头，在研究总结重特大事故发生规律特点，深入调查研究、广泛征求意见的基础上，于 4 月制定了《标本兼治遏制重特大事故工作指南》（安委办〔2016〕3 号），要求着力构建安全风险分级管控和隐患排查治理双重预防性工作机制。并于 10 月份提出《关于实施遏制重特大事故工作指南构建双重预防机制的意见》（安委办〔2016〕11 号），要求准确把握安全生产特点和规律，坚持风险预控、关口前移，实现把风险控制在隐患形成之前，把隐患消灭在事故前面。

2021 年 6 月 10 日，第十三届全国人民代表大会常务委员会第二十九次会议通过了《全国人民代表大会常务委员会关于修改〈中华人民共和国安全生产法〉的决定》，安全风险分级管控和隐患排查治理双重预防机制被正式写入了修改后的《中华人民共和国安全生产法》。

二、双重预防机制的内涵

双重预防机制包括安全风险分级管控和隐患排查治理。

1. 安全风险分级管控是我们日常工作中的风险管理，包括安全风险辨识、安全风险评定和安全风险管控。

（1）安全风险辨识。针对本企业类型和特点，制定科学的安全风险辨识程序和方法，组织全员对生产工艺、设备设施、作业环境、人员行为和管理体系等方面存在的安全风险进行全方位、全过程辨识。

（2）安全风险评定。对辨识出的安全风险进行分类梳理，参照《企业职工伤亡事故分类》（GB 6441—1986），综合考虑起因物、引起事故的诱导性原因、致害物、伤害方式等，确定安全风险类别。对不同类别的安全风险，采用相应的风险评估方法确定安全风险等级，安全风险等级从高到低划分为重大风险、较大风险、一般风险和低风险，分别用红、橙、黄、蓝四种颜色表示。

（3）安全风险管控。根据风险评估结果，针对安全风险特点，从组织、制度、技术、应急等方面对安全风险进行有效管控，通过隔离危险源、采取技术手段、实施个体防护、设置监控设施等措施，达到回避、降低和监测风险的目的，尤其要强化对存在重大安全风险的生产区域的重点管控，企业需要高度关注安全风险状况，动态评估、调整风险等级和管控措施，确保安全风险始终处于受控范围内。

2. 隐患排查治理就是对安全风险管控措施落实情况进行全面跟踪检查，及时发现风险管控措施潜在的隐患，及时进行治理。风险管控措施失效或弱化极易形成隐患，隐患极有可能酿成事故，企业建立隐患排查治理制度，规定隐患排查内容、频次，通过全员安全生产责任制，推动全员自主排查隐患，尤其要强化对重大风险的隐患排查，发现隐患应制定隐患治理方案，做到责任、措施、资金、时限和预案"五到位"，实现隐患排查治理的闭环管理。事故隐患治理过程中无法保证安全的，应停工停产或者停止使用相关设施设备，及时撤出相关作业人员。

双重预防机制就是预防生产安全事故的两道防护墙：第一道防护墙是“管风险”，利用风险评估技术，以安全风险辨识为基础，从源头上系统辨识风险、分级管控风险，再通过组织、技术等管理手段落实管控措施，杜绝和减少事故隐患的产生，把各类风险控制在可接受范围内；第二道防护墙是“治隐患”，以隐患排查和治理为手段，认真排查风险管控过程中出现的缺陷、漏洞和风险控制失效环节，坚决把隐患消灭在事故发生之前。

三、风险分级管控与隐患排查治理的关系

事故隐患是造成事故的直接原因，是事故发生的必要但不充分条件，是伴随生产施工过程产生的，是可以消除的，有生命周期，风险辨识不充分或管控措施落实不到位，就会出现隐患，隐患具有很强的隐蔽性，在一定条件下可以引发事故发生。隐患是具体的，能够排查发现，是风险演变成事故的中间环节，在风险管控措施失效后出现。风险是抽象的，通过辨识分析得出，风险分级管控的目的就是将风险控制在可以接受范围。

安全风险分级管控是隐患排查治理的前提和基础，通过强化安全风险分级管控，从源头上消除、降低或控制相关风险，进而降低事故发生的可能性和后果的严重性；隐患排查治理是安全风险分级管控的强化与深入，通过隐患排查治理工作查找风险管控措施的失效、缺陷或不足，采取措施予以整改，同时，分析、验证各类风险因素辨识评估的完整性和准确性，进而完善风险分级管控措施，减少或杜绝事故发生的可能性。

隐患排查治理是基于后果的强制性思维，管控结果；风险分级管控是基于风险的非强制性思维，管控过程。

在构建双重预防机制过程中，要特别注意将风险分级管控体系和隐患排查治理体系有机融合，通过强化安全风险辨识和风险分级管控，从源头上避免和消除事故隐患，进而降低事故发生的可能性，通过隐患排查，针对反复多次出现的同类型隐患，分析其规律特点，相应查找风险辨识的遗漏与缺失，查找风险管控措施的薄弱环节，进而完善风险分级管控制度，强化隐患的治理，防范隐患演变为事故。

开展风险分级管控，是提高隐患治理科学性、针对性的前提条件；开展隐患

排查治理，是以风险管控措施为排查重点，是控制、降低风险的有效手段。两者相互促进、互为补充，实现有效控制风险、预防事故的目的。

由此可见，安全风险分级管控与隐患排查治理二者之间是相互包含的关系：隐患排查治理包含于风险分级管控中。及时发现并消除风险管控措施存在的隐患，保证风险的管控措施处于完好状态，就是对风险的管控。

四、双重预防机制的优势

（一）双重预防机制是一种以目标为导向的先进管理理念，准确把握安全生产的特点和规律，坚持风险预控、关口前移，实现把风险控制在隐患形成之前、把隐患消灭在事故前面，是预防和减少生产安全事故的关键举措。

（二）双重预防机制着眼于安全风险的有效管控，紧盯事故隐患的排查治理，是一个常态化运行的安全生产管理系统，可以有效提升安全生产整体预控能力，夯实遏制重特大事故的工作基础。

（三）双重预防机制的建设能够强化安全生产责任的层层落实。风险分级管控与隐患排查治理机制的实施有效推进各层级对管控区域和范围内的风险源、管控措施、管控级别的落实，促使企业做到属地管理、层级负责、人人有责。

（四）双重预防机制的建设有助于实现企业的本质安全。事故隐患具有隐蔽性、突发性等特点，究其原因，主要是风险辨识和风险管控措施管理不到位。通过双重预防机制的实施，将从组织管理、隐患排查治理、风险管控、应急处置等各方面全面提升本质安全能力。

（五）构建双重预防机制是要在全社会形成有效管控风险、排查治理隐患、防范和遏制重特大事故的思想共识，推动建立企业安全风险自辨自控、隐患自查自治，政府领导有力、部门监管有效、企业责任落实、社会参与有序的工作格局，促使企业形成常态化运行的工作机制，切实提升安全生产整体预控能力。

五、双重预防机制与企业现行安全管理体系关系

当前，企业现行安全管理是基于安全生产标准化的管理体系。在《国务院安委会办公室关于实施遏制重特大事故工作指南构建双重预防机制的意见》（安委办〔2016〕11 号），“四 强化政策引导和技术支撑”中的“（二）深入推进企业

安全生产标准化建设”部分明确提出：要引导企业将安全生产标准化创建工作与安全风险辨识、评估、管控，以及隐患排查治理工作有机结合起来，在安全生产标准化体系的创建、运行过程中开展安全风险辨识、评估、管控和隐患排查治理。而在《企业安全生产标准化基本规范》（GB/T 33000—2016）中第5个核心要求“5.5 安全风险管控及隐患排查治理”，恰恰是双重预防机制的内容。这一内容明确了安全生产标准化、风险管控分级、隐患排查治理这三者之间的关系，即以安全生产标准化创建为主，在其过程中开展和融入风险分级管控和隐患排查治理的工作。

由此可见，安全风险管控及隐患排查治理是建筑施工企业安全生产标准化的两个重要或核心要素，也就是说：双重预防机制是现行安全管理体系的重要或核心要素。

在国内大多数省市发布关于建立双重预防机制的文件中提到的“双重预防机制是企业现行安全管理体系的重要组成部分”，给出了双重预防机制与现行安全管理体系相对客观的关系定位。

双重预防机制与现行安全管理体系不是并列的关系，二者也不是毫不相关的两项工作，双重预防机制更不是一项全新的工作。双重预防机制是现行安全管理体系的重要组成部分，是重要或核心要素，双重预防机制包含于现行安全管理体系。

安全管理体系是企业做好安全生产工作最基础、最全面的一个工具，双重预防机制则重点强调要做好安全管理体系中的两个核心要素——风险分级管控和隐患排查治理，且对这两个要素进行了再细化、再严格、再科学的要求。所以，我们推行双重预防机制时，仅需把原来安全管理体系中的风险管理和隐患排查治理工作按要求再进一步细化、规范化。

六、建筑施工企业落实双重预防机制的要点

（一）风险辨识的全面性

构建安全风险分级管控和隐患排查治理双重预防机制的最重要的工作是风险辨识，风险辨识应坚持做到“横向到边、纵向到底、不留死角”，充分、全面的风险辨识是做好双重预防机制的基础。

利用历史数据、理论分析、专家意见以及相关者的需求等信息，从人的因素、

物的因素、环境因素、管理因素等方面，对建筑施工过程涉及的所有场所、设备设施、作业环境、作业活动和人员进行排查，逐一列举发现的危险和有害因素。根据列举的危险和有害因素，通过实地踏勘、现场测量、经验分析和查阅历史资料等方法，排查并确定建筑施工现场可能存在的安全风险因素，对潜在风险因素进行系统归类，初步确定项目施工安全风险源。

（二）安全风险动态管理

建筑施工过程中，辨识出的某一安全风险会随着时间和空间的变化而变化，要求建筑施工企业定期或不定期依据内外部环境和其他因素的变化，对安全风险进行重新辨识和评价，并调整风险等级和管控措施。

（三）安全风险分级管控

建筑施工安全风险管控遵循风险级别越高管控层级越高的原则，对重大风险和较大风险进行重点管控，对重大风险、较大风险的管控由企业负责，其他风险管控由工程项目部负责，且上一级负责管控的安全风险，下一级必须同时负责具体管控，并逐级落实具体措施。

安全风险管控措施主要从技术措施、管理措施、应急措施等方面制定，建筑施工单位各层级管理人员对不同级别安全风险进行跟踪，督促落实相关要求。

总的来说，安全生产双重预防体系建设的意义是非常重大的。对于企业来说，安全生产双重预防体系能切实减少安全事故，避免了财产损失，为企业的可持续发展打好基础。在社会层面来说，安全生产双重预防体系能促进社会的稳定。劳动者不是一个单独的个体，他们的背后是万千家庭，所以安全生产双重预防体系通过保障劳动者的人身安全，而实现社会稳定发展的目标。在国家层面来看，安全生产双重预防体系是经济稳定向前发展的基础。安全生产事故是制约企业发展的绊脚石，同时也是我国经济发展的“拦路虎”，只有做好安全生产双重预防体系建设，从根本上降低安全事故，才能促进我国经济的可持续发展。

四十五　第三系红砂岩工程特性判别指标及基坑施工对策研究

尹利洁　刘志强　朱彦鹏

摘要：第三系红砂岩是一种特殊的砂岩，具有遇水崩解砂化工程特性，但这一工程特性差异较大，即并非所有的红砂岩遇水崩解砂化。以往经验主要依靠波速对红砂岩进行风化程度分类，该方法较难体现红砂岩的遇水崩解特性。本文以兰州轨道交通车站基坑第三系红砂岩为研究对象，进行崩解性测定，研究红砂岩崩解性与其物理力学性质之间的关系，从而通过物理指标对红砂岩崩解性进行分类，结果表明：把干密度、渗透系数作为红砂岩工程特性判别指标，将红砂岩划分为3类：Ⅰ类，干密度小于等于1.9g/cm^3，渗透系数大于等于10^{-4}cm/s；Ⅱ类，干密度介于1.9～2.1g/cm^3，渗透系数介于10^{-4}～10^{-5}cm/s；Ⅲ类，干密度大于等于2.1g/cm^3，渗透系数小于等于10^{-5}cm/s。根据红砂岩的工程特性分类，给出了不同类型红砂岩基坑支护结构和地下水控制措施建议，实现合理化施工并降低成本。本文的研究成果可为类似第三系红砂岩分布地区工程勘察、设计和施工提供技术支持和经验借鉴。

关键词：红砂岩分类；遇水崩解砂化；崩解速度；干密度；渗透系数

一、引言

第三系红砂岩是兰州轨道交通工程中遇到的特殊岩土层，在新构造运动中被抬升，经受长期风化剥蚀及黄河的冲蚀切割，而后在其表面沉积了黄河阶地卵石和第四系松散黄土层，典型地层如图45-1所示，水位埋深8～9m，红砂岩埋深14～17m，基底埋深20～28m。

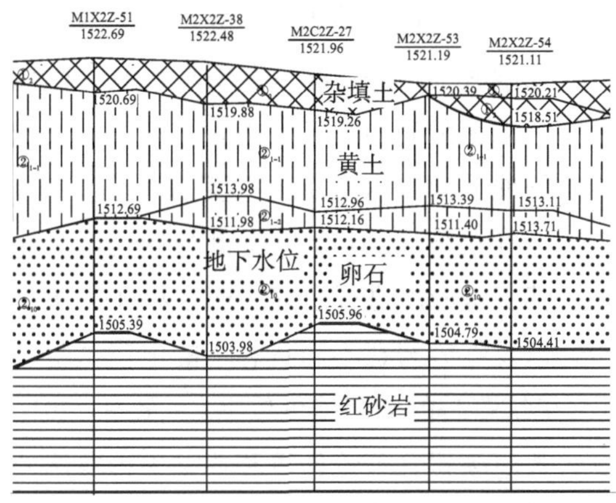

图 45-1　兰州地区典型地层剖面图

以往经验认为红砂岩层为相对隔水层，基坑支护统一采用咬合桩和坑外降水，其中降水井穿过卵石层进入红砂岩层 2m。实践证明，不同工点的红砂岩透水性差异较大，而支护结构和地下水控制措施却没有针对性，由此产生了大量工程问题，主要体现在：对于极易崩解砂化的红砂岩基坑，坑底出现涌水涌砂（图 45-2、图 45-3），无法开挖，同时坑外砂土流失，往往给基坑周边地表带来较大沉降，对周边道路、管线以及建筑物的安全造成很大隐患。

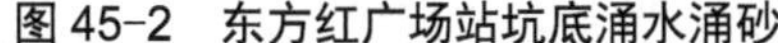
图 45-2　东方红广场站坑底涌水涌砂

图 45-3　五里铺站坑底涌水涌砂

众多学者对红砂岩崩解砂化透水特性进行了研究：熊力（2011）[1] 从微观角度观测分析了湖南地区两类红层软岩崩解前后变化，揭示了红层软岩崩解机理，在此基础上通过试验研究得出了抑制红层软岩崩解的措施。曾清林（2011）[2] 通过对不同条件下崩解的泥质红砂岩电镜扫描实验所得微观结构图的对比，全面分析了崩解后泥质红砂岩微观结构的各种变化。刘晓明等（2011）[3] 在对崩解性最强的Ⅰ类红砂岩成分和崩解性状研究基础上，采用ICP-MS测试技术对红砂岩的蒸馏水浸泡过程进行了化学成分跟踪，测试发现水解液中有Ca^{2+}、Mg^{2+}、K^{+}、N_a^{+}等离子出现，且部分离子浓度随岩石崩解而进行增长。甘文宁等（2014）[4]对皖南山区崩解性红砂岩，开展不同含水率及压实度下回弹模量、承载比和渗透系数等路用性能的试验研究。徐汉飞（2014）[5]借助分形理论对红层软岩崩解过程中颗粒分布的分形规律及其工程应用进行研究。南宇星（2016）[6]通过X射线衍射仪对红砂岩岩性分析，以及红砂岩在不同状态下的电镜试验，研究水对红砂岩崩解性的影响，为红砂岩填筑路基的应用提供依据。王骑虎（2016）[7]通过地质调绘、室内试验、原位测试、数值模拟、理论计算和典型工程实例分析，以甘肃红层工程地质特性与边坡稳定性研究为目的，进行了多个方面的研究。张艺鑫（2018）[8]依托兰州市城市轨道交通1号线东方红地铁站深基坑工程，从红砂岩物理力学性能的研究出发，研究红砂岩的渗透特性及其影响因素，分析红砂岩的物质组成及遇水软化崩解的原因。

前人对兰州地区红砂岩遇水崩解砂化特性研究较少，另外几乎未涉及红砂岩的工程特性分类问题，如何有效区别出红砂岩的不同类型，并提出不同类型红砂岩的物理力学分类特征参数是兰州轨道交通建设中亟待解决的问题。

本文通过对足够的勘探资料进行统计分析获得合理的数据，并通过原位测试、室内试验对工程进行实例分析，掌握不同类型的红砂岩遇水崩解工程特性，进而采用干密度、渗透系数对红砂岩进行分类，提出一套经济、合理、有效的红砂岩地层地下水控制措施，为后期红砂岩分布地区轨道交通工程勘察、设计和施工提供技术支持。

二、红砂岩崩解试验

兰州轨道工程建设过程中遇到的部分红砂岩遇水易崩解砂化，其强度迅速衰减，直接影响施工进度，对施工安全及质量具有极大的挑战，因此研究红砂岩的崩解速度对深基坑支护与开挖具有重要意义。

沿轨道交通沿线获取典型场地一定埋深（14～15m）的红砂岩原状土样。用容器盛一定量的水静置1～2分钟直到水面稳定，然后用温度计测量其温度并记录，分别将一定体积且具有天然面的原状样放入静置的容器中进行对比试验，用摄像机记录其崩解过程，测定不同地铁车站基坑红砂岩的崩解时间并观察其崩解程度，试验结果如图 45-4 ～图 45-6。

（1）雁北路站红砂岩试块刚放入水中时只在局部裂隙处有气泡冒出，水较混浊且水面有少量气泡和白色漂浮物；浸泡 10 分钟后局部裂隙发生微量崩解，水面气泡与漂浮物减少；在浸泡 4 小时后顶部产生裂隙，岩块沿边缘发生少量崩解，水较清澈且水面没有漂浮污浊物；浸泡 24 小时后，崩解量几乎没有再增加。

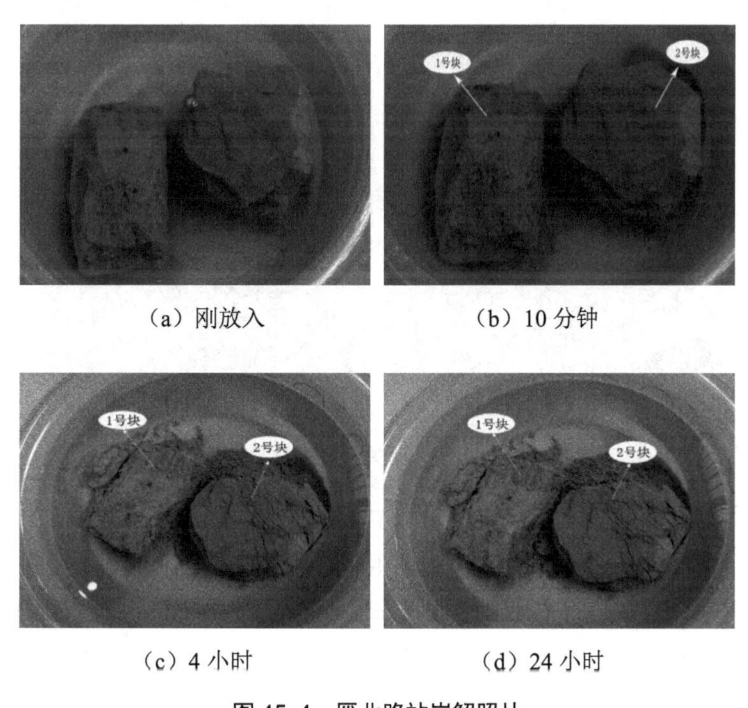

（a）刚放入　（b）10 分钟

（c）4 小时　（d）24 小时

图 45-4　雁北路站崩解照片

（2）西关站红砂岩试块刚放入水中时土样有大量气泡冒出，水较混浊且水面有少量气泡和白色漂浮物；浸泡 10 分钟后岩块边缘由于吸水膨胀软化作用产生少量裂缝，在裂隙处发生崩解脱落，水面气泡与漂浮物减少；浸泡 4 小时后土样棱角消失，崩解量增加，水面几乎没有气泡与漂浮物；浸泡 24 小时后，岩块崩解量增加较少，水变清澈。

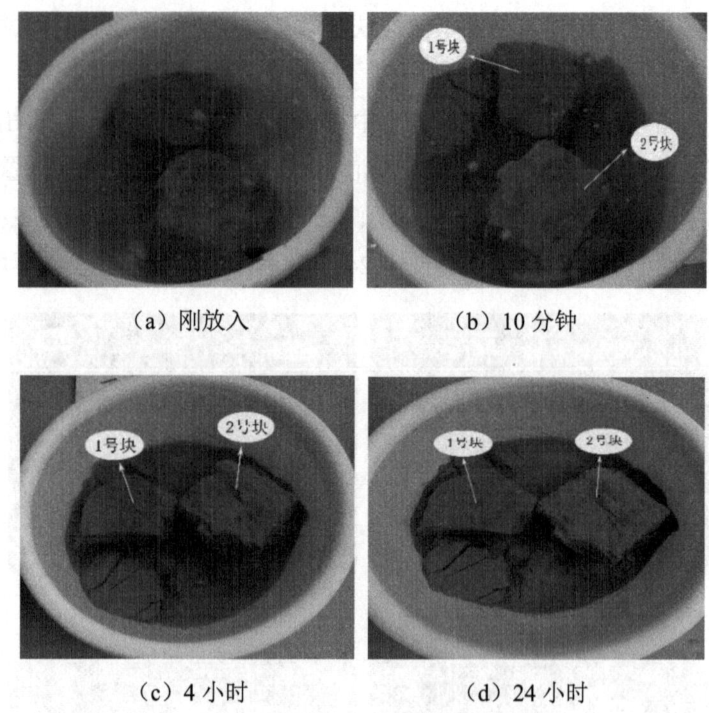

（a）刚放入　（b）10 分钟

（c）4 小时　（d）24 小时

图 45-5　西关站崩解照片

（3）省政府站红砂岩试块刚放入水中时产生大量气泡，水不混浊，水面有少量白色漂浮物；浸泡 1 分钟后试样周围由于吸水膨胀软化作用产生大量裂隙并伴随大量气泡；浸泡 4 分钟后试样大量崩解，岩块底部崩解较快且崩解量较大，形成蘑菇形崩解形状；浸泡 6 分钟后土样几乎完全崩解，只留下顶部少量有较大裂隙土体。

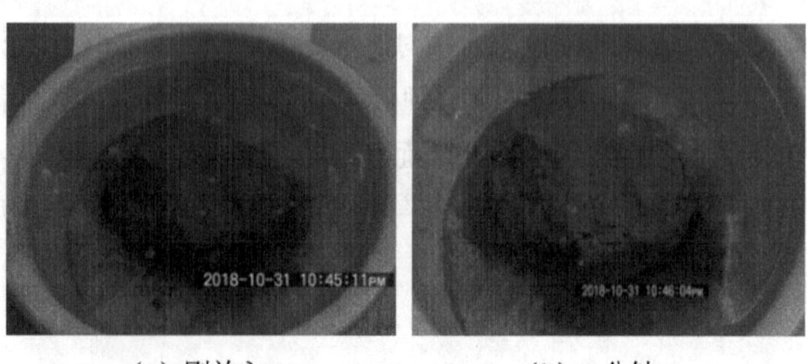

（a）刚放入　（b）1 分钟

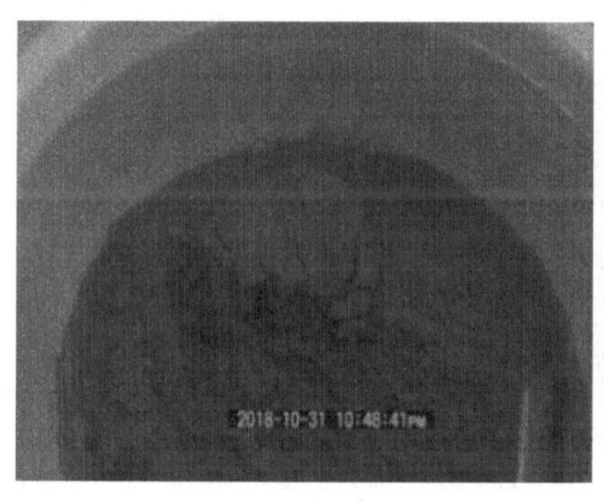

（c）4 分钟

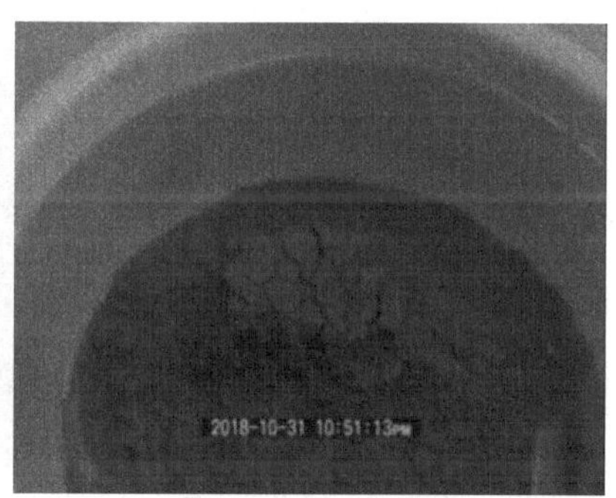

（d）24 分钟

图 45-6　省政府站崩解照片

从以上实验结果可得出：①红砂岩具有遇水崩解砂化的特性，不同场地红砂岩崩解特性有所不同，由于崩解速度和基坑围护的关系紧密，因此根据崩解时间与剧烈程度对红砂岩进行分类具有重要意义；②省政府站红砂岩崩解速度最快，西关站次之，雁北路站最慢；③省政府站红砂岩崩解物呈渣状，西关站呈块状，雁北路站只有少许棱角破坏。

为了定量测量崩解速率，自制了崩解装置（图 45-7），在具有代表性的西关站、省政府站、雁北路 3 号站等进行取样以及试样[9]，试验结果显示（图 45-8），省政府站的崩解速率最大，西关站次之，雁北路 3 号站的崩解速率最低，与前述的浸水崩解试验结果基本相符。

（a）步骤（1）装置图

（b）步骤（3）装置图

图 45-7　崩解试验

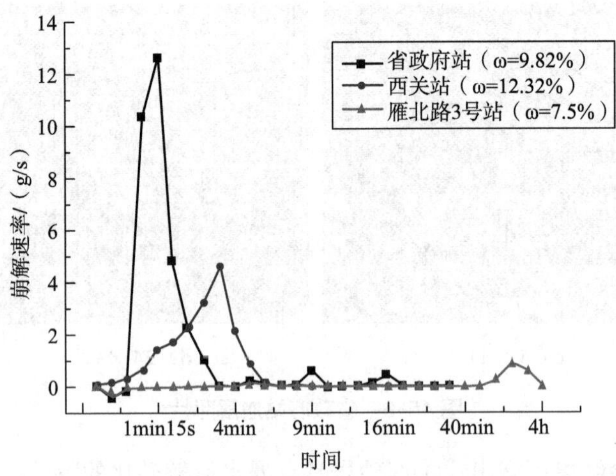

图 45-8　各车站原状红砂岩崩解速率

在轨道交通车站建设开挖的过程中，通过大量的现场调研、技术研讨及崩解试验，对不同类型的红砂岩进行分类汇总，建立了以崩解速度为基础的初步分类，将兰州地铁所遇红砂岩分为 3 类，如表 45-1 所示。

表 45-1　红砂岩初步分类

类别	崩解速度	崩解物	工程问题	典型工点
Ⅰ类	＜ 1h 快速崩解	渣状、泥状	大	东方红广场、省政府
Ⅱ类	1 ～ 24h 部分崩解	块状	小	西关站、公交五公司
Ⅲ类	基本不崩解	少许棱角崩解	无	雁北路站

但是用崩解速度分类有一定的前提条件，该室内试验在温度一定，无日照变化，使用自来水的情况下，只考虑了水对红砂岩崩解速度的影响，实际地质勘探中室外崩解试验由于红砂岩含水量、日照、温度变化、风吹等因素不同，实验结果千差万别。因此我们用崩解速度对红砂岩分类仅有参考价值，要使分类科学可靠，还需进一步研究红砂岩的物理力学性质与崩解速度之间的关系。

三、兰州地区红砂岩工程特性判别指标研究

（一）力学参数与崩解性的相关性研究

1. 剪切波速与崩解性的相关性

对 1 号线 5 个工点（文化宫—西关区间、西关站、西关—省政府区间、省政府站、省政府—东方红广场区间）共计 15 个钻孔 994 个数据和 2 号线 10 个工点（公交五公司站、公交五公司—定西路区间、定西路站、定西路—五里铺区间、五里铺—雁南路区间、雁南路站、雁南路—雁园路区间、雁园路站、雁园路—雁北路区间、雁北路站）共计 54 个钻孔 2416 个数据提取汇总，不同钻孔同一深度的剪切波速采用其算术平均值作为该工点的代表值，从中取选 6 个深度的代表值（15 ～ 16m、20 ～ 21m、25 ～ 26m、30 ～ 31m、35 ～ 36m、40 ～ 41m）进行统计分析，并分别对所选深度剪切波速代表值绘制曲线。如图 45-9、图 45-10 所示。

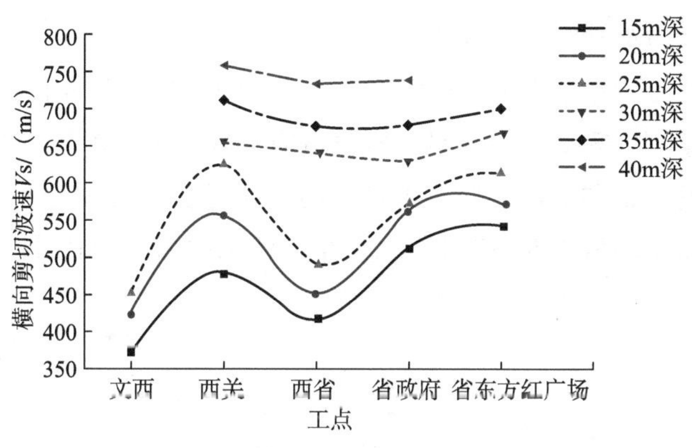

图 45-9　1 号线剪切波速

由图 45-9 可知，深度越大，其剪切波速也越大；西关站剪切波速整体较大，在 25 ～ 26m 深度范围，其剪切波速达到 630m/s；而在省政府站以及省政府—东方红广场区间剪切波速整体偏大，在 25 ～ 26m 范围，其最大值达到 610m/s，这与实际开挖后红砂岩崩解情况不匹配。

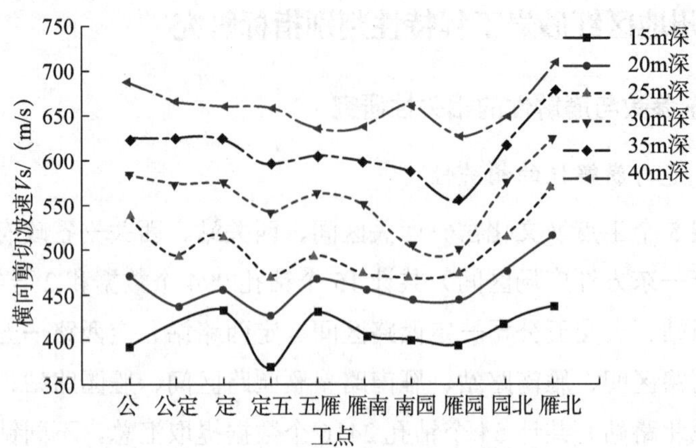

图 45-10　2 号线剪切波速

由图 45-10 可知，从公交五公司站至雁园路站剪切波速在 450 ～ 650m/s，而在雁北路站剪切波速最大，达到 720m/s。根据现场开挖情况，剪切波速不能有效地区分出不同红砂岩。

2. 动力触探与崩解性的相关性

动力触探是工程地质原位测试中用来评价土的力学性质的主要方法之一，对难以取样的碎石类土测试十分有效。根据既有试验数据，对兰州地铁 1、2 号线动力触探结果进行总结分析，将不同钻孔同一深度段（5m 为一深度段）的剪切波速采用其算术平均值作为该工点的代表值，绘制如图 45-11、图 45-12 所示。

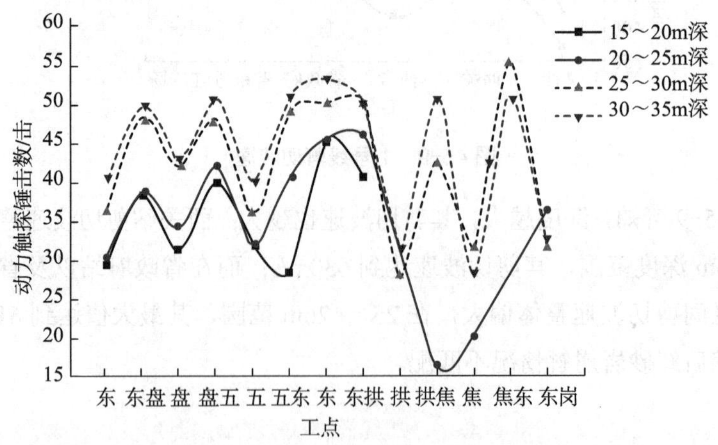

图 45-11　1 号线动力触探数据

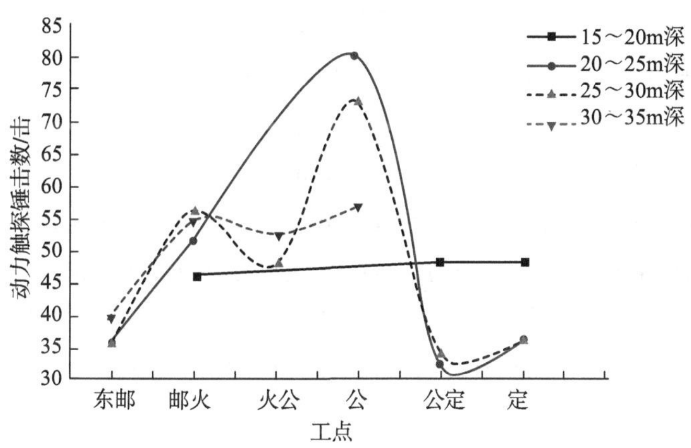

图 45-12　2 号线动力触探数据

由图 45-11 可知，同一工点击数随着深度的增加而增加；对于不同工点，五里铺东部市场区间、东部市场车站和东部市场拱星墩区间在 20 ～ 25m、25 ～ 30m 和 30 ～ 35m 深度内的击数大致相等，其余工点的规律表现为相邻工点击数呈波形：从东方红广场车站动探 28 ～ 40 击到东盘区间 37 ～ 50 击（击数上升）到盘旋路站 30 ～ 42 击（击数下降）再到盘旋路五里铺区间 40 ～ 50 击（击数上升），从拱星墩站 27 ～ 31 击到拱星墩焦家湾区间 42 ～ 52 击（击数上升）到焦家湾站 28 ～ 31 击（击数下降）到焦家湾东岗区间 52 ～ 56 击（击数上升）到东岗站 32 ～ 33 击（击数下降）。

由图 45-12 可知，东方红车站邮电大楼站区间、公交五公司定西路区间和定西路车站二个工点的击数均集中在 33 ～ 40 击，邮电大楼火车站区间和火车站公交五公司区间的击数集中 45 ～ 55 击，公交五公司车站的击数集中在 55 ～ 80 击。

由此可见，动力触探锤击数沿线波动比较大，与现场红砂岩遇水崩解情况相关性差，规律不明显，且现有数据不能覆盖既有线路范围，所以该数据不能得到比较准确的红砂岩分类规律。

（二）物理参数与崩解性的相关性研究

1. 粒径大小与崩解性的相关性

为了分析红砂岩粒径大小及不同粒径在红砂岩中所占的百分比，并绘制颗粒大小分布曲线，在西关、省政府、邮电大楼、火车站、公交五公司站、雁北路 3

号车站深度 15 ～ 18m 处分别取样。将取来的红砂岩试样烘至恒重，根据《土工试验方法标准》，采用孔径大小为 0.075/0.25/0.5/1/2/5/10mm 的筛分仪对红砂岩进行粒径分析。

以小于某粒径的试样质量占试样总质量的百分比为纵坐标，颗粒粒径为横坐标，在单对数坐标上绘制颗粒大小粒径分布曲线如图 45-13 所示。可判断出这六个车站的颗粒级配不良，粒径均匀。根据现场开挖情况定性来看，六个工点的红砂岩遇水崩解速度差异性较大，但颗粒分析表明红砂岩级配均不良，故颗粒级配与崩解速度之间没有一定的规律性，可不作为分类指标之一。

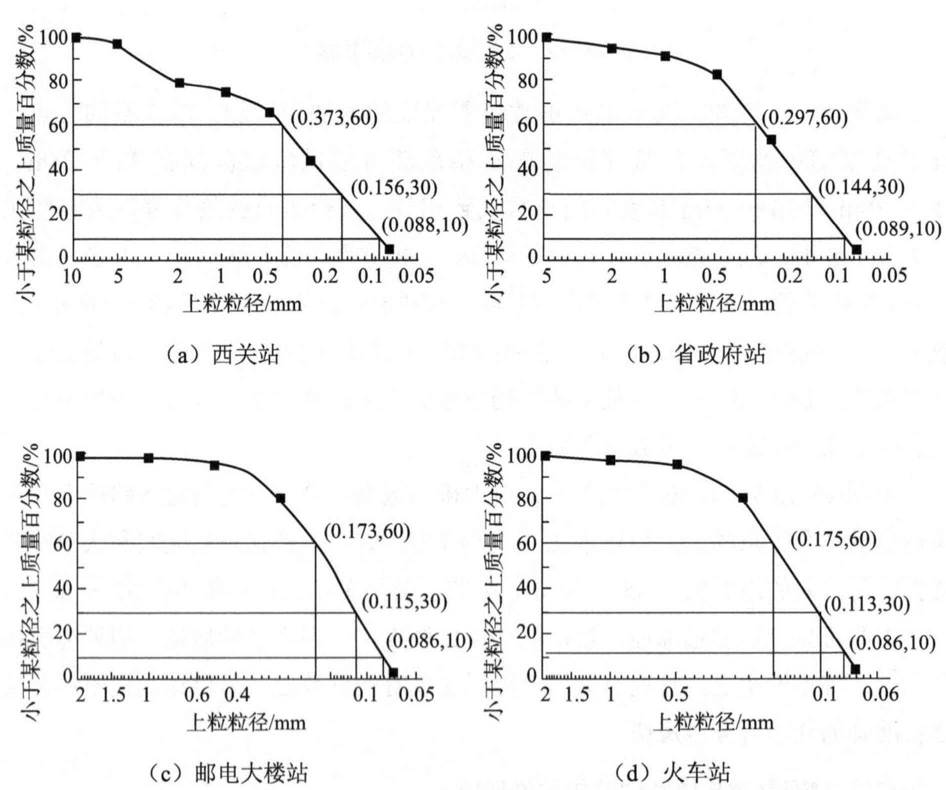

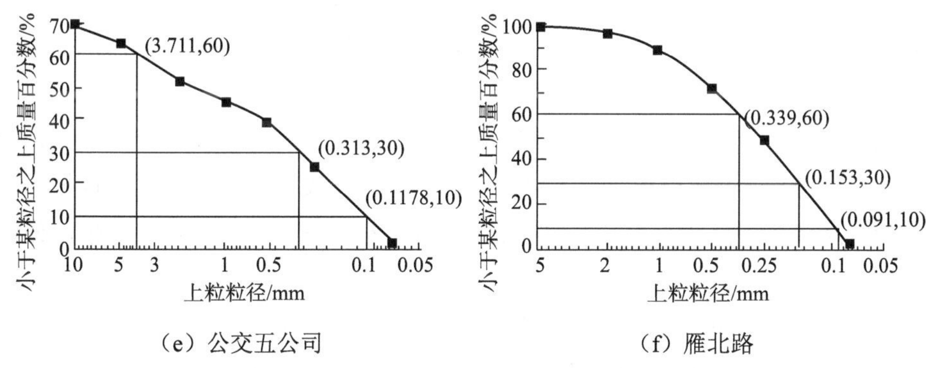

（e）公交五公司　　（f）雁北路

图 45-13　各车站粒径分析结果

2. 干密度与崩解性的相关性

（1）干密度试验概述。

在典型红砂岩施工现场侧壁取原状样后测定其干密度。利用环刀法测出样体的天然密度，并测出含水率，计算出干密度。每个工点测定样体天然密度时每组削 4 个环刀，同时用 6 个瓷碟子测定含水率，将得到 4 个天然密度和 6 个含水率记为一组数据，每个车站测 6 组数据。

干密度结果：省政府站 1.82g/cm^3，雁园路 1.84g/cm^3，西关站干密度 2g/cm^3，2 号线停车场 2.02g/cm^3，公交五公司 1.97g/cm^3；雁北路站 2.31g/cm^3，火车站 1.64g/cm^3。

将该试验结果与崩解速度的分类原则对照发现，崩解速度和干密度值呈负相关，崩解速度越快，干密度值越小，崩解速度越慢，干密度值越大，故有必要对干密度的地勘资料进行统计分析，发现其与崩解速度和分类之间进一步的关系。

（2）干密度地勘数据整理。

根据《土工试验方法标准》，干密度属于一般特性指标。对一般特性指标的数据整理通常可采用算术平均值作为设计计算值，并计算出相应的标准差和变异系数以反映实际测定值对算术平均值的变化程度，从而判别其采用算术平均值时的可靠性。

舍弃试验数据时，按 3 倍标准差（±3）作为舍弃标准，即在资料分析中舍弃那些在 3 倍标准差范围以外的测定值，然后重新计算整理。

对试验数据进行变异性评价，如果变异性很小，则表明算数平均值可靠性较高，接近于测试指标的最佳值；除此之外，应分析原因（试样是否具有代表性，试验过程中是否出现异常情况等），舍弃明显不合理的数据，并重新计算整理。

（3）整理结果分析。

按照上述规定，把兰州轨道交通 1 号线一期和 2 号线一期共 33 个工点 1606 个数据进行统计，可以得出每个工点的干密度变异系数均小于 0.1，变异性很小，因此计算出各个工点所有干密度数据的算术平均值，作为该工点的代表值，如图 45-14、图 45-15 所示。

由图 45-14 得出，文化宫到西关区间和西关站的干密度均大于 1.9 g/cm^3，其余工点的干密度最大为盘旋路站的 1.88 g/cm^3，即均小于 1.9 g/cm^3。

由图 45-15 得出东方红广场到邮电大楼区间至火车站公交五公司区间干密度最大为 1.83 g/cm^3，公交五公司站至定西路站最小为 1.9 g/cm^3，定西路五里铺区间至雁园雁北区间南侧最大为 1.84 g/cm^3，雁园雁北区间北侧至雁北路最小为 2.17 g/cm^3。

根据上述规律及现场开挖情况，把干密度指标设定两个界限：1.9 g/cm^3 和 2.1 g/cm^3。

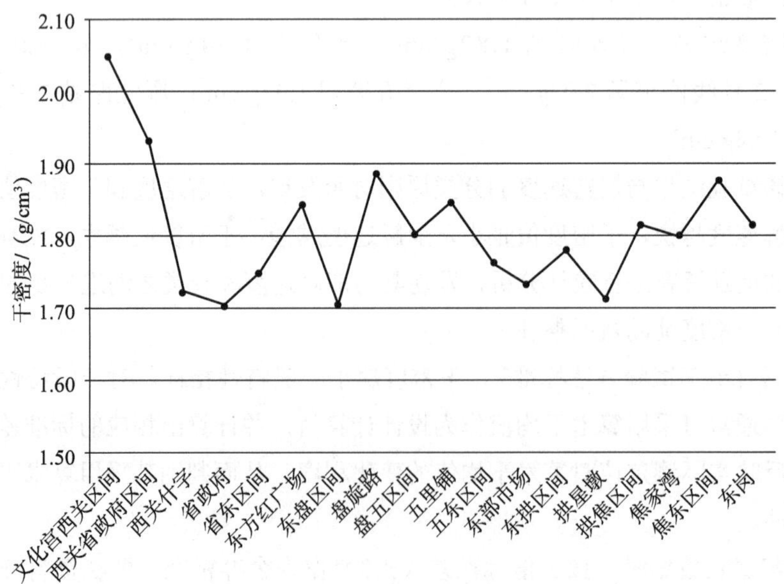

图 45-14　1 号线地勘干密度统计

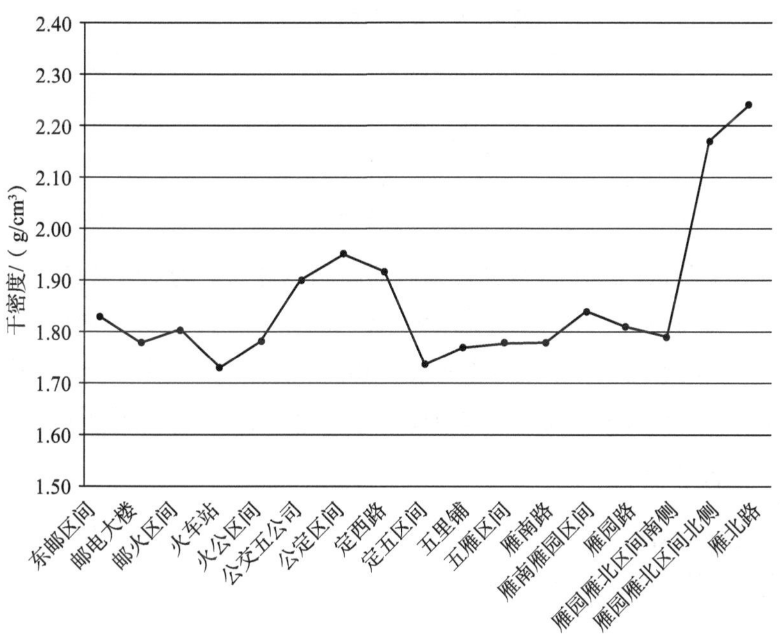

图 45-15　2 号线地勘干密度统计

3. 渗透系数与崩解性的相关性

对雁北路、西关十字和省政府每个工点制备 3 个环刀试样做渗透试验，每个环刀读 3 组读数，每组读数包括 3 个数据，对每组的 3 个读数取平均值作为一个环刀的渗透系数。据此每个车站共 9 组读数，可得 9 个平均渗透系数，剔除误差大的数据后分别整理得表 45-2 ～表 45-4。

表 45 2　雁北路站渗透系数

环刀	a1	a2	a3	b1	b2	b3	c1	c2	c3
渗透系数 /（cm/s）	2.31 $\times10^{-8}$	3.22 $\times10^{-8}$	2.12 $\times10^{-8}$	2.45 $\times10^{-8}$	3.63 $\times10^{-8}$	1.98 $\times10^{-8}$	2.73 $\times10^{-8}$	1.78 $\times10^{-8}$	2.95 $\times10^{-8}$

表 45-3　西关站渗透系数

环刀	a1	a2	a3	b1	b2	b3	c1	c2	c3
渗透系数 /（cm/s）	3.6 $\times10^{-5}$	4.17 $\times10^{-5}$	3.47 $\times10^{-5}$	7.34 $\times10^{-5}$	7.64 $\times10^{-5}$	7.72 $\times10^{-5}$	9.65 $\times10^{-5}$	9 $\times10^{-5}$	8.81 $\times10^{-5}$

表 45-4 省政府站渗透系数

环刀	a1	a2	a3	b1	b2	b3	c1	c2	c3
渗透系数 / （cm/s）	2.89 ×10^{-4}	2.77 ×10^{-4}	2.78 ×10^{-4}	5.22 ×10^{-4}	3.67 ×10^{-4}	5.88 ×10^{-4}	3.61 ×10^{-4}	3.19 ×10^{-4}	3.21 ×10^{-4}

注：a1、a2、a3、b1、b2、b3、c1、c2、c3 分别表示 a、b、c 号环刀各测 3 组数据

实验结果分析：由表中数据可知雁北路站渗透系数为 2.57×10^{-8}cm/s，西关站为 6.82×10^{-5}cm/s，省政府站为 3.69×10^{-4}cm/s。该试验结果对照崩解速度的分类原则发现，崩解速度和渗透系数值呈正相关，崩解速度越快，渗透系数越大，崩解速度越慢，干密度值越小，故有必要将渗透系数作为分类的原则之一。

（三）工程分类

根据勘察资料统计分析、室内及现场试验并结合现场情况，拟定红砂岩工程特性判别指标为干密度和渗透系数（见表 45-5）。

表 45-5 红砂岩分类

类别	干密度 / （g/cm³）	渗透系数 / （cm/s）
Ⅰ类	≤ 1.9	≥ 10^{-4}
Ⅱ类	1.9 ～ 2.1	10^{-4} ～ 10^{-5}
Ⅲ类	≥ 2.1	≤ 10^{-5}

四、基坑施工对策及工程案例验证

根据不同红砂岩的工程特性及对典型基坑支护结构及地下水控制分析，给出不同类型红砂岩的基坑支护结构、地下水控制建议（表 45-6）。同时在雁园路站和定西路站工点进行应用。针对基坑工程问题最严重的Ⅰ类红砂岩，提出了“地下连续墙 + 内外双降”的关键技术，其优势有以下两点：①采用防渗性能较好的地下连续墙支护结构，大大降低围护结构侧壁出现涌水涌砂现象。②采用“内外双降、主内辅外”的降水方案，对基坑外红砂岩上部卵石地层进行管井降水，从源头上减少坑外红砂岩地层中的水，降低悬挂止水帷幕底的绕流量；对基坑内红砂岩地下水进行真空井点降水，并且应当以内降水为主，外降水为辅。这样既能满足基坑开挖要求，同时一定程度上降低了基坑外土体沉降，大大减少对周边环境的影响。

表 45-6　不同类型红砂岩支护结构、地下水控制措施建议

类别	支护结构	地下水控制措施
Ⅰ类	地下连续墙	内外双降、主内辅外
Ⅱ类	咬合桩	坑外降水，坑内集水明排
Ⅲ类	排桩	坑外管井降卵石地层水

（一）雁园路站

雁园路站地下水水位埋深为 5.5 ～ 7.2m，基坑深 24m，从上至下依次为杂填土、卵石层、砂岩层。根据地勘资料砂岩层干密度为 1.82g/cm^3，渗透系数为 2.31×10^{-3} ～ 5.79×10^{-3}cm/s，由表 45-5 判断其为Ⅰ类。实际开挖后测试其干密度为 1.79g/cm^3，渗透系数为 1.97×10^{-4}cm/s，与判断吻合。施工时支护措施采用地下连续墙；采用坑外管井封闭降卵石层水，砂岩层水采用坑内真空轻型井点降水，基坑开挖较顺利（图 45-16），实测基坑围护结构水平位移满足设计要求，表明支护选型和降水方案可行 [10]。

图 45-16　雁园路站开挖现场（地连墙 + 坑内真空降水）

（二）定西路站

定西路站地层由第四系全新人工填土、黄土、卵石及下第三系砂岩等构成，根据地勘资料砂岩层干密度为 1.9g/cm^3，渗透系数为 9.26×10^{-5}cm/s，由表 45-5 判断其红砂岩类别为Ⅱ类。实际开挖后测试其干密度为 1.99g/cm^3，与判断吻合。支护形式采用咬合桩 + 钢管内支撑，坑内积水明排，现场开挖顺利（图 45-17）。

图 45-17 定西路站开挖现场（咬合桩 + 坑内积水明排）

上述工程实践说明对兰州地区红砂岩采用该分类方法精确、简单，工程上有较好的应用价值和参考价值，便于在设计中采用。

五、结论

（1）本文对兰州地区第三系红砂岩足够的勘探资料进行了统计分析，并通过原位测试、室内试验全面掌握了其工程特性，研究了红砂岩各物理力学性质与崩解速度之间的关系，最终按照干密度、渗透系数将红砂岩划分为 3 类：Ⅰ类，干密度小于等于 1.9g/cm^3，渗透系数大于等于 10^{-4}cm/s；Ⅱ类，干密度介于 1.9 ～ 2.1g/cm^3，渗透系数介于 10^{-4} ～ 10^{-5}cm/s；Ⅲ类，干密度大于等于 2.1g/cm^3，渗透系数小于等于 10^{-5}cm/s。工程实例验证表明兰州地区红砂岩采用该分类方精确、简单，有较好的应用、参考价值，便于在设计中采用。

（2）根据红砂岩的工程特性分类，对地基区分设计，采用不同的支护体系、地下水控制措施及开挖机具建议，可节约造价约 30%，使施工效果合理、有效。

（3）本文通过对第三系红砂岩工程分类解决了困扰兰州地区的富水软弱岩层深基坑施工难题，为类似红砂岩分布地区轨道交通工程勘察、设计和施工提供技术支持和经验借鉴。

参考文献

[1] 熊力 . 红层软岩崩解机理研究及工程应用 [D]. 长沙 : 湖南大学 , 2011.

[2] 曾清林 . 崩解泥质红砂岩微观结构的对比分析 [J]. 低温建筑技术 , 2011(11): 10-11.

[3] 刘晓明 , 熊力 , 张亮亮 , 等 . Ⅰ类红砂岩崩解性抑制措施试验研究 [J]. 公路交通科技 , 2011(3): 25-29.

[4] 甘文宁 , 朱大勇 , 刘拴奇 , 等 . 皖南山区崩解性红砂岩路用性能研究 [J]. 合肥工业大学学报（自然科学版）, 2014(2): 209-214.

[5] 徐汉飞 . 红层软岩崩解破碎分形特性及其应用研究 [D]. 长沙 : 湖南大学 , 2014.

[6] 南宇星 . 红砂岩遇水崩解机理研究 [J]. 公路交通科技（应用技术版）, 2016(2): 101-102.

[7] 王骑虎 . 甘肃红层工程地质特性与边坡稳定性研究 [D]. 北京 : 北京工业大学 , 2016.

[8] 张艺鑫 . 兰州地区红砂岩物理力学性能及渗透性研究 [D]. 兰州 : 兰州理工大学 , 2018.

[9] 尹利洁 , 赵福登 , 刘志强 , 等 . 红砂岩崩解速率影响因素及崩解机理研究 [J/OL]. 岩土力学 , 2020(S2): 1-12[2022-05-23]. DOI: 10. 16285/j. rsm. 2020. 0911.

[10] 尹利洁 , 李宇杰 , 朱彦鹏 , 等 . 兰州地铁雁园路站基坑支护监测与数值模拟分析 [J]. 岩土工程学报 , 2021, 43(S1): 111-116.

四十六　地铁车站基坑围护结构及土体的协调变形特征

张克利　张建全

摘要：以北京地铁 12 号线工程地铁某车站基坑开挖支护施工为工程背景，针对基坑开挖过程中围护结构与周围土体的相互作用机制，通过对施工过程中各监测项目进行实测数据的分析，揭示车站基坑开挖对围护结构自身及土体的影响，利用有限差分数值模拟进行对比分析来验证结论，总结地铁车站基坑开挖过程中自身围护结构与周围土体的变形规律，结果表明：车站基坑开挖过程中，周边地表监测主断面的最大沉降值大致位于由坑边向外 0.3H 处，沉降值从该点向坑外逐渐减小，沉降曲线约在 0.6H 位置出现反弯点；墙体水平位移随着开挖深度的增加，墙体最大变形位置持续下移，墙体“鼓肚子”现象更加明显，在施工过程中，受侧向水土压力影响，地下连续墙的最大位移点逐渐向开挖面附近移动，最终最大累计变形位置在基坑深度的 45.0% ～ 78.7%；基坑变形主要受土方开挖影响，但开挖面暴露时间过长、钢支撑架设不及时、临边重载或动荷载等会导致基坑自身围护结构变形发生突变。

关键词：基坑工程；地铁车站；变形特征；风险控制

随着我国社会经济由快速发展转向高质量发展，体量巨大的轨道交通势必为“双碳”目标贡献力量，地铁明挖车站在城市建设工程不断涌现，深大基坑工程越来越多。基坑工程施工引发的路面沉降、周围建（构）筑物及地下管线等环境对象的过大变形或破坏越来越严重，从而引发了建设者及社会的高度关注[1]。因此，研究基坑工程围护结构与周围土体的变形规律，由被动的加固补强转变为主动控制基坑自身围护结构的变形，减小对周边环境的影响具有重要的意义。

城市轨道交通工程具有建设规模大、建设周期长、地质条件和环境条件复杂、工程风险高等特点[2]。张尚根运用偏态分布密度函数的地表沉降估算方法对深基坑开挖引起的地表沉降进行了计算预测研究，并提出了周围建筑物变形的计算方法以及破坏程度的评价指标。王卫东等利用多个工程的监测数据分析了基坑开挖引起的周围地面沉降曲线的预估方法。张建新等研究了不同的基坑开挖方法对地连墙和墙后土体位移变化的影响规律。孙曦源对于板式支护体系，采用经验方法预估基坑开挖引起的围护墙后的地表沉降可采用三点折线法确定地表沉降的影响范围、最大沉降的位置及沉降曲线分布。刘建航等基于线弹性理论的解析式在预测黏性土基坑地表沉降最大值位置方面与实测数据较为吻合。胡之锋等在总结前人研究成果基础上设定墙后凹槽型地表沉降曲线为正态分布概率密度函数，并通过工程监测数据进行了验证。吴锋波等对北京市轨道交通 80 个明挖法基坑工程实测结果进行统计分析，结果表明基坑工程周边地表最大变形的实测结果分布形态为正态分布或半整体分布，地表沉降变形值较大，最大地表沉降的平均值约为砂卵石地区 0.11% H（H 为开挖深度），黏性土地区 0.20% H。

本文以北京地铁某车站深基坑工程背景，针对基坑开挖过程中围护结构与周围土体的相互作用机制，通过对施工过程中各监测项目进行实测数据的分析，揭示地铁车站基坑开挖对围护结构自身及周边环境的影响，总结地铁车站基坑开挖过程中自身围护结构与周围土体的变形规律，为深基坑现场的施工及变形监测提供借鉴和参考。

一、工程概况

（一）工程基本概况

车站主体采用明挖法施工，基坑总长 300.6m，标准段宽 23.1m，小里程扩大端基坑宽 27.0m，标准段深 17.85m，小里程盾构井段深 18.16m，为地下二层岛式站台车站，基坑围护结构采用 600mm 钢筋混凝土地下连续墙，盾构井段钢筋混凝土地下连续墙墙长 25.66 米，入土深度 10.0 米，轨排井段钢筋混凝土地下连续墙墙长 26.2 米，入土深度 11.0 米，标准段基坑内支撑采用 3 道钢支撑的内支撑体系；盾构井段基坑内支撑采用 3 道钢支撑 +1 道换撑的内支撑体系。

（二）工程地质

根据钻探资料及室内土工试验结果，按地层沉积年代、成因类型，将本工程场地勘探范围内的土层划分为人工堆积层、第四纪全新世冲洪积层、第四纪晚更新世冲洪积层三大类。本车站按地层岩性及其物理力学性质进一步分为8个大层。

人工填土①层（Q_4^{ml}）厚度为1.6～7.0m，层底标高为20.81～25.47m；淤泥质土②层；砂质粉土黏质粉土③层厚度为2.0～7.6m，层底标高为16.87～20.19m；细中砂④$_3$层；粉质黏土⑥层厚度为5.0～11.5m，层底标高为1.34～6.28m；中粗砂⑦$_1$层；粉质黏土⑧层。

基坑开挖范围内主要为粉质黏土和粉细砂层，粉质黏土⑥$_4$层：褐黄色，液性指数IL=0.17～0.60，可塑局部硬塑，Esp0+100=7.3～14.8MPa，中高～中低压缩性，含云母、氧化铁，连续分布。粉细砂③$_3$层：褐黄色，N=11～29击，稍密～中密，饱和，中低压缩性，含云母、砾石，不连续分布。基坑底部位于粉质黏土层。

（三）水文情况

基坑开挖范围主要涉及潜水（二）、层间水（三）、层间水（四）。潜水（二）：水位埋深为3.08～6.60m，水位标高为22.59～25.04m，观测时间为2019年4月，含水层 主要为砂质粉土黏质粉土③层、粉细砂③$_3$层，局部存在于杂填土①$_1$层中，主要接受大气降水及侧向径流补给，以侧向径流及越流方式排泄，随着隔水层的起伏，该层水表现为微承压性。层间水（三）：水位埋深为15.40～15.90m，水位标高为13.09～13.10m，观测时间为2019年4月，含水层为细中砂④$_3$层，受隔水层分布不连续影响，该层水存在于里程段右CSK125+797～右CSK125+991范围内，在其他部分由于含水层缺失与层间水（四）合为一层水。层间水（四）：水位埋深为17.90～18.10m，水位标高10.24～10.54m，观测时间为2019年4月，该层水存在于砂质粉土⑥$_5$层和粉质黏土⑥$_4$层的孔隙中。主要接受侧向径流补给，以侧向径流、向下越流补给的方式排泄。

二、监控量测

（一）监测项目、精度及控制值

监测对象的选择应在工程支护结构易发生变形和工法变换的关键位置，选择基坑中部、阳角部位、深度变化部位、支护结构受力条件复杂部位及在支撑体系中起控制作用的支撑进行监测。

各监控量测的控制值见表 46-1。

表 46-1　监测项目与控制值

序号	监测项目	判定内容	控制值
1	地表沉降	地表沉降绝对变化量	累计沉降 30mm 沉降速率：2mm/d
2	墙顶水平位移	桩顶水平位移绝对变化量	累计变化：20mm 速率：2mm/d
3	墙体水平位移	桩体水平位移绝对变化量	累计变化：20mm 速率：2mm/d
4	支撑轴力	支撑轴力现场实测值	按设计要求

（二）测点布设

根据监测对象的特点、工程监测等级、工程影响分区、设计及施工的要求而合理确定，并能反映监测对象的变化特征和安全状态。基坑围护结构监测对象包括墙顶水平位移、墙体水平位移、钢支撑轴力、锚索拉力及周边道路地表。

车站基坑具体测点平面布置如图 46-1 所示。

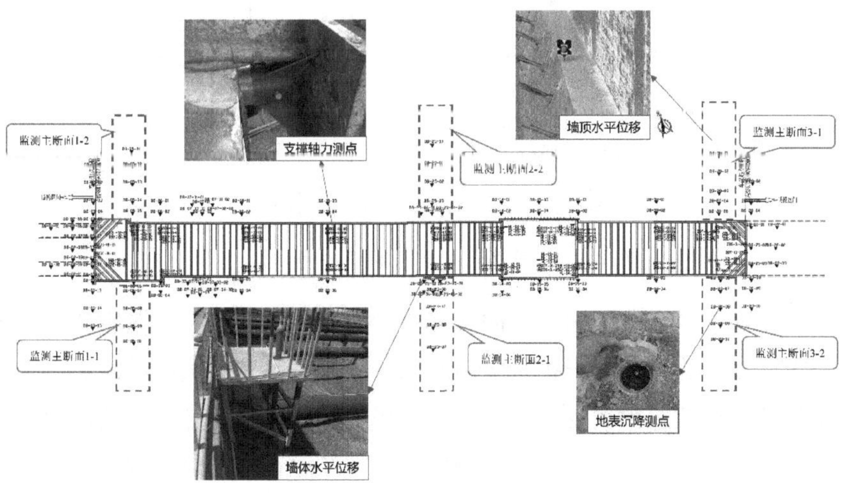

图 46-1　监测布点平面图及实例

三、数据分析

（一）地表沉降变形分析

1. 监测横断面的地表沉降

深大基坑工程周围地表沉降曲线形式以凹槽型沉降类型为主。选取基坑3个监测主断面，分别对应三个流水段，基坑第1流水段开挖长度22.0m，宽23.6m，深度18.2m。基坑第6流水段开挖长度29.2m，宽23.1m，深度17.6m。基坑第11流水段开挖长度29.6m，宽23.6m，深度17.6m。

基于各断面测点的累计沉降实测数据进行曲线拟合，分析地表沉降由坑边垂直向外延伸的变化特点。

根据沉降曲线，本车站基坑地表最大沉降值在距护墙约5.5m位置，大致为基坑开挖深度（H=18.16m）的30%。基坑地表沉降曲线显示，监测主断面的最大沉降值往往位于由坑边向外0.3H处，沉降值从第二个测点向坑外逐渐减小，沉降曲线约在0.6H处出现反弯点，由凹曲线转变为凸曲线（图46-2）。

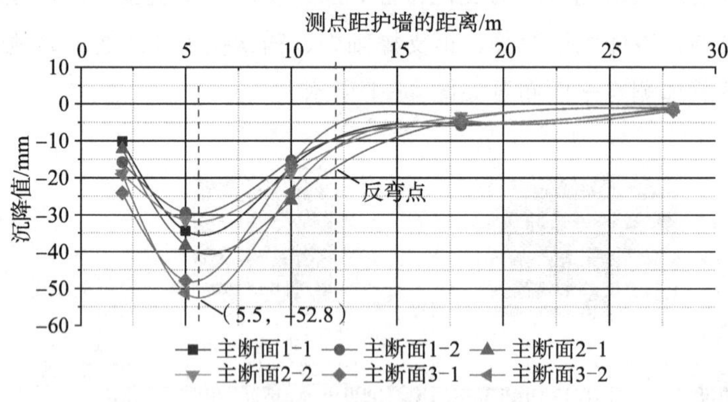

图46-2　地表沉降监测断面曲线

其中，主断面3-1和主断面3-2的沉降值相对其他断面稍大，这主要是因为该断面位于车站东端头，施工开挖是自西向东分段开挖，东端头处于最后一个开挖段，挖掘机开挖至此掉头反挖，影响了钢支撑的及时架设，开挖面两侧地连墙暴露时间较长；除此之外，在邻近该开挖段南侧，还存在临边重载现场，履带吊与大量模板堆载至此，多种因素共同影响下，造成了周围地表沉降值增大。

2. 地表沉降的时程曲线

选取监测主断面沉降点的连续监测数据，绘制沉降的时程曲线图，分析地表沉降随着土体开挖的变形特点（图 46-3）。

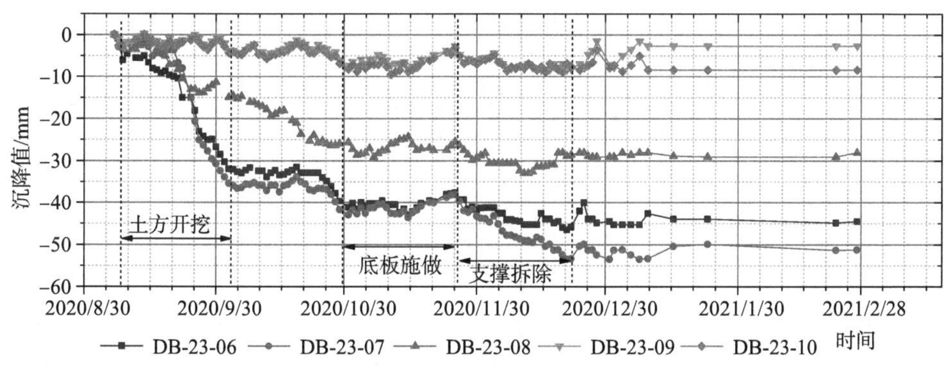

图 46-3　地表沉降时程曲线

监测主断面地表沉降时程曲线显示，断面上测点沉降随时间的变化趋势一致，地表沉降主要受土方开挖影响，支撑拆除及支撑架设滞后会导致沉降加剧，底板施做期间周边地表沉降基本稳定，底板施做完成支撑拆除后，地表沉降逐渐趋于稳定；在基坑开挖初期，临近坑边的沉降测点首先开始沉降，随着基坑继续开挖，距离护墙较远的测点开始产生沉降变形，但是随着开挖继续，临近基坑的测点沉降速率明显加快，整体变形趋势基本一致。

（二）墙体水平位移变形分析

墙体水平位移是监测围护结构变形的最佳指标之一[5]，基坑工程开挖过程是一个动态变化的过程，基坑周围岩土体发生沉降变形，主动土压力施加在围护结构上，造成了围护结构向坑内变形，分析墙体水平位移的变化规律可以为支撑架设时间及预加力提供依据。

选取监测主断面的对应位移墙体水平位移监测数据，根据基坑分层开挖和架设支撑的过程，分析墙体水平位移的变形特点。为便于对比分析，墙体水平位移变形曲线图按照监测主断面 1-1 至 2-2 分别绘制，如图 46-4 所示。

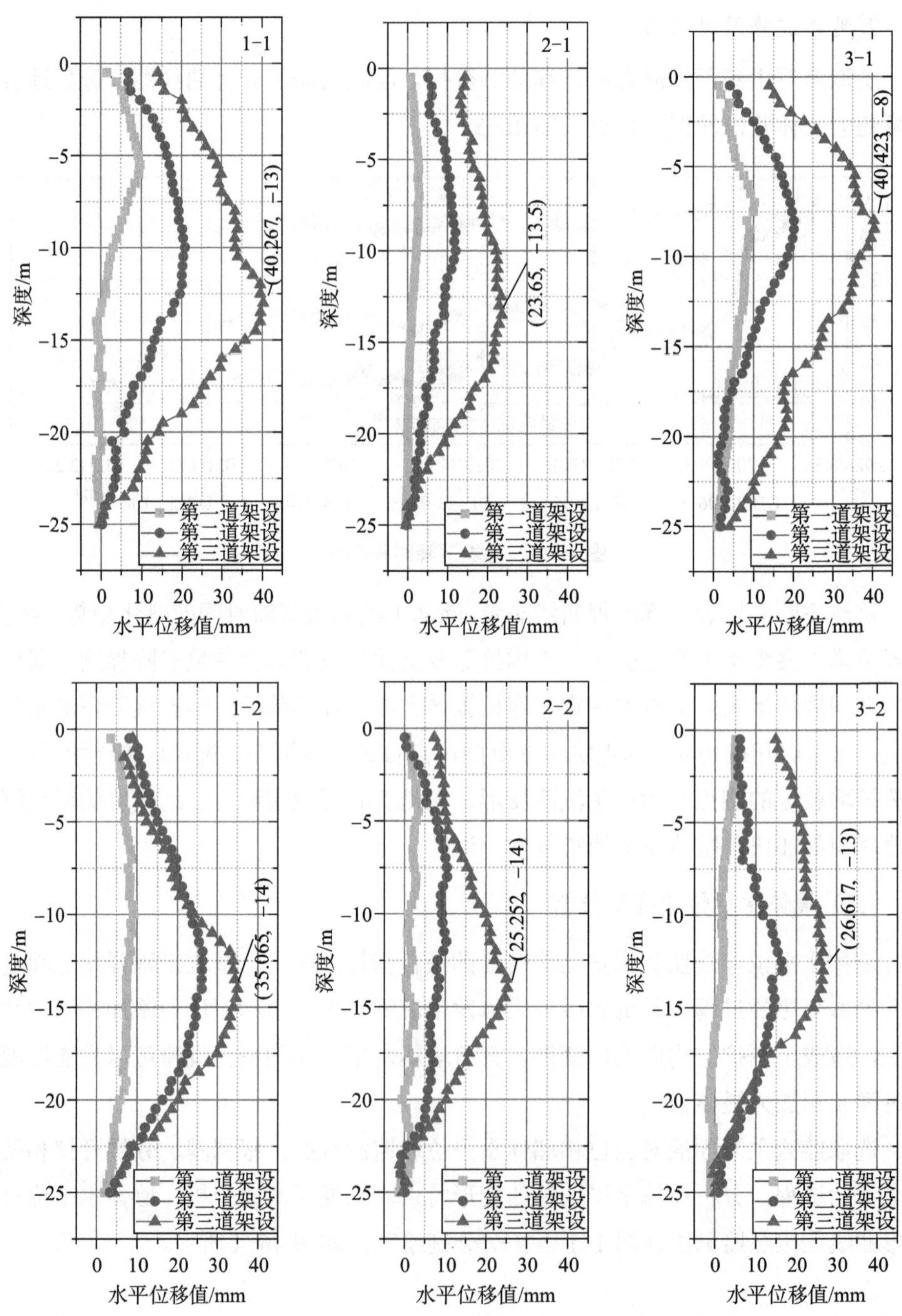

图 46-4 墙体水平位移随开挖变形曲线

由墙体水平位移变形曲线图可知，监测主断面 1 及监测主断面 3 整体变形较大，最大变形分别为 40.27mm（13m）、35.07mm（14m）和 40.42mm（8m）、26.62mm（13m），监测主断面 2 相对较小，最大变形 25.25mm（14m）、23.65mm（13.5m）；这主要是因为监测主断面 1、3 均位于基坑扩大段变换位置，开挖宽度增大，支撑由对撑变为斜撑；监测主断面 1 在开挖至坑底后，未能及时封底，造成墙体下部水平位移数据明显偏大。监测主断面 3 位于基坑最后一个开挖段，第三道支撑架设滞后导致了墙体水平位移数据整体偏大，如图 46-5 所示。

图 46-5　架撑滞后现场照片

监测数据显示，墙体水平最大变形深度的平均值约为基坑深度（H=17.85m）的 70.6%；墙体水平位移在开挖完第一层土（5m）后整体变形较小，墙体入土深度较深，只有墙体上部具有明显变形，随着开挖深度的增加，墙体最大变形位置逐渐下移，变形速率与阶段变形量较大位置随之下移，墙体“鼓肚子”现象更加明显，最终累计最大变形位置在基坑深度的 45.0% ～ 78.7%。

（三）支撑轴力变化分析

通过大量软土基坑实践证明，在基坑施工过程中，每个开挖步骤的开挖空间几何尺寸、围护墙无支撑暴露面积和时间等施工参数对基坑变形具有明显的相关性[6]。因此，选取基坑监测主断面对应位置的支撑轴力监测数据，分析轴力随开挖的变形特点。为了便于对比分析，将各监测主断面的轴力变化曲线图放到一起，图 46-6（1、2、3）分别对应监测主断面 1、2、3，分析不同区域轴力变化差异。

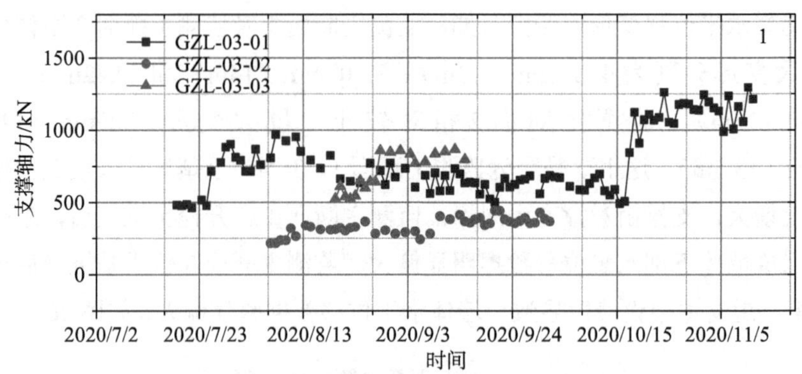

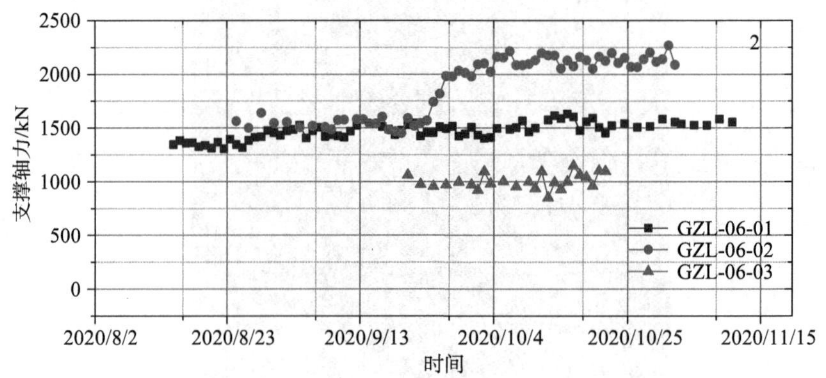

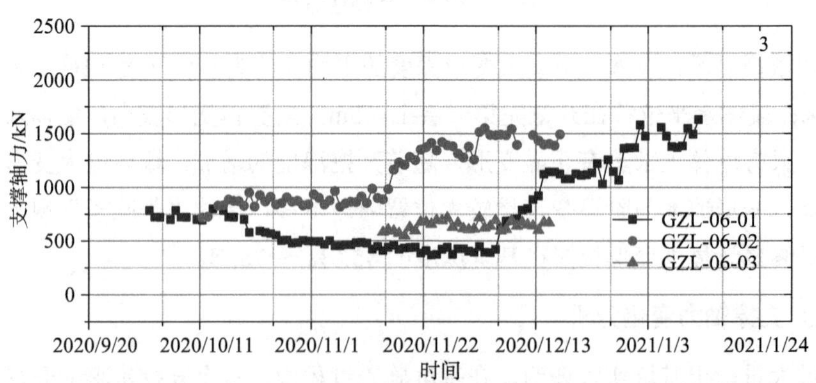

图 46-6　支撑轴力时程曲线图

由图 46-6 可知，在同一监测断面的三道支撑轴力随着基坑开挖变化有所不同，并未出现持续的增大，而是表现为阶段性的非线性增长，支撑轴力一旦增大，几乎不再反弹，这是由于墙体及周围岩土体整体发生了朝向坑内的变形，达到了一个新的受力平衡。由图 46-6（1）可知，在第二、三道支撑拆除后，第一道支撑轴力将会出现突然增大；由图 46-6（2）可知，第二道支撑在随开挖进行逐渐增大的同时，及时架设第三道支撑，可以分担一部分来自墙体的压力，保证第二道支撑轴力在可控范围内；由图 46-6（3）对应位置为监测主断面 3，处于最后一个开挖段，第三道支撑架设滞后，将导致第一道和第二道支撑轴力出现明显增长。

结合墙体水平位移的变形分析可知，在基坑开挖过程中，地下连续墙的横向变形逐渐增大，这会引起支撑轴力的变化。而支撑轴力加大，又会反过来阻挡墙体变形的进一步发展。基坑土体挖除后，尽快加设支撑并施加合理的预加轴力，则会有效地减小地下连续墙体变形，钢支撑、地连墙及周围岩土体是相互作用、相互影响的动态平衡。

（四）墙顶水平变形分析

作用在坑外墙体的水土压力和墙顶钢支撑的压缩是影响墙顶水平变形的主要因素。过大的水平位移将加剧结构损伤影响基坑结构安全，甚至导致墙顶钢支撑的破坏或与墙体脱离。将基坑关键位置典型测点的墙顶水平位移监测数据绘制时程曲线（图 46-7），分析其随开挖进行的变形特征。

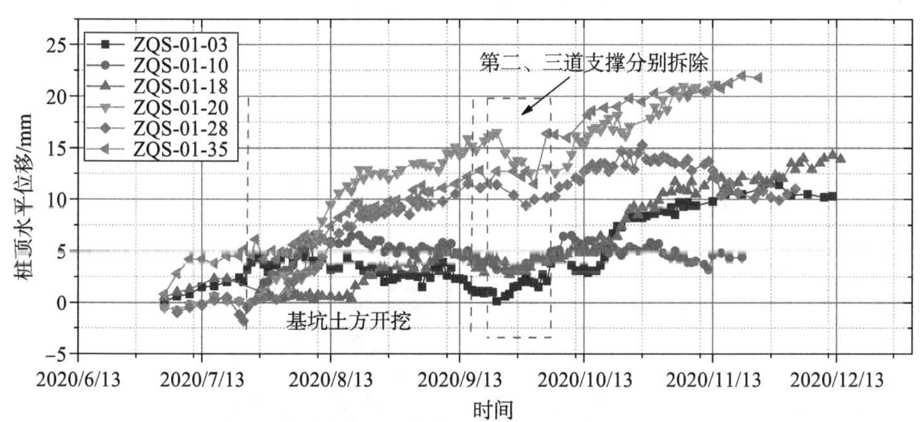

图 46-7　墙顶水平时程曲线

由图 46-7 可知，墙顶水平位移在基坑土方开挖的过程中整体呈现向坑内持续变形的特点，在开挖初期，墙顶水平位移变形速率较小，随着开挖深度的增加，变形速率逐渐增大，随着钢支撑的架设变形趋于稳定；监测曲线显示，在第三道和第二道支撑分别拆除期间（共三道支撑），墙顶水平位移出现一定回弹，产生向坑外土体小幅度变形，结合同一监测断面的其他测项的监测数据以及工况分析表明，由于第二、三道支撑陆续拆除，地连墙墙体在拆除支撑位置产生“鼓肚子”现象，在地连墙自身刚度的影响下，墙顶端头产生了微小的反弯变形。根据其他墙顶水平时程曲线，通过控制支撑架设时间，拆除支撑前检查底板、中板混凝土是否到达设计强度，缩短开挖面的暴露时间等措施，可以一定程度上降低墙顶水平变形。

四、数值模拟

（一）水平位移分析

利用数值模拟分析基坑开挖、支护的围护结构及周围土体的变形特征，为简化计算，模型采用如下假定，土体介质均假设为非线性、弹塑性介质材料，同一层土体为均质、各向同性，各土层参数取值见表 46-2，采用 Mohr-Coulomb 本构模型进行计算，调整位移云图为 X 方向位移，将模型位移云图沿垂直于基坑长边的 X 方向进行切片展示，如图 46-8 所示。

表 46-2　各土层参数取值表

编号	土层	密度 / （kN/m^2）	内聚力 / （kPa）	摩擦角	压缩模量 / （MPa）
1	杂填土	16.5	19.6	15°	5.6
2	粉质黏土	18.1	31.5	23°	10.4

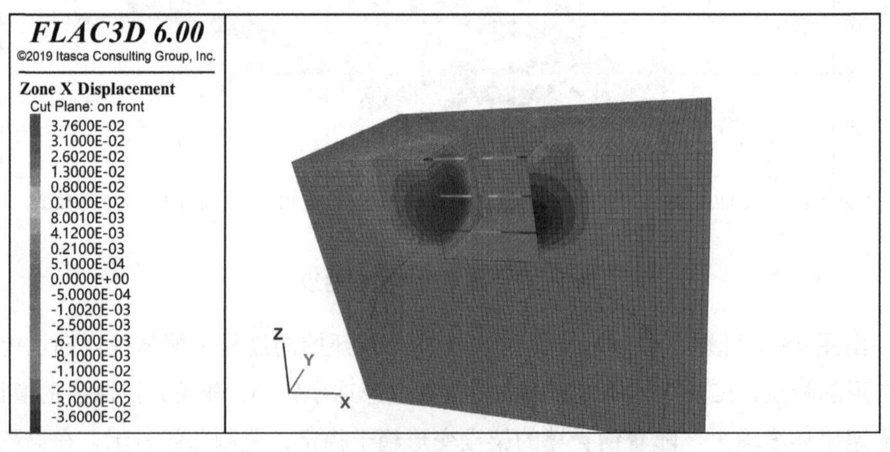

图 46-8　基坑围护结构及土体水平方向变形云

由图 46-8 可知，墙体水平位移从墙顶向下依次增大，最大墙体水平位移约为 37.7mm，本站实际监测数据最大墙体水平位移为 40.3mm，最大值处在第二道支撑至第三道支撑之间位置，与实际监测情况基本相符，由最大值位置向下则逐渐减小；墙顶水平位移约为 13.0mm，实测最大值为 21.6mm。除此之外，处在同一监测主断面的对撑位置的两个墙体水平位移变形趋势基本一致，最大累计变形值也相差不大，这也与实测数据变化特征基本吻合。

（二）地表沉降

围护结构的变形及土体自身的失水固结沉降造成了周围岩土体的沉降变形，地表沉降与墙体水平位移在基坑开挖过程中是相互协调、相互影响的动态变化过程，将位移云图调整为 Z 方向分析地表及土体的沉降变形，如图 46-10 所示。

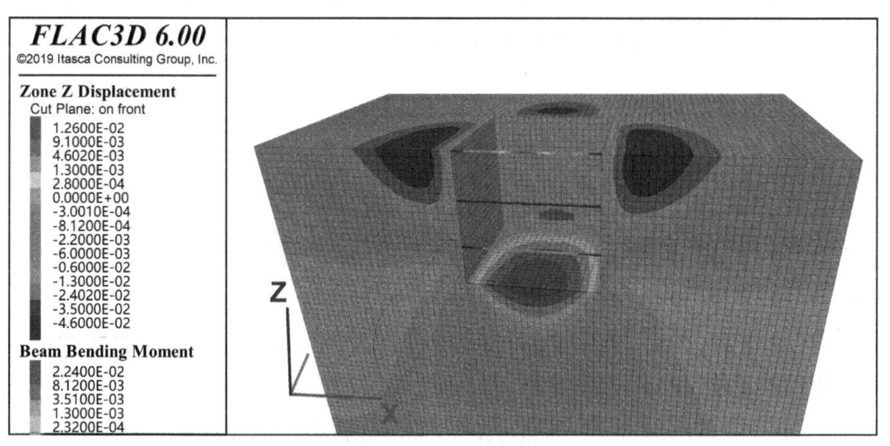

图 46-9　基坑地表及地下土体竖直方向变形云图

由图 46-9 可知，该墙撑支护的典型车站基坑，周围地表沉降从墙顶垂直向外逐渐增大，最大沉降值约为 0.3H 处，由此向外逐渐减小，直到沉降值变为零；模拟最大沉降值约为 46.0mm，实测最大沉降值为 52.8mm；除此之外，基坑长边周围地表沉降范围大于短边区域。

五、结论

通过对北京地铁某车站各监测项目实测数据的分析，得到以下几点结论。

1. 基坑开挖是破坏原有土体平衡并重新建立起新的平衡的一个过程，在开挖过程中，周围土体与支护结构之间的相互作用不断变化，监测主断面的最大沉降值大致位于由坑边向外 0.3H 处，沉降值从第二个测点向坑外逐渐减小，沉降曲线约在 0.6H 处出现反弯点。

2. 墙体水平位移随着开挖深度的增加，墙体最大变形位置持续下移，变形速率与阶段变形量较大位置随之下移，墙体“鼓肚子”现象更加明显，在施工过程中，受侧向水土压力影响，地下连续墙的最大位移点逐渐向开挖面附近移动，最终最大累计变形位置在基坑深度的 45.0% ～ 78.7%。

3. 基坑变形主要受土方开挖影响，但开挖面暴露时间过长、钢支撑架设不及时、临边重载或动荷载等会导致基坑自身围护结构变形发生突变。根据基坑规模、几何尺寸、围护墙体及支撑结构体系的布置、基坑地基加固和施工条件，按照“分层、分段、对称、平衡、限时”的原则进行基坑工程开挖，充分利用土体自身变形特点，考虑时空效应保持开挖过程整体稳定。

参考文献

[1] 吴锋波，金淮，朱少坤．北京市轨道交通基坑工程地表变形特性 [J]. 岩土力学，2016, 37(4): 1066-1074.

[2] 张连泽，张彬，冯军，等．地铁车站明挖基坑开挖引起土体变形数值模拟研究 [J]. 工程地质学报，2014.

[3] 王广国，杜明芳，侯学渊．深基坑的大变形分析 [J]. 岩石力学与工程学报，2000, 19(4): 509-512.

[4] 李淑，张顶立，房倩，等．北京地区深基坑墙体变形特性研究 [J]. 岩石力学与工程学报，2012(11): 188-197.

[5] 肖潇，李明广，夏小和，等．基坑开挖对临近明挖暗埋隧道竖向变形的影响机理 [J]. 上海交通大学学报，2018, 52(11): 1437-1443.

[6] 陈旭元，李平．高温下 GFRP 筋和混凝土黏结性能试验研究 [J]. 混凝土，2021(1): 43-46.

[7] 王琳，罗志华，张晗．地铁车站深基坑开挖对临近建筑物影响的三维有限元分析 [J]. 建筑结构，2021, 51(S1): 1928-1934.

[8] 孙曦源，衡朝阳，周智，等．厦门地铁车站基坑施工诱发地表沉降的经验预测方法研究 [J]. 土木工程学报，2019, 52(2): 132-137.

[9] 刘建航，侯学渊．基坑工程手册 [M]. 北京：中国建筑工业出版社，1997.

[10] 胡之锋，陈健，邱岳峰，等．一种黏土层中深基坑开挖地表沉降预测方法 [J]. 长江科学院院报，2019, 36(6): 60-67.

[11] 左建．地质地貌学 [M]. 北京：中国水利水电出版社，2007.

[12] 张飞，李镜培，唐耀．考虑土体硬化的基坑开挖性状及隆起稳定性分析 [J]. 水文地质工程地质，2012, 39(2): 79-84.

[13] 杨爱武，闫澍旺，杜东菊．蠕变条件下吹填软土结构强度形成研究 [J]. 水文地质工程地质，2011, 38(6): 62-67.

四十七　城市工程勘测空间信息“一张图”研究进展与应用探讨

李禄维　马海志　于淼　颜威

摘要：随着城市精细化管理和智慧城市建设的逐步推进，城市规划、建设、交通、管理、社会与公众服务以及可持续发展研究成为热点。工程勘测及新型测绘是智慧城市数字孪生城市运行的主要载体。随着城市基建工程建设推进，城市勘测数据将逐步积累，对于城市工程勘测大数据的管理、融合以及使用面临新的机遇和挑战。本文针对城市工程勘测空间信息“一张图”研究的关键技术与应用方向进行综述和探讨，对传统勘测行业新产品研发和关键技术方案选型有一定参考价值。

关键词：一张图；勘测新技术；数据治理；地下空间；轨道交通

一、序言

随着新一代信息技术、物联网、云计算等技术的深入发展和广泛应用，新型智慧城市已成为城市规划、建设、管理领域关注的重点[1～3]。基础设施建设是城市生存和发展的重点，勘测作为城市基础设施建设的前期基础工程阶段，在工程全产业链中具有重要的地位。勘测工程采用全球定位系统、RTK 技术、地质雷达技术、钻探、物探、遥感等先进技术手段[4]，从前期水文地质环境勘察、地形测绘、地下管线及建构筑物调查到后续的精密测量和形变监测，贯穿工程建设全过程，其独特的优势和地位对基础设施建造、运营和管理具有非常重要的作用[5]。

基于工程勘测及新型测绘构建的地上地下城市二三维一体的地理新数据是城市信息模型的基础，也是智慧城市数字孪生城市运行的主要载体[6]。城市工程勘测空间信息“一张图”是基于 3S、大数据、云计算、物联网等技术，将城市工程勘测数据资料、城市基础地理信息以及专题信息进行汇集和统一管理，形成涵盖城市地上、地下、静态、动态、空间、属性、过程、结果的数字底座平台。国内外开展了相关研究并取得了一定进展。重庆市通过不同时期、不同内容、不同实施主体完成的地下空间普查，获得了包括城市地下管线、地下建构筑物和地下人防工程在内的诸多地下空间数据成果。利用现代数据库技术和3S技术，对上述地下空间数据进行统一地理空间框架下的处理和融合，形成了一套完整的、现势性强的重庆市地下空间“一张图”[7]。北京市“现状一张图”数据建设借鉴国家新型基础测绘思路，充分利用时空大数据，针对数据持续性、现势性、多源数据融合等关键点，建立了包括地理实体和地理场景两大类产品体系框架，并提出了房屋、交通、公共服务设施等十个方面的专题数据内容[8]。雄安新区开展了新型基础测绘建设示范，创新建立雄安新区实体化、三维化、时空化、地上地下一体化的新型基础测绘产品[9,10]。

综上所述，智慧城市建设离不开城市基础设施的透明化和信息化，而城市工程勘测数据资料是基础底座，如何做好数据、标准和平台，充分利用并发挥其价值是一项重要任务。对此，本文针对城市工程勘测空间信息“一张图”研究的关键技术与应用方向进行综述和探讨，对智慧城市数字底座建设、勘测企业数字化转型发展有一定借鉴意义。

二、城市工程勘测新技术

新时代新形势对勘测、检测技术提出了更高要求，工程勘测技术深度与业务广度均取得了较大进步[11]。工程勘测在利用倾斜摄影测量、卫星遥感影像应用、三维激光扫描、钻探物探等技术在地表信息获取、管线探测、地表沉降、建筑物变形监测等方面取得了较大进展。倾斜摄影技术颠覆了以往正射影像只能从垂直角度拍摄的局限，实现了对地位目标的全面覆盖，将用户引入了真三维的实景世界[12]。三维激光扫描技术通过无接触式激光扫描可快速、高分辨率地获取空间场景中有效范围内建筑物表面的高精度点云数据，可用于建立高精度、高分辨率的数字模型[13～15]。城市地下管线错综复杂，应用电磁法、雷达法、弹性波法、钎探法以及近间距并行以及管线探测智能管道技术，可查明管线分布、管道功能和结构性缺陷[16]。基于PS-InSAR数据获取城市地面沉降监测方案以及施工沉降变形的自动化监测技术[17]。大地电磁测深系统、探地雷达系统、高密度电法系统、

TGS360 隧道超前预报系统等高分辨率探测技术，进行深厚覆盖层隐伏构造探测、渗漏探测等 [11]。

随着 5G 技术、云技术、物联网、测绘机器人的发展和普及，应智慧化、信息化大数据的时代要求，工程勘测技术手段和设备将向自动化、智能化方向发展，采集的数据会更加精确、全面且多样，采集周期更短甚至是实时的，采集范围是全空间多维的。除了智能化采集，工程勘测单位的生产管理系统的研制与推广应用，通过日常生产业务的信息化驱动勘测数据的标准化生产、汇集和管理，也是一个有效途径 [18]。随着城市基建工程建设推进，城市勘测数据将逐步积累，对于城市工程勘测大数据的管理、融合以及使用面临新的机遇和挑战。

三、勘测数据处理关键技术

工程勘测资料成果多、价值大，但图纸信息化程度较低，需进一步标准化为空间结构化数据或模型以便更好地利用，涉及数据标准、数字化转换、快速建模等关键技术问题。

（一）数据标准

数据标准化是信息化和数字化的基础 [19]。经调研，目前已开展了若干与城市工程勘测数据相关的标准编制工作。李晓军等通过数据分类和编码方案，建立了地理数据、地质数据、岩土工程数据、地下管线数据、地下建（构）筑物数据等空间数据标准，以促进有效地收集、存储、分析与利用地下空间数据 [20]。王丹等制定了时空基准、控制测量、现状调查测绘、三维建模、数据管理及质量控制等技术要求和标准规范 [21]。陈勇等针对地下空间设施普查数据标准展开研究，研究地下空间设施及其内部要素的分类、编码，明确调查的内容、方法，形成采集标准；研究地下空间设施、空间数据库的结构、图层及字段设计，形成入库标准；研究分层图、分幅图的技术要求与图示图例，形成成图标准 [22]。这些标准规范成果可以运用到城市工程勘测数据的标准化，对于城市典型工程勘测，如岩土工程信息模型标准仍有待针对性制定。

（二）数字化转换技术

工程资料数字化移交在各行业逐步推进 [23, 24]. 但当下阶段工程勘测资料仍以 AutoCAD 进行绘图并进行提资归档。AutoCAD 是面向工程规划、设计行业的图形编辑软件，侧重于几何图形表达、可视化展示，其数据文件 DWG（或 DXF）中对几何图形的组织方式较为松散，且不具备空间拓扑关系。而建立城市工程勘测空间信息“一张图”应选择 GIS 空间数据组织方式。GIS 数据是按照“面向对象”思想来实现对现实世界地物的建模，GIS 数据中的对象具有几何形状、属性信息、空间拓扑、符号系统等信息元素，且按照一定的规则组织数据。

由于 AutoCAD 数据和 GIS 数据的数据模型差异，二者数据之间难以实现无损转换和融合[25,26]。经项目实践，针对此类问题提出两种解决方式：一是可采取提高 AutoCAD 数据的规范性，统一 AutoCAD 制图规则，并将这种规范和规则以结构化语言描述出来形成强制数据标准的方式，可大大减少建立 AutoCAD 数据与 GIS 数据之间映射关系的难度和工作量[25]。二是，可通过研发基于 GIS 的勘测设计生产管理系统，实现从外业采集到内业处理全流程一站式标准化生产，并通过在 GIS 平台上二次开发制图及数据检查模块，实现在 AutoCAD 数据生产过程中的空间数据标准化管理。

（三）快速建模技术

城市工程勘测采集的数据资料，需进行一定的加工处理形成专题图、2.5D/3D 模型，才能满足业务应用。针对直观可视化以及管线碰撞、地质模拟、地形分析等空间分析需求，可采用快速建模方式来满足应用需求、质量和进度的要求。对此，王庆栋等提出了一种基于倾斜摄影技术与 3Dmax 插件开发的实用、快捷高效、半自动城市建模方案[27]。张照杰等将三维激光扫描仪应用于城市地下空间三维建模中，提出了点云数据采集、配准、着色、除噪的快速建模方法与流程[15]。朱国敏等基于 3DGIS 中城市景观模型表达原则与分类，提出了分别针对抽象的点、线、面状对象提出符号匹配和三角剖分的批量三维模型构建方法[28]。顾小双等提出了一种针对地下管网 BIM 快速建模方法，从而提高建模的精度和效率，减少人为操作[29]。刘振平等提出了一种利用 GA-Kriging 插值手段对地层属性进行插值并最终实现三维可视化快速建模的方法[30]。李品钰等针对三维地图的重要目标选取与突出表达效果不佳以及若采用符号化实景三维模型表达存在的建模成本高、数据量大等问题，提出符号化三维地图表达的技术方法[31]。

面对三维测绘产品在实际应用推广中面临配置环境要求高、操作难度大、投入成本高等问题，实际项目中可根据具体需求，采取二维与三维相结合、精模与简模 / 符号化相结合的方式，以达到建设投入和应用产出效果的平衡。

四、勘测数据集成关键技术

多源数据集成与应用，实现跨行业数据信息耦合分析效应。对此，探讨了数据集成、坐标转换、格式转换等一张图平台建设关键技术解决方案。

(一)“一张图”集成平台架构

城市工程勘测空间信息“一张图”平台的技术架构应以二三维一体化 GIS 平台为基础，融合大数据、物联网和中台技术，以支撑多源海量空间数据管理及行业业务应用[32～34]。宋关福提出了大数据 GIS 技术、人工智能 GIS 技术、新一代三维 GIS 技术、分布式 GIS 技术、跨平台 GIS 技术的五大 GIS 技术体系，对前沿技术与 GIS 行业进行了深度融合，使得 GIS 技术与时俱进，能够切实满足用户多样化的空间信息需求[35]。

多年来的信息化建设在各行业完成了众多业务系统的建设和应用[36,37]，但存在系统之间资源难以共享，空间数据难以统筹，共性地理信息应用功能存在重复建设，集成和协作成本高昂，不利于业务沉淀与持续发展等问题。实践表明，数据中台技术可作为解决以上问题的一种手段[38]。对此，作者认为城市工程勘测空间信息“一张图”平台应基于中台设计理念，构建一个集采集、加工、管理、存储、共享功能于一体，将标准化数据提供给应用层的服务平台，对后台资源进行抽象和封装，支撑前端业务快速迭代更新，实现全域数据实时在线、业务互联互通、资源协调和信息共享，如图 47-1 所示。

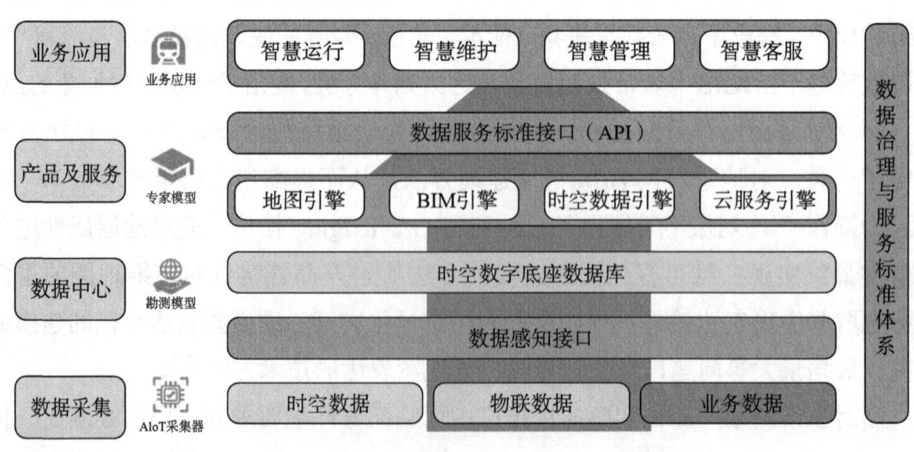

图 47-1　勘测空间信息“一张图”技术架构

（二）空间坐标系转换

城市工程勘测多源数据集成需解决坐标精确转换问题，工程建设单位通常使用的地方坐标系和国家坐标系不一致性，但需与国家坐标系统建立联系[39]。2000 国家大地坐标系与地方坐标系的坐标转换模型包括平面四参数模型、布尔莎模型。通常使用平面四参数模型和三维七参数模型将现有测绘地理信息数据转换至 CGCS2000 坐标系，全国及省级范围内空间三维坐标向 CGCS2000 转换适用七参数模型转换，省级以下范围坐标转换采用平面四参数转换模型[40～42]。欧朝敏等提出了利用地方坐标系和 2000 国家大地坐标系下两套不同的公共控制点并计算转换参数，完成了多种文件格式的测绘数据在两种坐标系之间的相互转换[43]。李冲等对比计算椭球参数、其他投影原点法和设置尺度比方法，得出在地方坐标系的控制范围较小时，可选择计算较为简单的方法；但在地方坐标系需要控制的范围较大情况下，需采用基于椭球变换的严密方法以保证转换精度[44]。对于城市工程勘测数据坐标系的选择，需结合具体应用需求，通常采取将地方坐标系向国家大地坐标系转换，但对于服务于特定工程业务，如安全巡检关注的工程隧道里程信息，则需统一到地方坐标系更便于使用。

（三）BIM与GIS格式转换技术

工程勘测与其建筑对象是密不可分的，而建筑行业是以 BIM 技术进行正向设计和管理应用的[45]。GIS 为当今城市的建设和管理提供了基础框架，BIM 为城市建设管理提供单栋建筑的精确信息模型，GIS 与 BIM 的融合将为城市的建设和管理带来新的思路和方法[46]。

目前主流的 BIM 与 GIS 融合方式，大部分集中在从 IFC 向 CityGML 转换，也有部分研究侧重于 CityGML 向 IFC 转换[47]。由于 IFC 和 CityGML 空间对象表达和理解是不同的，也没有相关的对象语义标准化研究工作，在 IFC 向 CityGML 转化过程中，语义信息的丢失也是不可避免的。对此，汤圣君等提出了基于 IFC 到 Shapefile 转化的 BIM 与 GIS 融合方法，解决了对大场景和详细细节进行共同表达、语义转换、坐标系统的融合问题[48]。针对 IFC 与 GIS 之间的数据格式转换，市场上已有一些软件平台提供支持，如 IFCexplorer、BIM-server、FME 以及 Autodesk Revit 和 Supermap 等商业软件等可实现 IFC 向 CityGML 自动转换。另外，将 IFC 和 CityGML 结合形成新的数据模型也是一种有效的解决方式。

如城市信息模型（City Information Model，CIM）就是其中一个比较有代表性的案例[49]，将城市设施、建筑、交通、设备与管道和水体等信息通过 CIM 模型进行表达，如雄安新区项目管理平台通过研发 .XDB 新的数据模型作为中间格式，有效规避了数据兼容和转换信息丢失问题。

五、应用前景探讨

随着城市精细化管理和智慧城市建设的逐步推进，城市规划、建设、交通、管理、社会与公众服务以及可持续发展研究等众多领域的作用日益重要[50]。朱合华等构建的数字地下空间与工程信息发布与共享平台，使复杂的地下空间与工程透明化，充分体现出工程信息的价值，实现工程智能决策[51]。封殿波等搭建的城市地下空间规划平台，从传统的地上规划扩展到地上地下双层同步空间资源规划，为相应的地上地下空间规划工作提升数据支持和决策分析能力[52]。李倩楠等通过对基础地质、水文地质、地球物理、灾害地质等多专业地质信息和成果进行集成和综合，实现城市地下空间开发利用以及重大工程建设提供地质信息服务目的[53]。吴福等整合了整个桂林市的工程勘察成果报告、工程成果报告等资料，直观表达工程岩土体空间分布等地理信息，为城市中心规划区地下空间开发利用的整体规划提供指导和借鉴[54]。

在城市基础设施信息化建设和运维方面的专题应用。黄燕等融合海量工程勘测空间数据和轨道交通业务数据，直观真实地展现轨道交通沿线和 TOD 资源分布，并实现用地空间分析和历史、现状、未来全周期精细化管理[55]。王思锴等从运营城市轨道交通安全监测与评估需求出发，通过倾斜摄影建模、三维地质建模及三维激光扫描建模等手段，构建城市轨道交通三维实景模型，并应用于临近工程规划期、施工期运营隧道结构安全评估与监测以及运营期保护区内违规作业巡检等内容[56]。罗海涛等在三维实景模型的基础上，统一汇集邻近工程安全评估、结构监测及保护区巡检等数据，实现轨道交通运营维护的智能高效，降低运营成本[57]。作者在北京地铁安全保护区“一张图”综合管理平台项目实践中，见图 47-2，集成轨道线网资料、保护区范围、地表环境资料、地下建构筑物、水文资料、地质勘察资料、市政管线资料、沉降监测资料、视频监控、遥感影像数据，打通外部施工管理系统、巡查管理系统业务数据以及智能感知应用示范监测数据，搭建了北京地铁保护区“一张图”，提升保护区管理水平和效率，支撑地铁安全运营。

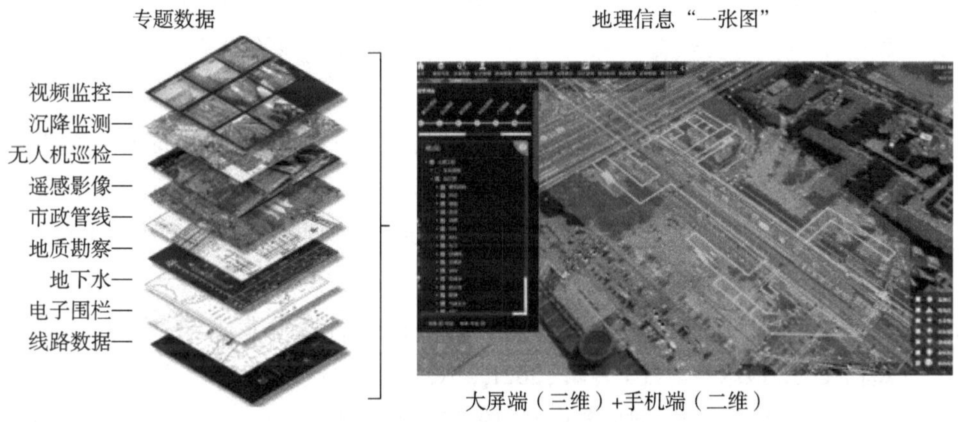

图 47-2　地铁安全保护区“一张图”

综上所述，城市工程勘测空间信息“一张图”将在地下空间资源规划与管理、城市基建工程建设和运维、信息共享服务等方向有着广泛的应用前景，为智慧城市建设和运营提供更好的数据、技术与平台保障。

六、结论

本文分析了智慧型城市对于勘测行业产品的需求，勘测新技术新手段的发展现状和趋势，探讨了城市工程勘测“一张图”的数据加工处理、数据集成融合等关键技术方案，展望了智慧勘测大数据“一张图”在地下空间资源规划与管理、城市基建工程建设和运维、信息共享服务等领域应用前景。推进传统勘测行业，积极应对时代发展新形势，探索主动服务城市发展的新模式。

参考文献

[1]　李成名 . 数字城市到智慧城市的思考与探索 [J]. 测绘通报 , 2013(3): 1-3.

[2]　Caragliu A, Bo C, Nijkamp P. Smart Cities in Europe[J]. Journal of Urban Tehnology, 2011, 18(2): 65-82.

[3]　党安荣 . 中国新型智慧城市发展进程与趋势 [J]. 科技导报 , 2018, 36(18).

[4] 杨国锋 . 水工环地质勘探手段的应用探讨 [J]. 低碳技术 , 2018, (10): 39-40.

[5] 马海志 . 智慧地铁勘测先行 [J]. 城市轨道交通 , 2017, (3): 36-39.

[6] 顾建祥 , 杨必胜 , 董震 , 等 . 面向数字孪生城市的智能化全息测绘 [J]. 测绘通报 , 2020, 10(6): 134-140.

[7] 刘洪波 , 杨宁 , 安丽超 , 等 . 重庆市地下空间“一张图”的数据特色与管理 [J]. 城市勘测 , 2017, 12(6): 36-39.

[8] 张翼然 , 陶迎春 , 贾光军 , 等 . 北京市基础地理“现状一张图”数据建设与应用探索 [J]. 北京规划建设 , 2021, 82-85.

[9] 马震 , 夏雨波 , 王小丹 , 等 . 雄安新区工程地质勘查数据集成与三维地质结构模型构建 [J]. 地球科学数学专辑 , 2021, 46(2): 123-128.

[10] 马岩 , 李洪强 , 张杰 . 雄安新区城市地下空间探测技术研究 [J]. 地球学报 , 2021, 41(4): 535-542.

[11] 巨广宏 , 申恩昌 , 薛有平 , 等 . 工程勘测新技术及工程应用 [J]. 西北水电 , 2020, 2(12): 13-18.

[12] 冯增文 , 于淼 , 李珂 , 等 . 复杂地形山区工程测绘关键技术创新融合与应用研究 [J]. 北京测绘 , 2020, 34(12): 1667-1771.

[13] 李效超 , 王智 , 孙晓丽 . 手持式移动三维激光扫描仪在地下空间普查中的应用研究 [J]. 城市勘测 , 2020(2): 62-65.

[14] 孟庆年 , 张洪德 , 王智 , 等 . 三维激光扫描技术在狭窄地下空间测量中的应用 [J]. 测绘通报 . 2020(S1): 168-172.

[15] 张照杰 , 张宏波 , 李娜 . 基于三维激光扫描技术的城市地下空间三维建模 [J]. 地理空间信息 , 2020, 19(6): 89-91.

[16] 何亮 , 廖荣潇 . 探地雷达在地基病害和地下管线探测中的应用研究 [J]. 科学技术创新 , 2021(21): 119-120.

[17] 蒋骏 . 论现代测绘技术在城市地下施工变形监测中的应用 [J]. 城市建筑 , 2019, 16(317): 141-142.

[18] 朱霞 , 王思锴 , 马全明 , 等 . 物联网技术支持下勘测生产监控与设备资源管理信息系统的研究与实现 [J]. 测绘通报 , 2016(11): 126-130.

[19] 王长虹 , 朱合华 . 数字地下空间与工程数据标记语言的研究 [J]. 地下空间与工程学报 , 2011, 7(3): 418-423.

[20] 李晓军，刘雨芃，汪宇．城市地下空间数据标准化现状与发展趋势 [J]. 地下空间与工程学报，2017, 13 (2): 281-293.

[21] 王丹，耿丹，江贻芳．城市地下空间测绘及其标准化探索 [J]. 测绘通报，2018, (7): 97-100.

[22] 陈勇，赵小祥，戴俊杰．地下空间设施普查数据标准研究 [J]. 智慧地球，2020, (22): 64-66.

[23] 寿海涛．数字化工厂与数字化交付 [J]. 石油化工设计，2017, 34 (1): 41-47.

[24] 凃道勇，黄进航，王骏．基于 CAD/GIS 集成的电力勘测制图技术研究与应用 [J]. 工程勘测，2020 (S2): 97-104.

[25] 张洪，卢廷玉．CAD 数据与 GIS 数据融合方法研究 [J]. 测绘与空间地理信息，2020, 43 (2): 86-89.

[26] Crispin H. V. Cooper; Alain J. F. Chiaradia. 2020. sDNA: 3-d spatial network analysis for GIS, CAD, Command Line & Python[J]. SoftwareXVolume 12, 23-35.

[27] 王庆栋，艾海滨，张力．利用倾斜摄影和 3DMAX 技术快速实现城市建模 [J]. 测绘科学，2014, 39 (6): 74-78.

[28] 朱国敏，马照亭，孙隆祥．城市三维地理信息系统中三维模型的快速构建方法 [J]. 地理与地理信息科学，2007, 23 (4): 29-40.

[29] 顾小双，张旭，施文君．城市地下管网 BIM 快速自动化建模方法研究 [J]. 上海建设科技，2020 (2): 47-57.

[30] 刘振平，贺怀建，朱发华．基于钻孔数据的三维可视化快速建模技术的研究 [J]. 岩土力学，2009 (30): 260-266.

[31] 李品钰，霍亮，朱杰，等．基于兴趣场模型的符号化三维地图表达方法 [J]. 地理信息世界，2020, 27 (3): 91-94, 99.

[32] 蒋爱华，刘丽红，陶彣君，等．地理信息云平台数据库架构探讨 [J]. 测绘通报，2020 (3): 138-141.

[33] 王晓明．城市基础地理空间勘测数据共享平台设计 [J]. 北京测绘，2021, 35 (1): 24-29.

[34] 潘良波，周文，丁志庆，等．城市地下空间信息集成管理与服务平台关键技术及应用［J］. 隧道建设（中英文），2021, 41 (4): 588-596.

[35] 宋关福，陈勇，罗强，等．GIS 基础软件技术体系发展与展望 [J]. 地球信息科学学报，2021, 23 (1): 2-15.

[36] 李倩楠，周文，李晋津，等．城市地质信息资源管理与评价平台研究与实现[J]. 城市勘测，2019(3)：197-201.

[37] 范海林，李姗迟．综合管廊地理时空大数据全生命周期管理平台研究[J]. 测绘通报，2016(S1)：22-25.

[38] 赵伟伟，王守东，贾凉，等．地理信息中台在智慧城市中的应用——以南京市为例[J]. 工程勘察，2021(4)：57-61.

[39] 中华人民共和国国家质量监督检验检疫总局，中国国家标准化管理委员会．城市坐标系统建设规范：GB/T28584--2012[S]. 北京：中国标准出版社，2012.

[40] 花恒瑞．坐标系转换方法探讨[J]. 资源信息与工程，2016, 31(6)：108-109.

[41] 王文利，程传录，陈俊英．常用坐标转换模型及其实用性研究[J]. 测绘信息与工程，2010(5)：37-39.

[42] 李 东，毛之琳．地方坐标系向 GNSS 国家大地坐标系转换方法的研究[J]. 测绘与空间地理信息，2010(6)：193-196.

[43] 欧朝敏，黄梦龙．地方坐标到 2000 国家大地坐标转换方法研究[J]. 测绘通报，2010(9)：26-28.

[44] 李冲，谭理，余银普．国家坐标与地方坐标的转换方法研究[J]. 城市勘测，2008(6)：85-87.

[45] 卢勇东，杜思宏，庄典．数字和智慧时代 BIM 与 GIS 集成的研究进展：方法、应用、挑战[J]. 建筑科学，2021, 37(4)：126-134.

[46] 武鹏飞，刘玉身，谭毅，等．BIM 与 GIS 融合的研究进展与发展趋势[J]. 测绘与空间地理信息，2019, 42(1)：1-6.

[47] 翟晓卉，史健勇．BIM 和 GIS 的空间语义数据集成方法及应用研究[J]. 图学学报，2020, 41(1)：148-157.

[48] 汤圣君，朱庆，赵君峤．BIM 与 GIS 数据集成：IFC 与 CityGML 建筑几何语义信息互操作技术[J]. 土木建筑工程信息技术，2014, 6(4)：11-17

[49] Xu X, Ding L, Luo H, et al. From Building Information Modeling to City Information Modeling[J]. Journal of Information Technology in Construction, 2014, 19: 292-307.

[50] 周旋，张钦伟．三维地图服务系统的研究与实现[J]. 测绘与空间地理信息，2002, 43(1)：93-98.

[51] 朱合华，李晓军．数字地下空间与工程[J]. 岩石力学与工程学报，2007, 26(11)：2277-2288.

[52] 封殿波 . 地理信息系统在国土空间规划中的应用分析 [J]. 智能城市 , 2020, 6(8): 145-146.

[53] 李倩楠 , 周文 , 李晋津 , 等 . 城市地质信息资源管理与评价平台研究与实现 [J]. 城市勘测 , 2019(3): 197-201.

[54] 吴福 , 黄希明 , 刘庆超 , 等 . 桂林市城市土地地下空间开发利用调查综合研究报告 [R]. 南宁 : 广西地质环境监测总站 , 2018.

[55] 黄燕 , 陈明辉 , 高益忠 , 等 . 城市轨道交通地理信息管理平台研究与实现——以东莞市为例 [J]. 测绘通报 , 2021, (2): 126-130.

[56] 王思锴 . 地铁保护区综合管理信息系统 [D]. 北京 : 北京建筑大学 , 2018: 1-85.

[57] 罗海涛 . 基于“BIM+GIS”的运营城市轨道交通安全监测与评估 [J]. 铁道勘察 , 2019. DOI: 10. 19630/j. cnki. tdkc. 202007030001.

四十八 “双碳”驱动下的建筑减排技术知识图谱分析

杨晓飞 王思锴

摘要：文章采用文献统计计量分析的原理与方法，基于 Citespace 对建筑领域低碳减排技术相关文献开展分析；通过作者、研究机构共现分析，关键词聚类及突现分析，总结归纳了建筑领域低碳减排技术研究热点、发展及变化趋势。在此基础上进一步对该领域未来研究热点进行分析概括。研究结果表明：当前我国建筑领域低碳减排技术仍处于起步阶段，相关作者、研究机构尚未形成成熟的研究中心及合作团队网络；能源结构优化降碳、终端节能——能效提升降碳、绿色低碳循环转型、政策与管理调控低碳转型、经济社会环境气候的协同治理与基于自然解决方案是我国需要长期遵循的低碳转型技术要点；当前建筑业应主要聚焦能效提升与用能结构优化并举，已实现高质量的达峰目标。

关键词：低碳减排；文献统计；Citespace；研究热点

引言

2020 年 9 月，习近平总书记在第七十五届联合国大会指出，加快形成绿色发展方式和生活方式，提出中国力争于 2030 年前达到峰值，努力争取 2060 年前实现碳中和的“双碳”目标。同时呼吁各国要树立创新、协调、绿色、开放、共享的新发展理念，推动疫情后世界经济“绿色复苏”[1]。该讲话标志着中国正式对世界碳中和做出承诺，持续为应对全球气候变化贡献中国力量。

碳达峰就是指在某一个时点，二氧化碳的排放不再增长达到峰值，之后逐步回落；碳中和是指在限定时期内人为 CO_2 移除在全球范围抵消人为 CO_2 排放时，可实现 CO_2 净零排放[2]。中国政府长期以来重视推动低碳经济转型与社会经济的高质量发展，发展改革委从 2010 年开始推动执行三批低碳城市试点工作，取得良好效果的同时也证明要实现“双碳”目标，需要经历能源与产业结构的转型，统筹社会、经济、环境等多方面因素[3，4]。

据统计数据显示，全球的建筑能耗占比中，30% 是建筑运行能耗，5% 是建筑建造能耗[5]。《中国建筑节能年度发展研究报告 2021》数据显示，中国社会总能耗中建筑运行能耗占比 22%、建造能耗占比 11%[6]，即建筑行业低碳减排成功与否直接关系到国家“双碳”目标是否能顺利完成。中国当前仍处于新建建筑增长及城市化增速发展过程，城乡建设过程中建筑材料生产、建筑施工环节消耗大量能源并产生大量碳排放[7，8]。基于 Citespace 的文献可视化分析技术已经广泛应用于研究某一研究领域的定量分析，通过梳理总结我国建筑减排技术领域的文献作者、研究机构及关键词的演化发展历程，有助于厘清我国建筑行业的“双碳”主要研究热点、实现路径及关键技术研究的发展趋势，为我国建筑业实现碳达峰、碳中和提出建议。

一、数据来源及方法说明

（一）数据来源说明

在中国知网（CNKI）中文学术期刊以“建筑减排技术”为关键字进行检索，检索时间范围设定为 2000—2022 年，学术期刊来源限定为 SCI、EI、CSSCI、CSCD 以及北大核心，通过相关度筛选分析，剔除会议通讯、访谈及其他与主题相关度较低的文献，共剩余 256 篇（实际学术期刊时间分布区间为 2004—2022 年）。

（二）研究方法

基于文献统计计量的知识图谱分析通过对所研究的科学知识领域进行检索、分析数据、构建数据关系、绘制图谱等用可视化技术表达出来，深入地剖析了研究的问题，揭示了研究领域的发展规律，为研究某一科学领域提供一定的参考价值[9]。Citespace 是基于文献计量统计，实现相关研究领域潜在知识、联系，将结果进行可视化展示的分析软件；利用软件可实现作者、研究机构、关键词等核心要素的频次和聚类分析，清晰发掘相关研究的发展历程及趋势。在 Citespace 分析当中，关键词聚类分析用于发现指定研究时间区段内的研究热点或主题分布；关键词突现分析则可反应一个研究方向从出现、发展到减少甚至消亡的过程，结合关键词时间线分布，可呈现相关研究热点的发展过程[10]。本文将结合Citespace分析及论文阅读整理的方法，梳理我国21世纪以来建筑领域的“低碳减排技术”发展历程及热点趋势研究。

二、数据分析

（一）发文量统计分析

对研究区间内核心学术期刊年度发文量进行统计分析，结果如图48-1所示。

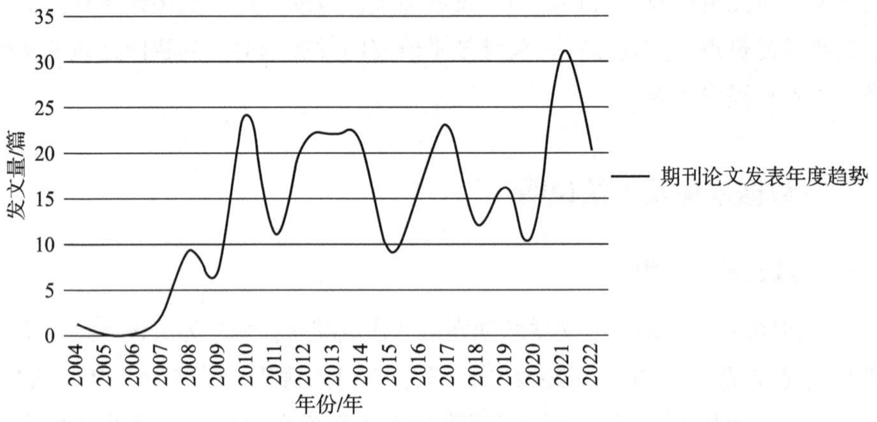

图48-1　核心学术期刊论文发表数量（截至2022年4月）

通过分析图48-1发文量曲线图可知：国内关于建筑领域的减排技术研究及应用受宏观政策影响较大，始于21世纪初期（2004年），从2008—2020年保持较高区间或有波动，总体发展相对稳定；在2020年之后迎来发展高峰，主要受“双碳”政策影响。结合发文量统计曲线，将我国建筑业低碳减排发展历程划分为三个阶段。

起步阶段。改革开放促进了我国经济发展的同时也带动了建筑业的飞速发展，1996—2000年我国建筑业保持年均11%的增长率；城市能源结构不合理、建筑能耗高（占社会终端能耗1/4以上）、环境污染严重等问题产生压力逐步增长；从《建筑节能“九五”计划和2010年规划》到2002年6月住建部颁发的《建筑节能“十五”规划纲要》等，对促进建筑行业节能减排起到至关重要的作用；

1997 年 12 月在日本京都召开的第三届 COP 大会通过《京都议定书》提出具有法律约束力的成员国具体减排义务，成为减缓全球气候变化重要里程碑。雷红鹏 [11] 在其硕士论文分析我国建筑节能必要性及相关技术原理，从经济和管理两个层面进一步明确建筑节能减排的经济分析方法，并对建筑节能规划和标准规范管理进行了分析并提出建议；马保国 [12] 通过研究 CO_2 气体的排放现状、趋势，重点从材料学、热学、环境学等多学科交叉的角度研究我国水泥工业 CO_2 排放控制技术，为相关行业的碳减排提供新的技术路线。

波动发展阶段。2007 年，中国政府根据《联合国气候变化框架公约》发布了首部应对气候变化的政策性文件《中国应对气候变化国家方案》，该方案也是发展中国家颁布的首部应对气候变化的国家方案。2011 年前后国内一批低碳示范城市北京、杭州、深圳、昆明、石家庄等从政策、相关技术层面有了一定的发展。

后发展阶段。该阶段的突现发展基于“双碳”目标的提出及全球化碳中和行动强化减排力度 [13]。2019 年联合国气候行动峰会上，66 个国家承诺碳中和目标，并组成气候雄心联盟 [14]；2020 年有 449 个城市参与由联合国气候领域专家提出的零碳竞赛；125 个国家承诺了 21 世纪中叶前实现碳中和的目标 [15，16]；2020 年 9 月中国提出的“力争 2030 实现 CO_2 排放达峰，努力争取 2060 前实现碳中和”极大推动了国内在相关领域的研究。2020 年 12 月，习近平总书记在气候雄心峰会上进一步强调将能源结构转型、绿色低碳发展作为我国未来的重要发展方向。

（二）高产作者分析

通过对科技文献作者、研究机构共现分析，可以发现相关学科领域内的领军人物及专业研究团队 / 机构，分析结果如图 48-2 所示。

作者共现共有节点 386 个，边 393 条，密度指数 Dentisy=0.0053，说明整体数据比较分散，即研究作者呈现百花齐放的特点。通过进一步的统计分析，以发表论文数量≥ 3 篇为对象，可得表 48-1。

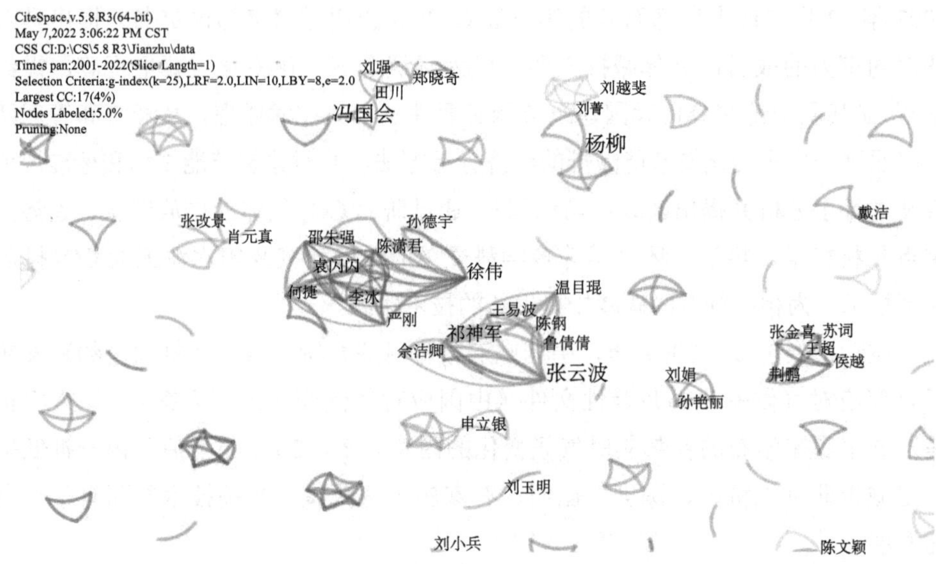

图 48-2 学术期刊作者共现分析

表 48-1 建筑减排技术高频作者及高引用文献统计表

序号	作者	发文数量 / 篇	被引频次最高文献	年份
1	祁神军	9	中国建筑业碳排放的影响因素分解及减排策略研究	2013
2	张云波	8	中国建筑业碳排放的影响因素分解及减排策略研究	2013
3	徐伟	7	我国建筑碳达峰与碳中和目标分解与路径辨析	2021
4	何捷	3	水泥行业常规污染物和二氧化碳协同减排研究	2013
5	刘菁	3	基于系统动力学的建筑碳排放预测研究	2017
6	温日琨	3	基于 RAS 及 I-O 的建筑业隐含碳排放趋势及减排责任分担研究	2016
7	冯国会	3	基于 LEAP 模型的能源规划与 CO_2 减排研究——以辽滨沿海经济区区域为例	2017
8	武涌	3	欧盟及法国建筑节能政策与融资机制借鉴与启示	2007
9	佘洁卿	3	夏热冬暖地区公共建筑全生命周期碳排放特征及减排策略研究——以厦门市为例	2014

综合图 48-2、表 48-1 可知，华侨大学土木工程学院祁神军在该领域发表论文最多，达到 9 篇；且该作者与张云波、温日琨、佘洁卿等形成较为稳定的研究团队，保持较多的研究成果。祁神军与张云波合作的《中国建筑业碳排放的影响因素分解及减排策略研究》被引次数最高，该文章运用经济投入－产出分析方法，建立建筑业的碳足迹模型，核算建筑业碳排放量，并基于 Kaya 恒等式，将促使建筑业碳排放总量变动的因素进一步分解，在 1995—2009 年碳排放数据上探讨了我国建筑业实施减排的路径及对策[17]。徐伟等[18]通过分析建筑运行阶段碳排放的影响因素，利用 CBCEM 模型对我国建筑运行碳排放进行中长期预测，论证了在现有技术措施组合实施下 2030 年碳达峰的可行性；从技术、经济、可操作性三个维度提出了实现“双碳”目标的技术优先级建议。其余高产作者研究领域覆盖不同模型下的建筑行业碳排放预测、发展趋势及技术特征等，并以典型城市为例进行论述。

（三）研究机构共现分析

以引用关联度为条件筛选发文机构共现分析，得到共现网络图谱如图 48-3 所示。形成以中国建筑科学研究院有限责任公司、西安建筑科技大学管理学院、华侨大学土木工程学院、清华大学能源环境经济研究所、中国建筑科学研究院等为中心的研究机构团体（表 48-2）。

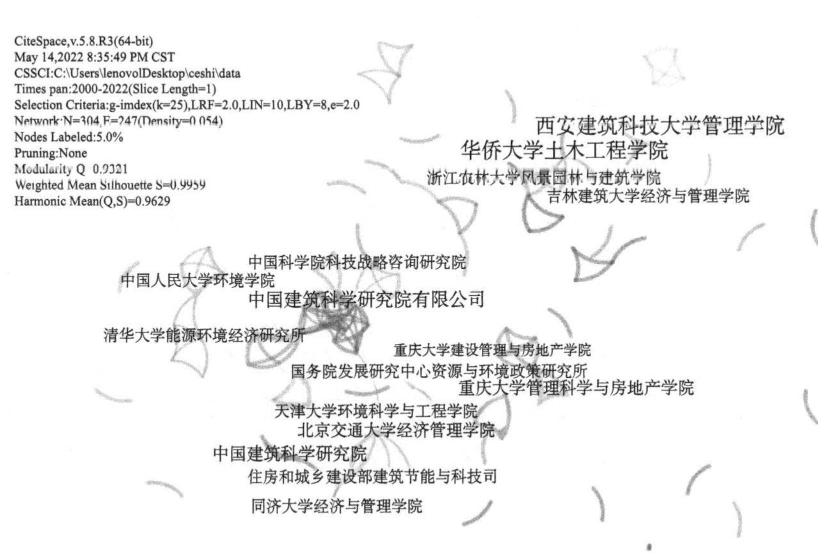

图 48-3　学术期刊研究机构共现分析

从研究机构发文数量来看，除中国建筑科学研究院有限公司外，学术期刊及学位论文均以高校相关专业学院为主；涉及建筑、设计、环境、土木、管理等学科在内的综合性大学往往处于学科交叉研究的前沿，高校学术论文发文量远大于企业等生产单位。

表 48-2　国内建筑减排技术研究发文机构统计

序号	机构名称（发文量≥4）	发文数量 / 篇
1	华侨大学土木工程学院	8
2	西安建筑科技大学管理学院	7
3	北京交通大学经济管理学院	5
4	中国建筑科学研究院有限公司	5
5	中国建筑科学研究院	5
6	重庆大学建设管理与房地产学院	4
7	天津大学环境科学与工程学院	4
8	中国人民大学环境学院	4
9	清华大学能源环境经济研究所	4
10	同济大学经济与管理学院	4
11	重庆大学管理科学与房地产学院	4

（四）关键词聚类及演化趋势分析

根据 Citespace 评判图谱绘制效果两个指标说明：模块值（Q）和平均轮廓值（S），一般来说 Q ＞ 0.3 就意味着划分出来的社团结构是显著的；S 越接近于 1，其聚类的同质性越高；S 值超过 0.5 以上则认为聚类是高度可靠、合理的[19]。本节所涉及聚类分析图谱（图 48-4）均满足以上要求。

通过对 256 篇学术期刊论文的 323 个关键词进行聚类分析，结合 LLR 标签词（Log-likelihood ratio，LLR 是反映真实性的一种指标，属于同时反映灵敏度和特异度的复合指标）及文献集合分析，共得到 10 个热点研究领域，如表 48-3 所示。

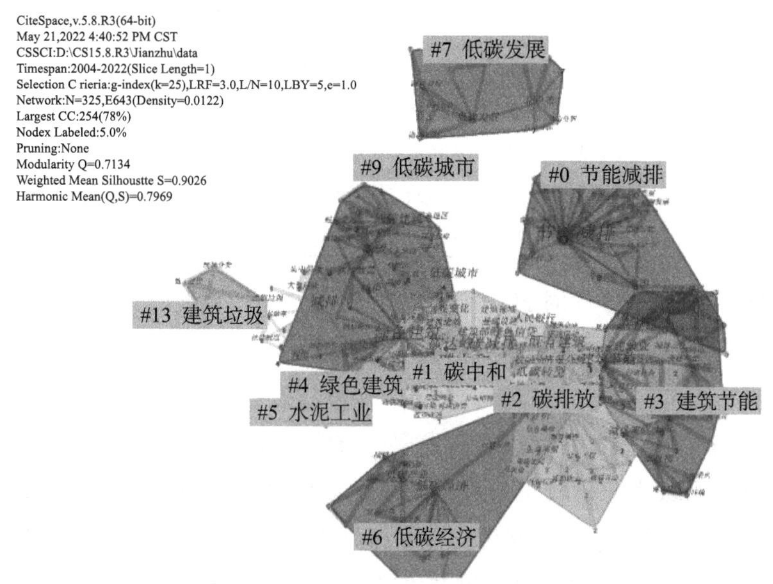

图 48-4　学术期刊关键词聚类分析图谱

表 48-3　学术期刊热点关键词聚类及标签词信息

ID	聚类名称	S 值	LLR 标签词
0	节能减排	0.906	节能减排（27.17，1.0E-4）；中国（11.44，0.001）；碳中和（4.02，0.05）；经济发展（3.78，0.1）；节能效果（3.78，0.1）
1	碳中和	0.866	碳中和（29.4，1.0E-4）；碳达峰（29.13，1.0E-4）；基础设施（6.31，0.05）；低碳转型（6.31，0.05）；减排路径（6.31，0.05）
2	碳排放	0.91	碳排放（19.53，1.0E-4）；建筑业（6.6，0.05）；影响因素（6.6，0.05）；stirpat 模型（6.6，0.05）；案例分析（6.6，0.05）
3	建筑节能	0.898	建筑节能（12.85，0.001）；外部性（8.52，0.005）；建筑物（8.52，0.005）；减排策略（8.52，0.005）；节能改造（8.52，0.005）
4	绿色建筑	0.804	绿色建筑（16.96，1.0E-4）；碳排放量（13.15，0.001）；低碳建筑（8.72，0.005）；低碳（8.72，0.005）；住宅建筑（8.72，0.005）
5	水泥工业	0.951	水泥工业（10.6，0.005）；减排（10.6，0.005）；城市（10.6，0.005）；CO_2 排放（5.26，0.05）；利用（5.26，0.05）
6	低碳经济	0.973	低碳经济（16.8，1.0E-4）；低碳产业（11.11，0.001）；零碳能源（5.51，0.05）；减排政策（5.51，0.05）；战略行动（5.51，0.05）
7	低碳发展	0.976	低碳发展（13.89，0.001）；灰色系统预测模型（6.86，0.01）；政策导向（6.86，0.01）；政策设计（6.86，0.01）；建筑减排（6.86，0.01）

续表

ID	聚类名称	S 值	LLR 标签词
9	低碳城市	0.988	低碳城市（15.17，1.0E-4）；合同能源管理项目（7.46，0.01）；建筑能效（7.46，0.01）；天津市（7.46，0.01）；法人单位（7.46，0.01）
13	建筑垃圾	1	建筑垃圾（9.24，0.005）；施工过程（9.24，0.005）；经济收益（9.24，0.005）；现场分类（9.24，0.005）；碳排放（0.37，1.0）

通过表 48-3、图 48-4 对 2004 年以来建筑减排技术主要聚类领域进行分析，图 48-5 按照关键词聚类结果生成的时间线图，可以直观了解相关聚类领域的演化趋势。

“节能减排”：包括碳中和、经济发展、节能效果等主要关键词。节能减排是 10 大研究热点领域中开始较早且持续至今的研究方向，相关学者主要研究我国节能减排相关政策策略，分析我国节能减排技术推广过程中面临的主要问题并提出相关研究建议[20，21]；同时对建筑节能减排相关技术研究也取得诸多成果，综合利用多种模型算法实现区域建筑节能减排潜力预测，为减少碳排放总量、实现建筑的绿色可持续发展提供理论依据和减排路径[22～25]；基于建筑用岩棉、复合调湿材料、固体蓄热式电锅炉、水泥工业中无机碳链工业生产过程等一批节能减排新材料、新设备、新技术均有突破[26～29]。

“碳中和和碳排放”：2020 年 9 月，中国做出“双碳”目标设定；2022 年 3 月，《“十四五”建筑节能与绿色建筑发展规划》[30] 更加明确指出，到 2025 年，建设超低能耗、近零能耗建筑示范项目 0.5 亿 m^2。逐步提升建筑节能标准至超低、近零能耗指标要求是未来建筑业工作重点之一。徐伟[31] 以“双碳”目标为导向，从人口与城镇化率、建筑面积、建筑用能强度和用能结构四个维度分别对比研究提升建筑节能标准、提高建筑光伏屋顶利用率以及建筑用能全域电气化与清洁电网三条实施路径，提出节能强规提升可最优实现“双碳”目标。张希良等[32] 采用 CBEM（中国建筑用能模型），通过典型建筑库模拟不同气象条件、建筑本体、设备性能及行为模式情景下建筑全性能情况，得到我国建筑用能现状及历史，并研究不同情景下建筑部门发展趋势。

“建筑节能和绿色建筑”：绿色建筑是在建筑全寿命期内节约资源、保护环境、减少污染，追求最大限度人与自然和谐共生的高质量建筑，绿色建筑也是建筑产业从源头到终端实现低碳转型的有效途径。据《中国建筑能耗研究报告（2020）》

统计数据显示，2018 年我国建筑全过程碳排放总量为 49.3 亿吨，占全国碳排放比重的 51.3%，建筑材料的能耗已占全社会总能耗的 20% 以上，远高于其他行业。对比英美日德等国外绿色建筑现状，我国绿色建筑虽有一定的发展，但仍存在建筑市场行为主体参与度不高、相关创新技术发展能力不足、质量监管机制不完善等难题。未来绿色建筑应在国家政策的积极引导下，着重在全过程低碳绿色施工技术、建筑智能化、标准化、“一体化设计及建造体系”等方向发展[33,34]。

“低碳经济、低碳发展和低碳城市”：国家发展改革委、住建部在借鉴全球发达城市低碳化经验过程中，分别于 2010 年、2011 年启动低碳城市试点工作，覆盖天津、深圳、北京、杭州、上海、石家庄等多个城市，用以促进低碳经济发展。试点城市主要从低碳城市建设、城市低碳领域发布一系列政策用以推动低碳发展，如《保定市委市政府关于建设低碳城市的指导意见》《杭州市“十二五”低碳城市发展规划》《深圳市建筑节能五新评估暂行办法》等；城市管理主要针对工业、建筑、交通等领域低碳化，通过控制城市增长和空间形态、采用新技术、控制需求侧的能效管理等措施减少碳排放。如建筑领域，主要围绕建筑节能，有公共建筑节能和既有居住建筑节能改造的政策，也有促进绿色建筑、可再生能源建筑应用的政策，制定有相关的标准、规范和标识制度[35,36]。

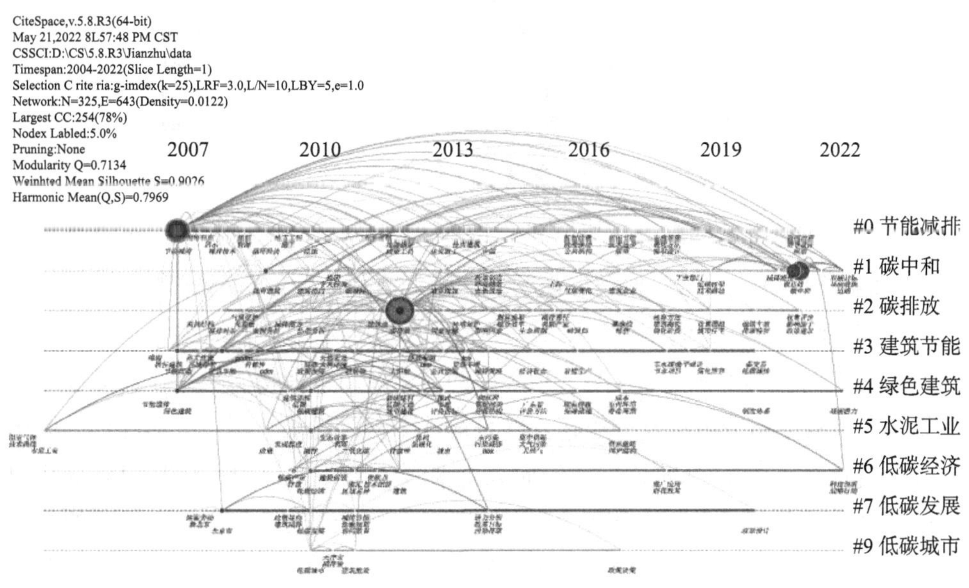

图 48-5 热点研究领域时间线图

（五）词汇突现及热点领域分析

关键词突现是指短期内出现频率剧增的关键词，表示在一定时间段内受到相关领域特别关注度很高，通常可以指示该领域的研究热点的转变及趋势。基于Citespace关键词突现分析，可以统计“建筑减排技术”领域内2004年到2022年研究热点及趋势的变化如图48-6所示。

Keywords	Year	Strength	Begin	End	2004-2022
低碳经济	2004	2.55	2010	2012	
低碳	2004	1.6	2010	2014	
减排	2004	1.74	2011	2012	
节能改造	2004	1.63	2013	2013	
建筑节能	2004	1.25	2013	2013	
节能	2004	1.24	2013	2013	
评价指标	2004	1.24	2013	2013	
绿色建筑	2004	1.23	2013	2017	
碳排放	2004	2.15	2014	2016	
既有建筑	2004	1.55	2014	2014	
减排策略	2004	1.49	2014	2016	
低碳建筑	2004	1.3	2015	2017	
公共建筑	2004	1.36	2016	2018	
气候变化	2004	1.19	2016	2016	
民用建筑	2004	1.37	2018	2020	
演化博弈	2004	1.83	2019	2020	
技术路径	2004	1.46	2019	2022	
碳中和	2004	12.47	2021	2022	
碳达峰	2004	8.83	2021	2022	
减排路径	2004	1.42	2021	2022	

图48-6 关键词突现分析Top20

通过关键词引用突现分析时间结合图48-6中所示的强度数值，可见“碳中和”“碳达峰”“低碳经济”为突现强度最高的主题，而“技术路径”“碳中和”“碳达峰”“减排路径”是近三年新兴且持续活跃的热点研究主题。

实现“双碳”目标，不仅是一项单纯的技术革新或者概念更新，而是涉及能源结构、产业分布、经济发展等在内的系统性工程，也是一项广泛而深刻的经济社会系统性变革[37]。当前该领域的研究主要聚焦于两个层面：一是国外发达国家的碳减排实现路径分析；张雅欣[13]在其论文中总结碳中和文件中提到的技术重点包括：能源清洁低碳转型、控制能源消费需求、生活方式低碳转型、发展可持续城市、农业可持续发展、国际交通运输减排、革新性技术深度应用以及碳封存、基于自然的负排放技术。目前国外主要在能源系统低碳转型方面采取较大力度行动，如欧盟提出能效最大化，力争2050年能耗减少至2005年的一半左右；法国推行低碳消费理念，鼓励市民低碳出行；日本则推出个人能源消耗数字管理系统以引导人们低碳消费。减排、负排技术则主要依靠农林碳汇，欧盟、法国、葡萄牙、日本等国家均通过提升森林绿地覆盖率来实现该目标；涉及碳捕集、利用与封存技术尚处于探索研究阶段。此外，通过立法手段明确“双碳”目标的法律效力也是保障长期减排行动的关键措施。

二是通过一定的模型对不同行业、重点领域进行碳减排预测并探讨在相应的政策背景下“双碳”技术或减排路径。在明确的时间目标下，开展着眼于我国电力、钢铁、石油化工、建筑、交通等重点行业领域碳排放达峰路径研究，明确的时间安排、实施路径是保障目标实现的基础工作。刘方舟[38]基于LEAP模型以国内某大型城市为预测对象，模拟其在不同政策情景下的能源需求和碳排放量，为该市的经济发展规划及“双碳”目标实现提供技术参考和建议。严刚等[39]在文章中指出，我国建筑业受城市化公共建筑面积增长及人们居住条件提升需求的双重驱动，预计将于2029年达峰。基于各行业、领域长期低碳发展战略转型路径研究，目前主要包括能源结构优化降碳、终端节能—能效提升降碳、绿色低碳循环转型、政策与管理调控低碳转型、经济社会环境气候的协同治理与基于自然解决方案等关键措施[40]。结合建筑领域施工过程和施工材料碳排放特征，应将能效提升与用能结构优化并举，从政策标准引导、老旧小区节能改造、清洁取暖能源推广、建筑再生利用资源等层面入手，实现我国高质量碳排放达峰、碳中和目标。

三、结论

本文基于引文空间分析原理，利用Citespace软件对以“建筑减排技术”为主题的256篇中文核心文献进行分析，以知识图谱的形式进行作者、机构共现，关键词聚类、突现分析，结合文献阅读的方法，阐述了建筑领域2000年以来的研究热点及发展趋势，并进一步探讨我国建筑领域“双碳”研究的主要发展方向。得到主要结论如下。

（1）我国建筑领域低碳减排技术发展主要受国内外政策影响较大，受《京都议定书》《建筑节能“十五”规划纲要》等政策文件影响，2000年初开始出现相关研究；发展改革委、住建部 2010 年、2011 年设立一批低碳城市试点推动相关技术的研究；2020 年 9 月“双碳”目标，再一次将低碳减排技术推向新的高潮。

（2）通过作者、机构共现分析发现，我国在该领域研究及应用还处于起步探索阶段，相关作者及机构尚未形成成熟的研究中心及合作网络体系；在统计范围内华侨大学土木工程学院祁神军、张云波团队在该领域发文量最多；研究主题多集中在政策策略、建筑材料、建筑取暖低碳技术应用等方面。

（3）通过关键词聚类、突现分析，明确我国建筑领域“节能减排”“碳排放”“绿色建筑”“低碳经济”等主要研究领域，同时提出“碳中和”“碳达峰”“技术（减排）路径”等高强度突现共引词汇，从国外“双碳”实施方案及国内主要实施途径两个层面展开详细论述；明确我国长期低碳经济转型的关键技术及当前建筑业主要实现途径。

参考文献

[1] 中华人民共和国中央人民政府 . 习近平在第七十五届联合国大会一般性辩论上发表重要讲话 [R/OL]. 2020 [2020-09-22]. https: // www. gov. cn/xinwen/2020-09/22/content_5546168. htm.

[2] IPCC. Global warming of 1. 5℃ [R/OL]. 2018 [2020-10-15]. https: //www. ipcc. ch/sr15/.

[3] 潘家华 . 压缩碳排放峰值加速迈向净零碳 [J]. 环境经济研究 , 2020, 5(4) : 1-10.

[4] 庄贵阳 , 窦晓铭 . 新发展格局下碳排放达峰的政策内涵与实现路径 [J]. 新疆师范大学学报 (哲学社会科学版), 2021(6) : 1-10.

[5] International Energy Agency, 2019 Global Status Report for Buildings and Construction[R].

[6] 中国建筑节能协会 . 中国建筑节能年度发展研究报告 [R]. 2021

[7] 朱颖心 . 碳中和目标下的建筑环境营造 [J]. 建筑节能 , 2021, 49(8) : 37-43.

[8] 中国建筑节能协会 . 中国建筑能耗研究报告 [R]. 2020 2021-01-04. https: //www. cabee. org/site/content/24020. html.

[9] 石晓勤 . 基于复杂网络演化博弈的建筑供应链主体低碳合作行为仿真研究 [D]. 兰州 : 兰州理工大学 , 2021.

[10] 李杰，陈超美．CiteSpace: 科技文本挖掘及可视化 [M]. 北京：首都经济贸易出版社，2016.

[11] 雷红鹏．民用建筑结构节能原理研究 [D]. 天津：天津大学，2003.

[12] 马保国，曹晓润，高小建，等．水泥工业温室气体 CO_2 的排放及其减排技术路线研究 [J]. 环境污染与防治，2004, 26(2): 159.

[13] 张雅欣，罗荟霖，王灿．碳中和行动的国际趋势分析 [J]. 气候变化研究进展，2021, 17(1): 88-97.

[14] UNFCCC. Climate ambition alliance: nations renew their push to upscale action by 2020 and achieve net zero CO2 emissions by 2050 [EB/OL]. 2019 [2020-08-20].

[15] UNFCCC. Race to zero campaign [EB/OL]. 2020 [2020-08-20].

[16] Energy & Climate Intelligence Unit. Net zero emissions race [EB/OL]. 2020 [2020-08-20]. https: //eciu. net/netzerotracker/map.

[17] 祁神军，张云波．中国建筑业碳排放的影响因素分解及减排策略研究 [J]. 软科学，2013, 27(6): 39-43.

[18] 徐伟，倪江波，孙德宇，等．我国建筑碳达峰与碳中和目标分解与路径辨析 [J]. 建筑科学，2021, 37(10): 1-8+23.

[19] Sun Yaqing, Wu Shimin, Gong Guangyi. Trends of Research on Polycyclic Aromatic Hydrocarbons in Food: A 20-year Perspective from 1997 to 2017 [J]. Trends in Food Science & Technology, 2019, 83: 86-98.

[20] 李佐军，赵西君．我国建筑节能减排的难点与对策 [J]. 江淮论坛，2014(2): 5-9+2.

[21] 张强，叶少帅，魏园方．建筑施工阶段碳排分析及节能减排措施研究 [J]. 建筑经济，2013(8): 100-104.

[22] 田川，冯国会，李帅，等．基于情景分析法的辽东湾新区区域建筑节能减排潜力预测研究 [J]. 沈阳建筑大学学报（自然科学版），2021, 37(3): 542-548.

[23] 王琎，宫铭举，白银，等．关于住宅建筑供热节能减排预测仿真研究 [J]. 计算机仿真，2019, 36(10): 429-433+452.

[24] 刘菁，赵静云．基于系统动力学的建筑碳排放预测研究 [J]. 科技管理研究，2018, 38(9): 219-226.

[25] 曲建升，王莉，邱巨龙．中国居民住房建筑固定碳排放的区域分析 [J]. 兰州大学学报（自然科学版），2014, 50(2): 200-207.

[26] 刘富成，赵薇，王天华，等．建筑用岩棉生产的生命周期评价及节能减排分析 [J]. 新型建筑材料，2016, 43(5): 98-102.

[27] 胡松涛，宋仁江，刘光乘，等．固体蓄热式电锅炉在青岛某办公建筑空调系统中的应用 [J]. 暖通空调，2015, 45(12): 25-29.

[28] 罗忠涛，马保国，杨久俊，等．水泥工业节能减排资源化综合利用研究 [J]. 材料导报，2011, 25(11): 126-128+150.

[29] 陈作义．建筑节能中调湿材料的应用及研究进展 [J]. 化工新型材料，2010, 38(7): 20-22.

[30] 住房和城乡建设部．"十四五"建筑节能与绿色建筑发展规划 [A]. 北京：住房和城乡建设部，2022.

[31] 徐伟，张时聪，王珂，等．建筑部门"碳达峰""碳中和"实施路径比对研究 [J]. 江苏建筑，2022(2): 1-6.

[32] 张希良，黄晓丹，张达，等．碳中和目标下的能源经济转型路径与政策研究 [J]. 管理世界，2022, 38(1): 35-66.

[33] 张凯，陆玉梅，陆海曙．双碳目标背景下我国绿色建筑高质量发展对策研究 [J]. 建筑经济，2022, 43(3): 14-20.

[34] 张季伟，彭海婷，张季超，等．绿色低碳节能建筑的发展趋势及影响 [J]. 施工技术（中英文），2021, 50(16): 92-94.

[35] 周冯琦，陈宁，程进．上海低碳城市建设的内涵、目标及路径研究 [J]. 社会科学，2016(6): 41-53.

[36] 盛广耀．中国低碳城市建设的政策分析 [J]. 生态经济，2016, 32(2): 39-43.

[37] 宋国恺．中国落实碳达峰、碳中和目标的行动主体及实现措施 [J]. 城市与环境研究，2021(4): 47-60.

[38] 刘方舟．基于 LEAP 模型的城市碳排放达峰预测研究 [D]. 武汉：中钢集团武汉安全环保研究院，2021.

[39] 严刚，郑逸璇，王雪松，等．基于重点行业 / 领域的我国碳排放达峰路径研究 [J]. 环境科学研究，2022, 35(2): 309-319.

[40] 项目综合报告编写组．《中国长期低碳发展战略与转型路径研究》综合报告 [J]. 中国人口・资源与环境，2020, 30(11): 1-25.

四十九　盾构渣土综合处理及资源利用技术研究

刘永勤　杨萌　刘丹

摘要：城市轨道交通大规模建设，采用盾构法施工的地铁隧道产生大量渣土，若处置不当则将造成严重地质灾害及不良社会影响。相较于其他发达国家，我国建筑垃圾资源化利用低，盾构渣土一般采用弃渣的方式处理，造成了极大的资源浪费。因此，为了推动解决地铁建设和城市管理中的渣土处理难题，需要加快对盾构渣土综合处理及资源利用技术的研究，尽快形成完整的产业体系与可持续发展的商业模式，促进轨道交通建设的绿色低碳可持续发展，加快我国“双碳”目标的实现。

关键词：城市轨道交通；盾构渣土；处置工艺；资源化利用体系

“十三五”期间，城市轨道交通累计新增运营线路长度为 4351.7 千米，年均新增运营线路长度 870.3 千米，年均增长率 17.1%，创历史新高。截至 2020 年底，中国有 57 个城市在建线路总规模 6797.5 千米，在建线路 297 条（段），共有 31 个城市在建线路为 3 条及以上，在实施的建设规划线路总长达 7085.5 千米（不含已开通运营线路）。

地铁隧道大多采用盾构法施工，每千米产生盾构渣土约 5 万方，而盾构渣土呈塑性流动状态且含有泡沫剂，若处置不当将会造成地质灾害及不良社会影响[1]。

一、盾构渣土处置现状

经查阅国外文献，目前盾构渣土作为一种建筑垃圾在国外发达国家和地区已经得到了一定的资源化利用，以美国、日本和欧洲等主要发达国家和地区为代表，建筑垃圾的资源化利用率已经达到了较高水平。其中，美国已基本实现建筑垃圾“零排放”要求，日本及英国建筑垃圾利用率也已经超过 90%[2]。整个欧洲对建筑垃圾再生资源化利用技术、法律法规和政策都十分重视，综合资源转换率均为

80% 以上[3～5]。

相较于西方发达国家，中国城市建筑垃圾如盾构渣土等资源化利用低。虽然自20世纪开始，中国逐步重视建筑资源化利用技术的发展，相继发布一系列法律、法规及技术标准规范， 中国建筑垃圾资源化利用水平得到较快发展。但在城市轨道交通建设领域，盾构施工所产生的渣土，一般采用弃渣的方式处理，部分城市年均渣土产出量与主要处置方式如表 49-1 所示。

表 49-1 部分城市年均渣土产出量与主要处置方式

城市	近期年均渣土量 / 立方米	主要处置方式
深圳	9000 万	外运、回填基坑、洼地、露天堆放
上海	5000 万	外运、滩涂圈围、低洼回填、临时堆放
武汉	2100 万	企业自行处置、矿坑回填、低洼回填
杭州	8000 万	水路外运、低洼回填
太原	2000 万～ 3500 万	填埋

根据统计结果分析，当前城市轨道交通盾构渣土存在处置能力差、管理水平弱、资源化利用水平低等问题，包括多异地处置（一线城市渣土外运占 80% 以上，污染环境、运输成本高）；方式较初级（低洼填埋规模消纳量最大，可持续性较差、受水源、生态等限制）等。

因此，对盾构工程渣土处理及环保资源化处置研究就显得尤为必要和迫切，对相关技术研究可以有效处置盾构渣土，促进生态文明建设，对于轨道交通建设的绿色低碳可持续发展有十分重要的意义[6]。

二、盾构渣土资源化利用基本思路

经过相关研究，轨道交通建设资源化利用存在一些好的做法，比如盾构施工采用泥水分离的方式，让水循环利用，分离出来的泥饼可以做黏土球等其他用途；将岩石切割出来作为石材；隧道砂石料开挖筛分后用于工程施工；将盾构渣土处理后作为吹填材料利用在吹填工程中；淤泥质粉质黏土地层盾构掘进产生的渣土制成免烧空心砖，等等[7]。

而实现渣土类废弃物的高效再利用，并形成渣土类废弃物工程再利用产业链，需要在整个行业尽快形成一个渣土资源化利用的产业体系，具体研究思路如图 49-1 所示。

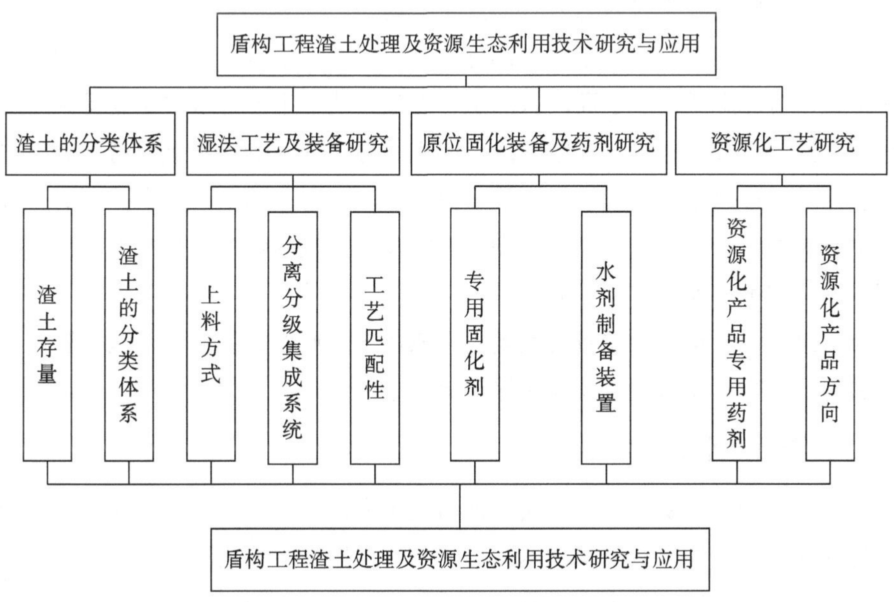

图 49-1　渣土资源化利用基本思路图

三、盾构渣土特性分析及资源化评估设计

盾构渣土呈塑性流动状态且含有泡沫剂，其特性不仅受到其原土层、盾构渣土本身，更受到盾构施工工艺影响[8]。盾构渣土由盾构机切削原始岩土层形成，其多为细小颗粒，含水率较高，按性状差异可分为土压平衡盾构渣土和泥水平衡盾构渣土，两者的区别表现在含水状态的不同。土压平衡盾构渣土的固含率介于 70% ～ 90%，具有弱流动性并呈膏状，而泥水平衡盾构渣土的固含率为 20% ～ 40%，呈泥浆状态[9]。

（一）特性分析

表观密度：从理论上来说，盾构渣土表观密度受组成矿物成分、孔隙比与饱和度等因素影响，其中矿物成分与饱和度与原土层差别不大，而渣土孔隙比由于土体天然结构刀盘切削破坏，形成松散的土石混合物，孔隙比剧烈增加，其具体值主要取决于渣土的颗粒级配和碎石形状，尤其是针片状含量。因此，盾构渣土颗粒级配和形状既包括原始岩体结构、硬度等天然因素的影响，也包括盾构机刀盘形状、间距以及施工参数等人为因素的影响。

含水率：盾构渣土中的水，一部分来源于原始地下水，更多地则来源于盾构机掘进时以泡沫形式向掌子面注入的水。而最终渣土中的含水率主要受到岩层风化程度、渣土的颗粒级配、黏粒含量和矿物成分等的影响：粗颗粒渣土吸附水的能力弱，并且难以形成毛细管道，导致渣土中能够赋存的水分较少；而对于含黏土矿物较多的渣土，一方面黏土矿物表面能吸附大量的水分，另一方面细粒结构之间的微孔隙可以保留大量水分。

颗粒级配：盾构渣土的颗粒级配主要取决于其原始地层特性，包括岩体结构与构造特征、岩石软岩程度和风化程度等。

（二）资源化评估设计

盾构渣土特性取决于原有地层特性与施工方法，但是由于缺乏完善的理论指导与技术支撑，再加上效率和成本因素，导致土压平衡盾构渣土资源化利用率非常低。因此，应根据渣土类废弃物来源、理化性状以及应用场景，在勘察设计阶段进行资源化评价与设计，建立渣土类废弃物工程再利用体系，探索和创新研究以渣土类废弃物为主的资源化利用新路径。具体研究思路如图 49-2 所示。

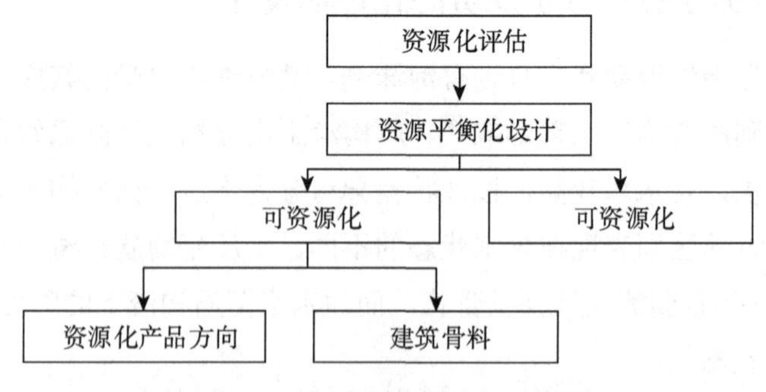

图 49-2　渣土资源化评估设计思路图

四、盾构渣土处置工艺

区别于现有的一种湿法分离工艺应对所有泥性的解决方案。本方案针对不同泥性，综合考虑投入产出比，提出原位固化及湿法两种工艺，为渣土处理及资源化提供优选方案；同时，针对不同地区地层特性，对现有湿法分级分离设备进行升级优化，实现砂石骨料和其他大块杂质与泥浆的高效分离，为再利用产业化提供支撑；最终，综合优化工艺、装备、材料三方面的设计，制备出固化效果稳定、强度高、耐久性好的固化体拌和物，有利于进一步制备再利用资源化产品，实现渣土再利用的产业化。

（一）湿法工艺及装备

土压平衡盾构机穿越地层地质含砂量≥ 60% 掘进区间，建议采用湿法分离分选工艺，该工艺采用湿法分离，盾构渣土通过格栅分离出粗粒渣料，经由洗砂工艺，最终分级为粗粒砂；剩余盾构渣土经由入料稀释预处理系统以及多级旋流筛分系统，进行进一步筛分分析，形成一级、二级渣料，经过洗沙系统，最终将渣土分级为≥ 20mm，4.75 ～ 20mm，74μm ～ 4.75mm 和 74μm 以下颗粒；渣土剩余部分通过异位固化处理系统，将渣土预料制成泥饼，作为资源化利用的母料，用于回填土、园林用途以及制作免烧砖，工艺设备如图 49-3 所示。

图 49-3　湿法工艺及装备

其工艺重点内容包括：上料消泡系统、多级旋流筛分系统、尾浆干化系统、尾水处理系统、以异位固化处理等。完整工艺流程如图 49-4 所示。

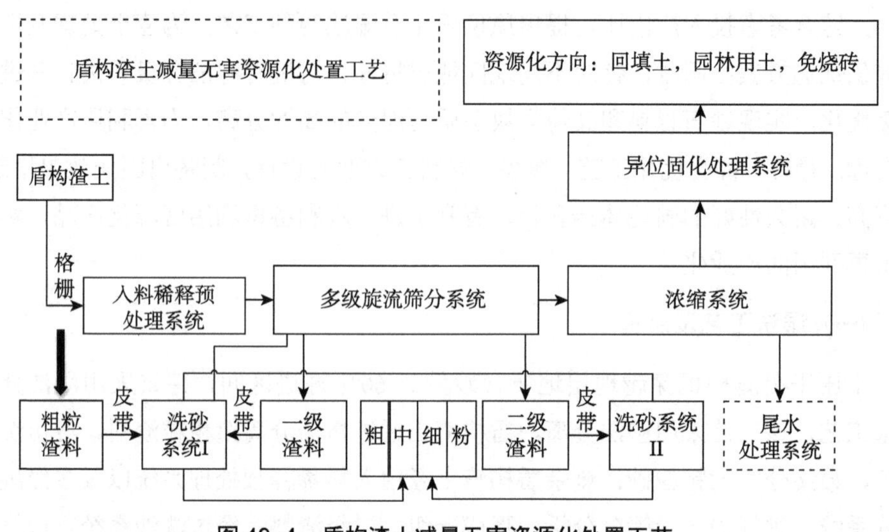

图 49-4　盾构渣土减量无害资源化处置工艺

（二）原位固化装备及药剂研究

针对穿越地层地质含砂量≤ 60% 掘进区间，推荐采用原位固化处置工艺[10]。

（1）调理剂水剂制备装备。

针对现场作业环境，由粉剂改为水剂制备，采用水剂装备及输送装置。

（2）盾构渣土安全处理配套调理剂。

在污水处理厂污泥固化调理剂、河湖底泥固化调理剂研发的基础上，根据渣土的特性和资源化利用方向，针对渣土中残留发泡剂、消泡剂的不利影响，以"复合矿物设计 + 化学激发 + 颗粒表面改性"为主体思路，改进现有调理剂配方、调理剂形态，从而研发出针对地铁工程渣土的高效、低成本环保型固化调理剂系列产品。

（三）资源化工艺研究

通过固化稳定化调理剂和固化稳定化系统，可高效地配合实现泥质颗粒的改性处理，使其透水透气性增强，机械强度增加，从而降低其含水率，增加其力学强度。经过处理后泥质颗粒的承载能力（CBR）≥ 3%，最大干密度下的压实度≥ 90%。产品符合 JTG 30—2004《公路路基设计规范》、GB 50268—2008《给水排水管道工程施工及验收规范》等标准中对回填土的技术要求。可替代天然土用于路基回填、沟槽回填、建筑回填等。

五、应用案例及价值分析

本技术工艺前期在深圳、长沙、杭州做过大量的中试试验工作，已经申请多项专利和行业专家鉴定报告，市场推广前景巨大。

（1）深圳地铁。

深圳地铁13号线科韵路站，土压盾构渣土含水率54%，含砂量≥70%，采用湿法工艺，将渣土分级为≥20mm，4.75mm～20mm，74μm～4.75mm和74μm以下颗粒，符合GB/T 14684—2011《建设用砂》标准。同时，通过湿法工艺分级出颗粒之后，剩余渣土可制作成泥饼，泥饼可作为资源化产品的母料。

（2）福州地铁。

福州地铁2号线3标段的盾构渣土，含水率45.6%～58.3%，含砂量≤40%，塑限25.28%，液限56.91%，有机物含量7.2%～9.8%，采用原位固化工艺，通过作业单元划分、原位固化施工、破碎筛分养护形成松散土质实现渣土的固化，最终将该渣土制备为回填用土，用于地铁的顶班回填以及路基回填。

六、市场应用价值分析

目前盾构渣土“零排放”无害化处理成本偏高，制约了技术的推广应用[2]。一方面优化处理工艺，提升处理效率，降低处理成本，是渣土无害化处理技术持续研究的方向；另一方面创新盾构渣土综合处置及资源利用商业模式，也是最终实现渣土无害化、资源化处置的必经之路。

（1）商业模式。

城市轨道交通盾构渣土综合处理及资源利用商业模式可采用“公司＋政府”共同开发的模式。根据各类城市固废的收运处置费用，建立不同城市固废的收费标准，由政府将相应费用支付给固废综合处置中心，通过费用再分配的方式，由综合处置中心支付城市固废收运企业的收运费用，监管城市固废的收运过程。

（2）盈利的来源。

协助政府建立合理的城市轨道交通渣土收付费机制，通过固废综合处置中心向城市固废收运企业统一付费，监管城市固废的收运过程，解决城市固体废弃物出路；通过技术的提升和工艺流程的完善，保证产品质量，获取销售利润；解决城市环境治理问题，获得政府补贴。

七、结论

盾构渣土综合处置和资源化利用，在建设期能大幅度提升绿色低碳水平，在环境保护、绿色发展等方面具有重要意义。本文在相关研究的基础上，对盾构渣土综合处置与资源化利用工艺及商业化模式方面做了一些探讨。

（1）聚焦减量，突出就近利用。针对渣土特性、来源，建立分类体系，减小“时空”影响，为渣土的处理和再利用提供依据。

（2）因泥施策，提升工艺水平。针对不同地区地层特性，综合优化工艺、装备、材料三方面的设计，提高湿法工艺、原位固化剂资源化工艺技术水平，从而制备优质再利用产品。

（3）探索商业新模式，规模化发展。创新盾构渣土综合处置及资源利用商业模式，形成政府与企业共同开发的模式，政府提供管理机制与政策支持，企业进行技术革新，从而促进盾构渣土处置产业化发展。

参考文献

[1] 陈观连 . 地铁盾构渣土合理化处置探讨 [J]. 中外建筑 , 2019(1): 206-207.

[2] 郭卫社 , 王百泉 , 李沿宗 . 盾构渣土无害化处理、资源化利用现状与展望 [J]. 隧道建设（中英文）, 2020, 40(8): 1101-1112.

[3] 张守城 , 王巧稚 . 英国建筑垃圾管理模式研究 [J]. 再生资源与循环经济 , 2017, 10(12): 38-41.

[4] 蒲云辉 , 唐嘉陵 . 日本建筑垃圾资源化对我国的启示 [J]. 施工技术 , 2012, 41(21): 43-45.

[5] 王秋菲 , 王盛楠 , 李学峰 . 国内外建筑废弃物循环利用政策比较分析 [J]. 建筑经济 , 2015, 36(6): 95-99.

[6] 郭卫社 , 王百泉 , 李沿宗 , 莫松 . 盾构渣土无害化处理、资源化利用现状与展望 [J]. 隧道建设（中英文）, 2020, 40(8): 1101-1112.

[7] 王树英 , 占永杰 , 杨秀竹 , 付循伟 , 令凡琳 . 淤泥质粉质黏土地层盾构渣土免烧空心砖固化机理与质量评价 [J]. 北京工业大学学报 , 2021, 47(7): 710-718.

[8] 阳栋 , 谭立新 , 李水生 . 土压平衡盾构渣土物理特性分析与资源化利用 [J]. 工程

勘察，2019, 47(11): 17-22+34.

[9] 张书经，阳栋，谭立新，李水生，丁燕怀，罗正东，许福．盾构渣土的含水率特征及脱水技术研究 [J]. 中国水土保持，2019(8): 37-42.

[10] 潘振兴，梁博，杨更社，魏尧，李祖勇．地铁盾构穿越富水砾砂地层渣土改良试验研究 [J]. 地下空间与工程学报，2021, 17(3): 698-705+711.

五十　关于提升城市轨道交通站后折返效率措施研究

闻千

摘要：我国是城市轨道交通大国，提升折返能力可提升我国轨道交通运营的社会和经济效益。折返能力作为轨道交通规划设计、运营实践的重要技术指标和设计参数，是轨道交通建设和运营阶段关注的重点。本文基于折返能力理论计算，在梳理折返能力影响因素基础上，采用将某一个影响因素作为变量，其他因素作为定量，逐个对影响因素进行计算分析、总结，梳理出不同变量取值与折返能力间的定量关系。在总结、分析的基础上，结合工程实际情况，梳理出提高折返能力六个重要措施：更换大号道岔、提高列车进站和进 / 出折返线加减速度、压缩停站时间取值、站台范围内实现列车追踪运行、进路分段解锁、折返道岔与站台端部距离增加 50m 等。结合运营和工程建设实际情况，将此六个措施归为三类：管理层面措施、设备层面措施和土建层面措施，并提出结合线路工程具体情况有针对性地选择折返能力提升措施。

关键词：折返能力；进路分段解锁；列车长度

我国是城市轨道交通建设、运营大国，北京、上海、广州、深圳等超大城市已经进入网络化运营时代，日均客运量达到千万人次。城市化进程支撑了城市空间结构的拓展，也诱发了大量的通勤交通出行需求。城市轨道交通在解决通勤出行方面发挥着不可替代的骨干作用，这对轨道交通运输能力提出了更高的要求。

当前轨道交通运输能力进一步提升主要受制于终点站的折返能力，提高折返能力可有效提高整条线路的运输能力，发挥更大社会和经济效益。特别是以北京为代表的超大型城市，在上一期建设规划中提出采用 A 型车 8 辆编组，随着列车长度的增加，折返能力呈下降趋势，只有提高折返能力才能充分发挥大编组的运营效率；针对既有采用 B 型车 6 辆编组的系统而言，提高终点站的折返效率，进一步提高运输能力，既能够充分发挥线路运行效率，缓解线路运能供需矛盾，又可在网络化运营层面，缓解不同编组线路换乘衔接压力，提升网络化运营通达性，进而充分发挥轨道交通的经济和社会效益。

对于其他新建轨道交通线路的城市，提高折返效率，则利于减小列车编组，减小轨道交通建设规模和投资规模，更有利于轨道交通建设的可持续发展。故提升折返效率对轨道交通规划、运营、建设和可持续发展均具有重要的社会和经济意义。为此，笔者以我国各城市常见的岛式站台站后折返为基础，探讨研究提升城市轨道交通终点站折返效率的相关措施和方法。

一、折返能力理论体系

（一）典型站后折返配线形式

终点站折返配线形式多种多样，不同城市、不同工程在折返形式选取上也存在差异性。但岛式站台因其利于站台客流组织，折返作业无进路冲突，且折返效率较高，得到国内各城市轨道交通建设、运营主体的普遍应用，如图 50-1 所示，是当前各城市轨道交通终点站折返的首选配线形式。故本文以岛式站台、站后折返为例开展折返效率提升的相关研究工作。

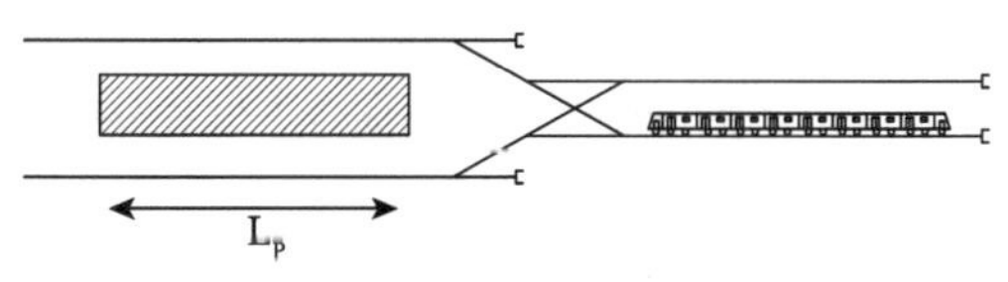

图 50-1　站后折返配线示意图

（二）折返能力计算理论体系建立

针对提升折返效率的研究，依托折返能力理论计算分析，在此理论研究基础上，结合运营实际情况考虑必要的运营裕量后，合理确定运营实际能够达到的折返能力。折返能力理论研究将列车终点站折返分为三个作业过程进行研究，即接车作业过程、折返线折返作业过程和发车作业过程。此三个作业过程中，占用时间最长的作业过程为站后折返的折返时间间隔值，其对应的能力为折返能力。折返时间间隔越大，折返能力和效率越低，反之则越高。站后折返作业过程如如图 50-2 所示。站后折返道岔可采用 9 号道岔和 12 号道岔。

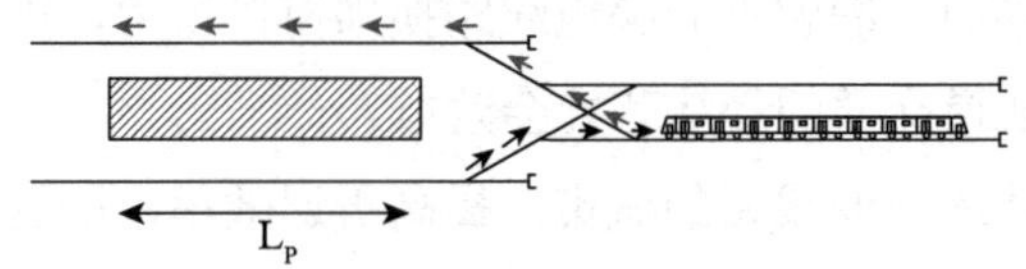

图 50-2 站后折返作业过程示意图

1. 折返能力理论计算公式

$$N_{折返能力} = 3600 / T_{折返时间间隔}$$

$$T_{折返时间间隔} = \max\left\{T_{接车作业}, T_{折返作业}, T_{发车作业}\right\}$$

式中 $T_{折返时间间隔}$——终点折返站的折返间隔；

$T_{接车作业}$——终点站站台的接车作业时间间隔；

$T_{折返作业}$——终点站站后折返线的折返作业时间间隔；

$T_{发车作业}$——终点站出发站台的发车作业时间间隔。

2. 折返能力作业过程占用时间

$$T_{接车作业} = T_{进站时间} + T_{停站时间} + T_{进折返线时间}$$

$$T_{折返作业} = T_{进折返线时间} + T_{换向时间} + T_{出折返线时间}$$

$$T_{发车作业} = T_{出折返线时间} + T_{停站时间} + T_{出站时间}$$

式中 $T_{进站时间}$——前车离开站台上折返线运行，至后续列车进站停车间的最小时间间隔；

$T_{停站时间}$——进站（出站）列车在站台停留时间取值；

$T_{进折返线时间}$——列车由站台启动至在折返线制动停车的时间；

$T_{换向时间}$——列车在折返线转换驾驶室和方向的时间；

$T_{出折返线时间}$——列车由折返线启动至另一方向站台制动停车的时间；

$T_{出站时间}$——列车由站台启动至尾部离开站台后防护距离（一般取值 50m）的时间。

3. 折返能力取值

理论上，折返作业时间间隔为$T_{接车作业}$、$T_{折返作业}$、$T_{发车作业}$三者中的最大值。但根据轨道交通运营实践和多个项目折返能力理论计算成果分析得出，终点站的折返能力主要受制于终点站的接车能力，即$T_{接车作业}$在三者中为最大值，$T_{折返时间间隔}=T_{接车作业}$，故提升折返能力的关键是提高终点车站的接车能力。终点站折返能力为：

$$N_{折返能力}=3600/T_{接车作业}$$

$$N_{折返能力}=3600/（T_{进站时间}+T_{停站时间}+T_{进折返线时间}）$$

4. 提升折返能力方向判定

基于折返能力计算公式，提高折返能力需从尽可能减小$T_{进站时间}$、$T_{停站时间}$、$T_{进折返线时间}$三个参数的取值。下面笔者从尽可能减小上述三个参数的取值入手，分析研究提升折返能力的相关措施。

（三）影响折返能力的相关参数

基于上述理论体系，折返能力理论计算参数取值主要涉及较为关键的五个参数，即列车长度、最高运行速度、加减速度、停站时间和道岔选型（道岔长度和侧向限制速度）。

1. 列车长度参数

当前，国内轨道交通车辆选型主要有 A 和 B 型车，两种车型车体宽度相差 20cm，车体宽度对折返能力影响较小，可以忽略不计。列车长度是影响折返能力的主要因素。故笔者结合当前国内城市轨道交通工程建设可能采用的编组形式，按照列车长度递增规律研究其与折返能力的关系。即列车长度由 80m，以 20m 的步长递增至 186m（递增至 8 辆 A 型车编组时，列车长度为 186m），涉及的列车编组主要有 B 型车 4 辆编组（80m）、B 型车 5 辆编组（100m）、B 型车 6 辆编组（120m）、A 型车 6 辆编组（140m）、B 型车 8 辆编组（160m）、A 型车 8 辆编组（186m）。

2. 速度等级参数

根据公式：$T_{接车作业}=T_{进站时间}+T_{停站时间}+T_{进折返线时间}$，列车速度等级越高，进站距离（体现在时间上越大）越长，随着列车最高运行速度的提高，折返能力呈现降低趋势。笔者选用当前国内轨道交通建设最为常用的三个速度等级，即80km/h、100km/h、120km/h，研究最高速度与折返能力的关系。

3. 加/减速度参数

在A、B型车前提下，不同编组列车加减速性能略有差异，但差异不大。诸如：以最高运行速度80km/h列车为例，0～40km/h时，加速度为1.0m/s²，0～80km/h时，加速度为0.5m/s²；制动减速度可达到1.0m/s²；以最高运行速度120km/h列车为例，0～50km/h时，加速度为1.0m/s²，0～120km/h时，加速度为0.45m/s²；制动减速度同样为1.0m/s²。

鉴于终点站列车进出折返线列车能够达到的运行速度主要受制于道岔的侧向通过速度（9号道岔侧向限制速度为35km/h，12号道岔侧向限制速度为50km/h）和站台端部至折返线停车位置之间的距离。列车进出折返线为低速运行，加、减速度取值理论上最大可达到1.0m/s²，但考虑必要的行车裕量后，加减速度最大取值一般不超过0.9m/s²。

鉴于当前国内部分线路在运营实践中，列车加/减速度取值偏低，甚至达到0.5m/s²，大大降低了折返效率。为此，笔者为验证列车加/减速度取值对折返能力的影响程度，加/减速度参数取值分别0.5m/s²、0.6m/s²、0.7m/s²、0.8m/s²、0.9m/s²。

4. 停站时间参数

停站时间对折返能力的影响较大，且呈现线性关系，即当车站停站时间取值30s时，较停站时间取值35s相比，折返时间间隔可缩短5s。由于停站时间与折返能力间的关系比较简单，本研究中直接将停站时间取值35s，不做深入研究。

5. 折返道岔选型

站后折返道岔选型对折返能力也会产生影响，9号道岔侧向通过速度低，但道岔结构长度较短；12号道岔侧向通过速度较高，但道岔结构长度较长，不同的道岔选型对折返能力影响不同。本研究选取9号和12号两种道岔，就道岔选型与折返能力的相互关系进行研究。

6. 折法能力计算参数汇总表

将上述五个关键参数取值进行汇总如表50-1所示。

表 50-1　折返能力计算分析主要参数取值表

1	列车长度 80m+20*N（N=1,2,3,4,5）	4B（80m）、5B（100m）、6B（120m）、6A（140m）、8B（160m）、8A（186m）
2	不同速度等级	80km/h、100km/h、120km/h
3	加 / 减速度	0.5m/s²、0.6m/s²、.7m/s²、0.8m/s²、0.9m/s²
4	停站时间	30s
5	道岔选型	9 号道岔：侧向通过速度 35km/h 12 号道岔：侧向通过速度 50km/h

二、站后折返能力计算及分析

（一）加大折返线道岔型号下的折返能力计算及分析

基于折返能力理论体系及其计算公式，将列车长度作为变量，其他参数作为定量，计算不同列车长度下，折返道岔分别采用 9 号道岔和 12 号道岔时的折返能力，分析调整道岔型号对折返能力的影响。

1. 定量参数取值

（1）列车最高运行速度 Vmax 取值 80km/h；

（2）加 / 减速度取值 $0.8m/s^2$（考虑车厢站席舒适度，加 / 减速度取值控制在 $0.8m/s^2$）

（3）停站时间取值 30s；

（4）道岔分别采用 9 号道岔和 12 号道岔。

2. 计算结果及分析（表50–2、图50–3）

表 50-2　不同列车长度下折返能力计算

列车编组及长度	道岔选型	$T_{接车作业}$			$T_{折返间隔}=T_{接车作业}$	$N_{折返能力}$
		$T_{进站时间}$	$T_{停站时间}$	$T_{进折返线时间}$		
4B/80m	9 号岔	34	30	37	101	35.6
	12 号岔	34	30	36	100	36.0
5B/100m	9 号岔	35	30	40	105	34.3
	12 号岔	35	30	38	103	35.0

续表

列车编组及长度	道岔选型	$T_{接车作业}$			$T_{折返间隔}=T_{接车作业}$	$N_{折返能力}$
		$T_{进站时间}$	$T_{停站时间}$	$T_{进折返线时间}$		
6B/120m	9 号岔	36	30	43	109	33.0
	12 号岔	36	30	39	105	34.3
6A/140m	9 号岔	37	30	45	112	32.1
	12 号岔	37	30	41	108	33.3
8B/160m	9 号岔	38	30	48	116	31.0
	12 号岔	38	30	43	111	32.4
8A/186m	9 号岔	39	30	51	120	30.0
	12 号岔	39	30	45	114	31.6

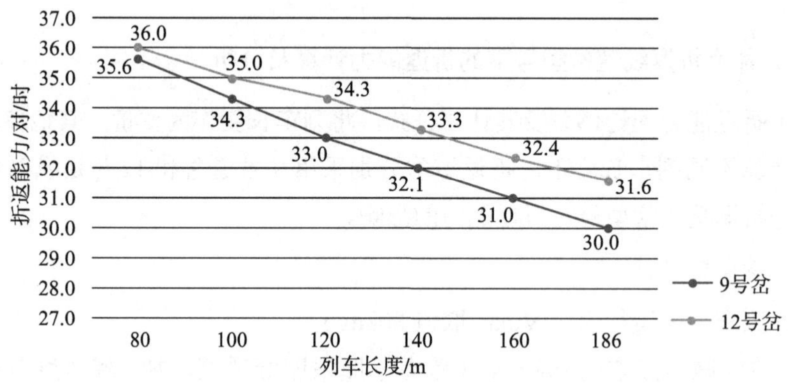

图 50-3 列车不同长度与折返能力关系

通过图 50-3 分析，可知：

（1）随着列车长度的增加，站后折返取值 9 号道岔和 12 号道岔，其折返能力均随着列车长度增加而呈降低取值。通过计算结果分析判断，列车长度每加长 20m，折返能力降低约 1 对 / 时，降幅约为 3%。

（2）基于理论计算与运营实际之间应留出约 10% 的裕量，列车长度为 120m 时，采用 9 号道岔的站后折返可实现 30 对 / 时的折返能力，裕量为（33.0 对 / 时～30 对 / 时）/30 对 / 时 =10%；当列车长度达到 140m（A 型车 6 辆编组）时，裕量不足 7%，采用 9 号道岔的站后折返线，实现折返能力 30 对 / 时的运营压力较大。当列车长度达到 160m 或 186m 时，折返道岔应采用 12 号道岔。

（3）当列车长度小于 120m 时，通过加大折返道岔号数（由 9 号道岔调整为

12 号道岔），对折返能力提升效果有限（当列车长度为 100m 时，折返道岔采用 12 号岔，较 9 号岔折返能力提高 0.7 对 / 时，提高服务不足 2.5%），毕竟采用 12 号道岔相对于 9 号道岔，折返线土建工程增加约 40m，工程代价较大。

（二）采用不同加/减速度下的折返能力计算及分析

鉴于部分城市轨道交通线路运营实践中，列车加 / 减速度偏低，一定程度上也影响到终点站折返能力，特别是运输能力压力较大的线路，更应该重视通过适当提高加 / 减速度来提高终点站折返能力。下面对加 / 减速度取值与折返能力间的关系进行研究。

基于折返能力理论体系及其计算公式，将列车进站、进折返的加 / 减速度值作为变量，其他参数作为定量，分析列车长度与折返能力间的关系。

1. 定量参数取值

（1）列车最高运行速度 Vmax 取值 80km/h；

（2）列车长度取值 120m(以应用最为广泛的 B 型车 6 辆编组为例)；

（3）停站时间取值 30s；

（4）折返道岔分别采用 9 号道岔和 12 号道岔。

2. 计算结果及分析（表50-3、图50-4）

表 50-3　不同列车长度下折返能力计算

加速度 /（m/s²）	道岔选型	$T_{接车作业}$			$T_{折返间隔}=T_{接车作业}$	$N_{折返能力}$
		$T_{进站时间}$	$T_{停站时间}$	$T_{进折返线时间}$		
0.5	9 号岔	53	30	49	132	27.3
	12 号岔	53	30	48	131	27.5
0.6	9 号岔	45	30	46	121	29.8
	12 号岔	45	30	45	120	30.0
0.7	9 号岔	40	30	45	115	31.3
	12 号岔	40	30	42	112	32.1
0.8	9 号岔	36	30	43	109	33.0
	12 号岔	36	30	39	105	34.3
0.9	9 号岔	33	30	42	105	34.3
	12 号岔	33	30	38	101	35.6

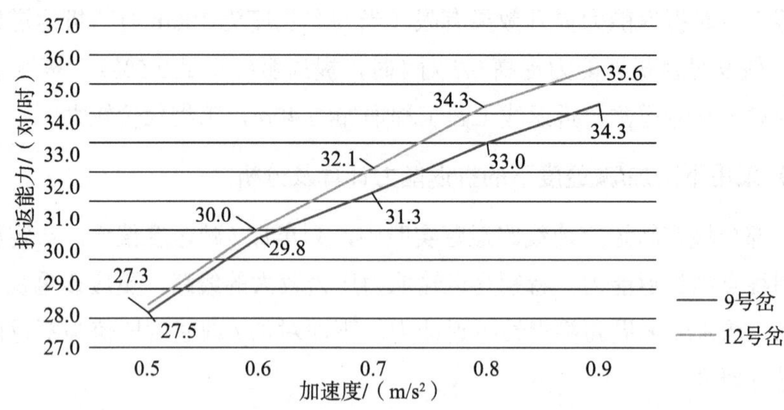

图 50-4　不同加 / 减速度取值与折返能力关系

通过图 50-4 分析，可知：

（1）以 6 型车 6 辆编组，列车长度 120m 为例。随着列车进站、进折返线加 / 减速度增大，折返能力呈现增大趋势。如将列车进站、进折返线加 / 减速度由 0.5m/s²，增加至 0.8m/s²（载客列车乘客可接受的加减速度值），在采用折返道岔 9 号道岔情况下，折返能力由 27.5 对 / 时提升至 33.0 对 / 时，提升值达 5.5 对 / 时，提升幅度达 20.0%，增长幅度非常可观。由此可见，适当增加列车进站、进出折返线的加 / 减速度值，对提升折返能力非常有效。

（2）当加速度较低时（如列车加 / 减速度取值 0.5m/s²），折返道岔由 9 号道岔增大至 12 号道岔，土建规模增大不少，但折返能力却并未得到提升。只有在采用较高的加 / 减速度前提下，采用更大号道岔（如 12 号道岔）的优势才能体现出来。

（3）当列车进站、进出折返线的加 / 减速度值取值 0.8m/s² 时，折返道岔采用 12 号岔的折返能力为 34.3 对 / 时，而折返道岔采用 9 号道岔时的折返能力为 33.0 对 / 时，提升 1.3 对 / 时，提升幅度为 3.9%；相对于提高加速度而言，更换更大型号道岔对折返能力提升的效率是偏低的。

（三）缩短折返站停站时间下的折返能力计算及分析

城市轨道交通列车在车站的停站时间由开关门时间、乘降时间和附加时间组成。乘降时间与车站客流乘降量相关；开关门时间主要受制于设备动作时间；附加时间取值则与运营单位的管理模式和规章制度相关。对于终点折返站而言，合理控制停站时间，对提高折返能力是非常有效的。下面对折返站停站时间取值与折返能力的关系进行研究。

基于折返能力理论体系及其计算公式，将列车在折返站的停站时间取值作为变量，其他参数作为定量，分析停站时间取值与折返能力间的关系。

1. 定量参数取值

（1）列车最高运行速度 Vmax 取值 80km/h；

（2）加 / 减速度取值 $0.8m/s^2$（考虑车厢站席舒适度，加 / 减速度取值控制在 $0.8m/s^2$）；

（3）列车长度取值 120m（以应用最为广泛的 B 型车 6 辆编组为例）

（4）折返道岔分别采用 9 号道岔和 12 号道岔。

2. 计算结果及分析（表50-4、图50-5）

表 50-4　折返站不同停站时间取值下折返能力计算

道岔选型	$T_{接车作业}$			$T_{折返间隔}=T_{接车作业}$	$N_{折返能力}$
	$T_{进站时间}$	$T_{停站时间}$	$T_{进折返线时间}$		
9 号岔	36	25	43	104	34.6
12 号岔	36	25	39	100	36.0
9 号岔	36	30	43	109	33.0
12 号岔	36	30	39	105	34.3
9 号岔	36	35	43	114	31.6
12 号岔	36	35	39	110	32.7
9 号岔	36	40	43	119	30.3
12 号岔	36	40	39	115	31.3
9 号岔	36	45	43	124	29.0
12 号岔	36	45	39	120	30.0

通过图 50-5 分析，可知：

（1）随着折返站停站时间的增加，折返能力基本呈现线性下降趋势。如将终点折返站的停站时间由 25s，调整至 40s，在折返道岔采用 9 号岔情况下，折返能力由 34.6 对 / 时降低至 30.3 对 / 时，降低 4.3 对 / 时，增幅达到 12.4%，停站时间增加，对折返能力的影响较大。故对于折返站而言，控制停站时间，对于提升折返能力是非常有效的。

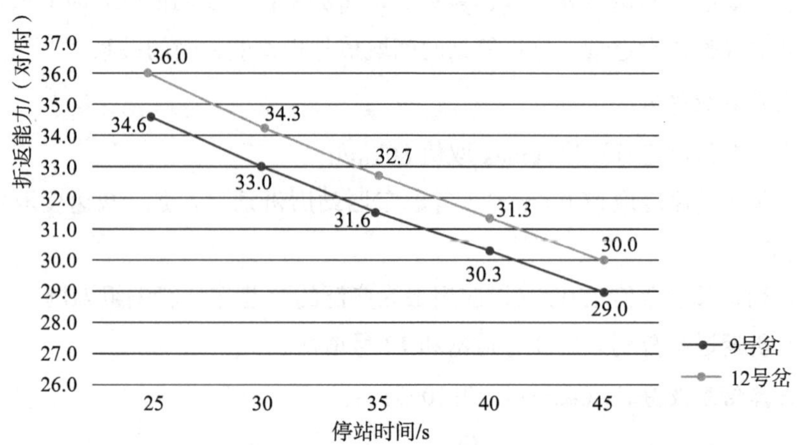

图 50-5　折返站不同停站时间取值与折返能力关系

2）针对采用不同折返道岔，即 9 号道岔或 12 号道岔，停站时间对折返能力的影响程度相当。

（四）站台范围内实现追踪行车条件下的折返能力计算及分析

当前，我国城市轨道交通信号系统主要采用基于无线通信的移动闭塞系统（CBTC），大大提高了列车运行效率。但就车站站台范围内，接车作业往往采用前车出发离开站台后，方才开放后方进站列车的进站进路，列车运行目标点为车站停车端（停车标位置）。此行车方式造成站台范围的行车利用效率降低。对于折返站而言，会直接影响到折返效率。通过采用站台范围内追踪行车方式，可有效提高折返能力。所谓站台范围内追踪行车，是指后方进站列车以前方列车尾端为列车追踪运行目标点，可大大提高折返站进站方向的接车能力。

基于折返能力理论体系及其计算公式，将列车长度作为变量，其他参数作为定量，计算分析采用站内追踪行车方式和不采用站内追踪行车方式下，不同列车编组长度条件下的折返能力提升效果。

1. 参数取值

（1）列车最高运行速度 Vmax 取值 80km/h；

（2）加 / 减速度取值 0.8m/s²（考虑车厢站席舒适度，加 / 减速度取值控制在 0.8m/s²）；

3）停站时间取值 30s；

4）折返道岔采用 9 号道岔。

2. 计算结果及分析（表50–5、图50–6）

表 50–5　折返站采用站内追踪行车与不采用站内追踪行车条件下的折返能力计算

列车编组及长度		$T_{接车作业}$			$T_{折返间隔}=T_{接车作业}$	$N_{折返能力}$
		$T_{进站时间}$	$T_{停站时间}$	$T_{进折返线时间}$		
4B/80m	不采用站内追踪行车	34	30	37	101	35.6
	采用站内追踪行车	30	30	37	97	37.1
5B/100m	不采用站内追踪行车	35	30	40	105	34.3
	采用站内追踪行车	30	30	40	100	36.0
6B/120m	不采用站内追踪行车	36	30	43	109	33.0
	采用站内追踪行车	30	30	43	103	35.0
6A/140m	不采用站内追踪行车	37	30	45	112	32.1
	采用站内追踪行车	30	30	45	105	34.3
8B/160m	不采用站内追踪行车	38	30	48	116	31.0
	采用站内追踪行车	30	30	48	108	33.3
8A/186m	不采用站内追踪行车	39	30	51	120	30.0
	采用站内追踪行车	30	30	51	111	32.4

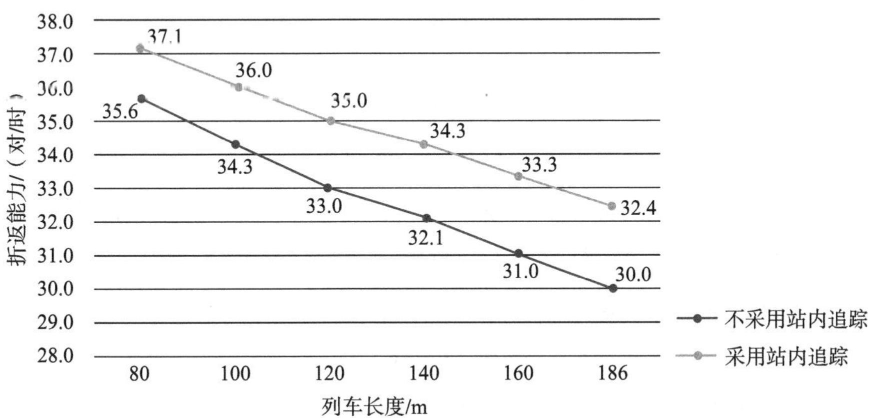

图 50–6　折返站采用站内追踪行车与不采用站内追踪行车条件下的折返能力对照示意图

通过图 50-6 分析，可知：

（1）随着列车长度增加，不管采用站内追踪行车方式与否，折返能力呈现下降趋势；

（2）采用站台追踪行车方式较不采用站台追踪行车方式，对折返能力的提升均在 2.5 对 / 时左右，提升值与列车长度关系不大；

（3）当采用站内追踪行车方式时，理论计算上可以判断列车长度超过 160m 时，折返能力接近实现 2min 折返间隔目标的可能性（考虑扣除 10% 的运营裕量后）；反之，不采用站内追踪行车方式，则基本不具备实现 2min 折返间隔的条件。这也正是香港地铁在采用 8 辆 A 型车编组条件下，由于采用站内追踪行车，并配合增大终点站折返道岔（采用 14 号道岔），终点站实现 115s 折返间隔的重要原因。

（五）列车进折返线采用进路分段解锁条件下的折返能力计算及分析

当前，国内城市轨道交通线路折返站站后折返，主要采用列车进折返线停车后，再开放后方列车进站进路的方式，大大降低了车站的接车能力。所谓列车进折返线采用进路分段解锁，是指折返列车由站台驶入折返线时，当列车尾部通过“侵限计轴”后，即可办理后续进站列车的进站进路，大大提高站台的接车能力，进而提高折返能力。“侵限计轴”设置位置，如图 50-7 所示。

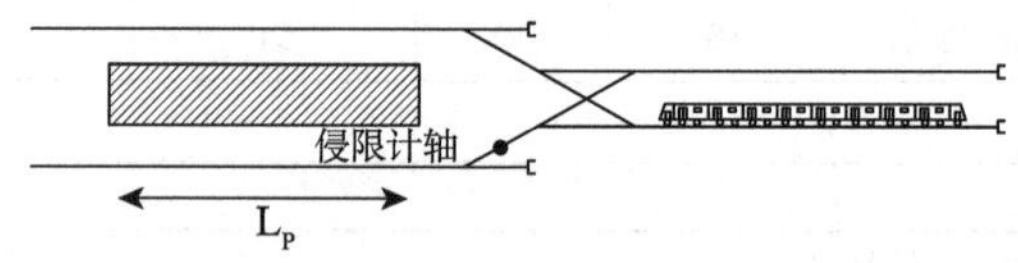

图 50-7 站后折返“侵限计轴”设置位置示意图

基于折返能力理论体系及其计算公式，将列车长度作为变量，其他参数作为定量，计算分析采用进路分段解锁技术和不采用进路分段解锁技术条件下，不同列车编组长度条件下对折返能力的提升效果。

1. 定量参数取值

（1）列车最高运行速度 V_{max} 取值 80km/h；

（2）加 / 减速度取值 0.8m/s²（考虑车厢站席舒适度，加 / 减速度取值控制在 0.8m/s²）；

（3）停站时间取值 30s；

（4）折返道岔采用 9 号道岔。

2. 计算结果及分析（表50-6、图50-8）

表 50-6　折返站采用进路分段解锁技术与不采用进路分段解锁技术条件下的折返能力计算

列车编组及长度		$T_{接车作业}$			$T_{折返间隔}=T_{接车作业}$	$N_{折返能力}$
		$T_{进站时间}$	$T_{停站时间}$	$T_{进折返线时间}$		
4B/80m	不采用进路分段解锁	34	30	37	101	35.6
	采用进路分段解锁	34	30	23	87	41.4
5B/100m	不采用进路分段解锁	35	30	40	105	34.3
	采用进路分段解锁	35	30	26	91	39.6
6B/120m	不采用进路分段解锁	36	30	43	109	33.0
	采用进路分段解锁	36	30	28	94	38.3
6A/140m	不采用进路分段解锁	37	30	45	112	32.1
	采用进路分段解锁	37	30	31	98	36.7
8B/160m	不采用进路分段解锁	38	30	48	116	31.0
	采用进路分段解锁	38	30	34	102	35.3
8A/186m	不采用进路分段解锁	39	30	51	120	30.0
	采用进路分段解锁	39	30	37	106	34.0

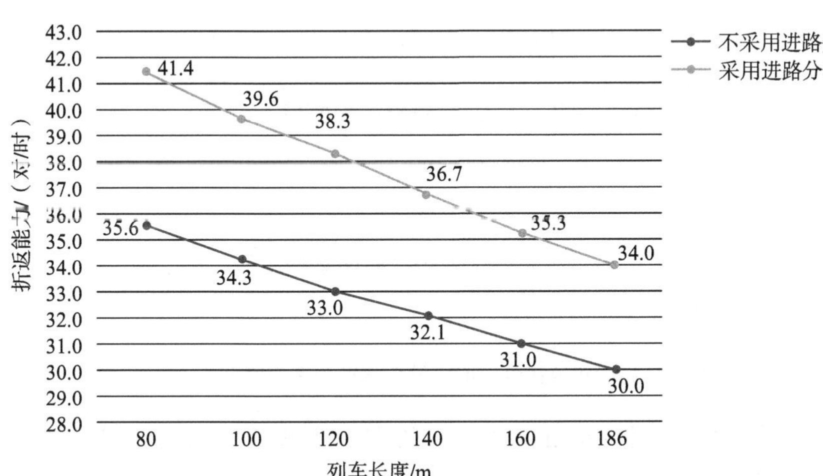

图 50-8　折返站采用进路分段解锁技术与不采用进路分段解锁技术行车条件下的折返能力对照示意图

通过图 50-8 分析，可知：

（1）随着列车长度增加，采用进路分段解锁技术后，折返能力会明显提升。以 B 型车 6 辆编组为例，站后折返能力由 33.0 对 / 时提高至 38.3 对 / 时，提高值为 5.3 对 / 时，增幅达到 16.1%，提升效果非常可观。

（2）随着列车长度增加，采用进路分段解锁技术对折返能力提升值呈现下降趋势，即列车长度越长，采用进路分段解锁技术对折返能力提升的效果越差。以 B 型车 6 辆编组、列车长度 120m 和 A 型车 8 辆编组、列车长度 186m 相比，折返能力提升值由 5.3 对 / 时下降至 4.0 对 / 时。虽呈现降低趋势，但对折返能力的提升效果还是非常可观的。当前，深圳地铁 1 号线信号系统采用此技术，在停站时间取值 60s 的情况下，折返能力仍能达到 2.5min，大大降低了终点站折返压力。

（3）从当前轨道交通信号设备厂家产品应用层面看，能够实现进路分段解锁技术厂家和信号设备极少，一定程度上制约了轨道交通折返效率的提升。

（六）折返道岔后移距离≥50m条件下的折返能力计算及分析

当前，我国轨道交通站后折返线道岔岔心与站台端部距离为 25m 左右。将折返道岔后移 50m，是将折返道岔岔心与站台端部的距离加长至 75m 以上，如图 50-9 所示。

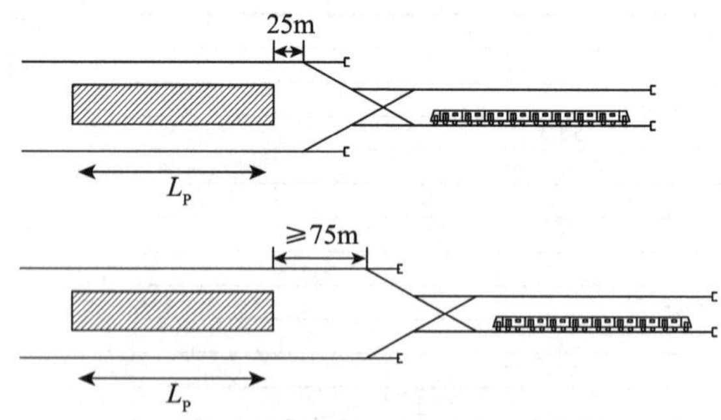

图 50-9　站后折返道岔岔心与站台端部距离示意图

通过将折返道岔向后调整 50m（CBTC 下的防护距离长度），目的是从站台驶入折返线的列车尽快驶离站台，尽快为后方进站列车开放进路，提高车站的接车能力，进而达到提高折返能力的目的。

基于折返能力理论体系及其计算公式，将列车长度作为变量，其他参数作为定量，计算分析将折返道岔向后调整 50m 后，不同列车编组长度下的折返能力。

1. 定量参数取值

1）列车最高运行速度 Vmax 取值 80km/h；

2）加 / 减速度取值 0.8m/s²（考虑车厢站席舒适度，加 / 减速度取值控制在 0.8m/s²）；

3）停站时间取值 30s；

4）折返道岔采用 9 号道岔。

2. 计算结果及分析（表50-7、图50-10）

表 50-7　折返站折返道岔后移 50m 与常规道岔布置方式下的折返能力计算

列车编组及长度		$T_{接车作业}$			$T_{折返间隔}$ = $T_{接车作业}$	$N_{折返能力}$
		$T_{进站时间}$	$T_{停站时间}$	$T_{进折返线时间}$		
4B/80m	常规折返	34	30	37	101	35.6
	折返道岔后移 50m	34	30	24	88	40.9
5B/100m	常规折返	35	30	40	105	34.3
	折返道岔后移 50m	35	30	27	92	39.1
6B/120m	常规折返	36	30	43	109	33.0
	折返道岔后移 50m	36	30	30	96	37.5
6A/140m	常规折返	37	30	45	112	32.1
	折返道岔后移 50m	37	30	32	99	36.4
8B/160m	常规折返	38	30	48	116	31.0
	折返道岔后移 50m	38	30	35	103	35.0
8A/186m	常规折返	39	30	51	120	30.0
	折返道岔后移 50m	39	30	38	107	33.6

通过图 50-10 分析，可知：

（1）随着列车长度增加，折返道岔推后 50m 时，折返能力会明显提升。以 B 型车 6 辆编组为例，站后折返能力由 33 对 / 时提高至 37.5 对 / 时，提高值为 4.5 对 / 时，增幅达到 13.6%，提升效果非常可观。

（2）随着列车长度增加，采用将折返道岔岔心与站台端部距离增大的方式，折返能力提升值呈现下降趋势。以 B 型车 6 辆编组、列车长度为 120m 和 A 型车 8 辆编组、列车长度为 186m 相比，折返能力提升值由 4.5 对 / 时下降至 3.6 对 /h。

虽呈现降低趋势，但对折返能力的提升效果还是非常可观的。北京地铁 17 号线在《可行性研究报告》编制阶段，为提高折返能力，曾研究采用此方式提高折返能力，但此方案会造成所有折返站车站规模加长 50m，投资规模增加幅度较大，在工程实际上并未采用此方式。

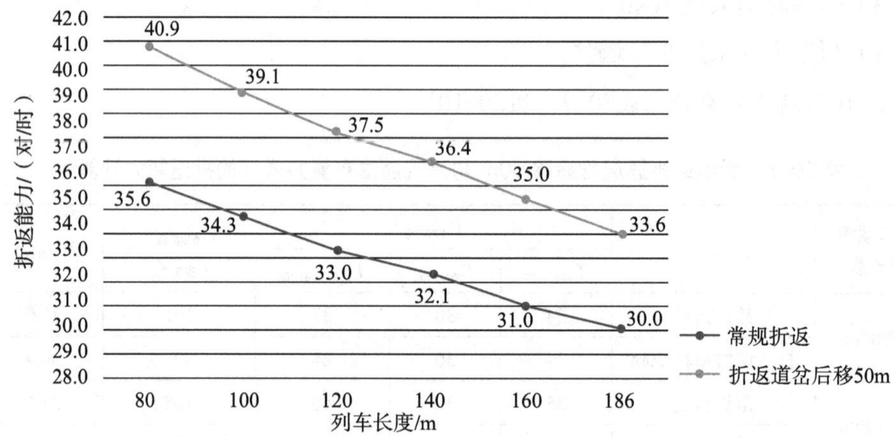

图 50-10　折返站折返道岔后移 50m 与常规道岔布置方式下的折返能力对照示意图

三、总结

（一）总结

城市轨道交通折返效率提升是涉及运营管理、设备系统和土建工程等多面因素，甚至对于同一条轨道交通线路，在不同时期，其提升折返效率的措施和方法也是不同的；针对不同的运营主体，其运营技术水平存在差异，相同类型的轨道交通线路，提升折返效率的措施也是不同的。笔者根据自身多年参与轨道交通工程设计经验，从理论计算分析出发，提出六种在工程上可能用到的提升折返效率的方法，即增大道岔型号、提高列车进站 / 进出折返线加减速度值、缩短停站时间取值、站台范围内实现列车追踪运行、采用进路分段解锁技术、将折返道岔与站台端部距离加大 50m 等。这六方面措施可以分为：

（1）管理层面措施。诸如提高列车进站 / 进出折返线加速度、缩短停站时间。

（2）设备层面措施。诸如实现站内追踪行车、进折返线采用进路分段解锁技术。

（3）工程层面措施。诸如增大道岔型号（提高侧向通过速度）、将折返道岔与站台距离增大 50m。

（二）应用

1. 应用于已开通运营线路

1）当线路高峰时段行车对数接近 30 对 / 时，处于运能不足、列车满载率高、断面客流大的状态时。线路的设备和土建工程已经固定，提升折返能力主要从管理层面入手，采用管理层面措施，诸如提高列车进站减速度、进出折返线加 / 减速度、尽可能优化开关门管理流程，压缩停站时间。

2）当线路属新建成开通线路，高峰时段行车对数不高，折返能力潜力未充分挖掘时。折返能力提升应从管理层面和设备层面措施入手。既要提高进站减速度、进出折返线加 / 减速度，优化压缩停站时间；同时，也要挖掘信号系统潜力，诸如是否实现进路分段解锁和站内列车追踪行车，此两个措施，只要是能够实现其中之一，折返能力提升便可达到 5 对 / 时左右，效果非常显著。

2. 应用于规划建设线路

当线路处于规划建设阶段，折返能力属运营功能需求范畴，应以投资经济、工程合理为原则，从设备层面和工程层面综合考虑确定能够实现折返能力需求的方案。例如，北京地铁 17 号线，采用 A 型车 8 辆编组，由于列车长度较长，确保折返能力能够满足 30 对 / 时的运输能力配置要求是工程各阶段要解决的关键问题。为此，在《工程可行性报告》编制和初步设计阶段，从采用 12 号道岔、折返道岔向远离站台的方向调整 50m、控制停站时间、采用站内追踪行车、进路分段解锁等多方面对折返能力进行计算分析，经过计算分析和方案比较，最后将采用 12 号道岔、站内追踪行车、进路分段解锁三个措施确保折返能力。

四、结语

轨道交通折返能力是制约轨道交通运输能力、系统效率发挥的重要工程指标，一直是轨道交通规划设计、工程建设阶段关注的重要设计参数。影响折返能力实现的因素有很多，既有工程实施难度和代价、行车组织措施方案的因素，也有运营企业管理水平及其相关规章制度的因素。笔者结合自身多年的工程设计经验，在理论计算分析基础上寻找规律，总结出提升轨道交通折返效率的相关措施。在工程建设和运营实践中，各种措施的应用要结合线路特点进行综合计算、分析判断后确定合理的方案，不能一味地照搬。其实提升折返能力本身就是一个横跨多专业的综合性课题，单纯的措施和方案对于解决这种提升折返能力的综合性课题存在诸多不足。同时，遗憾的是，由于条件所限，无法通过运营实践对各种措施进行试验，一定程度上也影响折返效率提升定量分析的准确性。

五十一　PPP 项目中资金管理内部控制体系建设研究

张晨

摘要：PPP 项目是我国近几年逐渐发展起来的新型项目管理模式，企业在 PPP 项目管理中融合了投资、融资、建设、运营、移交等多项履约义务为一体。从目前 PPP 项目发展趋势看，已从市政、轨道交通、污水处理等单体项目，发展为综合型的一体化开发、特色小镇建设、产业园区综合规划等多元化项目。

PPP 项目投资体量大，合同周期长，涉及业务复杂，资金风险较为突出，是企业管控的重点内容，也是 PPP 项目能够顺利落地的关键因素。本文介绍了 PPP 项目中主要资金活动；分析 PPP 项目在投标、股权投资、债务融资及资金营运四个方面的资金风险及内部控制措施，探讨 PPP 项目在资金管理方面的内控体系建设思路，希望对 PPP 项目管理提供理论和实践支撑。

关键词：PPP 项目；内部控制；资金管理

党的十八届三中全会提出，“允许社会资本通过特许经营等方式参与城市基础设施投资和运营”，积极推动了 PPP 模式深度参与我国基础设施建设。鉴于我国 PPP 制度建设尚需完善，企业建立健全全周期内控体系，有效识别并控制风险至关重要。

资金是企业流动性最强、风险最高的资产之一，也是企业生存和发展的基础。PPP 项目资金需求量大，对国家、企业、金融机构等相关方的资金流向有着重大影响。加强对资金管理的内部控制，对于保证资金安全、提高资金使用效率、实现资金保值增值有着重要意义。

另外，PPP 项目不是单纯的项目融资行为，而是一种综合的项目管理模式，资金管理对项目的投资目标、经营计划的实现有着非常重要的意义。

本文主要分析企业在 PPP 项目中资金管理方面内控体系建设，通过实践案例，分析 PPP 项目在投标、股权投资、债务融资及资金营运四个方面的资金风险及内部控制措施。

一、PPP 项目内涵

（一）PPP定义及运作模式

政府和社会资本合作模式（PPP）是指在基础设施及公共服务领域，政府和社会资本基于合同建立的一种合作关系，旨在利用市场机制合理分配风险，提高公共产品和服务的供给数量、质量和效率[1]。

根据社会资本的风险承担及参与程度，PPP 项目的运作方式有多种，如 BOT、OM、TOT、ROT 等，其中 BOT（建设—运营—移交）是较为常见的运作方式。

（二）PPP项目特征

PPP 项目有其独特的特征（图 51-1）。

（1）伙伴关系。企业与政府公共部门项目目标一致，追求以最少的资源，实现最多的产品或服务。

（2）利益共享。利益共享是伙伴关系的基础之一，如果没有利益共享也不会有可持续的 PPP 类型的伙伴关系。

（3）风险分担。风险分担是利益共享之外伙伴关系的另一个基础。如果没有风险分担也不可能形成健康而可持续的伙伴关系。

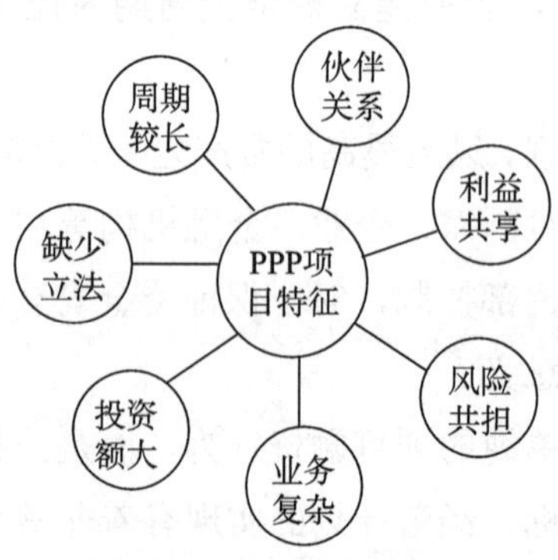

图 51-1　PPP 项目特征

另外，PPP 项目投资额大、合同周期长、涉及业务复杂、缺少上位立法等特征都会影响投资、风险、收益在政府和企业之间的分配。

二、PPP 项目中主要资金活动

图 51-2 为 PPP 项目主要资金活动及其流转方向。

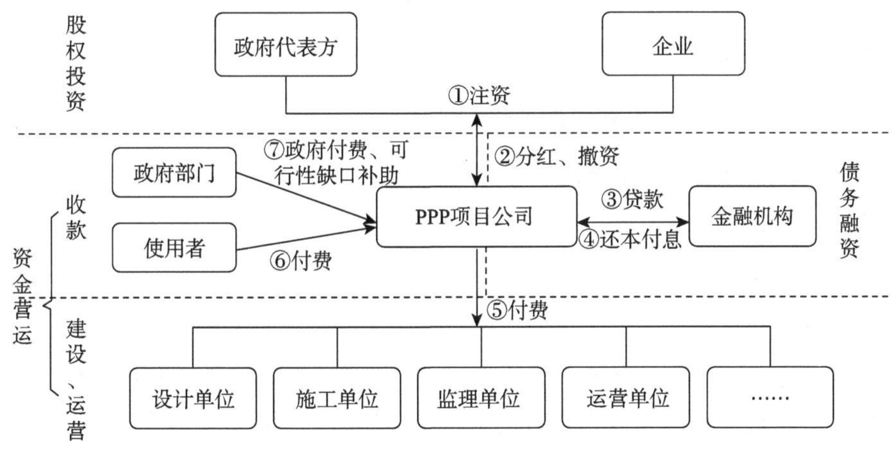

图 51-2　PPP 项目资金活动及流转方向

（一）股权投资

①政府出资代表方和中标企业合资成立项目公司，并根据 PPP 协议、公司章程及合资协议的约定，向项目公司注入资本金。

②项目公司实现利润后，按公司章程规定，向股东方进行分红。在项目公司满足减少注册资本金条件或者项目结束需要注销时，向股东方支付资本金。

（二）债务融资

①项目公司成立后，向金融机构进行贷款，签订贷款合同和收益权质押合同。

②项目公司根据贷款合同约定，定期还本付息。

（三）资金营运

（1）建设、运营。

项目公司负责项目具体实施过程中，向相关单位支付款项。

（2）收款。

①使用者付费收入。例如，轨道交通票务收入、商业经营性收入、污水处理费收入等。

②对于政府付费和政府方支付可行性缺口补助的项目，从政府方收款。

三、PPP 项目资金管理中主要风险及控制措施

本文从四个角度分析 PPP 项目资金管理中的风险及控制。

（一）项目采购阶段资金风险及控制措施

项目采购阶段，主要分析项目未来可能面临的风险，主要涉及以下几方面（图 51-3）：

1. 项目资金落地风险

PPP 项目建设资金主要来自两方面。

一是资本金。企业需有强大的资金实力，以支持项目投资。在项目采购阶段，企业需充分考虑项目体量与自身可使用资金之间的平衡；对此应出具股权投资可行性论证，分析项目投资可能对自身资金带来的影响，及公司可实行的资金补充措施。

二是贷款资金。采购阶段重点审核项目的合规性和完备性，是否满足金融机构评审要求，与金融机构进行充分沟通，了解融资要件，并积极拓宽融资渠道，降低融资落地风险。把融资是否能够落地作为承接项目的决定性因素之一。

2. 未来收款风险

企业投资 PPP 项目，主要目的是获得经济效益，收款直接影响经济效益的高低。

一是政府付费能力。综合分析地方政府以往财政支付情况，结合现有项目付费义务、城市规划及经济发展现状等因素，综合判断所采购项目未来政府付费实力和进度。

二是经营收入。对于存在使用者付费的项目，聘请专业咨询机构，实地了解未来使用者付费的量和价，尽量准确预测未来经营收入。通过专业机构预测、历史数据分析、实地考察等方法进行预测。

三是项目资金收支匹配。收款公式有定额支付、等额年金、财金〔2015〕21

号运营补贴公式等类型，几种补偿方式对项目现金流入金额和趋势影响较大，充分分析资金流入和成本费用支出是否匹配，避免造成资金链暂时性短缺。

3. 建设期流动资金补充风险

建设期对公司流动资金补充风险一方面通过施工利润形成。施工利润高低影响公司自有资金投入的能力。组织专业的团队分析工程量、概算、成本等资料，优化施工设计等，提高施工利润。另一方面是企业通过权益或债务补充资金，企业应综合分析融资方式及规模，选择合适的方案。

4. 项目整体收益指标分析

在分析项目未来资金收支的基础上，对项目全投资收益率、投资回收期、净现值及资本金投资收益率等指标进行预测，分析其是否符合公司投资目标及投资规划的要求，实现投资风险与投资效益最优化。

5. 项目整体投资风险

PPP 项目投资属于企业的重大投资事项，如决策不当，可能会使企业盲目投资而引发资金链断裂或投资效益低下。企业需根据项目“两评一案”、初步设计概算、施工图预算等资料，对项目进行投资可行性论证，并结合企业发展规划、资金情况及项目风险和收益情况，选择合适的项目，并经过严格的审批程序。

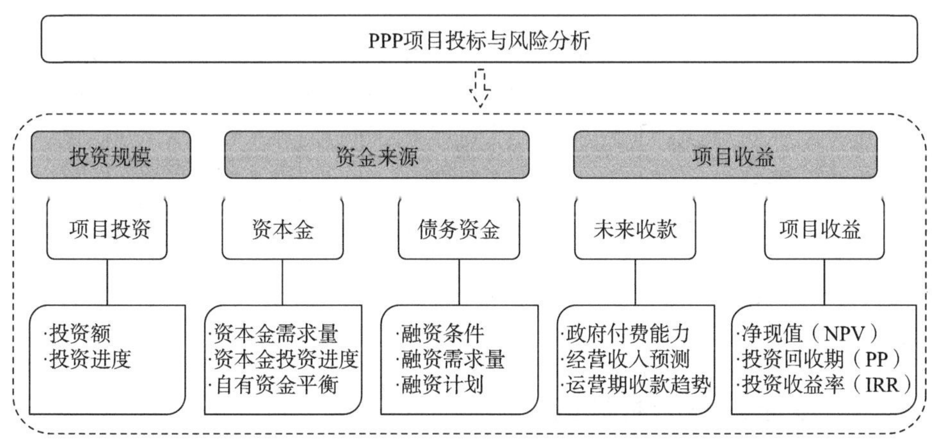

图 51-3　PPP 项目投标阶段资金风险及控制措施

（二）股权投资阶段资金风险及控制措施

PPP 项目股权投资是 PPP 项目公司成立后资金活动的起点，也是 PPP 项目经营活动的基础。PPP 协议中约定项目公司股权占总投资的比例，股权由各股东方出资，剩余资金由项目公司负责筹集。涉及以下风险及控制措施（图 51-4）：

1. 政策性风险

根据财政部《关于推进政府和社会资本合作规范发展的实施意见》规定，PPP 项目不得出现以债务性资金充当资本金的行为。

另外，根据国务院国有资产监督管理委员会印发的《关于加强中央企业 PPP 业务风险管控的通知》，对纳入中央企业债务风险管控范围的企业集团在 PPP 投资规模、资产负债率、风险隔离、政策监管等方面进行了详细约定。企业应按政策要求执行。

2. 决策合规性风险

PPP 项目建设期一般都在 2 年以上，投资周期长，资金需求量大。为防止出现随意投资风险，项目应严格按照概预算编制资本金投入计划，并将年度投资额纳入预算管理，报经相关机构决策。在投资过程中严格按预算执行，防止对自有资金产生波动性影响。

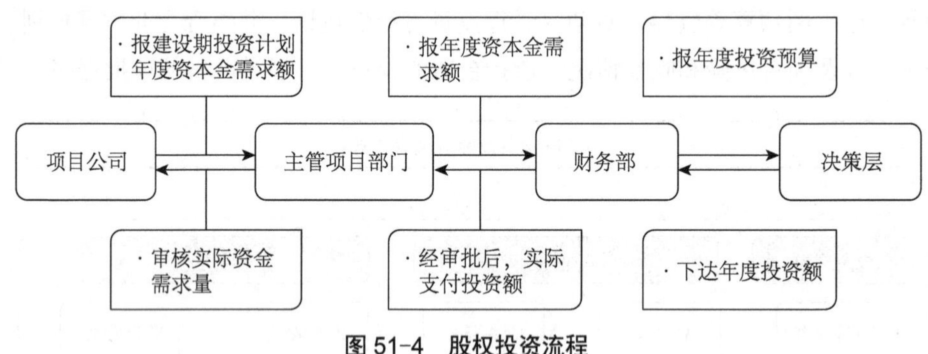

图 51-4 股权投资流程

股权投资流程充分体现内部控制中的制衡原则，决策、管理、监督和执行分工明确，相互制衡。

（三）债务融资风险及控制措施

一般 PPP 项目的债务性资金占总投资的 60% ～ 80%，债务性资金主要源于外部金融机构。项目成立前后，与多家金融机构就项目融资条件进行洽谈，并结合项目投资计划及年度预算安排，确定融资计划，拟定筹资方案，明确筹资规模、筹资结构等内容。

在 PPP 项目债务融资过程中主要关注以下风险及控制措施[2]（图 51-5）。

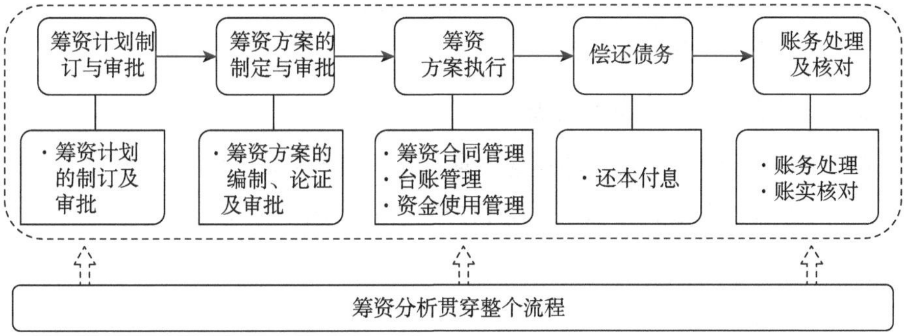

筹资计划制订与审批
·筹资计划的制订及审批

筹资方案的制定与审批
·筹资方案的编制、论证及审批

筹资方案执行
·筹资合同管理
·台账管理
·资金使用管理

偿还债务
·还本付息

账务处理及核对
·账务处理
·账实核对

筹资分析贯穿整个流程

图 51-5　债务融资风险控制流程图

1. 因缺乏完整的筹资规划导致的风险

项目公司在筹资活动前，应制订详细的资金需求计划，包含资本结构、资金来源、筹资成本等方面的规划。需求计划应包含项目投资进度、建设期利息、项目公司和集团公司资产负债率要求等因素。如缺乏完整的筹资规划而随意安排资金，可能会带来资金管控风险，甚至影响整个项目的收益水平。

对于进入运营期的 PPP 项目，可能存在政府付费或使用者付费不足风险，而导致项目公司需进行流动资金贷款，项目公司应充分识别金融政策、市场环境及自身特点，使用适合企业自身的筹资方式，制定详细的筹资方案。

2. 因缺乏对企业资金现状的全面认识导致的风险

如果项目公司对资金管控不严，可能会导致不能及时了解资金现状，无法正确评估资金的实际需求，导致筹资过度或者筹资不足。

项目应形成定期资金盘点与筹划机制，注重预算监控，合理筹划资金。

3. 因缺乏完善的授权审批制度导致的风险

项目公司的融资一般比较重大，对企业的财务状况、授信水平、资产负债影响较大，属于重大融资事项。所以，必须经过完整的授权审批，经过集体决策方可实施，且每一层级需对筹资风险进行评估，防止给企业带来严重损失。

4. 因缺乏对合同条款的认真审核导致的风险

项目公司签订债务融资合同、收益质押合同前，必须认真审核合同条款，防止因合同条款而给企业带来潜在不利影响，或导致企业可能面临经济纠纷。

5. 因无法保证还本付息导致的风险

定期还本付息是企业的刚性成本，还本付息金额应与收款匹配，保证还本付息的同时，不造成冗余，增加成本。

（四）资金营运风险及控制措施

PPP 项目资金营运主要是项目建设期、运营期日常资金收支筹划、资金效益、资金安全的管理。主要关注以下风险和控制措施（图 51-6）。

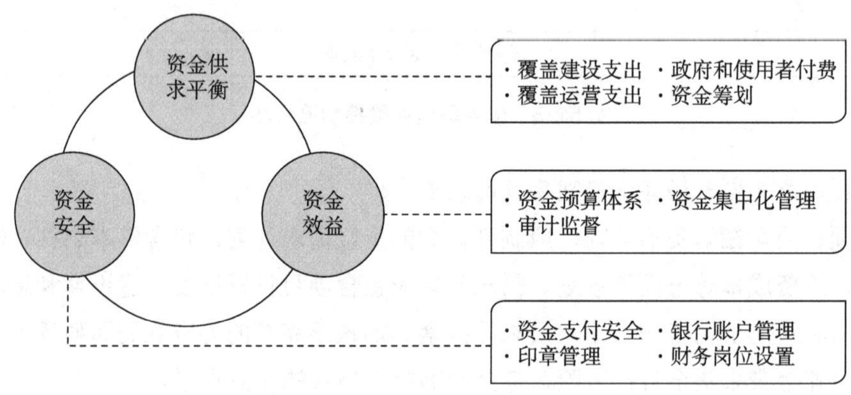

图 51-6 资金营运风险及控制措施

1. 资金供求不平衡风险

（1）建设期资金无法覆盖建设成本引起的投资风险。

建设期，资金投入量大、投入速度快，需要资本金及贷款资金的及时补充。项目应形成有效的资金筹划机制。做好下年度投资计划，根据资金需求，提前与银行沟通，完善相应手续，完善资金预算机制。

另外，在实际投资过程中严格控制投资超支风险，强化对项目工程成本的控制，有明确的成本控制计划，将成本费用纳入全面预算管理，分解落实到部门，与绩效考核相关联，提高控制成本费用的积极性。[3]

（2）运营期政府信用风险。

对于政府付费或可行性缺口补助 PPP 项目，如政府无法及时支付款项，将造成项目运营期收入无法覆盖还本付息及运营成本，造成资金链断裂。

面对政府违约风险，项目可从几个方面采取措施。一是按照约定在运营前期确定政府付费流程、责任部门、所需资料、发票信息等环节。按照 PPP

协议约定，定期向政府申请收款。二是详细研究 PPP 协议中的违约条款，如政府财政无法及时支付费用已造成很不好的影响，不排斥采用法律手段提前终止协议，并按约定争取收回违约款。三是组建专业的运营团队，负责运营期收款工作。

（3）使用者付费不足风险。

在包含使用者付费的 PPP 项目中，企业的投资回报与项目最终用户的使用量及付费定价密切相关，若市场需求不足、价格定价偏低，则存在收益不足风险。针对需求量不足的问题，项目可研阶段要先对项目需求量进行科学、审慎测算。对于定价偏低的风险，首先同政府方确定项目的定价标准，以使项目的定价相对可控；其次，建立风险分担机制和调价机制，明确在项目的使用量不足，或使用者付费定价偏离于实际时，可启动合同中的调价机制，及时止损。

（4）运营成本无法覆盖风险。

不同类型的 PPP 项目对运营期资金占用量不同。市政道路类项目，主要是道路的维修维护义务，对资金的需求量不大。但对于轨道交通类项目，需要大量人员提供管理、列车及站台服务、安全监控、维修维护等以满足轨道交通正常安全运营的需要，且轨道交通类项目运营期还本付息压力也较大。如果此类项目运营期收款不足以支撑以上成本的支付，将导致严重后果。

在争取政府付费和使用者付费的同时，定期分析资金现状和未来风险，判断运营期资金状态，考虑是否需要流动资金贷款。

（5）因绩效考核而导致的扣费风险。

特许协议中对企业应达到的运营效果进行了约定，企业应提高运营水平，严格按照合同约定义务履约，较好地完成绩效目标。

2. 资金安全风险

（1）资金支付风险。

为规避资金支付风险，关注资金支付业务真实性，资料齐全；按照公司规章制度经过授权审批；加强财务复核；强化监督资金盘点，实现账实、账账相符；不相容岗位相互分离，相互监督，避免支付过程中的犯罪风险。

（2）印章保管风险。

按照不相容岗位相互分离、相互监督等原则，由多人保管财务印章，避免一人办理全流程支付业务。

（3）银行账户管理风险。

开立账户必须通过审批，严格规定开立账户、办理存款、取款和结算等业务。

3. 资金效益风险

资金调配灵活度、资金集中化程度及资金周转效率等多种因素都会直接影响资金效益。在追求资金效益过程中，关注以下控制措施：

（1）严格执行资金预算管理体系，提前筹划资金，加强内部审计监督力度，提高资金营运效率。

（2）逐渐实行资金集中化管理，合理调剂母子公司间的资金余缺，提高资金使用效益。

四、基于资金管理的内控体系建设

基于以上资金风险分析及其实施的内部控制，总结 PPP 项目管理中资金内控体系建设思路。

（一）以企业战略为导向，选择合适的项目

企业战略是企业一切投资、经营活动的指南，企业在进行项目投资时，根据企业战略发展对资源调配需求进行投资，选择适合企业可持续发展的项目。

（二）重视项目公司法人治理结构，增强资金监督力度

PPP 项目公司应完善法人治理结构，明确股东大会、董事会、监事会、经理层等职责，建立合理的决策规则和工作程序等，确保形成制衡，强化监督力度，内外部审计联动，定期与不定期的专项检查与评估，保证资金活动的有效运转。

（三）以风险指标为依据，建立风险预警机制

面对高风险的 PPP 行业，建立全周期的全面风险管理体系，通过性质、影响程度、发生可能性等多方面对各阶段风险分级，重点关注重大风险对资金的影响。

（四）以业务流程为基础，持续梳理和完善

PPP 项目各阶段业务差异较大，风险点也不同，及时根据业务需要调整业务流程，完善内控制度十分重要。

（五）以信息技术为支撑，实现业财融合

信息化建设可提高即时获取信息效率，降低内部控制成本，促进多种信息集成。通过信息化，能够有效实现资金流与业务流的有效结合，反映资金的使用价值及对业务的有效支撑。同时，信息化能够降低人为操纵因素，降低舞弊的发生，减少资金管理风险。

（六）以法律法规为约束，强化财务人员职业道德教育

企业应持续加强对财务人员思想和业务的培训，且应根据业务需要建立轮岗制度，防止出现人为因素。

五、结论

本文主要分析 PPP 项目资金风险及管控措施，体现了建设全面资金内控管理体系的重要性。在企业发展过程中，内部控制是企业平稳运营的基础，是企业立足目标实现跨越的有效保障，科学合理的内部控制有利于企业在既定轨道中前进。PPP 项目中提高风险敏感度，建立全面风险管理体系，建设有效的风险预警机制，落实责任部门的风险管理职责，提高 PPP 项目的内部控制水平，实现企业的可持续发展。

参考文献

[1] 财政部政府和社会资本合作中心 . 政府和社会资本合作项目会计核算案例 [M]. 北京 : 中国商务出版社 , 2014: 1-2.

[2] 徐刚 . 基于 PPP 模式的 BOT 项目财务风险分析及防范 [J]. 公路交通科技 , 2015, 32(9): 150-158.

[3] 唐艳秋 . PPP 模式下铁路企业资金管理风险控制研究 [J]. 现代商业 , 2021(96).

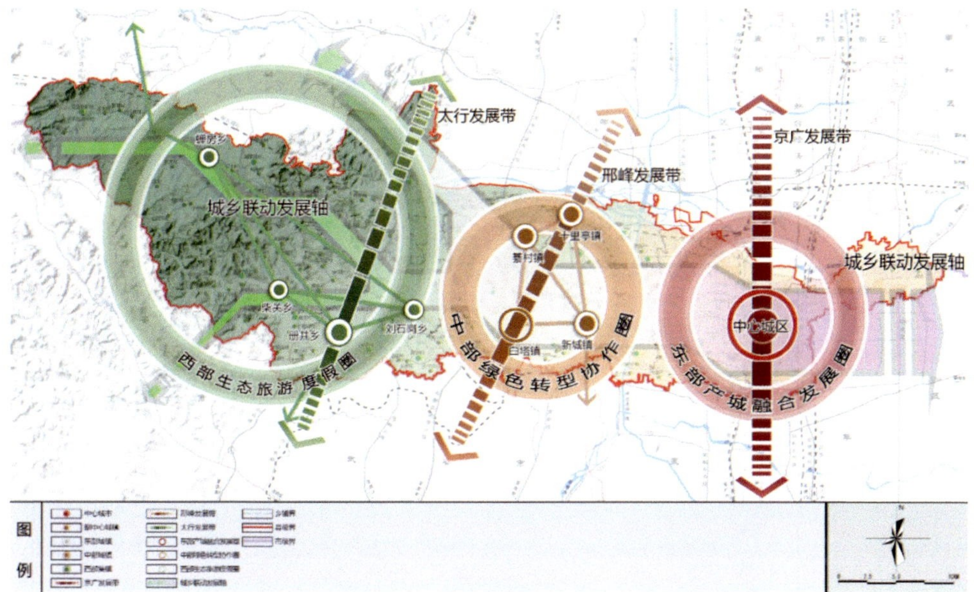

太行发展带
京广发展带
邢峰发展带
城乡联动发展轴
城乡联动发展轴
中心城区
西部生态旅游度假圈
中部绿色转型协作圈
东部产城融合发展圈
图例

彩图 1

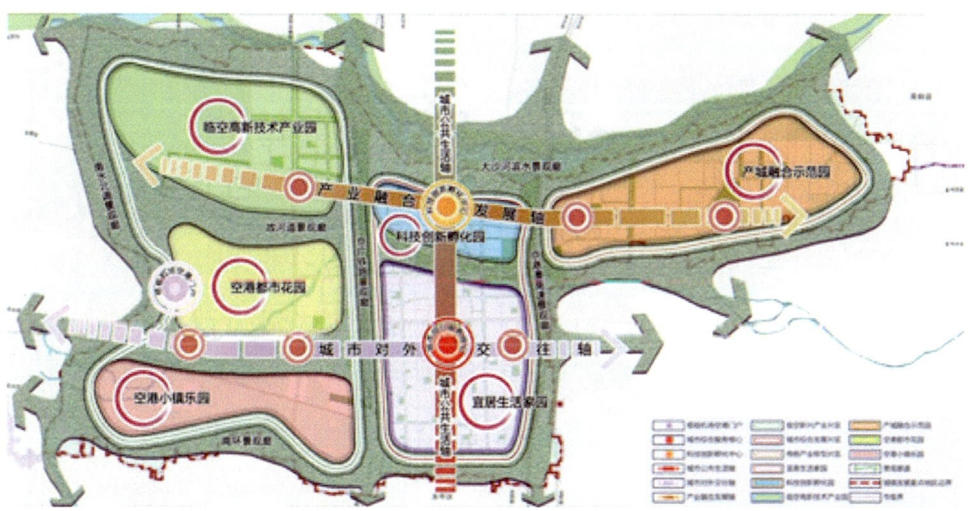

临空高新技术产业园
产业融合发展轴
产城融合示范园
科技创新孵化园
空港都市花园
城市对外交往轴
空港小镇乐园
宜居生活家园
城市公共生活轴

彩图 2

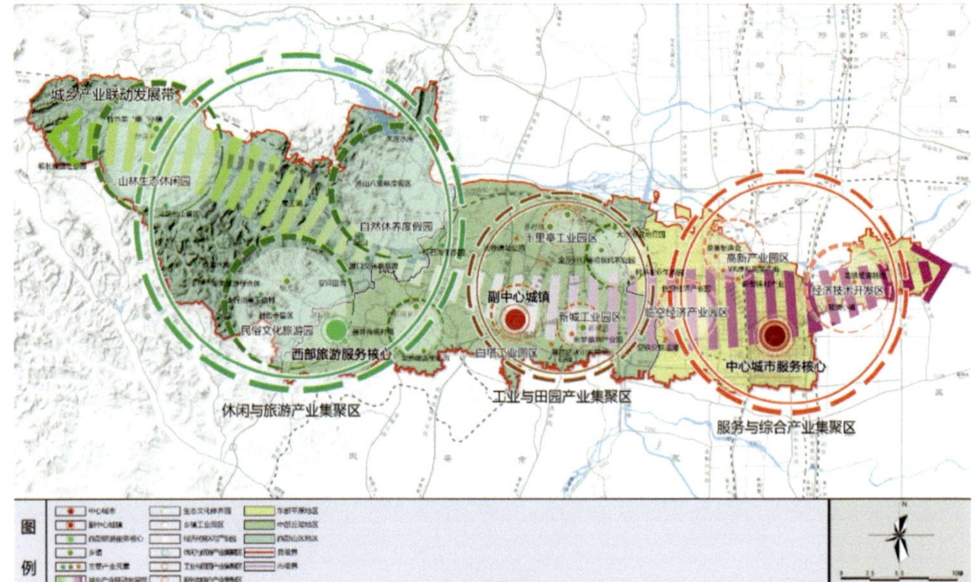
城乡产业联动发展带
山林生态休闲园
自然休养度假园
民俗文化旅游园
西部旅游服务核心
十里亭工业园区
副中心城镇
新城工业园区
临空经济产业园区
高新产业园区
经济技术开发区
中心城市服务核心
休闲与旅游产业集聚区
工业与田园产业集聚区
服务与综合产业集聚区
图
例

彩图 3

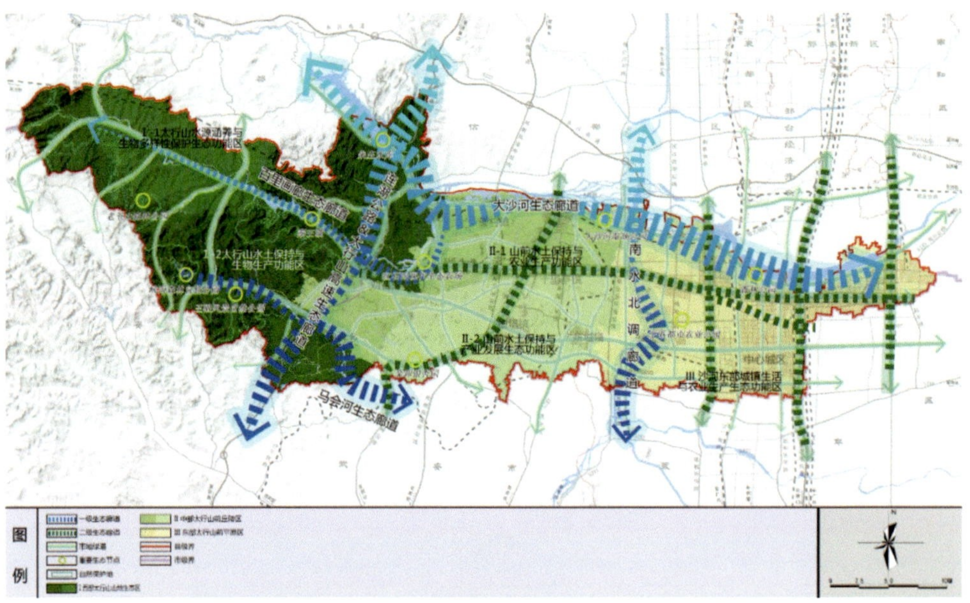
大沙河生态廊道
II-1 山前水土保持与农业生产功能区
I-2太行山水土保持与生物生产功能区
II-2 山前水土保持与产业发展生态功能区
南水北调廊道
马会河生态廊道
中心城区
图
例

彩图 4

漫步道
健身步道
骑车车道
骑车车道
漫步道
健身步道
活力骑行
单车停放
运动空间
驿站休憩
悠享漫步
风景观光
休息停留
草坪剧场
健康跑步
有氧运动
补给休息
风景观光

彩图 5

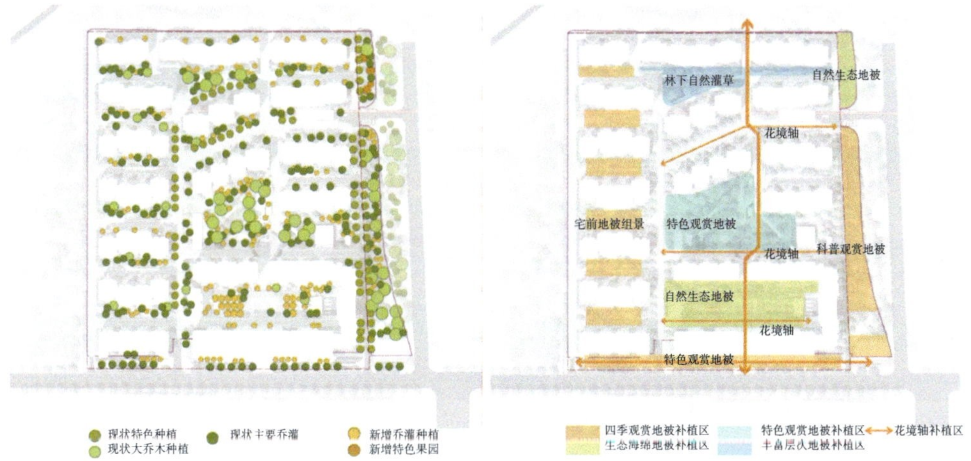
现状特色种植
现状大乔木种植
现状主要乔灌
新增乔灌种植
新增特色果园
林下自然灌草
自然生态地被
花境轴
宅前地被组景
特色观赏地被
花境轴
科普观赏地被
自然生态地被
花境轴
特色观赏地被
四季观赏地被补植区
生态海绵地被补植区
特色观赏地被补植区
丰富层次地被补植区
花境轴补植区

彩图 6

休闲交流区
邻里共享区
活动中心区
归家庭院
自然拓展区
城市界面
归家庭院
主材：透水混凝土
辅材：透水砖
邻里共享区
主材：透水砖
辅材：植草砖
活动中心区
主材：透水砖
辅材：透水混凝土
休闲交流区
主材：透水混凝土
辅材：塑胶
城市界面
主材：透水砖
辅材：透水混凝土
自然拓展区
主材：透水混凝土
辅材：塑胶
消防车道
主材：透水混凝土
辅材：透水沥青

彩图 7

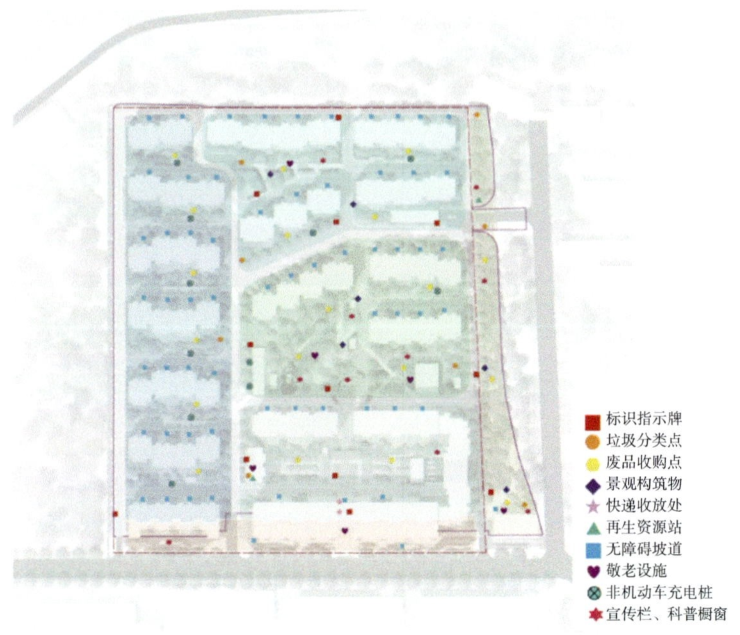
标识指示牌
垃圾分类点
废品收购点
景观构筑物
快递收放处
再生资源站
无障碍坡道
敬老设施
非机动车充电桩
宣传栏、科普橱窗

彩图 8

光合体验馆
自行车艺术节
自行车咖啡厅
自行车影院
自行车修理驿站
原生态观赏
光电VR运动
动力顶景
AR摩天
跳蚤市集

彩图 9

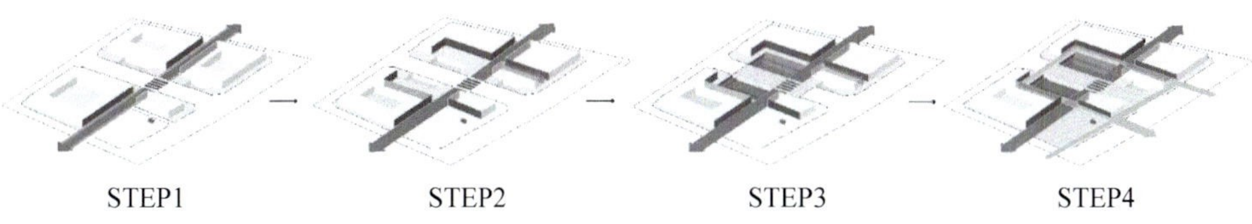
STEP1
STEP2
STEP3
STEP4

彩图 10

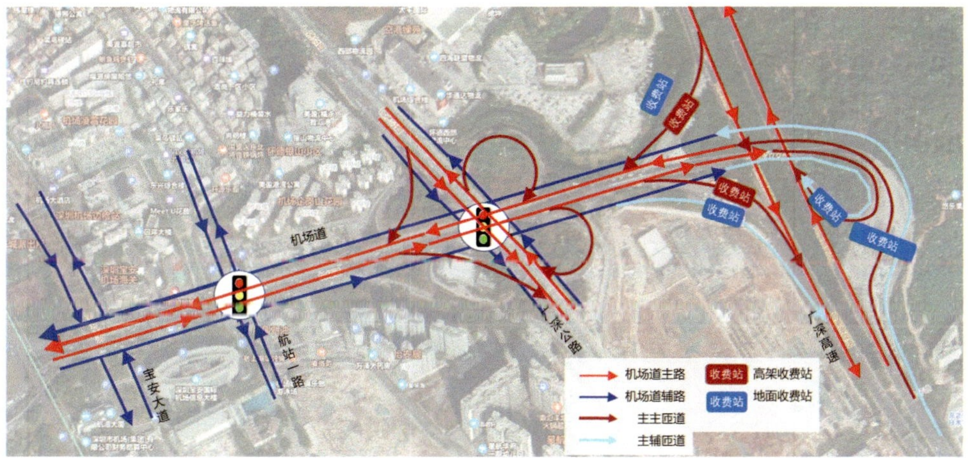
机场道
宝安大道
航站一路
广深公路
广深高速
收费站
收费站
收费站
收费站
收费站
收费站
机场道主路
机场道辅路
主主匝道
主辅匝道
收费站 高架收费站
收费站 地面收费站

彩图 11

绍兴城际线
杭州市
1小时圈
宁波市
杭州站
绍兴市
杭州南站
驿亭站
钱清站
百官站
柯桥站
兴工路站
陶堰站
迪荡站
东关站
上虞站
镜水路站
皋埠站
绍兴站
柯桥区
既有站（一期）
新建站（二期）
剩余站（三期）

彩图 12

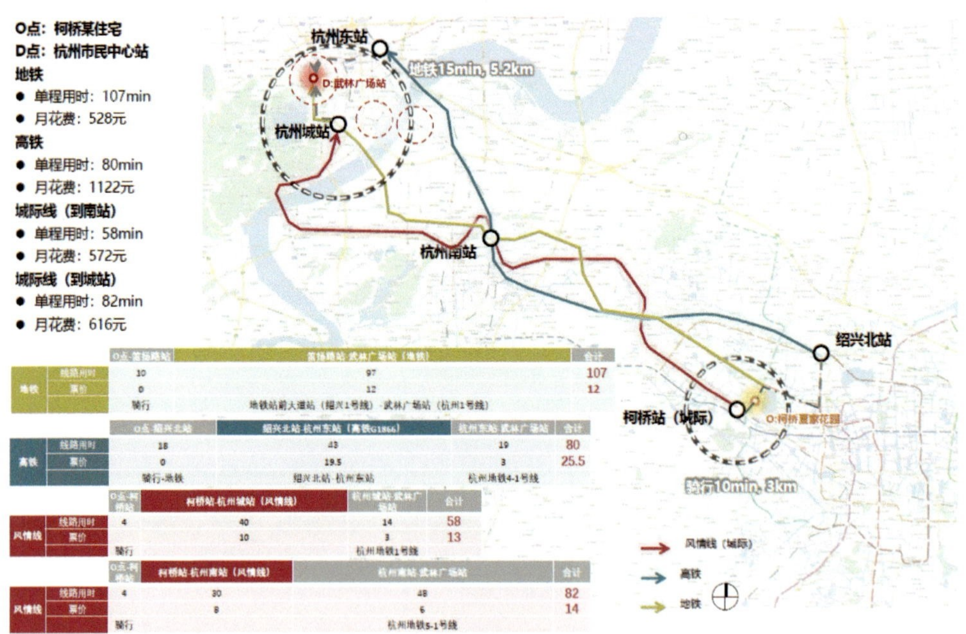
O点：柯桥某住宅
D点：杭州市民中心站
地铁
● 单程用时：107min
● 月花费：528元
高铁
● 单程用时：80min
● 月花费：1122元
城际线（到南站）
● 单程用时：58min
● 月花费：572元
城际线（到城站）
● 单程用时：82min
● 月花费：616元
杭州东站
地铁15min，5.2km
D:武林广场站
杭州城站
杭州南站
绍兴北站
柯桥站（城际）
O:柯桥置家花园
骑行10min，3km
风情线（城际）
高铁
地铁
地铁 线路用时 10 97 107
票价 0 12 12
骑行 地铁站前大道站（绍兴1号线）-武林广场站（杭州1号线）
O点-绍兴北站 绍兴北站-杭州东站（高铁G1866） 合计
高铁 线路用时 18 43 19 80
票价 0 19.5 3 25.5
骑行-地铁 绍兴北站-杭州东站 杭州地铁4-1号线
柯桥站-杭州城站（风情线） 合计
风情线 线路用时 4 40 14 58
票价 10 3 13
骑行 杭州地铁1号线
柯桥站-杭州南站（风情线） 杭州南站-武林广场站 合计
风情线 线路用时 4 30 48 82
票价 8 6 14
骑行 杭州地铁5-1号线

彩图 13

城市功能与旅游功能板块交界

轻纺城传统交易区

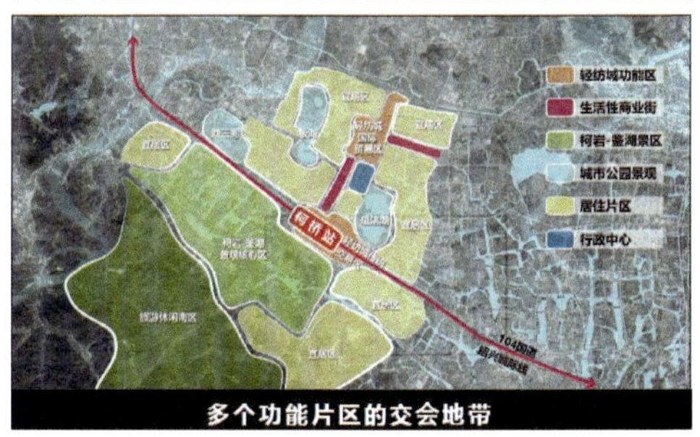

多个功能片区的交会地带

高架两侧城市风貌差异大

彩图 14

(1) 20世纪八九十年代传统市场模式

- 南端传统交易区为代表
- 现金、现货、现场交易
- 以104国道、萧甬铁路为交通条件

(2) 2000年前期商务办公写字楼模式

- 中部国际贸易区为代表
- 楼宇经济、写字楼租赁经济
- 以城市主干道为交通条件

(3) 21世纪00年中后期、2010年前后会展经济模式

- 各金柯桥大道沿线会展中心为代表
- 服务、体验、消费经济
- 以高铁、高速公路为交通条件

彩图 15

建筑业态	游客中心	酒店宾馆	室内游乐设施	旅游产品销售（旅游商业）
建筑面积（万平米）	0.02~0.05	0.5~1.5	0.05~0.1	0.05~0.1

彩图 16

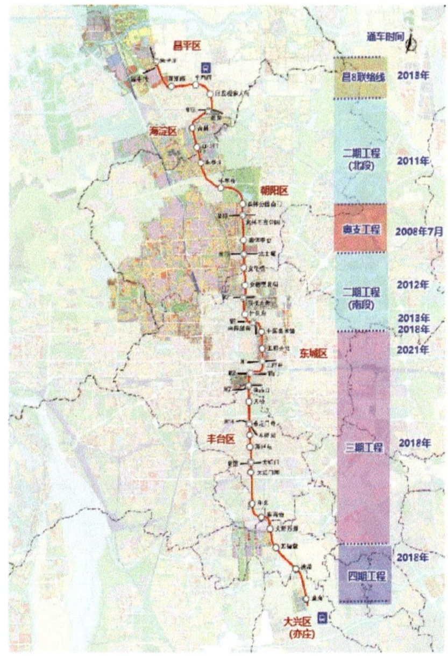

彩图 17

宇都宮線(東北線)・高崎線
Utsunomiya Line [Tōhoku Line], Takasaki Line
常磐線
Jōban Line
武蔵野線
Musashino Line
中央線(快速)
Chūō Line [Rapid Service]
埼京線
Saikyō Line
総武線(快速)
Sōbu Line [Rapid Service]
三鷹 Mitaka
吉祥寺 Kichijōji
西荻窪 Nishi-Ogikubo
荻窪 Ogikubo
阿佐ケ谷 Asagaya
高円寺 Kōenji
中野 Nakano
高田馬場 Takadanobaba
飯田橋 Iidabashi
水道橋 Suidōbashi
御茶ノ水 Ochanomizu
浅草橋 Asakusabashi
錦糸町 Kinshichō
亀戸 Kameido
新小岩 Shin-Koiwa
船橋 Funabashi
東船橋 Higashi-Funabashi
津田沼 Tsudanuma
幕張本郷 Makuhari-Hongō
新検見川 Shin-Kemigawa
中央・総武線
(各駅停車)
Chūō Line, Sōbu Line
[Local Train]
Higashi-Nakano 東中野
Ōkubo 大久保
Shinjuku 新宿
Yoyogi 代々木
Sendagaya 千駄ケ谷
Shinanomachi 信濃町
Yotsuya 四ツ谷
市ケ谷 Ichigaya
Akihabara 秋葉原
両国 Ryōgoku
Hirai 平井
Koiwa 小岩
Ichikawa 市川
Motoyawata 本八幡
Shimōsa-Nakayama 下総中山
Nishi-Funabashi 西船橋
幕張 Makuhari
稲毛 Inage
西千葉 Nishi-Chiba
千葉 Chiba
京葉線 Keiyō Line
山手線
Yamanote Line
横須賀線
Yokosuka Line
湘南新宿ライン
Shōnan-Shinjuku Line
京浜東北線
Keihin-Tōhoku Line
東海道線
Tōkaidō Line

彩图 18

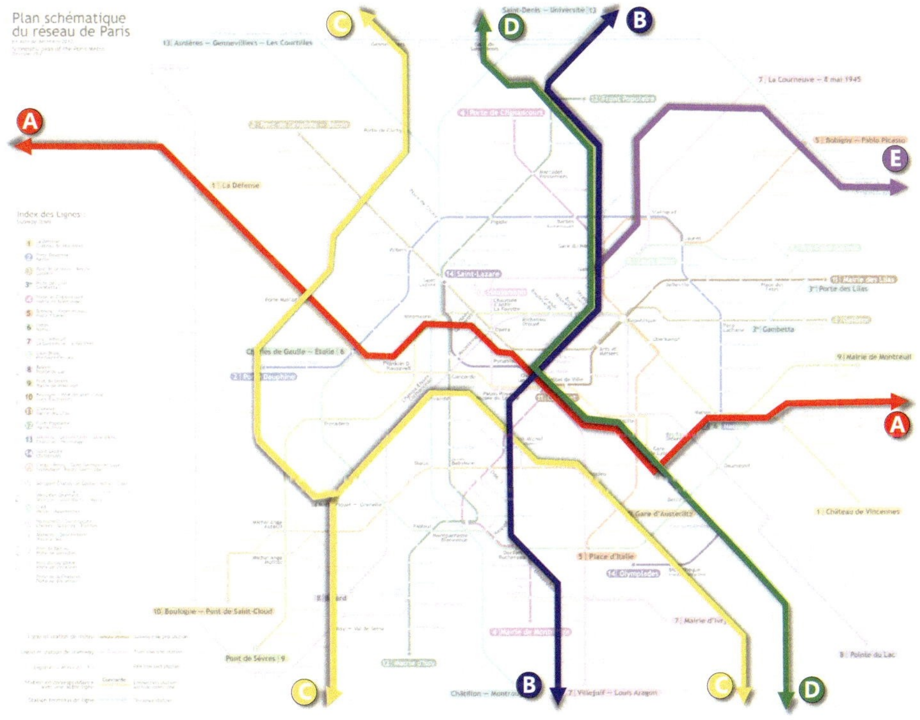
Plan schématique
du réseau de Paris
Index des Lignes
A
B
C
D
E
Saint-Denis – Université 13
13 Asnières – Gennevilliers – Les Courtilles
7 La Courneuve – 8 mai 1945
5 Bobigny – Pablo Picasso
1 La Défense
4 Porte de Clignancourt
14 Saint-Lazare
3bis Porte des Lilas
3 Gambetta
9 Mairie de Montreuil
Charles de Gaulle – Etoile 6
1 Château de Vincennes
Gare d'Austerlitz
5 Place d'Italie
14 Olympiades
10 Boulogne – Pont de Saint-Cloud
7 Mairie d'Ivry
8 Pointe du Lac
Pont de Sèvres 9
Châtillon – Montrouge
7 Villejuif – Louis Aragon

彩图 19

地铁和JR、私铁实现
直通运行的线路
地下鉄等路線
相直路線(郊外方路線)
東京メトロ
日比谷線
東急東横線、東武伊勢崎線
東西線
JR中央線、JR総武線、東葉高速線
千代田線
小田急小田原線、小田急多摩線、JR常磐線
有楽町線
東武東上本線、西武池袋線、西武有楽町線
半蔵門線
東急田園都市線、東武伊勢崎線、東武日光線
南北線
東急目黒線、東急東横線、埼玉高速鉄道
副都心線
東武東上本線、西武池袋線、西武有楽町線
都営
都営浅草線
京急本線、京急久里浜線、京急逗子線、京成押上線、京成本線、京成東成田線、京成成田空港線、北総線、芝山鉄道線
都営三田線
東急目黒線、東急東横線、埼玉高速鉄道
都営新宿線
京王線、京王相模原線
0
10k
20k

彩图 20

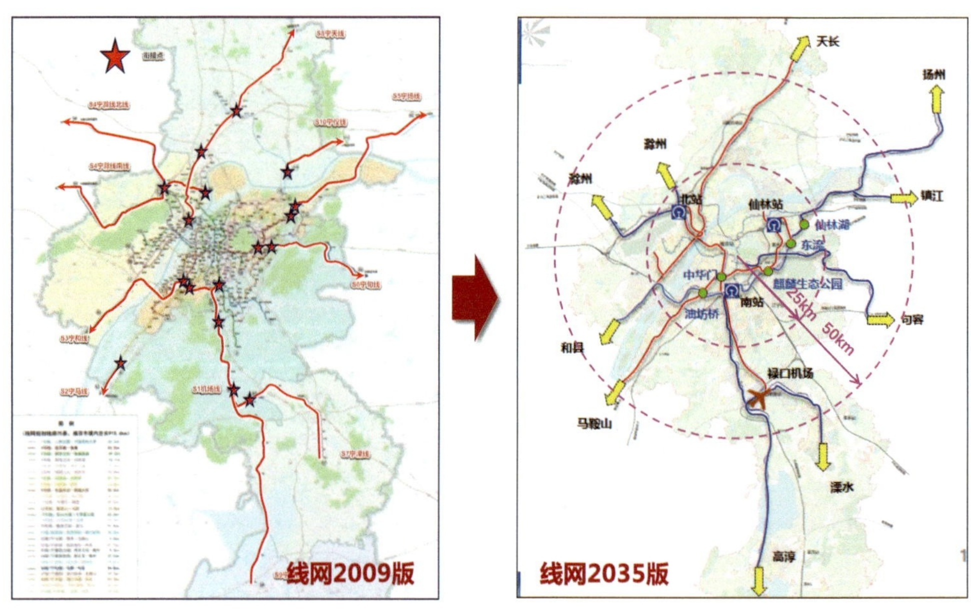
线网2009版
线网2035版
天长
扬州
滁州
镇江
北站
仙林站
仙林湖
东流
中华门
麒麟生态公园
南站
油坊桥
25km
50km
句容
和县
禄口机场
马鞍山
溧水
高淳

彩图 21

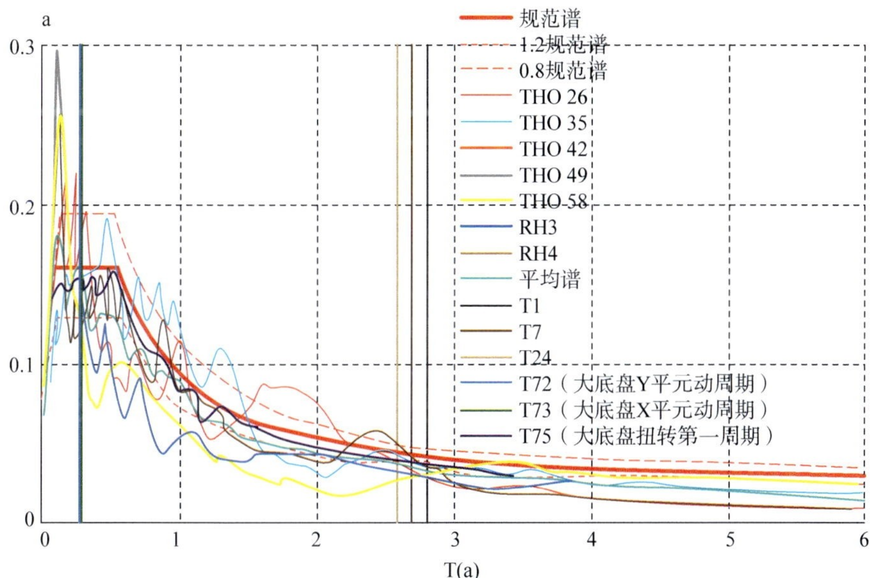
a
0.3
0.2
0.1
0
0
1
2
3
4
5
6
T(a)
规范谱
1.2规范谱
0.8规范谱
THO 26
THO 35
THO 42
THO 49
THO 58
RH3
RH4
平均谱
T1
T7
T24
T72（大底盘Y平元动周期）
T73（大底盘X平元动周期）
T75（大底盘扭转第一周期）

彩图 22

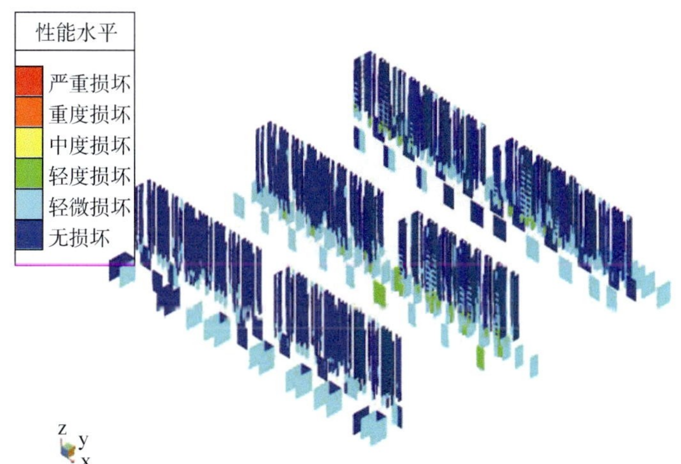
性能水平
严重损坏
重度损坏
中度损坏
轻度损坏
轻微损坏
无损坏
z
y
x

彩图 23

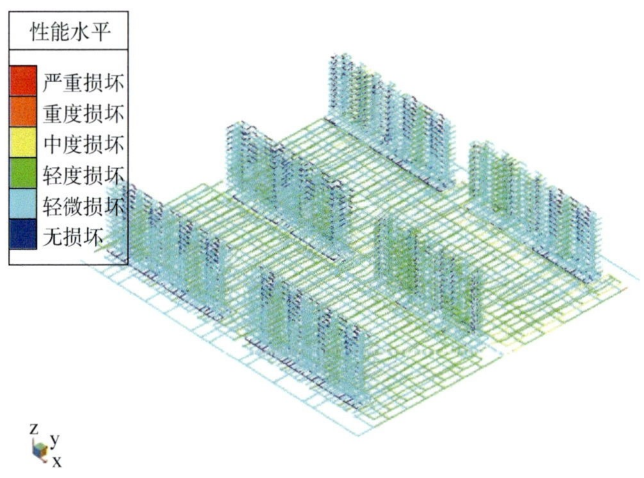
性能水平
严重损坏
重度损坏
中度损坏
轻度损坏
轻微损坏
无损坏
z
y
x

彩图 24

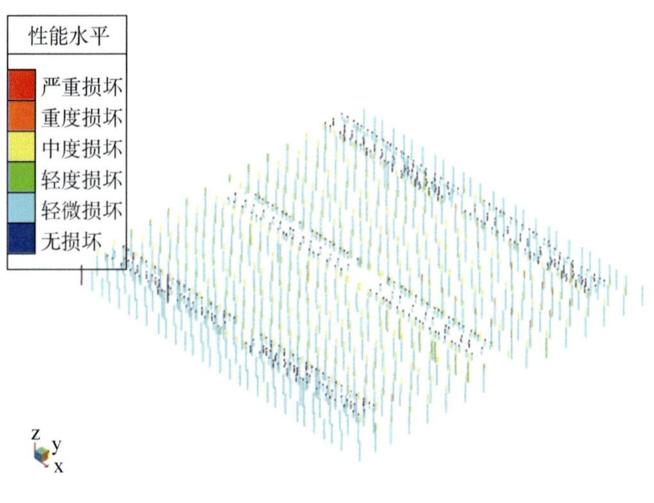
性能水平
严重损坏
重度损坏
中度损坏
轻度损坏
轻微损坏
无损坏
z
y
x

彩图 25

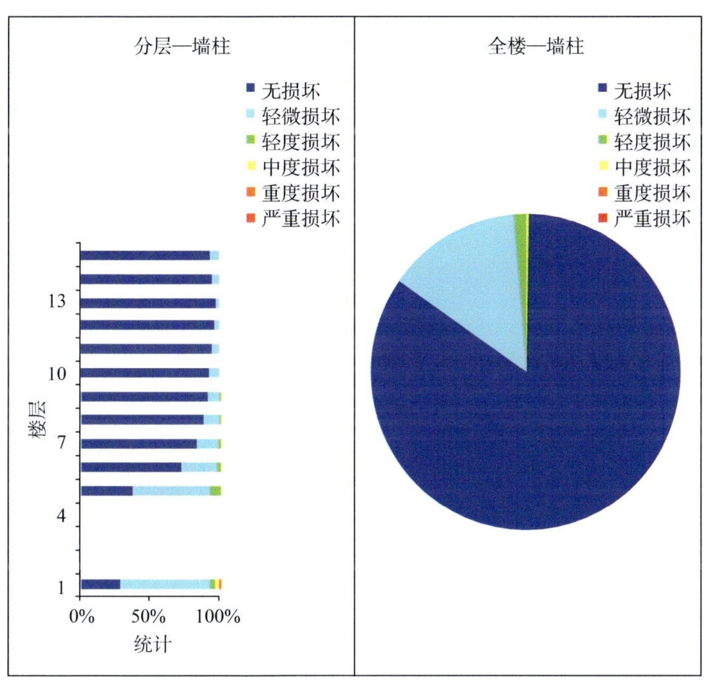
分层—墙柱
无损坏
轻微损坏
轻度损坏
中度损坏
重度损坏
严重损坏
13
10
楼层
7
4
1
0%
50%
100%
统计
全楼—墙柱
无损坏
轻微损坏
轻度损坏
中度损坏
重度损坏
严重损坏

彩图 26

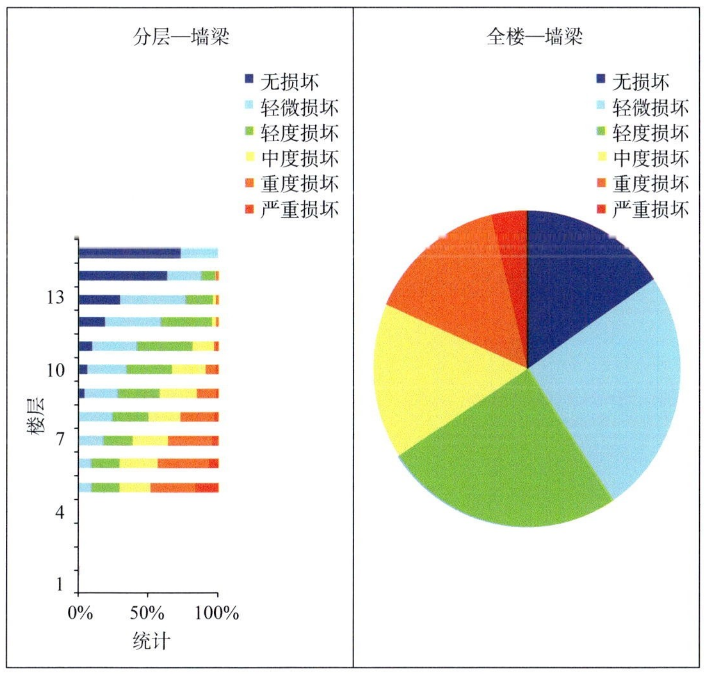
分层—墙梁
无损坏
轻微损坏
轻度损坏
中度损坏
重度损坏
严重损坏
13
10
楼层
7
4
1
0%
50%
100%
统计
全楼—墙梁
无损坏
轻微损坏
轻度损坏
中度损坏
重度损坏
严重损坏

彩图 27

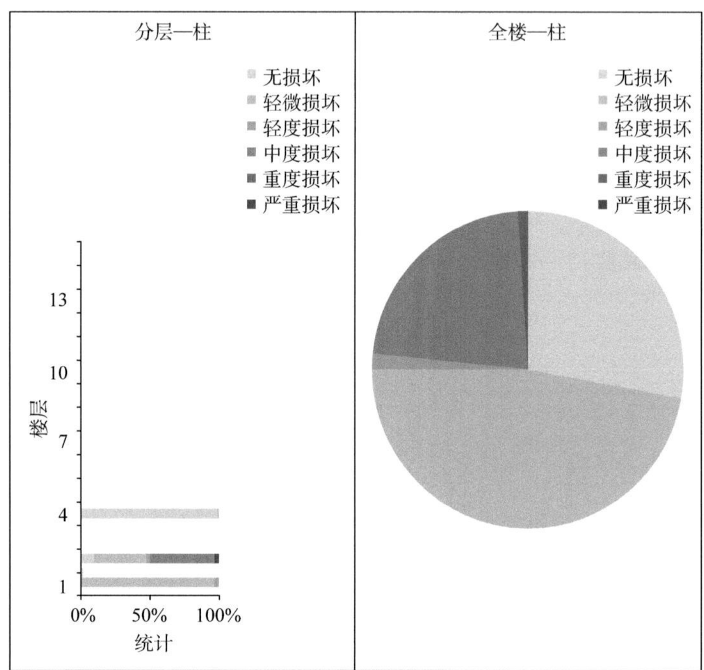
分层—柱
无损坏
轻微损坏
轻度损坏
中度损坏
重度损坏
严重损坏
楼层
13
10
7
4
1
0%
50%
100%
统计
全楼—柱
无损坏
轻微损坏
轻度损坏
中度损坏
重度损坏
严重损坏

彩图 28

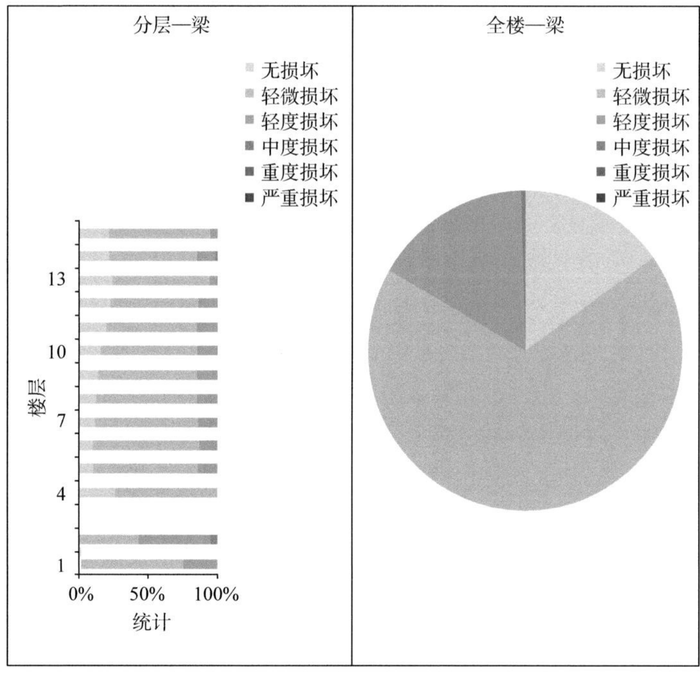
分层—梁
无损坏
轻微损坏
轻度损坏
中度损坏
重度损坏
严重损坏
楼层
13
10
7
4
1
0%
50%
100%
统计
全楼—梁
无损坏
轻微损坏
轻度损坏
中度损坏
重度损坏
严重损坏

彩图 29

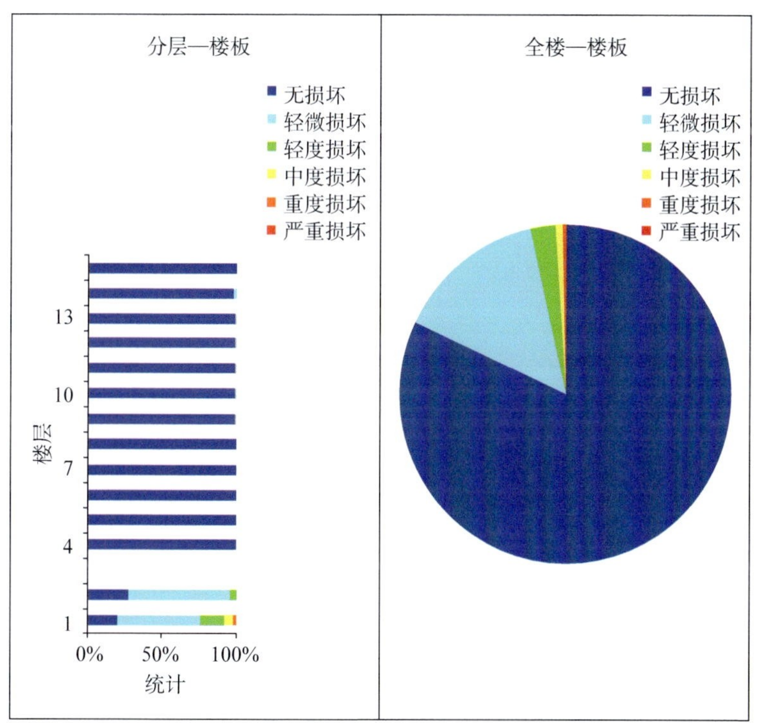

彩图 30

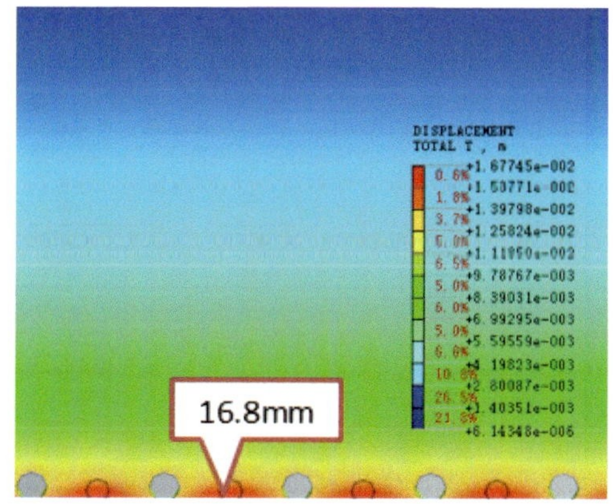

彩图 31

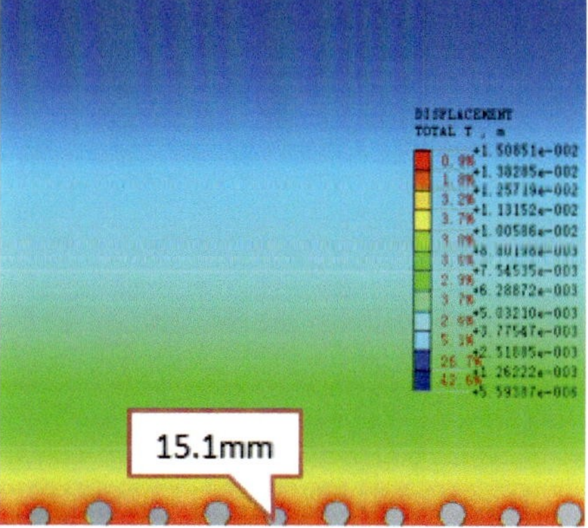

彩图 32

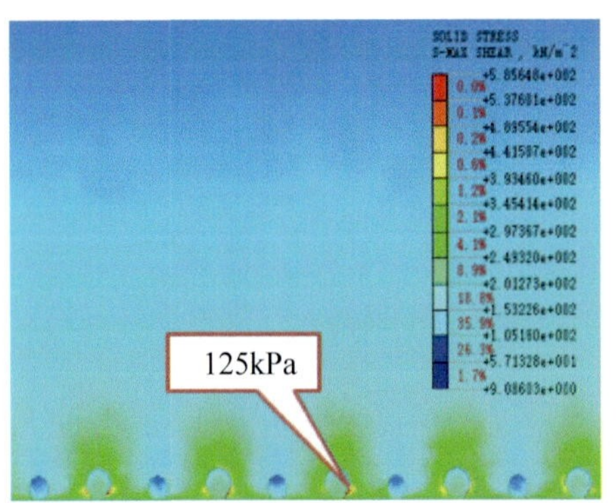

彩图 33

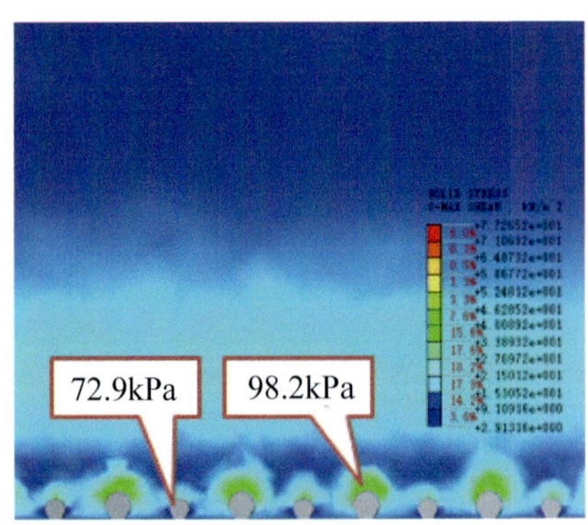

彩图 34

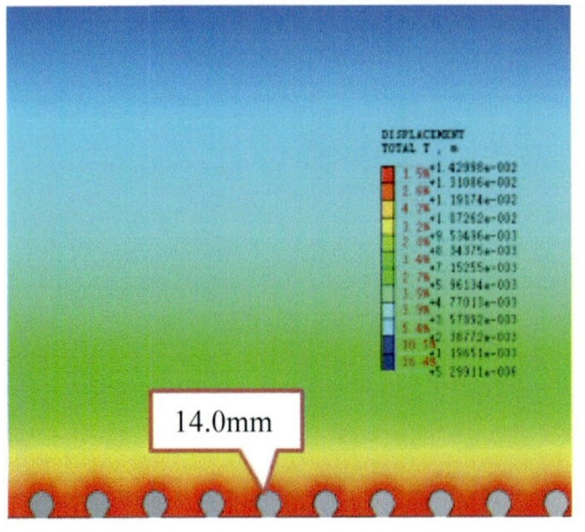

彩图 35

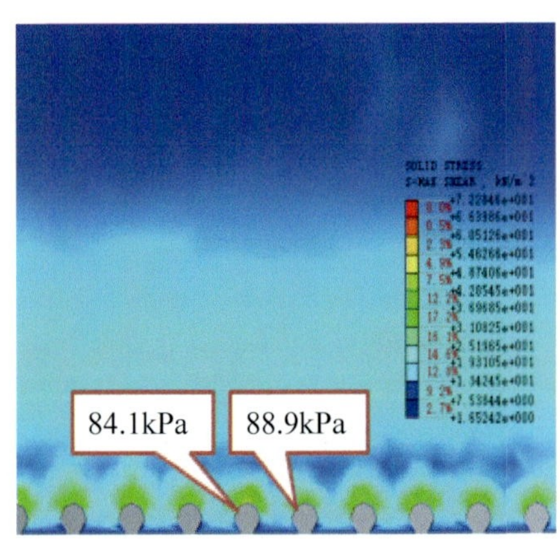

彩图 36

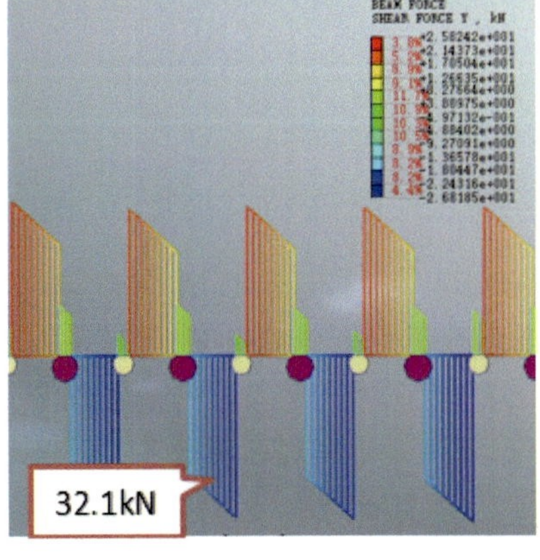

彩图 37

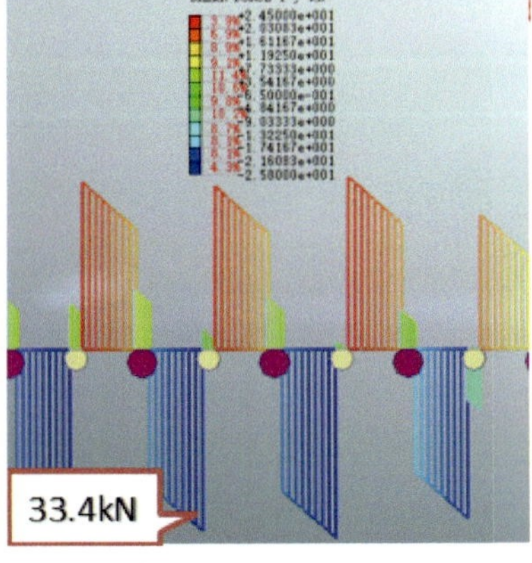

彩图 38

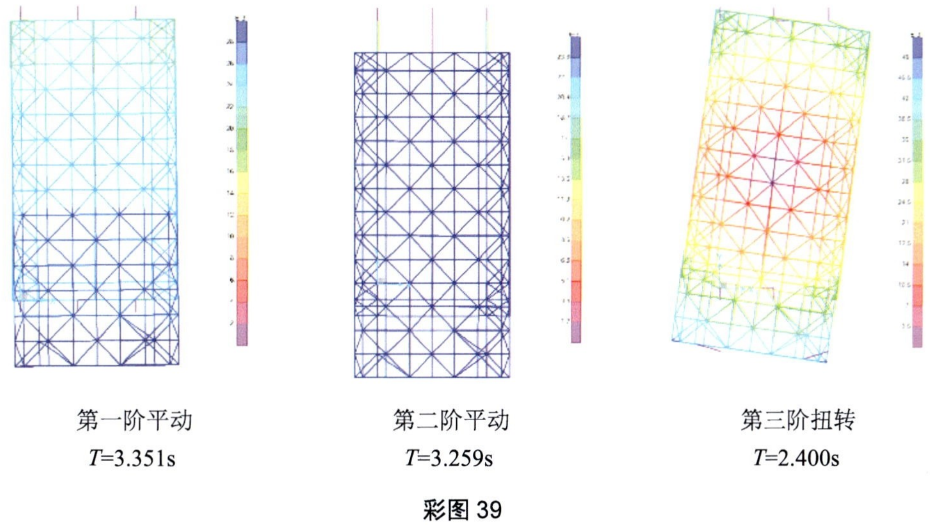

第一阶平动 T=3.351s

第二阶平动 T=3.259s

第三阶扭转 T=2.400s

彩图 39

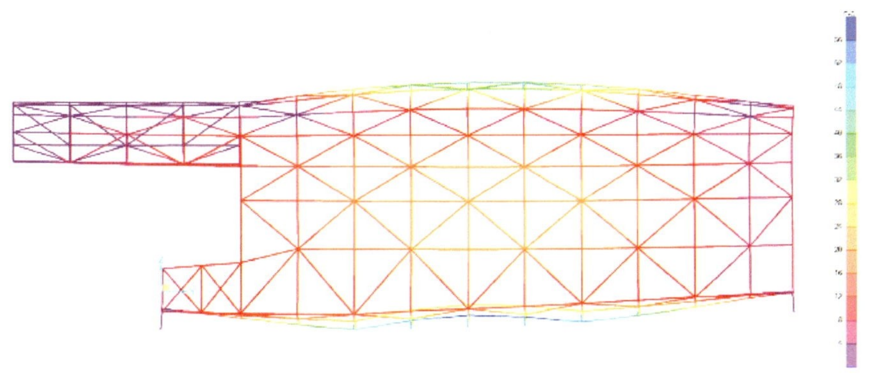

彩图 40

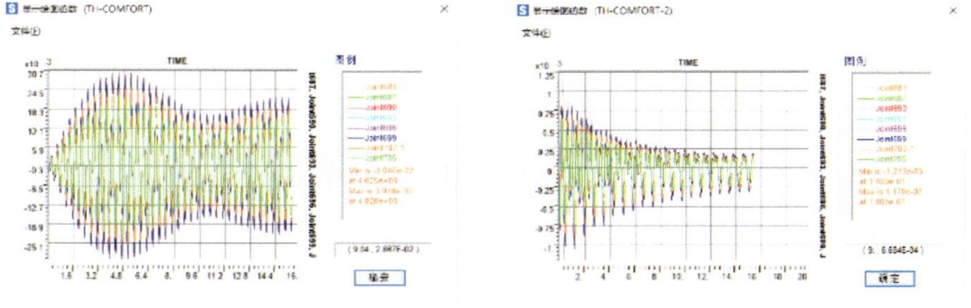

彩图 41

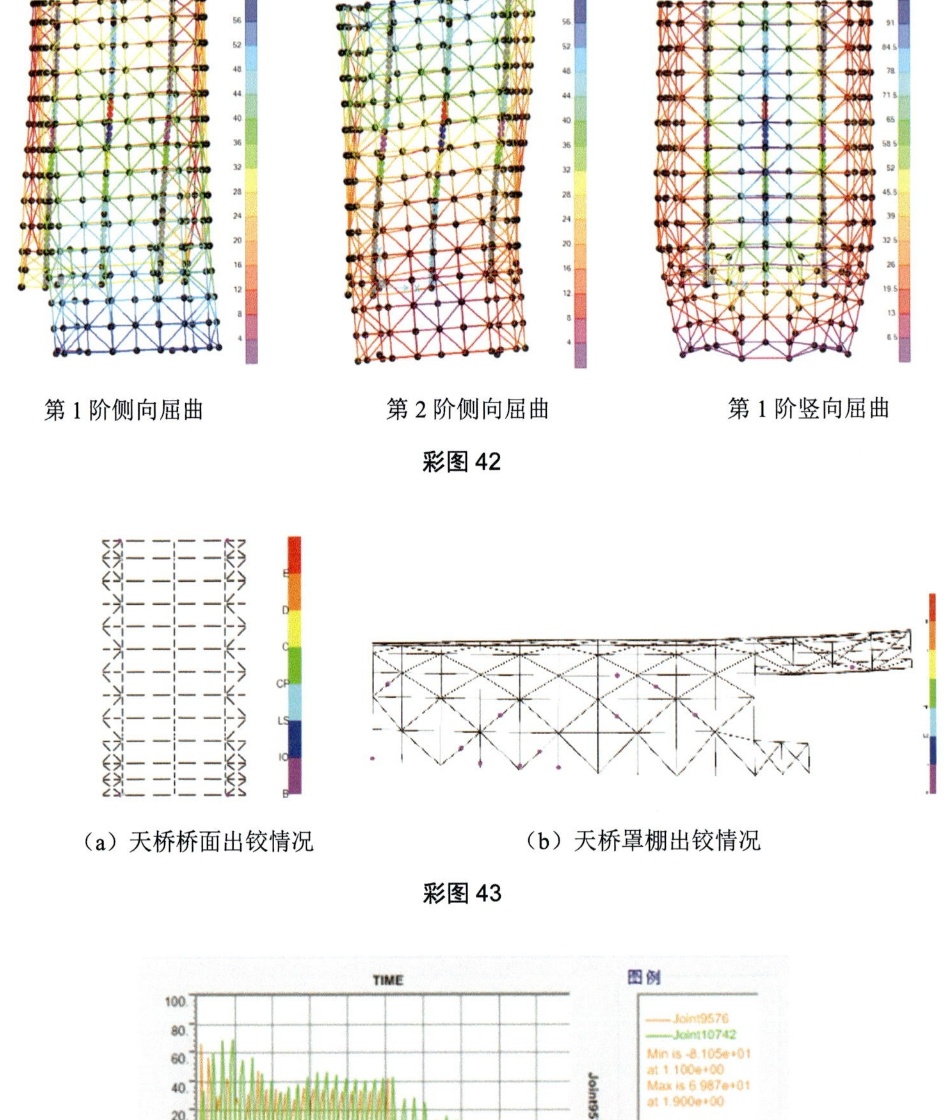

第 1 阶侧向屈曲　　第 2 阶侧向屈曲　　第 1 阶竖向屈曲

彩图 42

（a）天桥桥面出铰情况　　（b）天桥罩棚出铰情况

彩图 43

彩图 44

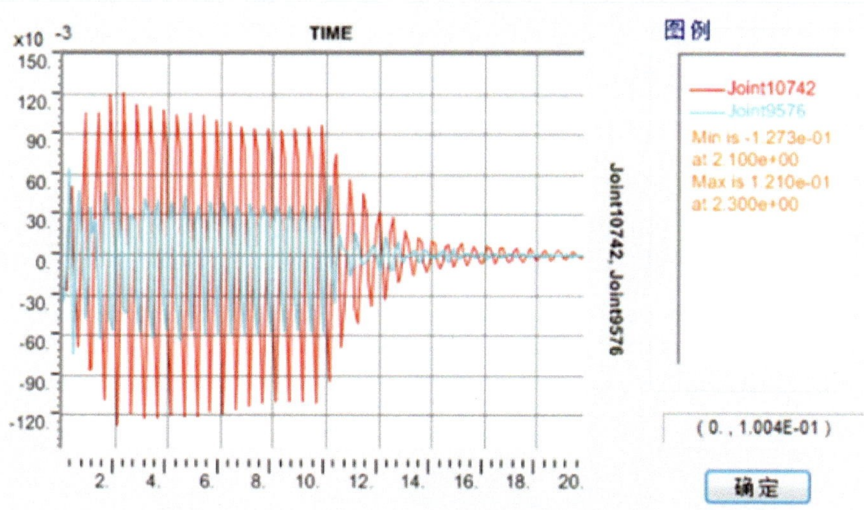
x10 -3
TIME
150.
120.
90.
60.
30.
0.
-30.
-60.
-90.
-120.
2.
4.
6.
8.
10.
12.
14.
16.
18.
20.
Joint10742, Joint9576
图例
Joint10742
Joint9576
Min is -1.273e-01
at 2.100e+00
Max is 1.210e-01
at 2.300e+00
(0. , 1.004E-01)
确定

彩图 45

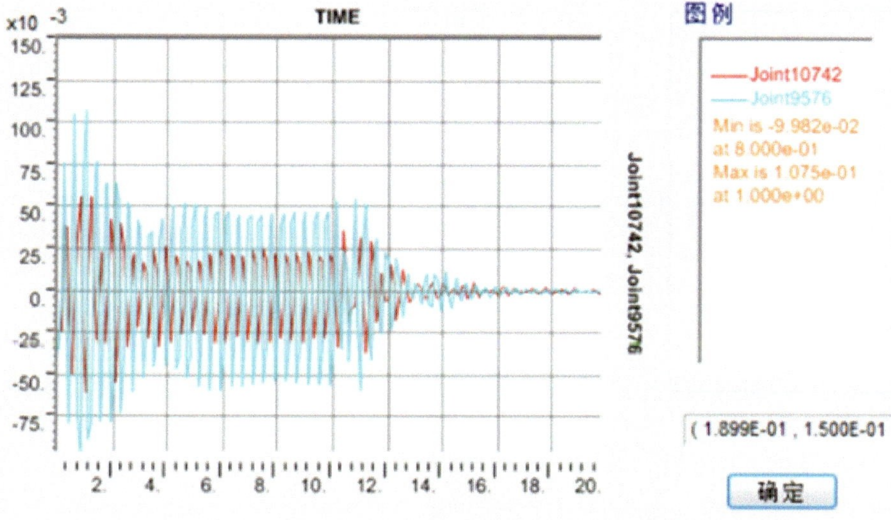
x10 -3
TIME
150.
125.
100.
75.
50.
25.
0.
-25.
-50.
-75.
2.
4.
6.
8.
10.
12.
14.
16.
18.
20.
Joint10742, Joint9576
图例
Joint10742
Joint9576
Min is -9.982e-02
at 8.000e-01
Max is 1.075e-01
at 1.000e+00
(1.899E-01 , 1.500E-01
确定

彩图 46

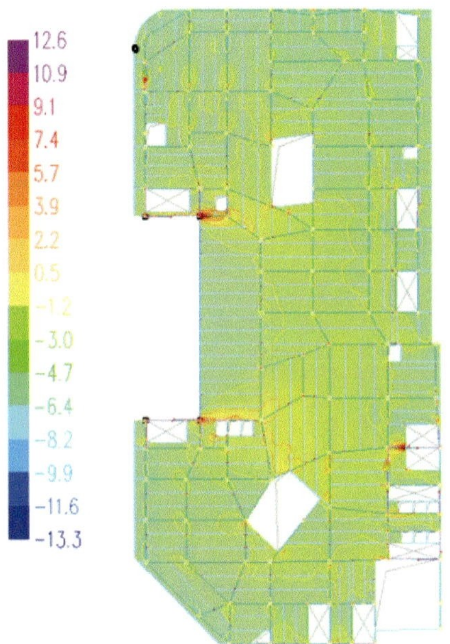
12.6
10.9
9.1
7.4
5.7
3.9
2.2
0.5
-1.2
-3.0
-4.7
-6.4
-8.2
-9.9
-11.6
-13.3

彩图 47

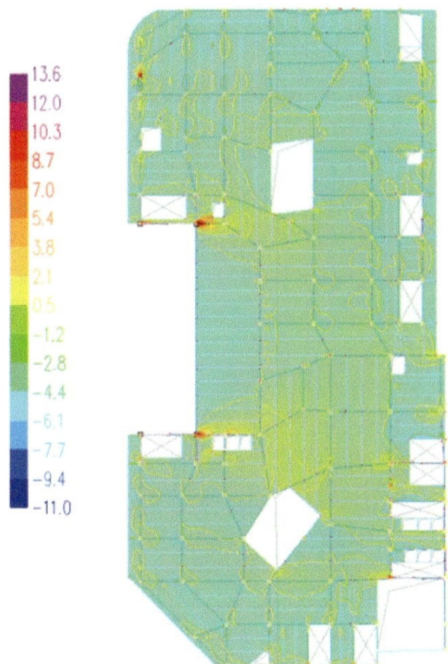
13.6
12.0
10.3
8.7
7.0
5.4
3.8
2.1
0.5
-1.2
-2.8
-4.4
-6.1
-7.7
-9.4
-11.0

彩图 48

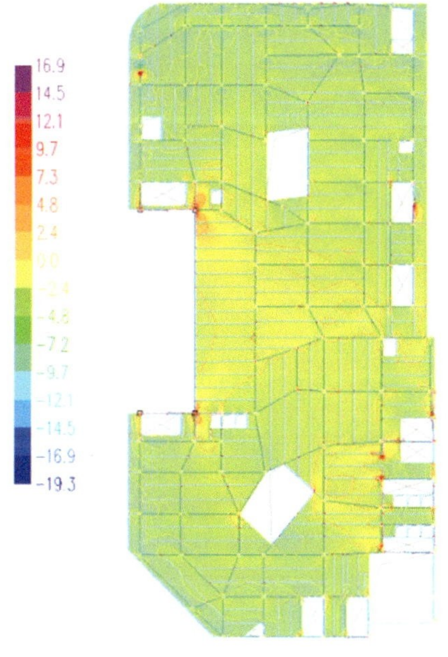
16.9
14.5
12.1
9.7
7.3
4.8
2.4
0.0
-2.4
-4.8
-7.2
-9.7
-12.1
-14.5
-16.9
-19.3

彩图 49

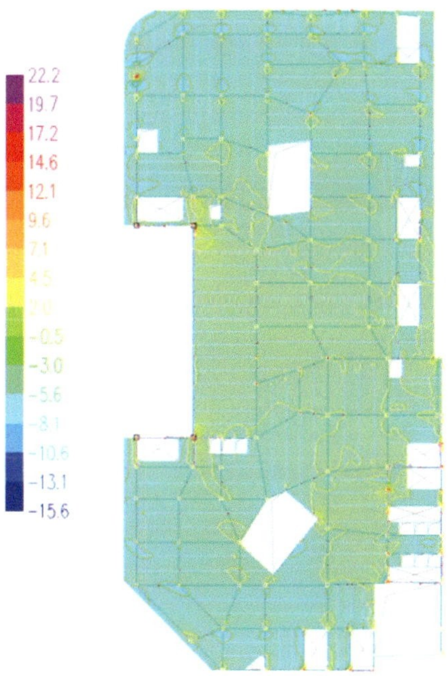
22.2
19.7
17.2
14.6
12.1
9.6
7.1
4.5
2.0
-0.5
-3.0
-5.6
-8.1
-10.6
-13.1
-15.6

彩图 50

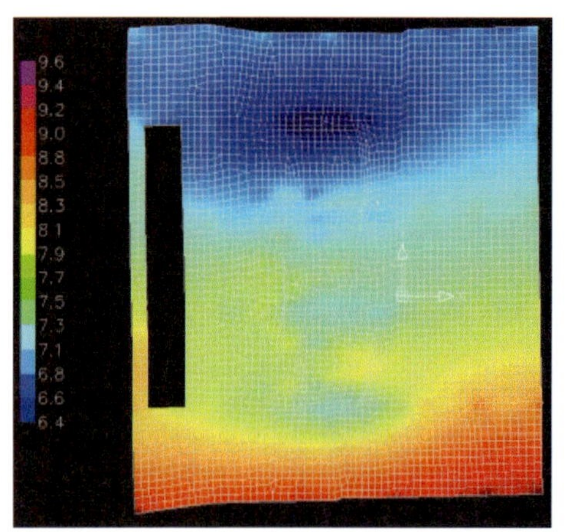

（a）X 向位移云图

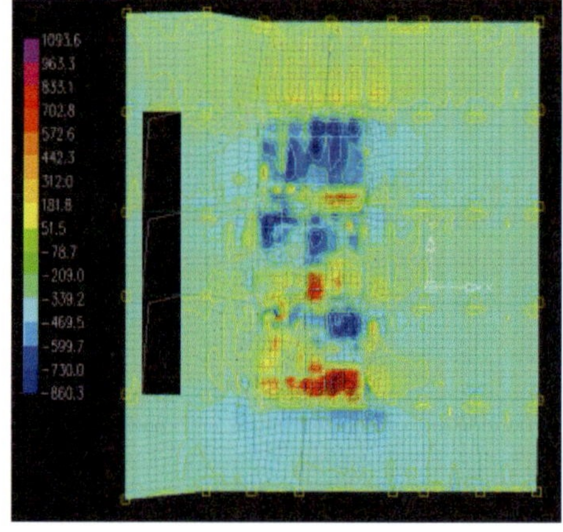

（b）面内剪力云图

彩图 51

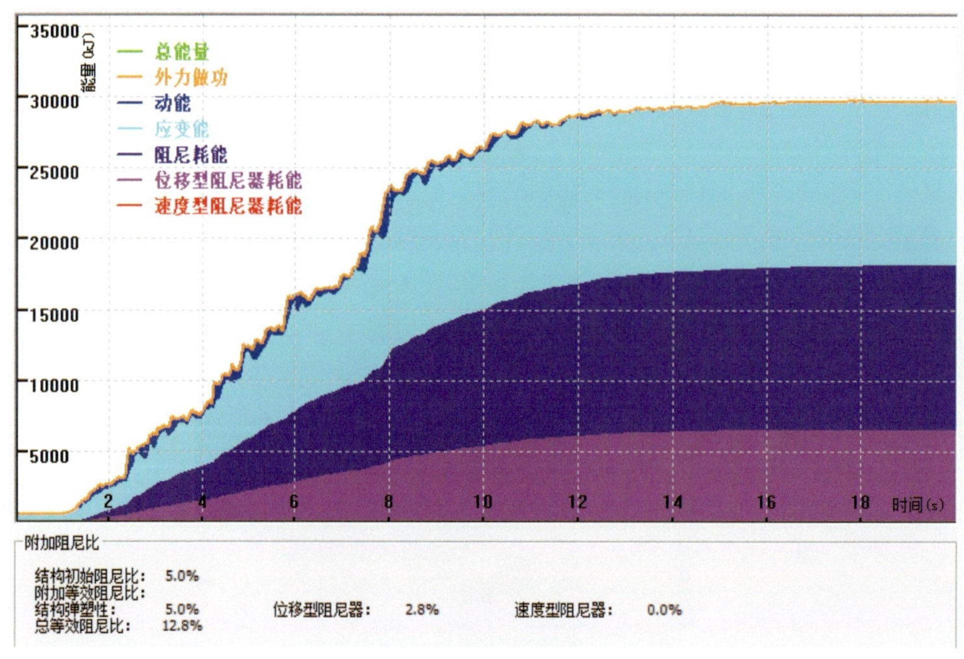

彩图 52

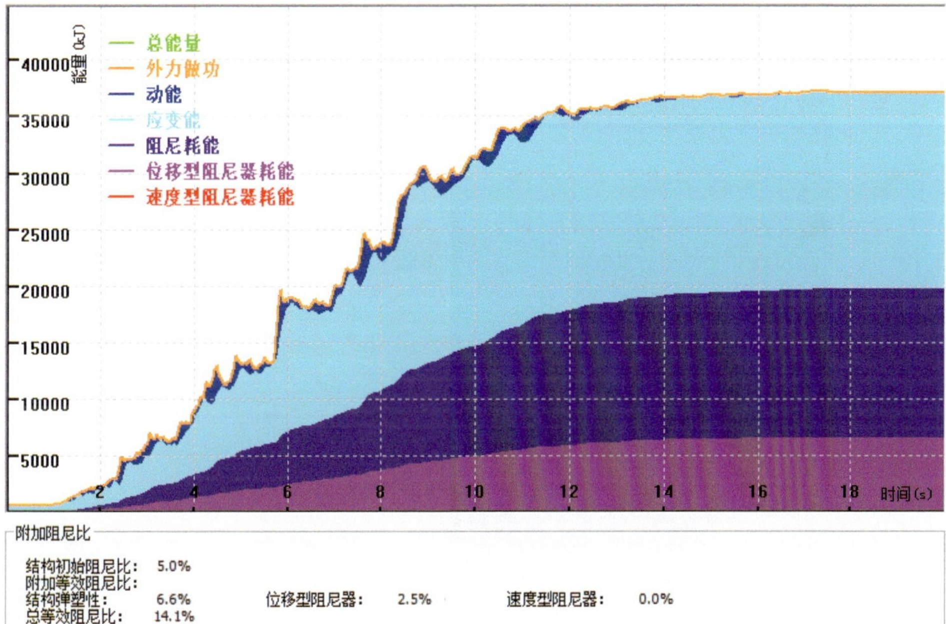
能量(kJ)
总能量
外力做功
动能
应变能
阻尼耗能
位移型阻尼器耗能
速度型阻尼器耗能
40000
35000
30000
25000
20000
15000
10000
5000
2
4
6
8
10
12
14
16
18
时间(s)
附加阻尼比
结构初始阻尼比： 5.0%
附加等效阻尼比：
结构弹塑性： 6.6%
位移型阻尼器： 2.5%
速度型阻尼器： 0.0%
总等效阻尼比： 14.1%

彩图 53

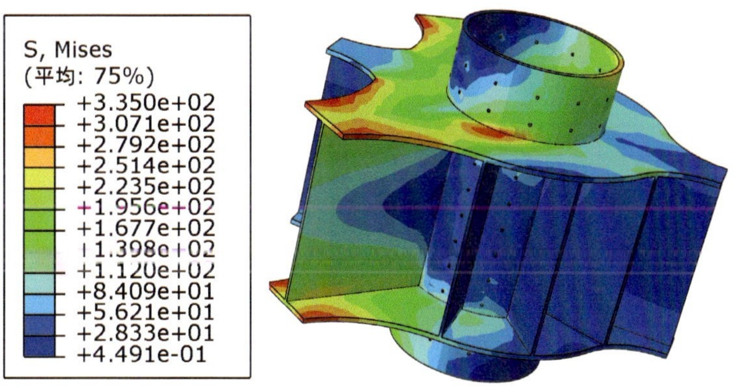
S, Mises
(平均: 75%)
+3.350e+02
+3.071e+02
+2.792e+02
+2.514e+02
+2.235e+02
+1.956e+02
+1.677e+02
+1.398e+02
+1.120e+02
+8.409e+01
+5.621e+01
+2.833e+01
+4.491e-01

彩图 54

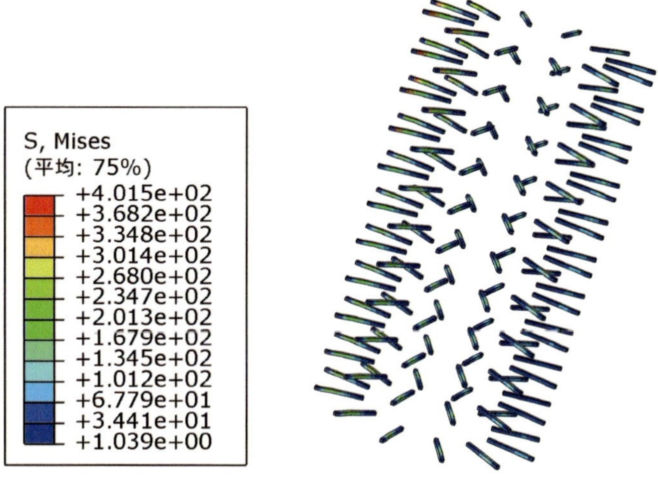
S, Mises
(平均: 75%)
+4.015e+02
+3.682e+02
+3.348e+02
+3.014e+02
+2.680e+02
+2.347e+02
+2.013e+02
+1.679e+02
+1.345e+02
+1.012e+02
+6.779e+01
+3.441e+01
+1.039e+00

彩图 55

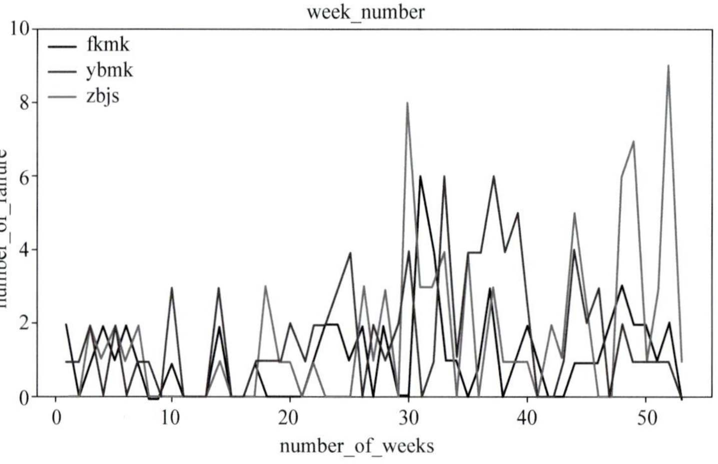
week_number
fkmk
ybmk
zbjs
number_of_failure
number_of_weeks
0
2
4
6
8
10
0
10
20
30
40
50

彩图 56